U0921134

北京东城年鉴

2014

（总第十八卷）

北京市东城区地方志编纂委员会　编

北京日报报业集团
同心出版社

图书在版编目(CIP)数据

北京东城年鉴. 2014/北京市东城区地方志编纂委员会编.
北京:同心出版社,2014. 12
ISBN 978-7-5477-1342-6

Ⅰ. ①北... Ⅱ. ①北... Ⅲ. ①东城区—2014—年鉴Ⅳ. ①Z521. 3

中国版本图书馆 CIP 数据核字(2014)第 239900 号

责任编辑:王小云　蓟　萌

北京东城年鉴 2014

出版发行:同心出版社
地　　址:北京市东城区东单三条 8 – 16 号 东方广场东配楼四层
邮　　编:100005
电　　话:发行部:(010)65255876
　　　　　总编室:(010)65252135 – 8043
网　　址:www. beijingtongxin. com
印　　刷:北京和平印刷有限公司
经　　销:全国新华书店
版　　次:2014 年 12 月第 1 版
　　　　　2014 年 12 月第 1 次印刷
开　　本:889mm × 1194mm　1/16
印　　张:24. 75
彩　　插:3. 25 印张
字　　数:940. 8 千字
定　　价:180. 00 元

东城区地方志编纂委员会

《北京东城年鉴》编辑部

编辑说明

一、《北京东城年鉴》是一部综合性资料性工具书，在中共北京市东城区委和北京市东城区人民政府的领导下，由区地方志编纂委员会主持编纂。自1996年开始，逐年编辑出版，2014年为总第十八卷。

二、《北京东城年鉴》以马克思列宁主义、毛泽东思想、邓小平理论和“三个代表”重要思想为指导，落实科学发展观，坚持实事求是的原则，与时俱进，开拓创新，科学地反映客观情况。

三、《北京东城年鉴》(2014)全面、系统地记载上一年度(2013年度)东城区在政治、经济、文化、社会等各个领域、各项事业发展变化的基本情况和发生的大事、要事、新事与有影响的事，记载取得的新成就、新进展、新经验，为各行各业、各方面人士了解东城、研究东城、建设东城提供信息和资料。

四、《北京东城年鉴》(2014)设有综述、大事记、特载、政党·团体、政权·政协、政法·军事、综合经济管理、工商·旅游·对外经济、财税·金融、城市建设、城市管理、科学·教育·文化、医药·卫生·体育、社会生活、街道、人物、统计资料、附录共18个一级栏目。一级栏目下设二级栏目，二级栏目下设分目，分目下设条目。采用文章、条目、表格等体裁，以条目体为主。

五、《北京东城年鉴》(2014)收有东城区党、政、军、各民主党派、团体、街道和部分企业负责人名录，以及部分区域单位负责人名录。所列均以2013年内任职为限。还收有获得国家、国务院部委和市、区奖励与荣誉称号的单位和个人名单，获得高级职称的人员名单。

六、《北京东城年鉴》所选文章、条目，均由各部门、单位确定专人撰写或提供，并经主管负责人审核。统计资料由区统计局提供。照片由各有关单位提供。

中央领导活动

2月10日，国务院总理温家宝看望东交民巷派出所民警

6月8日，中央政治局常委刘云山在雍和园听取文化创新与科技创新融合发展情况介绍

1月27日，副市长张延昆检查地坛公园庙会筹备情况

4月28日，副市长林克庆参加“绿色科技 多彩生活——2013北京园林绿化科学普及暨科技创新展示会”

11月5日，市政协副主席闫仲秋调研东城区中小企业发展情况

9月10日，副市长程红参观世界旅游城市博览会

6月5日，市委常委、市人大副主任、市总工会主席梁伟到驻区安利公司调研

5月30日，中央政治局委员、国务院副总理汪洋考察京交会同仁堂展位

2月25日，全国政协副主席张梅颖到广渠门中学调研

1月16日，全国政协副主席林文漪走访台资企业——天福茗茶

市级领导活动

3月27日，市委书记郭金龙调研五道营社区精细化管理

2月10日，副市长李士祥慰问天坛公园工作在第九届春节文化周一线员工

2月25日，市委书记郭金龙、市长王安顺检查东城区全国两会驻地公共卫生安全

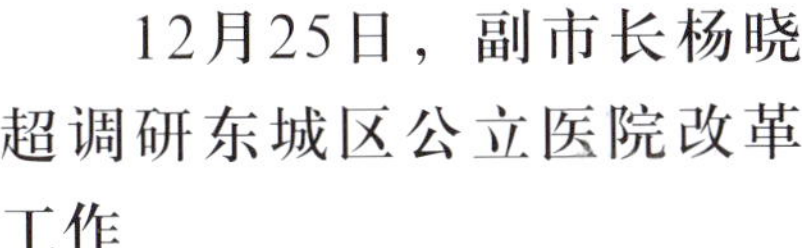

12月25日，副市长杨晓超调研东城区公立医院改革工作

10月17日，市委副书记吕锡文调研东直门街道居家养老工作

3月19日，市委常委、宣传部长、副市长鲁炜调研珐琅厂

1月27日，副市长张延昆检查地坛公园庙会筹备情况

4月28日，副市长林克庆参加“绿色科技 多彩生活——2013北京园林绿化科学普及暨科技创新展示会”

11月5日，市政协副主席闫仲秋调研东城区中小企业发展情况

9月10日，副市长程红参观世界旅游城市博览会

6月5日，市委常委、市人大副主任、市总工会主席梁伟到驻区安利公司调研

区级领导活动

5月9日，区委书记杨柳荫实地调研天坛东里老旧小区综合整治

9月3日，区长牛青山欢送新兵入伍

11月26日，区委副书记张家明调研永定门外棚户区改造

4月17日，区人大主任冯熙调研崇文门外地区城市生态文明建设

9月1日，区政协主席徐鸿达参加史家胡同小学开学典礼

城市建设现代化　城市管理精细化

4月22日，全区老旧小区综合整治工作部署会

10月26日—11月15日，区“精细化管理”专题培训班在德国参加培训

4月22日，区人大主任冯熙调研吉祥社区玉河南区拆迁遗留环境问题

10月11日，磁器口大街违法建设拆除现场

8月23日，民革区委召开内城人口疏解调研座谈会

1月22日，王府井旅游咨询站重新开张

11月8日，在房屋征收范围内张贴《北京国际戏剧中心扩建工程房屋征收补偿方案》

1月11日，城管执法拆除东棉花胡同破旧自行车和地锁

1月18日，前门商务区地下停车场启用，一期完工4万平方米，466个车位

4月25日，拆除东四六条5号院违法建设

5月22日，拆除南门仓7号违法建设56.35平方米

拆违后

5月，崇文门三角地变身美丽公园

至12月底完成“煤改电”2.7万户

7月，文明提示语进公交站台

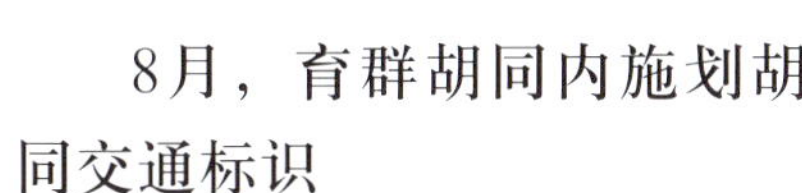

8月，育群胡同内施划胡同交通标识

7月，古老玉河成为文化创意产业基地

“中国梦·我的梦”主题教育活动

5月23日，区城管监督中心举办“中国梦·我的梦”演讲比赛

5月28日，区妇联举办“传承文化经典 放飞中国梦想”六一国际儿童节庙会活动

6月6日，东花市南里东区举办第二届袁崇焕名人文化节

6月18日，机关工委举办“中国梦·我的梦”主题演讲比赛

7月22日，前门街道举办“情牵中国梦 心系前门情”夏日文化广场暨群众文化展演季活动

8月30日，区文联举办2013年原创音乐作品演唱会暨建国门街道第二届彩虹文化节文艺演出

6月20日，区工商联举办非公经济人士中国梦演讲报告会

10月31日，区侨联举办“中国梦·侨之梦”征文总结会

4月27日，区国税局开展“税收绘明天，同塑中国梦”为主题的税收宣传进校园活动

7月10日，区计生委举办“家庭梦·中国梦—幸福家庭 感悟分享”活动

4月3日，“清明祭英灵 誓圆中国梦”市第24中学学生向蔡元培塑像敬献鲜花

5月21日，“洋北漂”向南锣鼓巷居民讲述自己的“中国梦”

7月12日，朝阳门街道小学生用“五谷”拼出一幅中国梦地图

纪念北京建都860周年

东城史志 DONGCHENGSHIZHI | 纪念北京建都860周年

胡同文化与东城胡同概说（上）

◇ 边 哲 汇纂

北京建都纪念阙

胡同的历史与文化

胡同（“同”字轻声，不儿化），是城市中一种狭长的通道。这通道的宽度，在元代为9米多，明清以后变窄了，但一般也在5米左右。通道的两侧多为单层建筑物，明清以后，这种建筑物的基本形式是四合院。

关于“胡同”的称源，有多种说法——有蒙古语“浩特”（居民聚落）、“霍多”或“霍敦”（村落）音转之说，有“火疃”音转说，有“胡人大同”简称说。最流行的一种为“胡同”源于蒙古语，即“水井”之意，或说“有水井的地方”。有学者认为，蒙古语胡同用汉语的表述，有八种写法，最后在明代才定型，简化的写法为“胡同”。胡同的蒙古语音为“huddug”，原指水井；除“井”之外，在蒙古语中还有“大街”之意。此外，蒙古语还有一词是“水井”，其读音类似汉语中的“巷”。在蒙古语中，“赛音忽洞”为“好井”，“乌克忽洞”为“死井”、“哈业忽洞”为“双井”。最早见诸于文字的“胡同”，出现在元杂剧中。取于胡同之句：“排列着左军也那右军，恰便似锦衚衕。”而一位佚名作者在《孟母三移》中有这样一句对白：“辞别了老母，俺串衚衕去来。”胡同有多种异称，如胡洞、火弄、火巷、火衖、火衕、衖通、衖巷通等。这些不同的称呼，除源于蒙古语之外，还有源于突厥语、维吾尔语、鄂温克语、女真语，甚至满语之说。

辽代，现北京地区的“南京”设26坊。金代辽，改南京为燕京，设60坊。元灭金，毁燕京城，又在其东北建大都城。

元大都皇城之外由经、纬构成了居民区——坊。但大都的坊不同于辽、金乃至隋、唐时代的坊。昔日的坊，都建有坊墙、坊门；每个坊都自成单位，就像一座小城。大都的“坊”，不建坊墙，不再是一座小城，只是某一地段的名称。有关学者

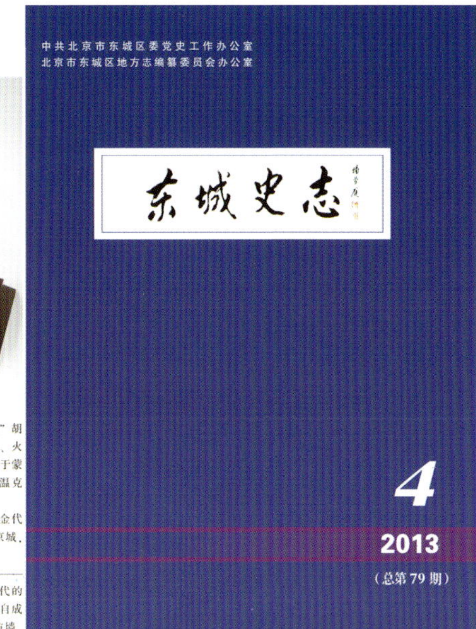

区委党史办在《东城史志》上开辟纪念建都860周年专栏

4月21日，“美丽北京 文化东城”东城区纪念北京建都860周年系列活动启动仪式

5月18日，纪念北京建都860周年系列活动之“梦想北京”中国三大男高音天坛主题音乐会

6月9日，纪念北京建都860周年，弘扬传统文化，体育馆路街道举办第一届蹴鞠比赛

创建国家公共文化服务体系示范区

2月9日，地坛·龙潭春节庙会开幕

2月，春节期间天坛公园举办祭天仪仗表演

2月22日，崇文门外街道举办“古都展风韵 崇外颂新辉”第十三届主题灯会

3月3日，孔庙内，国子监中学学生双语导游志愿者用英语为外国游客服务

3月1日，和平里街道志愿者清扫过街天桥

4月11日，公共文明引导员倡导生态文明

4月25日，朝阳门街道组织书画义卖，赈灾雅安

6月14日，东华门街道举行“建和谐东华 创首善街区”系列群众文化活动启动仪式

6月18日，东城区道德讲堂总堂成立

7月12日，第三届中国儿童戏剧节开幕

7月22日，前门街道草厂居民参加夏日文化广场群众文化展演活动

8月7日，第四届前门历史文化节开幕

8月23日，天坛街道老舍书屋揭牌

8月，东城区文化工作者原创、前门居民主演的京味话剧《前门人家》在天乐大戏楼连演5场

8月，一位读者在东城区图书馆内有声图书馆下载“听书”

8月至10月，前门大街举办台湾夜市

9月9日，东城区师生孔庙内齐行敬师礼

9月29日，北京文惠卡首发仪式在东四街道举行

11月1日，京城百工坊非遗传习所揭牌，为教习颁发证书

11月7日，东城区亮相第八届中国北京国际文化创意产业博览会

街道拾萃

8月13日，东华门街道成立消防培训市民学校

1月5日，东华门街道召开2013年工作思路研讨会

9月9日，景山街道尚爱老年养护中心挂牌

12月18日，景山街道社区智囊团成立

9月3日，民政部领导调研交道口街道菊儿社区建设

11月20日，市政市容委领导调研交道口街道城市精细化管理

9月9日，杨柳荫参加第四届孔庙国子监国学文化节

5月3日，安定门街道宝南社区舞蹈队在钟鼓楼群言堂活动中表演健身操

8月8日，北新桥街道小菊社区举办第三届“棋乐融融”象棋比赛

6月8日，北新桥街道智慧养老建设启动仪式

4月3日，东四街道举办第六届忆家训谈家风促和谐活动

10月17日，东四街道第二届先进人物和先进集体评选活动

10月18日，史家胡同博物馆开馆

11月14日，台南市里长会长联合总会参观史家社区

6月20日，建国门街道第二届彩虹文化节开幕

8月9日，建国门街道首届公益编织节启动仪式

11月15日，东直门街道水文化节活动

8月20日，东直门街道法制宣传文艺演出

4月11日，和平里街道举办首届“社工节”

9月17日，和平里街道廉政文化演出

8月8日，前门街道青年志愿服务

2月4日，前门街道小朋友学剪窗花

8月27日，崇文门外街道康复知识进社区活动

8月7日，崇文门外街道举办新生儿护理知识讲座

4月10日，东花市街道蟠桃宫庙会开幕式表演

1月25日，东花市街道十八大精神进社区宣讲

8月14日，龙潭街道举办军警民趣味运动会

9月25日，龙潭街道举办群众文化展演季活动

7月26日，体育馆路街道餐饮单位燃气安全排查现场

5月9日，体育馆路街道举办第四届社区体育文化节

5月29日，天坛街道举办庆六一关爱农民工子女活动

7月10日，天坛地区中医药特色一条街揭牌

6月30日，永定门外街道迎七一红歌演唱会

11月28日，永定门外街道新市民大课堂活动

区 情 面 面 观

5月30日，市委常委、组织部长姜志刚调研东城区党建工作

4月3日，召开全区精神文明建设工作大会

10月15日，区委统战部举行“黄埔情缘·相约北京”第三届台湾眷村与北京社区交流节活动

3月26日，区委研究室举办2013年东城区调研干部培训班

3月27日，老干部十八大精神宣讲团到新中西里社区宣讲

6月5日，东城区举办2013年社区工作者培训班，启动千人培训计划

9月16日，区委党校举办党外代表人士学习班

2月6日，区纪委召开全区党风廉政建设工作会议

7月5日，全区首家社区党史读书角在朝阳门街道竹竿社区挂牌

10月29日，民革区委启动关爱孤残儿童志愿者活动

10月29日，民盟区委召开一届七次全委扩大会暨调研推动会

9月17日，民建区委举办怀柔支部与新峰村新农村共建暨中秋慰问活动

9月29日，民进经济支部赴内蒙古张家口万全县开展捐资助学活动

11月12日，区总工会举办职工智力运动会

8月9日，农工党区委赴赤峰开展义诊活动

11月28日，致公党区委召开一届十四次委员(扩大)会议

5月2日，九三学社区委成立青年委员会

4月21日，台盟区委赴怀柔区怀北镇绿化植树

5月3日，团中央第一书记秦宜智参加东城区社区青年汇团日活动

7月31日，区妇联开展“走进博物馆”暑期儿童科技一日营活动

5月31日，区工商联向一师附小捐赠学习用品

1月22日，区红十字会召开红立方总结会

1月29日，区文联举办“百花竞绽 春满东城”新春大联欢

1月8日，区人大召开十五届第四次会议

1月24日，区法制办召开依法行政专题报告会

9月13日，区外事办召开涉外管理联席会议第一次全体会议

5月28日，区行政服务中心举办政企互动兴东城——智库联组活动

9月9日，区安委会召开燃气安全检查工作部署会

10月22日，区民宗侨办举办宗教界人士学习班

6月8日，区信息办组织协同办公培训会

5月至6月，区信访办开展全区信访条例宣传月活动

7月26日，国家档案局向区档案馆授予国家一级档案馆证书

1月11日，区年鉴工作培训会召开

6月17日，区政协举办公共法律服务论坛

1月22日，区法律援助中心到建筑工地开展农民工法律维权活动

9月1日，区公安分局民警进行学校看护

1月6日，公安部党委书记、部长郭声琨到天安门分局指挥中心听取汇报

8月5日，公安部副部长黄明慰问东城交通支队民警

6月4日，市公安消防总队总队长张高潮到故宫消防中队检查指导工作

6月25日，区检察院举办举报宣传周活动

4月26日，区法院开展保护知识产权和诚信经营普法宣传

5月12日，区民防局组织社区居民演练疏散掩蔽

10月4日，武警部队政委许耀元到六支队慰问指导工作

4月10日，国家发改委物价局到区发改委物价所调研指导工作

2月17日，区人力社保局在北京站广场开展就业服务工作

2月9日，区工商局执法人员检查庙会市场秩序

11月，区质监局在全区开展集贸市场计量专项整治活动

6月20日，区审计局组织区属国有企业内审工作座谈会

8月1日，区国资委组建北京天街集团有限公司

9月7日至10月7日，东方奥天公司举办第四届购物节活动

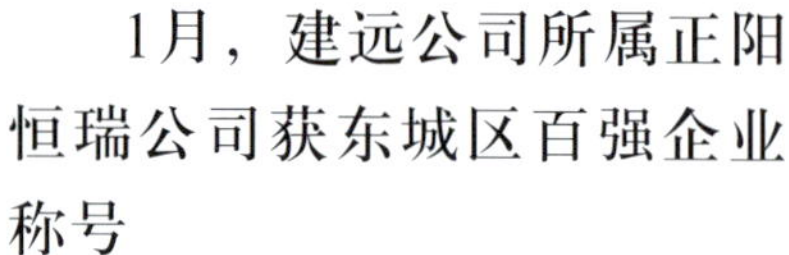

1月，建远公司所属正阳恒瑞公司获东城区百强企业称号

4月27日，市民参观金漆镶嵌公司举办的中华屏风文化展览

2月20日，市民走进珐琅厂探秘景泰蓝

4月，剧装厂在珍品馆举办京剧京绣服饰成就展

11月20日，广东省肇庆市瑞州区客人到远东仪表公司调研交流

7月16日，庄子2013秋冬服装展示会在宋家庄庄子工厂店开幕

9月25日，百货大楼举行58周年店庆盛装游行

5月7日，北京同仁堂国药有限公司在香港联交所创业板正式挂牌上市。

8月，全聚德前门店获到到网2013年度卓越奖

9月13日，吴裕泰员工参加北京市茶叶精制工技能大赛

5月22日，百工坊内画大师刘守本给学员展示作品

12月26日，世纪天鼎爱心接力活动小组慰问区培智中心学校困难学生

4月22日，宏林科技公司向史家胡同小学捐赠办公设备

5月19日，区旅游委举办低碳骑行游活动

8月23日，区财政局召开2014年度部门预算编制工作布置会

5月15日，区地税局开展“打击防范经济犯罪 携手平安法制建设”宣传活动

10月20日，中国工商银行王府井支行组织第九套广播体操比赛

4月1日，中国建设银行东四支行中标东城区财政授权支付代理银行项目

9月3日，中国银行崇文支行开展“金融知识进万家”活动

8月28日，王府井地区建管办在王府井步行街举行2013新疆精品哈密瓜进京仪式

1月22日，东二环建管办召开第五届企业家年会

8月7日，第四届前门历史文化节中轴诗会开幕式

6月25日，市国土局东城分局开展第23个全国“土地日”主题宣传活动。

12月14日，东方置地代建工程——东城区妇幼保健院完成验收

1月17日，东兴建设有限责任公司召开职代会二届七次会议

12月，豆各庄定向安置房项目竣工

10月13日，区城管监督中心组织监督员军训

10月25日，区政协委员考察大厂餐厨垃圾处理厂

8月1日，东城区城市综合行政执法监察局成立

8月2日，市城市管理综合执法协调领导小组领导到北京站地区督导检查

2月3日，区环卫一中心职工清扫皇城根公园积雪

3月，区环卫二中心干路清扫前门班被全国妇联授予“巾帼文明岗”称号

10月11日，区环保局开展“拒绝油烟污染，倡导绿色餐饮”清洁空气行动计划

9月26日至11月16日，第十届中国菊花展览会东城区参展花坛

9月14日，天坛公园承办北京市“天坛杯”社区武术太极拳（剑）比赛

9月12日，区房屋登记大厅举行揭牌仪式

3月14日，区房地一中心职工为居民修缮房屋

6月19日，区房地二中心召开南片煤改电工程启动会

4月12日，市知识产权局领导调研南锣鼓巷知识产权保护示范街区创建工作

11月8日，雍和园管委会组织2013北京国际艺术授权博览交易会开幕式

12月13日，国务院督导组检查区财政教育投入使用情况

6月18日，区教委成立幼儿园男教师沙龙小组

1月22日，区文委组织第二文化馆开展新春送福到家活动

1月1日，故宫博物院在其网站发布藏品总目

5月18日，东城科技周主场活动在龙潭公园举办

3月28日，东城区社区医务人员到龙潭托幼园所进行手足口病宣传

8月29日，区食品药品监督管理局举行挂牌仪式

10月25日，区健身操协会代表队在全国原创广场健身操展示交流活动中获特等奖

10月11日，少年儿童向被表彰的区孝星代表献花

1月17日，区残联组织残疾人专场招聘会

目　录

综　述

大事记

特　载

政党·团体

· 宣传工作 ·

· 精神文明 ·

· 统一战线 ·

· 对台工作 ·

·共青团东城区委员会·

·东城区青年联合会·

·东城区妇女联合会·

·东城区工商业联合会·

·东城区归国华侨联合会·

政权 · 政协

政法 · 军事

政法

综合经济管理

人力资源·社会保障·机构编制工作

统计

产业和投资促进

工商行政管理

质量技术监督

财税 · 金融

城市建设

建设管理

建设工程

危旧房改造

地区建设管理

城市管理

医药卫生·体育

社会生活

民政

居民生活

计划生育

老龄工作

街　道

东华门街道

景山街道

交道口街道

人　　物

统计资料

附　　录

主题索引

CONTNENTS

OVERVIEW

CHRONICLE

SPECIAL ISSUE

PARTIES · MASS ORGANIZATIONS

POLITICAL POWER · CONSULTATIVE CONFERENCE

JUDICIAL AND LEGAL AFFAIRS · MILITARY AFFAIRS

COMPREHENSIVE MANAGEMENT OF ECONOMIES

COMMERCE · TOURISM · FOREIGN ECONOMY

TAXATION REVENUES · FINANCE

CITY CONSTRUCTION

CITY MANAGEMENT

SCIENCE · CULTURE · EDUCATION

MEDICINE & HEALTH · SPORTS

SOCIAL LIFE

SUBDISTRICTS

CREATURES

STATISTICS

APPENDIX

SUBJECT INDEX

综　述

区情综述

概　况

东城区位于北京市中心城区东部，面积41.84平方公里。设东华门、景山、交道口、安定门、北新桥、东四、朝阳门、建国门、东直门、和平里、前门、崇文门外、东花市、天坛、体育馆路、龙潭、永定门外17个街道办事处，187个社区居民委员会。另外设有北京站地区管理处、王府井建设管理办公室和雍和园管委会3个重点街区管理机构。截至2013年底，全区常住人口90.90万人，户籍人口97.40万人，户籍人口中，男性48.16万人，女性49.24万人。人口出生率为10.55‰，人口自然增长率为5.02‰，计划生育率为98.70%。全区常住人口密度为2.20万人/平方公里。

经济总量

全年实现地区生产总值1571.10亿元，比上年增长8.30%。其中，第二产业实现增加值65.60亿元，比上年增长6.50%，占全区GDP的4.20%；第三产业实现增加值1505.40亿元，比上年增长8.40%，占全区GDP的95.80%。

金融业、批发和零售业、信息传输、计算机服务和软件业、租赁和商务服务业增加值占全区GDP的比重超过10%，这四大行业合计实现增加值899.90亿元，占全区GDP的57.30%，是拉动全区经济增长的重要动力。

重点产业主导地位进一步增强，文化创意产业、旅游业、金融业、商务服务业和信息服务业合计实现增加值1041.40亿元，比上年增长9.90%，占全区GDP的比重达到66.30%。

财政收支

全区公共财政预算收入（不含基金预算收入）达到147.10亿元，比上年增长9.10%。营业税、企业所得税、增值税和房产税是拉动全区财政收入增长的主要力量。其中，实现营业税44.40亿元，比上年下降22%；实现企业所得税37.70亿元，比上年增长45%；实现增值税20.20亿元，比上年增长101.50%；实现房产税15.30亿元，比上年增长7.40%。

全区公共财政预算支出（不含基金预算支出）完成169亿元，比上年增长9.20%。教育、社会保障和就业、城乡社区事务是公共财政预算支出的主要方向，分别支出35.90亿元、34.80亿元、27.80亿元。

固定资产投资

全年完成全社会固定资产投资额（项目建设地）195.10亿元，比上年增长6.90%。其中，城镇固定资产投资完成额119亿元，比上年增长0.80%，占全区固定资产投资额的61%；房地产开发投资完成额76.20亿元，比上年下降21.50%，占全区固定资产投资额的39%。

全区固定资产投资施工面积332.20万平方米，其中，城镇固定资产投资施工面积80.50万平方米，房地产开发施工面积151.70万平方米；全区固定资产投资竣工面积37.10万平方米，其中，城镇固定资产投资竣工面积9.80万平方米，房地产开发竣工面积27.30万平方米。

消　费

全年实现社会消费品零售额（产业在地）839.20亿元，比上年增长5.60%。

限额以上单位实现零售额785.60亿元，比上年增长2.60%，占全区零售额的93.60%。其中，限额以上零售业实现零售额501.10亿元，比上年增长2.70%，拉动全区零售额增长1.70个百分点；限额以上批发业实现零售额210.90亿元，比上年增长9%，拉动全区零售额增长2.20个百分点；限额以上餐饮业实现零售额54.40亿元，比上年下降10.30%；限额以上住宿业实现零售额19.20亿元，比上年下降18.70%。

对外经贸

全年新审批外商投资企业108家，其中，中外合资19家，中外合作1家，外商独资88家。全年实现合同外资金额6.27亿美元，同比下降53.50%；实际利用外资金额6.61亿美元，同比增长4%。全年实现进出口额165.75亿美元，同比下降1.80%；其中，进口额126.07亿美元，同比下降5.46%；出口额39.68亿美元，同比增长12%。

旅　　游

全年旅游业接待总人数7687万人次,比上年增长2.70%;实现旅游业综合收入624.30亿元,比上年增长7.20%。

从旅游综合收入的构成来看,旅游商业、旅行社和住宿业分别实现收入221.50亿元、191.50亿元和86.60亿元,旅游商业、旅行社和住宿业收入占全区旅游综合收入的80%,是全区旅游业发展的重要支撑。

居民生活

全区城镇居民人均可支配收入达到41676元,比上年增长8.10%;居民人均消费性支出26994元,比上年增长4.30%;恩格尔系数为33.60%。

2013年国民经济和社会发展

经济建设

功能区布局调整。完成中关村东城园空间规模和布局调整,制定文化和科技融合发展3年行动计划,高新技术企业预计实现收入850亿元,增速达到124%。继续实施王府井品牌升级战略,新增5家国际知名品牌旗舰店,总数达到41家。东二环高端服务业发展带成为全市首批"总部经济集聚区"和"商务服务业集聚区"。前门历史文化展示区积极调整商业业态,联想全球首家品牌形象店等知名商家入驻。稳步推进龙潭湖体育产业园、和平里商务新区重点项目建设,永外现代商贸区加快业态调整升级。

产业发展坚持"高端化、低碳化、集约化",加大政策引导支持力度,六大重点产业增加值占GDP比重达到66%左右。金融业结构不断优化,保持高速增长态势。实施消费拉动战略,组织开展东城区商业资源整体营销,地均社会消费品零售额位居全市首位。信息服务业龙头企业带动重点企业加快集聚,新兴业态发展迅速。商务服务业平稳增长,对区域经济辐射作用增强。落实鼓励措施,培育中医药、低碳、体育等新兴产业。

优化发展环境。整合招大选强政策和工作机构,中国黄金珠宝公司、中海油财务公司等优质企业落户东城,跨国公司地区总部达到17家。加大中小企业扶持力度,推动建立规模为2亿元的创业投资基金,设立两家中小企业服务分中心。加强和改进行政服务,深化并联审批工作。

制定鼓励节约能源办法,完成370万平方米热计量改造工作。以用能大户和公共机构为重点,推进节能管理、监测监察及评价考核等工作,和平里医院和史家小学成为国家第一批节约型公共机构示范创建单位。东城区荣获"全国国土资源节约集约模范县(市)"和"北京市节能先进区县"称号。

文化产业。文化创意产业结构进一步优化,增加值占GDP比重达到12%左右,文化艺术业、广告会展业、新闻出版业成为主体。创新产业培育和孵化机制,组建胡同工厂孵化器产业联盟,发起设立全市首家专门面向文化产业的融资性担保机构。继续深化"戏剧东城"品牌,演艺市场繁荣发展。全方位、多渠道推介东城旅游文化资源,旅游接待总人数、旅游综合收入继续位居全市前列。重组成立北京天街集团有限公司,形成文化资产运营、文化地产开发、文化金融服务三大运营平台。

人民生活　民政工作

民生项目建设。围绕群众最关心的住房改善问题,加快推进保障性住房和对接安置房建设,继续实施危改、老旧小区综合整治工程。祈西一号地、西革新里项目基本完成搬迁,豆各庄、北苑宾馆等项目建设进展顺利,定福家园A组团、焦化厂等项目有序推进。完成7000套保障性住房摇号配租配售工作,其中经济适用房5232套、限价房492套、公租房1175套、廉租房101套。完成90栋、26.36万平方米直管公房抗震加固,竣工规模位居全市前列,4656户居民受益。完成全市首个成规模的老旧小区综合整治项目,惠及居民1500户。

就业和社会保障工作。发挥"就业服务联盟"等服务枢纽作用,安置就业困难人员7785人,实现创业1330人,带动就业3961人,零就业家庭动态为零。五项社会保险基金征缴162.46亿元,累计支出147.12亿元,实现收支平衡、略有结余的目标。落实救助政策,全年对低保对象及生活困难补助人员发放各类救助金1.07亿元。城镇登记失业率控制在0.78%。探索符合区情的居家养老服务模式,与社会组织合作,为社区老年人提供配餐等居家养老服务。推进机构养老,试点"公建民营"和"医养融合"模式,引进隆福医院开设门诊。深入开展"阳光爱心八进门"助残行动,积极改善残疾人公共服务环境。

社区建设。继续深化网格化社会服务管理工作,研究制定"两网融合"实施方案。围绕促进居民自治,构建和谐社区主线,完善"多元参与,协商共治"社区治理模式。拓展社会组织培育新渠道,开展公益创投。全市首家社区级邻里服务中心在广外南里社区建成启用,为居民提供"一站式"服务。社区商业服务体系更加健全,东城区成为全国社区商业示范区,"一刻钟社区服务圈"覆盖率达到90%。新改建40家固定门店式早餐店,进一步提高早餐便利度。

"平安东城"建设。开展打防整治,持续加大社会面防控力度,百户发案数城六区最低,荣获"全国平安建设先进区"称号。加强重点地区保障,与西城区相互延伸执法边界,确保中轴线两侧安全秩序。深化信访代理制和"3+X"多元矛盾调解体系建设,信访总量、区级集体访实现"双下降"。顺利通过"六五"普法中期检查验收,公共法律服务体系进一步完善。推进行政复议规范化建设,全区行政复议和行政诉讼败诉率继续下降。组建区食品药品监督管理局,体制改革各项工作全面落实。强化安全生产综合监管,开展"打非治违"专项行动,深化重点行业和领域专项整治,集中开展人防工程和地下空间综合治理。

民族团结、宗教和睦,侨务工作不断加强,对台交流进一步深化，区域交流合作和对口支援扎实推进。落实征兵新政策，做好双拥工作，巩固和发展军政军民团结。人口和计划生育工作扎实开展，妇女儿童合法权益得到有力保障。东城区在全国城市文明程度指数测评中名列前茅。

教育　卫生　科技　文化　体育

坚持精品特色战略，各级各类教育协调发展，教育质量稳步提高。完成“学前教育三年行动计划”，累计增加幼儿园学位近3000个，有效缓解入园难。学区化管理和学校联盟机制进一步深化，联盟校达到30个，新成立8个“名校长工作室”和28个“名师工作室”。

继续推广家庭医生式服务，签约人数达到常住人口的50.40%。新增50个中医药特色健康管理社区，东城区第一妇幼保健院完成改扩建并开诊。

东城区获得第二批国家公共文化服务体系示范区创建资格。完成永外、体育馆路和天坛街道文化活动中心达标工程建设，建成10个数字文化社区，万米以上文化广场达到5个。围绕纪念北京建都860周年，举办前门历史文化节、孔庙国子监国学文化节、皇城国际旅游节、南锣鼓巷戏剧展演季等高品质文化活动，《前门人家》《隆福寺》等优秀原创剧目首演。史志研究成果在全市处于领先水平，东城区档案馆成为北京市第一家新国标一级档案馆。

支持科技企业创新，加强知识产权保护，技术交易额、专利申请量和授权量大幅增长，新增5家市级科普基地。

全面推进“智慧东城”建设，启动国家智慧城市创建试点任务，建成49个“智慧社区”。组织开展各类全民健身活动，建立“奥林匹克·体育生活化社区”标准体系。

城市建设和城市管理

“精细化管理年”活动。围绕“九横八纵”主干路网，实施“九个明显提升”工程，在26条大街试点推行“门前管理责任制”，推进15条市区级道路环境建设达标工作，灯市口大街被评为市级精品大街。实施39条主要道路架空线入地工程。高标准完成24条胡同和16个老旧小区环境整治提升工程，513条背街小巷实现环卫达标。全面推广城管“非现场执法”工作模式，执法效果明显提升。集中力量开展拆违专项行动，累计拆除违法建设1753处、4.74万平方米，有效遏制新增违法建设。

环境质量建设。坚持多元增绿，实施明城墙遗址公园西侧绿地、北中轴路绿化景观提升等10项绿化美化工程，完成绿化面积13.92万平方米。淘汰老旧机动车1.98万辆，调整退出3家高污染行业企业，完成主要污染物总量减排任务。垃圾分类减量达标小区达到172个，生活垃圾无害化处理率保持100%。

交通环境整治。完成北花市大街、分司厅胡同等10项道路疏堵工程，新增五道营等20条“单行单停”胡同，增加居民区停车位2546个。建成159个公共自行车服务网点，5000辆自行车投入运营。

党的建设　民主法制建设

学习贯彻党的十八大、十八届三中全会和习近平总书记系列重要讲话精神，开展领导干部“行动学习走基层”、“中国梦”主题教育等活动，实施“一卡一册一库”处级干部培训学时管理办法。制定加强党管人才工作的实施意见，推进“文化人才管理改革实验区”建设，建立“雍和园硅谷高端文化科技人才创业基地”。以社区党建“三级联创”活动为载体，推进服务型党组织建设。打造全市首家非公党建信息化平台“红云新桥”，建立全市首家社区党史图书角，开通全国首家“组工微家园”。党内民主，党代会常任制和党代表工作室试点工作扎实推进。党委系统信息化建设和保密工作走在全市前列。执行中央八项规定、市委实施意见和区委实施办法，制定加强领导干部调查研究工作的意见和区级领导直接联系群众的制度。改进会风、文风，全区性会议数量同比下降40%，以区委名义制发的文件同比减少20%。控制“三公”经费支出，将6项区级庆典活动调整为隔年举办一次，各类活动数量同比减少50%。开展网上违规行为监察，对违反中央八项规定的典型案件加大查处和通报力度，纠正“四风”，营造风清气正的良好环境。廉政风险防控“三个体系”建设向区级和基层延伸，全区风险防控工作整体水平提高。在全市率先建成廉政风险防控电子监察平台，工作经验在全市推广。查处违纪违法案件，全年新立案数同比上升75%，保持了惩治腐败的高压态势。挖掘区域文化资源，创新宣教方式方法，举办廉政历史文化展，得到中央纪委和社会各界肯定。

2013年，区委常委会执行《干部任用条例》等各项政策法规，深化干部人事制度改革，推进干部选拔任用各项工作，为“国际化现代化新东城”建设提供组织保证和人才支持。树立正确的选人用人导向，坚持综合分析研判制度，加大优化调整和实践锻炼力度，注重选拔有思路、有本领、有激情、有贡献、敢于担当、敢于碰硬、敢于创新的优秀干部，合理使用不同年龄段干部，切实抓好女干部、少数民族干部和党外干部选拔使用，使班子结构更加符合发展需要，干部队伍活力进一步增强。探索实行“三述两评”年度考核模式，强化干部的德、作风和工作实绩的考核，完善干部考核评价机制。抓好《干部任用条例》和四项监督制度的监督检查，健全完善干部监督工作联席会议制度，探索组建“干部工作监督员”队伍，有效整治选人用人上的不正之风。本年度区委共有16次常委会涉及研究干部任免事宜，共任免干部435人次，全年没有发现任何违规提拔、违规用人问题。

区委区政府在实际工作中不断完善区委全委会、常委会工作规则和常委会会议回避等制度，不断提升科学、民主、依法决策水平。区委常委会贯彻民主集中制，坚持总揽全局、协调各方。支持区人大及其常委会依法行使重大事项决定权、人事任免权、监督权等各项职权，为人大代表履职尽责创造良好条件；深入践行协商民主，支持区政协有效履行政治协商、民主监督、参政议政职能；加强与各民主党派、工商联、无党派人士的协商合作，党外代表人士队伍建设和社会领域统战取得新成绩；发挥工青妇等人民团体各自独特优势，坚持党管武装，形成团结和谐、共促发展的合力。

大 事 记

2013年大事记

1 月

1日 青年湖公园、柳荫公园正式免费对社会公众开放。

3日 副区长朴学东主持召开钟鼓楼广场恢复整治项目工作推进会。

☆ 山西省天镇县蔬菜东厂胡同和安定门直营店同时开业。至此,已建成17家天镇蔬菜直营店,区域内蔬菜流通新模式网点布局基本形成。

4日 区国税局新办税服务厅落户强佑大厦并正式启用。

☆ 区民政局全天办理结婚登记980对,创区单日登记量最高纪录。

7~9日 区政协十三届委员会第二次会议在五洲大酒店北京国际会议中心召开。

8~10日 区十五届人大三次会议在五洲大酒店北京国际会议中心召开。

11日 在中国智慧城市年会上,区网格化社会服务管理创新项目被授予"智慧城市创新应用奖",并入选"中国智慧城市发展促进工作联盟"。

14日 区旅游产业发展联席会第一次会议召开,通报《关于全面推进东城旅游示范区建设的意见》和《东城区旅游产业发展联席会制度》。

15日 内蒙古自治区乌兰察布市集宁区党政代表团到东城考察。两区就经济发展、食品安全、质量监督、干部培养等签署4个政府间合作协议。

☆ 住建部办公厅通报:菊儿社区公众参与社区规划实践项目,获上年联合国人居署"迪拜国际改善居住环境最佳范例奖"。

16日 故宫博物院与东城区就故宫所藏文物的抢救性保护修复、故宫文化产品研发推广等签署战略合作协议。

☆ 亿利资源集团就亿莱恩文化艺术公司落户东城区和建立亿利艺术馆等相关事宜与东城区签署合作协议。

17日 跨国公司地区总部负责人座谈会在北京国际饭店举行。国盛投资有限公司、佳能(中国)有限公司、诺基亚西门子(中国)有限公司等14家跨国公司地区总部负责人参加。

18日 前门历史文化展示区地下停车场正式启用。

22日 王府井旅游咨询服务站重张开业。

23日 南新仓"北延南扩"项目工作布置会召开。

25日 创建"六型社区"(即干净、规范、服务、安全、健康、文化的社区)联席会在幸福大街32号院召开。

28日 区城管监督中心申报的《城市市政综合监管信息系统系列标准》项目被住建部授予华夏建设科学技术奖一等奖。

29日 在住房和城乡建设部组织召开的国家智慧城市试点创建工作会上,东城区获首批国家智慧城市试点。

30日 上年区级领导班子和领导干部年度考核测评会召开。

2 月

1日 东城区与中信产业投资基金签订战略合作协议。

6日 全区领导干部大会召开,区委书记杨柳荫就做好春节和全国"两会"期间维稳工作提出要求。

☆ 区纪委十一届三次全会暨全区党风廉政建设工作会议召开。

7日 市委书记郭金龙、市长王安顺到区东直门南小街菜市场检查节前市场供应工作。

☆ 区委书记杨柳荫、副书记常卫,区委常委、组织部部长吴松元,区委常委、区委办公室主任毛炯参加东直门敬老院"亲情陪伴过大年"活动。

8日 中共中央总书记习近平到地铁8号线南锣鼓巷站施工工地慰问节日期间坚守岗位的一线劳动者。

9~16日 第28届地坛、第30届龙潭春节文化庙会举行。

9日、14日 区委书记杨柳荫、区长牛青山、区委副书记常卫、副区长徐熙,区委常委、区委办公室主任毛炯,副区长王中华等春节除夕、初五坐镇指挥全区烟花爆竹安全管控工作。

10日 国务院总理温家宝到东华门街道慰问干部职工。

22日 区处理信访突出问题及群体性事件第一次联席会议扩大会召开。

23日 副市长张延昆带队检查区全国"两会"代表驻地环境保障工作。

25日 市领导郭金龙、王安顺到北京饭店等地检查全国

"两会"安全服务保障工作。

☆ 区政府全体(扩大)会议召开。

28日 副市长张延昆到区调研城市管理工作。

3 月

1日 东城区与通州区举行"两站一街"保障房建设座谈会。落实核心区医院、学校和人口向通州新城疏解转移等工作。

4日 区干部教育培训班春季开学典礼举行。

☆ 区学雷锋志愿服务高潮日活动在东四奥林匹克广场举行。

6日 区各族各界妇女纪念三八国际劳动妇女节103周年活动举行。

8日 区组织工作会议在区委党校召开。

11日 共青团东城区委十届四次全体(扩大)会议召开。

12日 区年度人大代表建议、政协提案交办工作会召开。

13日 "东城政协讲堂"首场活动举办。邀请《中国政协理论研究》杂志执行主编作"贯彻落实中共'十八大'对人民政协的机关报要求,做称职的政协委员"专题报告。

14日 副市长陈刚到区调研天坛周边危旧楼改造工作。

17日 市委副书记、政法委书记吉林到长安街沿线检查全国"两会"社会面安保工作。

19日 副市长鲁炜到北京市珐琅厂调研,并对企业下一步工作提出要求。

☆ 区残联第一届主席团第三次全体会议暨区政府残工委、残疾人工作会议召开。

☆ 区民兵预备役工作会议召开。

☆ 东城区与西城区合作交流工作对接会举行。

20日 国家统计局北京调查总队队长李纲到东四街道调研统计进网格工作。

☆ 体育馆路街道总工会获市"先进劳动争议调解组织"称号。

21日 民政部社会福利和慈善事业促进司司长詹成付、副司长徐建中等一行到东华门街道走访慰问困难居民并考察爱心家园和博爱超市。

☆ 区名城保护重点项目专家论证会召开。

22日 区政务公开领导小组扩大会议召开,原则通过全区政务公开工作要点。

☆ 财政局面向社会公开全区68家一级预算单位部分预算及全区财政预算安排情况。

23日 区国有企业经营管理人才公开招聘会举行。

26日 "关注女性权益,法律温暖生活"——全国妇联三八妇女维权周法律咨询活动景山街道专场举行。

27日 市领导郭金龙带队到安定门街道五道营胡同等地调研城市精细化管理和核心区环境改善工作。

☆ 区领导杨柳荫与福布斯(亚洲版)执行董事吴文贵座谈。

28日 杨柳荫等到崇文小学、第二十二中学调研教育改革推进情况。

30日 区"弘扬生态文明 建设美丽东城"平原造林活动启动。

4 月

1日 区廉政工作会议在区应急指挥大厅召开。

2日 区环境建设动员部署大会召开。

☆ 区委保密委员会全体会议召开。

☆ 中美比较教育专题论坛在广渠门中学举办。

3日 区精神文明建设委员会全会和精神文明建设工作大会召开。

7日 区全市一季度形势分析会准备会暨优化经济发展环境工作会召开。

9日 区年度经济责任审计联席会议召开。

9~11日 区纪检监察领导干部培训班举行,90余个部门和单位200余人参加。

10日 市残联党组书记马大军带队到区调研职业康复站工作。

☆ 国家发改委价格监督与反垄断局局长许昆林带队到区物价检查所调研指导工作。

☆ 市文化局局长陈冬到区开展主题为"宣传思想文化工作面临的新形势"的调研。

☆ 区新党员学习贯彻"十八大"精神专题培训班举办,800余人参加。

☆ 东花市街道第七届蟠桃宫庙会暨花市社区文化展演季开幕。

☆ 区四合院风貌保护与修缮试点方案座谈会召开。

11日 北京市"我的梦·中国梦"百姓宣讲团东城区首场报告会在龙潭街道举行。

12日 市编办主任刘云广率队到东直门街道调研网格化社会服务管理创新工作。

☆ 区法院爱民月"开放日"活动举行。

☆ "司法行政为人民"第三届北京市司法行政开放日活动暨《北京司法大讲堂》首场讲座在北新桥街道司法所举行。

15日 区安全生产委员会第一次全体会议召开。

☆ 冰岛共和国总理约翰娜·西于尔扎多蒂等一行9人到区红桥市场参观。

16日 新加坡常密访华团到区调研网格化社会服务管理创新工作。

17日 国家烟草专卖局法规司司长李鸣到区调研廉政风险防控管理工作。

18日 金鱼池社区回迁纪念暨天坛地区群众文艺展演举行。

☆ 澳门新闻界高层访京团到"崇文1921"文物艺术会展中心创意园调研文化创意产业情况。

19日 青岛市市南区区委书记、区人大常委会主任王久军带队到区东直门街道调研网格化社会服务管理创新工作。

☆　东四街道举行《日下传闻录·东四故事》首发仪式。

☆　区委常委、区纪委书记夏树军为区城建、安监、文化系统副处级以上干部讲廉政党课。

☆　区文联与山东省潍坊市文联缔结为友好文联。

20日　国际奥委会原主席萨马兰奇铜像落成仪式在龙潭湖体育产业园区举行。

21日　区纪念北京建都860周年系列活动启动仪式举行。

22日　区老旧小区综合整治工作部署会召开。

☆　由尼日利亚、哥斯达黎加、智利、巴西等9国代表组成的第一期发展中国家测绘地理信息局长培训班代表团到区城管监督中心学习考察。

23日　十一世班禅额尔德尼·确吉杰布在雍和宫举办四川雅安地震祈愿大法会。

23~26日　区"一把手"素质培训工程主题研修班举办。

25日　中国黄金集团黄金珠宝(北京)有限公司正式落户东城区签约仪式举行。

☆　区严厉打击违法用地违法建设专项行动现场会在东四街道召开。

26日　"按照党的'十八大'要求,切实加强党的建设"专题报告会在区委党校举办,区委、区政府理论学习中心组成员,区处级党政"一把手"近200人参加。

☆　东城区与国家开发银行北京市分行签署金融合作备忘录。

☆　市市政市容委主任陈永到交道口街道调研城市精细化管理工作。

27日　区庆祝五一国际劳动节暨表彰先进大会召开。

☆　区统一战线纪念中共中央发布五一口号65周年座谈会召开,全区各民主党派、无党派代表人士,统战系统单位负责人,教工委、卫生局、国资委及各街道负责人100余人参加。

☆　在市"智慧北京"建设区县工作会上,东城区获区县"智慧北京"建设综合绩效奖。

28日,通教寺思智法师升座暨佛像开光庆典法会举行。

☆　"绿色科技　多彩生活——北京园林绿化科学普及暨科技创新展示会"在龙潭公园开幕。

5　月

1日　区"行政执法——湿地年"启动仪式暨《北京市湿地保护条例》实施日大型宣传活动在柳荫公园举办。

3日　团中央书记处第一书记秦宜智到北新桥街道调研社区青年汇工作。

7日　常务副市长李士祥、副市长张工到区调研机动车停车管理工作。

☆　区严厉打击违法用地违法建设专项行动现场部署会在天坛街道召开。

☆　市政协调研组到区调研网格化社会服务管理体系建设工作。

8日　市文化局领导陈冬到区调研公共文化建设和示范区创建工作。

9日　市纪委书记叶青纯到孔庙、国子监观看"廉者仁心——北京古代廉政历史文化展览"。

☆　"文化强东城　青春圆梦想"青少年实践寻访活动暨纪念五四爱国运动系列活动启动仪式举行。

☆　区首家"残疾人康复培训服务基地"揭牌仪式在景山街道举行。

10~12日　第六届北京中医药文化宣传周暨第五届地坛中医药健康文化节举办。

11日　区纪念北京建都860周年文化遗产大展暨北京天宝润德艺术品博览会举行。

12日　区"5.12防灾减灾日"主题宣传活动举办。

13日　区建设工程大会召开。

14日　首届中关村——硅谷创新创业大赛启动仪式在雍和园中美企业创新中心和美国硅谷两地同时举行。

15日　全市区(县)监察平台建设现场观摩会在区召开。

☆　副市长林克庆到区督查指导防汛工作。

17日　年度"福布斯亚太地区最大规模上市企业50强"颁奖典礼落户东城区。

18日　"梦想北京·中国三大男高音"天坛主题音乐会举办。

☆　东城科技周主会场活动在龙潭公园开幕。

19日　区皇城国际旅游文化系列活动暨皇城低碳骑行游启动仪式举行。

☆　区"残健手拉手　实现幸福梦"第23次全国助残日主题活动举办。

☆　"5.19中国旅游日北京主题活动"在前门大街举行。

20日　"人民网·北京东城组工微家园"启动。区领导吴松元、人民网副总裁唐维红、市委组织部相关负责人参加启动仪式并共同启动"微家园"。

21日　东城区百场戏剧进基层——戏剧进校园公益演出拉开帷幕。

☆　市领导郭金龙到基层联系点朝阳门街道史家社区调研。

☆　北京建都860周年、皇城国际旅游文化系列活动——文化创意中国行启动仪式暨全国首站活动北京东城区胡同创意工厂低碳骑行游和胡同创意工厂精细化服务模式研讨会在雍和园举行。

☆　全区处级领导干部法治思维和法治方式能力提升专题培训班举行开班仪式并进行首场培训。

☆　"北京中医药文化建设年——中医人文论坛"在国子监举行。

22日　区原创话剧《隆福寺》首演礼在东方剧院举行,区委、区政府理论中心组成员,有关专家、社会各界群众1000余人共同观看。

23日　全区领导干部大会召开。

☆　区委书记杨柳荫,区委常委、区委宣传部部长金晖,区委常委、区委办公室主任毛炯走访中国电视艺术家协会,双方对加强文化合作达成共识。

☆ 区防汛指挥部第一次全体会议召开。

☆ 重庆市人大常委会主任张轩率团到区调研。

☆ 山东省临邑县人大常委会主任孙书臣率队到体育馆路街道调研。

24 日 区第一期处级领导干部周末大讲堂举办。

☆ 市市政市容委主任陈永到交道口街道调研基层精细化管理工作。

☆ 秘鲁国会副主席埃古伦到京城百工坊参观,并参加手工艺体验活动。

28 日 明城墙遗址公园西端三角地绿地恢复改造工程正式竣工。

30 日 区“拥抱蓝天 放飞梦想”——第五届我们共同成长庆祝六一国际儿童节主题活动举办。

☆ 市委组织部部长姜志刚到东直门街道调研网格化党建工作。

☆ 区委对台工作领导小组会议召开。

31 日 北京市鼓楼中医医院与北京中医医院签署医疗联合体战略协议。

☆ 区市级文物保护单位智珠寺获“联合国教科文组织亚太地区文化遗产保护奖”,成为上年度中国地区唯一获此奖项的保护项目。

6 月

1 日 第二届“我家在北京”——中外少年儿童六一联欢活动在区少年宫举行。

2 日 中国环境与健康宣传周启动仪式举行,区文化委获中国环境与健康宣传周年度突出贡献奖。

3 日 市委常委苟仲文到北京市第六十五中学检查高考考点准备工作。

4 日 国际友好区韩国首尔市钟路区文化观光局局长崔容洵率队到区行政服务中心考察学习全流程智能导办联动系统。

6 日 “数字东城地理空间框架建设项目”通过竣工验收。

7 日 市领导王安顺听取区高考工作汇报。

☆ 市公安局局长傅政华考察区高考考点。

☆ “京城名医馆健康大讲堂”在鼓楼中医医院开讲,每月为百姓免费宣讲健康知识,普及中医健康养生理念。

8 日 国家统计局设管司司长刘富江带队到东四街道调研统计工作网格化管理工作。

☆ “建国门·立春文化节”被市文化局评为北京市非物质文化遗产保护贡献奖,并获选北京特色活动。

☆ 中共中央政治局常委、书记处书记刘云山到中关村科技园雍和园区调研。

9 日 “龙飞凤舞——故宫龙凤文物珍品展”开幕式在中华民族艺术珍品馆举行。

12 日 东城旅游资源图片展启动仪式暨友好省区手工艺大师交流活动在意大利弗利-切塞纳举行。

☆ 第六届龙潭端午文化节在龙潭公园开幕。

14 日 副市长陈刚到区调研棚户区和旧城改造工作。

☆ 民盟中央副主席龙庄伟到北京汇文中学调研智力帮扶工作。

17 日 区政协主席徐鸿达及区政协有关领导参加区政协举办的第二次“政协讲堂”活动。

18 日 区道德讲堂总堂举办“我的梦·中国梦”主题道德讲堂启动活动。

☆ 区工商联(商会)与北京山西企业商会正式建立全面战略合作伙伴关系协议签字仪式举行。

☆ 区委、区政府理论中心组与西城区开展区委、区政府理论中心组联学活动。

19 日 区煤改电工程启动会召开,对煤改电工作进行部署。

20 日 区领导杨柳荫调研区新兴产业发展情况。

☆ 区街道系统“六费”公开工作动员部署会召开。

☆ 北京汇文中学、北京二中和史家小学学生代表 45 人在中国人民大学附属中学现场接受全国首次太空授课。

24 日 市领导王安顺调研核心区煤改电工作。

25 日 市委常委、宣传部部长李伟到区调研宣传思想文化工作。

☆ 第六届首都新侨乡文化节东城区文艺演出专场在风尚剧场举行。

☆ 国土资源部召开的第二届国土资源节约集约模范县(市)表彰会上,区获国土资源节约集约模范县(市)称号。

26 日 超越梦想银河 SOHO 高层论坛举行,区人大主任冯熙,副主任高桂强、王兆康,副区长朴学东、许汇参加。

☆ 故宫博物院与区“平安故宫”工程院藏文物抢救性科技修复保护合作项目启动。

☆ 司法部部长吴爱英到区天同律师事务所调研中小型律师事务所创新发展工作。

☆ 区干部教育培训“中关村科技园区雍和园”现场教学基地揭牌。

27 日 区级领导班子权力公开透明运行工作动员部署会召开。

7 月

2 日 国际博物馆协会主席汉斯·马丁·辛兹率世界各国博物馆馆长和文物专家到北京国际职业教育学校参观考察。

3 日 主汛期防汛工作动员会召开。

4 日 东城区与北京首都旅游集团有限责任公司、北京控股集团有限公司战略合作签约仪式举行。

5 日 全国文化信息资源共享工程国家中心主任李宏到区调研公共文化服务工作。

☆ 中关村雍和园“胡同工厂”国际孵化器产业联盟正式揭牌。

☆ 全市首家社区党史读书角在朝阳门街道竹杆社区挂牌。

8 日 副市长陈刚到区专题研究棚户东城改造和环境整

治工作。

☆ 全国人大法律委员会副主任委员李飞、全国人大常委会预算工作委员会副主任黄建初到区调研,听取区人大常委会和相关政府职能部门对预算法修正案二次审议稿意见建议。

10日 市发改委主任张建东到区调研重点项目建设情况。

☆ 市领导张延昆到东直门街道调研大城管模式及社区管理工作。

☆ 迎接全国城市文明程度指数测评工作动员部署大会召开。

12日 “新三板”拟挂牌企业股改启动仪式在区中小企业服务中心举行。

☆ 区社会工作者联合会举办《社区工作者培训教育名师录》发布暨社区公益讲堂启动仪式。

☆ 市人大常委会副秘书长、研究室主任黄石松率调研组到区调研人民代表大会制度在北京的实践情况。

☆ “美丽北京、文化东城——东城区书画作品展”在首都博物馆开幕。

15日 市领导王安顺检查区汛期房屋安全情况。

22日 区夏秋季征兵工作动员部署会召开。

24日 区安全生产工作部署会召开。

☆ 7时35分,北京金凤成祥食品有限责任公司光明中街店发生一起燃气泄漏爆燃事故,造成2人死亡,22人受伤。

26日 《新东城报·文化周刊》创刊读者见面会举行。

☆ 区档案馆晋升为国家一级档案馆。

31日 区工商联与内蒙古自治区呼伦贝尔市工商联开展交流座谈并缔结友好商会。

☆ 商务区建管办组织召开东二环商务区新兴产业园项目规划方案专家咨询会,邀请专家学者共同对项目规划方案提出咨询意见。

8 月

1日 区城市管理综合行政执法监察局揭牌仪式举行。

☆ 区领导吴松元做客人民网“东城组工微家园”,参加“创享红色东城”系列微访谈。

5日 区创建国家公共文化服务体系示范区工作会召开。

7日 第四届前门历史文化节开幕式暨中轴诗会举行。

☆ 市总工会副主席王北平率队到区调研工资集体协商工作。

8日 伊斯兰教“开斋节”,市委统战部部长牛有成、市人大常委会副主任孙康林、副市长戴均良、市政协副主席赵文芝、市宗教局局长池维生及区领导周永明等到东四清真寺,向中国伊斯兰教协会会长陈广元阿訇、伊斯兰教教职人员及穆斯林群众致以节日问候。

9日 九三学社中央副主席、九三学社北京市委主委马大龙到区调研。

11日 15时许,市气象台、市防汛办分别发布雷电黄色预警、暴雨黄色预警和汛情黄色预警信号。区委书记杨柳荫、副区长王中华在区应急指挥中心对汛情应对工作进行部署。截至12日凌晨4时,市气象台、市防汛办已解除预警信号,区平均降水量6.70毫米,最大降水点为天安门8.50毫米,未发现房屋倒塌等险情及其他突发事件,辖区道路交通正常无积水。

15日 市政府法制办党组书记周继东率队到区对开展群众路线教育实践活动征求意见。

16日 海峡两岸民俗风情剪纸艺术展活动启动仪式在台湾会馆举行。

☆ “创意点亮北京”首届青年手机游戏创意设计大赛启动。

20日 副市长戴均良到北新桥街道调研社区青年汇工作。

21日 市住房保障工作领导小组对区保障房开竣工、配租配售情况进行效能监察。

☆ 第四届前门历史文化节系列活动之话剧《前门人家》首场演出举行。

23日 市残联理事长吴文彦、副理事长郭克利率队到景山街道、朝阳门街道专题调研残疾人社会组织如何融入温馨家园开展助残服务工作。

☆ 老舍先生逝世47周年之际,天坛街道成立老舍书屋并举行揭牌仪式。

26日 区“金秋助学”活动启动仪式举行。

27日 区检察院与市检察院共同举办北京市检察机关开展党的群众路线教育实践活动暨贯彻实施刑事诉讼法工作座谈会。

28日 市残联领导马大军率队到建国门街道温馨家园调研基层残疾人工作。

☆ 市统计局局长王文杰、国家统计局北京调查总队总队长李纲率队到北新桥街道前永康社区调研经济普查综合试点工作。

29日 区食品药品监督管理局揭牌仪式举行。

8月31日至9月2日 区领导杨柳荫、冯熙、牛青山、徐鸿达等分别到五十中、汇文中学、二中、史家小学等学校参加开学典礼。

9 月

3日 区政协举办“法在路上 律者先行”为主题的公共法律服务论坛。

☆ 区欢送夏秋季新兵入伍大会召开。

☆ 民政部基层政权和社区建设司司长蒋昆生到交道口街道调研参与式治理社区自治模式工作。

4日 市审计局局长吴素芳一行到区开展群众路线教育实践活动调研。

☆ 中央办公厅调研室主任卓松盛率队到崇外街道兴隆都市馨园社区开展走基层调研工作。

☆ 市财经委主任王琪、市旅游委主任鲁勇及部分市人大代表到区考察东方文化集团玉河北区项目规划和工程进展情况。

8日 副市长林克庆、南水北调工程建设委员会副主任夏占义率队到区开展全市绿化拉练检查。

9日 第四届北京孔庙国子监国学文化节开幕式暨东城区庆祝第29个教师节表彰活动举行。

☆ 区人大、区政协教育系统人大代表、政协委员共庆教师节活动举行。

☆ 哈萨克斯坦反经济与腐败犯罪署干部局局长特米尔布拉托克·谢里克率团到区学习考察廉政风险防控管理工作。

10日 坦桑尼亚市长代表团到区城管监督中心学习考察网格化城市管理工作。

☆ 诺贝尔经济学奖获得者詹姆斯·莫利斯到汇文中学参加首都学生与诺奖大师面对面活动。

10~13日 世界旅游城市联合会巡展在王府井步行街举办,来自国内外的51个城市通过现场推介、文艺演出等形式展示各具特色的城市文化魅力。

11日 市人大常委会副秘书长、内司办主任刘维林到区调研市人大常委会《关于加强人民检察院对诉讼活动的法律监督工作的决议》贯彻实施情况。

☆ 美国华盛顿市副市长办公室国际商务发展负责人卡莉玛·伍兹到区交流访问,并与区教育领域初步达成合作意向。

12日 区房屋登记大厅揭牌仪式举行。

☆ 区基层党组织书记培训班正式开班,区委30个直属党(工)委所属基层党组织书记1000余人参加。

13日 国家工商总局局长张茅到区调研基层工商站、所开展工作情况。

14日 "天工巧艺——首届北京市东城民间工艺美术双年展"开幕。

16日 "漫步国博——史家课程"史家胡同小学与国家博物馆签署合作项目仪式举行。

☆ 平谷区人大常委会主任刘军率队到区考察历史文化保护工作。

23日 于4月20日开工的北中轴路景观改造工程全部竣工。北中轴路景观改造工程北起安华桥,南至钟楼北桥,全长约1900米,规划面积约1.70万平方米。

24日 庆祝建国64周年暨区第四届"五月的鲜花"群众歌咏活动颁奖典礼举行。

25日 邓小平"教育要面向现代化,面向世界,面向未来"题词30周年纪念大会在景山学校举行。

☆ 区工商联荣获全国"五好"县级工商联建设示范点称号。

26日 区人大常委会授予东城区优秀法官、优秀检察官、优秀人民警察荣誉称号大会召开。

☆ 副市长杨晓超带队到区检查节前公共安全工作。

29日 北京文惠卡首发仪式在区举行。

☆ 区首届教育人才大会召开。会议发布《关于进一步加强东城区教育系统干部教师队伍建设工作的意见》,推出16项具体方案,并成立新一批8个"名校长工作室"和28个"名师工作室"。

10 月

1日 首届"北京·高雄特色周"在前门台湾文化商务区开幕。

10日 区"共筑中国梦 孝行在东城"孝星命名暨典型事迹宣讲大会召开。

11日 国家体育总局群众体育司司长刘国永率队到区调研"奥林匹克·体育生活化社区"建设工作。

14日 市委常委、秘书长赵凤桐到区调研群防群治工作。

☆ 首都文明办主任滕盛萍到区调研精神文明建设工作。

15日 "黄埔情缘·相约北京"第三届台湾眷村与北京社区交流节在区举行。

☆ 全区街道经济工作会议召开。

17日 市委副书记吕锡文到区调研居家养老工作。

18日 史家胡同博物馆开馆。

☆ 东城区与天津市和平区签定两区商贸发展战略合作意向书。

☆ 东城区与门头沟区合作办学项目正式签约。

19日 大都美术馆开馆暨《国风——中国油画语言研究展》开幕式举行。

20日 北京市第五十中学建校60周年活动举行。

21日 市领导张延昆到东华门街道调研地区安全稳定和城市管理工作。

23日 英国统计局组织能力与绩效司副司长萨丽·伊万斯率代表团到区考察统计登记工作。

23~25日 副区长陈之常率区代表团参加第十一届中国(合肥)商业街行业年会并作经验交流发言。南锣鼓巷获得中国特色商业街称号;王府井建管办、前门大街管委会获上年度全国商业街先进集体称号。

24日 "中国梦·我的梦"——东城区与陕西省延安市、山东省临沂市三地书画作品联展在台湾会馆开幕。

25日 区领导杨柳荫会见国际友好区罗马尼亚布加勒斯特市二区区长尼古拉·翁察努。

28日 12时05分,3名恐怖分子驾驶吉普车自南池子南口闯入长安街便道,由东向西快速行驶撞向金水桥护栏后起火,行驶过程中造成多名游客及执勤民警受伤,车内3人已死亡。事发后,区召开工作紧急部署会,成立善后工作领导小组,区领导分赴各相关医院看望伤员,布置救治工作,同时做好伤员家属的接待、安置、安抚和各项服务保障工作。

29日 区"才富东城——人才、财富、创新、发展"非公企业论坛举办。

☆ 市人大常委会民族宗教侨务办公室主任黄强率队到区专题调研归国留学人员在京创业发展与权益保护工作。

☆ 南锣鼓巷WiFi系统正式开通。游客到南锣鼓巷地区旅游可享受1小时的免费WiFi上网体验。

30日 由北京东方文化资产经营公司出品,区委宣传部参与制作的大型原创民族音乐剧《曹雪芹》新闻发布会在东方剧院举行。

11 月

1日 京城百工坊首届民间传统文化艺术节开幕。百工坊非遗技艺传习所正式揭牌。

2日 市领导郭金龙、王安顺到区调研公共服务和公共安全工作。

4日 区迎十八届三中全会安全维稳、环境秩序保障、信访工作部署大会召开。

☆ 故宫博物院与东城区政府签约的故宫学院成立典礼在北京国际职业教育学校总部举行。

5日 市政协副主席闫仲秋带队到区调研中小微企业和非公经济发展情况。

☆ 由人民出版社和朝阳门街道合作筹建的“人民书屋”在朝阳门街道演乐社区揭牌。

6日 财政部综合司副司长孙燕、中国残联教育就业部副主任谢宏德一行到区专题调研残疾人就业保障金审核征缴及使用管理工作。

☆ 在中国图书馆年会暨国家公共文化服务体系示范区工作会议上,东城区成功入选第二批国家公共文化服务体系示范区。

9日 区获评北京市首个全国社区商业示范区。

11日 市人大常委会副秘书长、办公厅主任张清一行到区车辇店居民区停车楼调研考察停车管理情况。

☆ 区党的群众路线教育实践活动筹备组工作会召开。

14日 市领导王安顺到区调研冬季供暖工作。

☆ 台湾省台南市里长会长联合会总会参访团到史家社区和史家胡同博物馆参观。

15日 区第一妇幼保健院举办大型义诊暨开诊活动。

19日 “福布斯亚太地区最佳上市企业50强”颁奖典礼在区举行。

20日 区公共安全工作紧急视频会议召开。

☆ 市市政市容委领导陈永率城六区城管委负责人到交道口街道考察城市精细化管理工作。

21日 区宣传思想工作会议召开。

24日 区安全工作会议召开。

27日 民革中央主席万鄂湘、副主席修福金到东华门街道韶九社区开展结对帮扶困难居民活动。

28~29日 第四届地坛论坛举行。

29日 区举行年度首次公共租赁住房摇号仪式。公租房源为双合家园保障房项目,675套725户家庭参加摇号。

30日 团中央书记处书记罗梅到区调研社区青年汇工作。

12 月

3日 国际残疾人日“生命·温暖·梦想”融合教育主题活动在区举办。

☆ 市老龄产业协会会长翟鸿祥到区调研养老工作。

☆ 文化部副部长项兆伦到区调研网吧行业发展情况。

☆ 市领导牛有成、李伟到大前门拍卖公司等调研非公经济促进文化产业发展情况。

5日 市民政局局长李万钧到景山街道尚爱老年养护中心调研养老工作。

9~10日 在第二批全国社区治理和服务创新实验区评审会上,东城区通过评审。

13日 市重大办党组书记许健到区调研。

15日 体操类项目进校园授牌仪式暨东城区体育教师之家揭牌仪式在地坛体育馆举行。

16日 文化部市场司副司长庹祖海率队到区调研网吧转型升级、调整经营等问题。

☆ 区组织工作会议召开。

17日 区下年重大项目工作会召开。

☆ 区委、区政府召开区级领导班子专题民主生活会。

19日 由区文化委、杨丽萍舞蹈工作室主办的首届杨丽萍国际舞蹈季落幕,舞蹈季举行10场演出,吸引观众近4000人。

20日 “畅游前门大街 体验百年商韵”——前门文化体验街区岁末购物季开幕。购物季为期15天,推出六大文化体验主题。

22日 凌晨,东单路口热力市政主管网发生管道爆裂泄漏,市区相关部门迅速勘查抢修。截至23日凌晨,热力管网修复完成,供热恢复正常。

☆ “精品特色,人人成才”——东城区年度教育工作会召开。

24日 民政部社会事务司司长张世峰一行到东华门街道韶九社区听取居民对中共中央办公厅和国务院办公厅印发的《关于党员干部带头推动殡葬改革的意见》的意见建议。

☆ 区首家工伤试点医院工伤持卡就医、实时结算验收工作完成。

25日 市领导杨晓超到区调研区县公立医院改革工作。

26日 区律师协会与北京电视艺术家协会成立权益保护联盟启动暨新闻发布仪式在北京电视台举行。

☆ 联合国教科文组织亚太地区联合会主席陶西平,中国陶行知研究会会长、国家督学朱小蔓及市教委、北京教育学院有关领导参加黑芝麻胡同小学“秉承行知思想,践行创造教育”办学实践研讨会。

27日 区委十一届六次全体会议在区委、区政府1号院召开。

30日 区领导杨柳荫调研玉河历史文化风貌保护项目。

特　　载

文　件　（节选）

转变作风　真抓实干
为圆满完成全年目标任务而努力奋斗

2013年7月19日在中共东城区委十一届五次全会上的报告

中共东城区委书记　杨柳荫

一、上半年工作回顾

2013年是全面贯彻落实党的十八大精神的开局之年，也是我区实施“总规”和“十二五”规划承上启下的关键之年。半年来，常委会团结带领广大党员干部群众，以学习贯彻党的十八大精神为主线，以北京建都860周年和我区“精细化管理年”为契机，凝心聚力、攻坚克难、转变作风，加快推进“国际化现代化新东城”建设，发展方式转变取得较好成效，发展成果更多惠及人民群众。

一是文化强区战略深入实施。围绕北京建都860周年，以“美丽北京、文化东城”为主题，组织中国三大男高音天坛音乐会、文化遗产大展、故宫文物精品展，开展皇城低碳骑行游、胡同创意之旅、南锣鼓巷戏剧展演季等丰富多彩的活动，推出原创话剧《隆福寺》《南锣鼓巷7号》等文艺精品，宣传我区名城保护的成果，展示古都文化魅力，进一步提升了区域文化影响力。加快推动钟鼓楼广场恢复整治等“十大保护项目”，“十项文物保护修缮工程”和“十项会馆保护利用工程”完成过半，前门东区、玉河南区等修缮整治工程全面启动。新增7处国家级文物保护单位，文物修缮和非物质文化遗产保护工作继续走在全市前列。正式启动中关村东城园空间规划调整工作，扩园后总规划面积增加一倍，先行先试政策覆盖区域进一步扩大，文化经济集聚效应日益明显。文化“航母”打造迈出重要步伐，新组建的天街集团实现了区属国有企业的强强联合、优势互补，为文化和经济融合发展奠定了坚实基础，保利文化集团、光线传媒公司进入“中国文化企业三十强”。“国家公共文化服务体系示范区”创建工作取得阶段性成果，公共文化资源分类供给示范项目通过文化部验收，在全国率先建立公共文化服务导航网，文化惠民力度不断加大。

二是区域经济运行平稳。面对复杂严峻的外部经济环境，常委会牢牢把握稳中求进的总基调，切实加强对经济工作的领导，积极调整产业结构，着力做好招大选强和增收节支工作，更加注重经济增长的质量和效益，区域经济呈现平稳运行的态势。上半年，区级公共财政预算收入完成77.90亿元，同比增长5.70%，提前完成收入进度过半的任务；地均GDP、地均财政收入均位列全市第二位；社会消费品零售额预计完成408亿元左右，同比增长7%左右；人均可支配收入预计实现20923元，同比增长8.50%。在第二届“京交会”上，我区34个项目实现成功签约，总额超过100亿元。“两带五区”集聚带动作用不断增强，东二环高端服务业发展带荣获首批“北京市总部经济聚集区”和“北京市商务服务业集聚区”称号。加快推进重点项目立项审批、统筹调度等工作，地铁6、8号线扩拆区和7、14号线搬迁工程有序推进，五道营特色街区一期改造工程顺利完成，南新仓“北延南扩”改造工程进入全面实施阶段。通过举办皇城国际旅游文化系列活动和各类促销活动，有效拉动了区域消费，经济发展内生动力不断增强。

三是“精细化管理年”工作取得显著成效。深入研究“大城管”体制改革方案和“两网”融合实施方案，注重细节管理、综合治理和全民参与，“美丽东城”建设扎实推进。继续围绕“九横八纵”主干路网和胡同街巷、老旧小区，大力实施“九个明显提升”工程。以崇雍大街为样板，在东内大街、花市大街等26条大街开展门前管理责任制试点，市容环境和交通秩序明显改善。按照全市统一部署，着力整治大气污染、污水、垃圾和违法建设四大“顽疾”，积极推广垃圾分类规范化、公共自行车租赁等低碳生活方式,依法拆除违法建设627处、24706平方米,消除了重大安全隐患,有效遏制了新生违法建设反弹。大力实施绿化加密工程,完成明城墙遗址公园西侧绿地、东直门交通枢纽周边等一批绿化精品工程,开展“千棵大树、十万株攀援植物进社区”工程和“美丽胡同”、“美丽屋顶”等创建工作,进一步提升了区域环境品质。

*四是社会和谐稳定的局面进一步巩固。*围绕群众最关心的住房改善问题,加快实施保障性住房、定向安置房、老旧小区综合整治、“煤改电”等民生工程,天坛东里中区、南里东区、永定门东街等区域老楼改造工程顺利竣工,惠及居民1500余户,成为全市首个成规模完工的加固改造片区。全区城镇登记失业率为0.82%,就业形势稳定向好。社会保障水平不断提高,困难群众基本生活得到有效保障,“九养”政策得到较好落实,教育、卫生、体育等优质资源覆盖面不断扩大,民生状况持续改善。出台全面完善社区商业服务体系的实施意见,继续深化“一刻钟社区服务圈”创建工作,提高了群众生活便利度。深入推进“平安东城”常态化建设,深化网格化社会服务管理创新工作,严格落实信访代理制,完善群防群治网络,圆满完成重点时段和敏感期的维稳工作,实现了“大事不出、小事也不出”的目标,群众安全感调查位居城六区之首。

*五是党的建设全面加强。*继续深入学习宣传贯彻党的十八大精神,开展领导干部“行动学习走基层”等专题学习活动,实施“一卡一册一库”处级干部教育培训学时管理办法,进一步提高了领导干部思想政治素质。深入开展“中国梦”基层宣讲、征文演讲等主题教育活动,进一步筑牢了共同团结奋斗的思想基础。加大班子优化和干部调整力度,开展了“非定向实名推荐”近期可提拔担任正处级领导干部人选工作。研究制定进一步加强党管人才工作的实施意见,在全市率先探索实践社会工作人才规范管理新途径,建立“雍和园硅谷高端文化科技人才创业基地”。以社区党建“三级联创”活动为载体,扎实推进区域化党建工作,选派党员干部深入老旧小区整治等重点工程中实践锻炼。部署开展党代会常任制和党代表工作室试点工作。深化廉政风险防控“三个体系”建设,积极推进区级领导班子权力公开透明运行,在街道系统开展“六费”公开工作,率先在全市基本建成廉政风险信息化防控电子监察平台;举办“廉者仁心——北京古代廉政历史文化展览”,党员群众踊跃参观,获得社会各界好评,打造了具有东城特色的廉政文化品牌;加强对环境建设、重点工程的监督检查,严肃查处违纪违法案件;在全区纪检监察干部中开展了会员卡专项清退活动并作出“零持有”承诺。

*六是作风建设持续深化。*常委会积极发挥核心领导作用,严格执行中央八项规定、市委实施意见和区委实施办法,制定加强领导干部调查研究工作的意见和区级领导直接联系群众的制度,大力精简会议文件,推行“一会制”和“无会工作日”。各级领导干部带头深入基层调研,听民意、访民情、解民忧,进一步密切了党群关系。坚持总揽全局、协调各方,充分发挥区人大、区政府、区政协的职能作用以及统一战线、工青妇等各方面独特优势,形成了全区上下团结协作、聚焦发展、真抓实干的强大合力。

二、抢抓机遇、奋力攻坚,全力抓好下半年各项工作

下半年是良好发展形势的巩固期,也是完成全年任务的冲刺期。全区上下要深入贯彻落实全市上半年经济形势分析会精神,按照区委十一届四次全会和区十五届人大三次会议确定的各项决策部署,坚持稳中求进、稳中有为、稳中提质,进一步转变作风、真抓实干,敢于负责、敢于碰硬,奋发有为地抓好事关全局的重点工作,圆满完成全年经济社会发展目标任务。

*一是以重点项目为支撑,统筹推动历史名城保护和经济转型升级取得新进展。*把重点项目建设作为实现旧城有机更新和区域转型发展的重要载体,充分利用北京市加快旧城保护和棚户区改造的新政策,健全区领导牵头统筹项目建设制度,全力破解重大项目建设中的瓶颈制约,用好市区两级“绿色通道”,推动签约项目加快落地、落地项目加快开工、开工项目加快建设,努力实现保护与发展“双赢”。

*二是以“精细化管理年”活动为抓手,努力为群众营造精致靓丽的城市环境、和谐稳定的社会环境。*坚持把精细化管理作为核心区发展的永恒主题,以建设“美丽东城”为目标,下更大的决心抓好生态环境建设,不断提升区域环境品质。

*三是以体制机制创新为动力,加快推进重点领域和关键环节改革。*进一步聚焦难点、解放思想,释放改革红利,注重系统谋划,加强统筹协调,推动政策集成创新、管理服务创新、体制机制创新和方式方法创新,不断为区域发展注入活力和动力。

三、以为民务实清廉为导向,进一步提高党的建设科学化水平

做好下半年工作,完成全年任务,关键在于党的领导。要认真落实十八大关于加强党的建设的各项任务,进一步改进工作作风,以为民务实清廉的实效推动科学发展、赢得群众信任。

一是继续加强领导班子和干部人才队伍建设。

二是继续推进基层党建创新工作。

三是继续加强作风建设和反腐倡廉建设。

深入学习贯彻十八届三中全会精神
加快推进“国际化现代化新东城”建设

2013年12月27日在中共东城区委十一届六次全会上的报告

中共东城区委书记　杨柳荫

一、本年工作回顾

本年是全面贯彻落实党的十八大精神的开局之年。一年来,面对错综复杂的国内外形势,常委会团结带领广大党员干部群众,以学习贯彻党的十八大精神为主线,以北京建都860周年和我区“精细化管理年”为契机,转变作风、攻坚克难、稳中求进,“国际化现代化新东城”建设迈出坚实步伐,发展成果更多惠及人民群众。

一是文化强区建设取得新进展。围绕北京建都860周年,举办前门历史文化节、孔庙国子监国学文化节、南锣鼓巷戏剧展演季、文化遗产大展等一系列丰富多彩的活动,进一步提升了区域文化影响力。名城保护“三个十工程”完成26项,时间博物馆主体结构完工,五道营街区风貌品质提升一期工程圆满收尾,全市首家胡同博物馆——史家胡同博物馆正式对外开放,前门东区、玉河南区等修缮整治工程全面启动。深化与故宫博物院的战略合作,联合成立“故宫学院”,启动了“平安故宫文物修复工程”。新增7处国家级文保单位,智珠寺古建筑群荣获“联合国亚太地区文化遗产保护奖”,成为中国地区唯一获此奖项的保护项目。文化产业实现增加值占GDP比重达到12%。中关村东城园扩园后总规划面积增加一倍,制定了文化和科技融合发展三年行动计划,预计全年高新技术企业实现收入850亿元,增速达到124%。文化“航母”打造迈出重要步伐。成功获得第二批“国家公共文化服务体系示范区”争创资格,文化惠民力度不断加大。我区在全国城市文明程度指数测评中名列前茅。

二是区域经济实现平稳可持续发展。面对复杂严峻的外部经济环境特别是“营改增”等政策性减收因素影响,常委会把稳增长、促转型、提质量放在更加突出位置,着力做好招大选强和增收节支工作,保持了经济平稳较快发展。区级公共财政预算收入预计完成147.72亿元,同比增长9.60%,人均GDP、地均财政收入均位列全市第二位;六大重点产业增加值占GDP比重达到66%左右。“两带五区”集聚带动作用不断增强,东二环高端服务业发展带荣获首批“北京市总部经济聚集区”和“北京市商务服务业集聚区”称号。重点产业项目加紧推进,新世界酒店三期、华尔道夫酒店建成开业,崇文门商业项目正式开工建设。引入中国黄金珠宝公司、中海油财务公司等一批优质企业。跨国公司地区总部达到17家,居全市第二位。中小企业扶持力度继续加大。坚持集约发展、绿色发展,我区被评为全国“国土资源节约集约模范县(市)”和“北京市节能先进区”。

三是“精细化管理年”工作成效显著。注重细节管理、综合治理和全民参与,“美丽东城”建设扎实推进。高标准完成24条胡同和16个老旧小区环境整治提升任务,在26条大街开展“门前管理责任制”试点,对20条胡同实施“单行单停”,新增居民区停车位2500个,创建一批自行车停车示范街,市容环境和交通秩序明显改善。着力整治大气污染、污水、垃圾和违法建设四大“顽疾”,依法拆除违法建设4.36万平方米,消除了重大安全隐患,有效遏制了新生违法建设反弹。实施绿化加密工程,完成明城墙遗址公园西侧绿地、东直门交通枢纽周边、50条街巷胡同景观改造等重点绿化工程,完成绿化面积13.92万平方米,生态环境质量不断提升。“智慧东城”、科技创新工作成效显著,我区入选首批国家智慧城市试点,网格化管理创新项目获“中国智慧城市创新应用奖”。

四是民生改善和社会服务管理迈上新台阶。围绕群众最关心的住房改善问题,加快推进豆各庄等定向安置房建设和棚户区改造步伐;全年完成108万平方米老旧小区综合改造、2.70万户“煤改电”任务。居民人均可支配收入预计达到41644元,同比增长8%左右。城镇登记失业率为0.79%,“零就业家庭”动态保持为零,困难群众基本生活得到有效保障,养老助残事业稳步发展。新增幼儿园学位500个,基本缓解入园难问题;通过深化学区化管理、学校联盟机制,进一步促进了义务教育优质均衡发展。新增50个“中医药特色健康管理社区”,全面推进121个“奥林匹克·体育生活化社区”创建工作。区档案馆成功晋级国家一级档案馆。完善社区商业服务体系,我区成为全市首个“全国社区商业示范区”。“一刻钟社区服务圈”覆盖率达到90%。建成全市首家综合性、多功能的“社区邻里服务中心”。继续深化网格化社会服务管理创新工作,研究制定“两网融合”实施方案,完善“参与式协商”等社区治理模式。深入推进“平安东城”常态化建设,依托信访代理制有效化解了一批社会矛盾,发挥专群结合、群防群治优势,圆满完成重点时段安保维稳工作,群众安全感调查位居城六区之首,我区荣获“全国平安建设先进区”称号。

五是党的建设全面加强。深入学习贯彻党的十八大、十八届三中全会和习近平总书记系列重要讲话精神,开展领导干部“行动学习走基层”、“中国梦”主题教育等活动,实施“一卡一册一库”处级干部培训学时管理办法,夯实干部教育培训工作,筑牢了党员干部思想理论根基。制定加强党管人才工作的实施意见,深入推进"文化人才管理改革实验区"建设,建立了"雍和园硅谷高端文化科技人才创业基地"。以社区党建"三级联创"活动为载体,扎实推进服务型党组织建设。区域化党建工作水平进一步提升,打造了全市首家非公党建信息化平台"红云新桥",开通全国首家"组工微家园"。党内民主进一步深化,党代会常任制和党代表工作室试点工作扎实推进。党委系统信息化建设和保密工作走在全市前列。严格执行中央八项规定、市委实施意见和区委实施办法,制定加强领导干部调查研究工作的意见和区级领导直接联系群众的制度。大力改进会风、文风,全区性会议数量同比下降40%,以区委名义制发的文件同比减少20%。严格控制"三公"经费支出,将6项区级庆典活动调整为隔年举办一次,各类活动数量同比减少50%。开展网上违规行为监察,对违反中央八项规定的典型案件加大查处和通报力度,坚决纠正"四风",营造了风清气正的良好环境。深入推进廉政风险防控"三个体系"建设,向区级和基层延伸工作进展顺利,全区风险防控工作整体水平不断提高。在全市率先建成廉政风险防控电子监察平台,工作经验在全市推广。严肃查处违纪违法案件,全年新立案数同比上升75%,保持了惩治腐败的高压态势。挖掘区域文化资源,创新宣教方式方法,举办廉政历史文化展,得到中央纪委充分肯定和社会各界广泛赞誉。

一年来,常委会认真贯彻民主集中制,坚持总揽全局、协调各方。支持区人大及其常委会依法行使重大事项决定权、人事任免权、监督权等各项职权,为人大代表履职尽责创造良好条件;深入践行协商民主,支持区政协有效履行政治协商、民主监督、参政议政职能;加强与各民主党派、工商联、无党派人士的协商合作,党外代表人士队伍建设和社会领域统战取得新成绩;发挥工青妇等人民团体各自独特优势,坚持党管武装,形成了团结和谐、共促发展的强大合力。

按照市委要求,下面把本年度干部选拔任用工作情况向全委会作简要报告。本年,常委会严格执行《干部任用条例》等各项政策法规,进一步深化干部人事制度改革,扎实推进干部选拔任用各项工作,为"国际化现代化新东城"建设提供了坚强的组织保证和人才支持。牢固树立正确的选人用人导向,坚持综合分析研判制度,加大优化调整和实践锻炼力度,注重选拔有思路、有本领、有激情、有贡献、敢于担当、敢于碰硬、敢于创新的优秀干部,合理使用不同年龄段干部,切实抓好女干部、少数民族干部和党外干部选拔使用,使班子结构更加符合发展需要,干部队伍活力进一步增强。探索实行"三述两评"年度考核模式,强化干部的德、作风和工作实绩的考核,不断完善干部考核评价机制。坚持民主提名、公开提名、责任提名,探索开展"非定向实名推荐"近期可提拔担任正处级领导干部人选工作,着力完善民主推荐和民主测评工作。面向全区竞争性选拔10名副处级领导干部和8名处级非领导职务干部,实现了"发现一批、选拔一批、储备一批"的预期目标。认真抓好《干部任用条例》和四项监督制度的监督检查,健全完善干部监督工作联席会议制度,探索组建"干部工作监督员"队伍,有效整治选人用人上的不正之风。本年度区委共有16次常委会涉及研究干部任免事宜,共任免干部435人次,全年没有发现任何违规提拔、违规用人问题。具体情况请参阅已下发的书面报告。

在看到成绩的同时,常委会也清醒地认识到:保护风貌、疏解人口、改善民生与发展产业有机结合、统筹推进的力度还需加大;消费拉动、项目带动、创新驱动、高端引领的能力仍有待增强;城市精细化、常态化管理的体制机制需进一步完善;养老、住房等社会公共服务能力与群众的期待还有不小差距;维护社会稳定还需要下更大功夫;少数党员干部作风需要进一步改进,创新力和执行力有待进一步提高,等等。对此,常委会将认真研究改进措施,着力加以解决。

二、下年工作总体要求和重点任务

下年是全面贯彻落实党的十八届三中全会精神、全面深化改革的第一年,是新中国成立65周年和北京举办亚太经合组织峰会之年,也是我区"总规"和"十二五"规划实施的第四年。全区工作的总体要求是:深入学习贯彻党的十八大、十八届三中全会和市委十一届三次全会精神,立足"首都文化中心区、世界城市窗口区"总体定位,深入实施"两新四化"发展战略,以总体发展战略规划为引领,以党的群众路线教育实践活动为契机,以提高民生福祉为根本目的,把改革创新贯穿于经济社会发展各个领域各个环节,继续改进作风、攻坚克难、稳中求进,努力在更高水平上推动"国际化现代化新东城"建设,充分发挥首都功能核心区的示范引领作用。主要抓好以下六个方面的工作:

一是坚定不移地实施"文化强区"战略,增强文化核心竞争力。

二是坚定不移地推动重点项目建设,促进区域可持续发展。

三是坚定不移地促进经济转型升级,提升经济发展质量。

四是坚定不移地深化精细化管理工作,提升城市环境品质。

五是坚定不移地保障和改善民生,促进社会和谐稳定。

六是坚定不移地推进改革开放,增强科学发展的新动力。

三、以开展党的群众路线教育实践活动为契机,全面提高党的建设科学化水平

完成全年任务、实现新的发展,关键在于党的领导。要全面落实十八大、十八届三中全会关于加强党的建设的各项任务,结合第二批群众路线教育实践活动,不断加强党的执政能力建设和先进性、纯洁性建设,为推动科学发展提供坚强保障。

一是扎实开展党的群众路线教育实践活动,推动作风建设常态化。

二是着力建设干事创业的领导班子和干部队伍。

三是深入推进服务型党组织建设。

四是进一步加强反腐倡廉建设。

五是充分发挥常委会总揽全局、协调各方的作用。

东城区人民代表大会常务委员会工作报告

2013年1月9日在东城区第十五届人民代表大会第三次会议上

东城区人大常委会主任　冯　熙

上年主要工作

上年,区人大常委会在中共东城区委的领导和市人大常委会的指导下,认真学习贯彻党的十八大精神,紧紧围绕全区中心任务,服务"国际化现代化新东城"建设大局,全面落实区十五届人大一次会议决议,依法履行各项职能,改进和创新工作方式,人大工作取得新的成效。一年来,常委会召开会议7次,听取、审议议题42项;召开主任会议12次,研究讨论议题60项。其中,听取、审议计划、预算、决算、审计等报告7个,代表议案、建议办理情况报告4个;依法作出决议、决定5项;听取"一府两院"专项工作报告9个;修订、修正人大工作制度16项;任免国家机关工作人员348人次;审查终止区人大代表资格8名。组织补选区人大代表2名。组织召开十五届人大二次会议,选举产生69名新一届市人大代表。

一、认真履行监督职责,全力促进经济社会平稳发展

常委会立足"首都文化中心区、世界城市窗口区"总体定位,围绕推进"总规"和"十二五"规划全面实施需要解决的重要问题,以及人民群众普遍关注的重点问题,深化对国家权力运行的监督,保证、支持和督促"一府两院"依法行政、公正司法。

着力推动区域经济平稳健康发展。修改完善《关于加强经济工作监督的若干意见》,深化和规范经济工作监督。围绕产业结构调整等重点工作开展调研,组织代表、委员视察重点产业功能区和重点企业,常委会主任、副主任分别走访所联系的企业,支持企业发展。建立数据库,对经济运行指标进行监测、分析,强化计划执行的动态监督。听取规划体系建设年工作情况的报告,根据规划推进所面临的困难,提出发挥规划引领作用、强化保障机制、拓宽融资渠道、化解融资难题等建议。听取和审议国民经济和社会发展计划执行情况的报告,提出加快产业结构调整、提升发展质量、保障和改善民生、促进社会和谐稳定等建议,促进区政府协调推进经济社会稳步发展。

加强和改进预算监督工作。在设立预算工作室的基础上,增设预算委员会,修改完善《预算监督办法》和《预算监督顾问工作规则》等规章制度,聘请新一届预算监督顾问,审查批准本级财政决算,听取和审议预算执行和其他财政收支的审计工作报告,提出继续加强对重点部门、重点项目、专项资金和关系人民群众切身利益项目资金的审计监督,突出绩效审计重点,强化对审计查出问题的整改等审议意见。听取和审议预算执行情况的报告,提出增强财政收入增长后劲,继续加大预决算信息公开力度等方面的建议。区政府在年度预算变动时,调增产业扶持资金,加大对教育、卫生、老旧小区整治等方面的投入;有67家区属预算单位部门公开预算信息;探索开展大额财政资金安排的事前评估,邀请人大代表参与专家评审组工作;财政资金绩效考评工作取得新进展。

促进依法行政、公正司法。为进一步维护地区安全稳定,迎接党的十八大顺利召开,听取关于社会治安形势的报告,提出深化平安东城建设等建议,对所联系的街道安全保障工作进行督察。听取关于依法行政工作的报告,提出推进政务公开、充分发挥法制工作机构的作用等建议,促进区政府推进服务型、法治政府建设。常委会积极配合市人大开展《北京市少数民族权益保障条例》和《中关村国家自主创新示范区条例》执法检查工作,就检查中发现的少数民族权益保障方面的问题,提出加强少数民族干部培养、文化传承等七个方面的建议;就创新示范区建设提出完善服务体系建设、深入推广雍和园品牌等四个方面的建议。

修改完善《人民陪审员工作规则》和《人大代表旁听区法院公开审理案件办法》,听取区法院关于加强审判管理工作的报告,组织市、区人大代表旁听区法院公开审理案件,及时反馈对庭审法官的庭审能力、审判作风以及检察官公诉水平等方面的意见建议。区法院不断改进审判工作,让老百姓打一场明明白白的官司。听取区检察院关于民事行政检察监督工作的报告,提出强化抗诉工作,完善民行检察监督体系等建议。检察院充分发挥检察职能,着力完善以抗诉为中心的多元监督格局,全区民事行政检察监督工作步入规范化轨道。

关注民生改善,促进社会和谐。听取关于制定东城区教育空间布局发展规划情况的报告,提出以规划为引领,优化教育空间布局,加大教育发展统筹协调力度,挖掘教育资源潜力,不断完善教育设施等建议,促进全区教育优质、均衡发展。组织妇女代表小组视察幼儿园,关注全区特殊儿童教育发展情况。组织少数民族代表小组视察和走访宗教场所,增进不同宗教之间的沟通和信任,共同维护社会和谐稳定。

代表们对我区中医药发展以及保障房和对接房建设工作的关注度很高,涉及广大人民群众的切身利益。常委会跟踪督办,组织代表、委员开展视察、调研,推动区政府深入推进国家中医药发展综合改革试验区建设,促进中医药产业发展;保证、支持和督促区政府推动保障房和对接房建设工作。

推动探索历史文化街区保护与发展新模式。常委会十分关注历史文化街区保护与发展所面临的问题,在督办相关代表议案的同时,深入开展调查研究,认真总结历史经验,调查分析问题,听取东城区历史文化名城保护工作报告,提出坚定信心,坚持历史文化名城保护总体目标不动摇,以历史文化街区保护与发展为切入点,积极探索保护与发展的新模式,加快构建历史风貌保护、人口疏解、民生改善和产业发展“四位一体”的保护与发展格局等意见建议。区政府完善各项规划,建立资金保障体系,实施“三十工程”项目建设,不断推进历史文化名城保护工作。

二、改进代表议案督办机制,努力增强办理实效

区十五届人大一次会议确定的“发挥历史文化名城优势,全力推进文化强区战略”和“加强交通管理,提升城市管理的精细化水平”两项议案,关系全区科学发展,涉及人民群众切身利益和社会普遍关注的重点问题。常委会高度重视,加强组织领导,靠前督办,成立两个议案督办调研组,组织有相应专业特长的代表以及议案领衔代表参加。改进督办协调机制,组织领衔代表和政府议案办理部门直接见面,面对面进行交流、沟通和协调,充分调动双方的积极性,推动解决相关问题。探索采用调查问卷和网络问政的方式,广泛汇集民意,增强督办实效。

“发挥历史文化名城优势,全力推进文化强区战略”议案督办调研组下设公共文化事业、文化产业促进、文化名城保护3个专题小组,深入开展调研,视察玉河改造工程等文化项目,以及多家文化创意企业和老字号企业。采取发放调查问卷、在数字东城网站上开辟专栏等方式,征求企业和广大干部群众对推进文化强区战略的意见建议。“加强交通管理,提升城市管理的精细化水平”议案督办调研组下设静态交通管理、城市交通秩序、城市交通规划3个专题小组,深入开展调研,视察车辇店立体停车场、国子监街双改单、光明小学周边交通秩序整治等工程现场,提出改进办理工作的意见建议。区政府高度重视议案办理工作,各主管副区长靠前指挥,议案办理牵头部门与各承办单位分工合作,主动与代表沟通,积极改进工作。两个议案所涉及的14件具体问题得到具体详细的答复,有的问题基本得到解决,提出议案的代表表示满意。常委会第六次会议分别听取和审议区政府关于两个议案办理情况的报告,形成审议意见书,送区政府进一步研究处理。

三、发挥代表主体作用,努力提高代表工作水平

上年,是本届人大代表履职的第一年,为充分发挥代表主体作用,常委会以贯彻实施新修改的《代表法》为契机,着重加强代表能力建设,密切代表与人民群众的联系,完善代表议案建议督办方式,代表工作取得实效。

加强代表能力建设,保障代表依法履职。一是开展多层次培训学习与个人学习相结合,丰富代表履职所必须的基础理论和专业知识。常委会组织集中培训两次,各街工委结合实际,采取以会代训、经验交流、外出考察等多种形式开展学习,各委员会结合专业特点,采取会前学法、专家讲座等形式,注重提高整体业务水平。二是完善代表工作格局,发挥人大街工委整体作用。坚持常委会主任联系街工委制度,积极开展代表联组活动,全区183个社区均聘请了人大代表联络员,认真做好代表履职个性化服务。三是深入开展走访接待选民活动,密切代表与群众的联系。一年来,采取代表集中走访选民、召开选民座谈会、电话、邮件联系选民等方式,参加活动的代表740余人次,走访接待选民15700余人次,汇集选民意见930余条,代表将选民意见及时反映给街道和有关部门,大多数意见得到及时答复和解决。四是拓宽代表知情知政渠道,密切代表与常委会的联系。邀请专业领域代表参与有关议题的审议工作,先后邀请49位代表列席常委会会议,200余位代表听取了“一府两院”半年工作通报,56位代表旁听了法院的案件审理工作,推荐31位代表担任社会监督员。

完善代表建议督办机制,有效推动建议的解决落实。建立健全“网上办公、领导督办、会议强调、统筹协调、分类负责、重点检查、发函复查”的代表建议督办工作机制,坚持常委会主任领衔督办重点建议制度,加强区人大与“一府两院”之间、代表与建议承办单位之间的沟通协调。组织代表对重点承办单位进行视察、调研和督促,支持和推动政府改进工作。在大会和闭会期间,收到代表建议207件,其中,一大批涉及老旧楼房改造、环境治理、煤改电等群众切身利益的问题得到有效解决。

认真做好市人大代表服务保障,圆满完成新一届市人大代表选举。市人大代表在任职最后一年坚持认真履职,不懈怠;常委会为代表履行职责提供全面的服务保障。组织学习考察,参加集中培训、市情通报会等活动。在市十三届人大五次会议上,东城团提出议案15件,建议114件。积极为本年市政府拟办实事出谋划策,提出20余条意见,涉及10个方面的实事。召开市人大代表工作总结会,为下一届代表履职和服务提供经验借鉴。

常委会高度重视新一届市人大代表选举工作,认真开展调查研究,精心组织召开区十五届人大二次会议,严格依法办事,制定选举办法,完善选举流程,坚持发扬民主,对党派联合提名的候选人和十人以上提名的候选人平等对待,充分酝酿,从83名正式候选人当中,差额选举产生69名出席市第十四届人民代表大会的代表,代表结构进一步优化。

四、加强自身建设,增强常委会履职实效

常委会高度重视自身建设,以建设学习型组织为抓手,健全工作制度,规范运行机制,深入调查研究,创新信息化服务方式,提高会议质量,努力打造一支对党忠诚、为人民服务、学法、尊法、守法、用法、民主、务实的民主法治干部队伍。

加强学习型组织建设。认真组织开展学习贯彻党的十八大精神,常委会会前学法,推荐阅读一本好书等活动;健全机关党组织和工会组织,扎实推进创先争优“五个一”工程,深化机关干部交流与培训;增强民主法治意识,不断创新和改进工作方式方法,推动各项工作上水平,出实效。

建立健全人大工作制度体系。常委会将上年确定为“制度建设年”,加强组织领导,严格起草程序,广泛征求意见,依法按程序审核、审议。对原人大工作制度进行梳理分类,结合工作实际,修订和修正常委会工作制度16项,废止2项,新制定人大机关工作制度16项,基本形成了以人代会、常委会、主任会议议事规则和内设委员会工作通则、人大街工委工作通则为主干，各种专项工作办法、规定、规则、规范相互衔接的人大工作制度体系。常委会认真落实各项工作制度，人大工作实践的科学化、制度化、规范化水平进一步提高。

建立整体协同、运转高效的工作机制。根据工作需要，常委会依法设立5个委员会和17个街道工作委员会，优化组成人员结构，建立健全工作制度，形成人民代表大会、常委会、各委员会、各人大街工委和社区代表小组上下联动的工作格局，协同配合的工作机制。主动接受市人大的业务指导，积极配合开展工作；坚持重大问题、重要事项向区委汇报制度，取得区委对人大工作的领导和支持；加强与“一府两院”的沟通协调，交换工作意见，协同应对工作中的重大问题，形成工作合力。

注重调查研究。常委会把调查研究作为促进履行法定职能的基础环节和必经程序来抓，把调查研究与改进监督工作有机结合起来。一年来，常委会承担并完成市级重点调研课题2项，区级重点调研课题7项，监督工作调研课题12项。为更好地支持代表开展人大工作理论与实践研究，组织区人大工作研究会第三次会员代表大会，选举产生新一届理事会和秘书处，修订研究会章程，代表自愿组成课题研究组，申报承担调研课题24项，为改进和发展人大工作实践提供思想和理论支持。

扎实抓好基础性工作。加强人大信息化建设，提出建设“智慧人大”的工作目标和主要任务，建设完成人大决策支持系统，开通支持库、代表微博、工作中心等功能，为代表知情知政和履职提供移动办公环境。加强信息宣传工作，健全信息工作网络，创办《人大代表手机报》和《东城人大》等刊物，在《新东城报》开设“人大工作”专栏，重点宣传代表履职风采和人大街工委工作，《北京人大》以及市、区有关报刊上发表反映我区人大工作的文章和消息百余篇。加强信访工作，一年来，共受理群众来信来访229件次，转办率为100%。加强会务筹备和服务保障工作，制定会议流程手册，严格文件办理，积极协调督办常委会和主任会的决议、决定，不断提高工作效率。

各位代表，一年来，常委会顺利完成了十五届人大一次会议确定的各项任务，各方面工作取得了新的进展和成效。这是区委正确领导，区人大代表和常委会组成人员共同努力，“一府两院”有力配合支持，广大人民群众和社会各界帮助促进的结果。在此，我代表东城区人大常委会，向全体区人大代表，向所有关心、支持、帮助人大工作的同志们、朋友们，表示崇高的敬意和衷心的感谢！

在肯定成绩的同时，我们也清醒地认识到存在的不足，主要是：对权力运行的监督需要继续加强，监督工作的方式方法需要进一步探索和改进；代表议案建议办理实效需要继续增强，代表履职的服务保障水平需要继续提高；人大工作制度体系建设需要继续完善，常委会组成人员的履职能力和机关服务保障水平也需要进一步提高。对于这些问题，我们将加强研究，虚心听取代表意见，采取有效措施认真加以解决。

本年工作任务

本年，是贯彻落实党的十八大精神的重要一年，是全面实施“十二五”规划承上启下的关键一年。我们要在中共东城区委的领导下，深入学习贯彻落实党的十八大精神，紧紧围绕“首都文化中心区、世界城市窗口区”总体定位和“两新四化”发展战略，紧紧围绕改善民生和提高人民福祉，紧紧围绕推动民主法治建设，依法履行各项职能，突出工作重点，改进工作作风，创新工作方式，努力把人大工作提高到一个新水平，为国际化现代化新东城建设作出新的贡献。

一、认真学习贯彻党的十八大精神，增强做好人大工作的责任感和使命感。

二、坚持科学发展，推动“十二五”规划全面落实。

三、加强监督工作，努力提高监督实效。

四、加强和改进代表工作，密切代表与群众的联系。

五、加强自身建设，努力提高工作水平。

东城区人民政府工作报告

2013年1月8日在东城区第十五届人民代表大会第三次会议上

东城区区长　牛青山

上年工作回顾

上年是党的十八大胜利召开之年。一年来,我们在市委、市政府和区委的坚强领导下,在区人大、区政协的监督和大力支持下,坚持以科学发展观为指导,团结和依靠全区广大干部群众,迎难而上、求真务实、着力攻坚,胜利完成了党的十八大安保维稳、经济社会发展和城市环境提升三大任务,圆满完成了区十五届人大一次会议确定的各项目标,实现了本届政府的良好开局。

一、经济持续健康发展

牢牢把握"稳中求进"总基调,积极主动应对经济下行压力,着力转方式、调结构、上水平,主要经济指标完成情况良好。预计:上年地区生产总值增长8%;区级财政收入完成134.52亿元,增长10%;城镇居民人均可支配收入增长11%,全社会固定资产投资额完成180亿元;社会消费品零售额增长15%。地均GDP和地均财政收入分别达到34.60亿元/平方公里和3.20亿元/平方公里,万元GDP能耗下降3%,发展质量位居全市前列。

产业结构进一步优化。六大重点产业增加值占GDP的65%,其中,金融业、商业服务业位居前两位。旅游业平稳增长,全年累计接待旅游人数7400万人次,位居全市第一,综合收入达到566亿元,位居全市第二。积极扶持绿色经济,促进金融资本与低碳产业融合,引入企业90家,两家绿色金融专营机构落户我区。推出低碳产业集合信托产品,设立体育产业股权投资基金,成立东城区中医药产业联盟。

功能区建设成效明显。王府井品牌升级战略取得新进展,苹果亚洲最大旗舰店正式入驻,大明眼镜店等知名企业回迁到北京饭店二期,王府井国际品牌节影响力和知名度进一步提升。东二环新兴产业金融区特征更加明显,金融业实现区级财政收入增加43.90%。城市综合体银河SOHO建成亮相。中关村雍和园成为首批国家级文化和科技融合示范基地,高新技术产业用地产出强度达到32.80亿元/公顷,位居中关村各分园之首。前门历史文化展示区地下大型停车场建设取得重要进展。成功举办前门历史文化节,天乐园剧场重张开业,鲜鱼口大街作为全国第一条中华老字号商业街,进一步彰显了老北京的文化和商业特色。台湾文化商务区的影响力不断增强。胡锦涛同志代表党中央、国务院到前门大街慰问干部群众,共迎新春佳节,充分肯定前门工程的重要成果和重大意义,这是对前门工程的最高肯定,是对我们的极大鞭策。龙潭湖体育产业园国际体育交流中心一期完成主体建设。天坛演艺区建设扎实推进。和平里商务新区、永外现代商贸区规划建设稳步推进。

招大选强取得新进展。成功引进五矿集团、中国移动政企客户分公司、中化建工程集团财务有限公司等一批大企业。跨国公司地区总部达到15家。高起点参与首届"京交会",高水平展示东城服务业发展。加大对中小企业的金融扶持力度,为142家中小企业融资3.12亿元。完成6家商务楼宇法律服务工作站建设。在国内率先实现政务大厅全流程效能监察。成功举办国际友好城区区长论坛,国际友城数量增至20个。

二、文化发展特色凸显

历史文化保护取得重要成果。"十大保护项目"有力推进,钟鼓楼广场环境整治工程启动征收,天坛周边环境整治项目开始居民搬迁。"十项会馆保护利用工程"有序实施,晋翼会馆、贵州会馆、吉州会馆修缮完工。"十项文物保护修缮工程"进展顺利,已完成方家胡同15号院等七项文物建筑修缮。五道营街区风貌品质提升一期工程竣工。与北控集团合作成立基金管理和项目建设公司,历史文化名城保护投融资平台建设取得突破性进展。

文化经济融合发展。制定《关于坚持"文化强区"战略、加快"首都文化中心区"建设的实施意见》,设立8亿元文化发展专项资金。深化"戏剧东城"品牌,全年上演908个剧目,举办6100场演出,观众300万人次,实现票房收入2.51亿元。引导社会资本投入7亿元改造旧厂房院落,打造了17个"胡同里的创意工厂",吸引一批附加值高、成长性好的文化创意企业入驻。成立北京天坛工美文化发展有限公司,推动"北京礼物"品牌经营及示范店建设。皇城国际旅游节、孔庙国子监国学文化节、南锣鼓巷戏剧节、中华民族艺术珍品文化节等文化活动精彩纷呈。

文化服务丰富多彩。与故宫博物院合作,定期举办"故宫讲坛"。继续开展百姓周末大舞台、社区艺术节等群众文化活动,近50万人次参与。"三馆一站"免费开放有效落实,非物质文化遗产保护工作全市领先。"六五"普法扎实推进。档案资源利用成效明显。争创国家"全民健身示范城区",建成40个"奥林匹克·体育生活化社区",65%的学校及具备条件的社会单位对外开放体育文化设施。我区培养选送的运动员在伦敦奥运会上取得了两金两银的优异成绩。

三、民生改善力度加大

积极推进住房保障。按照"搬迁安置一批、重建改造一批、加固节能一批、综合整治一批"的思路,全面启动老旧小区综合整治,完成109万平方米抗震加固及节能改造,29个老旧小区和31条街巷胡同环境得到整治提升。累计发放廉租补贴3726万元,220户家庭完成廉租房实物配租选房。朝阳区豆各庄等保障房项目加快推进。弘善家园小区作为三环路内规模最大的保障性住房工程全面竣工,总面积达到150万平方米,提供1万套保障性住房,对中心城区人口和功能疏解具有重要示范意义。

就业和社会保障取得新成效。成立东城区就业服务联盟,成功推荐11639人实现就业;建立创业带动就业工作联席会制度,实现创业2668人,带动就业4563人。城镇登记失业率0.83%,城镇登记失业人员就业率73.71%,"零就业家庭"实现动态为零。社会保险基金收缴率达到98%以上。加大对特别困难群体帮扶力度,累计支出低保及生活困难补助资金7950.19万元,发放专项救助金1261.10万元。关爱老年人,"九养"政策得到全面落实。建成区级养老管理服务中心和8个街道、社区级中心。发放居家养老券3675.87万元,惠及3.20万老年人。创新康复服务、就业安置、体育健身三项居家助残服务模式,残疾人社会保障和服务体系建设扎实推进。

信访代理制继续深化。完善"三级信访代理"格局,一批重点难点信访问题得到妥善化解,实现了群众来访量和集体访量"双下降"。全区各单位、社区代理信访问题化解率在90%以上。区政府与人力社保部建立协作机制,规范信访秩序,得到市委、市政府的充分肯定。

四、社会建设统筹推进

教育优质均衡发展。保证"三个增长",区级教育支出41.96亿元,增加13.20%。国家级基础教育综合改革实验区工作稳步推进,学区化管理实现全覆盖,深度联盟学校增至25对。基础教育课程改革引向深入。高中阶段拔尖创新人才培养实验基地校达到9所,国家级高中特色项目校达到11所。新建、改扩建幼儿园5所,增加学位1000个。完善教师培养和激励机制。府学胡同小学、汇文中学等11所学校入选北京市首批百年老校。三年校安工程基本完成,83所学校改善办学条件。

公共卫生服务体系日趋健全。家庭医生式服务居民签约率和社区卫生服务满意度全市排名第一。国家中医药发展综合改革试验区建设成效显著,京城名医馆新馆开诊,和平里中西医结合医院建设稳步推进,建成50个"中医药特色健康管理社区"。开展中医养生保健服务机构准入试点。深入推进医药卫生体制改革,医改考评位居全市前列。

科技和信息化工作势头良好。国家级高新技术企业达到163家,技术交易总额162亿元,专利申请量、授权量均位居全市前列。南锣鼓巷成为全市知识产权保护示范街区。与移动、联通等运营商合作,进一步提高信息化基础设施水平。"数字东城行动计划"在智慧旅游、智能交通、社区服务等领域取得积极成效。

社会服务管理格局进一步完善。建立健全网格化社会服务管理标准体系,完成"三级平台、四级管理"实体建设。社会面防控子系统投入使用。城市管理综合执法向社会管理领域全面延伸。网格化社会服务管理模式在全市推广。培育了37个市级示范"六型社区"。社区居委会换届选举工作顺利完成。全区志愿者注册人数率先实现"十二五"规划目标。"一刻钟社区服务圈"覆盖率达到84%。探索建立"7+1"社区商业综合服务平台,为居民提供菜店、早餐、家政等一站式社区服务。继续深化"场地对接"蔬菜流通模式,建成17家天镇蔬菜直营店,新建10个崇远万家邻里中心便民菜店,全区规范化蔬菜零售网点达到108个。

民族、宗教、侨务工作取得新成绩。圆满完成246名复员退伍军人和175名军队转业干部安置工作,实现"全国双拥模范城"六连冠。人口计生、妇女儿童、地方志等工作继续走在全市前列。

五、城市环境明显改善

环境建设进展顺利。高水平完成十八大期间长安街等"九横八纵"重点区域环境景观建设任务。完成台基厂大街环境整治和景观提升工程。有效改善北京南站地区环境状况。规范15条重点大街和二环路的广告牌匾,更新完善南北河沿等10条大街公共服务设施。完成前三门大街绿地照明、明城墙遗址公园夜景照明工程。改造升级公厕等环卫基础设施,环卫作业水平全市领先。落实清洁空气行动计划,强化扬尘污染控制、机动车排放监管及餐饮业油烟治理,实施"煤改电"工程1万户,全面完成主要污染物总量减排任务。新建垃圾分类达标小区32个,达标小区达到59%。建成37个再生资源网点,实现600家餐饮企业餐厨垃圾统一收运。

交通疏堵工程稳步推进。东西四块玉路竣工,车辇店胡同立体停车设施投入使用。开发利用人防工程,增加529个社会停车位,全年新增停车位5000个。实行机动车"单行单停"的胡同达到46条。集中治理王府井地区交通秩序,建成全方位智慧停车诱导系统。积极推进公共自行车服务系统建设,100余个站点、5000辆自行车投入运营。

绿化美化水平明显提升。实施二环路、前三门大街、铁路沿线和建国门大绿地等绿化改造提升工程,完成东直门交通枢纽道路、广渠秋韵等绿化工程,实施广渠门中学、口腔医院等屋顶绿化,打造了23条"最美胡同街巷"。全年完成绿化面积29.20万平方米,其中新建绿地4.45万平方米,屋顶绿化2.25万平方米,栽摆花卉350万盆,提升了绿化品位,丰富了绿化景观。

公共安全保障有力。开展"十大专项行动",圆满完成十八大各项服务保障工作,实现了"大事不出、小事也不出"的目标。围绕"平安东城"建设,构建具有东城特色的网格化、全时空社会治安防控体系,万人发案率、百户发案数继续保持全市最低。深化火灾隐患排查整治体系建设,形成消防工作社会化格局,探索建立"互检联防"火灾防控工作模式,由重救火向重预防转变。积极应对"7.21"特大暴雨山洪泥石流灾害,组建66支抢险队、3支医疗救护队,排查修缮危旧房屋1.30万间,及时转移群众550人,有效保护了群众生命财产安全。深入开展安全专项整治行动,对2000部电梯实施安全监测。

各位代表,过去的一年,政府坚持依法行政,自身建设取得新的进步。一年来,共办理人大代表议案、建议和政协提案503件,办结率100%。进一步完善政府决策机制,合法性审查由行政规范性文件拓展至重大行政决策。加强廉政风险防控管理。完成区级机关“三定”工作,调整区城管大队管理体制。加强政务公开,主动公开信息6066条,首次向社会公开67家区属单位部门预算信息。

各位代表,一年来,在外部环境复杂多变、承担任务繁重艰巨的情况下,我们牢牢把握首都功能核心区的特殊责任、特殊使命和特殊标准,坚决落实市委、市政府工作部署,取得了各项工作的胜利。这些成绩的取得,是区委正确领导的结果,是人大代表、政协委员监督和支持的结果,也是全区上下团结奋斗的结果。在这里,我代表东城区人民政府,向大家表示诚挚的感谢和崇高的敬意!

必须指出,我们在工作中还存在不少问题和困难,主要表现在:一是人口资源环境矛盾日益突出,人口和城市功能疏解这个重大战略问题有待破解;二是历史文化保护与发展任务繁重艰巨,解决资金与政策瓶颈制约有待继续创新;三是转变经济发展方式、实施高端化战略更为迫切,改革创新力度不够;四是官僚主义、形式主义仍然存在,节庆活动过多、成本过高,少数单位行政执行力不强,工作合力不够,等等。在社会主义初级阶段,东城区作为北京这座发展中城市的中心城区,这些问题既有历史性原因,同时更有工作中的主观原因,我们必须认真负责地对待这些问题,不推卸、不回避、不畏难、不护短,坚决采取切实有效措施,努力加以解决。

本年工作安排

本年,是深入贯彻落实党的十八大精神的开局之年。区政府工作总体要求是:以邓小平理论、“三个代表”重要思想和科学发展观为指导,全面贯彻落实党的十八大和市十一次党代会精神,紧紧围绕主题主线,继续把握好“稳中求进”工作总基调,以中关村雍和园扩园和纪念北京建都860周年为契机,着力深化改革,强化创新驱动,更加注重提升文化综合实力,更加注重提升经济发展质量,更加注重提升社会服务管理能力,更加注重提升人民群众福祉,更加注重提升城市生态品质,全力推动国际化、现代化新东城建设。

本年全区经济社会发展主要预期目标是:地区生产总值增长8%,财政收入增长9%,重点产业增加值占GDP比重达到66%,城镇居民人均可支配收入增长8%,城镇登记失业率控制在2%以内。

一、进一步实施文化强区战略,增强文化整体实力

开创历史文化保护新局面。

激发文化发展活力。

提升文化服务水平。

二、进一步转变发展方式,推动经济持续健康发展

努力扩大消费需求。

深化产业结构调整。

统筹功能区发展。

优化发展环境。

三、进一步实施精细化管理,提升城市社会管理水平

深化社会服务管理创新。

加强社区建设。

开展“精细化管理年”活动。

深化“平安东城”建设。

四、进一步保障和改善民生,构建和谐社会

坚持教育优先发展。

提高群众健康水平。

着力改善居民住房条件。

加强矛盾排查化解。

进一步做好就业和社会保障工作。

按照“实事办实、好事办好”要求,今年区政府安排“为民办实事”项目22个,涉及胡同环境整治、交通疏堵、为老服务,以及食品安全、便民服务等方面的具体工作。

五、进一步树立生态文明理念,建设美丽东城

实施绿化加密工程。

全面促进资源节约。

加大环境保护力度。

努力加强政府自身建设

面对新形势、新任务,区政府要以思想政治建设为核心,以制度落实为保障,以首善一流为标准,努力加强自身建设。政府各部门及工作人员要认真贯彻落实中央“八项规定”和北京市的实施意见,深入开展“改进作风年”活动。

坚持依法行政。

坚持勤政廉政。

坚持服务为民。

中国人民政治协商会议北京市东城区第十三届委员会常务委员会工作报告

2013年1月7日在政协东城区第十三届委员会第二次会议上

东城区政协主席　徐鸿达

上年工作回顾

上年是全区人民认真学习宣传贯彻中共十七届六中、七中全会和十八大精神的重要一年，是我区大力实施“两新四化”发展战略，建设“首都文化中心区、世界城市窗口区”的关键一年，也是本届区政协的开局之年。一年来，区政协常委会在中共东城区委的领导和北京市政协的指导下，按照“继承发展、创新务实、和谐奋进”的工作理念，以科学发展观统领政协各项工作，紧紧围绕市第十一次党代会和区委十一届三次全会确定的各项目标和任务，牢牢把握团结和民主两大主题，广泛团结各民主党派、人民团体和各族各界人士，通过明确工作思路、完善规章制度、组建专门队伍、深入沟通交流，富有成效地履行政治协商、民主监督、参政议政职能，为构建社会主义和谐社会首善之区，建设“国际化现代化新东城”做出重要贡献。

一、加强理论学习，增进思想共识，夯实政协履职基础

继承和发扬人民政协重视学习的优良传统，坚持把思想理论建设放在首位，丰富学习载体，推动实践创新，不断夯实做好政协工作的思想政治基础。

搭建学习平台，提高委员参政能力。组织委员定期培训，加深委员对政协工作和专委会工作特点的了解，增强委员责任意识。通过专题辅导和印发材料等形式，强化委员对中央、市委、区委重大决策部署及政协工作理论的学习，提升理论素养，增强政治意识，掌握履职要领。认真贯彻落实市委、区委全会精神，加深委员对建设“国际化现代化新东城”战略构想的理解。中共十八大召开后，迅速组织广大政协委员以多种形式学习宣传贯彻中共十八大精神。委员们纷纷表示，要全面深刻领会精神实质，坚持政治方向，坚守理想信念，坚定发展信心，切实把思想和行动统一到中央对形势的分析判断和对工作的整体部署上来，把智慧和力量凝聚到促进区域经济社会又好又快发展上来。

搭建调研平台，提倡委员注重实践。建立“界别联合调研——专家咨询论证——部门跟踪落实”的工作机制，依托专委会组织委员参与调研、视察、外出考察，听取区情通报、专家讲座等活动，让委员深入了解党政中心工作、城市长远发展规划和群众关注的热点问题，充分发挥协调关系、汇聚力量、建言献策、服务大局的重要作用，为委员知情明政、议行合一创造条件。

搭建沟通平台，增进委员经验交流。借助区政协网站、《新东城政协》报和《政协工作简报》等信息渠道，高效快捷地传达区情通报和政协各项会议决议，指导委员开展工作及协助解决履职过程中存在的问题。宣传委员在履行职责、立足本职岗位和服务社会等方面所做的贡献，发挥典型引领作用，激发委员履职热情，加强委员与政协组织的联系，提高委员综合素质。

二、履行政协职能，服务发展大局，全面提升履职水平

认真贯彻落实市、区政协工作会议精神，牢牢把握科学发展主题，紧扣转变经济发展方式主线，积极开展多种形式的特色履职活动，努力做到善行而不息，务实而不虚。

紧贴中心工作，履行协商议政职能。在全体会议上，委员们本着高度负责的精神，围绕转变经济发展方式、加强和创新社会管理、促进文化大发展大繁荣等方面积极建言献策，提出意见建议百余条，许多意见建议得到吸收采纳，完善了区“十二五”规划和相关专项规划及政策文件。区委、区政府领导深入委员讨论小组听取意见，与委员们共商发展大计。加强对区“十二五”规划实施过程中重大问题的调查研究和协商议政，围绕旅游经济发展、楼宇资源利用、重点工程建设等方面，组织委员深入全区重大项目一线，开展调查研究、视察考察，帮助解决项目建设中存在的问题。围绕“加强和创新社会管理”主题开展专题协商，在广泛调研的基础上，举办“共商精细管理·共策优质服务·共促科学发展——东城区实有人口服务管理全覆盖”论坛，近10位政协委员、专家学者、社区居民做大会发言，14位政协委员提交书面发言材料。委员们提出的加强顶层规划设计与加快基层管理创新、注重部门联动与信息共享、发挥社区网格管理功能与创新服务机制等方面意见建议，得到区委、区政府主要领导批示，要求相关部门研究吸纳，及时落实，为加强和创新社会管理工作起到推进和提升的作用。

运用有效形式，加大民主监督力度。制定《社会治安综合治理民主监督小组工作规则》《财政预算民主监督小组工作规则》，组织委员听取情况通报、参观视察、旁听庭审、座谈讨论，了解财政预算执行情况、司法公正推进情况、社区矫正工作情况，对相关工作提出积极建议。加强区政协、特邀监督员和聘任单位之间的沟通交流，推荐29名委员担任区级党风廉政监督员、特邀监察员和区相关部门的特邀监督员，开展对重点部门、特定事项的全过程集体专项监督，提升政协民主监督的参与面和影响力。围绕城市环境保护、食品安全和职业教育发展情况等专题,组织委员开展视察、检查和督办等活动,针对存在问题,提出改进建议,为区委、区政府全面掌握情况、科学民主决策、推进工作落实提供依据。

围绕发展大局,提高参政议政实效。针对完善公共文化服务体系、提高城市精细化管理水平、促进社会管理创新等方面确定课题,深入调研。召开“加强基层公共文化资源建设”“推进社区市容环境建设”“健全实有人口服务管理全覆盖体系建设”专题议政性常委会,向区委、区政府报送一批高质量的意见建议。组织开展委员企业间互访活动,为企业发展搭建沟通交流平台。举办中小企业发展政策咨询会,邀请区相关部门通报推进中小企业发展的主要工作和有关政策等情况,促进了政府部门与企业间的交流互动。

把握历史机遇,服务文化东城建设。积极引导广大委员深刻理解和准确把握推进文化大发展大繁荣的重大意义、奋斗目标、工作方针和政策措施,充分发挥政协人才优势、资源优势和渠道优势,有重点、有目标、有步骤地参与社会文化建设。广泛征集促进文化大发展大繁荣提案近百件,为推进全区公共文化服务体系建设、培育文化创意人才、促进文化事业与文化产业协调发展提出意见建议。围绕“文化·创新·发展”主题,举办政协委员共话东城沙龙活动,编辑文化建设专题文集,就事关文化改革发展的全局性和前瞻性问题咨政建言,提出东城文化历史溯源与传承、加强历史文化名城保护与利用、促进“中轴线”经济发展等意见建议,得到区委、区政府高度重视和积极采纳,产生了良好的社会效果。

三、把握工作主线,承担社会责任,提高政协履职实效

明确专委会、界别和委员街道活动小组三条工作主线,发挥群众组织和社会组织作用,倾听群众呼声,畅通民意渠道,促进改善民生政策的落实。

狠抓提案质量,切实提高提案工作成效。注重提高提案质量和办理实效,从完善提案工作动态管理系统到组织优秀提案评选,从多方征集提案选题到加强提案分析,不断推进提案工作科学化、制度化和规范化建设。修订提案工作条例,建立重点提案追踪办理机制,完善常委会会议指导督办、主席会议重点督办、提案委员会日常督办的多元督办网络。组织召开提案办理现场会,让承办单位与委员面对面地沟通交流,推动提案办理工作由重答复向重落实转变。全年共收到提案300件,经审查立案289件,这些提案得到区委、区政府有关部门的及时办理,一些重点难点问题得到有效解决,各民主党派、人民团体和政协委员对提案办理结果满意率达85%,提案工作影响力不断扩大。

加强制度建设,倾情做好反映社情民意信息工作。健全网络平台,畅通收集渠道,扩充人才队伍,完善反馈机制,推动社情民意由被动等待向主动约稿转变,由依靠骨干信息员提供信息向发动界别委员采集信息转变,由信息采集方式的单一性向汇集舆情信息的广泛性转变,实现了社情民意信息质量和数量的同步提升。全年共报送社情民意信息207篇,编发《社情民意》85期,其中全国政协、北京市相关部门采用20篇,得到12位市、区领导共91条批示,为党政科学民主决策提供参考依据,切实发挥了反映社情民意信息工作“快速路”“直通车”的作用。

拓宽履职平台,巩固和谐社区建设成果。建立委员街道活动小组长效机制,制定相关工作意见,从组织形式、活动方式、工作内容及经费保障等方面进行规范,确保工作有序开展。召开委员街道活动小组工作会议,交流工作经验、提出工作要求、加强督促指导。组织开展富有街道特色、贴近社会热点的活动,在促进就业、扶贫济困和社会治安等方面发挥了积极作用。

四、坚持团结民主,发挥各界作用,营造良好履职氛围

坚持把团结和民主两大主题贯穿于政协工作始终,发挥桥梁纽带作用,协助区委、区政府做好协调关系、化解矛盾、理顺情绪的工作,不断为构建和谐社会增添新力量。

重视发挥党派团体在政协组织中的重要作用。在全体会议、常委会会议等重要会议召开前,主动征求民主党派和无党派人士的意见建议,会议期间重点安排民主党派和无党派人士做专题发言,使他们的意见建议得到充分表达。采取常委会(扩大)会议的形式,密切与党派团体和各族各界的联系与沟通。在区政协开展的专题调研、专项视察和民主监督等重大活动中,为党派团体和无党派人士搭建参政议政舞台,为他们更好地履职创造条件。在提案工作中加大对党派团体提案的征集和督办力度,开展党派团体提案分析工作,使党派团体提案的质量有了新的提高。聘请18名党派团体成员和党派团体驻会干部担任区政协特邀信息员,使他们成为反映社情民意信息工作的生力军。

切实发挥爱国统一战线在构建和谐社会中的积极作用。广泛团结和服务少数民族、宗教界人士,汇集和反映他们对促进民族团结、宗教和睦、社会稳定的意见建议。组织委员视察民族教育学校、民族宗教场所,举办宗教代表人士培训班,促进民族团结进步、宗教与社会主义社会相适应。在重大传统节日和宗教节日开展慰问联谊活动,把各族各界人士紧密团结起来,推动全区经济发展和社会进步。注重团结港澳台侨界人士,举办台海形势报告会,组织“侨资企业发展与现状”专题调研,举行全区各界人士中秋联欢会,开展归侨侨眷和海外侨胞联谊联欢、走访慰问活动,努力营造团结民主氛围,促进党派团体、各族各界人士的团结合作,增强政协工作的凝聚力和向心力。鼓励支持委员积极参与抢险救灾、捐资助学等公益慈善活动,在区特殊教育学校组织“阳光下幸福成长”捐资助学活动,为委员搭建深入社会、贴近百姓的桥梁,以实际行动建言慈善、践行慈善。

充分发挥政协宣传在推动工作创新发展中的促进作用。坚持政协宣传工作与履行政协职能、服务科学发展、构建和谐社会整体推进,在实践中逐步形成了“把握发展大局、聚焦重点工作、搭建研究平台、展示履职风采”的工作思路。全年通过撰写理论文章、编辑《新东城政协》报、制作年度政协工作专题片等形式,加大政协工作的宣传力度。加强工作沟通交流,出席全国部分中心城市推进政协理论创新和实践创新政协主席特邀恳谈会、直辖市八城区政协创新社会管理工作研讨会、市政协年度人民政协事业创新发展研讨会,交流研究成果,进行重点发言,得到各方肯定。《中国政协》《人民政协报》《北京观察》《政协研究》等报刊,对我区政协工作进行宣传报道。加强与全国政协、市政协的工作联系,多次接待市政协、区县政协和兄弟省(市)政协到我区视察调研、交流考察,做好宣传推介工作,提高东城区的对外知名度和影响力。

五、强化队伍建设,提高综合素质,增强政协履职活力

按照《中共中央关于加强人民政协工作的意见》的要求,以崭新的工作思路、务实的工作作风,完善工作制度,严格工作考核,将内强能力与外塑形象并重,全面加强自身建设。

加强常委会建设,锻造善于引领科学发展的领导集体。加强常委会思想建设、制度建设和作风建设,充分发挥常委会在自身建设中的表率作用和示范作用。定期听取专委会、界别和委员街道活动小组工作情况汇报,加强协调指导,确保各项工作的顺利开展和各项活动的高品位、精细化。组织多种形式的专家讲座、专题培训等活动,了解中央、市委、区委重要会议精神、重要决策部署以及国情、市情、区情,着力在认清形势、统一思想、增进共识上下功夫,强化广大委员走中国特色社会主义发展道路的政治认同。

加强委员队伍建设,激发委员履行职责的内在动力。协商通过《区政协关于加强自身建设的意见》等15项文件,建立健全《关于政协委员履行职责的管理办法》等14项制度,对委员履职活动予以规范。组建8个专门委员会、27个界别活动组和17个委员街道活动小组,探索建立以专委会为依托、界别为基础、委员街道活动小组为补充的工作格局,将专委会工作、界别活动和委员街道活动小组工作有机结合,形成重大部署统筹运作、重点调研协同开展、重要活动相互配合的良好局面。注重发挥新委员作用,结合其自身特点,使他们尽快融入政协工作,成为政协活动的骨干力量。全年组织联合调研、视察考察、座谈研讨、互动交流等各具特色的履职活动88次,委员们从实际出发,就推进医疗卫生事业改革、促进文化事业发展、加强政协自身建设等方面提出意见建议,有效地调动了委员参政议政的主动性和创造性。坚持区政协领导走访委员工作制度,加大对京外委员、港澳委员的联络和服务力度,主席、副主席、秘书长拜访委员单位65个,走访委员92人,其中新委员57人,占委员总数的62%,密切与委员和委员单位的沟通交流,协调解决委员单位工作难题,增强了政协组织的凝聚力和感召力。

加强政协机关建设,提升服务政协工作的整体效能。加强政协机关党组织建设,严格工作标准,丰富活动载体,强化互动交流,营造风清气正的良好环境。建立政协机关各处室联系专委会、界别和委员街道活动小组工作机制,加强日常工作的组织建设、协调指导、检查督促。加强政协机关各处室相互配合、相互支持,特别是在工作衔接环节上倡导大局为重、服务为先,自觉形成“有效合作”“无缝对接”的局面,不断提高干部队伍素质和服务水平。

各位委员,一年来,本届政协实现了开好局、起好步的目标。这是中共东城区委正确领导和北京市政协有力指导的结果,是区人大、区政府大力支持的结果,是全区各部门密切配合的结果,是全体委员和区各民主党派、无党派人士、工商联、各人民团体和各族各界人士共同奋斗的结果。在此,我谨代表区政协常委会向大家表示衷心的感谢和崇高的敬意!

在肯定成绩的同时,我们也清醒地认识到,我们的工作仍然存在一些不足,主要表现在:委员履职活动有待丰富,界别特色作用有待发挥,政协履职效能有待提高等。所有这些,都需要在今后的工作中,采取措施努力加以解决。

本年工作意见

本年是全面贯彻落实中共十八大精神的重要一年,是我区实施20年总体发展战略规划和“十二五”规划承前启后的关键一年,也是我区“精细化管理年”。我们工作的指导思想和总体要求是:高举中国特色社会主义伟大旗帜,以邓小平理论、“三个代表”重要思想和科学发展观为指导,在中共东城区委的领导和北京市政协的指导下,全面贯彻中共十八大精神和市委、区委全会精神,坚持团结和民主两大主题,大力弘扬“北京精神”,围绕中心、服务大局,认真履行政协职能,更好地发挥人民政协在我区经济社会发展中不可替代的作用。

一、以科学理论为指导,夯实基础增进共识;

二、以服务发展为己任,发挥优势献计出力;

三、以提案信息为手段,强化监督广建诤言;

四、以群众利益为根本,关注民生力促和谐;

五、以增强效能为目的,加强建设提升水平。

认真贯彻落实党的十八大精神 不断提高党风廉政建设和反腐败工作科学化水平

2013年2月6日在中共东城区纪律检查委员会全体会议暨全区党风廉政建设和反腐败工作会议上的报告

中共东城区委常委、纪委书记 夏树军

一、上年工作回顾

上年,在市纪委监察局和区委区政府的领导下,全区各级党组织和纪检监察组织认真贯彻党的十八大和市、区党代会精神,扎实推进惩防体系建设,严肃查处了一批大案要案,认真纠正损害群众利益的不正之风,全区党风廉政建设和反腐败工作取得了新的明显成效,东城区被国务院确定为全国依托电子政务平台加强政务公开和政务服务试点,区纪委监察局被中央纪委确定为社区党风廉政建设联系点、被国家预防腐败局确定为廉政风险防控工作联系点、被中国纪检监察学院确定为廉政风险防控工作现场教学点。

(一)加强监督检查,确保上级重大决策部署贯彻落实

着力在把握监督重点、创新监督方式、提升监督水平上下功夫,先后围绕市、区委重大决策部署和中心工作,组织开展了加快转变经济发展方式、党的十八大安保“十大专项行动”、“7.21”特大暴雨抢险救灾、全国城市文明程度指数测评迎检、元旦春节期间烟花爆竹安全管理等方面的监督检查;围绕区政府重点工程建设项目,组织开展了老旧小区综合整治、钟鼓楼广场环境整治等方面的监督检查;围绕提高政府行政效能,组织对保障性住房、文化软实力提升、首届“京交会”等71项工作开展了立项效能监察。完成了政务公开和政务服务全国试点工作,制定实施了《东城区政府投资小型工程管理暂行规定(试行)》,有力地促进了市、区委重大决策部署的贯彻落实,保证了政令畅通。

(二)加强源头治理,扎实推进廉政风险防控“三个体系”建设

研究制定《关于深化廉政风险防控管理工作的实施意见》《2012年廉政风险防控管理工作要点》,在全区处级单位中扎实开展了“三个体系”建设。全区各单位基本完成了权力结构科学化配置体系和权力运行规范化监督体系建设的各项工作,街道系统形成了规范化标准化文本。制定了《关于加强对处级党政正职领导干部监督管理的暂行规定》。信息化防控体系建设完成了行政处罚、行政审批、行政许可等重要权力事项的梳理,成立电子监察中心,开发建设了行政权力公开透明运行平台和政府投资项目、保障性住房、政府采购三大监察系统,313项行政许可、行政审批事项首次实现了网上运行。“三个体系”框架已基本形成。

(三)大力推进廉政文化建设,努力营造风清气正良好环境

将廉政文化建设纳入全区文化建设总体布局,统筹安排年度廉政文化建设项目,形成长效机制;统筹全区文化资源,搭建廉政文化建设工作平台,举办群众性勤廉书画展、廉政主题名家朗诵会,为全区175个单位和社区配备了廉政文化书箱;建立“钟鼓楼官德大讲堂”、“从政心理疏导”、“家庭廉耻礼仪”等10个区级廉政文化建设示范点,发挥示范引领作用;创新宣教方式方法,打造廉政文化建设品牌,组织创作了话剧《金超杰》,在全市巡演,市领导和中央、北京市媒体给予了充分肯定和高度评价。

扎实推进惩防体系建设,对全区各单位落实党风廉政建设责任制情况开展专项检查。积极推进行政审批制度、干部人事制度、行政管理体制、财政管理体制、司法体制和国有企业改革。坚持党内监督制度,严格执行党员领导干部廉洁从政若干准则等规定。全区4227名处、科级干部进行了述职述廉,996名处级干部报告了个人有关事项,对16名领导干部进行了经济责任审计,对134名拟提拔干部进行了廉政考察,组织“两员”对62个单位的重点工作实施监督。对永外街道、区残联等8家单位进行了巡视,对2家单位进行了回巡。

(四)坚持有案必查有腐必惩,始终保持惩治腐败高压态势

牢固树立“查办案件是尽职,有案不查是失职”的理念,自觉把查办案件工作摆在更加突出的位置。建立定期向区委常委会报告信访举报和案件查办工作情况制度。充分发挥反腐败协调领导小组、审计工作联席会等工作机制作用。充实办案力量,改善办案条件。研究制定《东城区纪检监察系统信访举报和案件查办工作目标管理考核评价办法(试行)》,加强对基层办案工作的检查指导。依纪依法开展案件审理,全面开展案件质量检查和处分执行工作。全年区纪委监察局共受理信访举报331件次,召开信访排查会18次,初核违纪线索102件,立案31件,结案11件,给予党政纪处分11人,涉及处级干部1人,涉嫌犯罪移送司法机关查处1人,保持了惩治腐败的高压态势。

围绕食品药品安全、教育收费、医药卫生领域发票使用等情况进行检查,有效纠正了部门和行业损害群众利益的不正之风。开展党政机关公务用车新编核定工作,推进“小金

库”、庆典研讨会论坛过多过滥等专项治理工作。开发建设“东城区政风行风热线系统”，拓宽“96160”行政投诉电话等受理渠道，全年共办理热线来信314件、行政投诉34件，全部按要求办结。对全区321个基层站所开展民主评议。

（五）加强自身建设，进一步提高纪检监察干部队伍执纪执法能力

研究制定了《关于加强纪检监察组织设置和实行派驻统一管理的意见》，实现了全区纪检监察组织全覆盖和纪检监察组织派驻统一管理。以进一步增强履职能力、不断提高整体工作水平为重点，大力加强了委局领导班子和纪检监察干部队伍建设，建立健全了委局领导班子议事规则、决策程序，完善各项工作制度，切实提高决策水平；加大机关干部竞争上岗、交流轮岗力度，优化了干部队伍结构；通过举办纪检监察系统干部培训班、以干代训等多种形式，纪检监察干部队伍和整体工作水平得到提高。

二、本年工作任务

（一）坚决维护党章的权威性和严肃性，加强对重大决策部署贯彻落实情况的监督检查

要按照保持党的先进性和纯洁性的要求，切实维护党章和其他党内法规，把维护政治纪律放在首位，加强对党的纪律执行情况的监督检查。

紧紧围绕科学发展这个主题和加快转变经济发展方式这条主线，重点对加强和改善宏观调控、扩大内需、保障和改善民生等重大决策执行情况，以及节能减排和环境保护等政策落实情况进行监督检查。

（二）严格落实中央和市、区委关于改进工作作风、密切联系群众的有关规定，切实转变领导机关和领导干部作风

要把监督执行关于改进工作作风的有关规定作为改进党风政风的一项经常性工作来抓，加强专项检查和日常监督，纳入党风廉政建设责任制考核范围。坚决纠正领导干部在廉洁自律方面存在的突出问题。

严格执行关于厉行勤俭节约、制止奢侈浪费有关规定，建立健全厉行勤俭节约长效机制。

抓好社区、国有企业、学校、医院的党风廉政建设。

（三）坚持惩治和预防腐败两手抓两手硬，不断提高反腐倡廉建设科学化水平

坚持有案必查、有腐必惩。重点查办发生在领导机关和领导干部中滥用职权、贪污贿赂、失职渎职的案件，严重损害群众合法经济权益、政治权益和人身权利的案件，发生在住房保障、食品药品安全、改善民生等重点领域和关键环节的腐败案件。

加强反腐倡廉教育和廉政文化建设。举办“廉者仁心——北京廉政历史文化展”，开办“古韵正声”专栏和“廉政微博”，加强网络舆情信息收集、研判、处置工作。

加强对权力运行的制约和监督。以提高廉政风险防控管理的科学性和有效性为重点，深化廉政风险防控“三个体系”建设。

结合落实中央建立健全惩防体系2013—2017年工作规划和北京市实施办法，研究制定我区的实施意见，加强任务分解、检查考核、情况通报和责任追究。

深入开展纠风和专项治理。

（四）强化纪检监察干部队伍自身建设，确保反腐倡廉任务落到实处

强化信任不能代替监督的理念，纪检监察干部要做严守纪律、改进作风、拒腐防变的表率，树立可亲、可信、可敬的良好形象。

东城区2012年国民经济和社会发展计划执行情况与2013年计划（草案）的报告

2013年1月8日在东城区第十五届人民代表大会第三次会议上

东城区发展和改革委员会主任　李铁生

一、上年国民经济和社会发展计划执行情况

一年来，我们在区委的坚强领导下，在区人大、区政协的监督支持下，以科学发展为主题，以转变经济发展方式为主线，紧紧把握稳中求进的总基调，全力推动“总规”和“十二五”规划实施，团结协作，攻坚克难，实现了经济稳中向好的态势，保持了社会和谐稳定的良好局面，彰显了文化繁荣活跃，人民生活水平稳步提高，生态环境更加优美，圆满完成年初区人代会确定的各项目标任务。

（一）坚持特色发展，“文化强区”战略取得新进展

历史文化保护取得重要成果。“十大保护项目”中，鲜鱼口美食街修缮整治、玉河北区风貌保护及南锣鼓巷市政改造等七项工程已完成。钟鼓楼广场环境整治工程已启动征收。“十项文物保护修缮工程”顺利实施。“十项会馆保护利用工程”中，晋翼会馆、贵州会馆、吉州会馆已完成修缮。

文化经济取得新发展。制定《关于坚持“文化强区”战略、加快“首都文化中心区”建设的实施意见》，成立了文化发展领导小组和文化发展促进中心，着力构建“大文化”的发展格局。成立中国国际演出剧院联盟。举办“创意点亮北京”文化艺术节、南锣鼓巷戏剧节、中国儿童戏剧节、北京国际青年戏剧节，加大了对小剧场改造扶持力度，有力促进了戏剧产业发展。打造了17个“胡同里的创意工厂”。成立北京天坛工美文化发展有限公司，推动“北京礼物”示范店建设。

文化品牌特色更加凸显。举办王府井国际品牌节、皇城国际旅游节、前门历史文化节、孔庙国子监国学文化节、中华民族艺术珍品文化节等文化活动，提升了我区的国际影响力。构建"一街道一品牌，一社区一特色"的文化活动新格局，培育了金鱼池社区文化节等十多个群众文化活动品牌，增强了公共文化服务的多样性。

(二)坚持高端引领，区域经济平稳运行、稳中向好

经济运行平稳。建立了月度经济会商、季度经济社会形势分析会、经济专题会、经济监测预测预警等机制，加强经济调度，确保完成经济指标。预计：全年地区生产总值增长8%；区级财政收入完成134.52亿元，增长10%；全社会固定资产投资完成180亿元；社会消费品零售额增长15%。

经济质量和效益位居全市前列。预计全年地均GDP实现34.60亿元/平方公里，地均财政收入实现3.20亿元/平方公里，均位列全市第二。主动转变经济发展方式，发展绿色经济。金融资本与低碳产业融合，全市仅有的两家绿色金融专营机构均落户我区。启动区能源运行服务平台建设。以民安社区为试点探索生态社区建设。完成5家重点用能单位能源审计。预计全年万元GDP能耗下降3%。

产业结构趋于优化。坚持高端集约发展，预计六大重点产业增加值占地区生产总值的65%。苹果亚洲最大旗舰店、中信产业基金等公司入驻东城。旅游业平稳发展，预计全年累计接待旅游人数7400万人次，位居全市第一；旅游综合收入达566亿元，位居全市第二。推出我区第一期低碳产业集合信托产品，设立北京隆润体育产业股权投资基金，成立东城区中医药产业联盟，筹建"北京中医药健康产业投资基金"。

功能区特色化、差异化发展。王府井商业发展带、东二环高端服务业发展带集聚效应初显。北京饭店二期、嘉德艺术中心等项目进展顺利。东二环高端服务业发展带77座楼宇累计入驻企业4040家，实现区级税收占全区财政收入的23%。银河SOHO中心建成。中关村雍和园成为首批"国家级文化和科技融合示范基地"，园区高新技术产业用地产出强度位居中关村各分园之首。前门历史文化展示区业态提升，全聚德、都一处、月盛斋等13家原生地老字号回归。龙潭湖体育产业园完成了国际体育交流中心一期项目主体建设，启动东城区文化体育交流中心项目，积极推动体育星光大道项目。成立前期筹备处，积极推进天坛演艺区建设。编制了《永外现代商贸区专项规划》。和平里商务新区中关村雍和航星科技园区一期进展顺利。

企业服务机制不断完善。建立区领导联系驻区重点企业工作制度，落实产业发展鼓励政策。拓宽联动范围，初步建立覆盖全区的税源建设联动组收工作网络。营造公平市场环境，针对中小企业融资难问题，加强银企对接，累计为142家中小企业融资3.12亿元。

(三)坚持均衡发展，公共服务资源配置进一步优化

科技创新能力进一步增强。预计全年输出和吸纳技术成交额162亿元。专利申请量、授权量均位居全市前列。北京珐琅厂"景泰蓝工艺提升与创新"一期项目结题。

教育优质均衡发展。区级教育投入41.96亿元，增长13.20%。校安工程三年行动计划基本完成，投入12.30亿元加固翻建83个校址，共完成34.90万平方米。国家级基础教育综合改革实验区工作稳步推进。新建、改扩建幼儿园5所，调动社会办园积极性，增加学位1000个。新增3个市民学习基地。

公共卫生服务特色更加突出。医改考评位居全市前列。深入推进"国家中医药发展综合改革试验区"建设，京城名医馆新馆开诊。新建50个"中医药特色健康管理社区"，总数已达89个，中医药服务实现了三个100%。家庭医生式服务居民签约率和社区卫生服务满意度全市第一。

体育事业积极推进。推进国家"全民健身示范城区"试点和"国家级体质测定与运动健身指导站"试点。建成40个"奥林匹克·体育生活化社区"，景山街道成为奥林匹克·体育生活化街道。完成天坛游泳运动中心、天坛体育活动中心篮球场改造，65%的学校及具备条件的社会单位对外开放体育、文化设施。人均体育场地面积达1.20平方米。国民体质测试合格率达89%。

(四)坚持品质提升，城市运行高效有序

防汛抢险和恢复工作圆满完成。积极应对"7.21"特大暴雨山洪泥石流灾害，做好老旧平房的防汛抢险和重点部位积水道路应急处置。组建66支抢险队，3支医疗救护队，开辟29家应急避险场所，最大限度地减轻了群众损失。

环境提升工程稳步实施。高水平完成"九横八纵"主要大街和重点区域环境景观建设任务。抓好北京站、北京南站和东直门交通枢纽三个重点交通站点和长安街、王府井地区的环境建设与整治。实施二环路、前三门大街、铁路沿线和建国门大绿地等绿化改造提升工程，全区共完成绿化面积29.20万平方米。环卫作业水平全市领先。完成煤改电工程年度任务。超额完成北京市下达的主要污染物减排任务。新建垃圾分类达标小区32个。

疏堵工程扎实推进。完成《东城区综合交通规划(2012—2020年)》。车辇店胡同立体停车设施、前门地下停车场一期投入运行。南锣鼓巷地下停车场建设完成居民搬迁。王府井地区建成全市首个全方位智慧停车诱导系统。自行车接驳工程100余个站点、5000辆自行车投入运营。探索实施占道停车管理"物联网"建设。实行机动车"单行单停"的胡同达46条。利用人防工程向社会提供529个停车位。

智慧东城推进效果显著。实现全区重点地区wifi覆盖。社会服务管理云平台在社会管理创新中发挥积极作用。"数字东城行动计划"在智慧旅游、智能交通、社区服务等领域取得实效。

(五)坚持协调发展，"惠民生"取得新实效

就业和社会保障工作稳步推进。预计城镇居民人均可支配收入增长11%。成立区就业服务联盟，努力实现就业服务由政府主导向社会各方共同推动转变。以龙潭街道左安漪园社区为试点，探索家政服务进社区。建立区创业带动就业工作联席会制度。实现创业2668人，带动就业4563人。城镇登记失业率0.83%，城镇登记失业人员就业率73.71%。社会保险基金收缴率98%以上，全年社保资金往来达280亿

元。开发“东城区医疗保险信息管理系统”。加大对特困群体帮扶力度，累计支出低保及生活困难补助资金7950.19万元，发放专项救助金1261.10万元。“九养”政策全面落实，养老机构达11家，全区拥有养老床位1363张，发放居家养老券3675.87万元，惠及3.20万老年人。完成区级养老管理服务中心建设，完成北苑区级综合性养老院装修改造。创新康复服务、就业安置、体育健身三项居家助残服务模式。

惠民工程加快实施。完成29个老旧小区和31条街巷胡同综合整治任务，完成109万平方米抗震加固及节能改造任务。保障房建设大力推进，朝阳豆各庄项目进入施工阶段，弘善家园小区住宅组团全面竣工。天坛东里1－8号楼居民搬迁完成42%。审核通过各类保障性住房申请3755户，累计发放廉租补贴3726万元。220户家庭完成廉租房实物配租选房。新建7家天镇蔬菜直营店、10家崇远万家邻里中心便民菜店、3家规范化社区菜市场。

社会服务管理创新不断深化。网格化社会服务管理模式在“求深化、求规范、求实效”上取得新成效，模式在全市推广。建立健全网格化社会服务管理标准体系，完成“三级平台、四级管理”实体建设。城市管理综合执法向社会管理领域全面延伸。开展社区规范化示范点建设。培育37个市级示范“六型社区”。“一刻钟社区服务圈”覆盖率达84%。专业社工人数占常住人口比重达2.70‰。

社会保持和谐稳定。强化执法检查，确保重大节日和重要会议期间生产安全。开展“和风”行动和“暖心”行动，完善“三级信访代理”格局，人民调解、行政调解、司法调解协调联动，群众来访量和集体访量双下降，万人发案率保持全市最低。

今年是不平凡的一年，国际经济形势复杂多变，国内经济环境严峻，区域经济下行压力加大，在这样的大背景下，全区经济实现了平稳增长、稳中向好，殊为不易。同时，今年维护安全稳定压力巨大，我们成功应对了“7.21”特大暴雨山洪泥石流灾害，圆满完成了十八大服务保障，经受住了考验和挑战。成绩的取得，是全区干部群众齐心协力、开拓创新、扎实工作的结果。另一方面也要看到，我区经济社会发展中仍然存在一些不平衡、不协调、不可持续的问题：一是人口资源环境矛盾日益突出，城市功能优化调整和人口疏解问题有待破解，关系群众切身利益的住房、交通等问题亟待解决。二是历史文化保护与发展任务繁重艰巨，解决资金与政策瓶颈制约有待继续创新，文化资源优势转化为文化影响力尚需时日。三是转变经济发展方式，深化经济体制改革，促进产业和功能区特色发展、集约发展、创新发展更为迫切。

二、本年国民经济和社会发展计划安排

本年工作的总体要求是：以科学发展观为指导，深入贯彻党的十八大精神和中央经济工作会议精神，深化改革开放，强化创新驱动，全面落实经济、政治、文化、社会、生态文明“五位一体”总体布局，提升区域文化软实力，加快转变经济发展方式，加强城市精细化管理，提高民生福祉，打造美丽东城，全力推进“国际化、现代化新东城”建设。

本年经济社会发展主要指标是：

——地区生产总值增长8%；

——财政收入增长9%；

——重点产业增加值占GDP比重达66%；

——城镇居民人均可支配收入增长8%；

——社会消费品零售额增长11%；

——实际利用外商直接投资额5亿美元；

——城镇登记失业率控制在2%以内；

——万元GDP能耗下降3.10%。

为确保上述目标的实现，主要做好以下几方面工作：

（一）增强文化软实力，打造文化新引擎；

（二）加快转变经济发展方式，推进经济持续健康发展；

（三）加强城市精细化管理，提升城市生活品质；

（四）以保障和改善民生为重点，解决好人民最关心最直接最现实的利益问题；

（五）大力推进生态文明建设，努力建设美丽东城。

东城区2012年财政预算执行情况和2013年财政预算(草案)的报告

2013年1月8日在东城区第十五届人民代表大会第三次会议上

东城区财政局局长　崔燕生

一、上年预算执行情况

上年是全面落实东城区总体发展战略规划和"十二五"规划的重要一年,也是新一届区政府的开局之年。在区委的坚强领导下,在区人大、区政协的监督、指导下,全区各部门坚持以科学发展观为统领,牢牢把握稳中求进的工作总基调,攻坚克难抓组收,强化统筹保重点,深化改革促发展,全力以赴完成财政预算任务,全年财政收支预算执行情况良好,为全区经济社会发展和重点事业推进提供了坚实保障。

(一)财政收支预算执行情况

上年,区公共财政预算收入预计完成1345200万元,为年度预算的102.80%,同比增长10%;政府性基金预算收入预计完成111107万元。

上年,区公共财政预算支出预计完成1536219万元,为调整后年度预算的94%,同比增长13.10%;政府性基金预算支出预计完成136104万元。

1.主要收入项目情况

增值税预计97000万元,同比增长40.70%。主要是随着营业税改征增值税试点工作推进,增值税征收范围扩大及社会消费增长带动增收。

营业税预计570000万元,同比增长7.80%。主要是金融业、租赁和商务服务业发展势头良好带动增收。

企业所得税预计263000万元,同比增长8.40%。主要是企业效益增长带动增收。

城市维护建设税预计110500万元,教育费附加收入预计27800万元,均同比增长8.90%。

房产税预计142000万元,同比增长7.90%。主要是房产原值和房租收益增加带动增收。

印花税预计58000万元,同比增长38.50%。主要是依法加大征管力度带动增收。

城镇土地使用税预计8300万元,同比增长2.60%。

土地增值税预计35200万元,同比下降29.20%。主要是上年部分房地产项目集中清算,形成一次性入库税款的影响。

车船税预计18500万元,同比增长12%。主要是机动车保有量增加及税收政策调整带动增收。

政府性基金预算收入预计111107万元。主要是北京市财政局自2012年起调整城六区土地出让收入管理方式,当年土地出让收入计入区级收入形成同比净增。

2.主要支出项目情况

一般公共服务支出预计124893万元,同比增长0.60%。主要是推进升级政务公开、决策系统等自动化管理体系,强化政府职能,提升部门履职能力,不断提高政府公共服务水平。

公共安全支出预计101559万元,同比增长8.60%。主要是落实"科技强警"要求,提升警用装备水平,加大重点地区十八大期间安全保卫工作;推动"平安东城"建设不断深化,健全突发公共事件的预防预警和应急处理机制,完善社会治安防控及公共安全监管体系。

教育支出预计316545万元。2012年对教育事业的投入预计达到419580万元,比上年增长13.20%,实现了依法增长。

科学技术支出预计9698万元。2012年对科学事业的投入预计达到8548万元,比上年增长10.40%,实现了依法增长。

文化体育与传媒支出预计30742万元,同比增长9.20%。2012年对文化事业的投入预计达到8628万元,增长14%,实现了依法增长。

社会保障和就业支出预计311330万元,同比增长10.80%。主要用于落实各项社会保障政策,加大对养老服务、残疾人补助及优抚对象、特困人群等弱势群体的经费投入,促进就业再就业工作顺利推进。

医疗卫生支出预计97451万元,同比增长13.60%。2012年对卫生事业的投入预计达到65982万元,比上年增长19.20%,实现了依法增长。

节能环保支出预计55587万元,同比增长157%。主要是落实"绿色东城"行动计划,安排"煤改电"工程专项资金,开展既有建筑节能改造等项目资金。

城乡社区事务支出预计342489万元,同比增长37%。主要是当年老旧小区综合整治、旧城解危排险、对接安置房建设等工程投入较大。

交通运输支出预计2119万元。主要用于确保东直门交通枢纽外部道路项目建设资金足额到位,拨付阳平会馆道路微循环项目资金等。

资源勘探电力信息等事务支出预计5673万元,同比增长17%。主要是拨付中小企业发展扶持专项资金,提高中小企业及老字号企业的市场竞争力。

商业服务业等事务支出预计3554万元。主要是落实家电以旧换新、汽车以旧换新等各项政策补贴资金;支持鲜鱼口特色商业街升级改造、北京环球贸易中心项目改造等。

住房保障支出预计33590万元。主要是落实职工住房补贴政策，安排直管公房修缮、拨付廉租住房租金补贴以及常营廉租房建设项目购房款等。

粮油物资储备管理事务支出预计2318万元。主要用于上缴市级粮食风险金。

其他支出预计97397万元。主要用于兑现各项产业扶持政策、偿还政府债务本息、上缴市级地铁资本金等专项支出。

政府性基金预算支出预计136104万元。其中：地方教育附加支出3213万元；文化事业建设费支出10303万元，残疾人就业保障金支出8196万元，政府住房基金支出2051万元，国有土地使用权出让金支出109841万元，城市公用事业附加支出524万元，城市基础设施配套费支出404万元，彩票公益金支出1552万元，其他政府性基金支出20万元。

3. 全年财政收支平衡

按照现行市区财政管理体制，2012年区公共财政预算收入预计1345200万元，政府性基金预算收入预计111107万元，市对区转移支付补助预计236159万元，市财政追加专项补助180306万元，上年专项结转148094万元，调入预算稳定调节基金96000万元，收入总计2116866万元；2012年区公共财政预算支出预计1536219万元，政府性基金预算支出预计136104万元，上解市财政支出预计313784万元，结转下年预计130759万元，支出总计2116866万元，实现收支平衡。

鉴于2012年预算执行尚未完成，目前列报的财政收支数字均为预计数，待2012年市区财政结算和财政预算执行完成后，有关数字和内容会有所变化，届时将通过财政决算草案向区人大常委会报告。

（二）努力实现财政资源扩面、增效、提质，做好上年财政各项工作

1. 深挖潜、广开源、坚持长续发展，将财政资金“用活”

一是探索“大组收”工作机制，构建全方位立体组收模式。严格执行财政收入目标管理责任制，倒排财政收入进度目标，确保收入任务如期完成；展开横向工作面，不断扩展联动组收工作网络，将一线征管部门、各相关工作部门纳入联动，发挥部门工作优势，由面及点深入开展工作，确保实现组收效果最大化；紧抓纵向政策线，加强财税政策研究，增进税源建设工作实效，深入挖掘潜在增收点，不断提升组收工作规范化、成效化水平。

二是创新工作方式，实现财政资金与社会资金的联动增效。统筹利用各种市场化投融资手段，探索贷款担保、发行中期票据等融资方式；发挥财政资金“四两拨千斤”的作用，多渠道筹措资金，吸引社会资本、金融资本，充分借助社会力量支持东城经济社会发展。

三是积极履行服务职能，为企业发展提供动力，创造活力。树立以服务促发展的工作理念，深入掌握企业生产经营状况和实际需求；认真落实关于优化经济发展环境、促进产业发展、扶持中小企业发展的政策要求，不断优化企业发展环境，为企业持续健康发展提供有力助推；深入调研，协调总部企业建立符合地方税收利益框架的经营治理结构，探索提高总部企业对区域经济贡献度的可行措施。

四是充分发挥财政资金引导作用，促进主导产业发展。启动文化金融创新，推进文化创意产业平台建设，支持创意产业示范基地建设；贯彻落实各项文化体育产业政策，安排戏剧产业发展专项经费以及戏剧产业公益补贴专项资金，重点推动特色产业发展；大力支持国家中医药发展综合改革试验区建设，积极筹措资金，推动特色医疗产业发展；继续加大科技项目投入及奖励机制，鼓励科技自主创新，打造良好的科技创意产业发展环境。

2. 惠民生、保重点、立足实效实绩，将财政资金“用足”

一是充分保障民生需求，不断增进人民福祉。安排专项资金22853万元，推进医疗保障改革各项工作，实现公费医疗向城镇职工基本医疗保险的平稳过渡；安排资金21581万元，确保城镇居民、城镇职工、优抚对象等不同人群的养老保险、医疗保障、工伤生育保险等按月足额缴纳；安排就业再就业资金8104万元，保障各项再就业政策落实，重点向劳动力市场建设和公益性就业岗位开发倾斜；安排各项社会救助资金25165万元，做好对居家养老（助残）服务、城市居民最低生活保障、临时救助以及城市特困人员医疗救助等资金保障；安排残疾人就业保障金8196万元，解决残疾人生活、就业等方面存在的实际困难，推进残疾人家庭无障碍改造工程实施；筹措资金33590万元，切实做好保障性安居住房财政补贴工作，加大对廉租房等保障性安居工程及保障性安居工程小区外配套设施的投入力度。全年用于保障民生需求的支出预计353116万元，同比增长15%。

二是充分保障公共事业发展，提升居民幸福指数。加大对学前教育经费投入力度，切实缓解“入园难”问题；完善中小学基础设施改造，改善办学条件，优化教学环境，打造精品特色教学团队，促进区内义务教育均衡发展；安排资金23094万元，支持公共文化活动中心、活动室更新改造，推进“三馆一站”免费开放，推进“一刻钟文化圈”、“奥林匹克·体育生活化社区”建设，实现公共文化服务体系全覆盖；加大科技投入，推动我区科技项目创新，落实科普经费，保障科普益民计划顺利实施。投入资金50838万元，保障卫生防病、预防接种等基本公共卫生服务项目及疾病预防控制机构、卫生执法监督机构和公共卫生体系发展建设的资金需要；推进社区卫生服务综合改革，确保社区卫生服务“收支两条线”政策得到落实，保障社区医疗卫生服务机构良好运转；安排资金2755万元，保障人口和计划生育管理工作落实到位。全年对各项重点事业依法增长支出预计达到502738万元，同比增长13.90%。

三是充分保障城市管理高效运转，确保重要工作、重大项目顺利推进。安排历史风貌保护专项资金10000万元，切实把历史文化名城保护和发展有效结合，加大对历史风貌保护的投入力度；筹措资金30000万元，保障老旧小区环境整治提升工程资金足额到位；拨付资金18302万元，确保2012年“煤改电”工程资金需要；安排资金15000万元，全面落实环境建设精细化管理要求，打造体现首都风貌的精品大街；安排资金9427万元，推进环境整治、环境秩序综合执法、绿化美化及景观布置等工作，实现环境卫生、交通秩序、绿化美化等“八个明显提升”，圆满完成十八大环境治理保障工作；安排

资金5040万元,推进绿化美化和生态景观工作,构建生态建设基本框架;累计拨付防汛抗灾资金7663万元,为应对“7.21”重大自然灾害及今年汛期突发事件,推进危旧房屋修缮工作提供了有效的资金保障。

四是充分保障行政机关提升履职能力。安排专项资金5000万元,用于提升人才建设水平;积极开展公务员交流培训等工作,培养全方面发展的高素质人才队伍;安排资金12404万元,推进政务信息化建设水平;拨付资金54125万元,深入推进“平安东城”建设;大力推行普法宣传教育,落实“六五普法”工作目标,开展社区矫正及安置帮教、普法宣传、法律援助等工作;拨付资金3992万元,建立消防安全新体系,推进消防管理进网格,筑牢消防安全工作“防火墙”;拨付资金300万元,切实加强食品药品安全监管。

3.强统筹、增效益、突出规范管理,将财政资金“用好”

一是加大财政资金统筹力度。落实厉行节约工作要求,严格控制一般性支出,在年初预算中压缩各部门公用经费预算10%用于对口支援建设;在预算执行中严控资金追加申请,确保项目支出预算资金按批复范围和用途使用;对城市基础设施改造等工程项目实施重点监控,统筹项目进度与财政资金调度,确保财政支出进度,为全年预算平稳执行打下良好基础;本着存量挖潜、增量拓展的原则,充分统筹资金效能,对全区100余家一、二级预算单位共计1093笔部门结余资金进行了集中清理,按照结余资金类型分类处理,收回资金3000余万元,确保财政资金的统筹效能得到充分发挥。

二是加强预算绩效管理。积极构建预算绩效管理体制框架,建立大额专项资金绩效评价,提高绩效评价工作的质量和实效;开展事前绩效评估试点工作,将绩效评价关口前移,不断提升预算编制的科学性;加强对社会中介服务机构的管理,提高绩效评价工作效能,确保财政资金使用效益得到切实提升。

三是规范国有资本经营管理。初步构建制度框架,完整编制了2012年国有资本经营预算,进一步规范政府与国有企业间的分配关系;统筹国有经济的布局和产业结构调整,集中财力重点解决制约国有企业发展的体制性问题,进一步优化国有资本配置,提高国有资本的经营效益。

四是加强行政事业单位国有资产管理。对全区529户行政事业单位的资产情况进行了全面清查,摸清了全区的“家底”,为进一步加强财政预算管理奠定了良好基础。以完善国有资产信息化管理系统为手段,以落实完善日常办公设备配置标准、固定资产最低使用年限为抓手,推动国有资产管理的规范化,促进资产管理与预算管理相结合。

五是做好各项财政财务基础工作。落实预算外资金纳入预算管理工作要求,开展专项监督检查,加强“收支两条线”管理;加强政府采购预算管理,规范政府采购项目审核流程;深化推进财政国库管理制度改革,确保财政资金安全、规范、准确使用;稳妥推进预算信息公开工作,结合我区实际公开了2012年财政预算信息和67家区属单位部门预算信息,得到媒体和公众的好评,促进财政管理规范化水平不断提升。

面对东城发展的新形势,我们深感工作中还有很多方面需要进一步努力:一要努力破解财政内生性增长动力不足的难题,不断提升财政政策和资金对促进产业发展的实际效能,加快推进产业升级,增强产业集聚效应,实现区域财政经济长续发展。二要努力破解财政支出压力日益增加的难题,在合理控制财政风险的前提下,积极引入市场化运作方式,推进财政资金与社会资本的对接,为各项事业发展提供有力的资金保障。三要进一步深化绩效管理与预算管理的有机衔接,提升财政资金使用效益。四要以一流的标准强化基础工作、创新工作方式、增强服务保障能力,不断提升财政管理规范化、精细化水平。

二、本年预算草案

(一)财政收支工作面临的形势

本年经济发展环境复杂严峻,各种有利与不利因素并存,使财政工作面临诸多压力与挑战。

本年财政减收增支的矛盾十分突出,收支平衡面临严峻考验。

(二)本年预算安排的指导思想及总体安排

本年预算草案编制的指导思想是:全面贯彻党的十八大精神,深入贯彻“两新四化”发展战略,扎实推进“十二五”各项工作,统筹优化财政资源配置,促进区域经济社会全面协调可持续发展;坚持优化财政收支结构,积极培育涵养税源,切实增强财政资金统筹能力,从严从紧编制支出预算,控制和降低行政运行成本,确保全区各项重大方针政策的落实和重点支出需要,不断强化财政科学保障能力;坚持深化财政改革,完善公共财政管理体制,加强综合预算管理,提高财政管理绩效,深入推进各项财政信息公开工作,在更高起点上全面推进“国际化现代化新东城”建设。

根据上述指导思想,综合考虑本年经济社会发展和财政预算管理面临的各方面因素,按照围绕中心、突出重点、收支平衡、留有余地的原则,本年区公共财政预算收入安排1466300万元,比上年增长9%;政府性基金预算收入安排11000万元。2013年区公共财政预算支出安排1571348万元,比上年年初预算增长12%,其中:区本级支出安排1390000万元,市财政追加专项补助预计83348万元,动用上年专项结转98000万元;政府性基金预算支出安排43759万元。

本年区公共财政预算收入安排1466300万元,加政府性基金预算收入11000万元、市财政转移支付补助预计227408万元、市财政追加专项补助预计83348万元,上年专项结转资金预计130759万元,动用预算稳定调节基金30000万元后,收入总计1948815万元。本年区公共财政预算支出安排1571348万元,加政府性基金预算支出43759万元、预计上解市财政支出333708万元,支出总计1948815万元。

(三)本年主要支出预算安排情况

一般公共服务支出安排114283万元,同比增长0.80%。

公共安全支出安排83770万元,同比增长11.20%。

教育支出安排313548万元,同比增长13.20%。

科学技术支出安排10621万元,同比增长12.50%。

文化体育与传媒支出安排20867万元,同比增长23.10%。

社会保障和就业支出安排256060万元,同比增长13.10%。

医疗卫生支出安排102918万元,同比增长7.60%。

节能环保支出安排4097万元,同比增长15%。

城乡社区事务支出安排315680万元,同比增长10.60%。

援助其他地区支出安排8000万元,同比增长6.70%。

住房保障支出安排21536万元,同比增长95.10%。

其他支出安排273375万元。

三、统筹创新、深化改革、突出实效,确保圆满完成本年财政预算任务

(一)优化方式、创新理财,为区域经济发展提供长续动力;

(二)厉行节约、统筹理财,为各项事业发展提供有力保障;

(三)着眼民生、务实理财,使人民群众共享发展成果;

(四)强化规范、精细理财,为财政经济发展构筑坚实基础。

东城区人民法院工作报告

2013年1月9日在东城区第十五届人民代表大会第三次会议上

东城区人民法院院长　孟　祥

上年主要工作

上年,我院在区委坚强领导下,在区人大及其常委会有力监督下,在市高级人民法院精心指导下,以邓小平理论和“三个代表”重要思想为指导,深入贯彻落实科学发展观,坚持“为大局服务,为人民司法”工作主题,按照“开拓视野、振奋精神、融合互补、争创一流”的工作方针与年初确定的“一二三四五”工作思路,认真履行审判职能,全面加强队伍建设,积极参与社会管理创新,努力深化三项重点工作,全力保障十八大胜利召开,为建设“国际化现代化新东城”提供了有力的司法保障。

一、坚持公正司法,认真履行审判执行职能

始终将执法办案作为第一要务,努力通过公正高效履行审判执行职能维护社会公平正义。全年受理各类案件21242件,旧存989件,审结21592件,结案率达97.10%,收结案同比分别上升5.80%与6.40%。其中,审结刑事案件1202件,判处罪犯1604人;审结民商事案件13277件;审结知识产权案件778件;审结行政案件317件,审查非诉行政执行案件104件;执结案件5914件,执结到位金额10.80亿元。

(一)*严厉打击违法犯罪活动,维护社会和谐稳定*。依法打击暴力性犯罪,审结抢劫、故意伤害、毒品犯罪等案件188件。严惩多发性侵财犯罪,审结盗窃、诈骗案件598件,审结公交扒窃案件332件。依法惩治职务犯罪,审结贪污贿赂、渎职罪案件19件,判处罪犯27人,其中处级以上干部4人。注重案件法律效果和社会效果的统一,妥善审理相声演员刘惠危险驾驶案、廖丹“刻章救妻”诈骗案、李雪松非法吸收公众存款案与涉及2000余名被害人的姜振凯非法经营案等一批广受社会关注的案件。准确把握宽严相济刑事政策,对50名被告人处以10年以上重刑,宣告缓刑124人,免予刑事处罚1人。加强刑事附带民事案件调解力度,调解率73%,执行到位率100%。运用远程视频审理简易刑事案件,提高审判效率,节约司法资源。保障被告人人权,加大未成年人司法保护力度,注重法庭教育感化。加强犯罪预防,积极参与社会治安综合治理。

(二)*妥善化解民商事和知识产权纠纷,促进区域社会经济健康有序发展*。民商事审判将平复矛盾、保民生、促发展作为根本目标,审结房屋买卖合同纠纷、拆迁纠纷、物业纠纷以及所有权确认等房地产案件2024件,同比上升27.90%。注重维护家庭、医患、邻里关系和谐融洽,审结相关案件2190件,70.90%的案件以调解方式结案。依法维护劳动者权益,审结劳动争议案件1277件。依法审慎处理重大敏感案件,审结中国文化艺术有限公司诉文化部服务合同纠纷案、郭某诉同仁医院医疗损害赔偿案、汪某等27名农民工讨薪案等一批社会关注的热点案件。维护公平公正市场交易秩序,审结买卖、租赁、运输、服务等合同纠纷477件,涉案金额2.10亿元。保障金融行业健康发展,审结借款、信用卡、保险案件1245件,涉案金额8.20亿元。加大联合调解力度,保险案件调解率达44.70%,同比上升23.50%。注重以知识产权审判推动文化强区战略,审结广州美即公司诉百荣世贸商城侵犯商标权案、华谊兄弟公司诉王府井书店不正当竞争案等一批具有较大社会影响的案件。主办第三届“首都互联网知识产权保护论坛”,开展第四届“知产雍和行”活动。与区知识产权局、区科委等部门建立联动机制,促进文化创意产业良性发展。

(三)*加大行政相对人合法权益保护力度,促进依法行政*。坚持行政行为合法性审查原则,监督、支持行政机关依法行政,切实维护行政相对人合法权益和行政机关执法权威。判决撤销或部分撤销具体行政行为、确认具体行政行为违法、责令履行法定职责或赔偿的案件72件,占全部行政案件结案数的24.20%。积极运用行政案件协调化解模式,妥善化解行政争议,协调撤诉104件。妥善审查涉梁思成、林徽因故居的北总布胡同拆迁项目、革新里危改项目等非诉行政执行案件;顺利审结东交民巷二十六号院居民诉区房管局拆迁裁决案件,确保重点工程顺利实施。有效延伸审判职能,与城管、公安、交通等部门加强沟通交流,统一执法标准。扩大行政审判的法制教育功能,组织区工商分局等十余家单位的执法人员旁听典型案件。

(四)加大执行工作力度,努力实现当事人合法权益。执行工作以破解"执行难"为首要目标,进一步加大执行威慑力度,严厉打击规避执行行为,拘留40人次,罚款11.50万元,限制出境70人次,公布拒执人员名单15人次、启动刑事追责程序1次。完善案款发放机制,发放案款3929笔3.98亿元。圆满完成"亿霖木业"案款专项清退工作,共清退1122份931人,发放案款5000余万元。落实市高级人民法院集中清理执行信访积案和涉党政机关执行积案专项清理活动,执结标的达247.50万元。全力保障市、区重点工程建设,顺利执结长安街周边拆迁、地铁六号线、八号线拆迁等案件。加强执行工作规范化管理,全面查摆各种执行失范行为,完善管理制度,规范执行权行使。创新分段集约流程管理,严格落实最高人民法院规定的"四查"、"二访"标准,严把"本终"案件入库关口,尽最大努力实现当事人合法权益。

二、坚持能动司法,积极参与社会管理创新

始终坚持"为大局服务,为人民司法"工作主题,不断延伸审判职能,积极参与社会管理创新,为首都和东城区的发展营造良好的法治环境。

(一)积极开展诚信工程建设,大力推进司法诚信、诉讼诚信与社会诚信。在推进司法诚信方面,从法院自身做起,制定并实施审限管理、均衡结案、重要程序事项告知等多项制度,细化司法专邮、司法鉴定、上诉移转等23项工作细则,为审判权规范运行提供保障;建立完善"审判管理、纪检监察、信访投诉"三位一体案件评查机制,以案件评查为手段,以事中评查为重点,对受理投诉、接待信访、案件评查中发现的问题,分别按照工作职责进行转办、调查和处理,实现内部监督的有效整合和衔接。在推进诉讼诚信方面,依法惩戒不诚信诉讼行为,将诚信风险提示贯穿于立案、审判、执行各个环节,采取多种措施甄别虚假诉讼,制裁滥用诉权行为,形成有效震慑,区域司法环境日趋优化。在推进社会诚信方面,与律师、保险等行业协会建立诚信档案;与中国进出口银行、中国政法大学、南锣鼓巷商会等单位开展诚信共建。加强与代表委员、主流媒体、基层组织的交流座谈,共同推进诚信诉讼。市高级人民法院召开推进诚信工程新闻通报会,向全市法院推介。《人民法院报》报道诚信工程是"人民法院参与社会诚信建设的示范样本","其经验和做法值得全国法院借鉴"。

(二)扎实开展法官"一驻两进"工作,实现社会服务管理中的司法创新。选派首批17名后备干部作为巡回法官脱产驻全区17个街道,进社区、进网格开展为期一年的工作,将司法服务和保障下沉到最基层。巡回法官通过履行"六员"职责,协助进行矛盾排查和社会面治安巡查,及时引导、预警群体性纠纷,避免矛盾升级;运用专业知识和审判经验,在物业标准化管理、流动人口管理、违章建筑治理等方面提供法律意见,为基层社会服务管理贡献力量。积极参与"7.21"特大暴雨灾害善后处置工作,为街道顺利开展灾后重建提供法律支持。全面参与"亿霖木业"案款清退工作,切实保障该项工作顺利推进。积极推动社区居委会指定监护人工作,帮助制定《监护人工作程序操作指南》。"一驻两进"工作开展以来,巡回法官共解答群众法律咨询2000余人次,开展普法宣传活动200余场次,参与矛盾化解1000余起。该项工作得到了社区群众的广泛认同,中央综治办《社会管理综合治理动态》、最高人民法院《政工通讯》刊文推介。巡回法官临时党支部在"全国法院基层党支部书记示范培训班"上介绍经验,并被评为北京市政法系统"五好党支部"。

(三)加强涉诉矛盾化解,确保社会和谐安定。深入开展"让党旗在十八大安保维稳工作一线高高飘扬"主题实践活动,制定十八大安保专项行动方案,研究梳理十项重点工作,逐一确定牵头领导及责任部门;建立联动机制,加强重大、敏感案件的预警工作,做到不稳定因素早发现、早控制、早解决;认真落实十八大安保社会面防控工作,干警参与执勤180余人次。全力预防和化解涉诉信访,严格落实领导干部大接访工作要求。坚持定期排查隐患案件,加大化解力度,化解疑难复杂案件30件,化解最高人民法院交办的信访案件37件。加强舆情应对,扎实做好敏感、重大案件舆论引导工作,最大限度地预防和减少不当舆论炒作。

三、坚持为民司法,努力满足人民群众日益增长的司法需求

以"让当事人打一个公正、明白、便捷、受尊重的官司"为工作目标,不断加强审判管理,落实司法便民举措,加大司法公开力度,切实保障当事人诉讼权益。

(一)全面加强审判管理,推进审判规范化建设。一是加强审判质量管理。建立完善审判管理制度,全面规范审判执行工作。扎实开展庭审评查与裁判文书评查工作,建立健全案件评查机制,发回重审案件同比下降19.70%,改判案件同比下降47.20%。二是加强审判效率管理。深入开展长期未结诉讼案件专项清理活动,定期通报长期未结案件清理情况。严格控制延审指标,建立延审案件管理目标责任制与延审案件登记备案制度,延审案件数量同比下降82%。强化审限动态监控,落实均衡结案要求,定期对全院均衡结案整体态势进行分析通报,结案均衡度明显改善。三是加强审判绩效考评。认真贯彻落实《北京法院审判质量考核管理体系工作规范》,从公正、效率、效果三方面进行全方位考评,特别加大对一审服判息诉率、结案均衡度、调解率和实际执行率四项重点指标的考核力度,审判质量综合排名位居全市法院前列。

(二)完善便民措施,营造良好的诉讼环境。一是加强诉讼服务工作。完善全天候诉讼服务工作机制,全天办理司法专邮、公告发布、上诉移转等工作,诉讼引导近90000余人次,收转材料2900件,查询案件4870次,发放各类诉讼提示1200余件。二是加大诉前化解力度。深化立案诉讼服务改革,成立程序审查组,审查各类案件1210件,筛查重大敏感纠纷194件;有效推进矛盾纠纷的源头化解,诉前化解案件352件。三是加强基础设施建设。在区委、区政府的大力支持下,对南区审判设施进行整体改造,提升信息化工作水平,为当事人诉讼营造更为良好的环境。

（三）自觉接受监督，推进司法公开民主。一是加强人民陪审员工作。设立督促检查办公室，加强督办联络和人民陪审员工作。人民陪审员参与陪审各类案件3165件，陪审率达93%。建立重大事项参与机制，扩大人民陪审员参与、监督法院工作的范围。二是自觉接受人大及其常委会监督，加强督办联络工作。办理各类督办案件208件，办理人大代表、政协委员关注案件20件。组织代表、委员参与座谈、走访、调研及观摩庭审等联络活动35次。三是完善司法公开和民意沟通机制。制定《关于审判、执行重要程序事项告知的规定》，综合利用电子公告屏、互联网及办公信息平台，形成全方位的告知体系。

四、坚持素质强院，全面加强法官队伍建设

以"创先争优"活动为主线，全面加强思想政治建设、领导班子建设、司法能力建设、反腐倡廉和文化建设，着力打造一支高素质的法官队伍。

一是加强思想政治建设，进一步深化学习实践活动。以"创先争优"活动为契机，扎实开展政法干警核心价值观教育，引导干警自觉践行"忠诚、为民、公正、廉洁"的核心价值观。开展"党员评议书记、支部评议党委"两评活动，深入推进学习型党组织建设。我院机关党委被授予"北京市学习型党组织建设工作示范点"，并在全区"创先争优"总结大会上介绍经验。

二是加强领导班子建设，进一步提高干部队伍素质。组织开展副科级领导职位竞争上岗工作，20名同志走上中层领导岗位，优化了干部队伍结构，也推动了干部选拔工作的科学化、民主化与制度化。探索干部人才培养新机制，利用"一驻两进"工作平台，在群众工作中锻炼队伍。以制度建设规范干部管理，制订、完善《部门创先争优业绩考核办法》及《公务员平时考核工作细则》，使干部管理考核工作更加严谨规范。

三是加强司法能力建设，进一步加大教育培训力度。注重审判理论与实务的学习研究，以典型案例宣讲、法学家讲座、审判长观摩庭、电视电话培训等形式努力提升法官司法水平。加大初任法官培养力度，举办"青年法官和资深法官对话论坛"，促进青年法官健康成长。与中国政法大学共建"法学教育实践基地"，实现双向交流。我院被最高人民法院确立为"全国法院法官培训现场教学基地"。

四是加强反腐倡廉建设，进一步树立廉洁司法形象。采取任前廉政谈话、案前提醒谈话等方式开展个性化教育，利用正、反面典型开展警示教育。全面加强廉政风险防控管理，加大科技防控力度；加强廉政文化建设，打造反腐倡廉文化阵地。加大廉政监督、检查力度，深入开展赃证物专项清理活动，扎实开展审务督察工作，确保廉洁司法。

五是加强法院文化建设，进一步提升干警精神境界。将诚信文化作为法院文化的核心，通过诚信展板、格言征集、诚信论坛、主题演讲等形式营造良好的诚信文化氛围。开展"爱民月"、"法院开放日"、"亮见"论坛等活动，通过不断丰富为民实践渠道，巩固和强化干警为民服务的宗旨意识。坚持从优待警，落实设立干警爱心救助基金等10件实事，增强集体的凝聚力和归属感。

回顾一年来的工作，我们深刻体会到东城法院要发展：一是必须紧紧依靠区委的坚强领导，自觉接受区人大及其常委会的有力监督，主动争取政府和社会各界的大力支持；二是必须坚持"为大局服务，为人民司法"工作主题，积极参与社会管理创新；三是必须切实加强审判管理，不断提高审判质量和效率，确保司法公正高效。当然，法院各项工作业绩的取得，也离不开各位代表及广大人民群众的关注、支持与帮助。在此，我代表东城法院全体干警向各位代表表示衷心的感谢！

同时，我们也清醒地认识到工作中的不足和问题：一是审判管理的手段和方式还不能完全适应新的变化和要求，如何进一步提高审判质量和效率还需要我们去深入研究；二是个别法官在处理复杂社会矛盾、做群众工作等方面的能力还有待加强；三是主动应对新形势下各类新情况、敏感事件、热点问题的能力还需进一步提升。对于以上问题，我院将在今后的工作中采取有效措施努力加以解决，也期待各位代表和社会各界更加关注、理解和支持东城法院的工作。

本年工作任务

一、立足党建引领，学习好、落实好党的十八大精神。

二、立足服务大局，为首都和东城区经济社会发展提供有力法治保障。

三、立足公平正义，通过宪法和法律的正确实施全面提升司法公信力。

四、立足司法为民，依法保障和维护人民群众的诉讼权益。

五、立足改进工作，切实增强接受各方面监督的主动性。

东城区人民检察院工作报告

2013年1月9日在东城区第十五届人民代表大会第三次会议上

东城区人民检察院检察长　殷　健

上年工作情况

一、忠实履行检察职能,全力维护首都核心区社会和谐稳定

紧紧围绕"平安东城"的整体部署,依法履行刑事检察职责,排查化解矛盾,加强和创新社会管理,开展十八大维稳安保工作。

严厉打击危害稳定和发展的严重犯罪。依法查办破坏市场经济秩序犯罪、妨害社会管理秩序犯罪以及集资诈骗、电信诈骗等涉众型犯罪,配合开展打击发票犯罪、赌博犯罪及销售假冒伪劣商品等专项活动,切实保障了人民群众生命财产安全,优化了经济社会发展环境。由于我院负责集中办理全市公交扒窃犯罪,而《刑法修正案(八)》的实施取消了对扒窃犯罪的数额要求,致使我院今年办案数量大幅上涨,并呈现出类案集中上升的特点。全年共依法批准逮捕各类刑事犯罪1058件1378人,同比分别上升了17.20%、21.60%;提起公诉1153件1551人,同比分别上升了27.10%、34.40%。针对这种情况,我院加大了工作力度,采取多种举措,探索形成相对统一的类案认定标准,先后办理了涉及群众400余人涉案金额高达7000余万元的非法吸收公众存款案、涉案犯罪嫌疑人高达46人的特大跨国电信诈骗案、涉及金额逾亿元的非法经营票据贴现案等一系列涉及民生、经济领域的重、特大案件,为十八大安保工作及区域和谐稳定作出了应有的贡献。

认真贯彻宽严相济刑事政策。着眼于营造安全稳定的社会秩序,在严厉打击严重刑事犯罪的同时,探索刑事和解、轻微刑事案件快速办理等工作机制,对涉嫌犯罪但无逮捕必要的,依法决定不批捕76人;对犯罪情节轻微、依照刑法规定不需要判处刑罚或者免除刑罚的,决定不起诉12人。

努力化解社会矛盾纠纷。针对今年涉检信访工作呈现出涉及案件较为敏感、集体访频率增加、信访诉求多样等特点,我院采取有效措施加以应对。一是认真落实涉检信访风险评估预警工作制度,对不立案、不起诉、不批捕等容易引起当事人上访的案件进行动态管理和预警分析,注重从源头上发现风险和化解矛盾。二是创新信访接待模式,专门成立检务接待中心负责信访接待工作,探索来电、来信、来访、网络"四访合一"的工作模式,落实领导干部大接访活动,进一步改进检察长接访方式,增加约访,继续完善中层干部轮值接待制度,探索改进触摸屏式案件查询系统,努力提升检务接待水平。三是扎实开展信访积案排查化解工作,采取定领导、定专人、定方案、定时限的"四定"举措,有效化解一批重大、疑难、有影响的案件。四是稳步推进涉检信访工作机制建设,制定《关于加强和改进涉检信访工作的意见》等制度,建立了3大类、21小项的电子信访档案,完善了我院信访情况的基础数据库,加强防范和稳控工作。五是完善刑事申诉工作制度,积极应对《国家赔偿法》修改后的新情况,制定《刑事申诉案件办理流程管理办法》,促进办案规范化。全年共接待群众来访512件893批942人次、来信200件、案件查询511件546人次,其中受理举报、控告、申诉、刑事赔偿等各类线索218件,妥善处置集体访7件16批392人次,刑事申诉、刑事赔偿案件结案率100%,实现了息诉罢访。2012年,我院荣获"北京市涉法涉诉信访工作2010年—2012年先进集体"称号。

主动参与加强和创新社会管理。融入"党委领导、政府负责、社会协同、公众参与、法治保障"的社会管理格局,发挥检察职能参与社会治安综合管理。一是继续深化检察官进社区网格工作,进一步发挥派驻街道检察联络室作用,通过发放热线联系卡等方式,积极为群众提供便利的法律服务。二是参与社区服刑人员、外来流动人口、未成年人等特殊人群服务和管理,与社区矫正"阳光中途之家"合作开展涉罪未成年人社会调查工作。三是针对相关单位监管措施不到位等问题,发出检察建议96份,帮助其整章建制、加强管理。

二、坚决查办和积极预防职务犯罪,着力推进反腐倡廉建设

继续秉持"有力遏制职务犯罪、有效降低腐败机会"的价值理念,更加注重查办职务犯罪与预防职务犯罪相结合,服务党风廉政建设和反腐败工作大局。

查办贪污贿赂犯罪工作取得了新进展。继续办理上级交办的铁道部专案,在完成一大批案件的后续侦查取证等结案工作的基础上,以"积极排查、重点突破"为原则,加强对署名举报、上级交办等重点线索进行清理,在查办新的案件方面也取得了良好效果。共立案侦查贪污贿赂案件23件27人,其中百万元以上6件、千万元以上1件,局级1人、处级7人,挽回国家经济损失8251余万元。依法查办了人力资源和社会保障部办公厅副主任曹某贪污案、原区房屋土地经营管理中心东华门分中心副主任常某贪污案等一大批有影响的大要案。此外,我院反贪局还获得了"我身边的榜样——北京市检察机关践行政法干警核心价值观先进集体"的荣誉。

惩治渎职侵权违法犯罪工作取得了新突破。继续深入开展查办民生民利领域犯罪专项工作,重点查办城市拆迁、社会保障等领域的渎职侵权犯罪,立案侦查了王府置业投资

有限公司项目经理平某涉嫌玩忽职守罪、北京华颂永兴房地产评估有限公司房地产估价师王某涉嫌出具证明文件重大失实罪等案件。与此同时，密切关注重大责任事故背后的渎职犯罪，及时介入多起安全生产事故调查。2012年，我院反渎职侵权局先后被评为第七届北京市"人民满意的政法单位"、全国检察机关"优秀反渎职侵权局"。

职务犯罪预防工作取得了新成效。坚持标本兼治、综合治理、惩防并举、注重预防的方针，针对相关单位在廉政风险防范等方面存在的问题，发出检察建议27份；继续探索运用心理学进行职务犯罪防控工作，开展廉政风险防控等专项调研，推进预防职务犯罪与廉政风险对接工作；制作廉政宣传短片，与区委党校联合开展"检校合作、预防职务犯罪工作"，在工程建设重点单位开展了系列警示教育宣传活动，提升我院廉政法制宣传水平；撰写完成了职务犯罪侦查和预防年度报告，为区委区政府决策提供参考；进一步完善行贿犯罪档案查询系统，推进行贿犯罪档案查询纳入廉政准入机制建设，依法向工程招投标单位等提供查询548次，推动社会诚信体系建设。

三、全面强化诉讼监督，不断提高法律监督能力和执法公信力

顺应人民群众和社会各界对严格执法、公正司法的新要求和新期待，以专题报告民事行政检察监督工作为契机，创新监督手段、规范监督行为、提升监督能力，全面推进诉讼监督工作开展。

刑事侦查和审判活动监督不断深化。进一步加大刑事立案和侦查活动监督力度，与区法制办等单位会签《行政执法与刑事司法衔接工作办法》等文件，推进行刑衔接电子信息平台建设；与区公安分局建立监督信息共享平台，创新侦查活动监督约谈办法，探索派驻公安派出所检察官办公室工作，实现监督的动态化、常态化和多样化；对两年以来不批准逮捕案件开展专项检查活动，成功监督公安机关撤案35件38人。进一步加大刑事审判监督力度，推行检察长列席法院审判委员会等举措，继续深化量刑规范化改革，依法提出刑事抗诉8件31人。开展"另案处理"案件专项检查活动，对涉及另案处理的100件243人进行逐人检查，共追诉漏犯14人。一年来，我院共监督侦查机关立案25件25人，监督纠正漏捕21件32人，纠正漏犯46人、漏罪90件，改变公安机关定性12件，纠正侦查活动违法5件。我院办理的郭某集资诈骗立案监督案件被评为全市诉讼监督十佳精品案。

刑罚执行和监管活动监督持续强化。坚持日常检察、专项检察、重点检察相结合，开展在押人员羁押期限检察、交付执行检察及监外执行、社区矫正专项检察工作，共办理在押人员控告、举报、申诉初查案件34件，审查暂予监外执行28人，发出检察建议6件。针对个别单位在监外执行罪犯交付执行过程中，存在判决尚未发生法律效力即予以交付执行等问题，向相关法院和监狱发出《纠正违法通知书》23份，其中22份得到了纠正回复。创新"五必谈"工作方法，与在押人员谈话过程中获取犯罪线索2件，公安机关依据我院移送的线索立案2件2人。

民事审判和行政诉讼监督逐步拓宽。专题向区人大常委会主任会议汇报区划调整以来的民行检察监督工作开展情况，争取人大支持，推动民事审判和行政诉讼监督工作健康发展。着力构建以抗诉为中心的多元化监督格局，探索对民事执行活动、生效民事调解的监督。首次依托市院民事行政专家资源，就自行发现的多起刑事案件民事化处理的案件举行了专家咨询论证会，充分发挥专家论证会指导作用。全年共受理并审结民事行政申诉案件113件，提请或建议提请民事抗诉8件，发出再审检察建议18件，促成民事申诉当事人达成和解3件，其余案件全部妥善做好释法说理工作。

四、切实加强检察机关自身建设，努力推动检察工作科学发展

紧密结合我院"履职共识年"的目标要求，以深入开展政法干警核心价值观教育实践活动为主线，加强检察队伍建设、管理建设和保障建设，不断提升队伍整体素质和执法水平。

扎实开展主题教育实践活动，形成履职共识。围绕"支部统领、突出履职、着眼四效"的要求，通过开设专栏、征文评比等方式深入开展政法干警核心价值观主题教育实践活动；深入推进创先争优，举办"感动、践行、超越"主题活动，通过专题片展示、人物视频、现场访谈等方式，推出了16位感动东检的先进榜样，取得了良好的示范激励效果，获得了区委和市院领导的充分肯定；通过实施特色定位、特色规划、特色培育、特色评价、特色总结"五步走"，创新开展特色党支部创建工程，该工程被市院确定参评市委政法委优秀党建创新项目。

突出抓好全员培训和队伍专业化建设，提高履职能力。确立"学规定、促理解、摆问题、提建议、建机制"的思路，通过条文解读、重点测试、专题研讨、调研立项等步骤，认真组织新刑事诉讼法系列培训，并积极开展庭前会议、证人出庭、涉罪未成年人社会调查、监视居住等试点工作，为新刑事诉讼法的实施提供了基础保障；增设网络和电信犯罪检察处等六个专业化办案机构，力争将上述部门打造成专业性案件的集中办理和研究中心；重新构建专业化办案组，并针对不同需求邀请网络电信、金融税务等领域专家进行授课；采取邀请专业机构培训、交流读书心得等方式，在中层干部中开展了为期一年的"百日学习、百日实践、百日收获"学习实践活动。

深入推进检察文化建设，优化履职环境。组织"健康生活、快乐工作"义诊及体质健康状况动态测试等活动，主动关心干警身心健康；积极打造处室文化论坛，通过文化茶座、好书推荐、主题文化漫谈等形式，营造温馨和谐、积极向上的工作氛围；开展"践行绿色理念、争做造林先锋"植绿护绿、"体验先锋文化、感受创新北京"主题党日等活动，提升干警的凝聚力和向心力；成立篮球队、摄影书画小组等兴趣组织，参加东城区第三届体育文化节等活动，展现了我院青年干警的良好形象。

全面加强管理建设和保障建设，提升履职效率。组织开展新东城院首次中层领导职位竞争上岗工作，共有23名优秀中青年干警走上了领导岗位，对36名干警岗位进行了调整，进一步优化了检力资源配置。继续推行全员工作日志制度,制定《工作日志管理办法》,开发工作日志管理系统,实现工作日志规范化、制度化、网络化管理;围绕队伍建设、业务建设、管理建设和保障建设等内容进行探讨,制定出台《履职共识纲目》,为加强中层干部履职能力和处室全面建设奠定基础;完善绩效考评指标体系建设,制定《履历业绩管理办法》等制度,提升队伍管理科学化水平;规范办案工作区的管理和使用,做好检察信息网络的安全防范工作,切实保障执法办案安全。

大力加强纪律作风和廉洁自律建设,筑牢履职基础。加大违法违纪案件查处力度,针对个别部门和干警在执法中暴露出的不规范、不严谨的问题,集中开展"以案严纪"警示教育活动;积极查找新设立部门的风险点,明确防控措施,修改、完善廉政风险防范管理手册,推进廉政风险防范管理工作。

五、自觉接受人大及社会各界监督,确保检察权依法正确行使

秉持重在平时、重在落实、重在效果的原则,主动接受人大及社会各界监督,努力加强和改进检察工作,更好地服务和保障民生。

继续深化检务公开,更加主动地接受群众监督。采取邀请群众走进检察院、深入社区进行法制宣传等形式,开展检察开放日、政法爱民月等活动;利用办理全市公交扒窃案件的优势,走进东四街道、中国海洋石油总公司,举办阳光检察进社区系列活动之"平安北京、安全出行"公交反扒预警宣传活动,提升群众安全出行意识。

继续加强代表联络工作,更加主动地接受人大法律监督。坚持为代表订阅《检察日报》等法律刊物,为代表履行监督职责提供便利;以专题汇报等形式,主动向区人大及其常委会报告民事行政检察工作;邀请市、区人大代表以参加座谈会、视察监管场所、观摩出庭公诉等方式,监督我院重大工作部署和执法活动。

继续增强与政协委员等人士的交流,更加主动地接受民主监督。邀请政协委员、特约监督员和党风廉政监督员等来院检查指导、听取工作通报、现场观摩侦查监督远程听取工作,就检察决策提出意见和建议。

本年工作思路

一是深入学习宣传贯彻党的十八大精神,用报告精神统揽检察工作。

二是切实加强查办和预防职务犯罪工作,坚定不移地反对腐败。

三是全面履行各项检察职能,充分发挥检察工作效能。

四是有效贯彻落实新刑事诉讼法和新民事诉讼法,切实增强检察工作效果。

五是着力推进检务保障建设,有效提高检察工作效率。

六是稳步开展综合管理建设,科学提升检察工作效益。

七是更加自觉接受人大监督、民主监督和社会监督。

专　文

关于加强城市精细化管理的研究

中共东城区委书记　杨柳荫

自从有了城市，城市管理就是一个永恒的主题。随着首都经济社会和城市现代化建设的快速发展，提高精细化管理水平的重要性和紧迫性日益显现。东城区作为首都功能核心区，近年来按照首善一流的标准，不断加强精细化管理，城市面貌和环境秩序有了显著变化，实践中探索的网格化管理新模式等经验在全国推广。但与人民群众更高期待相比，与国内外发达地区相比，我们在常态化、精细化管理和长效机制建设等方面仍有很大提升空间。为了进一步推进城市精细化管理工作，区委组成课题组，通过专题调查、统计分析、座谈研讨、查阅资料等方式，形成如下调研报告。

一、城市精细化管理的内涵与特征

（一）城市管理的内涵。目前学术界对什么是“城市管理”，还没有形成一个统一的概念。一般来说，“城市管理”是指以城市这个开放的复杂巨系统为对象，以城市基本信息流为基础，运用决策、计划、组织、指挥等一系列机制，运用法律、经济、行政、技术等手段，通过政府、市场与社会的互动，围绕城市运行和发展进行的决策引导、规范协调、服务和经营等行为。广义的城市管理是指城市政府对城市一切活动进行管理，包括政治、经济、文化、社会、市政等领域事务的管理。狭义的城市管理通常就是指市政管理，即与城市规划、城市建设和城市运行相关联的城市基础设施、公共服务设施以及市容市貌的管理。本课题所研究的“城市管理”介于上述两者之间，既包括静态的市政管理等内容，又包括动态的人的服务管理，主要要素包括人、物、制度三方面。

（二）精细化管理的内涵。“精细化”作为一个现代管理概念，最早是由日本企业提出的，后被推广应用于各类社会组织。精细化管理，就是以提高管理效率与效益为目的，运用现代管理模式，对管理对象实施精细、准确、快捷的规范与控制。从精细化管理是社会分工精细化对现代管理的必然要求来分析，“精”可以理解为“精通”，“细”可以理解为专业分工的“细化”，那么管理精细化的前提在于管理手段专业化、管理分工细化。从精细化管理是服务质量精细化对现代管理的必然要求来分析，“精”可以理解为“精益求精”，即更好、更优；“细”可以理解为细针密缕，关注细节，关注具体，即在庞杂的系统中保持对细节的关注，以及对具体管理对象的人性化关怀。从精细化管理是一种以最大限度降低管理成本、提高管理效能为主要目标的管理方式来分析，“精细”可以理解为“精打细算”，即利用更低的成本、更专业的管理手段，实现更优质、更关注细节和更加人性化的管理效果。

（三）城市精细化管理的内涵与特征。综上所述，我们认为，“城市精细化管理”就是城市政府与其他城市利益相关者，以法律法规为依据，通过精细化、程序化、标准化和信息化等手段，对城市公共事务和秩序进行科学的组织、监管和服务，使城市管理各单元实现精确、高效、协同和持续运行。城市精细化管理是提升城市治理水平的基础性工作，主要有五大特征：

一是精细化。要求重视过程管理、流程优化和细节管理，做到管理上精雕细刻、服务上精耕细作、技术上精益求精、花费上精打细算。

二是系统化。城市精细化管理是一项系统工程，必须从优化系统开始，建立起包括生活、交通、环境、治安等城市各个功能运作的设计、运行、管理的一整套完整的体系。

三是制度化。制度是管理的基本规范，是管理的依据所在。精细化管理是一种方法，确保这一方法有效运作需要建立起规范化、流程化的管理制度。

四是数据化。建立科学量化的标准和可操作、易执行的作业程序，强调用数据说话、用数据分析、用数据要求、用数据检验。

五是信息化。实施精细化管理离不开信息化，通过建立统一的城市基础数据库、业务数据库和服务数据库，构建有效的现代城市精细化管理信息平台，实现城市管理对象的数字化、管理过程的数字化、管理评价的数字化等，从而提高现代城市的管理效能。

二、东城区加快推进城市精细化管理的必要性和紧迫性

（一）加强城市精细化管理是适应首都发展阶段性特征、加快治理“城市病”的必然要求。精细化管理是城市发展到一定阶段后的必然趋势和要求。城市发展有其客观规律。从其他世界城市发展历程来看，都经历了规模由小到大、城市问题涌现、城市问题治理、城市基本定型的过程。例如伦敦、巴黎、东京等城市都曾面临旧城改造、人口拥挤、环境脏乱、交通拥挤等问题，由此而引发的“城市病”迫使政府转变城市发展方式，由粗放式管理逐步过渡到精细化管理。北京多年来“摊大饼”式的发展方式使得城市规模不断扩张，中心城区功能高度叠加，城市超负荷运行成为常态，大气污染、垃圾污水、交通拥堵、环境脏乱、违法建设等“城市病”日益突出并呈蔓延趋势,要求我们必须正视人口与资源环境承载力之间的矛盾,更加注重城市精细化管理。以东城区为例,目前常住人口密度达到2.20万人/平方公里,其中旧城内(二环内)部分文保区所在街道人口密度高达4万多人/平方公里。另外全区流动人口约为27.50万人,流动人口不流动、常住化倾向日益明显,受教育程度普遍偏低,给城市管理和社会治安等工作带来不小的压力,也为城市发展带来了诸多不确定因素。作为首都政务服务重要承载区、文化旅游城区和知名商业中心,东城区集中了30多个中央部委机关、100多个国家局级单位和市委市政府及其所属200多个单位,拥有故宫、天坛、王府井、前门大街、北京站、东直门交通枢纽等众多人流密集场所和旅游景点,城市管理水平直接反映北京乃至中国的形象,必须不断提高精细化管理能力和水平。

(二)加强城市精细化管理是实现“国际化现代化新东城”战略目标的重要途径。新区成立后,东城区在全市率先编制实施20年总体发展战略规划,明确了“国际化现代化新东城”战略目标和“首都文化中心区、世界城市窗口区”总体定位。当前,我区人均GDP达到2.60万美元,居全市第二;第三产业比重达96%,居全市第一,先后荣获“全国文明城区”二连冠、“国家卫生区”、“中国最佳管理城市奖”、华北地区首个联合国“国际花园城市”等称号,正处于由“国内一流中心城区”向“国际知名中心城区”迈进的新阶段。从客观上来说,作为一个面积最小(41.84平方公里)的建成区,东城区经济社会发展水平和综合实力位于北京市前列,已告别大规模城市建设阶段,总体规划已经绘就,城市功能日益完善,完全具备精细化管理的条件。从主观上来说,东城区今后能否克服发展瓶颈、实现“国际化现代化新东城”战略目标,很大程度上取决于我们能否在管理水平上有重大提高。城市管理水平是衡量一个城市国际化、现代化发展程度和软实力、软环境水平的重要标志。与世界发达城市相比,我们既有硬件上的差距,但在城市管理等软环境、软实力上的差距更大。今后对于我区来说,检验我们执政能力的一个重要标尺,就是看城市治理得怎么样,特别是城市管理的细节决定着我区“软环境”建设的成效。

(三)加强城市精细化管理是顺应人民群众新期待的客观需要。现代城市管理的核心理念是最大限度地满足市民需求,为市民创造安居乐业的环境。随着老旧小区综合改造、城市环境治理步伐的加快和人民生活水平的提高,人们对城市管理的期望不仅仅停留在市容整洁、环境优美的表面,更加关注城市公共基础设施是否便利、城市服务细节是否完善等城市管理深层次问题。根据问卷调查显示,市民对城市管理领域最为关注的是“不文明饲养宠物”,比例达到27.91%;其次为“小区停车难”,比例为19.33%;选择“违法搭建”的排在第三位,比例为13.19%;此外,小广告张贴、乱设摊、商家扰民、黑摩的非法运营等也是市民反映强烈的“痼疾顽症”。习近平总书记强调,“人民对美好生活的向往,就是我们的奋斗目标。”只有从广大群众最迫切的要求出发,从推进城市管理最薄弱的环节着力,切实加大精细化服务管理力度,努力营造和谐宜居的城市环境,才能让人民群众更好地分享城市发展的成果,这也是城市管理的最终目的。

三、东城区加强城市精细化管理的实践探索与主要挑战

近年来,东城区立足首都功能核心区定位,在城市精细化管理方面先行先试、探索实践,使城市环境品质有了明显提升,为建设“国际化现代化新东城”打下了坚实的基础,也积累了宝贵的经验。

一是首创了“网格化数字城管新模式”和“城管综合执法机制”。2004年,原东城在全国首创了万米单元网格数字城管模式,通过创新采用数字城市技术,将全区划分为2314个城市管理网格,实行专人专责、定人定岗管理,有效解决了城市管理中信息反馈不及时、专业管理部门职责不明、管理方式粗放等诸多难题,大大提高了城市管理效率,被比尔·盖茨誉为城市管理新模式的“世界级案例”,并在建设部的组织下在全国50多个城市推广运行。2007年,原崇文区针对以往城市管理执法领域普遍存在的条块分割脱节、执法力量分散、日常监管失位等问题,在全区实行综合执法机制,整合了工商、公安、卫生等8个常驻执法部门,将综治办、住建委、城管监督中心等18个部门列入挂牌部门,坚持执法重心下移街道,统筹解决城市管理问题,为街道基层搭建了一个综合管理的平台,使“条块结合、以块为主、属地管理”原则落到了实处。2010年两区合并后,新东城区在继承原两区城市管理各自经验的基础上,完善了“以网格化为手段、以文化为灵魂、以历史文化名城保护为前提、以民生改善为根本、以综合执法为保障、以一流为标准”的城市管理“东城模式”。从体制上,成立了全市唯一的区城市综合管理委员会,统筹协调全区城市管理工作;从机制上,建立了区综合执法委员会,全面协调26个执法单位和全区20个综合执法组,初步形成了覆盖全区、各部门各尽其责、协调配合的城市管理格局。

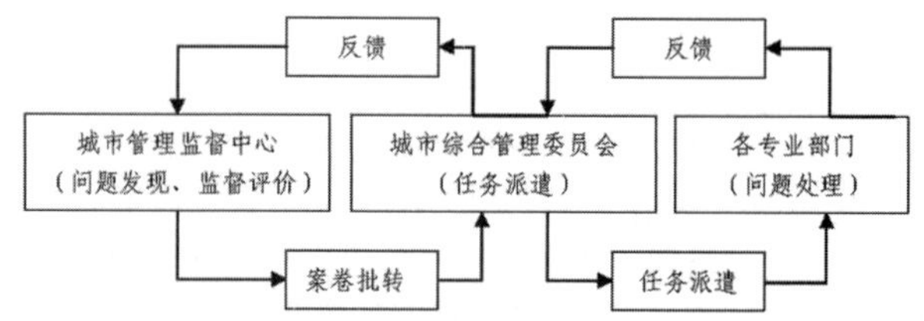

东城区万米单元网格城市管理模式

二是加强精细化管理,努力打造“美丽东城”。抓住重大活动契机,以全区“九横八纵”56条主要大街及周边地区、老旧小区为重点,深入实施城市景观综合提升、背街小巷环境综合整治等工程,积极推进绿化美化建设,深入开展“精细化管理年”活动,城市环境品质和形象显著提升。先后建成了北二环城市公园、永定门广场、崇雍大街、灯市口大街、明城墙遗址公园西侧绿地、东直门交通枢纽道路绿地等一批城市景观精品。在全区26条大街试点推行沿街单位“门前管理责任制”。对重点区域10044个自行车停车位进行统一划线,规范管理,创建了一批“自行车停车示范街”。多种途径解决停车难问题,66条胡同实行机动车“单行单停”,前门地下停车场一期、车辇店胡同立体停车设施投入运行。积极推进公共自行车租赁159个网点、5000套设备建设,年租还车次达200余万次,绿色出行缓解拥堵作用初显。严格实行市容环境卫生考评机制,提前实现全区62%、513条背街小巷达标任务。垃圾分类减量达标小区达到172个,生活垃圾无害化处理率保持100%。全面推广城管"非现场执法"工作模式,集中力量开展拆违专项行动,累计拆除违法建设1735处、4.74万平方米,有效遏制了新生违法建设。积极推进精细化管理标准化建设,在国家级试点项目"东城区城市公共服务标准化示范区"的城市标准化实践中,编制完成9项《城市市政综合监管信息系统》系列行业标准,填补了数字化城市管理领域行业标准的空白,荣获住建部授予的2012年华夏建设科学技术一等奖。

三是创新"网格化社会管理模式",拓展网格化管理领域和内容。2010年8月,我区被全国和北京市确定为社会管理创新综合试点区,开始了对网格化社会服务管理新模式的探索。这一模式是在总结原两区"网格化城管新模式"、"信访代理制"、"城管综合执法机制"的理念及实践经验的基础上,充分运用网格理念和现代信息技术,以责任制为依托,以对社会各类人的管理为重点,合理划分网格管理单元,综合考虑"人、地、物、事、组织"等因素,进行精细化管理的一种常态方式。我们围绕提高群众的安全感、幸福感、参与度三条主线,合理划分了589个社会服务管理网格单元,科学构建区、街道、社区、网格"三级平台、四级服务管理"的组织体系,在网格内推行网格管理员、助理员、警员等"7+X"力量配置,构建了"天上有云、地上有格、中间有网"的社会服务管理信息化支撑体系,并在公共安全监管、文物古迹监控和文明城区网格管理等多领域应用取得新进展。网格化社会管理新模式通过强化网格基础作用,85%的问题基本能够在社区网格内解决,实现了"身边事不出网格、小事不出社区、矛盾纠纷不上交",被国家行政学院、人民网评为"全国社会管理创新最佳案例",并在全市正式推广。

虽然东城区城市管理取得了优异的成绩,在全市市容环境卫生综合考评和城管执法考核中位居前列,但与人民群众更高期待相比,与市委市政府对首都功能核心区的高标准要求相比,我区城市管理在理念、体制、机制等方面还有一些难题需要破解,主要表现在:

一是常态化管理机制需进一步完善。在北京奥运会、新中国成立60周年和全国文明城区迎检等重大活动和特殊时刻,城市管理和环境建设能够保持一流水平。但当工作转入常态化运行后,部分单位和街道重突击治理而轻日常管理等现象仍然存在,大量工作精力忙于处理媒体曝光、群众投诉、领导指示等问题性事件,无照流商、小广告、"黑摩的"等治理往往陷入"整治——反弹——再整治——再反弹"的怪圈,城市管理由"突击式"向"常态化"管理方式转变仍然任重道远。

二是体制机制不顺畅影响精细化管理成效。在当前全市城市管理体制下,市政部件隶属关系复杂、权属不清,区级部门只是履行属地管理职能,对市属道路养护、地下市政管线等缺乏有效监管手段,部门分割、职能重叠、相互掣肘等现象时有发生,城市管理统筹协调、综合执法、协作配合、监督评价等机制需进一步完善。以大街环境提升为例,参与的部门包括城管委(负责道路、设施)、园林局(负责绿化)、环卫(负责清扫保洁)、城管大队(负责执法)、监督中心(负责监督),各自行使职责,致使资金人力重复、工作标准不统一。城市管理各部门内部重复设置科室,造成平行层级部门增多,行政成本增加,沟通协调不顺畅,城市管理效能亟需提高。

三是城市精细化管理水平还不够平衡。目前东城区城市管理水平在一些区域,比如长安街、王府井、前门大街等已经达到了精细化水平,而一些旅游景区、交通枢纽、医院学校、老旧小区、背街小巷等区域脏乱差问题仍很突出。有的街道基本是楼房区和新建小区,问题相对较少;有的街道老旧平房多,外来人口混杂,城市基础设施较差,相对而言,各种问题增多,管理难度也大。

四是多元参与、和谐共治的格局尚未形成。城市管理主要参与者还是政府及各级执法部门,市民自发参与城市管理的渠道还不畅通,驻区单位、社会组织等各方面的积极性没有充分调动起来,需要加快形成城市精细化管理的强大合力。

四、东城区加强城市精细化管理的对策措施

作为首都功能核心区,我们必须清醒认识城市发展的"短板",把精细化管理作为核心区工作的永恒主题。要立足"首都文化中心区、世界城市窗口区"总体定位,牢固树立"精细化管理也是生产力、软实力"的理念,按照"环境优美、功能完善、管理精细、便捷舒适"的标准,以提升城市品位、建设宜居城市为目标,持之以恒地抓好城市精细化、常态化管理工作。

(一)建立精细化管理标准化体系,实施分级分类差异化管理模式。我们经常讲"建首善、创一流",但到底什么是"首善、一流",急需建立一套详细、量化、可操作的科学管理体系和考核标准,否则,精细化管理就会流于形式和口号。推进精细化管理标准化体系建设,首先业务流程要有标准,环境卫生保洁、绿地养护、自行车停放、老旧小区管理、建筑工地管理、综合执法等每一种管理行为,都要在"谁来做、如何做、何时做、做到什么程度"上制定详细的考核标准、评分标准和作业标准,从制度上作出明确规定,并将工作标准由一般性的定性要求、纪律要求细化为责任落实、行为规范、服务质量和工作效率等量化要求,使精细化管理有章可循、便于操作。同时,结合区域实际情况,对重点大街与背街小巷、商业旅游区与居民小区等不同区域,对重要节庆、重大活动时段和一般时段,分类研究制定差异化的管理标准和分时段、分等级的管理办法,努力做到处处都有人管、时时都有人抓、每一寸土地都有精细化管理标准,逐步克服区域差别、缩小反差,实现管理水平的均衡提高。

(二)强化以人为本、依法治理意识,坚持服务管理并重、疏堵结合。城市管理的根本目的是服务市民群众,实现"城市,让生活更美好"的愿景,因此,一定要强化"寓管理于服务之中"的理念。首先,管理要依法、从严;其次,服务要人性、灵活,特别是要从群众角度换位思考,从百姓关注的点滴小事做起,从城市管理的细节、盲区入手,真正实现"管理精细化、服务零距离"。比如,流动小贩摆摊设点一直是城市管理的一个难题,即使欧美发达国家,城区中心地区部分路段也允许小贩摆摊设点,既方便市民又解决部分人群的生计问题。我们却始终没有形成对路边商贩有效的长效管理机制,

大多采取“堵”的办法,导致城管人员与路边商贩激烈冲突事件时有发生。解决无照游商等痼疾顽症,必须标本兼治、多管齐下、疏堵结合、综合施策。一方面,对重点大街和区域要实行“定人、定时、定路段、定标准”管理模式,并且实行错时、延时执法,努力做到“全天候、全方位、零容忍”,确保不出现管理空隙。另一方面,在堵住“来路”的同时也要“给出路”。可以依托街道社区积极寻求疏导资源,在不影响市容卫生和交通秩序的前提下,在背街小巷、居民区等地段设置临时经营点,引导符合条件的摊贩集中规范经营。同时要健全流动人口管理服务长效机制,落实“以房管人、以证管人、以业控人、以税控人”等措施,提高低端业态的准入门槛,制定产业负面清单,从源头上减少违法现象。

(三)持续深化“美丽东城”建设,打造精品、消灭盲区,促进城市环境品质整体提升。以建设“美丽东城”为目标,以纪念新中国成立65周年和北京举办亚太经合组织峰会、我区争创全国文明城区“三连冠”为契机,加快治理“城市病”,深入推进环境综合整治工作,营造整洁优美、和谐有序的城市环境。在做好主要大街、重点地区环境品质提升工作的同时,重点实施“背街小巷综合整治工程”,着力整治违法建设、露天烧烤、胡同乱停车、房屋违法出租等痼疾顽症,消除卫生脏乱死角,扩大胡同“单行单停”的范围,促进群众身边环境进一步改善。精心梳理环境整治项目,结合老旧小区、棚户区改造和平房区修缮,逐年打造一批彰显古都风貌和文化品位的绿化景观、雕塑小品和样板大街、精品小区、胡同街巷,以点带面,最终使城区环境全面得到改善。全面推行“门前管理责任制”,加强沿街商户餐厨垃圾、卫生保洁等综合管理,依法规范商户经营行为。重拳治理无照游商、小广告、“黑车”等环境秩序顽疾,突出抓好王府井、簋街等重点地区、特色街区整治。加大环卫保洁力度,落实垃圾减量分类具体措施,建立“建、管、养”一体化长效机制,在胡同和老旧小区开展准物业管理试点,确保整治效果长期保持。继续做好主干路网、街巷胡同绿化景观提升和老旧小区绿化改造工作,完成环二环城市绿廊、明城墙遗址公园东南角绿地等一批重点工程,通过见缝插绿、身边增绿、空间拓绿等多种形式增绿添彩,方便市民休闲健身,为首都生态环境改善做出新贡献。

(四)创新城市管理体制机制,为推进精细化管理提供有力保障。按照十八届三中全会精神和市委十一届四次全会关于“健全城市精细化管理体制机制”的要求,坚持因地制宜、先行先试,积极稳妥推进城市管理领域相关改革。

一是推进“大城管”体制改革。在认真总结城市管理“东城模式”、学习借鉴杭州等市“大城管”模式的基础上,尽快调整和完善我区现行城市管理体制,将城市管理相关职能部门整合成一个统筹实施城市管理相关规划、建设、管理、监督的责任主体,继续创新综合执法机制,实现责权明晰、管理集中、运行高效的目标,从根本上解决部门分割脱节、执法力量分散、相互推诿扯皮等问题,实现由各自为战向集团作战的转变,形成城市综合管理的合力。

二是加快推进城市管理和社会管理“两网融合”。着重在完善系统整体设计、信息平台完善、服务管理领域拓展、各部门职能和基层管理力量有机整合等方面探索创新,实现“两网”无缝衔接、彻底融合。通过网格化新模式的拓展应用,推动管理重心下移、专业职能下沉,把日常指挥、应急管理、便民服务、流动人口管理等功能都纳入综合性管理服务平台,构建以网格化新模式为平台、以便民热线为依托、能够快速响应群众各类需求的服务管理模式,确保城市管理问题能够在最短的时间内及时得到纠正和处理,把问题解决在萌芽状态,提高管理效能。

三是创新城市治理机制,形成公众参与、共治共享的整体合力。城市治理和城市管理最主要的差别就是主体的变化。城市治理强调社会力量共同参与管理,这也是三中全会提出社会治理创新的一个重要内容。要进一步理顺政府专业管理部门与街道办事处的职责,理顺政府管理服务与社区民主自治的关系,加快推进政府管理与服务职能到位、市场主体和社会组织在公共服务领域作用入位、社区民主自治功能归位,最大限度地调动全社会广泛参与精细化管理,努力消除城市管理上的“失灵”。要加强宣传教育,提高市民文明素质,发挥群众自我管理和参与监督管理的积极性,推广“市民劝导队”、“停车自管会”等自治模式,为政府行政执法提供有益补充。要建立市民与管理部门之间的双向传递和交流机制,进一步推进包括公众听证制度在内的政务公开和管理民主化,提倡社会公众对城市管理从决策、实施到监督的全过程参与。要探索成立城市管理的相关行业组织,按照城市管理工作规律,协助政府部门制定相关政策,加强行业自我约束和评议,协调解决矛盾纠纷,逐步实现城市管理的共建共治共享。同时政府在政策允许的范围内,通过政府购买公共服务、产权出让、经营权转让等方式,吸纳社会资金和力量助推城市管理,实现“以小搏大”的效果。

四是建立精细化管理考核评价机制。坚持定性与定量相结合、检查与抽查相结合、分类指导与分类考核相结合、政府绩效考核与第三方评价监督相结合,把城市精细化管理责任履行和绩效情况列为部门、单位年度目标责任考核的重要内容,加大考核权重,制定科学的考核指标和考核办法,建立严格的考核评价体系和奖惩激励制度,确保城市精细化管理各项工作真正落在实处。

坚持以文化导向　以融合为路径
加快区域产业结构优化升级　促进东城区经济高端化发展

——中关村东城园空间规模布局调整与区域经济发展研究

东城区区长　牛青山

2012年10月，国务院批复同意调整中关村示范区空间规模和布局，示范区由原来的232平方公里扩大到488平方公里，政策覆盖全市所有区县，形成了“一区十六园”空间格局。其中，东城区中关村雍和园面积由原来的2.90平方公里扩大到6.03平方公里，并更名为中关村东城园。这既是中关村示范区发展的重大里程碑，也是新东城成立以来我区经济布局的一次重大战略调整，必将给东城区经济发展带来新的机遇。当前，在首都经济减速换挡和调整转型的新形势下，东城区如何立足自身资源禀赋，正确认识和把握扩园面临的战略机遇，研究制定一系列符合东城区经济和产业发展特点与实际的重要举措，将我区巨大的文化资源优势转化为经济和产业发展优势，加快推进国际化、现代化新东城建设，是我们亟待破解的重大课题。

一、东城园及东城区产业现状

（一）东城园的发展基础及意义

中关村东城园的前身中关村科技园区雍和产业园，2012年通过调整扩容，面积已占全区总面积的14.40%，园区内拥有85座现代化楼宇，商务办公面积达570万平方米，政策覆盖范围由原雍和园，扩大到东二环高端服务业发展带、和平里商务区以及龙潭湖体育产业园区，为我区重要产业功能区的联动和区域综合承载力的提升奠定了基础。

雍和园作为东城园的前身，是中关村“一区十六园”中唯一位于二环路以内的科技园区。自2006年开园以来，坚持以文化为内涵，以科技为手段，在北京市率先构建文化金融服务体系，已成长为“国家级文化和科技融合示范基地”、“国家版权贸易基地”以及“北京市首批文化创意产业集聚区”，聚集了以诺基亚中国、歌华集团、歌华有线、国际版权交易中心、光线传媒、中文在线、网秦天下、卡巴斯基软件等为代表的文化科技融合发展企业集群，打造了以航星园、人民美术文化园、东方戏剧中心等一批“胡同里的创意工厂”，形成了东城区文化创意产业集聚区的独特品牌和发展特色。东二环商务区已聚集5家国家级金融总部和19家区域金融总部，形成以中国对外文化集团公司、中国出版集团、保利文化集团、保利拍卖、嘉德拍卖、中青旅股份、航美传媒、网尚文化等为代表的文化企业总部，是全市首批“总部经济聚集区”和“商务服务业聚集区”。和平里商务区吸引了以神华集团、英特尔中国、玛氏中国、电通广告、前程无忧、宇信易诚科技、日立华胜信息系统、美国德州仪器、中外名人文化集团等为代表的一批现代服务业企业聚集。龙潭湖体育产业园区发挥体育休闲、旅游等功能，初步形成了以国家体育总局及其下属企业为核心的高端体育产业集聚。

组建中关村东城园，是对《东城区总体发展战略规划（2011—2030年）》（以下简称《总规》）确定的“一轴两带五区”经济布局做出的重大战略调整，原来相对分散的“三区、一带”融为一体，打破了雍和园发展的空间资源瓶颈约束，为东城园产业和区域经济的发展创造了有利条件。

（二）东城区产业发展现状

进入新世纪以来，东城区经济发展保持较快增长，经济发展质量和效益一直位居全市前列，其中第三产业发展水平较高，增加值占GDP比重已经达到95.70%，是全市三产占比唯一超过90%的区县。2008年国际金融危机爆发以来，受国内外经济环境影响，东城区经济发展由前10年的高速增长阶段，转入了增速回落的转型时期。

从首都功能核心区（东城区和西城区）今年前三季度产业发展来看，位列前三位的是金融、商务服务和文娱服务业，其中前两个行业对GDP贡献率达到61.70%；金融业一支独大，增加值达到1189.10亿元，占GDP的36.70%。在金融业发展方面，西城区因金融街这一国内最大的高端金融产业功能区因素，占据了绝对优势，而东城区作为传统商业和文化大区，在租赁和商务服务业、文娱服务业等领域具有相对优势。

从2013年前三季度东城区经济发展情况看，《总规》确定的我区六大重点产业增加值达到749.60亿元，同比增长8.30%，对区经济增长的贡献率达到72.20%，占区GDP的65.30%。其中金融业（245.40亿元）、商业服务业（186.90亿元）、信息服务业（157.10亿元）都呈现增长态势，是我区排名前三的优势产业，其中金融业所占比重和增速均排名第一，对全区经济的拉动作用显著。

2013年1~3季度东城区重点产业情况表

项目 类别	增加值（亿元）	同比增长（%）	比重（%）
全区合计	1147.60	7.40	100
重点产业合计	749.60	8.30	65.30
商业服务业	186.90	-6	16.30
信息服务业	157.10	14.60	13.70
金融业	245.40	19	21.40
文化创意产业	142	10.90	12.40
商务服务业	134.90	5.80	11.80
旅游业	33.10	9.20	2.90

在六大重点产业中,《总规》确定需要做强的两大优势产业之一的文化创意产业,从2010年以来一直保持14.80%的年均增速,是我区增速最稳定的重点产业,其中文化艺术业、广告会展业、新闻出版业成为文化创意产业新的主体行业。前三季度我区文化创意产业增加值达到142亿元,已超过商务服务业(134.90亿元),位居第四。但比较2013年1～8月份城六区文化创意产业经济数据,东城区文创产业限额以上企业收入(841亿元)排在海淀区、朝阳区之后,其中海淀区(2331亿元)强在软件网络及计算机服务业,广播电视电影和广告会展业,朝阳区(1302亿元)强在广告会展业、软件网络和计算机服务以及旅游休闲,西城区(462亿元)强在新闻出版和软件网络及计算机,而东城区强在艺术品交易、广告会展和旅游休闲业。从上述分析可以看出,东城区文化创意产业近几年虽然保持高速增长势头,但占GDP比重只有12.40%,与全市文化创意产业(12.20%)平均水平相当,与东城区文化资源大区的地位以及《总规》确定的优势产业定位不相匹配,在文化创意产业的九大门类中,东城区与其他区县相比,竞争力和优势也不突出。

东城区文化创意产业增加值情况表

(增加值:亿元)

类别 项目	2012年增加值	2011年增加值	2010年增加值	年均增速%	比重%	2013年上半年增加值	增速%	比重%
全区合计	1447.90	1339.40	1233.10	8.40	100	755.90	7	100
文创产业合计	174.30	166.30	132.20	14.80	12	85.10	16.70	11.30
文化艺术	16	16.80	12.90	11.40	1.10	14.30	84.60	1.90
新闻出版	27.40	26.70	23.70	7.50	1.90	13.30	13.30	1.80
广播、电视、电影	3.50	3.40	2.80	11.80	0.20	3.50	190.70	0.50
软件、网络及计算机服务	23.60	31.60	15.10	25	1.60	11.90	31.30	1.60
广告会展	46.70	39.50	35.50	14.70	3.20	14.30	-12.80	1.90
艺术品交易	7.70	6.30	5.90	14.20	0.50	7.30	159.70	1
设计服务	3.80	3.90	3.30	7.30	0.30	3.20	46.40	0.40
旅游、休闲娱乐	15.50	11.40	10.80	19.80	1.10	6.70	24.60	0.90
其他辅助服务	30	26.70	22.20	16.20	2.10	10.70	-35	1.40

东城区其他六大重点产业中,在全市旅游业整体发展放缓的情况下,2013年前三季度东城区旅游业实现增加值33.10亿元,仅占GDP的2.90%,低于北京市7%的水平,但旅游综合收入达到461.20亿元,占全市21.60%,居全市第二,仅次于朝阳区。《总规》确定的东城区需要未来做大的体育产业、中医药产业和低碳服务业三大新兴产业继续稳步发展,但占全区经济总量仍然很小(不到4%)。

二、扩园面临的产业发展机遇与挑战

(一)扩园面临的机遇

1.先行先试的政策机遇

扩园将中关村示范区政策的覆盖面由原来的雍和园,扩大到整个东城园,给园区整体发展带来巨大的政策机遇。不仅原来的雍和园,而且新纳入的和平里商务区、东二环区域以及龙潭湖体育产业园,都将享受国家及北京市对中关村科技园区产业政策的支持,如支持创新创业主体设立和发展的政策,支持科技研发、知识产权保护和科技成果转化政策,人才引进和培育政策,科技金融政策,新技术应用推广和新产品政府采购政策等。园区还可实行中关村"1+6"先行先试政策,包括中央级事业单位科技成果处置和收益权改革试点政策、税收优惠试点政策、股权激励试点政策、科研经费分配管理改革试点政策、高新技术企业认定试点政策、建设全国场外交易市场试点政策,这都会给东城园乃至全区产业的发展带来直接或间接的积极影响。

除此之外,2013年9月,科技部、财政部、国家税务总局等部委联合发布的《关于在中关村国家自主创新示范区开展高新技术企业认定中文化产业支撑技术等领域范围试点的通知》等四条新政策,也同样适用于东城园。"新四条"突破了中关村以前政策的瓶颈,规定对中关村中小高新技术企业,允许转增股本个税可最长不超过5年分期缴纳;对中关村示范区从事文化产业支撑技术等领域的高新技术企业,可减按15%的税率征收企业所得税;给予有限合伙制创业投资企业税收优惠政策;5年以上非独占许可使用权转让可减免转让企业所得税等,进一步鼓励文化与高科技企业融合发展,推动文化产业发展,鼓励企业扩大资本再投入,扩大对技术转让的支持,激发企业创新活力。这四条新政策在东城园的先行试点,毫无疑问必将给园区产业的创新发展带来新的机遇。

2.资源整合的发展机遇

东城园新规划的出台和"一心、两带、四区"发展新格局的提出,为雍和园、和平里区域、东二环区域和龙潭湖体育产业园带来了全新的发展机遇。通过资源整合和机制体制的改革调整,统筹园区产业发展规划、政策、运行机制体制,加上中关村科技园优惠政策的覆盖和园区发展环境的优化,将进一步加快文化与科技、金融等产业融合发展的态势,推动园区内高端产业的持续集聚和核心竞争力的提高，奠定东城园在全区经济发展中的引领和支撑作用，尤其是雍和产业园将巩固在文化创意产业发展中的龙头地位，进一步提升已经形成发展优势的文化旅游休闲娱乐业、文化创意产业、文化版权及文化金融板块产业以及文化传媒产业的集聚度和核心竞争力，发挥文化引领和创新驱动，更好地带动东城园乃至我区产业的优化升级和高端发展。

3. 文化大发展的时代机遇

当今时代，文化在现代城市和经济社会发展中的引领和支撑作用日益显现，党和国家对文化建设和文化产业的发展越来越重视。十七届六中全会通过了《中共中央关于深化文化体制改革推动社会主义文化大发展大繁荣若干重大问题的决定》，确立了建设文化强国的宏伟目标，提出要把文化产业发展成为国民经济的支柱型产业，推进文化产业与其他产业融合发展。国务院出台《文化产业振兴规划》，将发展文化产业上升为国家战略，阐明文化产业是推动经济结构调整、转变经济发展方式的重要着力点。北京市积极贯彻落实党和国家在文化建设方面的一系列政策，2011 年出台了《中共北京市委关于发挥文化中心作用加快建设中国特色社会主义先进文化之都的意见》，提出“到 2020 年，把首都建设成为在国内发挥示范带动作用、在国际上具有重大影响力的著名文化中心城市”。我区坚持“文化立区”，先后制定《“文化强区”战略实施纲要》《“人文东城”行动计划（2011—2015 年）》《坚持“文化强区”战略，加快“首都文化中心区”建设的指导意见》等文件，积极推动文化大发展。总之，党和国家、北京市，以及我区加快文化大发展大繁荣的一系列政策，都为促进文化产业大发展创造了难得的历史性机遇。

当前和今后很长一段时期，北京已经进入了文化消费大发展的黄金时期。国际经验表明，当人均 GDP 接近或超过 5000 美元时，文化消费就会出现“井喷”。2010 年，北京市人均 GDP 已突破 1 万美元，而东城区人均 GDP 在 2012 年已经突破 2.60 万美元，表明北京早已进入了文化消费大发展的阶段。当前，在移动互联网技术和宽带互联网技术快速发展的条件下，手机用户和网民规模迅速膨胀，对文化的消费在快速增长，这不仅体现在文化产品的数量上，更呈现出多层次、多样化发展的特征，反过来又为文化产业的发展和优化奠定重要条件。北京拥有发展文化产业的各种优势，包括人才、企业、经验、资金等，到 2020 年，北京文化创意产业增加值在 GDP 中的占比有望达到 25% 左右，将成为北京最大的服务业，但目前我市城镇居民家庭人均文化消费支出仅占家庭收入的 4%，而许多欧美发达国家和地区的居民文化消费占总消费额的 30% 以上，这意味着我市居民文化消费潜力远未得到释放，发展文创产业具有巨大的市场前景。

（二）东城区产业发展面临的挑战

1. 传统产业发展面临新的挑战

伴随着经济社会的快速发展和信息化、网络化、数字化时代的到来，我区传统产业在激烈的市场竞争和人们消费方式的转变中面临严峻挑战。虽然商业服务业增加值前三季度占全区第二位，地均社会消费品零售额产出强度占全市第一，但电子商务的高速发展和消费方式的变化，直接冲击着我区传统商业的营销模式，商业服务业增速是我区六大重点产业唯一为负数（-6.0）的。1～10 月份，全市网络购物消费同比增长 40% 左右，而我区网络购物消费受制于主体企业数量少、重点企业部分业务外迁等因素影响，增速只有 20%，传统商业服务业亟待优化升级。旅游业是我区四大支柱产业，有丰富的旅游资源，接待人数创下全市第一的纪录，但游客在辖区内的旅游消费水平在全市偏低，旅游业占区 GDP 比重偏低，更低于全市平均水平，推动旅游业与文化、商业融合和高端发展刻不容缓。

2. 文化产业的引领和支撑作用不足

东城区最大的优势和最突出的特征是文化，辖区内文化资源品级高、数量多、密度大、种类全，独一无二的丰富的历史文化资源是发展文化产业的先天优势和宝贵财富。但在全市各区县都纷纷打文化牌，将文化创意产业确定为区域发展战略重点的新形势下，我区文化创意产业增加值在全市占比还处在较低水平，一些掣肘因素亟待改变，如文保区及周边土地资源利用效率较低，四合院、名人故居、剧场等文化资源场所功能利用过于单一，对文化科技企业发展的政策支持力度不强，文化产业发展与科技、金融、商业、旅游业等产业融合发展不足，缺少文化休闲娱乐、影院、购物、餐饮等产业的综合体，缺乏龙头文化企业支撑和文化创意产业各类领军人才，因而巨大的文化资源整体优势尚未完全转化为区域发展优势。

3. 产业链不完整，集聚效应低，产业核心竞争力和区域综合竞争力不强

产业集群既是产业发展到较高阶段的特征，也是世界各国产业发展的普遍趋势。我区依托“一轴两带五区”的经济总布局，在雍和园、东二环、王府井商圈、永外商圈、和平里地区、前门地区、龙潭湖体育产业园区等地产生了一定的产业聚集和发展特色，但总体去看，大部分功能区还处在培育特色的阶段，一些重大建设项目尚未完工或启动，有些地方产业链不完整，不同区域产业发展缺乏有效的协同联动与互补，产业集聚程度不高，产业的核心竞争力和区域竞争优势不突出，不仅与金融街、CBD 等市级重点功能区相比存在较大差距，而且与世界城市存在更大差距。像世界创意之都——伦敦是世界三大广告产业中心城市之一，出版业、休闲软件开发业以及音乐、视觉和表演艺术业是其创意产业的三大核心，拥有 2/3 以上国际广告公司的欧洲总部，创意产业提供的就业机会占英国创意行业的 60%。

4. 资源错配，高端与低端产业混杂，集约化程度不高

东城区地处首都功能核心区，一方面土地空间资源稀缺，商务成本高，招大选强遭遇诸多困难，而且企业外迁、总部企业空壳化现象越来越严重，导致宝贵资源的闲置和错配浪费问题。据统计，2012 年我区有 130 多万平方米商务楼宇办公面积闲置；还有 44 个批零市场的总营业面积占全区商业面积的 35%，但对区域经济的贡献度很低。另一方面，由于东城区的特殊区位及文保区的特殊环境，在各功能区内、功能区之间，以及文保区许多街区地段，都存在着高端和低端业态混杂，产业集约化程度低，大量“六小”低端业态散见其中，经济效益和社会效益都很低，亟待优化升级。

三、文化是世界城市发展和产业优化升级的重要引擎

(一)文化和文化产业是现代城市的重要支撑

当今世界,文化在综合国力竞争中的地位和作用越来越突出,同时文化又是现代城市的灵魂和魅力所在,是城市发展的动力和重要支撑。城市文化的魅力主要体现为凝聚文化传统,并推动文化的发展和进步。因此,城市文化是城市发展和城市竞争力的源泉,城市文化的差异在很大程度上决定了城市发展能力和影响力的高低,并最终成为城市延续和发展的重要依托。因此,东城区坚持"文化强区"战略,建设首都文化中心区,必须高度重视文化软实力在推动经济社会发展中的重要作用。

世界城市发展史表明,文化和文化产业是现代城市的重要支撑。浓厚的城市文化氛围及文化气息赋予新加坡独特的城市形象和魅力,最终使其赢得全球青睐,每年上百万游客光顾,带来丰厚的旅游收入,汇集大量的外资和人才,促进了新加坡城市的发展和全球影响力的形成。纽约城市文化具有浓郁的商业特质,形成了以美国雄厚的经济实力、高度发达的市场体制和强大的科技力量为鲜明特点的强势文化,市政府文化发展战略目标就是强化纽约文化的可持续发展,最大限度地发展文化产业。巴黎、伦敦、东京等世界城市,也都把文化视为城市发展的核心竞争力,把文化创意产业确立为经济发展中的支柱产业,文化创意产业十分发达。

(二)文化产业是我区产业高端发展的重要引擎

产业融合是当今世界产业发展的普遍趋势,其中文化产业扮演了中枢和灵魂的角色。产业融合是一种产业创新,由于文化产业是综合性、渗透性、关联性比较突出的产业,与多个产业存在天然的耦合关系,再加上现代高科技手段的助推,因而推动文化产业与其他产业融合发展,是推动我区产业创新、产业链创新、产业形态创新和高端发展的新引擎,是实现我区经济结构战略性调整、转变经济发展方式、提升区域产业核心竞争力的迫切需要。

推动我区文化产业与其他产业融合发展是实现我区文化产业创新发展的客观需要。从生产和再生产角度,只有加快文化产业与其他产业融合,创新文化产品和服务的生产、储存、传播和消费形态,发展新型文化业态,开发衍生产品和服务,延伸文化产业链,才能最大限度地实现文化产品和服务的经济效益,实现文化产业的生产和再生产。从消费角度,只有在文化产品和服务的生产、储存、传播、分配等环节进行市场化、产业化运作,与其他产业融合,才能进一步丰富文化产品和服务的品种和样式,不断满足人民群众丰富的文化消费需求。从文化传播角度,只有最大限度地通过各种渠道和载体广泛传播,为更多的人所认知和认同,才能最大限度地实现文化产品和服务的广泛社会传播,更好地确保文化生存和发展。

与文化产业融合发展是实现我区其他产业优化升级的重要途径。随着经济社会的快速发展,我区其他产业对文化的需求越来越强烈,只有加快文化产业与其他产业融合,发挥文化创意产业的引领作用,才有利于提升其他产业的文化内涵,提高企业创新力和品牌核心竞争力,打造具有自主知识产权的知名品牌。只有加快文化产业和其他产业的融合,才有利于推动其他产业改变传统的生产和消费模式,减少对能源资源的依赖,促进产业优化升级,并能催生现代服务业的许多新兴业态,推动经济结构的调整升级。

四、推动文化与其他产业融合发展的主要路径

站在全面深化党的十八大和十八届三中全会确定的改革总部署,推动东城区产业优化升级和高端发展的历史新方位上,加快文化产业与其他相关产业的融合发展是贯彻落实"文化强区"战略的迫切需要和一项长期任务,也是实现将我区巨大的文化资源优势转化为产业发展优势,确保在新一轮竞争中处于优势地位的关键。文化产业与相关产业融合发展的本质是创新,所以我们应从优化产业融合发展的内外部环境入手,坚持文化引领,创新驱动,重视和鼓励文化产业与相关产业交叉部分的技术创新,加强产业的战略重组和集群发展,推动优化升级,并积极营造产业融合发展的宽松的制度、管理、市场等软环境。

(一)文化产业与其他相关产业融合发展

1. 文化产业与科技深度融合发展

科技创新是增强文化产业核心竞争力的重要途径,文化与科技的深度融合是文化大发展、大繁荣的强大原动力。党的十八大报告明确提出,促进文化与科技融合,发展新型文化业态,提高文化产业规模化、集约化、专业化水平。东城区长期坚持创新驱动战略,通过"文化+科技"、"文化+创意"的聚变效应,推动文化和科技的深度融合,创新文化产业的发展模式和改造升级传统文化业态,具有文化产业与高科技产业融合发展的良好基础和实践。2012年,中关村东城园获得首批国家级文化和科技融合示范基地称号,今年我区又制定了《推进中关村东城园文化与科技融合发展行动计划(2013—2015年)》,加快了文化和科技融合发展的态势,力争推动我区的文化产业发展走在全市前列。

"十二五"期间,我区要重点发展已经初步形成品牌和特色的数字出版产业、文化演出产业和移动互联网产业等优势产业板块,推动优势产业集群;优化雍和园基础设施和"一心、两带、四区"产业空间布局,进一步发挥雍和园在我区文化创意产业中的龙头作用,在青龙地区及航星科技园重点发展以数字版权、数字内容和移动互联网为主的新兴文化创意产业,在和平里地区建立高端文化科技产业服务区,在国子监地区形成以国学文化为主要内容的传统文化产业提升区,在龙潭湖地区建设文化体育融合产业发展区,以及在北二环沿线和东二环沿线形成文化科技产业服务配套延伸带,加强文化科技龙头企业集聚,全面提升文化创意产业的核心竞争力;加强对创新型企业的培育,孵化数字出版、数字多媒体等科技含量较高的中小型科技企业,建设文化科技产业服务支撑体系,创新高端文化人才培育机制,培育高素质人才队伍,推动文化和科技深度融合和高端发展。

2. 文化产业与金融业融合发展

金融是现代经济的核心,资本是文化产业发展的重要源泉,文化产业的发展与壮大离不开金融产业的资金支持,反过来金融产业也需要借助于文化创意产业获益。近年来,文化产业和金融业融合发展呈现快速增长和深度融合态势。据统计资料显示,截至2012年,我国共有100家文化企业成

功上市,IPO上市文化企业融资规模达到1057.85亿元;2011年广电和娱乐传媒领域就有77起创业投资,设立文化产业基金43支。金融业是首都功能核心区第一支柱产业,虽然东城区金融业增加值相当于西城的1/4左右,但金融业也是我区第一大产业,拥有文化与金融深度融合的有利条件和基础。

近年来,中关村雍和园在构建文化金融服务体系方面取得突破性进展,率先设立北京中关村新媒体版权基金、戏剧产业投资基金、北京版权产业发展基金、艺术品基金和中医药健康产业基金,推出著作权交易保证保险、著作权质押贷款服务、文化私募基金服务等文化金融创新服务产品,创立"雍和园文创企业集合信托"品牌,搭建"北京市文化金融中介服务平台",今年底还尝试由区属国企联合其他专业基金管理团队发起的东方华盖创业投资基金,以少量的政府资本撬动社会资本,为区域文化创意产业发展助力。这些举措取得了良好的经济效益,奠定了我区文化产业与金融业融合发展的良好基础。今后,我区应继续坚持以文化无形资产为核心的金融创新,推行"文化资源资产化、文化资产金融化",重点发展为数字版权、艺术品交易等高端文化要素市场,完善高端文化要素产权交易系统;引入银行贷款、信托、证券、基金、创投等其他金融资本形式,推动文化创意产业多层次的资本市场建设;综合运用知识产权和版权质押贷款、融资租赁等模式满足文化产业多元化的信贷需求,支持文化企业通过上市、发行债券等方式拓宽融资渠道;推动碳减排交易机制创新,设立低碳产业引导基金,吸引投资新能源、节能环保和碳交易领域的民间产业基金,大力发展绿色金融,强化金融对低碳产业的支撑作用,带动金融服务的创新升级。

3. 文化产业与传统商业、旅游业融合发展

推动文化产业与商业、旅游业融合发展,既是商业、旅游业等传统产业实现优化升级的重要途径,也是文化产业自身创新发展的现实需要,同时又是当前大众消费方式变化的必然要求。文化和传统商业、旅游业存在着千丝万缕的联系,以文养商、以商兴文、文商旅融合发展,已经成为当今经济社会发展的主流。东城区具有丰富的文化、旅游和商业资源,但近年来传统商业和旅游业面临严峻的发展挑战,必须创新机制体制,加大力度推进文商旅融合发展,实现优化升级,才能将丰富的资源优势转化为产业发展优势。

当前,要依托北京市荣获国家旅游综合配套改革试点城市的契机,以文化为引擎,坚持依托科技创新,加快推进文商旅三者融合发展,塑造东城整体品牌。按照"以文化为旅游依托,以旅游促商业发展,以商业助文化繁荣"的思路,整合住宿、餐饮、交通、购物、娱乐等要素,构建文商旅融合发展的经济综合体,推动旅游产业和文化、商贸产业一体化发展,延伸旅游产业链条,提升旅游产业核心竞争力;将文化融入到重点项目和重点街区改造之中,加快推进中轴线文化旅游试验区、前门文化商业旅游体验区、南锣鼓巷休闲体验区、国子监国学文化旅游区等开放式景区建设,推动南锣鼓巷、五道营、前门大街、簋街等特色文化街区建设,推进王府井商圈、永外商圈、新世界商圈、前门地区等区域的产业业态调整升级,完善产业链,提升以文养商、以商兴文的氛围,吸引高端企业聚集;支持传统手工艺、非物质文化遗产科技化升级,将文化融入高附加值的高端旅游文化产品开发之中;推动图书、旅游、票务等传统产业领域的垂直电子商务企业聚集和高端发展,推动电子商务平台往社区延伸和衔接,依托高科技手段推动传统商业改造升级;充分利用皇城国际旅游节、前门历史文化节、文博会、京交会等活动,大力提升我区文化影响力和城市形象。

4. 文化产业与新兴产业融合发展

中医药和体育产业都属于"大文化"范畴,和文化产业的融合比较普遍,发达国家常把体育产业和文化产业的融合发展称为"体育文化产业"。2010年,国务院颁布《关于加快发展体育产业的指导意见》,推进体育产业与相关产业互动发展,推动体育产业与文化、旅游、电子信息等相关产业的复合经营。东城区具有丰富的中医药和体育资源,三大新兴产业保持增长势头,但规模过小,与文化产业的融合发展需要进一步加强。今后要加快推动龙潭体育产业园建设,推进体育元素与文化元素"两种元素"的相互渗透,推动体育文化融合企业高端聚集,打造文化附加值高的体育产品品牌和相关衍生品,推动体育产业高端发展;坚持创新驱动,加强中医药文化的宣传,推动中医药文化元素和旅游业、文化创意产业融合发展,吸引中医药文化传播、养生保健、医疗康复等服务为主题的产业聚集发展,既提升旅游业态,又满足人们对中医药文化的了解和对中医药养生保健、医疗康复、休闲消费需求;围绕中医药、低碳、文化创意、高端体育等特色产业,定期组织或参与"国际低碳服务高峰论坛"、"国际文化品牌博览会"等大型经贸交流活动,大力发展旅游、文化创意、中医药等高端服务贸易,在体育、中医药、低碳服务业等新兴产业领域着力培育一批具有国际经营能力的企业集团。

(二)优化产业发展环境

长期以来,优化发展环境一直是推动我区产业融合和高端发展的重要保障和长期任务。当前,东城园统筹"一带三区"的局面已经形成,原有的"一轴两带五区"格局正在发生变化,但功能区统筹管理体制机制还没有理顺,原有的管理体制依然在起作用,新的机制体制尚未形成。因此,必须认真研究扩园以来的新现实,坚持改革创新,不断优化发展环境,为产业融合和高端发展创造良好的条件。

1. 加快建立两大统筹机制

东城区现在的经济布局,已经形成了东城园、王府井发展带、前门历史文化展示区、永外商贸区并存的局面。如何尽快完善东城园的管理体制,并在此基础上形成区属所有功能区管理的统一体制,成为摆在我区面前的当务之急。建议加快研究和调整完善东城园新的管理机制,加快资源整合与政策统筹,发挥中关村科技园区优惠政策的最大效应,尽快形成园区发展的新战略和提升东城园的综合核心竞争力;深化区域行政管理体制改革与创新,吸收现有各功能区管理机制的优势,在此基础上成立东城区功能区统一管理委员会,统筹管理各功能区发展,改变各功能区管理体制的松散和各自为政状态,加强全区统筹力度,提升功能区发展水平和区域综合实力。

2. 完善"三大保障"

一是政策保障。统筹东城园和其他功能区产业发展规划,推动东城园产业规划的落实和完善,为"一园多区"和全区产业发展奠定坚实基础。加强对区内相关产业政策的整合,强化政策合力,进一步完善市场机制,发挥市场在资源配置中的决定作用,优化政策环境。二是人才保障。人力资源是文创产业的核心资源,创新的主体也是高端人才。因此,依托"文化人才管理改革试验区"建设,创新人才培养模式,实施高端紧缺文化人才培养计划,积极推进"中关村雍和文化人才特区"和"东城区国际人才金港"建设,建立高层次文化人才的引进、孵化、培养和服务一体化基地,着力培养东城区文化发展急需的高端人才和行业领军人物。另一方面,落实好人才落户、出入境、子女教育、医疗、住房保障等一系列问题,为高端人才提供优质服务,消除人才的后顾之忧。三是项目保障。当前,中关村、北京市政策重点已经从单个企业转向产业集群和重大专门项目,因此,当务之急就是以文化为引领,以融合为路径,在东城园运筹一批能体现产业集群优势、引领产业融合发展的重大项目,以此推动我区产业优化升级和经济高端发展。

3. 构建"四个平台"

一是深化促进各类服务平台建设。搭建从融资、科技、内容、销售等方面的各种服务资源平台,发挥各种市场资源和要素的积极作用。具体来说,以国际版权中心为依托,积极完善现有文化金融服务平台;加速发展胡同工厂国际孵化器产业联盟,按照"整合资源,构建平台,提供服务,孵小扶新"的原则,为创新创业的企业和人才提供集成定制化服务;建设"智慧园区"平台,实现产业跟踪服务。二是抓楼宇管理。以特色楼宇群和产业示范基地为抓手,通过直接服务企业,举办各类培训、座谈等,将产业发展情况和产业服务的动态信息注入基地和主题产业楼宇,逐步引导物业管理者向产业服务者转变,实施精细化管理和精细化服务,带动产业集聚和产业优化升级。三是抓孵化器建设。企业孵化器作为技术创新孵育体系的重要组成部分,在促进科技成果、推动高新技术产业化、扶持中小科技企业、振兴区域经济等方面发挥了重要的作用。东城区空间资源有限,充分利用好孵化器这个专业化创新平台,将为产业结构优化升级提供支撑。目前,要通过深化孵化器的基础设施支撑功能、产业引导功能、投融资支撑功能、孵化联盟和网络化共享运营等作用,促进园区企业创新能力的提高。四是抓经济监测。创新在经济指标监测、数据和信息共享、经济工作统筹协调、政策和资金保障等方面经济监测工作,着力强化全区经济工作统筹力度,重点针对经济指标、产业、功能区、税源等方面的监测调控机制进行系统的梳理、调整和优化,力求在一些制约东城经济发展的关键问题和关键环节上取得突破,完善经济监测调控机制,加强经济工作的针对性和效果。

政党·团体

中国共产党北京市东城区委员会

概　　述

年内，中国共产党北京市东城区委员会（简称区委）以学习贯彻“十八大”精神为主线，以北京建都860周年和“精细化管理年”为契机，带领党员干部群众，转变作风、攻坚克难、稳中求进。

文化强区建设。围绕北京建都860周年，举办前门历史文化节、孔庙国子监国学文化节、南锣鼓巷戏剧展演季、文化遗产大展等活动，提升区域文化影响力。名城保护“三个十工程”完成26项，时间博物馆主体结构完工，五道营街区风貌品质提升一期工程收尾，全市首家胡同博物馆——史家胡同博物馆对外开放，启动前门东区、玉河南区等修缮整治工程。与故宫博物院联合成立“故宫学院”，启动平安故宫文物修复工程。新增7处国家级文保单位，智珠寺古建筑群获联合国亚太地区文化遗产保护奖，成为中国地区获此奖项的保护项目。文化产业实现增加值占GDP比重达到12%。中关村东城园扩园后总规划面积增加1倍，制定文化和科技融合发展三年行动计划。获第二批国家公共文化服务体系示范区争创资格，文化惠民力度加大。在全国城市文明程度指数测评中名列前茅。

区域经济工作。“两带五区”集聚带动作用增强，东二环高端服务业发展带获首批北京市总部经济聚集区和北京市商务服务业集聚区称号。重点产业项目加紧推进，新世界酒店三期、华尔道夫酒店建成开业，崇文门商业项目正式开工建设。引入中国黄金珠宝公司、中海油财务公司等优质企业。跨国公司地区总部达到17家，居全市第二位。中小企业扶持力度加大。坚持集约发展、绿色发展，被评为全国国土资源节约集约模范县（市）和北京市节能先进区。

“精细化管理年”工作。注重细节管理、综合治理和全民参与，完成24条胡同和16个老旧小区环境整治提升任务，26条大街试点门前管理责任制，20条胡同实施单行单停，新增居民区停车位2500个，创建一批自行车停车示范街，市容环境和交通秩序明显改善。整治大气污染、污水、垃圾和违法建设四大顽疾，依法拆除违法建设4.36万平方米。实施绿化加密工程，完成明城墙遗址公园西侧绿地、东直门交通枢纽周边、50条街巷胡同景观改造等工程，完成绿化面积13.92万平方米。入选首批国家智慧城市试点，网格化管理创新项目获中国智慧城市创新应用奖。

民生和社会服务管理。加快推进豆各庄等定向安置房建设和棚户区改造步伐；完成108万平方米老旧小区综合改造、2.70万户“煤改电”任务。新增幼儿园学位500个，基本缓解入园难问题。新增50个中医药特色健康管理社区，全面推进121个“奥林匹克·体育生活化社区”创建工作。区档案馆成功晋级国家一级档案馆。东城区成为全市首个全国社区商业示范区。一刻钟社区服务圈覆盖率达到90%。建成全市首家综合性、多功能社区邻里服务中心。深化网格化社会服务管理创新工作，研究制定“两网融合”实施方案，完善“参与式协商”等社区治理模式。推进平安东城常态化建设，完成重点时段安保维稳工作，群众安全感调查位居城六区之首，获全国平安建设先进区称号。

党的建设。学习贯彻“十八大”、十八届三中全会和习近平总书记一系列重要讲话精神，开展领导干部行动学习走基层、“中国梦”主题教育等活动，实施“一卡一册一库”处级干部培训学时管理办法。制定加强党管人才工作实施意见，推进文化人才管理改革实验区建设，建立雍和园硅谷高端文化科技人才创业基地。以社区党建“三级联创”活动为载体，扎实推进服务型党组织建设。打造非公党建信息化平台“红云新桥”，开通“组工微家园”。推进党代会常任制和党代表工作室试点。党委系统信息化建设和保密工作走在全市前列。严格执行中央八项规定、市委实施意见和区委实施办法，制定加强领导干部调查研究工作意见和区级领导直接联系群众制度。改进会风、文风，全区性会议数量同比下降40%，以区委名义制发的文件同比减少20%。严控“三公”经费支出，将6项区级庆典活动调整为隔年举办，各类活动数量同比减少50%。开展网上违规行为监察，对违反中央八项规定的典型案件加大查处和通报力度，坚决纠正“四风”。将廉政风险防控“三个体系”建设向区级和基层延伸工作、全区风险防控工作整体水平提高。在全市率先建成廉政风险防控电子监察平台，工作经验在全市推广。创新宣教方式方法，举办廉政历史文化展，得到中央纪委肯定和社会各界赞誉。

单位地址：东城区钱粮胡同1号

联系电话：64002596　邮政编码：100010

（毕凌凌）

主要工作和重大活动

【区委全会】 7月19日,区委十一届五次全会在区委、区政府1号院召开。区委常委会主持会议,区长牛青山传达全市上半年经济形势分析会精神、部署相关工作。区委书记杨柳荫代表区委常委会作题为《转变作风　真抓实干　为圆满完成全年目标任务而努力奋斗》工作报告,对全力抓好下半年各项工作提出要求。12月27日,区委十一届六次全会在区委、区政府1号院召开。区委常委会主持会议,区长张家明传达市委十一届三次全会精神;杨柳荫代表区委常委会作题为《深入学习贯彻十八届三中全会精神　加快推进"国际化现代化新东城"建设》工作报告;会议对区委常委会干部选拔任用工作进行民主评议,对新提拔的党政主要领导干部进行民主测评;审议通过《中共东城区第十一届委员会第六次全体会议决议》;部署下年工作并提出要求。　(毕凌凌)

【区委常委会】 全年区委召开常委会23次,研究决定议题151个。常委会以学习贯彻"十八大"精神为主线,在文化强区建设方面,研究区纪念北京建都860周年系列活动方案、区推进中关村东城园文化和科技融合发展行动计划、区创建国家公共文化服务体系示范区有关情况等议题;在区域经济平稳可持续发展方面,研究地区产业发展、招大选强和中小企业与非公经济转型升级工作情况、上年度产业扶持项目兑现工作有关情况、关于加快推进东二环商务区新兴产业园建设情况、区国民经济和社会发展第十二个五年规划纲要实施情况中期评估报告等议题;在推进"精细化管理年"各项工作方面,研究汛前准备工作情况、关于加强环境保护工作推进生态文明建设情况、庆祝建国64周年环境景观布置方案等议题;在民生改善和社会服务管理方面,研究煤改电工作、地区社会治安情况、关于推进基层平安建设相关工作、开展走访慰问送温暖活动安排等议题;在全面加强党的建设方面,学习十八届三中全会和习近平总书记一系列重要讲话精神,研究加强区领导干部调查研究工作意见、区级领导直接联系群众制度、全区处级领导班子和干部队伍情况分析、深化廉政风险防控管理推进区级领导班子权力公开透明运行实施方案、加强党管人才工作实施意见等议题。　(毕凌凌)

【领导重要活动】 1月5日,区党建工作专项述职报告会召开,区委30个直属党(工)委述职。杨柳荫出席并要求落实党建工作责任制。常卫、金晖、吴松元、夏树军、宋甘澍、毛炯和区委各部门有关负责人参加。1月16日,故宫博物院与区签署战略合作协议。故宫博物院院长单霁翔、常务副院长李季及有关副院长与区委书记杨柳荫、区长牛青山及有关区领导参加。1月30日,区级领导班子和领导干部上年度考核测评会举行。杨柳荫、牛青山分别代表区委、区政府领导班子作上年工作报告。区委委员、候补委员,区级领导班子成员,区法院院长、区检察院检察长,区纪委常委,全区各单位党政主要负责人,曾担任区级领导职务老领导及"两代表一委员"等265人,以无记名方式对四套班子和区级领导干部30人进行民主测评。2月9～10日凌晨,区领导杨柳荫、牛青山、常卫、徐熙、毛炯、王中华在区应急指挥中心,谢世龙在东城公安分局坐镇指挥全区燃放烟花爆竹安全管控工作。在参加全市视频会议后,召开区烟花爆竹安全管理工作视频会。牛青山向除夕夜坚守在全区各岗位的执勤、值班、看护人员致以节日问候,并要求坚决贯彻"两个减少一个防止"工作目标。朴学东、汤钦飞分别率检查组到重点地区、重点部位巡查,区级领导19人到基层包街道,指导和帮助街道组织禁限放工作。2月9～16日,第28届地坛、第30届龙潭春节文化庙会举行。9日区领导金晖、谢世龙、朴学东、宋甘澍、王中华参加开幕式。10日区领导杨柳荫、常卫、金晖、谢世龙、朴学东、宋甘澍、毛炯、王中华分别到两个庙会检查工作,慰问庙会工作人员、黑水县驻龙潭庙会工作组人员以及公益摊位残疾人。12日市政协主席吉林到两个庙会检查并慰问工作人员;区领导周永明、颜华、邵鹏到"台湾映像魅力展"展区看望参展台商并问候在岗工作人员。2月14日晚,区领导杨柳荫、牛青山、常卫、徐熙、王中华在区应急指挥中心坐镇指挥全区烟花爆竹安全管理工作,谢世龙在东城公安分局指挥。牛青山通过视频系统对全区烟花爆竹燃放管控工作进行再部署。朴学东、汤钦飞分别率检查组到重点地区、重点部位巡查,区级领导19人深入基层包街道,指导和帮助街道组织指挥禁限放工作。2月22日,区处理信访突出问题及群体性事件第一次联席扩大会议召开。区领导汤钦飞传达市第26次联席会议精神,总结上年信访工作,部署年度工作,常卫提出工作要求。2月25日,区维稳领导小组(扩大)会议召开,贯彻落实全市领导干部电视电话会议精神,部署全国"两会"期间安保维稳工作,区领导常卫提出具体要求,王中华、汤钦飞、孟祥、殷健参加。3月6日,区各族各界妇女纪念三八国际劳动妇女节103周年活动举行。区领导金晖、吴松元及巾帼文明岗、巾帼建功标兵代表,女性政协委员、机关妇委会成员、妇联执委、社区妇女群众近400人参加。3月19日,区民兵预备役工作会议召开。会议传达市民兵预备役工作会议精神,总结上年工作,部署年度工作任务,表彰先进基层武装部和优秀专武干部。杨柳荫对民兵预备役工作提出要求。区领导展辉、汤钦飞及区相关委、办、局负责人,街道工委书记、武装部部长和市属公司专武干部60余人参加。3月20日,区"弘扬生态文明　建设美丽东城"平原造林活动启动。区四套班子领导,社区干部和群众代表等200人参加主会场启动仪式,在公园绿地内栽植梅花,为树木开堰、浇水。活动现场开展"植绿、爱绿、护绿"科普宣传活动,面向社会征集绿色使者,接受以个人或单位形式认养树木。启动日当天,全区设立宣传咨询点20个,发放宣传材料8万余份,植树500株,养护树木5万余株,清扫绿地12万平方米,3000余人参与植树活动。4月23～26日,"一把手"素质培训工程主题研修班举办。区领导杨柳荫、冯熙、徐鸿达、吴松元、夏树军、朴学东、周永明、宋甘澍、毛炯、赵中原、王佩立、于静、汤钦飞、王晨阳,区法院院长孟祥,以及全区处级单位"一把手"近200人参加。5月10～12日,第六届北京中医药文化宣传周暨第五届地坛中医药健康文化节举办。区领导牛青山致辞,国家中医药管理局副局长吴刚宣布活动开幕。中国中医科学院党委副书记张为佳,市中医管理局局长赵静,区领导杨柳荫、宋甘澍、毛炯等参加。参加活动的领导向首都家庭保健员代表赠送经典中医药文化手册,向社区、机关、学生、农民工、企业、军人等先进代表赠送盆栽中药。5月18日,区纪念北京建都860周年系列文化活动之一的"梦想北京·中国三大男高音"天坛主题音乐会举办。市文化局局长陈冬、市公园管理中心、市委宣传部、市文物局有关领导及区领导杨柳荫、冯熙与东城百姓近800人参加。5月19日,皇城国际旅游文化系列活动暨皇城低碳骑行游启动仪式举行。市旅游委主任鲁勇,故宫博物院副院长冯乃恩,国家旅游局信息中心主任侯振刚,天管委副主任周旭,区领导杨柳荫、金晖、毛炯、高桂强、陈之常参加。启动仪式上,与会区领导为来自各领域的杰出代表10人颁发"2013皇城文化推广志愿者"聘书。5月30日,"拥抱蓝天 放飞梦想"——第五届我们共同成长庆祝六一国际儿童节主题活动举办。首都文明办、市教委、团市委有关领导及区领导牛青山、冯熙、徐鸿达等和获奖学生代表、家长及教师代表1000余人参加。6月18日,与西城区开展区委、区政府理论中心组联学活动。区四套班子领导先后参观西城区历代帝王庙、金融街中心、北京营城建都滨水绿道,实地考察西城区历史文化名城保护及经济发展情况,并围绕"保护历史文化名城,增进文化融合"主题,与西城区四套班子领导座谈交流。区委书记杨柳荫与西城区委书记王宁相互介绍两区历史文化名城保护及文化建设有关情况,对加深两区友谊,提升合作层次和水平,推进共赢发展达成共识。6月26日,区纪念中国共产党成立92周年座谈会召开。区领导杨柳荫、冯熙、徐鸿达、吴松元、夏树军,区30个直属党(工)委书记及先进基层党组织负责人、优秀共产党员、优秀党务工作者代表约100人参加。6月27日,区级领导班子权力公开透明运行工作动员部署会召开。杨柳荫、冯熙、徐鸿达等区四套领导班子成员参加。夏树军主持会议,并部署区深化廉政风险防控管理、推进区级领导班子权力公开透明运行工作。杨柳荫提出要求。8月7日,第四届前门历史文化节开幕式暨中轴诗会举行。区领导陈之常主持,牛青山致辞,杨柳荫宣布第四届前门历史文化节开幕。市商务委、市旅游委、市文化局有关领导参加。8月11~12日,区领导杨柳荫、王中华坐镇指挥区应对11日暴雨天气,在区应急指挥中心部署全区汛情应对工作。11日15时许,市气象台、市防汛办分别发布雷电黄色预警、暴雨黄色预警和汛情黄色预警信号。全区40个防汛分指挥部主要领导全部在岗带班,值班值守人员1480人,抢险备勤人员3361人,800兆电台通讯正常。当晚召开防汛视频会,对防汛工作提出要求。至次日凌晨4时预警解除,全区平均降水量6.70毫米,未发现房屋倒塌等险情及其他突发事件,辖区道路交通正常,无积水。8月31日至9月2日,区四套班子领导杨柳荫、冯熙、牛青山、徐鸿达等9人分别到五十中、二中、汇文中学、广渠门中学、史家小学、光明小学等15所学校参加开学典礼,教育部基础教育一司司长王定华、副司长杜柯伟、于长学,外交部新闻司副司长洪磊等领导一同参加。9月9日,第四届北京孔庙国子监国学文化节开幕式暨区庆祝第29个教师节表彰活动举行。市文物局局长舒小峰、区领导牛青山分别致辞,杨柳荫宣布第四届北京孔庙国子监国学文化节开幕。活动表彰2012—2013学年度教育系统先进个人,为中小学生国学书画作品征集活动获奖者颁奖,并举行拜师仪式,中小学生和外籍留学生代表100人向教师代表行拜师礼,与会者向孔子牌位行敬师礼。全国政协教科文卫体委员会委员陈晓光,中国艺术研究院副院长贾磊磊,市文物局副局长刘超英、于平,区领导金晖、朴学东、毛炯、颜华、王晨阳参加。9月24日,区庆祝建国64周年暨第四届"五月的鲜花"群众歌咏活动颁奖典礼举行。市总工会副主席潘建新,区领导杨柳荫、冯熙、徐鸿达、吴松元、毛炯、汤钦飞参加,并为获奖单位及个人颁奖。9月25日,邓小平"教育要面向现代化,面向世界,面向未来"题词30周年纪念大会在景山学校举行。全国政协副主席马培华,国家总督学顾问陶西平,总政治部原群众工作部部长邓先群,教育部基础教育一司司长王定华,国家国防教育办公室主任汤奋,团中央常委、学校部部长陈光浩,中央文献研究室科研管理部主任、邓小平思想研究专家刘金田,北京师范大学党委书记刘川生,清华大学党委副书记韩景阳,市教委主任线联平,区领导杨柳荫、冯熙、徐鸿达、毛炯、颜华,美国牛顿——景山交流委员会主席肯·汉密尔顿等领导和专家参加。11月4日,区迎十八届三中全会安全维稳、环境秩序保障、信访工作部署大会召开。区领导朴学东主持、汤钦飞部署信访保障工作,王中华部署环境秩序保障工作,谢世龙部署安全综治维稳工作,杨柳荫提出工作要求。金晖、毛炯、许汇等领导及有关单位负责人、相关人员参加。11月19日,"福布斯亚太地区最佳上市企业50强"颁奖典礼在东城区举行。杨柳荫为部分获奖企业代表颁奖,朴学东致辞并邀请海内外企业关注东城、与东城合作共赢,陈之常在福布斯亚太最佳上市企业50强经济圆桌会议上介绍东城区情况,并与企业代表交流。11月20日,区公共安全工作紧急视频会议召开。区领导王中华部署安全检查相关工作,杨柳荫出席并要求各单位在各自行业、辖区内开展一次安全生产大检查,防止发生安全事故。11月28~29日,北京市碳排放权交易市场开市仪式暨第四届地坛论坛举行,国家发改委副主任解振华、市领导王安顺共同为交易市场敲锣开市,区领导杨柳荫、张家明、许汇参加开幕仪式。朴学东等发表主旨演讲。许汇代表区政府与中信银行、招商银行签署绿色金融服务合作协议,并授予牌匾。中佳宝能源科技有限公司、天威新能源系统工程(北京)有限公司等6家低碳企业与东城区签订落户协议。29日,举行"低碳东城与绿色北京——低碳城市的N个维度"东城专场论坛,许汇代表东城区作主旨演讲。12月16日,全区组织工作会议召开。毛炯主持。会议传达全国、全市组织工作会议精神,吴松元作组织工作报告。杨柳荫提出要求。区法院党组、区委教育工委、建国门街道工委、东花市街道工委作交流发言。全区各部门主要领导参加。12月17日,区下年重大项目工作会召开。朴学东对区下年重大项目情况作说明。杨柳荫提出工作要求。张家明、毛炯、陈之常及相关部门负责人参加。 (毕凌凌)

【区级领导班子民主生活会】 1月17日,区委、区政府领导班子民主生活会召开。市纪委副书记、监察局局长王海平,市委巡视工作领导小组成员、市委巡视办主任杨林,区委、区政府领导班子成员参加并围绕“学习贯彻‘十八大’精神,进一步改进工作作风,紧密联系群众,为民务实清廉”主题,联系思想和工作实际,查找自身不足,开展批评和自我批评,提出初步整改计划。12月17日,区委、区政府召开区级领导班子专题民主生活会。市纪委党风廉政室主任赵玉岐,区委、区政府领导班子成员参加。吴松元通报民主生活会征求意见建议情况。杨柳荫、张家明分别代表区委、区政府领导班子进行对照检查。领导班子成员结合各自工作实际,按照“照镜子、正衣冠、洗洗澡、治治病”总要求,以为民务实清廉为主题,以“反对‘四风’,服务群众”为重点,以整风精神开展批评和自我批评。 (毕凌凌)

【全区领导干部大会】 2月6日在东城区图书馆召开。区领导牛青山主持会议,常卫传达市区县委书记会议精神,杨柳荫对做好春节和全国“两会”期间维稳服务保障工作提出要求。区级领导班子成员,区法院院长、区检察院检察长,区副巡视员;区委、区政府各部、委、办、局党政主要负责人;区人大、区政协各委、室主要负责人;区级群众团体主要负责人;各街道党政主要负责人;各双管单位、直属事业单位、重点企业党政主要负责人参加。5月23日,全区领导干部大会召开。区领导牛青山主持,王中华传达中央、全市维护稳定工作会议精神,通报全区维稳工作形势,杨柳荫提出要求。金晖、谢世龙、毛炯、王中华、汤钦飞,区委、区政府各部、委、办、局党政主要负责人,区人大、区政协办公室主任,区级群众团体主要负责人,各街道党政主要负责人及主管领导、派出所所长,双管单位、直属事业单位、重点企业党政主要负责人参加。 (毕凌凌)

【区委工作会议】 2月22日在区委、区政府1号院召开。区领导牛青山主持会议。常卫部署区委组织、宣传、统战工作。杨柳荫对落实好年度各项工作任务提出要准确把握首都发展和本区转型的阶段性特征落实责任、争创一流等要求。区委委员、候补委员,区委、区政府各部、委、办、局党政主要负责人,区人大常委会、区政协各委、室主要负责人,各街道党政主要负责人,区级群众团体党政主要负责人,各双管单位、直属事业单位、重点企业党政主要负责人参加。 (毕凌凌)

【党的群众路线教育实践活动】 11月11日,区召开党的群众路线教育实践活动筹备组工作会。会议学习传达中央和市委关于在全党深入开展党的群众路线教育实践活动的意见、习近平总书记在党的群众路线教育实践活动工作会议上的讲话等,并对全区党的群众路教育实践活动筹备组组建情况、任务分工和领导小组办公室的初步安排进行说明和研讨。吴松元对做好筹备工作提出要求。 (毕凌凌)

【习近平考察地铁南锣鼓巷站】 2月8日,总书记习近平到地铁8号线南锣鼓巷站施工工地考察,下到20余米深的地下作业平台察看工程进展情况,看望慰问节日期间坚守岗位的一线劳动者,向正在施工作业的农民工和工程技术人员致以新春祝福。市领导郭金龙、王安顺参加。 (毕凌凌)

【温家宝慰问街道干部职工】 2月10日,国务院总理温家宝到东华门街道慰问,向街道干部、社区工作者、环卫工人、执勤民警、安保志愿者等各行各业坚守岗位职工表示感谢,并致以节日祝福。 (毕凌凌)

【秦宜智到区调研社区青年汇工作】 5月3日,团中央书记处第一书记秦宜智到区调研社区青年汇工作,在北新桥街道观摩“海巢HOT·社区青年汇”各场所开展的活动。召开“青年汇,汇聚中国梦”座谈会,与青年代表座谈。秦宜智代表团中央向全国团员青年致以节日问候,对北京社区青年汇工作给予肯定并提出工作要求。市委常委陈刚、团中央宣传部部长张劲、团市委书记常宇及区领导杨柳荫、吴松元、毛炯参加。 (毕凌凌)

【刘云山调研中关村科技园雍和园区】 6月8日,央书记处书记刘云山到中关村科技园雍和园区调研,听取园区建设和发展情况汇报,视察基于“三网融合”电视数据采集应用企业北京天脉聚源传媒科技有限公司,以及多媒体同步出版企业北京中文在线文化发展有限公司。市领导郭金龙、王安顺,中宣部常务副部长雒树刚,文化部部长蔡武,国家新闻出版广电总局局长蔡赴朝,市委有关领导及相关部门负责人,区领导杨柳荫、金晖、毛炯参加。 (毕凌凌)

【赵少华调研区文化事业】 7月23日,全国人大常委会委员赵少华到区调研文化事业、文化产业发展工作。在建国门街道社区博物馆察看基层公共文化事业发展情况,在北京中文在线文化发展有限公司察看全媒体出版模式运行情况,在天脉聚源传媒科技有限公司察看海量电视实时录制与采集系统、新媒体政务电视系统等研发应用情况,了解区创建国家公共文化服务体系示范区工作。文化部办公厅主任于群、财务司司长赵雯、公共文化司副司长张永新、外联局局长张爱平、办公厅副主任兼机关服务局局长都海江,区领导杨柳荫、金晖、朴学东、毛炯、王晨阳参加。 (毕凌凌)

【张茅调研区工商工作】 9月13日,国家工商总局局长张茅到区调研。实地察看龙潭街道华城社区工商工作站,听取区幸福大街工商所工作情况,工商部门参与华城社区社会化管理工作情况及工商部门与龙潭街道办事处深化社会管理、共建良好经济秩序工作情况汇报。在区工商分局机关召开座谈会,听取区工商分局等单位汇报工作情况。国家工商总局副局长刘玉亭、办公厅主任于法昌、调研室主任刘显华,区领导杨柳荫、朴学东、毛炯参加。 (毕凌凌)

【市领导调研】 2月6日,市领导郭金龙、王安顺到区检查春节前市场供应工作。在东直门南小街菜市场察看果蔬、肉类、水产、粮油等商品供应情况,与售货员和购物市民交谈,询问节前商品价格情况和节日期间商场经营时间。副市长程红、张延昆,区领导杨柳荫、牛青山、毛炯、陈之常参加。2

月25日,市领导郭金龙、王安顺到区检查全国"两会"安全服务保障工作,先后到北京饭店停车场、大厅和餐厅检查驻地安全保卫工作情况和餐饮服务、卫生检疫工作情况,要求高标准做好服务保障,确保各项工作万无一失。市领导李士祥、赵凤桐、傅政华,区领导杨柳荫、谢世龙、毛炯参加。3月27日,市领导郭金龙带队到区调研核心区环境改善工作,到西忠实里社区察看群众居住条件、市政基础设施和环境秩序现状,与居民代表交谈搬迁改造工作,听取居民意见建议。到五道营胡同察看胡同环境整治工作,了解胡同特色街区建设等工作情况,并给予肯定。市领导王安顺、赵凤桐、张延昆,市政府秘书长李伟,区领导杨柳荫、牛青山、毛炯、王中华参加。5月21日,市领导郭金龙到基层联系点朝阳门街道史家社区调研,步行察看社区环境秩序现状,听取社区总体情况介绍和胡同环境提升、停车秩序管理等情况汇报;察看史家红墙花园酒店党员活动室和地下车库,听取酒店设施建设及党建工作情况汇报;拜访西罗圈胡同3号院老居民,听取老人对社区建设意见建议。在史家社区居委会参加社区"党员会客厅"活动,与社区党员、居民代表座谈交流"中国梦,我们的梦"。市领导赵凤桐,区领导杨柳荫、牛青山、毛炯参加。6月24日,市领导王安顺到区调研核心区煤改电工作,实地察看建国门街道庆平胡同30号院、法华寺变电站选址场地和王府井大街34号院煤改电工程进展和设备运行情况,入户与居民交流,了解居民生活和冬季采暖情况,听取区煤改电工作情况汇报,对核心区无煤化工作取得的成效给予肯定。副市长张工、市政府秘书长李伟,区领导杨柳荫、牛青山、王中华参加。7月15日,市领导王安顺到区检查汛期房屋安全情况,实地走访东华门街道磁器库北巷5号、11号院落,查看汛期房屋修缮工作,询问居民汛期安全情况。区领导牛青山、朴学东、王中华参加。11月2日,市领导郭金龙、王安顺到区调研公共服务和公共安全工作。在建国门街道办事处察看行政服务大厅窗口设置及运转情况、综治维稳中心视频监控系统和地区全景沙盘,听取关于街道社区防控、重点人管控、矛盾纠纷排查化解、群防群治工作情况的汇报,对社会面防控工作和公共安全工作提出要求。市领导赵凤桐、傅政华、张延昆,区领导杨柳荫、牛青山、毛炯、王中华参加。11月14日,市领导王安顺到区调研冬季供暖工作。在干面胡同煤炭门市部,了解型煤价格及销售配送情况;在西镇江胡同15号院实地察看"煤改电"工程,入户了解居民生活和"煤改电"后采暖情况。市领导张延昆,李伟,区领导杨柳荫、牛青山、毛炯、王中华参加。（毕凌凌）

【公文制发工作】 全年印发《关于加强东城区领导干部调查研究工作的意见》《东城区区级领导直接联系群众制度(试行)》《北京市东城区推进中关村东城园文化和科技融合发展行动计划(2013—2015年)》等各类文件89期,其中东发8期、东文32期、东办发16期、东办通报9期。（毕凌凌）

【服务与保障工作】 全年完成领导干部大会、工作部署会等全区性重要会议及区委全委会、区委常委会等会议的组织协调服务90次。服务保障区委主要领导调研、走访、考察、交流、接待等各类活动221次,服务保障区委其他领导参加各类活动205次。（毕凌凌）

【督查工作】 全年办理领导批示件607件,编发《东城督查》27期、《督查专报》11期。办理区委副书记批示件64件,报送并流转上级批示件12件。服务区委副书记参加各类调研活动17次,协调安排各类会议41次。办理专职常委批示件45件。服务专职常委参加各类调研活动88次,协调安排各类会议59次。（毕凌凌）

【信息工作】 全年编发信息普刊249期,专报8期,增刊255期,专刊14期,业务通讯4期,提供各类信息3059条。（毕凌凌）

组织工作

【概况】 中共东城区委组织部(简称区委组织部)是负责本区组织工作、干部工作与人才工作的区委工作机构。设办公室、调研信息组、干部调配组、干部一组、干部二组、干部监督组、干部教育培训组、组织组、组织指导组、党员教育管理组、人才工作协调组、党员电化教育组。有编制53人。

年内,全区组织系统抓住提高组织工作科学化水平这条主线,继承和发展组织工作先进经验,继续深化干部人事制度改革,规范干部任免管理体制,推进人才队伍建设,提升基层党建工作科学化水平,为区域经济社会发展提供组织保证和人才支持。被市委组织部评为北京市公务员统计全优报表和优秀统计分析单位。党员电教片《播撒温暖的人——记北京市广渠门中学体育老师、优秀共产党员魏发团》获全国党员教育电视片观摩交流活动典型事迹片二等奖。"东城组工微家园"入选人民网十大政务微博发布厅排行榜。《构建社区物业管理党建联建工作新格局》调研课题获市党建研究会优秀调研课题三等奖,《东花市街道"阳光随行"党员义工站实践与思考》《关于基层党组织在社会服务管理中如何发挥领导核心作用的实践与思考》调研课题分别获市党建研究会优秀自选课题评选一等奖、三等奖。

单位地址:东城区钱粮胡同3号
联系电话:64040940 邮政编码:100010 （张思尧）

【处级干部基本情况】 截至年底,全区党政机关、事业单位有处级干部967人,其中领导职务687人(正处职191人,副处职496人),非领导职务280人。有处级女干部277人,占处级干部总数28.60%,其中女领导干部198人(正处40人,副处158人),占领导干部总数28.80%;处级少数民族干部57人,占处级干部总数5.90%;党外干部35人,占处级干部总数3.60%。处级干部年龄结构:35岁以下48人,36~40岁72人,41~45岁176人,46~50岁309人,51~55岁256人,56岁以上106人,平均年龄48.13岁。处级干部学历结构:研究生学历232人,大学学历687人,大专学历48人。全年任免干部421人次。提拔任用处级干部111人,其中领导干部75人,非领导干部36人;交流领导干部28人(另有交流提拔36人),其中正处级12人,副处级16人;达到最高任职年限改为非领导职务28人;试用期满正式任职干部51人;兼职任免、到龄退休等任免干部203人次。全年处级干部任前公示35期110人,其中正处级30人(含调任人员1人),副处级80人。全年安置5人团职军转干部到区相关单位工作。（张思尧）

【领导班子和干部队伍情况分析】 1月至3月,对全区处级领导班子和干部队伍情况进行综合分析,查找处级领导班子及干部队伍建设中存在的问题,提出相关意见和建议,并向区委常委会汇报,以此为抓手做好处级领导班子配备和干部队伍优化工作。（张思尧）

【干部年度考核】 1月至3月,成立11个考核组,探索实行“三述两评”(领导干部述职、述廉、述德和正、反向测德)考核模式,分为考核准备、组织考核、统计汇总、下达指标、确定等次等5个阶段,运用“德”的反向测评和领导干部形象民意调查等形式全面了解干部,完成上年度对全区97家单位957名处级干部的考核奖励。12月,全面启动处级领导班子和领导干部年度考核工作,修改完善考核指标体系,强化对干部德、作风和实绩考核。（张思尧）

【完善干部选拔初始提名制度】 5月14~15日,在对7个街道党政正职或直属工作部门主要负责人职位定向推荐基础上,坚持民主提名、公开提名、责任提名,探索开展“非定向实名推荐”提拔担任正处级领导干部人选工作,推荐产生符合条件人选173名。（张思尧）

【竞争性选拔干部】 7月至10月,面向全区竞争性选拔副处级领导干部10人和处级非领导职务干部8人。选拔吸引干部520人报名,其中有467人符合报考条件进入笔试,115人通过资格复审,50人入围面试,46人通过体检进入考察环节。最终确定8个党政机关处级非领导职位和9个副处级领导干部职位的任职人选,并有15人进入全区后备干部和储备人才名单,实现“发现一批、选拔一批、储备一批”的预期目的。区委组织部首次面向全区组织人事系统开展正科级领导职务竞争上岗工作,先后2次选拔优秀基层干部3人到机关工作。（张思尧）

【加强街道工委委员配备】 4月,经区委研究确定工委书记、办事处主任、工委副书记、纪工委书记、总工会主席、武装部部长、办事处副主任(1人)、工委组织人事部部长、派出所所长9类人员为街道工委委员,并于4月和12月分2批次为17个街道配备工委委员49人次,增强街道工委力量。（张思尧）

【干部挂职锻炼工作】 组织94名干部参与全国城市文明程度指数测评、市级群众路线教育活动督导组、区第十五届人大四次会议等区内重点任务。落实全市干部“三个一百”(每年选拔后备干部和优秀年轻干部,以任职、挂职或轮岗方式进行各100人的交流)工程,安排9名处级干部到外省市、市级机关和中央金融机构挂职锻炼,15名基层年轻干部到市级机关挂职锻炼。接收12名中央、市级机关、外省市处级干部、高校青年教师、金融机构人员和14名市级机关年轻干部到区挂职锻炼。选派9名干部赴西藏、青海、内蒙古、新疆挂职,接待内蒙古、新疆、西藏、青海挂职干部37名。（张思尧）

【公务员统计年报】 12月中旬,全面启动区委群团系统37家单位1340名公务员及参公人员统计年报工作。由各单位自行维护组工业务综合应用平台中每个人员34个信息集,自动生成公务员、参照公务员管理群团机关工作人员、参照公务员管理事业单位工作人员等3套统计表,由组织部负责维护处级干部及后备干部信息,生成地方各级领导班子成员、各级机关、事业单位处级干部、地方党政领导班子后备干部情况等4套报表。完成公务员统计年报工作。（张思尧）

【干部档案管理工作】 3月,自编教材对全区120家基层单位干部档案改版工作进行培训,对22家基层单位改版后档案进行现场辅导。全年新接收干部档案88卷,上报市委组织部局级领导干部档案1卷,接收干部档案材料6111份,追补干部档案材料234份,提供各类档案借阅服务5617次。（张思尧）

【选调生选拔工作】 11月,全区各系统统计汇总在基层工作的应届优秀高校毕业生43人,其中公务员27人、国有企事业员工16人。12月,用人单位经过资格审核与信息核对,以及人选入职以来工作表现,最终择优推荐报名31人。12月27日,组织报名人员参与全市选调生选拔统一笔试工作。（张思尧）

【干部教育培训】 2月27日,召开区干部教育培训工作领导小组第一次会议。会议审议通过《东城区干部教育培训工作领导小组成员名单》《2013年东城区干部教育培训重点项目折子工程》,总结上年干部教育培训工作,部署年度干部教育培训工作。举行区干部教育培训班春季开学典礼,全年举办“一把手”素质培训工程主题研修班、副处级领导干部进修班、中青年干部培训班、处级领导干部周末大讲堂各2期、新任处级领导干部培训班、精细化管理与美丽东城建设专题研究班、提高依法行政能力专题研究班、群众路线与群众工作专题(行动学习法)培训班、北京大学现代公共管理高级研修班、清华大学领导力提升高级研修班、赴美国文化产业发展专题培训班、赴德国精细化管理专题培训班等,牵头主办重点培训项目30个,培训1.06万人次。启动并推进干部在线学习全覆盖工作,编制《2013—2017年东城区干部教育培训规划》。（张思尧）

【上报两项法规落实工作】 3月1日,向市委组织部上报全区上年度《领导干部报告个人有关事项》情况。全区局级干部应报59人,实报58人(不驻会的政协副主席张树华在原单位已报告);处级干部应报980人,实报980人。上年度有新任处级干部53人进行首次报告。《配偶子女均已移居国(境)外的国家工作人员有关情况》全区无上报人员。（张思尧）

【干部监督工作】 3月19日，召开干部监督工作联席会议。会议审议通过《关于建立东城区干部监督工作联席会议制度的实施意见(试行)》和《东城区干部监督工作信息沟通办法(试行)》。各成员单位通报近年干部监督工作开展情况，并围绕发挥干部监督工作联席会作用，加强干部监督工作提出意见建议。制定《东城区干部工作监督员管理办法(试行)》，在全区30个直属党(工)委中组建区干部工作监督员队伍。11月1日，召开干部监督员工作动员培训会。重点对领导班子和领导干部政治、思想、作风、廉洁自律等情况及干部选拔任用工作进行监督，并对干部选拔任用政策进行宣传，收集干部群众意见建议。 (张思尧)

【干部选拔任用条例检查】 11月4～13日，成立5个检查组，通过知识测试、民主评议、听取汇报、查阅材料、个别访谈等方式，对15个处级单位执行《干部任用条例》情况进行检查，对8名离任党(工)委(党组)书记在任职期间履行干部选拔任用工作职责情况进行检查，并对已接受过检查的5家单位整改落实情况进行回查，向被检查单位和被检查书记书面反馈检查情况和结果。 (张思尧)

【一报告两评议】 12月27日，区领导杨柳荫在区委全委(扩大)会上，代表区委常委会作年度干部选拔任用工作专题报告，区委委员、候补委员、区级领导、纪委常委及各单位主要领导，对干部选拔任用工作和新选拔任用(含交流)25名正处级领导干部进行评议。12月，结合年度考核工作，派出11个工作组，在全区73家处级单位开展干部选拔任用“一报告两评议”工作。 (张思尧)

【民主生活会】 11月25日，下发全区处级领导班子召开民主生活会通知，全区各单位陆续召开专题民主生活会。区委、区政府有关领导，区纪委、区委组织部领导和有关人员，党风廉政监督员、特邀监察员、干部工作监督员分别参加50家单位领导班子民主生活会。12月17日，区委、区政府联合召开领导班子民主生活会。区领导杨柳荫主持会议，区委、区政府领导班子成员参加。市纪委党风政风监督室、市委组织部区县处有关领导参加。12月18日，区人大、区政协分别召开领导班子专题民主生活会。 (张思尧)

【干部关爱】 3月至9月，举办以“科学健身、奉献东城”为主题的处级以上干部健身系列比赛活动，先后举办健步行、乒乓球、羽毛球比赛等，参加人数近1000人。4月15～23日，组织全区党政机关、企事业及双管单位处级干部851人分别在普仁医院、北京市第六医院进行健康体检。为部分新任职的处级干部办理第六医院或普仁医院优诊卡，为部分离休干部、局级领导办理医院变更及医疗证的补办。 (张思尧)

【信访受理查核】 实行部内信访统一归口办理，畅通信访、网络、电话等“12380”举报平台，制作宣传便签，利用手机报、组工报加大宣传力度。完善《举报案件转办流程》《函询通知书》《诫勉谈话通知书》等，针对信访举报中集中反映存在问题的领导干部，部领导及时与干部本人谈话，加大查核办理工作力度，健全强化预防、及时发现、严肃纠正的工作机制。年内，收到各类来信、来访、来电120余件(次)。部领导针对信访问题比较集中的情况，先后与10名领导干部进行提醒谈话，对8名领导干部进行函询。 (张思尧)

【优秀人才联络】 1月10日，召开走访慰问优秀人才工作部署会，全年走访慰问210名优秀人才。3月21日，市人力社保局流动调配处到当当网信息技术有限公司、光线传媒股份有限公司、爱姆爱地(北京)建筑设计咨询有限公司调研人才引进工作。3月23日，开展区国有企业经营管理人才公开招聘活动。5月28日，区硅谷海外人才联络处成立。7月11日，市人才工作领导小组“国家人才管理改革试验区中长期发展规划纲要(2015—2025年)调研组”到中关村东城园(雍和园)调研园区发展建设及人才工作。9月29日，召开区首届教育人才大会，区领导吴松元、颜华参加会议。12月3日，区召开优秀技能人才座谈会。会议表彰42名优秀技能人才、4家高技能人才培养先进单位。组建东城人才工作专家库，首批入库专家30名，涉及文化、教育、卫生、科技、企业经营管理和社会建设6个领域。建立博士后工作实践基地，接收北大、清华、人大等9所高校20名博士(后)到区进行为期半年的实践锻炼。12月24日，区举办硅谷海外人才联络处高层次人才考察交流暨项目洽谈对接活动，20名硅谷高层次人才带着项目到区考察创业环境，并与10余家投资机构进行项目洽谈和对接。 (张思尧)

【优秀人才培养资助】 11月20～21日，召开上年受资助优秀人才项目中期检查会。12月23、25、26、27日，召开优秀人才培养资助项目专家评审会。牵头组织成立经济、科技、人事和产业园区主管部门领导组成的“人才创新创业服务团”，深入光线传媒、当当网、中创碳投等30余家创新创业企业，走访300余名优秀人才，为人才提供服务。年内，组织全区各类优秀人才参与北京市、东城区各类人才资助项目和人才奖项申报。经专家评审，3个个人项目获得北京市优秀人才培养资助，资助金额8万元。 (张思尧)

【政工职评工作】 年内，先后召开初评委会5次、中高级论文答辩会1次、中评委会1次。40人取得各级政工专业职务，其中5人取得高级政工师职称，22人取得中级政工师职称，13人取得初级职称。 (张思尧)

【区党代表实行分组活动】 截至6月30日，区第十一次党代会代表有388名(原400名，有12名因工作变动调离东城区)，划分为30个区党代表分组，分组安排为：17个街道各划分1个代表分组；区直机关按照单位职能相近的原则，划分7个代表分组；区委教育工委、东城公安分局、区国资委、区卫生局各划分1个代表分组；区房地一中心、区房地二中心、区环卫一中心和区环卫二中心组成1个联合代表分组；区委社会工委、文委、体育局、园林绿化局组成1个联合代表分组。各代表分组创新代表分组活动的组织形式，注重发挥基层一

线代表作用,结合实际研究和探索分组活动有效载体,围绕区委总体战略和全区中心工作开展活动。（张思尧）

【基层党组织调整】 1月15日,经区委组织部部务会研究,决定成立钟鼓楼广场恢复整治项目指挥部临时党总支,临时党总支下设6个临时党支部;3月21日,经区委组织部部务会研究,决定成立中共安利(中国)日用品有限公司委员会,隶属区委社会工委;3月20日,经区委常委会第30次会议研究决定,成立中共北京市东城区机关事务管理服务中心党组;7月31日,经区委常委会第38次会议研究决定,东城区城市管理监察大队党组更名为东城区城市管理综合行政执法监察局党组。（张思尧）

【三级联创活动】 1月至3月,对各街道工委申报的上年度五星级社区党组织党建工作进行复评,最终确定五星级社区党组织45个,区委常委会听取上年度"五个好"街道工委考评情况汇报,审议通过"五个好"街道工委名单。4月11日,召开全区"三级联创"活动工作部署会,下发新修订的"五个好"街道工委考评标准和"五星级"社区党组织考评标准。9月22日,设计下发调查问卷,征集街道、社区对开展"三级联创"考评工作意见建议。11月8日,召开工作部署会,启动"三级联创"活动"五个好"街道工委和"五星级"社区党组织考评工作。11月18~22日,成立4个考评组对全区17个街道工委进行实地考评。11月28日至12月6日,由区委社工委牵头成立6个考评组,对各街道工委申报"五星级"社区党组织党建工作进行复评。12月19~31日,区委常委会审议通过"五个好"街道工委名单并向全区通报;征求相关部门意见,形成"五星级"社区党组织建议名单;召开"五个好"街道工委考评情况通报会,对"五个好"街道工委考评情况进行说明和反馈。12月22~24日,全市城乡基层党的建设"三级联创"活动第一考核调研组对区"三级联创"活动进行考核调研。（张思尧）

【党建工作专项述职】 1月5日,召开区上年党建工作专项述职报告会,听取部分区委直属党(工)委书记党建工作专项述职报告。11月6日,下发《关于开展下级党组织向上级党组织进行党建工作专项述职的通知》,对全区年度党建专项述职工作进行部署。12月15日,收集区委直属30个党(工)委党建工作专项述职报告并汇编成册。（张思尧）

【党员电化教育】 组织开展区优秀党员教育电视片脚本征集活动,收到参评脚本71部,指导拍摄完成电教片19部,总时长296分钟。经市远程办组织评审,全部被市级党员干部现代远程教育教学资源库采用,超额完成北京市分配的每年120分钟教学资源建设任务,其中4部电教片入围年度北京市党员教育电视片观摩交流活动。电教片《播撒温暖的人——记北京市广渠门中学体育老师、优秀共产党员魏发团》获全国党员教育电视片观摩交流活动典型事迹片二等奖。承办全国党员教育电视片观摩交流活动基层党员观摩测评工作,组织基层党员代表集中观看、评价《杨善洲》等9部优秀党员电教片,接受党性教育。（张思尧）

【党员干部现代远程教育】 完成市级平台二期建设项目区县分支节点硬件和软件安装调试工作;开展区党员干部现代远程教育终端站点学用情况专题调查和终端站点网络排查及直播测试工作;调训优秀终端站点管理员参加全市党员干部现代远程教育终端站点管理员示范培训班,北新桥街道民安社区在示范培训班上作经验交流;举办区党员干部现代远程教育骨干人员培训班,基层党(工)委270余人参训。（张思尧）

【党员教育】 4月10日,举办新党员学习贯彻"十八大"精神专题培训班,800余名新党员参加。4月15~19日、10月14~18日,先后举办2期入党积极分子培训班,开展40学时集中学习。10月14~18日,举办区先进基层党组织负责人、优秀共产党员、优秀党务工作者代表党性教育培训班。（张思尧）

【党员关怀帮扶】 春节、七一期间,全区各级领导干部开展走访慰问优秀党员、老党员及生活困难党员群众的"党心连民心、亲情进万家"活动。6月18日至7月12日,区各级党组织集中开展"共产党员献爱心"捐献活动,捐款203.14万元。全年下拨区级生活困难党员帮扶专项资金150万元,为44名特困党员申请市级帮扶资金22万元,发放建国前无收入老党员生活补贴28.40万元。（张思尧）

【党建联建活动试点】 3月12日,召开构建社区物业管理党建联建工作格局调研课题座谈会。5月22日,召开构建社区物业管理党建联建工作格局项目推进会,组建由区领导吴松元任组长,区房管局、司法局、法制办和试点街道等单位共同参与的物业管理党建联建领导小组,以东花市街道、东四街道为试点,开展社区物业管理党建联建试点工作。（张思尧）

【纪念建党92周年座谈会】 6月26日,召开纪念中国共产党成立92周年座谈会。区领导吴松元宣读《中共北京市东城区委关于表彰东城区先进基层党组织、优秀共产党员、优秀党务工作者和优秀基层党建工作创新项目的决定》,表彰区先进基层党组织50个,优秀共产党员100人,优秀党务工作者49人,优秀基层党建工作创新项目50个。先进基层党组织代表、优秀共产党员代表、优秀党务工作者代表作交流发言。区领导杨柳荫作重要讲话,冯熙、徐鸿达、吴松元、夏树军出席,30个直属党(工)委书记及区先进基层党组织负责人、优秀共产党员、优秀党务工作者代表约100人参加。（张思尧）

【党组织发展状况】 全年发展党员681人,其中35岁及以下425人,占62.40%。截至年末,全区基层党组织3306个,其中党委264个,党总支160个,党支部2882个。党员总数为79628人,比上年增加1359人,其中女党员37484人,占党员总数47.07%;35岁及以下党员11203人,占党员总数14.07%;60岁及以上党员36064人,占党员总数45.30%;具有高中、中技及以上学历61803,占党员总数77.60%,其中大学专科学历16358人,占党员总数20.50%,大学本科及以上

学历26537人,占党员总数33.30%。 (张思尧)

【党建研究会工作】 组织召开区党的建设研究会五届二次理事大会,听取和审议区党建研究会工作报告、审议区党建研究会上年财务工作报告等事宜,对年度工作进行安排部署。收集汇总区党建研究会成员单位调研课题,并推动落实。继续办好《东城党建研究》双月刊,全年编发6期。组织开展"中国梦与我的组工梦"征文活动,并陆续在《东城党建研究》和《东城组工报》上刊发文章30篇。 (张思尧)

【新闻宣传和舆情应对】 研究制定《关于加强全区组织工作宣传的实施意见》和《关于加强全区组织工作重点宣传的工作方案》及折子,加强对组织工作宣传的宏观统筹力度。与人民网合作,发挥双方资源优势,打造全国首个组工管理创新"微家园"。"北京东城组工微家园"有区委30个直属党(工)委、100个基层党组织和1800余名组工干部和党员入驻,开展"创享红色东城"系列微访谈活动7期。全年编发《东城组工报》24期(另有4期干部公示专刊),在《中国组织人事报》刊发12篇、《支部生活》刊发3篇、《前线》《党建研究》各1篇。 (张思尧)

【调研信息】 围绕全区中心工作,组织开展调研,区委组织部内各组室和区委各党(工)委研究撰写重点调研报告42篇。制定并下发《东城区组织系统信息工作考核办法(试行)》,全年完成《东城组工动态》正刊101期,《一周要情》20期(6月后改为《一月要情》6期),《领导参阅》40期,《互联网舆情参阅》25期,《业务通讯》3期。在市委组织部《组工动态》登载经验信息19篇。 (张思尧)

【组工干部队伍建设】 开展全区组工干部队伍情况调查,起草《关于加强全区组工干部队伍建设的意见》初稿。组织开展组工干部大练兵等系列活动,设置组工技能拉练赛、妙笔生花赛、组工演讲和辩论赛等环节,组工干部400余人次参与。每季度举办一次"组织部长文化日"和"组工干部沙龙"活动,组工文化氛围和组工干部队伍凝聚力增强。(张思尧)

宣传工作

【概况】 中共北京市东城区委宣传部(简称区委宣传部)是主管区宣传思想文化工作的区委工作部门。负责管理新闻宣传工作和文化发展促进中心工作。下设办公室、理论科、宣传科、舆情科、文化科,有干部21人。北京市东城区新闻报道中心(简称新闻中心)是区委宣传部所属的正处级全额拨款纳入规范管理事业单位,负责区委、区政府对外新闻宣传工作。下设办公室、总编室、新闻科、网络宣传科、《新东城报》采访科、《新东城报》编辑科、电视编辑科、电视摄像科、摄影科,有干部43人。北京市东城区文化发展促进中心是全额拨款纳入规范管理事业单位,负责为区文化事业及文化产业发展提供决策咨询,组织项目论证,提供信息服务,开展专题调研,组织文化活动。下设产业部、事业部、综合部,有干部7人。

年内,围绕学习宣传贯彻"十八大"精神这条主线,以"中国梦"学习宣讲和纪念北京建都860周年为抓手,落实中央和北京市宣传思想工作会议精神,解放思想,夯实基础,拓展领域,丰富手段,营造氛围,完成年度各项工作任务,为"国际化现代化新东城"建设提供思想保证、舆论支持和良好文化条件。4月7日,制定下发《东城区关于进一步加强舆论引导工作的通知》,对全区舆论引导工作提出具体指导。5月8日,正式开通全国第一家公共文化服务导航网,网站影响力不断扩大。7月,制定完成《东城区突发事件新闻应急预案》,成功处置应对钟鼓楼广场整治项目、北京南站"大衣门"事件、和平里医院救治弃婴、光明楼金凤成祥面包房爆燃事故、东四拆违等事件。与此同时,建立网络突发新闻事件舆情监测和微博应急机制。11月6日,正式取得创建国家公共文化服务体系示范区资格,创建规划得到文化部认可。在北京市"丹柯杯"优秀研究成果评选中获第一名。

单位地址:东城区钱粮胡同3号

联系电话:64031118-2530 邮政编码:100010 (冯红梅)

【专题理论学习教育】 年内,组织党员干部群众学习宣传"十八大"精神、十八届三中全会精神、"中国梦"、习近平总书记一系列重要讲话精神。组织区级理论学习中心组学习活动18场次,处级理论学习中心组举办各类学习活动1000余场次,征集处级干部理论文章439篇、党课报告21部,巡听处级理论学习中心组学习活动20次。发挥市、区级理论宣讲团、百姓宣讲团和理论宣讲基地作用,以"红色讲坛·理论座谈会"、周末社区大讲堂、理论家新春走基层等品牌活动为载体,邀请学者型专家和实践型学者到基层开展理论宣讲活动200余场次,受众5万余人次。为基层发放《习近平总书记重要讲话选编》等理论学习刊物10余种、1万余册。(冯红梅)

【学习型党组织建设】 实施《东城区学习型党组织建设考核评价指标体系》,建立学习型党组织工作示范点和品牌活动两级申报备案制度。全区各单位党(工)委指导所属基层党组织开展创建活动,推荐34个示范点、36个品牌活动列入区级备案,从中择优推荐6家单位参加市级评选。 (冯红梅)

【行动学习走基层活动】 在全区领导干部中开展以"四个一"即查找一个工作中的突出问题、深入基层开展一系列活动、提出一项工作新举措、组织一次理论中心组学习为主要内容的行动学习走基层专题学习活动。领导干部把行动目标瞄准基层,把学习重点放在查找和解决问题上,把落脚点放在惠及民生上。开展调研1000余人次,梳理各类问题300余件,提出各类工作举措400余项,列入年度折子工程200余项并加以落实,有效促进学习成果转化。 (冯红梅)

【干部队伍建设】 5月,制定印发《关于加强东城区宣传文化队伍建设的实施意见》,整合人才资源、优化队伍结构。以"提升业务素质 共筑中国梦"、"加强意识形态工作 全面提升政治业务素养"为主题,举办2期宣传文化干部轮训班和2期群众文化干部培训班,对全区500余名基层宣传文化干部系统培训。选聘2013—2015年度东城区特约舆情信息员和信息直报点,6月8~9日,召开区政务微博工作培训会,区政务微博群83个单位的微博工作团队参加培训。9月26~27日,召开《都市阳光·魅力东城》栏目开播10周年座谈会暨通讯员培训工作会,对各单位120余名通讯员进行新闻业务、电视摄像、编辑、摄影等方面知识培训。12月10日,制定下发《东城区关于加强机关、事业单位工作人员网络自媒体使用管理的规定(试行)》,做好舆情业务专项培训。提升新闻记者理论素养,对新闻中心全体干部职工进行马克思主义新闻观培训。加强网评员队伍建设,组建全区网评员队伍,在各种网络舆情事件中迅速平衡舆论生态,遏制网络炒作恶性发展。 (冯红梅)

【爱国主义教育】 6月,新命名区域内五四运动火烧赵家楼旧址、军调部中共代表团驻地旧址为北京市爱国主义纪念地,拓展爱国主义教育基地阵地。健全完善爱国主义教育基地联盟网站,举办教育基地联盟论坛,做好区域内各级教育基地的管理服务工作。扶持中国美术馆“艺术讲堂”等公益品牌,在青少年中开展“文化强东城 青春圆梦想”实践寻访活动,弘扬以爱国主义为核心的民族精神。 (冯红梅)

【百姓宣讲活动】 年内,全面开展“我的梦·中国梦”百姓宣讲活动。组建区县级、工委级、街道级、社区级宣讲团101支,吸纳百姓宣讲员近700人,开展各级宣讲活动400余场,受众人数约5万人。在清洁空气行动计划主题宣传、贾立群先进事迹宣传等工作中继续巩固百姓宣讲阵地作用,成为区开展党的思想政治工作以及学习宣传贯彻“十八大”精神、推进中国特色社会主义教育的抓手。 (冯红梅)

【公民道德建设】 年内,推荐东四街道孙茂芳当选第四届全国道德模范。在中央主流媒体宣传景山街道梁棣、区教工委邵帅、景山街道“家和万事兴”民间调解组织等先进事迹,树立东城良好社会风尚。在全市率先设立区级道德讲堂总堂并定期开展活动,全年分别开展“学习‘十八大’精神 做文明有礼北京人”、“我的梦·中国梦”、“学习道德模范 建设美丽东城”、“弘扬传统道德 传承文明旗帜”主题道德讲堂活动2000余次,形成崇德尚善社会风尚。以学习宣传毛泽东“向雷锋同志学习”题词50周年为契机,依托区学雷锋联盟品牌建设,组织开展具有东城特色的“关爱他人、关爱社会、关爱自然”活动。开展重阳100名孝星命名表彰暨典型事迹宣讲活动,在青少年中开展新童谣系列展示活动,加强未成年人思想道德建设。 (冯红梅)

【纪念北京建都860周年文化活动】 组织开展地坛庙会、龙潭庙会、永定门风筝放飞、文明祭扫、端午文化节、中轴诗会、重阳敬老月等文化活动,推动优秀传统文化教育普及。重点打造纪念北京建都860周年启动式、“梦想北京·中国三高天坛音乐会”、文化遗产大展暨北京天宝润德艺术品博览会、皇城国际旅游文化系列活动、第四届前门历史文化节、第四届国学文化教育活动、“美丽北京 文化东城”书画作品展等精品活动,营造关注历史文化名城保护与发展的思想舆论氛围。《新东城报》围绕纪念北京建都860周年,报道区十项会馆保护利用工程、十项文物保护修缮工程、十大保护项目,推介区文保工作。 (冯红梅)

【戏剧东城建设】 截至11月底,区内注册剧场29家,占全市艺术类剧场的40%。演艺团体68家,上演剧目928个,演出6500场次,观众308万人次,实现票房收入3.50亿元。南锣鼓巷戏剧展演季、中国儿童戏剧节、北京青年戏剧节、全国小剧场优秀剧目展演、百姓环保戏剧展演、杨丽萍国际舞蹈艺术展演和“百场戏剧进基层”等活动影响力加大。同时,推出《隆福寺》《前门人家》等一批反映东城百姓生活的原创作品。 (冯红梅)

【文化产业发展】 年内,完成北京市文化创新发展专项资金(产业类)支持项目的征集与预审工作。征集92个文创项目,经市文资办专家评审,40个项目进入实地踏勘环节,36家企业最终获得北京市文化创新发展专项资金(产业类)支持9845万元。由区推荐的19家文化企业参加全国文化企业30强评选,其中保利文化、京演集团、光线传媒3家企业成功入选全国30强。 (冯红梅)

【产业博览会】 11月7~10日,完成第八届中国北京国际文化创意博览会的各项组织工作。文博会东城展区以“科技助推文化 创意点亮生活”为主题,参与的12家具有产业影响力、带动力、特色鲜明的文化科技企业,彰显出文化、科技融合的区域特色,8场文化企业推介日活动成为场上活动亮点。举办游戏产业共建基地暨游戏公共开发平台启动仪式等场外活动,实现签约金额2.15亿元。 (冯红梅)

【“4335”舆情信息立体化工作新格局】 5月,制定《东城区舆情信息工作三级网络管理办法(试行)》《东城区舆情信息汇集分析联席会议管理办法(试行)》。建立辅助决策、全覆盖收集、舆情研判、舆论引导4个机制,培育专职、兼职、专业机构3支队伍,覆盖社会面、传统媒体、网络舆情3个收集渠道,抓好鉴别信息真伪、把握总体态势、发现苗头动向、预测发展趋势、提出对策建议5个研判环节的“4335”立体化舆情信息工作机制,提高舆情信息监测水平。坚持舆情信息汇集分析联席会议制度,全年收集舆情信息2000余篇,编发专报34期、月度分析报告12篇,业务交流专刊3期,为区委、区政府科学决策提供重要参考。加大网络舆情监测力度,监看各类舆情600余件,包括永定门城楼会所事件、城管“大衣门”事件、和平里医院“呼吸机”争议、违建拆除、光明楼蛋糕店爆炸事故等。参与危机事件舆情应对,主动对前门大街上元灯会假消息进行辟谣,客观真实地介绍区拆违等环境建设举措等。 (冯红梅)

【互联网管理】 7月26日,开通腾讯政务微博和北京市首家区县级政务微信“北京东城”。8月20日,区政务微博入驻人民网。11月,出台《东城区政务微博使用管理工作规范(试行)》,规范信息发布等9个方面内容。12月31日,完成区属各单位政务微博全面上线工作。12月,区政务微博获腾讯微博年度政务公开奖。 (吕娜)

【走基层转作风改文风活动】 年内,开展"走基层 转作风 改文风"活动,建立每月新闻选题报送机制,建立"社区——街道、委办局——区"三级线索报送平台,全年搜集各类新闻线索近250条。《新东城报》头版"走基层 转作风 改文风"专栏头条刊发民生新闻52条。同时,《新东城报》还开设记者走基层、一线见闻等栏目,采编人员深入机关、企业、社区开展采访活动,对基层群众的生活工作以及精神状态进行展现,为读者呈现鲜活的基层人物和事件。 (吕娜)

【讲文明树新风公益广告宣传】 在重点大街、重点地区、重点工地、重点广场和全部社区精神文明建设宣传栏"四重一全"区域和5个公共广场、24个过街天桥、82处工地围挡及18块电子显示屏,精心设计制作并张贴、悬挂、刊播讲文明树新风公益广告,制作并在全区近2000块社区精神文明建设宣传栏中设置讲文明树新风公益广告展板,达到社会面全覆盖。在全区广场、社区、公交站台,设置形式多样的"遵德守礼"提示牌近1万块,宣传各类文明提示语,弘扬社会正风正气,培育知荣辱、讲正气、作奉献、促和谐的良好风尚。 (冯红梅)

【新闻报道】 年内,全区各单位在中央及市属主流新闻媒体发稿4718条,其中中央级媒体发稿167条,中央及市属媒体刊发头条稿件570条,整版报道224个,半版报道35个,主图750个。在香港《文汇报》刊发整版报道《北京东城区:全力打造首都文化中心区》《保护历史文化名城 留住古都的记忆》《绘就永续发展蓝图再现古都好风景》《国学圣地 德化大卜——第四届北京孔庙国子监国学文化节廾幕》。在《北京日报》刊发专版《古韵前门 焕发青春》《东城:科技助推文化 创意点亮生活》。在《北京日报》头版头条刊发稿件《全市80条重点大街年内环境达标》《七会合一 东城推行"一会制"》《信访办来了一批"小主任"》《重点大街减少摆花,省钱改造背街小巷》等大篇幅文章。 (吕娜)

【地坛龙潭庙会宣传】 2月9~16日,举办第28届地坛庙会、第30届龙潭庙会。展示传统节日群众文化新风采,展示东城区文化底蕴和文化魅力。地坛庙会和龙潭庙会面向国内文化市场和国际旅游市场,成为"影响广、规模大、人气旺、成果丰"的庙会。新华社、中央电视台《新闻联播》和北京电视台、《人民日报》《光明日报》《中国青年报》《北京日报》等主流媒体对地坛、龙潭两大庙会进行集中报道,宣传效果突出。 (吕娜)

【重大活动宣传】 年内,围绕皇城国际旅游节、第四届前门历史文化节、第四届北京孔庙国子监国学文化节等项活动,策划、举办新闻发布会20余场,在中央、市属主流媒体重要版面和重要时段发稿1400余篇,其中中央媒体发稿190余篇。 (吕娜)

【《新东城报·文化周刊》创刊】 7月23日,《新东城报·文化周刊》正式创刊。《文化周刊》设置4个版面,以全区文化系统各项资源为依托,以探索历史名城保护与发展的新模式,实现历史文化的传承、保护与利用的多赢局面为主要内容,多方面向读者展现东城区文化发展现状。7月26日,召开《新东城报》创刊3周年纪念暨《文化周刊》创刊读者见面会,邀请相关专家、市属媒体领导及区属文化企业领导,对《文化周刊》办刊定位和服务信息予以探讨,并对区文化发展提出展望。 (吕娜)

【《新东城报》主题宣传】 5月至8月,贯彻落实"十八大"精神,《新东城报》采用通版、专版、专题等形式,结合文化强区发展战略,依托文化产业发展大趋势,以文化经济为切入点,推出"贯彻落实'十八大'精神·东城国企经济发展转型"系列报道,每周专题报道一个企业,展示区属国有企业在经济发展转型过程中取得的成绩以及未来发展的思考,宣传报道全区各行各业学习贯彻"十八大"精神情况。开设"我的梦 中国梦"专栏,把学习宣传"中国梦"与百姓宣讲、道德讲堂、市民学校、学雷锋、征文等群众自我教育活动相结合,与读者和观众开展互动交流,为开展"中国梦"学习宣传教育营造舆论氛围。 (吕娜)

【电视节目】 年内,完成52期《都市阳光·魅力东城》节目制作。按照"走基层、转作风、改文风"要求,增强节目贴近性、可视性和服务性。大幅压缩领导活动新闻、会议新闻,增加街道、社区内容,开设"雷锋精神代代传"、"我的梦 中国梦"等专栏,报道一线劳动者、社区居民、普通学生、志愿者的好人好事、美好愿景、生活情趣,弘扬社会正能量,展现东城新风貌。完成东城区争创国家公共文化服务体系示范区工作汇报片等多部全区性、部门性电视专题片制作,为区各单位制作各类专题片、总结片近30余部,时长200余分钟。 (吕娜)

精神文明

【概况】 北京市东城区精神文明建设委员会办公室,(简称区文明办)是负责协调、指导精神文明建设的区委工作部门,挂靠区委宣传部。内设综合科、创建科、未成年人工作科、宣教科,有行政编制13名,工勤编制1名。

年内,东城区精神文明建设工作,贯彻落实"十八大"、十八届三中全会精神、北京市第十一次党代会和区"三会"精神,以社会主义核心价值体系建设为根本,以北京建都860周年和区"精细化管理年"为契机,以完成全国城市文明程度指数测评任务为目标,推进文明城区长效机制建设,推进公民思想道德建设,深化群众性精神文明创建活动,净化未成年人健康成长社会环境,加强公共文明引导,开展各类志愿服务活动,促进市民文明素质和城区文明程度不断提升。

单位地址:东城区东四十一条83号
联系电话:64075483 邮政编码:100007 (韩笑然)

【公共文明引导行动】 1月23日,在总参第一招待所召开上年区公共文明引导工作年会。区领导金晖代表区委、区政府致辞,区文明办主任宣读《关于2012年度公共文明引导工作先进集体和先进个人的表彰决定》,市协调办主任孙平、副主任王树智及全体引导员参加。1月16日至2月25日,公共文明引导员80人完成北京站周边公交站台春运工作。3月4日,举办"岗位学雷锋、当好八大员"主题演讲会,引导员5人宣讲在站台工作中爱岗敬业、助人为乐、真诚为乘客服务,以实际行动践行雷锋精神,发挥"八大员"作用的事迹和体会。5月11日,在全区17个街道中开展"建设美丽北京,做文明有礼的北京人"主题宣传活动,社会志愿者、公共文明引导共建单位代表、引导员500余人参加。7月17日,举办公共文明引导员规范服务培训班,聘请北方德业轩国际礼仪培训中心行政总监,进行公共交往中的礼仪常识专题培训。9月10日,与区红十字会联合举办为期2天的区公共文明引导员应急救护培训班,以各中队为单位抽调骨干引导员24人参加。10月1~5日,开展国庆义务服务,疏导客流29.71万人次、回答游客各类咨询10.21万人次、照顾老幼病残孕乘客7709人次、劝阻不文明行为77起、帮助寻人18人次、捡拾物品19件次。收到市民表扬电话7人次。 (韩笑然)

【讲文明树新风】 春节期间,开展"我们的节日·春节"主题活动和"圆梦中国　文明北京"春节楹联征集活动。各街道举办"古都龙运　腾蛇迎春"主题立春文化节、"名家墨宝挥情意　百年胡同送春福"暨第五届东四奥林匹克社区报春、"古都展风韵　崇外颂新辉"元宵灯会等活动。中秋节开展"梦圆中秋·情系东城——我们的节日"中秋宣传文化教育活动。4月至12月,以食品行业、窗口行业和公共场所三个领域为重点开展道德领域突出问题专项教育和治理活动。7月至12月,开展讲文明树新风公益广告宣传工作。召开讲文明树新风公益广告宣传工作协调会,成立东城区讲文明树新风公益广告宣传领导小组。全年,在82个建筑工地围挡上都设置公益广告内容。重点商圈、重点大街周边18块户外电子大屏幕全天候滚动播出讲文明树新风公益广告。在北京站广场、王府井广场、永定门南广场、东四奥林匹克广场、兴化社区广场等5个公共广场对公益广告进行整体布置,布展面积达到1600平方米。在区25条主干道、非主干道周边以及22个天桥上设计制作风格统一的讲文明树新风宣传标语和口号。利用17个街道187个社区约2000块精神文明建设宣传栏全部张贴讲文明树新风公益广告。在全区广场、社区、公交站台设置形式多样的"遵德守礼"提示牌近1万块。 (韩笑然)

【未成年人思想道德建设】 2月22日,参加全国未成年人思想道德建设工作视讯会议。3月至4月,开展未成年人网上祭英烈活动,各街道各学校未成年人参与人数达9万余人,开展各项主题活动近400余次。3月至12月,开展"传承北京精神,共筑中国梦想"为主题的优秀童谣传唱活动,编辑印发《童声里的北京精神——东城区新童谣作品选》。5月、6月,开展"学习雷锋　做美德少年"网上签名寄语活动,各街道、各学校参与人数达7万余人次,开展各项主题活动近300余次。6月至8月,开展童心向党歌咏活动。6月至12月,开展美德少年星级评选活动。7月11日,举办"传承北京精神,共筑中国梦想"——东城区优秀童谣传唱展演,区文明办主任总结全区童谣传唱活动情况,来自街道社区、中小学校、幼儿园的孩子们表演节目,区委教工委书记宣读童谣展演优秀节目名单,市、区领导向评选出的最佳表演奖、最佳风采奖、最佳创编奖、最佳参与奖单位颁发荣誉证书。首都文明办巡视员尹学龙、区领导金晖,未成年人工作处、区文明办、区委教工委、区教委、区崇文社区学院、区崇文少年宫等单位负责人,各街道、学校相关负责人及老师、学生300余人参加。7月、8月,开展暑期道德实践月活动。寒暑假期间,开展"践行北京精神——争当学雷锋社区文明小使者"活动,评选"文明小使者"2000余人。9月至10月,开展向"国旗敬礼、做有道德的人"网上签名寄语活动,活动投票总数达41.97万张,全区所有中小学生参与活动。12月,举办"我爱美丽的北京,我爱美丽的东城,童心共筑中国梦"区红领巾读书活动总结汇报会。 (韩笑然)

【志愿服务】 3月4日,在东四奥林匹克广场开展"弘扬雷锋精神　汇聚道德力量　建设美丽东城"学雷锋志愿服务高潮日活动,区领导金晖出席活动。区上年度和本年度学雷锋教育实践基地代表及学雷锋品牌团队代表,各相关单位现场志愿服务队以及社区居民、机关干部、学生、部队官兵、文明引导员代表等200余人参加。3月4~5日,全区各街道分别设立分会场,集中开展学雷锋志愿服务高潮日活动。5月28日,举行"学习雷锋　做美德少年"网上签名寄语活动启动仪式。12月18日,召开网络文明传播志愿者及"中国文明网联盟·北京东城"网站信息员培训会,全区各级文明单位网络文明传播志愿者及"中国文明网联盟·北京东城"网站信息员320人参加。区网络文明传播志愿者在新浪、腾讯微博中发布和转发微博10万余条,在新浪、新华网上发布博客3000余篇。全年利用周六学雷锋志愿者服务日及重大节点,组织开展便民服务、义务指路、医疗义诊等学雷锋活动500余场。组织开展"关爱他人、关爱社会、关爱自然"志愿服务活动,开展各类关爱空巢老人系列活动113项3000余次,服务老人3万人次。以"保护山川河流·共建美丽北京"为主题,开展"山水北京　文明有我"市民随手拍摄影活动,收集上报700余幅优秀作品。 (韩笑然)

【精神文明建设委员会全会】 4月3日在区第一图书馆召开。区长、区精神文明建设委员会主任牛青山主持会议并通报区精神文明建设委员会人员调整情况。区委常委、区精神文明建设委员会常务副主任金晖简要总结上年工作,汇报年度工作要点。会议审议通过《2013年东城区精神文明建设工作要点》。区委书记、区精神文明建设委员会主任杨柳荫讲话。东城区精神文明建设委员会副主任及全体委员参加。 (韩笑然)

【精神文明建设工作大会】 4月3日在区第一图书馆召开。

大会由牛青山主持。播放区上年精神文明建设工作回顾电视片《长风劲吹千帆远·文明新风扑面来——北京市东城区2012年精神文明建设纪实》。区领导金晖宣读《关于表彰2012年度"做文明有礼的北京人"主题活动观摩展示最佳活动和东城区美德少年的决定》,通报上年度全国、首都精神文明建设工作获奖情况。与会领导为区美德少年代表、"做文明有礼的北京人"主题观摩展示最佳活动单位代表颁奖。常务副区长、区精神文明建设委员会副主任徐熙作题为《全面推进东城区精神文明建设迈上新台阶》报告,驻区中央单位、部队、先进个人代表发言,首都文明办副主任韩龙彬出席并讲话。区领导杨柳荫作重要讲话。区精神文明建设委员会副主任及全体委员,各街道、地区、委、办、局、处、公司主管领导,驻区中央、市属单位、驻区部队代表,各社区、科、队、所、站及各学校、医院领导,上年精神文明先进单位及个人代表、群众600余人参加。 (韩笑然)

【群众性创建活动】 4月至12月,继续组织开展"文明餐桌"系列活动,张贴"文明餐桌行动 不剩饭不剩菜"宣传招贴画2万套、6万张,设置"文明餐桌"温馨提示牌2万块。全年开展文明街道、文明社区创建工作。加强社区环境整治,保持街巷路面硬化、平整,卫生状况良好;在全部居民小区、公园绿地设置各种"遵德守礼"提示牌1万余块,营造文明祥和氛围,实现街道、社区硬件设施和软件功能的全面提升,创造文明、和谐、宜居的居住环境,创建成果惠及百姓。开展军(警)民共建工作。深入各街道、部队进行调查,撰写《军民携手共建文明城区 齐心协力共圆中国梦——东城区开展军警民共建工作情况调研情况》。组织全区各共建对子开展学雷锋服务、军地联谊、关爱空巢老人等100余项军(警)民共建活动。开展"城乡统筹,文明先行"城乡共建工作,开展文化下乡、医疗下乡等各类共建活动2100余次,参与活动10万人次。年内,每季度设计社区精神文明建设宣传栏宣传展板小样。4个季度分别检查17个街道177个社区精神文明建设宣传栏。 (韩笑然)

【市民教育】 5月3~20日,举办永远的雷锋主题展览,分为《光辉榜样 时代楷模》和《身边雷锋 最美北京人》两部分,对雷锋生平和事迹进行全面回顾,对身边学雷锋模范人物进行介绍和展示。全国、首都各类精神文明先进单位及个人、机关干部、部队官兵、医务人员、教师学生、青年志愿者、个体经营者、社区居民等1万余人参观。3月至8月,开展"弘扬北京精神,做文明有礼的北京人——市民高雅艺术殿堂文明行"主题活动,先后组织干部群众5000余人走进国家大剧院,观看各类主题展览。6月18日,东城区道德讲堂总堂在国子监彝伦堂举办"我的梦·中国梦"主题道德讲堂活动,区领导金晖出席启动仪式。6月,举办"我的梦·中国梦"北京市道德模范巡讲东城专场活动,同期,各街道、系统及基层单位举办"我的梦·中国梦"北京市道德模范巡讲东城专场活动及座谈会32场。7月至8月,开展第四届全国、首都道德模范推荐投票组织工作,由区文明办推荐的孙茂芳获第四届全国道德模范荣誉称号,杨德斌获第四届首都道德模范提名奖。10月14日,区道德讲堂总堂举办"学习道德模范 建设美丽东城"活动。首都文明办主任滕盛萍、中央国家机关文明办主任杨宝琴、区领导金晖参加。12月30日,区道德讲堂总堂举办"清洁空气 共享蓝天"活动。全区187个社区、239个文明单位道德讲堂开课2872堂。 (韩笑然)

【文明城区建设】 7月3日,在全区范围内下发《全国城市文明程度指数测评体系》和《全国未成年人思想道德建设工作测评》材料审核指标所需材料的内容及要求。7月8日,区全国城市文明程度指数测评指挥部办公室举办材料审核现场培训会。7月10日,召开区迎接全国城市文明程度指数测评动员部署会。会议下发《2013年东城区迎接全国城市文明程度指数测评考核工作方案》。8月7~9日,区迎检办、城市环境组、市场环境组、公共安全组、工地建设组、文化环境组30人,分成5组(街道社区、学校、公共场所、公益广告、道德讲堂),对《全国城市文明程度指数测评体系》和《未成年人思想道德建设工作测评体系》的实地考察指标所涉及的69个责任单位、15个指标项目、40项重点指标内容、207个检查点工作落实情况及上年全国城市文明程度指数测评时查出的问题进行督导检查。8月14日,召开迎接全国城市文明程度指数测评工作联席会。迎检指挥部现场办公场所正式启用,12个工作组工作人员入驻指挥部。8月15~16日,区领导金晖、王中华、汤钦飞、颜华带队分两组对全国城市文明程度指数实地检查指标和全国未成年人思想道德建设工作实地检查指标进行检查。8月15~19日,迎检指挥部金晖、王中华、颜华、汤钦飞先后召开5次工作调度会,指挥调度迎检指挥部10个工作组、民政局、城管监督中心做好迎检各项工作。8月17日,金晖、王中华、汤钦飞、颜华带队分两组重点对背街小巷(胡同)、社区、"五小"店、窗口单位进行检查。8月18日,下发《关于全面进入最佳迎检战时状态的紧急通知》和《关于全面做好测评实战工作的通知》。8月18~20日,中央文明办测评组对区城市文明程度指数进行测评。期间,材料审核待审材料送达检查组所在地,接受检查组审查。调查组进入社区开展问卷调查。金晖、王中华、汤钦飞与中央测评组组长、副组长会面并进行交流。 (韩笑然)

统一战线

【概况】 中共北京市东城区委统一战线工作部(简称区委统战部)是负责统一战线工作的区委工作机构。下设办公室、党派组、民族宗教组、联络组和调研室,区台办与统战部合署办公。行政编制21名。

年内,加强学习型、务实型、廉洁型领导班子建设,全面做好各项统战工作。加强党外代表人士队伍建设,拓宽遴选面,注重教育培训,加强安排使用,党外代表人士队伍规模达600人,处级以上党外干部达35人;夯实多党合作共同的思想政治基础,协助民主党派加强自身建设;加强民主协商,引领党外代表人士服务区域发展;以"5.6"民族团结宣传月为主要载体,加强各民族团结进步;增进与宗教界人士友谊,协调资金670万完成南豆芽清真寺壁画修缮和花市清真寺大殿修缮工程,协调推进珠市口教堂迁建、通教寺西北地块规划立项等问题,完成专项整治工作;加强社会领域统战工作,全面配齐网格联络员,通过网格化统战工作系统平台服务统战人士;加强民主党派与委办局对口联系,召开对口联系工作会;加强调研信息工作,信息工作成绩名列北京市统战系统第一名,获北京市统战系统信息工作优秀单位一等奖、全国统战工作实践创新成果奖、全国统战信息工作信息直报点先进单位三等奖、北京市统一战线理论研究与调查研究优秀组织单位。

单位地址:东城区钱粮胡同3号

联系电话:64027838　邮政编码:100010　(王蕊)

【民族宗教节日慰问及安保】 1月19日(腊八节),区领导周永明等到通教寺、雍和宫走访慰问,向佛教团体和信徒表达节日祝贺,区相关部门领导参加。8月8日(伊斯兰教开斋节),市委统战部部长牛有成、市人大常委会副主任孙康林、副市长戴均良、市政协副主席赵文芝到东四清真寺走访慰问,向中国伊斯兰教协会会长陈广元大阿訇等教职人员和穆斯林群众致以节日慰问。市委统战部副部长张洋,市宗教局局长池维生、副局长范宝,区领导周永明等参加。同日,区领导周永明、王佩立、颜华、王红到东直门外清真寺、安定门外清真寺、南豆芽清真寺、沙子口清真寺、花市清真寺走访慰问。10月15日(伊斯兰教古尔邦节),区委统战部、区人大内司委、区民宗侨办、区政协专委会工作三室相关领导分别到各清真寺走访慰问,向陈广元大阿訇及穆斯林群众送去节日祝福,各清真寺举行宗教活动,穆斯林群众2060余人参加,其中新疆籍67人,外宾63人,在公安东城分局国保支队、区安全分局、交通支队等部门配合下,活动有序进行。12月24日、25日(天主教和基督教的平安夜、圣诞节),王府井天主教堂、东交民巷天主教堂、南岗子天主教堂、崇文门基督教堂、珠市口基督教堂举行宗教活动,1万余人参加,其中外宾90人,韩语弥撒400人,英文弥撒600人。平安夜,市宗教局副局长刘先传,区领导周永明、颜华等到各教堂走访慰问并现场指挥,区领导张家明等检查各教堂安保工作,相关部门协同配合,活动有序进行。　(王蕊)

【交流座谈】 1月29日,召开区领导与宗教代表人士新春座谈会,区领导杨柳荫、冯熙、徐鸿达等,宗教代表人士高阳、李永红、杨冠军、康玉杰、宗玄出席,双方就宗教工作发展、宗教代表人士培养等问题交换意见。2月21日,召开党外处级干部新春座谈会,区领导周永明出席并讲话,卫生局、民革东城区委、安定门街道办事处等单位代表9人作大会发言,区委组织部、统战部相关领导及全区党外处级干部25人参加。　(王蕊)

【走访慰问统一战线各界人士】 2月1日,举办统一战线各界人士新春电影招待会。区领导周永明致辞,区四套班子主管领导与统一战线各界人士300余人共庆新春佳节。2月5日,召开党派团体老代表新春团拜会,周永明出席并致辞,各民主党派、无党派、工商联和人民团体老一代代表人士55人参加。2月5～20日,区委统战部走访慰问民主党派、无党派、宗教界、非公有制经济代表人士和群众团体负责人29人。　(王蕊)

【《东城区民族宗教工作手册》出版】 2月18日,成立《东城区民族宗教工作手册》(简称手册)编委会,区领导周永明任编委会主任,明确手册以宣传党的民族宗教政策为主题,以指导基层工作为目标。年内,6名编辑查阅中央文献,反复征求有关人士意见,完成手册编印工作。全册5章,分别介绍党的领导人论民族宗教工作、中国共产党关于民族宗教的基本观点和基本政策、国家民族宗教有关法律法规、国家民族宗教的基本常识以及北京市东城区民族宗教基本情况。手册首次将新中国成立后区民族宗教基本情况详尽刊列,并以问答形式对国家民族宗教基本政策、基础知识和基本工作方法进行详解。向区四套班子领导、35家涉及民族宗教工作单位、17个街道办事处、187个社区以及4所民族学校发放625本。　(王蕊)

【协调解决宗教场所问题】 2月27日,召开珠市口教堂迁建工作推进会,研讨地铁、教堂两个设计方案对接等问题。区领导周永明、颜华出席,市委统战部综合处、市宗教局二处、市基督教三自爱国会、区住建委、民宗侨办等部门主管领导参加。2月19日、3月29日、4月24日、7月11日,周永明就通教寺西北侧地块遗留问题、清退整理、设计方案等事宜与市佛协有关领导、通教寺思智法师交换意见。11月14日,周永明与市宗教局副局长范宝一行座谈研讨东四清真寺北侧环境整治工作。市宗教局、区委统战部、区民宗侨办相关领导参加。　(王蕊)

【调研信息工作表彰】 2月28日,召开上年度调研工作总结表彰会。会上,总结上年民主党派调研工作情况,部署年度调研工作,民进区委副主委、民革区委副主委、民盟区委副主委先后作交流发言,28篇调研报告获奖。区领导周永明,各民主党派区委负责人、专职干部、调研信息骨干90余人参加。3月25日,召开统战系统信息工作会,会议对统战系统信息员进行业务培训,并表彰上年度信息工作优秀单位3个和优秀信息员22人。区领导周永明及统战系统信息员70人参加。　(王蕊)

【统战系统联席会】 3月14日、7月8日、11月21日,分别召开第一、二、三季度统战系统联席会,分别交流研讨各阶段工作思路,工作完成情况,取得的实效亮点,面临的问题。区领导周永明出席,区委统战部、区台办、工商联、侨联、社会主义学院、民宗侨办主要领导参加。　(王蕊)

【海联会活动】 3月15日,召开北京东城海外联谊会(简称海联会)工作联系会,交流座谈如何开展形式多样的活动,促进理事沟通交流等问题。区领导周永明出席,海联会会长、常务副会长、秘书长等40余人参加。7月12日,开展联席活动,副会长作健康与养生专题讲座,并座谈港澳台理事如何助力经济社会发展。周永明出席,海联会理事及致公党成员

50余人参加。12月10日,海联会理事参观北京新能源汽车有限公司,听取新能源汽车现状及发展前景介绍并展开探讨。 (王蕊)

【知联会工作】 3月21日,组织东城党外知识分子联谊会(简称知联会)理事30余人参加无党派人士学习全国"两会"精神议政沙龙会。5月10日,知联会文化教育组在第171中学开展中国传统文化在中学艺术课程教学中的渗透——走进171中学活动,交流探讨中国传统文化在中学艺术课程教学中的作用。5月25日,民主党派、无党派社会服务活动在安定门街道钟鼓楼文化广场启动,同仁医院、北京医院等5家医院的医务专家20余人为社区居民200余人现场义诊,九三学社东城区委主委何厚夫参加。8月14日,开展知联会理事赴朝阳门街道社会服务活动,理事1人作关于糖尿病的健康饮食之道讲座,医务界、法律界、文化界、教育界专家理事20余人为社区居民200余人提供咨询服务。区领导周永明、颜华参加。8月30日,开展走进海关爱国主义教育主题实践活动,周永明、颜华及理事52人参加。10月12日,召开无党派人士养老问题议政沙龙会,周永明、颜华及理事20余人参加,交流畅谈养老问题。11月1日,举办"展示古都风采·传承非遗文化"百工坊首届民间传统文化艺术节暨"走进京城百工坊·体验民间传统文化活动",探寻传统手工技艺独特魅力,理事20人参加。年内,协调相关部门,为知联会落实秘书处办公场所,划拨工作经费15万元,增加行政编制2人,配备副科级领导职数1人。 (王蕊)

【纪念发布五一口号65周年】 4月27日,召开统一战线纪念中共中央发布"五一口号"(1948年中共中央发布纪念五一劳动节口号23条。其中第5条是号召"各民主党派、各人民团体、各社会贤达迅速召开政治协商会议,讨论并实现召集人民代表大会,成立民主联合政府")65周年座谈会。民主党派、无党派代表人士5人作交流发言。区领导杨柳荫出席并讲话,冯熙、周永明、毛炯等出席,各民主党派、无党派代表人士,统战系统各单位负责人,教工委、卫生局、国资委及各街道工委书记100余人参加。 (王蕊)

【通教寺举行法师升座仪式】 4月28日,通教寺举行思智法师升座暨佛像开光法会。市政协副主席赵文芝,区领导徐鸿达、王红出席,市、区相关部门领导及中国佛教协会会长传印长老和900余名信众参加。区领导谢世龙、周永明现场指挥,区相关部门密切配合,活动顺利完成。 (王蕊)

【协商通报会】 5月17日,召开党派团体区情通报会,向各民主党派成员,知联会、海联会部分理事通报王府井地区经济发展情况和全区社会建设工作现状、存在问题及规划。7月15日,召开民主党派团体协商会,各民主党派、无党派代表人士及区工商联、侨联负责人协商《中共东城区委十一届五次全会上的报告》(征求意见稿),区领导杨柳荫等出席。7月30日,召开党派团体通报会。通报和探讨全区上半年经济社会发展情况、下半年工作思路以及目前制约经济社会发展的困难和问题。各民主党派、无党派人士110人参加。11月15日,召开党外人士党风廉政工作情况通报会,区领导周永明主持会议,夏树军通报反腐倡廉工作在作风建设、纪律建设、反腐倡廉宣传教育和廉政文化建设、廉政风险防控三个体系建设、严肃查处违纪违法案件工作以及纪检干部队伍建设等情况,区政协副主席、民革区委主委姚卫海,区政协副主席、民盟区委主委王钢等5人作交流发言。各民主党派负责人、无党派人士、非公经济和宗教界代表人士60余人参加。12月5日,召开党派团体协商会,协商政协东城区第十三届委员会有关人事安排。区领导杨柳荫、周永明出席。各民主党派、无党派代表人士、各人民团体负责人参会。12月19日,召开协商通报会,协商通报有关人事安排、《中共东城区委十一届六次全会上的报告》(征求意见稿)和《东城区政府工作报告》(征求意见稿)。区领导杨柳荫、张家明等出席,各民主党派、工商联负责人及无党派代表人士参加。(王蕊)

【规范民主党派经费使用】 5月22日,召开民主党派办公经费工作座谈会,学习传达中共中央关于改进工作作风、密切联系群众的八项规定精神,重申财务工作制度,要求各党派区委科学、合理、规范使用经费。各民主党派区委副主委、财务人员16人参加。 (王蕊)

【民族团结宣传月活动】 5月,以"加强民族团结,建设美丽东城"为主题,开展"5.6"民族团结宣传月活动。统一制作展板64块,在各街道行政服务大厅及相关居民社区进行半年巡展,宣传"各民族共同团结奋斗、共同繁荣发展"的民族工作主题;同时,各街道组织辖区居民参加民族文艺汇演、知识讲座、食品品尝以及民族传统体育比赛等特色活动。(王蕊)

【探索党外代表人士教育培养机制】 6月7日,区领导周永明率区委统战部领导班子到区社会主义学院开展调研,听取区社会主义学院基本情况及重点工作,双方交流如何发挥区社会主义学院服务社会的作用、开展党外代表人士秋季开班典礼相关事宜以及如何开展各种类型培训工作。7月5日,召开民主党派人士培训工作座谈会,探讨加强民主党派代表人士思想政治理论培训、丰富培训形式内容、提供师资及场地支持等问题。区委统战部常务副部长、区社会主义学院常务副院长及8个民主党派专职(常务)副主委参加。 (王蕊)

【教育培训】 7月18~19日,举办民主党派、无党派后备骨干培训班。培训班详细解读中国梦,作多党合作理论与实践报告,邀请党派老主委2人畅谈与中国共产党同心同德、合作共事的切身体会。区领导周永明出席,各民主党派、无党派后备骨干成员120余人参加。9月12~13日,举办民族宗教暨专项治理工作培训班。培训班通报民族宗教工作领导小组成员单位调整情况,并结合全市专项治理工作形势、背景、任务作专题培训,和平里街道、朝阳门街道、崇文门外街道结合主题作交流发言。周永明出席并讲话,区民族宗教工作领导小组32个成员单位主管领导及17个街道办事处民族宗教专职干部60人参加。9月16~17日,举办党外代表人士学习班暨社会主义学院秋季开班典礼。周永明作开班动员,培训班作中国梦与中国特色社会主义道路、中国政党制度、领导科学与领导艺术、领导干部心理调适等讲座。各民主党派、无党派、工商联、侨联、宗教团体、知联会、海联会主要负责人及领导班子成员130余人参加。9月23~26日,组织党外代表人士赴陕西进行爱国主义教育和革命传统教育,中共陕西省委党校党史教研部主任作弘扬延安精神,坚定理想信念专题辅导,并在5个革命旧址现场教学,诠释延安精神。10月21~25日,首次举办党外中青年干部培训班。周永明作开班动员,区委组织部、统战部、区人力资源和社会保障局、社会主义学院相关领导及党外中青年干部46人参加。10月22~23日,与区政协、区民宗侨办联合举办宗教界代表人士学习班,区领导周永明、王佩立、颜华出席,各宗教团体、宗教活动场所主要负责人、宗教教职人员80人参加。 (王蕊)

【学习十八届三中全会精神】 12月6日,举办东城区统一战线学习贯彻十八届三中全会精神报告会,邀请中国发展战略学研究会特约研究员作专题报告,区领导周永明出席,各民主党派、无党派、民族宗教界、非公经济界、侨界代表人士,统战系统各单位负责人,各街道主管领导及统战系统全体干部400人参加。 (王蕊)

【知联会一届二次全会】 12月30日召开。会议通过增补12名知联会理事,通报全年工作,传达《北京市无党派人士坚持和发展中国特色社会主义学习实践活动方案》。区领导周永明、知联会名誉会长金毓嶂、会长颜华出席,市、区委统战部相关领导及70余名理事参加。 (王蕊)

【网格化统战工作】 年内,全区589个网格中,除77个公园、军队、重要国家机关网格外,为其余512个网格配备网格统战联络员。网格化系统平台正式运行后,全区统战联络员开展各类统战服务4459次,收集报送统战人士各类信息1.39万条。 (王蕊)

对台工作

【概况】 中共东城区委台湾工作办公室、东城区人民政府台湾事务办公室(简称区台办)是区委、区政府主管对台工作的职能部门,与区委统战部合署办公,承担组织、指导、管理、协调有关对台工作职能。

年内,全区对台工作以邓小平理论和"三个代表"重要思想为指导,学习十八届三中全会精神,贯彻中央对台工作大政方针,把握两岸和平发展主题,着力对台交往交流和台湾文化商务区专项工作,立足"首都文化中心区、世界城市窗口区"地区定位,本着把争取台湾民心的工作真正贯穿到各项对台政策和举措之中的工作精神,以实施四年规划为切入点,将对台工作落在实处,与区各项工作相结合,发挥资源优势,深入岛内,增强对台工作实效。

单位地址:东城区天坛东路13号天坛体育中心院内5号楼

联系电话:64069079 邮政编码:100050 (周薇)

【台盟中央领导走访台资企业】 1月16日,全国政协副主席、台盟中央主席林文漪走访台资企业天福茗茶,林文漪代表台盟中央向台资企业负责人和全体员工表达新春问候和台盟中央一如既往地支持台资企业在大陆投资兴业的意愿,区领导杨柳荫陪同。 (周薇)

【台湾映像魅力展主题活动】 春节期间,在27届地坛庙会上第二次以台湾映像魅力展主题活动的形式在指定区域内,由台湾经营者集中展销台湾货品。活动在展示内容方面比上年增加台湾漂流木文化艺术团歌舞表演,节目以展现台湾少数民族族群风貌为主。活动得到全国40余家新闻媒体关注,先后报道相关信息2030篇,央视《新闻联播》、北京卫视《特别关注》都对活动予以报道,为春节庙会增加台湾元素。为激发台商参与地方事务积极性,区台办在魅力展活动中引入顶新公益基金会20万元基金,为主题活动提供支持。 (周薇)

【参加第二届高雄灯会艺术节】 2月22~26日,组织区便宜坊、东来顺、吴裕泰、白魁老号、隆福寺小吃、北京珐琅厂(景泰蓝)、北京工美集团、盛锡福帽业、金漆镶嵌、信远斋等32个老字号企业赴高雄参加第二届高雄灯会艺术节暨北京特色周为期5天的展卖。副区长陈之常率队并出席活动开幕式。老字号参展企业销售额达30万元(人民币),正宗的特色商品和民俗文化,受到当地民众欢迎。北京电视台记者全程随行报道活动情况,几十家新闻媒体报道信息1万余条(篇)。北京卫视《特别关注》播出活动专辑。便宜坊烤鸭集团与高雄河边餐饮机构继2011年签署《关于共同组建都一处(台湾)股份公司的合作意向书》后,在活动中深入接触,洽谈双方开展具体合作事宜;红桥集团与高雄琥珀传奇艺品有限公司签署相互合作意向合约。 (周薇)

【区委对台工作领导小组会】 5月30日在区委、区政府1号院召开。会上,区台办与区社会工委联合下发《关于涉台宣传工作进社区工作方案》;宣布区对台工作领导小组成员调整情况,重点通报《北京市东城区对台工作规划纲要(2013—2016年)》制定情况。区对台工作领导小组组长杨柳荫在讲话中对上年区对台工作给予肯定,对如何做好新形势下的对台工作提出意见:加强对台工作组织领导。深化对台工作重要性认识,增强做好对台工作的使命感和责任感;树立对台工作全员意识,推进对台工作再上新台阶。 (周薇)

【民俗风情剪纸艺术展】 8月16日,民俗风情剪纸艺术展活动启动仪式在台湾会馆举行。国台办交流局、市台办、区委、区政府等相关领导出席启动仪式。年内,组织北京、山西、陕西、内蒙古、甘肃等地剪纸艺术家6人赴台采风,创作富含宝岛风情的剪纸作品,在北京、台北两地相继展出,增进两岸人民交流互动,共同弘扬中华文化。 (周薇)

【台商及台湾文化商务区专项工作】 十一期间,组织举办为期5天的"北京·高雄特色周",与高雄方面互动,北京电视台、北京电台、《京华时报》《北京晚报》、中国台湾网、千龙网等多家媒体对活动予以报道，提升活动影响力及前门台湾文化商务区知名度。年内，举办多种涉台活动，提高商务区知名度，打造“台湾夜市”品牌。（周薇）

【便宜坊与高雄河边餐饮签约】 11月27日，北京便宜坊集团与台湾高雄河边餐饮集团就在高雄开设便宜坊分店一事正式达成协议，签约仪式在台北晶华酒店举行，区委领导周永明出席。（周薇）

【涉台宣传教育】 年内，走访兄弟区县台办，吸取涉台宣传工作经验；挖掘东城资源，部署涉台宣传进社区工作，结合区社区党建“三级联创”活动及“五个好”街道工委统战工作考核评价相关标准，与区委社会工委研究制定《关于在街道系统开展涉台宣传的工作方案（试行）》，深入基层，开展涉台宣传教育工作；召开街道系统涉台宣传工作交流会，市台办副主任高振生、区领导周永明出席并讲话。（周薇）

【对台交往交流工作】 年内，组织办理30个公务赴台团组入岛交流，与岛内业界开展社区、城市建设、环境保护、文化、财务税收、经贸等方面交流座谈活动。全年审核赴台人员144批1306人次。（周薇）

【培训工作】 年内，召开对台工作培训会议，邀请国台办政党局局长贺之军围绕“十八大”报告中关于对台工作的论述作专题报告。召开全区对台干部涉台宣传工作培训班会，邀请国台办新闻局副局长范丽青作涉台宣传工作如何开展专题报告。举办台海形势与对台工作专题报告会，邀请国台办研究局副局长张黎宏授课，区委、区政府理论学习中心组成员、全区各单位正处职以上领导干部，各委办局宣传工作主管领导，各街道理论学习中心组成员，各单位理论学习中心组秘书等400余人参加。（周薇）

【调研及信息】 年内，完成《东城区中小学对台交流现状及存在的问题》调研报告1篇；向市台办报送信息84篇。其中活动类信息30篇，专题工作类信息25篇，调研分析类信息10篇，通讯报道类19篇。中国台湾网刊载东城信息25篇，其中1篇被评为优秀稿件，市台办政务网刊载东城信息49篇。（周薇）

政策研究

【概况】 中共东城区委研究室（简称区委研究室）是区委综合性政策研究部门，是为区委科学决策和工作服务的参谋机构。机关行政编制13名。内设办公室、调研科、文稿科。

年内，加大调查研究工作力度，提升文稿写作质量和水平，打造学习型党组织、文明和谐机关。组织召开或联系、参加多项专题调研会、座谈会、协调会、论证会及其他形式的调研活动20余次，完成各类文稿撰写及修改120余篇约70余万字；编发《东城调研》12期、《调研工作动态》47期；加强与国务院发展研究中心、中国社会科学院、党建研究会、《前线》杂志社以及市委研究室、北京市社科院、首都社会经济发展研究所等相关单位的业务交往，为区委、区政府科学决策和推动工作提供参谋服务和智力支持。

单位地址：东城区钱粮胡同3号

联系电话：64031118－3201　邮政编码：100010　（闫喆）

【调研课题统筹】 年初，制定并经区委常委会审议通过《2013年东城区调查研究工作要点》，确定33个区级重点课题，153个区委关注课题。其中区领导杨柳荫《关于加强城市精细化管理的研究》、牛青山《坚持以文化为导向，以融合为路径，加快区域产业结构优化升级，促进东城区经济高端化发展》课题，被列为市委重点关注课题。（闫喆）

【调研干部培训班】 3月26日在区委党校举办。邀请北京市委研究室副主任作“道、术、器”的文稿写作讲座，邀请北京市委研究室经济处处长介绍首都发展历程、辉煌成就、阶段性特征和未来战略部署。总体部署全区调查研究工作，明确调研工作开展需要准确把握的3点即：找准结合点、把握规律性、做个有心人。全区各单位负责调研工作主管领导和专、兼职干部170余人参加。编辑整理《2012年东城区调查研究重点课题汇编》《2012年东城区调查研究关注课题》并下发各单位，供学习参考。（闫喆）

【开展调研活动】 4月17日，围绕城市管理精细化及社会服务管理创新工作中自行车摆放、胡同单停单行、门前管理责任制、街道环境绿化美化等方面到东花市街道调研。4月27日，到区环卫二中心调研环境卫生、街巷保洁、垃圾分类、清运、街巷打扫权责归属等问题。5月23日，对胡同单停单行、重点片区整治、平房保护区精细化管理、“两网融合”工作进展等调研。5月21日市委研究室联络处到交道口街道和5月30日市委研究室综合处到朝阳门街道史家社区，开展首都功能核心区旧城文保区居民居住生活环境改善问题专项调研，了解文保街区保护现状、居民疏解状况和生活环境改善等问题。9月27日，首都社会经济发展研究所到区调研基础设施、绿化、交通疏堵等城市管理问题。10月16日协助北京市委研究室联系东城区规划分局等8家单位和11月21日联系北新桥和永外2个街道，参加《古都风貌保护》课题东城区专场座谈会。12月26日，北京决策咨询中心就《中关村示范区“一区十六园”行政区与功能区统筹协调发展问题研究》市级调研课题，到雍和园管委会开展调研。（闫喆）

【起草下发调查研究文件】 4月，起草《关于加强东城区领导干部调查研究工作的意见》，5月8日，提交东城区委常委会讨论并通过。向全区发文贯彻执行。（闫喆）

【起草区委重要文稿】 完成中共东城区委十一届五次、六次全会报告、区委领导班子工作总结、区委常委会工作要点等重要文稿。起草东城区向市领导郭金龙、王安顺汇报公共安全和服务保障工作情况，向市委检查组汇报关于东城区贯彻落实党风廉政建设责任制推进惩防体系建设情况，区委、区政府民主生活会区委班子对照检查材料,区委关于落实市委第一巡视组巡视工作建议的整改方案。围绕贯彻中央八项规定、市委巡视组到区巡视、学习习近平总书记讲话、党的群众路线教育实践活动、城市管理精细化等中心工作起草工作汇报及典型发言。(闫喆)

【调研报告、理论文章发表】 区领导杨柳荫调研课题《关于加快东城区文化经济发展的研究》一文在《北京调研》第3期、《中国城乡一体化发展报告北京卷(2012—2013)》上刊登,杨柳荫撰写的《把东城建成国际知名中心城区》在《前线》第1期上刊登;区领导牛青山调研课题《东城平房区居民住房困难问题研究》在《中国城乡一体化发展报告北京卷(2012—2013)》上刊登;区领导徐鸿达、王红调研课题《健全实有人口体系　提升东城区社会服务管理精细化水平》在《工作研究》特刊第3期刊登;区领导夏树军调研课题《关于廉政风险防控"三个体系"建设的实践与思考》在《工作研究》特刊第6期上刊登;区领导毛炯撰写的《以科学化为引领　开展主题实践活动》在《北京工作》第3期上刊登;区领导徐熙调研课题《关于创新东城区经济监测调控机制的几点思考》在《工作研究》特刊第2期上刊登;区领导颜华调研课题《国家中医药发展综合改革试验区建设调研报告》在《北京调研》第11期、《2013北京健康城市建设研究报告》上刊登;区领导王佩立调研课题《对东城区法制宣传教育工作的调研和建议》在《工作研究》特刊第4期上刊登;区环保局局长调研课题《立足绿色北京建设,做好环境保护工作》在《工作研究》特刊第1期上刊登;区民政局局长调研课题《量化居家养老分析　创新为老服务途径》在《工作研究》特刊第3期刊登;区综治办主任调研课题《天坛街道加强流动人口自治组织建设》在《北京调研》第6期上刊登;区司法局局长调研课题《紧密结合律师行业实际和特点全面推进律师行业党建科学化水平》在《北京调研》第4期上刊登;东花市街道办事处撰写的《东花市街道环境建设工作成效显著》在《北京调研》第1期上刊登;区委研究室主任撰写的《完善网格化管理"东城模式"打造和谐宜居"品质之城"》在《东城宣传》"'领导干部行动学习走基层'活动调研成果交流展示"专刊上刊登。(闫喆)

老干部工作

【概况】 中共东城区委老干部局(简称区委老干部局)是负责指导管理区离休干部、处级(含)以上退休干部工作的区委职能部门。内设办公室、调研科、政治待遇科、生活待遇科、宣传科、企管科;下设东城区老干部活动一中心和活动二中心(正科级参公事业单位)。公务员17人,机关工勤2人;参公人员34人,事业工勤4人。全区离退休干部3175人,其中离休干部1251人,易地安置离休干部89人,副处级以上退休干部1835人。

年内,围绕老干部工作组织体系、需求体系、服务体系、资源体系和品牌体系建设,召开区年度老干部工作会议,部署老干部工作。加强调查研究,不断探索创新,将《东城区老干部工作领导责任制》列入东城区社区党的建设"三级联创"(区级、街道工委、社区党组织)活动"五个好"(领导班子好、党员队伍好、工作机制好、工作业绩好、群众反映好)街道工委考核评价办法,在"三级联创"评价体系中明确老干部工作标准,实现区街道系统老干部工作与党建工作同规划、同部署、同考核。加强老干部思想政治建设和党支部建设,落实老干部政治待遇和生活待遇,发挥老干部作用,各项工作取得新成效。

单位地址:东城区府学胡同37号

联系电话:64040221　邮政编码:100007　(刘建国)

【老干部座谈会】 1月18日,召开区第二十六次老干部座谈会。牛青山主持。会上,杨柳荫通报区经济社会发展情况,介绍全年重点工作任务和目标并对老干部工作提出新要求。传达市第二十六次老干部座谈会精神,回顾总结上年区老干部工作,安排部署年度工作任务。区卫生局和龙潭街道光明社区及离休干部先进典型代表作交流发言。区领导冯熙、徐鸿达等及区委老干部工作领导小组成员、原区级四套班子老领导、离退休干部党支部书记、各单位主管老干部工作领导和老干部工作人员300余人参加。(刘建国)

【老干部关怀工作】 春节、十一举办老干部新春团拜会、新老区级领导联谊会。走访慰问离退休干部480余人。为全区65岁以下处级退休干部办理区属公园年票。5月2日至9月15日,组织全区离退休干部1717人在众爱朗生、博惠体检中心健康体检。增加血流变、颈动脉彩超、糖类抗原CA19－9项目检查。8月21日,举办健康知识讲座。北京护国寺中医院内科主任针对老干部体检结果作老年慢性病防治及日常保健辅导,离退休干部200余人参加。8月23日,北京东直门中医院教授作颈椎健康知识讲座。9月2日,组织专业安装公司上门为离休干部家庭安装无障碍设施,方便离休干部高龄居家养老。为特困离休干部发放困难补助4万余元,为全区80岁以上、异地安置和配偶无工作离休干部发放两节慰问金45万余元。(刘建国)

【调研工作】 1月23日,召开老干部工作研讨会。围绕构建网格化、区域化老干部工作模式;发挥老干部思想阵地、培训阵地、精神家园、养生乐园作用;加强分类指导,实现分类管理和服务;抓好康乐性和赛事型老干部文化活动等进行研讨。5月17日,召开调研课题推进会,课题组成员围绕"网格化、区域化老干部工作模式调查与思考"调研课题进行深入交流讨论。8月26日,市老干部局局长薛菡等一行到局调研,征求市局开展党的群众路线教育实践活动意见。观看区老干部工作专题片,听取工作汇报,并就离休干部高龄养老,退休干部服务管理,利用社会资源、社区资源做好服务管理等问题进行交流。11月上旬,经过调研、召开座谈会、问卷调查等,完成《东城区网格化、区域化老干部工作模式调查与思考》年度调研报告。11月29日,市老干部局到区调研交流老干部工作领导责任制贯彻落实情况、经验与成效、下年工作思路等。市老干部局、房山区老干部局有关负责人参加。12月5日,内蒙古自治区乌兰察布市集宁区考察团一行10人到

局参观考察并进行业务工作交流。（刘建国）

【老干部党支部建设】 3月1日，召开离退休干部党支部书记代表座谈会。研讨《关于2013年全区离退休干部理论学习的意见》。3月11日，召开街道工作会，成立老党员先锋队，安排部署离退休干部理论学习等工作。5月17日，在和平里街道地坛社区召开座谈会。调研老党员先锋队、老干部党校社区课堂等工作开展情况。兴化、东河沿、人定湖等7个社区负责人参加。5月21～24日，区部分局级老干部和离退休党支部书记参加市老干部党校举办的读书班、学习班。参观园博园、中关村国家自主创新示范区展示中心。6月3～4日，举办区退休老干部党支部书记学习班。区委社会工委书记作区社会建设方面情况通报，讲解网格化社会管理模式发展现状和未来工作思路。"十八大"精神宣讲团成员现场宣讲。观看《我国当前经济形势》辅导光盘。离退休干部党支部书记、理论骨干200余人参加。12月27日，召开离退休干部党支部联席会议。会上，学习《北京市关于做好离退休党员参加党的群众路线教育实践活动工作的通知》文件精神，总结交流离退休干部党支部工作情况，围绕下年加强和改进"两项建设"(离退休干部思想政治建设、离退休干部党支部建设)开展理论学习和主题活动等工作进行研讨。离退休干部党支部联席会成员14人参加。（刘建国）

【思想政治建设】 3月5日，组织离退休干部和在职工作人员集中收看十二届全国人大一次会议开幕式实况。学习政府工作报告和全国老干部局长会议、区委工作会议及《"智慧东城"行动计划》精神。3月26日，区老干部读书会举办钓鱼岛问题及中国国防战略辅导讲座。100余名老干部观看学习辅导报告光盘。4月16日，区老干部读书会举办学习"十八大"报告辅导讲座，80余名读书会成员收看辅导光盘。11月28日，区老干部思想政治工作研究会围绕学习贯彻十八届三中全会精神及下年思政会重点工作进行座谈研讨。年内，以学习贯彻"十八大"和十八届三中全会精神为重点，定期组织区老干部读书会、老干部理论小组、老干部思政会学习活动，为全区离退休党支部、离退休干部及老干部工作人员购买下发《中共中央关于全面深化改革若干重大问题的决定》单行本、学习辅导读本及辅导百问等学习资料。（刘建国）

【十八大精神宣讲团】 3月15日，召开老干部学习"十八大"精神宣讲团东城分团培训会。会上，介绍老干部学习"十八大"精神宣讲团情况和市老干部局要求，老干部宣讲团成员7人结合自身学习体会及亲身经历，讲述服务社区、奉献社会的先进事迹，表达对"十八大"的赞颂和对实现中国梦的期待。区委宣传部副部长结合市、区要求，点评宣讲重点、宣讲技巧。3月27日，宣讲团为东直门街道新中西里社区老党员70余人宣讲。4月17日，宣讲团走进崇文门外街道为老干部80余人宣讲。5月9日，宣讲团成员走进东直门街道为机关在职干部、离退休老干部70余人宣讲。6月10日，宣讲团成员为市第六医院离退休干部作题为晚年生活幸福梦宣讲。宣讲团深入市区机关、社区为1000余人现场宣讲。（刘建国）

【队伍建设】 3月20日，邀请北京师范大学文学院教授作《传统文化与现代服务管理》专题讲座。区各单位老干部工作主管领导、工作人员220余人参加。10月15日，邀请原北京急救中心资深急救专家进行急救知识专题培训，全区各单位老干部工作人员140人参加。（刘建国）

【老干部发挥作用】 4月26日，区老干部活动中心管乐队参加民政部在和平里街道、景山街道举办的北京市"关爱老人　从头开始"大型公益演出。7月26日，老干部书画组到体育馆路街道法华寺南里社区，将23幅创作书画作品赠送给社区居民。9月16日，携带43幅创作书画作品与北新桥街道北新仓社区共同举办为期3天的文化进社区暨迎国庆书画展活动。9月25日，联合区机关工委举办"喜迎国庆节　共筑中国梦"老少同堂文艺演出。区领导金晖，区妇联、教工委、文明办有关领导出席。区离退休干部代表及中小学师生代表100余人参加。十一前夕，老干部活动队组以庆重阳展风采为主题，举办文艺演出。（刘建国）

【形势报告会】 5月31日，举办老干部专题报告会。会上，邀请北京大学教授详细解读"中国梦"提出的3个前提、5个背景及中国梦主要内容、实现途径和重要意义。区老干部和老干部工作人员近300人参加。11月27日，举办老干部学习贯彻十八届三中全会精神专题报告会。会上，北京市委讲师团成员、国家行政学院教授就十八届三中全会关于全面深化改革若干重大问题的决定中提出的新观点、新论断，从管理走向治理、从政府刚性到市场柔性、从主导走向协商3个方面，对全面深化改革的指导思想、总体目标任务和重大举措作深刻阐述；对当前普遍关注的政府定位，释放社会活力、参与服务，公共管理新空间、国家社会长治久安等热点问题作解读。全区离退休干部和老干部工作人员近300人参加。（刘建国）

【舆情信息】 6月6日，召开老干部舆情信息和工作动态汇集分析联席会。对上月老干部舆情情况进行分析、研判。东花市街道、北新桥街道介绍开展老干部舆情信息工作经验与心得，17家联席会成员单位信息员参加。11月14日，完成并上报十八届三中全会老干部舆情分析报告，汇总老干部关注的党风廉政和民生方面热点问题，反映老干部对改革发展的新期盼。年内，建立区老干部舆情信息联席会议制度，了解掌握老干部思想动态及活动情况。（刘建国）

【办好《东城老干部》报】 6月8日，召开《东城老干部》报撰稿人培训会。区新闻中心讲解新闻、消息写作方法及文稿采编、摄影拍摄技巧等。老干部、通讯员代表40余人参加。8月27日，召开《东城老干部》报研讨会。学习贯彻落实习近平总书记在全国宣传思想工作会议上重要讲话精神，明确办好《东城老干部》报工作思路、标准及措施，提高办报质量。11月19日，召开《东城老干部》报评刊会。总结年度《东城老干部》报编稿发行情况，邀请老干部评刊员7人座谈。在版面设计策划、贴近老干部生活、增强可读性等方面提出改

进意见。　　(刘建国)

【离退休干部服务工作】　8月28～30日,举办利用社区资源做好离退休干部服务工作培训班。会上,市老干部局副巡视员刘冰作深入学习领会老干部在社区就近学习、就近活动、就近发挥作用、就近得到关心照顾(简称"四就近")的政策规定,以及全面推进本市"四就近"工作深入发展辅导讲座。参观清华园街道老年服务设施、活动项目、老年大学及为老服务信息化平台。各街道老干部工作主管领导、工作人员49人参加。10月22日,与区委社会工委联合召开利用社区资源做好离退休干部服务工作会。刘冰作利用社区资源做好离退休干部服务工作的相关政策、形势及存在问题、发展思路专题辅导。各街道老干部工作者及社区党委书记210人参加。12月11日,召开利用社区资源做好离退休干部服务工作交流会。会上,东四街道七条社区、永外街道李村社区发言,介绍社区老党员先锋队发挥作用情况,交流社区老干部"四就近"工作经验体会。刘冰到会并讲解《北京市利用社区资源做好离退休干部服务工作示范社区标准》。17个街道老干部工作人员,25个示范社区书记及老党员先锋队成员60余人参加。　　(刘建国)

【养心康乐室】　9月12日,区老干部活动中心开设老干部养心康乐室。养心康乐室分为放松减压训练区、心理科普健身区、心理调试咨询区3个区域5个项目。针对离退休干部在职业生涯、人际关系、家庭角色与社会角色等方面发生转换所引起的心理变化,以及老龄心理特点,从心理测评、心理辅导、心理放松、心理疏导等基本方面入手,引导离退休干部操作使用相关设备,正确认知退休过渡期和退休后心理特征,了解心理调适、放松等基本方法,受到离退休干部欢迎。《中国老年报》《北京老干部》等报刊给予刊载。　　(刘建国)

【主题实践活动】　围绕学习贯彻"十八大"共建小康乐晚年、同心共筑中国梦主题,拍摄"爱洒桑榆秀　情暖夕阳红"老干部工作专题片,结合重要节庆日开展系列文体活动。　　(刘建国)

【老干部队组设置】　区老干部活动中心有活动队、组43个,短期培训班11个,年均接待老干部近6万人次,成为老干部学习、健身和发挥作用的重要阵地。全区17个街道组建老党员先锋队72支,老干部800余人参与其中。与区委社会工委联合选聘老党员139人为非公经济组织党建工作指导员。北京电视台新闻节目专门进行报道。　　(刘建国)

保密工作

【概况】　中共东城区委保密委员会办公室(简称区委保密办)挂北京市东城区国家保密局(简称区保密局)牌子,由中共北京市东城区委办公室管理。区委保密办(区保密局)是中共北京市东城区委保密委员会的办事机构,同时又是东城区负责行政区域内保守国家秘密工作的职能部门。内设宣传法规科和技术检查科。在编6人。

年内,坚持"积极防范、突出重点、依法管理"方针,以深化保密宣传教育、推进保密精细管理为主线,强化保密工作体系建设,加强保密技术防护,对区属单位涉密计算机集中安装保密技术防护系统,增强保密局自身建设,召开区委保密委全会,开展保密工作"调查研究年"、保密法宣传季、保密干部全员培训、保密工作普查等重点工作,取得较好工作成绩。

单位地址:东城区育群胡同1号

联系电话:64031118转8522　邮政编码:100010　　(王景波)

【保密宣传教育】　年初,全区征订《保密工作》杂志248套。逐步建立保密宣传教育数据库,收集整理保密制度规范、警示案例、格言警句、测验试题、动漫图画5类近1000条宣教资料;编辑印发《东城保密工作》刊物3期;以保密防范技术常识为主题,更新宣教内容11期;将公务员门户网站保密提醒变更为答题式提醒,开通手机短信宣教平台。11月,组织保密干部专题座谈会,了解需求,听取意见,完善工作。全年采购、发放《中华人民共和国保守国家秘密法》《惊梦》等保密宣传教育书籍2000余册,设计、印制文件袋、笔记本等保密宣传教育用品5000余份。　　(王景波)

【调整保密委成员】　3月,对区委保密委成员进行调整、增补。调整后,保密委成员28名,主任由区委常委、常务副区长徐熙和区委常委、区委办公室主任毛炯担任,副主任由区委办公室常务副主任、区委保密办主任和区政府办公室主任担任,成员由区委组织部、区委政法委、区武装部等24家保密工作重点单位主管领导组成。　　(王景波)

【区委保密委会议】　4月2日召开。毛炯主持,徐熙出席并讲话。会议传达中央政治局委员、中央保密委主任栗战书在中央保密委员会全体会议上讲话精神和市委保密委员会会议主要精神;总结上年保密工作情况,审议并通过《中共北京市东城区委保密委员会2013年工作要点》,部署年度工作任务。徐熙对上年工作给予肯定,从提高认识、精细管理、强化领导三个方面提出保密工作要求。区委保密委委员参加会议。　　(王景波)

【保密业务培训】　4月,举办全区党委系统办公室保密机要干部培训会,保密机要干部120余人参加。8月27～30日,分两批举办区保密干部全员培训班。培训按照全国保密干部全员培训指定教材,实行A、B卷分卷考核,为考核合格者颁发结业证书。全区各党政机关、街道、区属企事业单位及区域定点印刷复制、涉密军工企业的保密工作主管领导、科室负责人、保密干部280人参加。策划开展保密宣教"下街道、进社区、入企业"专项活动,全年分别在区委党校、东花市街道、前门街道等单位开展专题讲座5次,为新任处级领导、区事业单位新聘用人员及街道社区党员干部讲解保密知识,500人次参加,发放《惊梦》等保密宣教书籍500册。　　(王景波)

【调查研究年活动】　4月至6月,落实中央、市委保密委关于组织开展保密工作"调查研究年"活动文件精神，在全区范围内开展"深入调研 深化宣教"专项活动。调研采用问卷调查和走访座谈相结合方式，从保密工作基础情况、涉密人员管理、保密宣教内容、宣教方式四个方面对区属112家单位开展摸底调查，分析存在问题，提出工作建议，形成《推进深度宣教 强化队伍建设》专项报告。 （王景波）

【上级检查考核】 6月7日，市国家保密局局长陈静、副局长曹世雷到区高考指挥中心巡查高考期间安全保密工作，区长牛青山介绍区高考期间安全保密工作情况。陈静等领导在听取相关情况汇报后，对区教育考试中心保密室周边环境进行现场检查，通过远程电子巡查系统对13个考点进行查看。8月22日，市国家保密局检查处处长带队对区政府信息公开进行专项检查，听取政府信息公开工作专题汇报，查看信息公开工作基础资料、工作流程。8月26日，国家保密局测评中心副主任谭辉带队到区发改委进行保密工作检查，实地查看区发改委保密制度建设、涉密人员管理等相关资料，检查涉密计算机、非涉密计算机使用情况。市国家保密局副局长刘建华等陪同。10月17日，市国家保密局副局长许新文带队到区进行"六五"保密法制宣传工作中期督导检查，查阅保密法制宣传教育活动基础资料，听取"六五"普法期间工作汇报。 （王景波）

【保密监督检查】 6月至7月，联合区教委开展中考保密检查，保障中考保密安全。7月，通过书面审查和现场检查，完成5家定点复制单位资格年审，促进定点复制单位加强保密工作。受理1家企业提交军工保密资格申请，并给予业务指导。履行监督检查职能，开展涉密网络保密检查；规范政府信息公开保密审查，对全区80家政府信息公开单位进行专项检查。加强日常保密检查，对区属单位涉密计算机、非涉密计算机进行检查。修订完善网页巡查工作办法，全年巡查数字东城网站2280页次。 （王景波）

【保密法宣传教育】 8月至10月，举办"践行保密法 护航中国梦"保密法宣传季"1+10"系列活动，以保密干部全员培训为主体，以知识竞答、主题征文、网络宣教、宣传挂图社区巡展、警示教育光盘展播等10项活动为辅助。开展多种形式宣传教育活动，纪念保密法修订颁布实施3周年，活动期间，受众近万人。9月，开展"践行保密法 护航中国梦"主题征文活动，收到征文131篇，评出优秀作品20篇，10家单位获优秀组织奖。 （王景波）

【加强保密管理】 12月9日，区领导毛炯在区级领导务虚会上就保密工作作专题发言，对加强和改进全区保密工作提出工作意见。年内，强化互联网信息发布保密审查制度建设，下发《关于进一步加强互联网信息发布保密审查制度的通知》，规范互联网信息发布保密审查管理，严格审查程序。

（王景波）

【保密工作会】 12月30日召开。传达上级文件精神，通报年度保密工作情况，对有关保密工作进行部署，提出工作要求。全区各单位保密工作主管领导、保密干部280余人参加。 （王景波）

【网络安全保密审核】 加强政务信息系统使用保密审核，做好对区政务外网用户接入、政务信息系统用户变更、数字证书开通、电子政务用户变更等有关项目的保密审核。对全区互联网用户实行"只减不增"。全年审核政务外网用户接入、电子政务用户变更6317人次。 （王景波）

【文件销毁】 组织区属单位开展文件资料集中清理销毁2次。指定专人将待销毁文件材料押运至定点销毁单位实施监销。销毁涉密文件、内部文件材料15.80吨。 （王景波）

社会建设

【概况】 中共北京市东城区委社会工作委员会（简称区委社会工委）和北京市东城区社会建设工作办公室（简称区社会办），是一个机构两块牌子。区委社会工委是负责区社会建设工作的区委派出机构，列入区委机构序列。区社会办是负责区社会建设工作的区政府工作部门。委（办）内设5个职能科室：办公室（纪检监察科）、党建工作科、社区建设科、社会工作队伍管理科和社会组织工作科，在编25人。

年内，区委社会工委（区社会办）围绕全区中心工作，开展社会建设调研走访活动，深化网格化社会服务管理模式，以创新精神引领全区社会建设各项重点工作，在社区规范化建设、一刻钟社区服务圈、社会工作人才队伍建设和志愿者工作、政府购买社会组织服务工作以及社会领域党建等方面取得新进展。

单位地址：东城区什锦花园胡同23号

联系电话：64031118 8748 邮政编码：100007 （曹俊仙）

【社会服务管理创新工作】 1月15日，深圳市南山区考察团到区东花市街道社会服务管理综合指挥分中心、东花市南里社区、区妇联巧娘工作室和建国门街道金宝街商务楼宇工作站考察网格化社会服务管理模式等工作。4月15日，南京市副市级领导、栖霞区区委书记臧正金率考察团到区调研网格化社会服务管理创新工作，先后到区社会服务管理中心、东直门街道社会服务管理分中心和北新桥街道三和老年公寓参观交流，市社会建设领导小组办公室副主任赵小卫、市社会办副主任王丽竹，区领导宋甘澍，以及市、区相关部门负责人陪同。6月27日，区委社会工委（区社会办）向区第十五届人大第十次会议汇报全区网格化社会服务管理创新情况。6月28日，市财政局有关领导和专家8人组成检查组，到区社会服务管理中心、东直门街道东环社区"零距离"服务一条街、和平里街道兴化社区和龙潭街道网格化社会服务管理分中心等地就社会建设专项资金（网格化社会服务管理体系建设）使用情况和效果，实地检查指导，区领导颜华参加。6月至8月，与区行政学院联合开展全区网格化社会服务课题调研，形成《完善社会服务体系 建设"幸福东城"》调研报告。

（曹俊仙）

【社会建设信息化】 1月17日,与区信息办、民政局联合制定下发《关于在全区推进智慧社区建设的实施方案》。3月29日,市委社会工委、市社会办、市民政局相关领导到东华门街道韶九社区调研"智慧社区"建设情况。6月8日,在北新桥街道举行智慧养老建设启动仪式,市社会办副主任王丽竹,副区长汤钦飞出席。8月,完成关于《北京市"十二五"时期社会建设信息化工作规划纲要》以及《北京市"十二五"期间社区信息化建设指导意见》实施情况中期评估报告。10月12日,会同区信息办、民政局召开首批智慧社区试点建设总结验收工作部署会。10月下旬,组织街道完成首批智慧社区试点建设自查验收及星级认定工作。截至年底,全区创建首批智慧社区试点三星级社区48个、二星级社区1个。全年开展全区社会领域党建数据库信息采集工作,采集录入各类数据90余万条。推进商务楼宇网站建设,完成商务楼宇网站服务体系建设提升目标60%。 (曹俊仙)

【社区建设】 1月23~24日,组织街道社区服务工作主管领导和部分社区负责人召开东城区年度社区服务工作座谈会。1月23~25日,区社会办和区民政局联合举办慰问社区工作者电影专场活动。6月17日,召开东城区社区建设工作推进会,具体部署智慧社区试点工作、社区规范化建设、一刻钟社区服务圈建设、基本公共服务全覆盖及社区服务站新标识建设等工作。自6月下旬至9月下旬,组织街道、社区参与北京市第六届魅力社区评选活动,东直门街道东外大街社区获新一届魅力社区称号,永外街道松林里社区获饲养宠物不扰邻单项奖,东花市街道获评选活动组织奖。7月底,完成《东城区"十二五"时期社区建设规划中期评估报告》。7月中旬至8月中旬,牵头全国城市文明程度指数测评考核社会环境组织工作,完成基础台账统计、宣传引导和协调配合问卷调查工作。9月29日,东花市街道社区邻里服务中心正式启动并投入使用,区领导牛青山、汤钦飞,市民政局副局长谢延智,市社工委副巡视员王智玲出席仪式。10月10日,组织街道社区建设主管领导和相关人员,赴朝阳区考察一刻钟社区服务圈和社区规范化建设等工作。10月中旬至12月上旬,对社区规范化建设示范点、一刻钟社区服务圈建设示范点和老旧小区自我服务管理试点等重点项目,开展街道、区级自查工作,并接受市检查组检查验收。截至年底,全区创建市级社区规范化建设示范点26个、老旧小区自我服务管理试点8个、一刻钟社区服务圈示范点51个,全区建成一刻钟社区服务圈覆盖社区总数90%。 (曹俊仙)

【志愿者工作】 2月19日至3月5日,征集志愿服务项目在"志愿北京"网站进行展示并选择优秀项目和团队在"3.5"北京市志愿服务推动日进行推介。5月3~12日,与区文明办组织志愿者观看"五月的雷锋"展览,现场招募志愿者1000余人。6月30日,完成志愿者信息管理系统试点工作,试点期间更新发布志愿者活动信息40余条,调整新增功能7项,派遣志愿者为居民服务5件,发布并完成有组织的志愿服务项目63个。10月1日,组织志愿者130人参加庆祝中华人民共和国成立64周年向人民英雄纪念碑敬献花篮仪式。10月29~30日,牵头组织培训街道、社区志愿者工作负责人全面推广志愿者信息管理系统,全区17个街道、187个社区志愿者工作负责人参加培训。10月,在电子政务理事会、《电子政务》杂志社主办的经验交流大会上,区政府门户网站的志愿者服务专栏获政府网站特色专栏奖。 (曹俊仙)

【社会组织工作】 3月,启动市级购买项目申报,发动全区"枢纽型"社会组织、具有法人资格的社会组织和社区社会组织54家申报67个公共服务项目。5月,完成上年度市级购买服务工作,通过市委社会工委专家综合考评组实地考评验收。5月,区上年度实施的8个市级购买项目吸引143个社会组织共同参与,参与人数1.92万人(次),开展活动1119场(次),发放宣传资料6.41万份,撬动社会资金25.60万元。6月24日,召开市社会建设专项资金购买社会组织服务项目批复会,14个入选项目负责人参加。8月14日,召开街道"枢纽型"社会组织工作体系建设推进部署工作会,前门等4个街道作交流发言。11月13日,召开政府购买社会组织服务工作部署会,8家"枢纽型"社会组织主管领导、17个街道办事处主管主任、相关社会组织负责人参加。12月10日,召开区政府购买社会组织服务工作批复会,针对"枢纽型"社会组织、社区社会组织等52个服务项目批复资金81.50万元。12月24日,召开关于政府购买社会组织服务项目财务管理工作培训会,邀请会计师事务所专家,对入选市政府购买社会组织服务项目财务人员培训。7月,信息《政府购买服务 盘活社会组织 全力服务民生——区社会办开展政府购买服务工作情况》被国务院办公厅采用并编发特刊,实现区年度国办信息"零的突破"。11月,信息《立足社会组织 深化购买服务》再次被国办采用。年内,区35个活动项目入选北京社会组织公益行系列活动,开展活动1273场次、服务居民群众30万人次。 (曹俊仙)

【社会建设调研走访】 4月12日,广东省社工委学习考察团到东华门街道南池子社区、东直门街道清水苑社区学习考察。5月28日,西城区委社会工委就社会建设、网格化社会服务管理创新工作先后到东花市街道社会服务管理分中心、东花市南里社区等实地考察。6月26日,区委社会工委(区社会办)到西城区长安兴融商务楼宇党群服务站、广内街道西便门东里社区等地学习交流商务楼宇党群服务站建设、社区建设情况。7月2日,在区委党校召开"完善社会服务体系,建设幸福东城"课题开题报告会。7月至8月,与区委党校联合对社区服务工作进行实地调研,课题组先后考察北新桥街道民安社区、东花市街道东花市南里社区、东直门街道、和平里街道安德路社区。7月26日,市社会办社区建设处到东华门街道正义路社区、天坛街道天坛南里社区、建国门街道苏州社区考察社区建设重点项目推进情况。10月25日,广东省深圳市宝安区处级领导学习班到东直门街道及清水苑社区参观考察社会服务管理及社区建设工作。11月14日,台南市里长会长联合总会参访团到朝阳门街道史家社区参观交流。11月29日,山东省威海市环翠区区委考察团到东华门街道韶九社区考察社区建设工作。完成《关于社区

"居站"班子绩效考评体系的调查与思考》等调研报告。

（曹俊仙）

【社会领域党建】 4月至10月，开展"中国梦·我的梦"主题教育活动，成立社会领域宣讲团，举办主题宣讲活动。6月，完成商务楼宇"十二五"规划中期任务评估工作。7月，完成《东城区"十二五"时期商务楼宇"五站"建设规划》中期任务评估工作。7月，成立安利（中国）日用品有限公司党委，党组织关系隶属区委社会工委。7月至8月，参加"中国梦"学习教育知识竞赛活动。11月，开展社区党的建设"三级联创"工作。11月28日至12月6日，与区委组织部联合开展"五星级"社区党组织考评工作。加大非公有制企业党组织组建工作力度。年内，完成对总部型非公有制企业党组织管理模式调研、律师行业党建工作专题调研。年内，启动楼宇网络平台需求状况抽样调查，加强商务楼宇网站服务体系规范化建设。对全区20个商务楼宇工作站示范站实施检查验收。

（曹俊仙）

【人才队伍建设】 5月31日，启动购买专业社会工作岗位工作，全年开展小组活动25次、培训和讲座40次、个案访谈38次，提供计划书62份，参与活动和直接服务人群约4000人次。6月3日，举行社区工作者培训班开班仪式，正式启动社区工作者千人培训计划，副区长汤钦飞出席并讲话。培训从6月3～27日分3批进行，每批培训安排授课10讲。邀请专家、学者和经验丰富的社区工作者授课，针对新招录的社区工作者和社区党组织、社区居委会、社区服务站负责人，培训内容涵盖社会建设、社会公共服务与社会管理、社区建设与自治、社区队伍与社会组织建设、社会领域党建等。1500人参加。7月2日至8月28日，对全区社区党组织、居委会等5类组织应配社区工作者职数进行初步核定，将全区社区工作者总数控制在3270人。7月10日，区选派的7名社区工作者被北京城市学院录取，攻读社会工作专业硕士研究生，占全市36名录取人员的五分之一。9月12日至11月16日，组织公开招考社区工作者，录取社区工作者311人补充到社区相关岗位。全区专业社工达到2500人，占常住人口比重保持在2.70‰。

（曹俊仙）

【党员教育管理】 6月5～6日，举办社会领域党组织负责人培训班，全区非公有制企业、社会组织、商务楼宇等社会领域党组织负责人130余人参加。6月7日，开展聘任离退休党员干部党建工作指导员培训班，新聘请离退休党员干部担任的党建工作指导员150人参加。10月21～22日，举办社区党组织负责人培训班，全区社区党组织书记近182人参加。年内，配合区委统战部做好社会领域党组织负责人统战工作二级培训。

（曹俊仙）

【社会动员试点工作】 年内，启动社会动员试点工作，选择交道口街道、龙潭街道在社会动员体制机制建设方面进行探索，选择和平里街道地坛社区、景山街道钟鼓社区、朝阳门街道史家社区，分别在共驻共建、维护社区稳定和志愿者动员等方面进行尝试。

（曹俊仙）

直属机关工委工作

【概况】 中共北京市东城区委区直属机关工作委员会（简称机关工委）是负责区直机关党的建设和思想政治工作的区委派出机构。内设办公室、组织部（纪工委）、宣传部（团工委、工会），有机关行政编制13人。机关工委下设（所属）78个党组织，有党员近1.39万人（其中，在职党员6072人，离退休党员3891人，其他党员3886人）。

年内，机关工委以科学发展观为指导，以提高党建科学化水平为目标，深入学习贯彻"十八大"精神，按照在前列、做表率总体要求，坚持围绕中心，服务大局，发挥党组织战斗堡垒作用和党员先锋模范作用，开创机关党建工作新局面，为推进全区各项事业发展提供思想和组织保证。结合纪念建党92周年，区直机关召开庆七一表彰大会，评选表彰先进党组织40个、优秀共产党员91人、优秀党务工作者95人。

单位地址：东城区钱粮胡同3号

联系电话：64031118－2604　邮政编码：100010

（陈燕燕）

【田径运动会】 5月，举办以"健康生活、快乐工作"为主题的田径运动会。63个机关单位的近3000名党员干部参加51个竞赛项目比赛，区法院、地税局、检察院、质监局、城管执法监察局、区委宣传部、环保局、国土局获团体总分前8名。杨柳荫、冯熙等区四套班子有关领导参加运动会开幕式，并参与竞赛项目。

（陈燕燕）

【扶贫济困工作】 七一前夕，开展"党心连民心　亲情进万家"活动。走访慰问建国前入党老党员、生活困难党员118人，发放慰问款及慰问品10余万元。开展共产党员献爱心捐款活动，捐款45万元，党员6600人、群众800人参加。北京电视台、《北京日报》进行报道。完善困难党员帮扶机制，开展博爱在东城活动，捐款21万元。协调红十字会等有关部门，对因病致困机关干部给予困难补助。

（陈燕燕）

【党风廉政建设】 7月，召开纪检工作会议，明确区直机关纪工委及各相关部门、单位党风廉政建设工作职责及工作要求，区直机关未设纪检机构的15家单位参加。落实党风廉政建设责任制各项措施，学习中央八项规定、市委实施意见和区委实施办法，落实区委、区政府关于廉政风险防范管理工作相关文件、区纪委书记讲话和党风廉政建设先进单位经验。落实中纪委《关于元旦、春节期间加强廉洁自律和厉行节约工作的通知》和市、区有关通知要求，针对重大节日期间不正之风易发多发的特点，结合廉政风险防范管理工作，加强对节日期间落实廉洁自律规定的教育和监督检查。推进机关廉政文化建设，在《东城机关党建》上开设专栏，宣传廉政文化理论，交流各机关党组织开展机关廉政文化经验、体会和做法。

（陈燕燕）

【思想政治建设】 组织党员干部群众学习"十八大"报告和

习近平总书记系列重要讲话,以红色讲堂、周末大讲堂、百姓宣讲等为载体,组建机关宣讲队。举办"十八大"精神理论宣讲进机关互动式宣讲活动,结合实际,就历史文化遗产保护与合理利用、文化产业发展等问题,与市讲师团成员进行互动式问答交流。制定《区直机关系统"中国梦·我的梦"主题系列活动实施方案》,组织"中国梦"学习教育知识竞赛活动,2000余人参与。各党组织相继开展共筑中国梦微访谈、专题座谈、"中国梦·我的梦"演讲预赛等活动。机关工委举办"中国梦·我的梦"演讲决赛,52个党组织推荐选手参加比赛。组织机关党组织开展各类志愿服务活动。区直机关下发《关于弘扬北京精神深入开展学雷锋志愿服务活动的实施意见》,建立机关干部志愿服务长效机制。征集、发展"网络文明传播志愿者"。组织机关干部2000人到中华世纪坛、区社区服务中心参观《永远的雷锋》主题展览及基层巡展活动。做好创建学习型党组织总结推广工作,在机关范围内总结、树立一批建设学习型党组织工作示范点及MC论坛、30秒速读、机关党支部晨讲、干部论坛、党员大课堂等学习品牌。

(陈燕燕)

【组织建设】　做好党员发展和日常管理工作,制定党员发展工作规划,坚持成熟一个,发展一个。做好党员信息日常维护与管理,实时更新。开展党员教育培训工作,举办基层党组织书记培训班、党务干部培训班、周末大讲堂。召开机关党建工作会,对全年机关党建工作和学习任务进行安排部署。举办为期一周的入党积极分子培训班,150人参加。推进党建联组工作。以分类指导调研为契机,完善党建联组制度,调整联组结构,督促各党建联组开展丰富多彩活动,以党建联组为依托进行全年党建工作述职,加强机关党组织之间的沟通与交流,提高党建工作的针对性和实效性。加强基层支部建设。建立新任党组织书记集体谈话制度,就扎实做好党支部工作具体职责、任务进行培训,明确责任,规范工作。

(陈燕燕)

【精神文明建设】　组织1000名机关干部完成国际田联大奖赛及国际民间艺术节暨东城区群众文化展演季闭幕式观众组织工作。组织机关干部完成所分路段扫雪铲冰工作。在文明城区复查迎检工作中,完成机关系统道德讲堂实地检查任务,分两组对35个首都文明单位(标兵)"道德讲堂"建设工作进行实地检查,针对发现问题提出完善意见,要求限时整改。在区直机关文明单位中发展网络文明传播志愿者100余名,开展网络文明传播工作。发布精神文明建设内容微博,参与文明传播和评论。运用《东城机关党建》专刊、机关党建专栏等载体,宣传重大主题和热点、亮点,报道各党组织开展党建工作进展情况,展示机关干部精神风貌。开展"我们的节日"群众文化活动和机关系统"身边的好人"、"道德模范"推荐评选。　(陈燕燕)

【群团工作】　组织团员青年学习贯彻共青团"十六大"精神。开展"学雷锋,美化东城志愿服务活动"。号召机关团员开展"光盘行动",开展青年文明号创建活动,区旅游局团支部获北京市青年文明号称号。组织机关团支部开展东城共青团品牌工作项目申报工作,6家直属团支部申报项目在团区委立项。机关工会组织女干部开展以"弘扬传统文化　践行北京精神"为主题的参观首都博物馆纪念活动,女干部300余人参加。举办"快乐工作　健康生活"拔河比赛、跳绳比赛、登山比赛、"在职健康"健步走、划船比赛等活动,参加人数逾1000人。做好慰问机关工会会员300余人的工作。组织会员500余人次参加区工会和景山体协有关文体活动。

(陈燕燕)

【调查研究工作】　年内,在78个党组织中,采取问卷调查、召开座谈会、走访兄弟区县机关工委,学习借鉴相关省市工作经验等形式,调查分析机关党建现状和需要研究的问题,提出在新形势下如何加强机关党建分类指导,科学推进学习型、服务型、创新型党组织建设的对策和建议,形成专题调研报告《加强机关党建分类指导,推进"三型"党组织建设》。开展机关干部思想动态调研和舆情信息报送工作,深入基层调研、个别访谈座谈、网上征求意见,多途径掌握机关干部思想状况,调查了解区直机关党员干部关心的社会热点、难点、焦点问题。关注互联网舆情态势,收集、分析网民最新动态及典型言论,收集舆情动态情况,形成区直机关舆情分析报告10篇、机关干部思想状况调查报告2篇。　(陈燕燕)

党校工作

【概况】　中共北京市东城区委党校(简称区委党校),同时也是北京市东城区行政学院、北京市东城区社会主义学院,实行三块牌子、一套机构。区委党校是在区委直接领导下培养全区党员领导干部和理论干部的学校,是区委重要部门,也是区委哲学社会科学研究机构。区行政学院是教育培训公务员的主渠道。区社会主义学院是培训民主党派、无党派人士和统一战线其他方面代表人士以及统战工作干部和理论研究人才的基地。内设16个科室:办公室、机关党委办公室、基本理论教研室、政法教研室、管理教研室、社区建设教研室、科研科、培训一科、培训二科、对外培训科、教务科、财务科、老干部科、综合管理科、北官厅管理科、综合服务科。有教职工77人,其中列入参照《中华人民共和国公务员法》管理范围人员51人,事业编制人员26人,其中高级职称8人、中级职称9人、初级职称5人。

年内,完成各项干部教育培训任务。在深化"规定+自选"模式基础上,探索"定制"培训模式,突出干部培训"按需"、"个性"、"定制"。党员培训、对外培训和教辅教务等工作开展势头良好,科研咨政能力水平得到提升,行政管理和服务工作规范化水平提高,加快人才培养,新引进年青教师8人,其中7人为研究生学历。加快干部队伍建设,通过竞争,干部19人走上科级领导和非领导岗位。机关党建工作和校园文化建设加强。抓好精细化管理,以"精"为目标,以"细"为手段,改善校园网络环境,升级校内各软硬件系统,建立图书馆电子数据库,完成主体班课程录制、全校重大活动照相、摄像及视频素材编辑、剪辑和制作等工作;搭建资源共享服务器，建立资源共享软件系统，不断提高党校信息化建设科学化、规范化水平。

单位地址：东城区东单北大街干面胡同10号

联系电话：65258768　邮政编码：100010　（谢殿军）

【一把手研修班】 4月23日，东城区“一把手”素质培训工程主题研修班在区委党校举行。区领导吴松元主持并进行开班动员。培训班邀请国内知名专家教授多人授课，设置年度国家宏观经济形势、当前国际形势与国家安全环境、“精细化管理、人性化服务”、领导力提升、政府精细化管理、新党章和党的建设、领导干部语言艺术等专题。结合理论讲授，安排区外现场教学环节。全区各单位党政一把手约190人参加。（谢殿军）

【校际交流】 7月3日，区委党校一行6人到丰台区委党校进行工作交流。双方围绕社会主义学院培训班次、科研开展、工作经验等情况进行交流。12月5日，怀柔区委党校一行5人到东城党校进行工作交流。双方围绕教学体系设置、学员党性锻炼、科研作用发挥、教师培养、师资库完善、教学基地打造、硬件建设等问题进行交流。（谢殿军）

【社院工作】 9月16日，东城区党外代表人士学习班暨社会主义学院秋季开学典礼在区社会主义学院举行。是区委党校兼办区社会主义学院举办的第一个党外代表人士培训班。区委常委、统战部部长、区社会主义学院院长周永明作开班动员。培训班为期2天，主要围绕领导科学和领导艺术、中国政党制度若干问题、压力应对与情绪管理、“中国梦”与中国特色社会主义道路等内容进行培训。（谢殿军）

【领导调研】 11月14日，区委书记杨柳荫到区委党校视察教学区，听取基础教学设施、学员食堂就餐等情况汇报。杨柳荫要求，党校要在深入开展党的群众路线教育实践活动中加强工作创新，发挥党校在全区干部教育培训中的“主渠道”作用。

（谢殿军）

【干部培训】 年内，培训工作形成主体班培训、基层党员教育培训和对外培训格局。完成各类培训班次61个，培训学员5146人次，其中主体班21个，1180人次；党外代表人士培训班2个，180人次；部门培训班20个，2751人次；入党积极分子班10个，765人次；对口支援培训班8个，270人次。具体为：东城区“一把手”素质培训工程主题研修班1期188人、新任处级领导干部培训班2期71人、副处级领导干部进修班2期101人、中青年干部培训班2期73人、80后处级干部弘扬井冈山精神，坚定理想信念培训班1期26人、处级领导干部精细化管理与美丽东城建设专题研究班1期43人、处级领导干部提高依法行政能力专题研究班1期34人、群众路线与群众工作专题（行动学习法）培训班1期25人、公务员初任培训班3期180人、公务员科级任职培训班3期203人、科级干部更新知识培训班2期102人、青年公务员能力素质进修班1期48人、军队转业干部培训班1期42人、党外代表人士学习班1期133人、区第一期党外中青年干部培训班1期47人、事业单位新招聘人员初任培训班1期70人、国家旅游局处级以上干部学习“十八大”精神轮训班1期106人、处级干部法治思维和法治方式能力提升专题培训班1期71人、宣传干部培训班2期81人、国资委企业领导干部培训班1期75人、区城管大队科级干部培训班1期90人、前门街道办事处科级干部能力素质培训班1期45人、体育馆路街道办事处科级干部能力素质培训班1期75人、北新桥街道办事处科级干部能力素质培训班2期120人、东四街道办事处科级干部能力素质培训班1期80人、交道口街道办事处科级干部培训班1期41人、区社会工委社区党组织书记培训班1期182人、区国资委系统党务干部培训班1期160人、区社会领域党组织负责人培训班1期100人、区人力社保局党支部书记培训班1期53人、奥天资产经营管理公司高管人员培训班1期110人、区园林局科级领导干部培训班1期80人、区园林局党员培训班1期240人、区委组织部基层党组织书记培训班1期1000人、入党积极分子培训班10期765人、新疆兵团第十四师城市规划建设与管理培训班1期27人、新疆兵团第十四师宣传文化培训班1期30人、新疆兵团第十四师农业现代化培训班1期30人、新疆兵团第十四师社区物业管理培训班1期26人、新疆和田地区党政领导干部培训班2期98人、西藏拉萨市城关区社会创新管理培训班1期29人、湖北巴东党政干部培训班1期30人。（谢殿军）

【科研工作】 年内，党校科研坚持“四个服务”（为推进党的理论创新服务，为提高党校教学质量服务，为党委和政府决策服务，为社会主义经济建设、政治建设、文化建设、社会建设和党的建设服务），树立“大科研”观，坚持开门搞科研、全员搞科研、科研覆盖全领域。年初以提高“一校两院”工作科学化水平为总课题，统筹推进教育教学创新、科研创新、社院功能定位和机关党建创新等4个子课题，发动包括领导、教师和干部31人参与，年末形成未来五年党校发展规划实施意见。紧抓党建创新、文化强区、社会服务管理等区内重点工作，加强与相关单位部门合作研究，参与市级城市精细化管理、非公文化企业党建、区级区域化党建、社会服务创新等课题研究，形成一系列实用性强的报告。先后选派优秀年轻骨干教职工5人到区创新办、东直门街道、朝阳门街道、交道口街道等进行为期1年的全脱产挂职锻炼，深入研究相关课题，实现党校与区内重点工作点对点服务。围绕5大类现场教学基地体系建设，把现场教学模式研究纳入校级科研项目，对“北大红楼”、南锣鼓巷等多个现场教学基地品牌的价值挖掘和品牌研究，实现科研与教育培训统一。以市场化运作方式承接相关科研课题，组成课题项目组。与北京市思想政治研究会、北京市党建研究会等研究机构建立长期科研协作机制，与区社会工委合作进行“幸福东城”课题研究，与3个街道等建立课题合作机制。（谢殿军）

【校刊编印】 年内，编印校刊《培训主阵地》4期，校刊内设经典导读、理论研究、东城视窗、教师专栏、领导讲话、经验交流、史海撷英、环球风采、视野等10余个栏目，全年刊登文章

120余篇,25万余字,向区内各部门及区外相关部门发送校刊4000余册。（谢殿军）

党史工作

【概况】 中共东城区委党史工作办公室(简称区党史办)与区地方志编纂委员会办公室(正处级参公事业单位)合署办公,负责全区党史、地方志工作。内设综合科、党研科、方志科、编辑科,编制16人。

年内,收集区委主要工作和重大举措等有关资料、政府折子工程、政府在直接关系群众生活方面办的重要实事进展与落实情况等资料,以为存史。征集北平军事调处执行部资料,续修中共东城区历史大事记,完成北京市组织工作史资料收集工作,编辑出版《东城史志》季刊总第76~79期。开展党史学术交流、理论研讨、宣传教育。组建基层党史联络员近100人。

单位地址:东城区东四十一条83号

联系电话:84037892　邮政编码:100007（赵妍）

【军调部研究】 从公开出版或发表书刊中精选军事调处亲历者的回忆文章汇编成《北平军事调处执行部亲历记》,35篇50余万字。多种渠道与作者本人或家属30人取得联系,签订授权协议,并通过中央文献研究室和中央党史研究室审阅。在收集历史资料基础上编写《北平军事调处执行部大事记》。（赵妍）

【资料征编】 赴军事科学院图书馆、北京市档案馆、中国社会科学院近代史所图书馆及徐州、南京、淮安、成都等地征集口述、档案和报刊资料、文字资料100余万字,珍贵照片100余张,为深化军调部研究奠定史料基础;在原版本基础上,推进《中共东城区历史大事记》《中共崇文区历史大事记》增(续)编工作,完成初稿约80万字;配合市委党史研究室《北京市组织工作史》编写、收集相关资料约30余万字,整理形成东城、崇文部分稿件约5万字;整理撰写北京革命史百科(东城部分)稿件1.10万字;查阅《北京党史》《东城史志》《当代东城史研究》等相关刊物和资料,收集文稿100余篇,基本形成《东城党史文萃》约75万字。（赵妍）

【承担课题】 3月,承担市委党史研究室"北平军调部的研究现状及深化研究的思考"课题;4月,参与完成中国社会科学院近代史所"裂变与重构:人民中国的创世纪"课题研究中"会门末日:北京市取缔一贯道斗争的经过"及"北京建政过程中的基层政权体系的形成"两项子课题,形成稿件约6万字。（赵妍）

【学术成果】 年内,入选并参加全国性及北京市学术研讨会4次。《简论毛泽东与中央苏区的思想教育防腐》《毛泽东正确处理人民内部矛盾理论与构建社会主义和谐社会》分别入选中央党史研究室、中共中央文献研究室召开的全国纪念毛泽东诞辰120周年学术研讨会,并与会研讨;《论陈云的辩证干部观》入选中国社会科学院当代中国研究所等主办的第七届陈云与当代中国学术研讨会,并与会研讨;《中共七大前后毛泽东反山头主义理论与实践》入选北京市社科联、北京市委党史研究室等主办的北京市纪念毛泽东诞辰120周年学术研讨会。《中共八大前后毛泽东关于加强和改进中央领导体制的若干思考与实践》获全国党史部门党史优秀成果奖论文类一等奖(居全市之首,全国仅有23篇论文获此奖项);《"文革"前十年党领导社会主义文化建设的理论与实践》《彭真干部队伍建设若干重要思想述论》分别发表在《全国党史文化论坛文集》第三册(中共党史出版社2013年版)和《研究与忆往——北京市纪念彭真诞辰110周年文集》(北京出版社2013年版)两书中;在市级以上期刊《北京党史》《泰山学院学报》发表学术论文2篇;在《见证石景山》《当代东城史研究》《东城史志》等刊物发表论文8篇。（赵妍）

【理论座谈】 11月26日,与中国社会科学院当代中国研究所第一党支部在翠明庄(原北平军调部中共代表团旧址)联合举办纪念毛泽东诞辰120周年座谈会。当代中国研究所副所长王灵桂、理论研究室主任宋月红、经济史研究室主任郑有贵等出席会议,有关专家学者及东城党史办工作人员20余人参加。与会专家学者围绕毛泽东的丰功伟绩、政治理论、经济思想、文化思想及其对当代中国社会的影响等问题发言,并在会后参观原北平军调部中共代表团旧址和北大红楼等革命遗址。（赵妍）

【史志季刊】 出版《东城史志》4期(总第76~79期),约32万字。每期向区域内各单位发放1000册,向市委党史研究室、市地方志编纂委员会、北京党史学会、各区县史志等部门赠送200余册,被国家图书馆、国家博物馆、首都图书馆等文博单位列为馆藏刊物。（赵妍）

【宣教活动】 开展党史"四进"(进机关、基层、社区、学校)活动。与朝阳门街道联合开办社区党史图书角并挂牌1处;向竹杆社区捐赠党史区情类图书20余种、100余册;深入社区为党员讲党课1次。协助完成"五四运动"火烧赵家楼遗址、军调部中共代表团驻地第一批北京市爱国主义教育基地挂牌工作;与翠明庄宾馆座谈协商达成共建市级爱国主义教育基地建设意向。在《东城宣传》上开辟党史专栏,刊载相关党史人物及事件文章12篇。（赵妍）

纪 检 监 察

【概况】 中共东城区纪律检查委员会、东城区监察局(简称区纪委监察局)实行一套工作机构,两个机关名称体制。履行党的纪律检查和行政监察职能,对市纪委和区委全面负责。监察局属政府序列,接受区政府领导。内设办公室、干部室、研究室、宣传教育室、信访室、案件审理室、案件检查室、执法监察室、纠正部门和行业不正之风工作室、党风廉政建设室、绩效管理监察室、区行政投诉中心。行政编制58名,代管区委巡视机构科级及以下编制4名,机关工勤事业编制5名。2012年11月,区编委批复同意成立东城区电子监察中心,人员编制6名;成立区纪委监察局第一联合派驻纪检组(监察室)、第二联合派驻纪检组(监察室),行政人员编制各3名。12月26日,北京市机构编制委员会办公室制发《关于同意设立北京市东城区预防腐败局的函》,同意设立北京市东城区预防腐败局,与区纪委、区监察局合署办公,负责全区预防腐败工作,列入区政府工作部序列,不计入政府机构个数。

年内,全区各级党组织和纪检监察组织贯彻"十八大"精神,狠抓纪律、作风两项建设,围绕"不敢腐、不能腐、不想腐"科学谋划和推进全区党风廉政建设和反腐败工作,多项工作走在全市全国前列,得到市纪委和区委、区政府领导肯定。

单位地址:东城区钱粮胡同3号
联系电话:64013321　邮政编码:100010　(彭军荣　石东伟)

【纪委全会】 2月6日,召开区纪委第三次全会暨全区党风廉政建设和反腐败工作会议。总结上年工作,部署年度党风廉政建设和反腐败工作任务,听取并审议通过区委常委、区纪委书记夏树军代表区纪委常委会所作《认真贯彻落实党的"十八大"精神不断提高党风廉政建设和反腐败工作科学化水平》工作报告及全会决议。区领导牛青山主持会议,市监察局局长王海平、区领导杨柳荫出席并讲话。冯熙、徐鸿达及区四套班子领导出席。各部门负责人、纪检监察干部等470人参加。　(彭军荣　石东伟)

【纪检监察工作研究会】 9月13日,东城纪检监察工作研究会换届选举,会议审议第五届东城纪检监察工作研究会工作报告和财务报告,修订《东城纪检监察工作研究会章程》,通报2011—2012年度纪检监察系统调研成果遴选情况,选举产生第六届东城纪检监察工作研究会领导机构。新成立的第六届研究会有会员单位102个,理事121人,常务理事25人,专家顾问组13人。市监察局副局长刘东波,区领导夏树军,全区102个会员单位理事113人参加。　(彭军荣　石东伟)

【领导调研】 1月18日,中纪委预防腐败室副局级专员韩平满调研廉政风险防控"三个体系"建设和政务公开工作,市纪委常委、市预防腐败局副局长宋兰刚、区领导夏树军及市纪委和区有关领导参加。2月20日,市纪委领导王海平到区调研,听取纪检监察工作情况汇报,参观区电子监察中心,区领导夏树军参加。3月25日,中央纪委信访室主任任建华到区纪委调研信访举报工作,区领导夏树军参加。3月26日,市纪委领导宋兰刚带队检查评估依托电子政务平台加强政务公开和政务服务全国试点工作,市纪委及区有关领导参加。3月29日,中国纪检监察学院在区举行廉政风险防控现场教学活动,市纪委预防腐败局及区有关领导参加。4月17日,国家烟草专卖局法规司司长李鸣到区考察廉政风险防控管理工作,区领导夏树军参加。4月19日,夏树军为全区城建、安监、文化系统副处级以上干部讲廉政党课,重点对当前党风廉政建设和反腐败工作"怎么看"和"怎么干"两个方面进行梳理,副处级以上干部100余人参加。5月9日,区纪委监察局在孔庙和国子监博物馆举办"廉者仁心——北京古代廉政历史文化展览"活动。市纪委书记叶青纯、副书记杨逸铮,市文物局党组书记、局长舒小峰,市纪委、市文物局有关领导及区领导杨柳荫、夏树军、毛炯等参加。5月15日,全市区(县)监察平台建设现场观摩会在东城召开,市监察局副局长刘东波、市预防腐败局副局长张岚主持,东城区、西城区、昌平区、朝阳区分别汇报监察平台建设情况并现场演示系统。市纪委领导王海平出席,市纪委办公厅、监察综合室、执法室、纠风室、绩效管理监察室、预防腐败一室、二室主任,市行政投诉中心副主任,计算机中心主任,市行政监察现代化工程领导小组及办公室成员,16个区(县)纪委书记、监察局局长及各区(县)经信委(信息办)主任,各有关派驻机构监察处处长等150余人参加。5月17日,市城市管理协作组组长到区调研政府投资小型工程管理工作,市发改委纪委、市纪委监察局执法监察室及有关领导参加。5月至9月,区领导夏树军到区社区卫生服务管理中心、64中、北京金隅股份有限公司、龙潭街道板厂南里社区、区房管局等13个单位调研廉政风险防控管理、社区党风廉政建设、廉政宣传教育等工作。6月6日,市纪委领导王海平率队到区调研"两规范一提高"试点工作。9月11日,市预防腐败局副局长张岚率队到区调研廉政风险防控管理"三个体系"建设工作,区领导夏树军参加。　(彭军荣　石东伟)

【党风廉政建设责任制】 1月6日,上年贯彻落实党风廉政建设责任制、推进惩防体系建设重点检查情况汇报会召开,区领导夏树军和区纪委、区直机关工委、政府办、审计局等机关负责人20余人参加。3月13日,区领导杨柳荫在区委常委会上就落实市党风廉政建设责任制专项检查反馈意见,提高全区反腐倡廉建设科学化水平提出要求:切实改进作风,密切联系群众;坚持惩防并重、注重预防,使干部不犯错误少犯错误;加强制度机制建设,提高反腐倡廉科学化水平。3月,制定《关于落实〈关于对东城区贯彻执行党风廉政建设责任制推进惩防体系任务完成情况进行检查的反馈意见〉情况的报告》,整改落实北京市专项检查的反馈意见。印发《关于2012年东城区贯彻落实党风廉政建设责任制情况的通报》,对区内重点抽查中发现的问题督促落实。4月1日,全区廉政工作会议召开,区领导夏树军对贯彻中央纪委二次全会、国务院及北京市廉政建设工作会议精神,抓好教育,做好预防,强化对权力的监督和制约,加大惩治腐败工作力度等提出要求;牛青山强调政府部门和工作人员都要遵纪守法、讲求良知、强化监督。区领导徐熙、陈之常等和区政府各委办局、各街道办事处主要负责人约100人参加。5月6日,制定《关于进一步推进社区党风廉政建设的通知》,组织各街道完善社区管理制度,加强社区党风廉政建设,培育示范点。5月14日,制发《关于2013年东城区贯彻落实党风廉政建设责任制推进惩防体系建设主要任务分工》,明确任务27项,具体工作106项,牵头单位39个,主管区领导21人,建立牵头任务工作台账,做好责任分解、考核、追究工作。11月7日,区纪委常委会专题听取前门管委会和区民防局领导班子党风廉政建设工作情况汇报。11月15日,向党外人士通报党风廉政建设工作情况专题会召开,区领导夏树军、周永明及各民主党派负责人、无党派人士、非公经济和宗教界代表人士60余人参加。11月20日,党风廉政建设责任制领导小组办公室会议召开,通报北京市党风廉政建设责任制专项检查安排,审议通过东城区贯彻落实党风廉政建设责任制推进惩防体系建设情况专项检查工作安排,区领导夏树军和领导小组办公室成员等20余人参加。12月,区委、区政府领导带队对贯彻落实党风廉政建设责任制推进惩防体系建设工作情况进行重点抽查。12月6日,区委、区政府理论学习中心组召开党风廉政建设专题报告会。邀请中央纪委相关部门负责人作专题报告。12月12日,全区落实党风廉政建设责任制推进惩防体系建设主要任务牵头单位汇报会召开。区委办公室、宣传部、区财政局、发改委、教委等作重点发言。杨柳荫、张家明、金晖、吴松元、夏树军等区领导15人及区党风廉政建设责任制领导小组办公室成员和39个牵头单位主要领导参加,17个街道办事处主要负责人以及区级"两员"组长列席会议。12月13日,市党风廉政建设责任制第十六检查组到区进行检查,检查组与区委、区政府相关部门负责人进行座谈,对照检查评估指标体系查阅相关材料,实地检查东直门街道、清水苑社区党务、居务、办事服务公开和廉政风险防控管理工作,东城区电子监察中心廉政风险信息化防控电子监察平台建设和推进行政权力清单制度,加强政务公开政务服务工作情况。（彭军荣　石东伟）

【廉政风险防控管理】 3月,与区委组织部联合下发《关于认真贯彻执行区委〈关于加强对处级党政正职领导干部监督管理的暂行规定〉的通知》,加强制约监督、规范权力运行,组织填写领导干部个人有关事项补充报告并整理归档。4月,印发《2013年廉政风险防控管理工作要点》,明确具体工作任务18项。5月,分批次组织区属委办局梳理、规范涉权事项、权力运行流程图和职位说明书。6月20日,全区街道系统"六费"公开工作动员部署会召开,印发《关于在街道系统开展"六费"公开工作的通知》并对街道系统"六费"公开工作进行部署,区领导夏树军、宋甘澍和区纪委、财政局、审计局、各街道主要领导90余人参加。6月27日,区级领导班子权力公开透明运行工作动员部署会召开,部署《东城区深化廉政风险防控管理推进区级领导班子权力公开透明运行实施方案》,区领导杨柳荫、冯熙、徐鸿达等四套领导班子成员和区深化廉政风险防控管理领导小组办公室成员等50余人参加。7月6日,制定《东城区街道系统权力结构及权力运行规范化标准化模版》等,在17个街道试运行。9月9日,哈萨克斯坦反经济与腐败犯罪署干部局局长特米尔布拉托克·谢里克率代表团考察交流廉政风险防控管理工作,中纪委外事局副局级专员李阎明等陪同。（彭军荣　石东伟）

【电子监察平台建设】 1月24日,全区廉政风险信息化防控体系电子监察平台建设工作会召开,区领导夏树军参加。3月,区监察局选取区发改委、财政局、住建委、房管局、信息办5家单位,对政府投资、政府采购、招投标、住房保障、网络行为5个业务领域开展专题研究,在全市率先建成廉政风险信息化防控电子监察平台。5月15日,北京市16个区(县)监察平台建设现场观摩会上,确定东城区廉政风险信息化防控电子监察平台建设作为北京市纪检监察系统典型工程上报中央纪委。7月,政府投资、政府采购、住房保障、招投标、网络行为监控等电子监察系统陆续上线运行,通过全程监控和风险预警,实现事项清晰、运行规范、风险可控、督办及时的监督目标。8月,联合区发改委和财政局分别研究制定《东城区政府投资项目监督管理办法》《东城区政府采购协议采购电子竞价项目管理办法》。12月,实现与北京市固定资产行政审批系统、北京市固定资产投资项目统一代码系统、证照共享系统、区网格化社会管理监督信息平台、区政务图层共享系统和区共享交换平台等多个系统数据对接。

（彭军荣　石东伟）

【作风建设】 2月4日,区长牛青山在区政府常务会上对贯彻落实中央厉行节约、反对铺张浪费精神提出加强思想政治建设、削减招待费用、精简会议、精简活动、明确纪律等要求。2月25日,牛青山在全体(扩大)会上提出:改进作风,事关党和国家生死存亡;改进作风,事关东城事业兴衰成败;改进作风,必须务求实效、快见成效。6月4日,转发《中共北京市纪委转发中共中央纪委〈关于在全国纪检监察系统开展会员卡专项清退活动的通知〉的通知》,组织开展全区纪检监察干部会员卡专项清退工作,并做出个人承诺。10月17日,全区查处违反中央八项规定精神案件工作专题会召开。下发《中共东城区纪委关于进一步加大查处和通报违反中央八项规定精神典型案件工作力度的实施意见》和《关于对全区违反中央八项规定精神违纪案件查处情况的通报》。区领导杨柳荫、夏树军、毛炯及区属各部门、各单位党政主要领导、纪(工)委书记、纪检组组长、监察科长,区级机关各部委办室主要负责人,区委巡视组正、副组长等250余人参加。11月12日,转发《中共北京市纪委转发中共中央纪委〈关于严禁公款购买印制寄送贺年卡等物品的通知〉的通知》。12月5日,转发《中共北京市纪委转发中共中央纪委〈关于严禁元旦春节期间公款购买赠送烟花爆竹等年货节礼的通知〉的通知》。

（彭军荣　石东伟）

【廉洁自律】 春节、中秋、国庆节前夕,向全区领导干部发送廉政提醒短信,督促领导干部改进作风,加强廉洁自律。12月,参与组织全区各单位召开民主生活会,区委、区政府主要领导参加部分单位民主生活会。12月,制发《中共东城区纪委东城区监察局关于2014年元旦、春节期间严格落实中央纪委监察部、市纪委监察局相关要求加强监督执纪问责确保务实节俭过节的通知》,要求领导干部切实改进工作作风,弘扬勤俭节约的良好风尚,落实廉洁自律各项规定等。年内,与区财政局联合开展党政机关公务用车"超标准用车,借占用其他单位车辆"专项清理工作,清理纠正违规车辆4辆。

（彭军荣　石东伟）

【执法监察】 3月22日,区政务公开领导小组扩大会议召开,会议审议通过《2013年全区政务公开工作要点》。区领导徐熙、夏树军、毛炯和政府办、发改委等15个单位主要领导20余人参加。6月21日,全区生态文明和城市建设监督检查工作部署会召开,部署区生态文明和城市环境建设监督检查工作。区领导王中华和区城管委、东城公安分局、各街道纪检监察组织负责人等30余人参加。7月18日,区加快转变经济发展方式监督检查工作部署会召开,会议明确工作内容、职责分工、时间进度及工作要求。区领导夏树军、朴学东和区发改委、城管委等40个单位主要领导50人参加。7月至8月,通过听取汇报、明察暗访、实地检查等方式了解情况,以督办单形式限期整改,解决公共环境、公共秩序等121个问题,保障全国城市文明程度指数测评迎检工作进行。6月至12月,采取周检查、月汇报等形式,重点区属各单位生态文明和城市环境建设涉及大气污染治理、拆违控违等4个方面进行监督检查,下发10份督查整改通知书,协调整改36个重点问题。7月至12月,对11家单位的50个政府投资非基本建设项目进行检查,监督问题整改。9月至11月,借助社会中介机构,对煤改电工程手续办理、招投标、合同管理、质量监管等开展检查,查出5大类12个问题,制发工作建议书进行督导整改。11月至12月,对76家单位的143个小型工程进行专项检查,提出整改意见,并对5家单位进行通报批评。

（彭军荣　石东伟）

【网络违规行为监察】 4月7日,区纪委、监察局、信息办联合下发《关于进一步规范计算机和互联网使用工作的通知》。5月起,对区150余家单位1.50万个网络实名用户玩网络游戏、浏览不良网站、炒股票、频繁网上交易支付和长时间播放网络音视频等5种违规网络行为实施监察,进行7次全区通报,涉及66家单位245人次,通报3次以上单位8家。截至12月,全区网络违规行为涉及单位数量减少90%,涉及人数减少96%。

（彭军荣　石东伟）

【效能监察】 4月15日,经区政府常务会审议通过《2013年东城区行政效能监察工作方案》,建立起统一立项、联合立项、指定立项的"3+3+X"效能监察工作模式,立项107项,位居全市第一。针对住房保障效能监察中发现的问题,提出监察工作建议6条,并对保障性住房申请家庭开展殡葬、婚姻、大病和重残专项核查。在行政审批事项调整联审中,依法规范行政审批事项3项,提出监察工作建议2条。8月,针对区城管局公文管理、公章使用等问题,建议该局采用通报批评、调离岗位方式对正科级干部3人进行行政问责。10月,针对卫生局工作人员1人的网络违规行为,建议该局采用通报批评方式进行行政问责。年内,对上年底前全区制发的72个纪检监察规范性文件进行清理,保留48件、修改5件、废止19件。

（彭军荣　石东伟）

【绩效管理监察】 4月至5月,要求绩效得分低于核心区平均分的12家牵头单位分析扣分原因,进行整改,并形成全区整改报告上报市绩效办。8月至9月,组织27家责任单位对区县绩效管理评价体系、全区绩效计划、各专项指标考评细则研提意见建议,反馈市绩效办,并制定《廉政建设绩效管理工作方案》。11月14日,全区政府绩效管理工作部署会召开,部署区政府绩效管理工作,区领导朴学东及28家绩效管理领导小组成员单位主要负责人和业务负责人49人参加。

（彭军荣　石东伟）

【廉政宣教】 5月9日,举办"廉者仁心——北京古代廉政历史文化展览"。市纪委书记叶青纯、副书记杨逸铮,区领导杨柳荫、夏树军观看展览。人民网就展览的相关问题对夏树军进行专题采访。200余家单位有组织的和自发前往观看人数达1.20万余人,网上对展览关注和转发达到2210余次,中央纪委监察部和国家预防腐败局网站,包括部分省市纪检监察网站也进行链接。11月6~15日,举办第五届群众性勤廉书画作品展览,经过评选,展出作品252幅。参观人数4000余人次。年内,运用"一书一片"开展领导干部从政道德教育活动。组织全区党员干部特别是领导干部学习《启示录》和《警示录》,并进行多种形式学习交流,教育取得实效。联合区委组织部、区检察院、审计局,针对不同岗位、不同领域制作新任领导干部廉政提示锦囊,对新任领导干部进行关爱教育。研究建立"古韵正声"区纪委监察局官方网站,12月底完成网络基本框架设计。

（彭军荣　石东伟）

【纠风工作】 1月14日,印发《关于转发北京市纠正行业不正之风办公室〈关于公布2011年清理和规范庆典、研讨会、论坛活动工作结果的通知〉的通知》,明确全区庆典活动保留项目6项,研讨会论坛活动保留项目5项。开展民主评议工作,抓好上年评议发现问题的整改落实,并督促落实年度收集到的9个方面58条群众意见建议。

（彭军荣　石东伟）

【两规范一提高试点】 5月,规范执法行为、规范政务服务、提高执法能力和服务水平(简称“两规范一提高”)试点工作展开。确定东花市街道及东直门街道为试点单位,全市有10个乡镇、10个街道入选。6月6日,市纪委领导王海平带队到2个试点单位进行实地调研。6月8日,区纠风办组织召开试点工作动员部署会,印发《东城区开展“两规范一提高”试点工作实施方案》,范围包括民政、城管、工商、地税、社保、司法、公安、统计、计生等9个部门的基层科队站所。

(彭军荣　石东伟)

【巡视工作领导小组会】 1月23日,区委巡视工作领导小组第一次会议召开,区领导夏树军主持,吴松元参加。听取审议巡视组对永外街道、区民政局、东华门街道、王府井建管办巡视情况以及对天坛街道、区房屋土地经营管理二中心回巡情况汇报,总结上年巡视工作,研究确定巡视计划。4月17日,领导小组第二次会议召开,夏树军主持,吴松元参加,听取对区环卫一中心、环卫二中心巡视情况汇报。7月12日,领导小组第三次会议召开,夏树军主持,听取对龙潭街道、东直门街道巡视情况汇报以及环卫一、二中心相关问题和建议落实情况。10月28日,领导小组第四次会议召开,夏树军主持,吴松元参加,听取对建国门街道、和平里街道巡视情况汇报以及龙潭街道、东直门街道相关问题和建议落实情况。

(彭军荣　石东伟)

【两员工作】 4月12~13日,全区“两员”(区特邀监察员、党风廉政监督员)工作会议召开,总结上年“两员”工作情况,部署年度重点工作任务。定期组织召开“两员”组长工作会。组织“两员”参加政府常务会、高考监督、政风行风热线监督、党风廉政建设责任制检查等工作。统计分析全区三级社会监督网络情况,围绕规范管理、整合力量、发挥作用等方面开展研究。

(彭军荣　石东伟)

【联合派驻工作】 6月20日,联合派驻纪检组(监察室)成立暨宣布干部任职会议召开,区领导夏树军参加。决定组建区纪委监察局第一、第二联合派驻纪检组(监察室),对区科委、旅游委、民宗侨办、外事办、法制办、信访办等6个部门和团区委、妇联、科协、文联、侨联、残联、红十字会、工商联等8个单位实行派驻统一管理,并印发《关于规范联合派驻纪检组(监察室)工作的若干意见(试行)》,明确工作职责和机制。6月至12月,第一联合派驻纪检组对驻在单位开展30余次巡查活动,第二联合派驻纪检组对驻在单位开展近40次巡查活动,重点监督驻在单位党政领导班子及其成员维护党的政治纪律,贯彻执行民主集中制,干部选拔任用,贯彻落实党风廉政建设责任制、建立完善廉政风险防控机制和廉政勤政情况,特别是落实中央“八项规定”等情况。8月2日,联合派驻纪检组工作座谈会召开,区领导夏树军参加。11月至12月,第一、二联合派驻纪检组对实行派驻统一管理的6个部门和8个单位开展贯彻落实党风廉政建设责任制、推进惩防体系建设情况专项检查和巡查。

(彭军荣　石东伟)

【查办案件】 2月至3月,对上年全区纪检监察系统办结的11件案件进行集中检查。3月28日,组织立案单位主管案件领导和案件承办人召开案件质量评查会,逐一对案件进行点评。对上年结案案件处分执行情况进行抽查。4月9日,全区经济责任审计联席会召开,会议审议通过《东城区经济责任审计工作联席会议制度》《联席会议办公室工作规则》《审计结果运用办法》等5项制度。区领导徐熙、吴松元、夏树军参加。全年立案26件,结案13件,恢复党员权利案件2件,13人受到党政纪处分(其中处级3人),10人受到开除党籍处分,4人受到行政开除处分。

(彭军荣　石东伟)

【投诉举报及热线办理】 4月15日,第23次区政府常务会审议通过《东城区行政投诉工作办法》(试行),对行政投诉工作原则、行政投诉中心职责权限、行政投诉受理范围、办理程序等进行明确,促进行政投诉工作规范化发展。年内,区行政投诉中心接收群众投诉237件,受理114件,直接调查38件,直查率为33.30%,办理6件,对13件投诉件进行回查。全年区纪委信访室(区政府举报站)接待来访群众411批次441人次,受理群众举报298件次,召开信访排查会25次,研究信访件298件次,移交案件线索22件次。为区委组织部、宣传部、统战部等单位提供相关干部廉洁自律情况21次。办理政风行风热线信件360件,其中政风投诉举报22件,咨询88件,感谢信2件,业务投诉举报218件,业务建议30件,全部按时、按要求签收、回复、办结。

(彭军荣　石东伟)

【干部队伍建设】 4月9~11日,举办全区纪检监察领导干部业务培训班,专兼职纪检监察干部210人参加。5月20日,新任职纪工委书记、纪检组长集体谈话会召开,区领导夏树军和新任处级干部110余人参加。7月16日,区直机关纪工委工作会议召开,明确区直机关纪工委构成、工作职责等事项。9月22~28日,委托中国纪检监察学院对全区派驻纪工委书记、纪检组组长25人进行派驻专题业务培训。

(彭军荣　石东伟)

【调研及信息】 年内,全区各单位完成反腐倡廉调研报告82篇、反腐倡廉理论征文89篇,《关于廉政风险防控“三个体系”建设的实践与思考》和《关于以政务资源提升政务公开和政务服务的思考》分获市纪委一等奖和三等奖。全年编辑印发《东城纪检监察信息》43期400余条(篇);向区委办、政府办分别报送150条(篇)信息,《东城信息》采用61条(篇),《昨日区情》采用53条(篇),《东城政务手机报》采用58条;向市纪委监察局报送信息120余条(篇),被《北京纪检监察信息》采用59条(篇);连续两年位列全市第二名,被市纪委,区委、区政府评为信息工作先进单位。

(彭军荣　石东伟)

中国共产党北京市东城区委员会组成人员

书记、副书记、常务委员

书　　记　杨柳荫
副 书 记　牛青山(11月免)
　　　　　张家明(11月任)
　　　　　常　卫(3月免)
常务委员　杨柳荫　牛青山(11月免)
　　　　　张家明(11月任)　常　卫(3月免)
　　　　　徐　熙(4月免)　金　晖(女)
　　　　　吴松元　谢世龙　夏树军
　　　　　朴学东　周永明　宋甘澍
　　　　　毛　炯　展　辉

工作机构负责人

办公室主任	毛　炯
区委保密委员会办公室主任	暴　剑
组织部部长	吴松元
宣传部部长	金　晖(女)
新闻中心主任	吴迪(满族)
精神文明建设委员会办公室	周桂芳(女)
统战部部长	周永明
台湾工作办公室主任	王宝祥
政法委员会书记	常　卫(兼,3月免)
政法委员会政治部主任	韩卫国
维持稳定工作领导小组办公室主任	张增耀
综合治理委员会办公室主任	刘宗琦
处理法轮功问题领导小组办公室主任	王伟民
研究室主任	石利生
老干部局局长	李长华
社会工作委员会书记	赵小平(3月任)
直属机关工委书记	毛　炯(兼)
党校校长	吴松元(兼)
社会主义学院院长	周永明(兼)
党史工作办公室主任	彭积冬

中国共产党北京市东城区纪律检查委员会

书　　记　夏树军
副 书 记　李连喜　陈　岗　章奕奕(女)

区政府、人民团体党政分设工作机构党委(组)书记

政府办公室党组书记	牟玉宪
发展和改革委员会党组书记	陈军义
区委教工委书记	张京明
科学技术委员会党组书记	邱少军
住房和城市建设委员会党组书记	刘景地
城市综合管理委员会党组书记	张恩东(3月免) 卿　川(4月任)
商务委员会党组书记	杨春发
文化委员会党委书记	杨　新(5月免) 王伟东(10月任)
人口和计划生育委员会党组书记	王建华
国有资产监督管理委员会党委书记	张长有
民族宗教侨务办公室党组书记	曹兴成(10月免) 雷新隆(畲族,12月任)
外事办公室党组书记	王贵忠
法制办公室党组书记	李凌波
信访办公室党组书记	周秋来
信息化工作办公室党组书记	谢霄鹏(10月免) 李英华(10月任)
危旧房改造办公室党组书记	杨金魁
产业和投资促进局党组书记	戴开宏
民政局党组书记	王　健
司法局党组书记	郭树楠(10月免)
财政局党组书记	陈虹(女)
人力资源和社会保障局党组书记	王志亮(2月免) 高丽萍(女,3月任)
环境保护局党组书记	张维和(4月免)
卫生局党委书记	赵茂杰
审计局党组书记	许　健
安全生产监督管理局党组书记	刘建平(2011年4月免)
体育局党委书记	李　丽(女,10月免) 郭树楠(10月任)
统计局党组书记	张智敏(女)
园林绿化局党委书记	陈晓梅(女)
旅游发展委员会党组书记	尹广枢(1月免)
民防局(地震局)党组书记	刘　方
房屋管理局党组书记	刘海军
行政服务中心党组书记	刘　健(女,1月免) 尹广枢(1月任)
雍和园管理委员会党组书记	贾红梅(女)
前门大街管理委员会党组书记	葛俊凯(12月任)
北京站地区管理处党组书记	姜长林(满族)
城市管理综合行政执法监察局	

党组书记	徐金孝
城市管理监督中心党组书记	李光升
东二环交通商务区建设管理办公室	
党组书记	连占国
王府井地区建设管理办公室	
党组书记	陈之常(兼)
档案局(馆)党组书记	陈国安
机关事务管理服务中心	
党组书记	连秉坤(3月任)
环境卫生服务一中心党委书记	肖淑凤(女)
环境卫生服务二中心党委书记	李庆君(女)
房屋土地经营管理一中心党委书记	张和平
房屋土地经营管理二中心党委书记	陈时雨(2012年12月免)
总工会党组书记	张晓林
共青团区委党组书记	韩新星
妇女联合会党组书记	杨立萍(女)
科学技术协会党组书记	李小康
工商业联合会党组书记	侯文渊
归国华侨联合会党组书记	谭　菲(女)
残疾人联合会党组书记	晋　鹏
红十字会党组书记	刘京生
文学艺术界联合会党组书记	周晓沪

民主党派

民革东城区委

【概况】 中国国民党革命委员会北京市东城区委员会(简称民革东城区委)成立于2011年7月2日。主委姚卫海,常务副主委1人、副主委4人,秘书长1人,委员14人。民革东城区委下设专项委员会8个:提案、信息、祖国统一、学习宣传、社会服务与文教卫体、青年与妇女、老龄文史、组织。基层支部16个,民革党员710人,其中市人大代表1人、区人大代表3人,全国政协委员2人、市政协委员3人、区政协委员22人(其中副主席1人,常委4人),民革中央专项委员会委员6人、民革市委委员9人(其中常委2人),担任各级特约监察员、监督员6人,各级人民法院人民陪审员3人,年度新发展民革党员28人。区民革党员中具有台胞、港澳同胞和海外侨胞(简称三胞)关系的400余人。

年内,学习贯彻"十八大"、民革十二大会议精神,坚持"同心思想",践行"北京精神",加强自身建设,围绕全区的中心工作和发展大局,发挥优势,突出特色,打造亮点,履行参政党区级组织各项职能,努力开创民革工作新局面,为推动"国际化现代化新东城"建设做出新成绩。民革东城区委被中共东城区委统战部授予东城区统战系统信息工作优秀单位。在区政协第十三届委员会第二次会议上,委员8人被评为优秀社情民意信息工作者;民革东城区委被评为社情民意信息工作先进单位。

单位地址:东城区幸福大街32号405室、407室

联系电话:64015225　邮政编码:100061　(张妍)

【参政议政】 2月28日,东城区民主党派调研总结评比表彰会上,民革东城区委上年撰写的《繁荣新东城　演艺振强区——关于进一步推进东城天坛文化演艺核心区建设的调研报告》获一等奖,《关于构建我区现代职业教育体系的调研》《传统中轴线整治与保护——宏观保护与合理使用的调研》以及《关于东城区城市管理执法队伍现状分析与思考的调研》分获二等奖。在区政协第十三届委员会第二次会议上,民革东城区委提交的《关于推进东城区天坛演艺核心区建设的建议》被评为党派团体优秀提案;委员个人提交的《关于抓大放小,进一步提升东城区发展空间的建议》《关于进一步提高绿化质量和效益,建设美丽东城的建议》《关于缓解东城区幼儿园入园难的几点建议》提案被评为委员优秀提案。全年召开调研工作会2次,专题调研工作会7次,与相关单位座谈10余次。完成《东城区内城人口疏解若干问题调研》《法院"一驻两进"工作在基层法治社会建设中的价值意义》《关于永外地区经济发展的若干问题》《发展现代健身服务业建设"健康东城"》4篇调研报告。年内,报送社情民意信息200余条,其中《关于适当延长春节期间公路免费时间的建议》《关于超前进行生态布局,推进可持续城镇化进程的建议》等5条被民革中央采纳;《热烈祝贺全国政协十二届一次会议胜利闭幕》被全国政协采纳;《关于重视医务人员职业保护的建议》等2条被市委市政府采纳;《党外人士对国务院追授罗阳同志"航空工业英模"荣誉称号的反映》等2条被中共北京市委统战部采纳;《部分专家对永定塔火灾事故的反映》被市领导批示;《关于对位于传统中轴线上的宏恩观进行保护与合理使用的建议》等11条被市政协采纳;《进一步完善"双向转诊"制度的建议》等11条被区领导批示。民革东城区委党员1人撰写《建议系统测算进出口贸易中的生态足迹,在国际交流中争取主动》的信息,被中共中央统战部收入《零讯》,受到中央领导批示。民革东城区委提出的《应统一配送营养均衡、搭配合理、卫生的早餐,提高学生体质》建议被有关部门采纳,并于4月3日,应邀作客北京人民广播电台新闻台《议政论坛》节目,对中小学生早餐问题进行现场建言。全年报送会议、活动宣传信息70余条,编印《民革东城通讯》1期,《民革东城简讯》5期。

(张妍)

【组织建设】 3月15日,召开民革东城区委扩大会,全国政协委员、区委副主委传达全国“两会”精神,介绍典型发言,并从个人角度谈参会感受。年内,吸收优秀人才加入民革组织,建立加入民革组织申请人集体约谈与单独约谈相结合机制。做好民革党员培训教育工作和后备干部培养工作。印发《民革市委基层组织工作手册》,完善《区委支部工作条例》。召开支部经验交流座谈会,开展活动有特色的4个支部,结合各自特点做经验交流。组织各支部主委参加民革北京市委基层组织工作会议,与兄弟区县支部进行工作交流,借鉴经验。全年各支部活动50余次,其中一支部组织赴天津考察交流,二支部组织学习毛泽东“五一宣言”,三支部邀请连续15年采访报道“两会”新闻的民革党员讲述“两会”所见所闻,四支部与九三学社中科院植物所分社开展交流活动,五支部坚持常年按月到社区义诊,六支部组织参观中山公园中山堂,拜谒孙中山先生像,纪念孙中山先生逝世88周年,七支部组织到老冀东抗日根据地——河北省遵化市鲁家峪参观、调研,八支部组织与抗战有关的系列活动,九支部参加国家机关工委组织的基层组织参政议政研讨班,十支部组织参观宋庆龄故居,十一支部接待台湾精英青年暑期实习团,十二支部组织书画家为灾区献字献画,十三支部为中粮大厦员工义诊,十五支部组织健康美食讲座,十六支部赴珐琅厂参观调研等。 (张妍)

【祖国统一工作】 春节前夕,与区台办领导前往五十五中学慰问在京就读的台湾学生。4月11日,参加区台办组织的对台工作培训会议。4月26日,召开祖国统一工作会。6月21日,参加东城区涉台部门研讨会,学习《北京市东城区对台规划纲要(2013—2016)》,9月11日,召开“三胞联谊会”,邀请民革中央联络部一处处长作对台工作形势报告,区台办主任从加强基层对台工作力度、加强涉台宣传、提高两岸文化、教育交流、做好台商工作等方面介绍区对台工作情况。(张妍)

【社会服务】 春节期间,为70岁以上民革老党员送去慰问品。8月4日,民革东城区委牵手关爱孤残儿童志愿者活动在朝阳区高碑店乡半壁店村的“365晨光宝贝之家”启动,民革党员志愿者们以捐赠物品、义诊、帮教、心理关爱互动等形式,向孤残儿童献出爱心,《团结报》进行专题报道。年底,由于场地问题“365晨光宝贝之家”搬到昌平,民革东城区委组织捐赠空调、热水器及电饭煲、电磁炉等小家电,送去民革党员自种的1000斤大白菜和500斤南瓜以及一些生活用品。 (张妍)

【纪念五一口号发布65周年】 4月12日,召开纪念五一口号发布65周年座谈会。中共东城区委统战部副部长结合五一口号发布65周年,从政党制度的特点、优势、多党合作内容和形式等方面,作题为《坚持和完善中国共产党领导的多党合作和政治协商制度》辅导报告。民革党员围绕五一口号与中国梦、抗战胜利后中国和与战问题的思考、纪念五一口号体会发言。开展纪念五一口号发布65周年征文活动,择优编入《民革东城通讯》。 (张妍)

【纪念抗战胜利68周年】 6月24日,纪念抗日战争胜利68周年、长城抗战80周年,民革东城区委开展相关主题活动。组织抗战国民党将领黄维将军之女、张治中将军之孙等民革党员,参加中国人民抗日战争纪念馆举办的抗战将领后代趣味运动会。9月3日,走访慰问民革老党员中的抗战老兵,送慰问品。9月12~13日,组织民革东城区委委员、支部主委到河北遵化石门镇29军抗日烈士陵园和迁西县喜峰口长城抗战遗址举行以“缅怀先烈 振奋精神 共同构筑中国梦”为主题的纪念、教育活动。9月28日,部分民革东城区委党员应邀参加在北京卢沟桥中国人民抗日战争纪念馆举办的由关爱抗战老兵公益基金发起、中华社会救助基金会主办的“纪念抗日战争胜利68周年暨慰助抗战老兵献花义捐活动”。 (张妍)

【特色活动】 年内,配合民革北京市委以录制影像资料等形式,对民革东城区委老党员、黄埔老人专题采访,记录他们接受中国共产党领导,走多党合作道路的事迹。第一支部举办成立60周年庆典活动暨“夫人支部忆甲子·雅言情思10周年暨《集雅臻言》诗文集首发式”,民革中央副主席、民革北京市委主委傅惠民,民革中央副主席何丕洁,黄埔同学会会长林上元及民革中央、民革市委、中共东城区委统战部、民革东城区委等有关领导参加。会上,第一支部主委介绍支部历程、雅言诗文社概况和诗文选《集雅臻言》。进行《集雅臻言》赠书仪式。此次活动在《团结报》和香港《文汇报》上进行专题报道。召开三八妇女节联谊会。出版以健康饮食为主要内容的《肉蛋禽消费常识》手册。对民革老党员进行采访,加强史料留存工作。 (张妍)

民盟东城区委

【概况】 中国民主同盟北京市东城区委员会(简称民盟东城区委)成立于2011年6月19日。主委王钢,常务副主委1人,副主委5人,委员14人。民盟东城区委下设组织部、参政议政部、宣传部、社会服务部、专委会工作部。有民盟基层委员会2个,基层总支1个,基层支部56个(区属单位支部23个,市属单位支部4个,中央单位支部29个),盟员1499人。盟员中有市人大代表2人、区人大代表2人,全国政协委员5人、市政协委员4人、区政协委员33人(其中政协副主席1人、政协常委9人),市委、市政府特约监察员2人,区委、区政府特约监察员5人。

年内,民盟东城区委学习贯彻中共十八届三中全会精神和统一战线理论知识,参加盟中央、盟市委和中共东城区委统战部组织的各种理论学习班、专题研究班和党派干部骨干培训班,围绕区大事、要事开展调查研究,了解和反映群众要求,参政议政,履行参政党职能,组织盟员开展社会服务、慰问等活动。民盟东城区委被民盟北京市委授予思想宣传工作优秀集体称号,撰写的《深入基层,突出新意——民盟东城区委参政议政工作》被授予先进典型工作经验称号,被中共东城区委统战部授予年度信息工作先进单位称号,被东城区政协授予年度社情民意信息工作先进单位称号。民盟东城区委冶金委员会被民盟北京市委授予思想宣传工作先进集体称号。民盟东城区法律支部连续两年在北京市民主党派“凝心聚力”工程总结大会上受到表彰,《倾注大爱服务社会建设,尽心履职锻造活力支部》的经验被树为北京市民主党派基层典型经验。文汇中学支部《凝心聚力,创新发展——文汇中学支部青少年思想道德建设实践活动》被民盟北京市委授予典型工作经验。民盟东城区委北京市第二十二中学支部和法律支部2个基层组织被民盟北京市委授予先进基层组织称号。民盟东城区委专职干部代表东城区统战系统参加区直机关工委组织的“中国梦 我的梦”主题演讲比赛,获得优秀奖。

单位地址:东城区幸福大街32号409室

联系电话:64023777 87556409 邮政编码:100061 (翟洋)

【参政议政】 1月7日,区政协十三届二次会议上,民盟界别政协委员代表民盟东城区委作《加快资源循环体系建设,提升生态文明水平》大会主题发言。2月28日,在上年度东城区民主党派调研工作总结表彰会上,民盟东城区委4篇调研报告分别获民主党派调研成果一、二、三等奖,其中,《关于东城区景区旅游商品现状的调研》获一等奖,《关于东城区中轴线周边文化遗产保护的调研》和《关于创建东城特色的国家公共文化服务体系示范区的调研》分获二等奖,《关于以美术特色学校助飞“国际化现代化新东城”建设的调研》获三等奖。4月27日,民盟东城区委在北京广播电视大学东城分校309会议室,召开一届六次全委扩大会暨年度参政议政工作部署表彰会。参与上年调研、信息工作的受表彰盟员代表和调研课题组负责人30余名盟员参加。10月29日,民盟东城区委召开一届七次全委扩大会暨调研推动会。民盟东城区委领导班子成员及部分区委委员34名,调研组相关人员及部分参政议政骨干参加。年内,民盟东城区委组织骨干盟员参加东城区民主党派团体协商通报会、区情通报会、党风廉政工作情况通报会,主委代表民盟东城区委提出意见、建议,民盟东城区委中的33名政协委员参加。民盟东城区委获党派优秀提案奖,2名盟员获个人优秀提案奖;6名盟员获优秀政协委员称号;6名盟员获优秀社情民意信息工作者称号;1名盟员获东城区委统战系统优秀信息员一等奖。全年报送信息171条,被采用72条,涉及经济、城市管理、文化、民生、医疗等多方面。其中全国政协采用1篇,北京市委市政府采用2篇,北京市政协采用3篇,东城区政协采用20篇,其他部门采用42篇。获区领导批示7篇,多项意见建议被市、区两级政府部门采纳,《运用网络科技,创建东城特色的国家公共文化服务体系示范区》的调研,被民盟北京市委采用转化为提案上报市政协,得到市领导郭金龙批示。 (翟洋)

【组织建设】 2月22日,二十五中支部盟员看望革命老军人。3月27日,北京五中支部举行学习“十八大”精神研讨会。3月22日,东城工业支部在东城区社区学院召开支委会。4月8日,民盟东城区委主委就“文化艺术教育进社区”课题,到北京广播电视大学东城分校大泽泉书苑工作室调研。4月17日,民盟二十五中支部在帽儿小学组织版画制作活动。5月3日,工业支部和东城经济支部联合组织盟员针对房地产市场投资方向方面问题召开座谈会,盟员30人参加。5月24日,民盟国家林业局支部在职盟员与民盟东城区委常务副主委及专职干部组成调研组赴延庆县松山国家级自然保护区开展生态文明建设专题调研。6月11日,科技支部赴怀柔调研旅游商品开发设计,并为当地经济合作社提供咨询指导。民盟北京市委专职副主委宋慰祖参加。6月14日,全国人大常委、民盟中央副主席龙庄伟到北京汇文中学考察调研。民盟中央社会服务部副部长段海溪、民盟北京市委常务副主委刘玉芳、民盟东城区委主委王钢陪同考察。7月23日,科技支部建立盟员互访机制,走访再生资源回收利用企业,带动调研工作有序开展。9月15日,科技支部部分盟员参加第四届北京国际山地徒步大会健身休闲组10公里红色之旅徒步行走活动。9月27日,民盟东城区委工业支部组织盟员参观五道营艺术沙龙。10月8日,工业支部与海淀北京体育大学支部举办联合活动,参观圆明园遗址公园。10月20日,科技支部盟员参加曾凡恕画迹展开幕活动。12月5日,科技支部召开三中全会精神研讨会暨信息工作会,民盟北京市委专职副主委宋慰祖出席,民盟东城区委常务副主委及盟员20余人参加。12月24日,民盟东城区委主委王钢和常务副主委到民盟国家林业局支部进行调研走访。年内,发展新盟员44人,其中女性30人,平均年龄37岁。向民盟北京市委推荐盟员45人进入后备干部人才库。民盟东城区委把工作重心由区级组织建设向基层支部建设延伸,把民盟工作发展基调定位为“基层基础建设”年。在支部中开展“四个一”(开展一次有意义的活动、发展一名新盟员、撰写一篇社情民意、完成一篇调研课题)工程活动,对专委会提出“四个一”工作任务。健全专委会班子建设,任命一批中青年骨干盟员为专委会副主任。崇文科技支部、国家林业局支部、交通部支部、煤炭部支部、劳动部支部、崇文经济支部等6个支部完成换届工作。文汇中学支部成立,基层支部扩大到56个。 (翟洋)

【思想建设】 6月,在盟内开展以“重温民盟历史,文化精神传承”为主题的征文活动,7篇优选征文参选中共东城区委统战部征文活动。8月20~21日,民盟东城区委常务副主委、副主委和委员4人参加民盟北京市委在怀柔雁西山庄举办的民盟北京市委十一届四次全委(扩大)会议暨年度暑期学习班。9月23~26日,民盟东城区委委员和专职干部代表参加中共东城区委统战部和区社会主义学院组织的各民主党派、团体代表人士赴陕西爱国主义教育和革命传统教育异地教学活动。12月17日,民盟东城区委召开一届八次全委扩大会,学习和讨论区政府工作报告和区委十一届六次全会报告。民盟东城区委领导班子成员及委员、政协委员12人参加。年内,民盟东城区委组织盟员参加民盟北京市委、北京市社会主义学院、中共东城区委统战部、东城区社会主义学院等部门举办的学习贯彻“十八大”精神、十八届三中全会精神、“两会”精神和骨干成员培训等方面学习培训班。(翟洋)

【社会服务】 年内,民盟东城区委组织开展“民盟东城区委法律服务进社区”——北京市社会建设专项资金项目“家事法律服务平台”宣讲活动。支持民盟法律支部启动“幸福留言——中华遗嘱库”公益项目。促进盟中央社会服务部与汇文中学达成赴贵州毕节支教合作意向。 （翟洋）

【开展特色活动】 1月22日，举办迎新春慰问老干部活动。1月24日，举办新春联谊会，东城区政协副主席邵鹏，民盟北京市委、中共东城区委统战部有关领导，民盟东城区委班子成员出席。55个支部的350余名盟员参加。10月11日，举办以“九九重阳话健康”为主题的养生讲座活动，区委主委和常务副主委及各支部30余名离退休老盟员参加。12月7日，组织盟员参观在中国妇女儿童博物馆举办的“新中国百位女性第一与中国梦”展览。12月24日，民盟东城区委主委和常务副主委对离退休老干部、老盟员进行家访。 （翟洋）

民建东城区委

【概况】 中国民主建国会北京市东城区委员会（简称民建东城区委）成立于2011年6月18日。孙占军任主委。2012年8月，民建东城区委主委调整，原主委孙占军提出辞职，选举张树华为主委，副主委及秘书长8人、委员24人。相继成立专委会14个即：参政议政委员会、组织建设委员会、理论委员会、法制委员会、信息委员会、宣传和学习委员会、经济委员会、财政金融委员会、企业委员会、社会服务委员会、会员活动委员会、青年委员会、老龄委员会、妇女委员会。支部41个，会员1587人，会员中有区人大常委4人，全国政协委员2人、区政协副主席1人、常委4人。

年内，民建东城区委学习贯彻上级指示精神，统一认识，团结协作，形成合力，各项工作实现稳步推进，保证工作延续性。严格执行主委会议制度，加强基层组织建设和队伍建设，提高认识，履行职能，扩大参与面，为各项建设建言献策。加强社情民意信息组织报送工作，开展适合自身特点工作，开创社会服务工作新局面。

单位地址：东城区幸福大街32号

联系电话：64023933　87556406　邮政编码：100061 （路泽真）

【参政议政】 4月1日，召开民建东城区委年度调研工作开题会，确定4个课题：《关于社区养老的资源配置问题调研》《关于打造首都高端艺术品交易集聚区的研究》《关于推进高端服务业发展的研究》《关于如何缓解交通拥堵问题的调研》。4月27日，部分委员参加区委、区政府召开的东城区统一战线纪念中共中央发布“五一口号”65周年座谈会。6月17日，在区政协举办的第二次“政协讲堂”活动上，区政协副主席、民建东城区委主委张树华作题为《全球视野中的中国政治发展道路比较》的报告。区领导徐鸿达等及区政协委员，政协机关干部200余人参加。6月26日，北京市政协召开《关于进一步推进北京世界文化遗产保护与完善的提案》重点督办提案办理座谈会。民建东城区委会员、故宫博物院研究员1人，民建东城区委会员、北京歌华文化发展集团副总经理参与调研全过程。11月12日，区发改委组织召开雍和园扩园后功能区发展调研座谈会，雍和园管委会、东二环城管办、龙潭湖体育产业园区及和平里新区有关负责人参加。全年报送信息136条，采用率达30%。《新东城民建》发刊12期，其中特刊2期。市委网站刊登东城区稿件近70篇，其中区县报道专栏中刊登51篇；社会服务、信息、参政议政、会员风采等栏目刊登近20篇。《北京民建》刊登部分稿件和照片。 （路泽真）

【组织建设】 上半年，开展调研，摸清基层组织底数。经过分析，针对支部不同情况，提出“调整、换届、重组”系列工作方案。5月27日，经主委会议通过，出台“支部换届、调整”系列工作文件。对党派基层组织和在地区街道对接进行尝试，对15个支部进行换届、调整，将19个支部对应东城区19个街道，保留行业支部，重新调整支部名称。对近三分之一支部进行支委会改（增）选。3月，举办新会员培训班，学习了解会史、会章及如何撰写参政议政、反映社情民意文章。11月，举办骨干会员培训班，为民建市委各专委会推荐后备人才。11月，组织民建东城区委委员和支部主任到天津进行支部组织建设工作交流。 （路泽真）

【社会服务】 4月20日，四川雅安发生地震后，民建东城区委向会员发出倡议，捐款捐物救助灾区，收到会员捐款11.78万元。4月21日，组织会员到怀柔欧亚山庄参加植树活动，200余名会员参加。5月16日，与民建市委社服处领导到怀柔县怀北镇新峰村考察，对其建设和发展提出建议，被新峰村采纳。8月19～22日，民建东城区委有关领导自费赴四川省雅安市芦山县，将会员捐赠雅安地震灾区的第二批捐款送到芦山县教育局，专项援建芦山县三江村小的灾后重建项目。并与民建雅安市委交流和探讨两地社会服务工作。9月17日，在配合民建市委社服处对怀柔县怀北镇新峰村老年人进行中秋慰问的同时3名医疗专家会员和3名法律专家会员为该村村民提供免费医疗义诊和法律咨询。民建北京市委常务副主委任学良等有关领导参加。9月22日，与民建雅安市委正式签订“结对子”友好协议。区领导周永明、民建北京市委领导任学良等民建中央、市委、区委相关领导参加。重阳节前夕，民建东城区委社服委应朝阳门街道邀请，与朝阳门街道和昌平区东小口镇合办的东篱老人乐园建立联系，并对这里的老人进行慰问，向他们提供法律咨询和义诊。11月24日，基层支部的50余名会员到朝阳区高碑店村参观考察，了解高碑店村发展历程。为“新农村”建设及“城中村”改造建言献策。年内，民建东城区委社服委不断推进会员权益保障工作，通过面谈、电话、邮件等多种方式为会员提供法律、医疗等方面的服务；并应会员申请为权益受到侵害的会员、企业提供专项服务50余次。东四支部邀请民生银行专家在东四奥林匹克社区中心为百姓举办题为“金融文化走近大众生活”金融文化讲座。社区35名群众参加。永外支部协同民建北京市委到北京SOS儿童村，开展“送营养送健康”活动，为孩子送去六一祝福和价值万元的爱心食品和玩具。永外支部和综合二支部联合发起，民建东城区委社服委协办，在景泰公园举办“世界环境日——民建真情在社区”活动。

民建中央社会服务部副部长夏赶秋出席,民建市委、区委等有关领导和社区居民50名参加。向社区居民发放环保购物袋500个。（路泽真）

【第二届金秋行健步走活动】 9月21日,民建东城区委“第二届金秋行健步走”活动在奥林匹克森林公园举行。民建北京市委主委王永庆致辞,中共东城区委统战部、民建东城区委有关领导及200余名会员参加。（路泽真）

民进东城区委

【概况】 中国民主促进会北京市东城区委员会(简称民进东城区委)成立于2011年6月11日。主委罗强,副主委6人、秘书长1人、委员13人。民进东城区委下设参政议政工作领导小组、调研委员会、信息委员会、文化委员会、教育委员会、青年委员会、宣传委员会、组织发展委员会和社会服务委员会。有基层支部62个,会员1346人。会员中全国人大代表1人、市人大代表2人(其中常委1人)、区人大代表7人,全国政协委员1人、市政协委员3人(其中常委1人)、区政协委员28人(其中政协副主席1人,常委5人)。担任中共东城区委、区政府特约监察员4人。

年内,学习贯彻“十八大”精神和“五一口号”,坚定信心、统一思想,开展区委工作;发挥各方力量,履行参政议政职能;凝心聚力,完成会员发展任务;团结各界,开展社会服务工作。举办新春联欢会和电影招待会,欢迎新会员入会。民进东城区委成立青年委员会,获民进中央颁发的民进全国宣传思想工作先进集体称号,民进市委颁发的先进组织称号,会员1人获北京市民主党派年度优秀人物称号,会员2人获区政协优秀委员称号,民进东城区委获区政协社情民意信息工作先进单位称号,会员3人被区政协评为优秀社情民意信息员。

单位地址:东城区幸福大街32号

联系电话:64008408　邮政编码:100061　（苑晓红　陈颖）

【参政议政】 1月7～9日,在东城区政协第十三届第二次会议上,民进东城区委获党派优秀提案,1名会员提案获政协个人优秀提案,2名会员获优秀政协委员称号,1名会员获社情民意优秀工作者称号。2月28日,在中共东城区委统战部召开的上年度民主党派调研工作总结表彰会上,民进东城区委有4篇调研报告获奖,《关于在东城区建立北京四合院博物馆的调研报告》获一等奖,《关于做好“失独家庭”抚慰工作的建议》获二等奖,《关于加强社区文化志愿者组织建设推进东城区创建国家公共文化服务示范区的建议》以及《关于我区山西天镇县蔬菜直销店对百姓生活如何起到实效的调查和建议》获三等奖。3月25日,在中共东城区委统战部召开的年度统战系统信息工作会上,1名民进区委委员获得统战部优秀信息员一等奖。4月11日,民进东城区委主委罗强参加区民主党派工作会议,交流年度工作思路。4月12日,民进东城区委召开参政议政总结表彰会暨年度工作部署会。会议总结上年参政议政工作,对年度工作提出要求,表彰先进个人18名,先进集体3个。5月17日,参加中共东城区委统战部组织的区情通报会。7月3日,民进东城区委召开政协委员、区委委员议政会,介绍撰写社情民意信息总体情况,并对写社情民意信息有关注意事项进行说明,对社会热点问题进行议政讨论。7月15日,参加民主党派和人民团体协商通报会,讨论中共东城区委全会上半年工作报告。7月30日,参加中共东城区委统战部组织的区情通报会,区发改委介绍东城区经济工作情况。10月20～24日,1名会员参加民进市委与民进重庆市委参政议政工作交流活动。11月15日,参加东城区党风廉政建设工作情况通报会。12月5日,参加中共东城区委统战部组织的关于增补区政协委员的党派协商会。12月19日,民进东城区委部分骨干参加区党外人士协商通报会,对人事安排及《中共东城区委十一届六次全会上的报告》(征求意见稿)和《2013年东城区政府工作报告》(征求意见稿)协商通报提出修改意见。主委罗强对报告中有关文化人才队伍建设、生态环境建设和东城区国家学生体质健康监测中心建设等有关工作提出建议。12月31日,在区政协表彰大会上,民进东城区委提案《关于做好“失独家庭”抚慰工作的建议》获党派团体优秀提案。1名会员的《推动东城区低碳服务业全面发展》一文被《新东城政协报》收录。全年,民进东城区委报送各类社情民意信息160余篇,被民进市委、民进中央、市委统战部、市政协、市政府办公厅采用30篇,获市级领导批示1篇。（苑晓红　陈颖）

【组织建设】 1月23日,民进东城经济综合支部在三里屯德云社召开新春团拜会。会上,总结上年工作,确定年度工作任务,对上年提交提案及社情民意稿件的8名会员进行表彰和颁奖。民进东城区委相关领导参会。3月6日,民进东城区委五中分校支部与民进中央开明画院举办书画笔会。3月19日,民进北京市第五中学分校支部召开组织生活会,会上,制定并通过支部本学期工作计划和重点工作,近20名会员参会。3月29日,民进北京市第五中学分校支部组织会员到武汉实验外国语学校参观学习。3月29日,民进东城区委召开青年委员会(原东城青年工作专委会和原崇文青年会员联谊会调整为民进东城区委青年委员会)工作启动会暨纪念“五一口号”发表65周年座谈会,介绍青委会调整目的和工作内容,对青年会员进行思想教育,并发出纪念“五一口号”征文号召,征集纪念文章13篇,均在民进市委网站登出。3月31日,民进北京市东直门中学支部举办迎新送老联谊会,会议再次明确民进组织参政议政作用。20余名新老会员、积极分子参加。4月20日,民进东城经济综合支部召开议政会,并对获民进东城区委参政议政优秀个人会员进行表彰。民进东城区委专职副主委、秘书长参加,就如何撰写社情民意信息、调研报告提出建议并对组织发展工作提出要求。4月25日,民进东城青年委员会组织会员看望老会员。4月28日,民进市委到民进东城经济综合支部召开座谈会,开展民进企业家联谊会走访区级民进组织活动。民进东城区委相关领导参加。5月7日,民进东城成人教育支部召开新会员发展会,发展1名会员。5月21日,东城区教育研修学院党总支联合民进东城成人教育支部及其他党派成员参观中国电影博物馆。6月5日,民进北京市第十一中学支部召开支部工作会,支部会员和民进东城区委相关领导参加。6月10日,北京市第五十四中学党、团员及民进北京市第五十四中学支部会员60余名到冀热辽挺进军司令部所在地,为预备党员召开发展大会,并参观冀热辽挺进军司令部历史陈列展。9月8日,民进东城小学联合三支部在东城区少年宫庆祝第29个教师节,并就会员如何写社情民意进行培训。9月10日,民进东城成人教育支部开展"慰问教师节当天工作在一线会员"活动。10月11日,民进东城区委召开"创先争优活动"宣传动员会。会上,布置开展"创先争优活动"实施方案,提出以"创先争优活动"为契机,开展好支部建设,争创优秀支部要求。10月至12月,民进东城各支部响应民进东城区委号召,开展关爱空巢老人活动,并写出调研报告。10月14日,民进北京市崇文门中学支部走访2户空巢老人;10月17日,民进东城小学联合三支部组织敬老活动,为老人送去牛奶、水果等慰问品;10月18日,民进东城成人教育支部开展慰问活动;10月23日,民进北京市第五中学支部到交道口街道菊儿胡同社区看望"空巢老人",为老人送去电热毯、牛奶等用品;10月23日,民进北京市第二十四中学支部到建国门街道外交部社区探访"空巢老人",为老人送去油、米、点心等日常必需品;10月25日,民进东城区特殊教育学校支部深入空巢老人家提供帮助;10月29日,民进北京市第五中学分校支部会员到北锣社区纱络胡同慰问社区"空巢老人";11月11日,民进东城经济综合支部慰问88岁高龄战斗英雄;12月25日,民进北京市第五十四中学支部3名会员和2名学生,到东城区和平里社区,与社区工作人员一道,为2家空巢老人送去关爱和祝福。10月19日,民进北京景山学校支部组织会员到延庆百里山水画廊秋游。会员讨论社会问题、生态环境问题,对保护环境提出建议。11月26日,民进北京市第二中学分校支部组织会员慰问社区贫困家庭老人。11月28日,民进北京市第二中学支部会员参观国家博物馆"列支敦士登王室珍藏展和法国卢浮宫博物馆藏文物精品展"。12月7日,民进东城成人教育支部组织会员观看周末相声俱乐部演出。12月23日,民进北京市第二中学分校支部召开迎新辞旧总结会,总结年度工作,展望下年工作。12月30日,民进北京市第五中学支部在学校会议室召开党派座谈会,会员提出参政议政建议。全年民进东城区委发展新会员51名,完成会员发展任务。（苑晓红　陈颖）

【思想建设】 3月20日,在东城区少年宫多功能厅举行学习全国"两会"精神报告会,邀请全国政协委员俞金尧解读"两会"精神。民进东城区委班子成员、部分委员、区政协委员和民进会员参加。5月30日,在北京市前门外国语学校召开校长座谈会,研讨教育系统党派后备人才培养和使用问题。8月12日,在北京市民主党派人民团体大楼举办主题为"爱我中华　共筑中国梦"暑期培训,结合生态文明建设和维护国家主权两个主题进行培训,会员80余人参加。8月13~14日,组织会员游览天津蓟县盘山和独乐寺,增进会员间友谊和交流。10月25日,与区文委文教科联合组织在史家胡同博物馆举行调研座谈会,参观史家胡同博物馆。调研课题牵头人,与文委和各街道相关人员交流课题中的具体问题。部分会员对社区博物馆建设提出建议。12月17日,民进东城区委专职副主委、秘书长及专职干部参加中共东城区委统战部组织的民主党派专职干部工作会。（苑晓红　陈颖）

【社会服务】 3月7日,民进东城区委庆祝三八妇女节,举办面向民进女会员专题讲座,聘请国内时尚化妆界知名讲师主讲丝巾的选择与搭配。女会员120余人参加。4月13日,民进东城区委组织民进政协委员、民进区委委员和部分民进会员参观北京利尔高温材料股份有限公司,并与公司人员交流有关企业如何做好减能排污工作以及企业转型发展等方面问题。9月29日,民进东城区委经济综合支部携捐赠物资赴张家口万全县北新屯小学开展"献爱心,捐资助学"活动,将教学投影仪、液晶电视、平板电脑、手风琴等物品交到学生手中。10月至11月,开展主题为"敬老月·关爱空巢老人"活动。召开空巢老会员金秋茶话会,空巢老会员10余人参加,对社会养老问题发表看法。10月至12月,17个支部走访慰问32户空巢老人,为老人送去价值7000元的食品、洗涤用品、保暖用品等慰问品。（苑晓红　陈颖）

农工党东城区委

【概况】 中国农工民主党北京市东城区委员会(简称农工党东城区委)成立于2011年6月。主委危天倪,副主委4人,委员12人,基层支部23个,党员787人。党员中有市人大代表2人、区人大代表5人,全国政协委员1人、市政协委员2人、区政协委员23人(其中副主席2人、常委3人),农工党市委委员7人(其中常委2人),担任区各级特约监察员及监督员4人。

年内,组织学习培训,加强自身建设,组织党员学习十八届三中全会精神;定期召开农工党东城区委会、主委会6次;开展调研,撰写提案,建言献策,上报调研报告3篇;参加中共东城区委、区委统战部组织的各种通报协商会议,履行参政党职责;组织义诊咨询,服务社会活动3次;开展慰问活动,春节前夕,走访慰问老领导、老党员。被农工党中央评为社会服务工作先进集体。

单位地址:东城区幸福大街32号

联系电话:87556402　邮政编码:100061　（陈芃　杨凯）

【参政议政】 年内,农工党东城区委领导参加协商通报会5次,就区经济社会发展及中共东城区委年度工作报告、区政府工作报告提出建议和意见。完成《关于优先推动中医健康文化产业发展的建议》《社区卫生服务在居家养老中的作用及存在问题的研究》《关于北京市中小学生体质健康现状的调研及相关建议》3篇调研报告并转化为区政协提案。向农工党北京市委宣传处、中共东城区委统战部调研组报送信息59条。（陈芃　杨凯）

【组织建设】 1月17日,召开一届三次主委会。会议对新春联谊会暨表彰会进行部署安排,对班子成员分工、经费预算情况及成立老龄委员会进行讨论,主委及副主委3人参加。3月14日,召开一届九次全委(扩大)会。会上,通报工作完成情况和下阶段工作安排,宣读农工党市委《中国农工民主党北京市委员会组织发展工作细则(草案)》。参会人员讨论年度调研工作及其他工作安排。农工党东城区委领导、区委委员、支部主任参加,后备干部、新党员列席。7月1日,召开一届四次主委会。会上,通报农工党东城区委上半年工作开展情况及下半年工作计划。副主委2人介绍各自所负责的调研报告进展情况。会议讨论并部署下一阶段党员培训及调研工作安排,主委及副主委3人参加。7月11日,召开一届十次全委(扩大)会。会议通报上半年工作开展情况。讨论下半年工作安排,部署支部届中调整、成立专委会、学习培训安排等工作。会上,各支部主任(代表)介绍本支部申请入党人员基本情况,对支部《党员信息表》填报情况进行说明,农工党东城区委主委、副主委、委员及支部主任(代表)18人参加。10月25日,召开一届十一次全委(扩大)会暨信息工作会。会议通报农工党东城区委1~3季度社情民意信息上报工作情况,并具体说明工作面临的问题。提出第四季度社情民意信息重点选题及要求,农工党东城区委主委及副主委1人与区委委员、支部主任、支部信息员30余人参加。12月6日,召开一届十二次全委(扩大)会暨支部工作总结会。会议宣布东三支部、人民医院、综合支部届中调整后的主要负责人。对成立专委会和联谊会负责人人选征求意见。各支部主任汇报支部年度工作情况总结,农工党东城区委主委、副主委及区委委员、各支部主任参加。年内,发展新党员19人,其中医药卫生界11人,其他领域8人。　(陈芃　杨凯)

【思想建设】　12月6日,农工党东城区委举办学习中共十八届三中全会精神报告会。邀请中央社会主义学院副院长作题为“学习党的十八届三中全会精神”辅导报告。报告围绕《中共中央关于全面深化改革若干重大问题的决定》,从十八届三中全会召开的历史背景、会议内容及改革举措等方面全面解读,报告会还重点解读关于发展协商民主的相关内容,农工党东城主委、副主委、各支部班子成员60余人参加。

(陈芃　杨凯)

【社会服务】　5月31日,农工党东城区委永定门外社区卫生服务中心支部开展“远离烟草享受健康生活”咨询宣传活动。农工党东城区委第一人民医院支部全体党员,在医院门诊大厅举办以“建设美丽中国,享受健康生活”为主题的义诊咨询活动。8月9日,农工党东城区委组织党员赴赤峰开展义诊交流活动,为100余名患者诊治。11月15日,农工党东城区委组织20名党员到寸草春晖养老院进行义诊,为养老院60余名老人义诊。11月14日,第一人民医院支部以“科学引领创新,发展促进和平”和“糖尿病教育与预防”为主题举办义诊宣传与咨询活动。四川雅安地震发生后,农工党东城区委组织党员向灾区捐款1.70万元。　(陈芃　杨凯)

【特色活动】　4月1日,农工党东城区委组织退休党员到昌平区草莓博览园参加“首届北京农业嘉年华”活动,退休党员50余人参加。6月1日,农工党东城区委与社科院支部共同组织党员赴天津参观调研。活动中大家参观中新天津生态城、达仁堂制药厂和杨柳青石家大院,党员30余人参加。11月8日,农工党东城区委联合综合支部组织党员赴河北安国参观药材市场。新老党员20余人参加。　(陈芃　杨凯)

致公党东城区委

【概况】　中国致公党北京市东城区委员会(简称致公党东城区委)成立于2011年6月25日。主委刘超英,常务副主委1名、副主委4名,秘书长1名,委员10名。下设专委会4个:参政议政、文化工作、妇女工作、乐龄工作。有基层支部11个,党员358名。党员中有全国人大代表2名、市人大副主任1名、区人大常委1名,全国政协委员2名、市政协委员2名(其中常委1名)、区政协委员20名(其中常委6名),全国侨联海外委员1名,黑龙江省人大代表1名,区侨联委员9名(其中副主席4名),担任区委、区政府各部门聘请的各类特邀监察员、信息员等9名。致公党中央委员4名(其中常委1名)、致公党市委委员9名(其中主委1名、副主委1名、常委1名),致公党市委各专委会主任2名、副主任15名、秘书长4名及委员67名,聘请特约通讯员8名。

年内,学习“十八大”精神,贯彻全国“两会”精神,组织学习习近平总书记一系列重要讲话精神,引导致公党东城区委党员把思想和行动统一到会议确定的目标和任务上来,提高政治把握能力和思想政治素质。发挥自身优势,调查研究,建言献策,践行社会主义民主协商,履行致公党员职责,用实际行动巩固多党合作良好局面。致公党东城区委被中国致公党中央委员会授予参政议政工作先进集体。1名副主委被中国致公党中央委员会授予参政议政工作先进个人。致公党东城区委第九支部被致公党市委评为年度优秀支部。华夏董氏兄弟集团执行董事(本党党员)获民政部颁发的第八届中华慈善奖。1名党员获中国旅游商品大赛金奖。1名副主委被授予第八届“世界针联”司库。

单位地址:东城区幸福大街32号403室

联系电话:87556403　邮政编码:100061　(李辉)

【参政议政】　1月7~9日,在区政协第十三届二次全会上提交党派提案3篇,其中《关于加强东城区中医药文化建设的建议》提案作为大会发言,提交委员提案9篇。提交党派提案《关于激发文化经济发展活力,建设“戏剧东城”的建议》被评为年度优秀提案。2名政协委员个人提案,分别被评为年度优秀提案。致公党东城区委被区政协评为年度社情民意信息工作先进单位。致公党东城区委6名党员被区政协评为年度优秀社情民意信息工作者。致公党东城区委发挥资源优势,选择致公党党员中的部分律师(法律工作者),为政协委员撰写提案提供法律咨询帮助。2月28日,在中共东城区委统战部召开的民主党派调研工作总结表彰会上,《关于东城区文化演艺现状及发展的调研》《关于完善文化法治环境,助推文化东城建设的调研》被评为调研成果二等奖,《关于加强东城中医药文化建设的调研》被评为调研成果三等奖。3月25日,1名党员被评为上年度东城区统战系统优秀信息员二等奖。4月11日,2名党员参加中共东城区委统战部召开的民主党派工作会议。年内,致公党东城区委主委、委员等多次参加党派团体区情通报会、民主党派团体协商会。全年,报送社情民意信息117条,其中中共北京市委、市政府、市政协各采用1条,中共北京市委统战部采用2条,全国政协采用1条、市政协采用4条、区政协采用32条,致公党中央采用8条、致公党市委采用45条,北京市副市长张延昆批示1条、市领导批示2条、区领导批示7条。 (李辉)

【组织建设】 年内,发展新党员12名,其中博士生1名、硕士生10名、本科学历1名,平均年龄38岁。从英国、澳大利亚等国留学归国人员4名,侨眷4名。转出党员2名。3月13日,庆祝三八国际妇女节和迎接"3.15国际消费者权益日",妇委会和乐龄委联合举办《消费者权益保护法》为主题的知识讲座,近40名党员参加。3月26日,第九支部特邀全国政协委员、区委副主委作学习"两会"精神专题报告。4月23日,召开中信集团支部委员会成立大会。五一期间,第一、二、四、九支部、妇委会和乐龄委联合组织党员到国际会议中心,参观第二届中国国际养老服务业博览会。6月14日,组织老党员参观游览"北京最美乡村——柳沟村",体验民俗文化。活动中邀请收藏专家介绍收藏和鉴赏知识,36名党员参加。七一前夕,第六、七、八、九支部联合举办国防教育活动,组织党员参观天津滨海航母、古文化街等。10月13~19日,各个支部组织党员学习习近平总书记重要讲话精神,以及刘云山、郭金龙等中共领导关于向道德模范学习的相关重要讲话,并参观首都博物馆《白山·黑水·海东青——纪念金中都建都860周年特展》。致公党市委主委李昭玲,致公党市委常委、区委主委刘超英,分别作为七、九支部党员参加。10月,启动"四个一"(即每年组织一个好调研、拿出一组好信息、开展一项有意义社会服务活动、过一次高质量组织生活)支部建设活动。 (李辉)

【思想建设】 3月13日,召开致公党东城区委(扩大)会议,传达学习全国"两会"精神和全国政协副主席、致公党中央主席万钢在"两会"期间召开的致公党十四届中常委会第二次会议上讲话精神。7月9日,召开致公党东城区委(扩大)会议,传达学习中共中央关于群众路线教育实践活动有关精神。10月16日,区委主委刘超英及区委委员、支部委员22人参加致公党市委开展以"加强自身建设,服务首都发展"为主题的"走基层、转观念、改作风"活动。11月28日,召开致公党东城区委(扩大)会议,学习中共十八届三中全会精神,区委委员、支部委员及部分党员20人参加。年内,组织区委委员、骨干党员、新党员参加各类培训班、学习班8次。 (李辉)

【社会服务】 1月11日,致公党东城区委1名党员倡导的"薪火相传"全球华人汉字书写文化工程,在首都师范大学国际文化大厦举行新闻发布会。4月13日,致公党东城区委11名党员参加致公党市委在房山区举行的"共建致公林植树活动"。4月,36名党员为四川省雅安市地震灾区捐款2.94万元。7月,文化工作专委会组织"陶笛·悦耳"侨乡行,在海南万宁兴隆华侨农场举办《书法教学书籍》捐赠公益活动。7月底,第五支部党员为贵州省长顺县"诚信文化驿站"图书室捐赠价值2600元书籍,改善县内青少年阅读现状。10月8日,致公党东城区委组织10名党员前往东直门街道敬老院,为26名老人送去1000元慰问品,并演出精彩文艺节目。12月3日,举办践行宣传"中国梦"主题活动,倡导市民终身学习,弘扬汉字书写文化,1名党员在北京天桥街道办事处举办"书写中国梦,薪火代代传"书法公益教学讲座活动。开展"一对一帮扶"活动,6名党员为贵州省大方县星宿乡中心小学10名小学生捐款3000元,此活动已开展3年。 (李辉)

【特色活动】 1月19日,举办上年度工作总结暨年度新春联谊会。会上,总结上年工作,对年度工作思路进行说明;表彰优秀党员71名,优秀信息员22名;对不再担任支部和专委会领导职务的党员宣读致敬信;各支部表演文艺节目。春节前夕,致公党东城区委委员和所在支部委员代表致公党东城区委到老党员家中慰问,向老党员致以节日问候和敬意,并送去慰问品。致公党市委专职副主委谢朝华与中共东城区委统战部副部长及160余名党员参加。3月2日,致公党东城区委6名党员参加致公党市委举办的"展风采、献爱心"为主题的三八妇女节文艺演出,组织50余名党员观看演出。6月8日,组织喜爱摄影的党员前往隆福寺商业街参观,开展影像记录"空中隆福寺"活动。9月23日,举办乐龄党员联谊会,为60岁以上老党员集体过生日。10月21日,致公党东城区委1名党员、欧美同学会留英分会理事应邀出席在人民大会堂举行的欧美同学会成立100周年庆祝大会。 (李辉)

九三学社东城区委

【概况】 九三学社北京市东城区委员会(简称九三学社东城区委)成立于2011年7月3日。主委何厚夫,副主委6人,委员12人,秘书长1人(兼)。有支社19个,社员729人。社员中有市人大代表1人、区人大代表2人,全国政协委员4人、市政协委员1人、区政协委员15人(其中政协常委4人)。

年内,学习贯彻"十八大"和十八届三中全会精神。围绕全市、全区中心工作,履行参政议政、民主监督和社会服务职能。成立青年委员会和妇女委员会2个专委会,成立东城科技园区支社。开展大型义诊活动及召开调研报告研讨评审会2次。九三学社东城区委被九三学社中央评为组织建设先进集体,社员1人获九三学社中央优秀组工干部称号。2个支社获九三学社北京市委社会服务工作先进集体称号,社员15人获九三学社北京市委社会服务工作先进个人称号。

单位地址:东城区幸福大街32号319房间

联系电话:64023773 邮政编码:100061 (高文杰)

【参政议政】 4月27日,九三学社东城区委主委何厚夫等参加东城区统一战线纪念中共中央发布"五一口号"65周年座谈会。11月5日,九三学社中央副主席马大龙到中国中医科学院调研中医药安全性问题,对产生中药安全性问题及主要原因进行讨论。九三学社市委、中共东城区委统战部、中国中医科学院、九三学社东城区委领导班子成员、各支社社员及相关部门特邀人员40余人参加。年内,参加中共东城区委召开的党派团体负责人协商会、情况通报会和座谈会,就中共东城区委工作报告和政府工作报告、人士任免等相关事宜进行协商。参加中共东城区委统战部组织的民主党派调研工作总结表彰会、信息培训及信息工作表彰会和区政协组织的社情民意信息工作会议。九三学社东城区委召开调研工作务虚会,决定文化与科技融合、中医药养生、关注民生建设等作为区委年度调研工作重点课题。召开九三学社东城区委全委扩大会暨调研工作部署会。对与会人员进行如何撰写调研报告专题培训,并部署调研工作。全年组织多次调研座谈会,对相关调研课题进行深入调研。九三学社东城区委撰写并提交调研报告3篇。分别是《促进国家中医药发展改革试验区中医药健康产业发展的调研报告》《关注特殊教育,促进社会和谐发展》和《东城区建设新媒体演艺协同创新平台的调研报告》。上年撰写提交调研报告3篇全部获奖。其中《关于进一步加强东城区网格化社会管理的调研》《关于恢复清太医院文保古迹的调研》获二等奖,《关于东城区社区老年居民安全用药现状的调研》获三等奖。全年报送各类社情民意70篇、信息63篇。有多条得到市区有关领导批示。

(高文杰)

【组织建设】 3月3日,召开九三学社东城区委妇女委员会成立大会。九三学社北京市委副主委方炎、区委主委何厚夫、九三学社市委妇工委、中共东城区委统战部、东城区妇联有关领导出席。18个支社推荐的女性社员60余人参加。5月2日,召开九三学社东城区委青年委员会成立大会。九三学社市委领导方炎、柴文忠,区委主委何厚夫,中共东城区委统战部、团区委有关领导出席。18个支社的青年社员40余人参加。7月3日,召开修改社章研讨会,讨论社章修改问题,社员12人参加。10月22日,举行九三学社北京市东城科技园区支社成立大会。九三学社市委领导方炎、柴文忠,区委主委何厚夫,中共东城区委统战部、中关村科技园区东城园管委会有关领导出席。11月15日,九三学社市委理论研究会、九三学社东城区委与区委社科支社在中国社会科学院院部召开十八届三中全会精神与九三新社章研讨会。九三学社市委领导方炎,中国社会科学院直属机关党委、中国社会科学院统战处、九三学社东城区委及区委社科支社社员20余人参加。12月14日,九三学社东城区委召开全委扩大会。会上,增补区委委员3人,副主委1人。九三学社市委有关领导及九三学社东城区委领导班子成员,各支社主委、副主委等25人参加。 (高文杰)

【思想建设】 7月18~19日,中共东城区委统战部举办民主党派、无党派后备骨干培训班。九三学社东城区委专职干部及8名骨干社员参加。9月13日,九三学社东城区委在区社会主义学院举办九三学社东城区委第一期中青年骨干及新社员培训班。主委何厚夫、副主委、各支社骨干社员及新入社社员80余人参加。 (高文杰)

【社会服务】 5月25日,东城区民主党派、无党派社会服务活动启动仪式暨九三学社医务专家赴安定门街道大型义诊活动在钟鼓楼文化广场举行。主委何厚夫、安定门街道工委和办事处、东城知联会、中共东城区委统战部及九三学社医务专家、八大民主党派相关领导及社区居民200余人参加。启动仪式结束后,来自同仁、北京、天坛、口腔等医院,涉及内科、外科、神经科、口腔科、中医科、儿科等科别的九三学社医务专家20余人为社区居民200余人进行义诊咨询。10月13日,九三学社东城区委在区体育馆路街道国家体育总局社区举办义诊活动。来自天坛医院、同仁医院、北京中医医院、东直门医院、东方医院、普仁医院等医院的内科、外科近10个科别医务专家10余人为社区居民100人进行医疗咨询。年内,组织社员继续对培智学校开展慰问活动。 (高文杰)

【特色活动】 1月17日,九三学社东城区委在区文化馆举办新春团拜会,18个支社社员200余人参加。9月3日,九三学社东城区委召开原东城工委、崇文工委已退休工委委员以上领导干部座谈会,历届工委主委、委员等10人和主委何厚夫及领导班子成员参加。10月15日,九三学社东城区委组织老年社员参观北京园博会,20余人参加。 (高文杰)

台盟东城区委

【概况】 台湾民主自治同盟北京市东城区委员会(简称台盟东城区委)成立于2011年6月。主任委员1人、副主任委员3人(其中专职副主任委员1人)、委员9人。台盟东城区委设台盟中央、全国台联、在职、乐龄四个支部,有盟员94人,盟员中有全国人大代表1人、市人大代表2人、区人大代表1人,全国政协委员8人、市政协委员7人、区政协委员7人,担任市、区各级特约监察员3人,北京市人民检察院特约检查员1人。

年内,台盟东城区委召开会议3次,召开区委主委会议4次。台盟东城区委发挥团队力量,做到信息沟通,集体决策,充分协商。台盟东城区委重视组织建设、制度建设,强化中青年骨干和基层盟员思想建设工作,推荐盟员参加中共东城区委、台盟北京市委、北京市社会主义学院等部门组织的各种学习培训班,尽量安排所有盟员参加学习活动。全年盟员65人次参加关于“十八大”和十八届三中全会会议精神学习、骨干成员培训、盟史教育等多项活动。台盟东城区委获台盟中央地市级参政议政先进集体称号,盟员1人被中央统战部评为年度优秀公务员。

单位地址:东城区幸福大街32号413室

联系电话:87556413 64023833 邮政编码:100061 (王玉燕)

【参政议政】 1月7日,在区政协第十三届二次会议上,台盟东城区委《关于改善台湾文化商务区运营状况的建议》提案被评为上年党派团体优秀提案,1人被评为上年度优秀委员,

3 人被评为上年度优秀社情民意信息工作者。2 月 28 日,上年度民主党派调研工作总结表彰会上,台盟东城区委《东城区古建保护情况的调研》获调研成果三等奖。3 月 25 日,台盟东城区委主管信息工作的副主委参加中共东城区委统战系统信息培训暨上年度信息工作表彰会,1 人获上年度东城区统战系统优秀信息员三等奖。4 月 26 日,台盟东城区委第一次议政会暨参政议政专委会第一次工作会议召开,会议讨论并通过台盟东城区委年度调研课题,讨论如何加强调研及参政议政能力建设。8 月 27 日,台盟东城区委参政议政专委会调研小组成员 6 人到区信息办专题调研智慧城市智慧社区创新工作,调研小组成员参观区智慧城市试点街道——东直门街道。12 月 7 日,在台盟北京市委年度参政议政工作总结表彰会上,2 人被评为年度参政议政先进个人,3 人获年度信息先进一等奖,3 人获年度信息先进二等奖,7 人获年度信息先进三等奖,台盟东城区委《东城区古建保护情况的调研》被评为年度优秀调研报告二等奖。年内,组织骨干盟员参加区民主党派团体协商通报会、区情通报会、党风廉政工作情况通报会,主委和副主委分别代表台盟东城区委发表意见、建议。全年上报信息 110 条,其中被全国政协、中央统战部采用 4 条,被中共北京市委、市政府、市政协、市委统战部采用 5 条,被区政协、中共东城区委统战部采用 59 条,被区级领导批示 2 条,被市级领导批示 1 条。台盟东城区委社情民意信息工作在区政协 27 个界别中排名第三。 (王玉燕)

【组织建设】 5 月 29 日,乐龄支部在保利艺术博物馆组织参观活动,16 名老盟员参加。8 月 26 日,全国台联支部骨干成员参加全国政协委员赴浙江象山视察的组织和服务工作,并与当地常住台胞深入交流、了解情况、协助撰写调研报告和相关提案,台盟东城区委盟员、全国台联副会长杨毅周,全国台联台胞部部长和 1 名盟员参加。10 月 19 日,纪念台盟北京市委区级组织成立 15 周年座谈会召开,区委常委、中共东城区委统战部部长周永明出席,台盟东城区委主委代表台盟东城区委在座谈会上发言,1 名盟员代表新盟员发言,台盟东城区委 27 名盟员参加。10 月 30 日,台盟东城区委台盟中央支部 9 名盟员到密云县巨各庄镇蔡家洼村台资企业—北京鑫记伟业集团参观考察。年内,台盟东城区委讨论、修改、通过《台盟东城区委贯彻中共中央八项规定改变会风的决定》《台盟东城区委评选年度先进盟务工作者实施办法》《参政议政奖励机制与评选办法》《台盟东城区委评选年度先进盟务工作者实施办法》。推荐 17 名盟员为台盟北京市委后备干部。 (王玉燕)

【思想建设】 3 月 28 日,与区政协港澳台侨委员会联合召开学习贯彻全国"两会"精神座谈会,台盟东城区委委员、十一届全国人大二次会议台湾代表团工作人员主讲台湾代表团的历史沿革及人员构成概况、小组讨论要点和"两会"花絮,台盟东城区委组织 10 名盟员参加。8 月 30 ~ 31 日,与台盟西城区委、台盟朝阳区工委、台盟海淀区工委联合举办暑期学习班,台盟东城区委 16 名盟员参加。年内,组织盟员参加由台盟中央、中共东城区委统战部、台盟北京市委、北京市社会主义学院、东城区社会主义学院等部门举办的学习贯彻"十八大"精神、十八届三中全会精神、"两会"精神、骨干成员培训、盟史教育等方面学习培训班。 (王玉燕)

【社会服务】 2 月 6 日,台盟东城区委主委到永外街道走访慰问贫困户。3 月 1 日,为纪念毛泽东"向雷锋同志学习"题词 50 周年,东城区政协常委、台盟东城区委专职副主委到体育馆街道东玉北街社区,参加由社区举办的集报大王李铁光收藏纪念雷锋的专题报展活动。4 月 21 日,组织盟员赴怀柔区青龙峡怀北镇绿化站参加公益植树活动,台盟北京市委专职副主委蔡勉及 25 名盟员参加。5 月 29 日,台盟东城区委 14 名盟员在台盟北京市委开展的"筑梦助学"捐款活动中捐资 1200 元。7 月 11 日,台盟东城区委主委等 4 名盟员赴贵州省毕节市医院义诊,为 100 余名贫困地区患者诊治,对当地医生进行业务指导。 (王玉燕)

【特色活动】 2 月 26 日,台盟中央、台盟北京市委举行学术研讨会,纪念台湾人民"二二八"起义 66 周年,台盟东城区委 5 名盟员参加。3 月 7 日,由台盟北京市委、北京市台联联合主办的"'走进音乐世界,塑造美丽心灵'——在京女台胞欢度三八国际劳动妇女节"活动举行,台盟东城区委组织 7 名女盟员参加,1 名女盟员为台胞合唱组成员参与合唱"海峡隔不断一家亲"和"期待再相会"。11 月 30 日,组织 17 名盟员参加由台盟北京市委主办的第五届"同心杯"棋牌比赛,取得 1 个单项团体赛冠军,1 个单项个人赛第五名,台盟东城区委代表队获团体总分第三名。 (王玉燕)

【对台工作】 1 月 16 日、6 月 27 日,与区台办、民革东城区委慰问五十五中学台湾籍学生,并与学生交流座谈。5 月,台盟东城区委专职副主委参加中共东城区委统战部赴台考察交流团。5 月 31 日,台盟东城区委 4 名盟员参加区台办组织的区属台胞赴通州生态产业园参观活动。8 月 23 日,第一届京台文化研习营开班仪式在台湾会馆举行,台盟东城区委专职副主委和 1 名年轻盟员参加研习营并与台湾师生交流。8 月 25 ~ 31 日,区台办组织东城区民主党派对台工作骨干赴贵州开展"开放两岸服务贸易协议"学习交流活动,2 名盟员代表台盟东城区委参加。9 月 5 ~ 6 日,台盟北京市委举办第六届交流与共享研讨会,台盟东城区委组织 20 名盟员参加,与来自岛内各界的乡亲座谈交流,沟通观点,增进共识,专职副主委代表台盟东城区委作题为《传统文化是两岸交流的起点和根基》发言。年内,台盟东城区委组织盟员参加由区台办和台盟北京市委举办的台情研讨会,参会人员围绕学习中央对台工作讲话精神,理解两岸关系和平发展理念,全方位多层次做好争取台湾民心工作,研讨新形势下台盟如何开展对台交流活动进行讨论。

(王玉燕)

东城区民主党派负责人

中国国民党革命委员会北京市东城区委员会主委	姚卫海
中国民主同盟北京市东城区委员会主委	王　钢
中国民主建国会北京市东城区委员会主委	张树华
中国民主促进会北京市东城区委员会主委	罗　强
中国农工民主党北京市东城区委员会主委	危天倪(女)
中国致公党北京市东城区委员会主委	刘超英(女)
九三学社北京市东城区委员会主委	何厚夫
台湾民主自治同盟北京市东城区委员会主委	肖　燚

团　体

东城区总工会

【概况】 北京市东城区总工会(简称区总工会)是在区委领导下的人民团体,是党联系职工群众的桥梁和纽带。内设人事部、财务部、基层组织建设部、经审办公室、办公室、宣教部、劳动生产和劳模工作部、权益部、法律部。有行政在编人员34人,工勤编制3人。有下属事业单位8个,编制255人。全区职工22.86万人,工会会员21.98万人,基层工会1903个(涵盖单位1.29万个)。

年内,区总工会团结凝聚全区职工群众智慧和力量,围绕中心,服务大局,坚持"三个全覆盖"、"三个促进"和"三个满意"工作理念,务实贴近基层、贴近实际、贴近职工的工作作风,努力建设职工信赖的职工之家。市总工会、重庆市总工会、大连市西岗区总工会、克拉玛依市玛依区总工会等有关领导先后到东城区总工会调研考察。区总工会被评为全国工会工作先进集体、全国工会财务工作先进集体、"全国职工职业安全卫生知识普及教育及安康杯活动"优秀组织单位、首都职工素质教育工程最佳组织单位、北京市推动厂务公开民主管理工作先进单位。

单位地址:东城区后永康胡同17号

联系电话:67111821　邮政编码:100007　(赵丽娟)

【困难帮扶】 1月18日,区总工会主席张晓林等领导先后走访慰问北京晨兴印刷厂、北京玉器厂两家困难企业,为每家企业送上慰问金1万元。1月29日,张晓林到困难单亲女职工家中走访慰问,送上慰问金和慰问品。1月31日,区领导杨柳荫走访慰问朝阳门街道困难劳模张广义,送去慰问金和慰问品。1月31日,区领导徐鸿达到困难单亲女职工家中看望慰问,送上慰问金、慰问品和节日问候。"两节"期间,发放慰问款物805.09万元。2月,区总工会在北京市温暖基金会下设立"东城区职工帮扶专项温暖基金",基金款额300万元,主要通过完善物质、助学、医疗、就业等项目制帮扶形式,实现对困难职工、困难职工边缘户、因病因灾造成生活重大困难职工的救助,以缓解职工的实际困难。6月,区总工会探索和完善四项困难职工医疗救助举措减轻困难职工医疗负担。七一前夕,走访慰问在档困难职工中的困难党员,并为困难党员每人送去慰问金1000元。8月5日,区总工会领导慰问一线职工,送去慰问金12万元。8月14日,张晓林一行,看望永定门外街道总工会辖区单位1名职工罹患白血病的孩子,代表区总工会将应急救助慰问金送到职工手里。8月29日,永定门外街道受助职工给区总工会送来"危机浪尖见真情,平凡之中显情怀"的锦旗,感谢工会领导对他家庭的帮助。中秋节前夕,区总工会为全区在册困难职工购买月饼。11月4日,区总工会领导到东城公安分局慰问在永外地区"910"专案处置过程中因公负伤的民警代表。　(赵丽娟)

【庆祝五一节暨表彰先进大会】 4月27日,区庆祝五一国际劳动节暨表彰先进大会举行。张晓林主持并宣读《2013年度"全国五一劳动奖状"等先进集体和先进个人名单》,区领导宋甘澍讲话。与会领导为先进集体和先进个人代表颁奖。全国五一劳动奖章获得者、北京市广渠门中学校长吴甡,全国工人先锋号获得者、朝阳门街道鸿安大厦工会服务站代表发言。区领导王兆康、王红出席。区先进集体和先进个人代表、有关单位党政负责人、工会主席、劳模、职工代表等800人参加。　(赵丽娟)

【重点工作会议】 1月21日,召开一届四次委员会(扩大)会议,会议审议通过区总工会上年工作报告和经审工作报告,张晓林对年度工作提出四点要求;替补增补工会委员、常委、经审委员和女职工委员;与会人员观看区总工会上年工作记录片——《让职工幸福多一点》,并围绕会议报告展开讨论和交流。区总工会三委委员,街道总工会、直属基层工会主席和部分工会干部参加。7月18日,召开一届四次常委会和一届五次委员会(扩大)会议。张晓林主持。会议替补增补工会委员、常委、经审委员;总结上半年工作,部署下半年重点任务。区总工会三委委员,街道总工会、直属基层工会主席和部分工会干部参加。7月18日,召开经费审查委员会第九次全体会议。会议选举第一届经费审查委员会主任,审议通过上半年预算执行情况。11月14日,召开一届六次委员会(扩大)会议,会上,学习传达中央领导讲话精神,中国工会"十六大"精神和市委常委会议精神;工会"十六大"代表、介绍大会盛况和大会精神;宣读《区总工会关于学习宣传贯彻中国工会"十六大"精神的通知》,部署学习宣传贯彻中国工会"十六大"精神安排。张晓林出席并讲话。150人参加。12月10日,召开经费收支决算、预算布置会。各街道总工会及直属基层工会财务人员近100人参会。 (赵丽娟)

【座谈会】 1月9~10日,区总工会职工休疗养服务中心携手西城、朝阳、海淀四城区同来自全国36个省市自治区50余家接待单位举行座谈会,相互传授各自在接待工作中好做法和经验,100余人参加。12月20日,召开区青联社团劳模界别组座谈会。与会人员参观时传祥纪念馆,瞻仰铜像,聆听时传祥事迹,观看纪录片。会上,区总工会劳动生产和劳模工作部主管领导介绍劳模部工作情况,并重点介绍每年劳模评选以及关爱劳模、服务劳模具体举措。来自一线劳模参加。 (赵丽娟)

【劳模茶话会】 2月1日,在台湾会馆举办区迎新春劳模茶话会,区领导冯熙、吴松元、蔡福全、张晓林出席,全区劳动模范、先进工作者150余名参加。 (赵丽娟)

【交友联谊会】 3月30日,在龙潭西湖公园举行"情缘东城·幸福一生"单身职工白领专场交友联谊会。来自新世界楼宇、永外商业区、王府井商业广场、雍和大厦等200余名单身白领参加。此次活动有4对牵手成功,53人互相建立联系。6月22日,在北京领行国际举办"情缘东城 幸福一生"在京务工人员专场交友联谊活动。有6对牵手成功,15对彼此留下联系方式。80名在京务工适龄青年参加。7月27日,与区双拥办、区武装部联合举行"情缘东城 幸福一生"区军地单身青年专场交友联谊活动,来自总参、空军、海军、卫戍区、武警等部队青年军官和北京优秀青年200余名参加。12月7日,举行"情缘东城 幸福一生"单身职工综合专场交友联谊会,来自王府井、东二环等商业区的白领和机关事业单位单身青年150名参加。有5对牵手成功,26对彼此留下联系方式。 (赵丽娟)

【职工之家建设现场推进会】 7月19日召开。全区街道总工会主席、副主席和辖区内100人以上非公企业工会主席代表,区总工会2家直属非公企业工会主席50余人到安利北京分公司观摩学习"职工之家"建设情况。区总工会主管领导就推进"职工之家"建设工作提出具体要求。 (赵丽娟)

【职工艺术团演出】 1月30日,区职工艺术团举办迎新春首场演出。区总工会领导班子,基层工会主席,部分各行各业一线职工、劳动模范和来京务工人员600余人观看。4月19日,区职工艺术团慰问演出在区环卫二中心小礼堂举办。一线环卫工人60余人观看。 (赵丽娟)

【工会京卡·互助服务卡】 两节期间,开展工会京卡·互助服务卡持卡会员专享活动,活动设立职工服务中心和建国门街道工会服务站2个领取点,为申请参加活动职工发放167张优惠理发券,为申请职工4434人发放庙会票1.33万张。11月11日,召开推进工会信息采集更新和京卡办理使用工作部署会。学习《关于加强工会信息采集更新工作实施方案》文件,对工会信息采集更新和京卡办理使用工作具体目标、任务作解读,并对困难职工摸底调查工作及婚姻家庭工作开展进行部署。各街道总工会主席、工会干部及部分直属机关、企事业单位工会干部50余人参加。12月31日,组织开展京卡会员"迎两节,看大片"活动,区总工会出资7万元,免费为职工送上《新警察故事2013》《私人定制》等3场贺岁档在线大片,职工3000人直接受益。年内,区总工会以职工需求为出发点,形成"普惠+特惠"服务模式,开发东单体育中心乒乓球、博惠体检、北京永安中医医院、家政、汽修等70个服务项目,会员2万余人通过使用京卡享受到多项特色服务。 (赵丽娟)

【书画和摄影协会活动】 2月4日,联合北京职工书画协会、交道口街道总工会为南锣鼓巷商户和困难职工举办迎春送福赠送春联活动。邀请北京书画协会秘书长及书法家4人现场挥毫泼墨,为职工带来节日祝福。4月2日,在东城工人文化宫举办区职工摄影协会摄影作品交流会,邀请中国摄影家协会会员、区摄影协会副主席与职工交流创作体会。区总工会副主席、部分街道总工会主席、区职工摄影协会会员50余人参加。6月24~25日,组织区职工摄影协会会员到金山岭长城采风,在采风中学习和交流摄影技巧,会员20人参加。12月5日,区职工摄影协会评片会在东城工人文化宫举行,张晓林等领导出席颁奖仪式。全区各行业摄影爱好者点评作品,交流经验。 (赵丽娟)

【时传祥纪念馆】 春节期间,时传祥纪念馆日均接待游客1.50万余人。4月25日,中央电视台"老北京民间艺人"栏目组携著名民间艺人王存怀老先生来到时传祥纪念馆,进行取景拍摄。五一前后,时传祥纪念馆接待来自各行各业的劳动者1万余人次。8月8日,东城交通支队一行40人到时传祥纪念馆,作为开展群众路线教育实践活动内容,听取时传祥先进事迹,观看图片展、实物展和纪录片。11月29日,与区委党校共建干部教育培训现场教学基地工作座谈会暨揭牌仪式在时传祥纪念馆举行,双方签订《东城区委党校、东城区总工会共建干部教育培训现场教学基地协议书》,张晓林与区委党校有关领导为教学基地揭牌。 (赵丽娟)

【工资集体协商工作】 3月21日,推进工资集体协商工作领导小组第一次会议召开。会上,传达北京市总工会推进工资集体协商工作会议精神。通报上年各街道工资集体协商工作互查情况,对年度工资集体协商工作安排进行说明。张晓林参加并讲话。4月1日,召开工资集体协商工作部署会。会议对区协调劳动关系三方研究制定的《东城区2013年工资集体协商工作要点》进行说明。对工作提出要求,17个街道总工会和区卫生局主管工资集体协商工作领导和专职干部参加。4月7日,设计印发4000余份工资集体协商宣传海报。8月7日,市总工会副主席王北平一行到区调研工资集体协商工作,听取区、街工会汇报后,对工资集体协商工作给予肯定。10月9~10日,召开工资集体协商培训会,市总工会领导王北平出席并对推进工资集体协商工作提出了四项具体要求,150余名职工方协商代表参加。(赵丽娟)

【劳模大讲堂】 3月27日,举办职工公益大讲堂活动,邀请北京市劳动模范、首都保健营养美食学会理事讲授饮食文化,职工200余人参加。5月15日,北京市书法学科带头人,为区书法爱好者讲授书法知识,书法爱好者20余人参加。5月17日,劳模大讲堂走进北新桥街道草园社区,邀请国家高级心理保健师以《合理膳食健康长寿的秘密》为题,作养生知识讲座。10月14日,邀请劳模团队成员国家高级营养保健师在东城工人文化宫讲授"会吃才能健康"主题讲座,职工100余人参加。10月31日,区总工会创新活动形式,把劳模大讲堂搬到北京市珐琅厂生产线上,基层工会干部、职工20余人亲身体验国家级非物质文化遗产项目——景泰蓝独特生产工艺。11月22日,区劳模大讲堂走进便宜坊烤鸭幸福大街店,北京市劳动模范、便宜坊幸福店厨师长向基层单位职工10余人传授烹饪技术。(赵丽娟)

【文体活动】 4月11~12日,"快乐工作,健康生活"区工会系统第三届干部职工羽毛球比赛举办。市总工会副主席潘建新、副区长汤钦飞等出席开幕式并为比赛开球。张晓林致辞。全区48个单位的73支代表队,近600名干部职工参赛。5月31日,职工篮球比赛正式开赛。市、区有关领导出席开幕式并为比赛开球,张晓林致辞。32个单位的41支代表队,近300名职工参加。7月1日,区职工歌手大赛在东城工人文化宫开赛。全区各机关、企事业单位近200名职工参加,60名选手进入决赛。7月26日,"快乐工作,健康生活"工会干部保龄球比赛举行。全区各街道总工会、直属基层工会37个单位的46支代表队,180余名专兼职工会干部参加。张晓林等领导出席并为获奖选手颁发奖品。10月25日,第四届非公企业职工趣味运动会举办。区领导汤钦飞、张晓林等出席。近100个单位的88支代表队,500余名职工参加。11月12~15日,区职工智力运动会举办。张晓林及领导班子成员参加并为获奖职工颁奖。近100个单位的150余支代表队,500余名职工参加。(赵丽娟)

【帮扶就业】 4月24日,区总工会为23名困难职工子女开设专场就业指导讲座。为困难职工家庭进行就业指导、举办专场招聘会、提供信息咨询和岗位推荐,提高困难职工家庭就业率,帮助困难职工子女实现就业。年内,发挥工会三级服务体系作用,为求职者搭建劳务对接平台,举办招聘会34场,提供就业信息3.50万余条,推荐岗位1.40万个,其中3537人实现就业。(赵丽娟)

【职工读书活动】 5月15日,举办"读一本好书,做一个好人"活动启动仪式。区总工会、各街道总工会主席、直属基层工会主席等领导和部分职工代表参加。本次活动上报读后感300余篇。评选出24篇获奖作品汇集成册。年内,出资50万元加强社区、楼宇职工书屋建设,发挥职工书屋作用。(赵丽娟)

【帮扶困难职工子女】 5月,向参加高考的困难职工子女每人发放2000元助学金,5月27日,举行庆六一慰问困难职工子女活动,邀请区教师研修学院老师为困难职工家庭作"家庭教育的理念与方法"讲座;为全区14周岁以下困难职工子女分别送上400元购书券和100元儿童食品。8月26日,"金秋助学"活动启动仪式举行,张晓林主持,吴松元出席并讲话。为受助学生133人发放助学金22万元。区总工会班子成员、各单位工会主席和受助学生及其家长200余人参加。2010—2013年,投入资金131万元,资助困难职工子女620人就学,帮助困难职工子女153人实现就业。8月26日,开展受助在校大学生暑期教育活动。参观国子监孔庙、张秉贵纪念馆。9月11日,与区职介中心携手共同举办首次困难职工家庭毕业生就业指导培训活动。(赵丽娟)

【开展多项培训】 5月至12月,区总工会分别举办职工服务工作相关业务工作培训会、工会干部培训班、街道新任工会主席、副主席业务培训交流会、财务培训班、区素质教育通识课程培训班、企业农民工参加成人高考辅导培训班、专职社区联合工会干事培训班、社区联合工会主席培训班、学习工会"十六大"精神培训班、工会信息员培训班等。受训人数7000余人。(赵丽娟)

【安全生产】 6月17日,在东直门地区公共安全教育馆开展应急避险体验学习活动,指导各系统、各街道辖区、各单位组织职工参与避险演练,增强职工防灾减灾意识,提高自救互助能力,30名辖区职工劳动监督检查员代表参加。6月19日,组织消防和救护技能培训。邀请北京市红十字会培训中心老师和东城消防支队武警官兵,讲解并演示头部前臂受伤包扎、灭火器使用、消防水带连接等急救、消防知识。6月21日,举办职工消防安全运动会,各行业26支代表队的78名职工参加。(赵丽娟)

【关怀女职工】 7月16日,举办全区《女职工劳动保护特别规定》知识竞赛。崇外街道、建国门街道和前门街道获比赛前三名。10月15日,区总工会女职工委员会举办"快乐工作健康生活"第三届女职工干部趣味运动会。来自39个单位的女工会干部260余人参加。选手36人获个人优胜奖、3支代表队获团体优胜奖。12月11日,举办以手工制作为主题

的女职工素质教育大讲堂，女职工委员会委员、基层单位女工主任、女工干部近200人参加。 （赵丽娟）

【开展五月的鲜花群众歌咏活动】 7月，举办群众歌咏活动专场比赛和职工歌手大赛，各基层工会近100个节目参加角逐。比赛举办综合类、舞蹈类和声乐类3个专场，涵盖歌唱、舞蹈、诗朗诵等多种表演形式。9月24日，庆祝建国64周年暨第四届"五月的鲜花"群众歌咏活动颁奖典礼在崇文工人文化宫举行。区委书记杨柳荫，市总工会副主席潘建新，区领导冯熙、徐鸿达、吴松元、毛炯、汤钦飞、张晓林等出席并为专场演出获各类别一、二等奖者颁奖。"五月的鲜花"群众歌咏活动以"创造幸福传递快乐"为主题，活动期间，全区演出节目3000余个，参与人数20万余人。 （赵丽娟）

【职业技能赛】 8月28日，与区人保局联合举办以"小行动·大文明"为主题的动漫设计职业技能竞赛专家评审会，25支参赛队50名选手参赛，提交13幅原创漫画作品、12部原创动画短片。9月26日，"小行动·大文明"推进活动暨动漫设计大赛颁奖仪式举行，与会领导向获奖单位代表赠送"小行动·大文明"活动宣传品，并为地坛小学、北京市第五幼儿园等动漫设计大赛获奖选手、团队颁发荣誉证书。张晓林及各街道、直属机关、企事业单位工会主席、工会干部，动漫设计比赛参赛作者110余人参加。11月11日，区锁具修理工职业技能大赛决赛举行。大赛有180人参加初赛，65人晋级复赛，优秀选手12人进入决赛。区总工会领导为获奖者颁发荣誉证书和奖金。职工100人观摩比赛。 （赵丽娟）

【集体婚礼】 9月28日，举办"情缘东城·幸福一生——职工集体结婚典礼仪式"。市总工会副主席王玉英，区领导吴松元、张晓林以及区街各级工会主席和新人亲友300余人见证10对新人幸福结合。 （赵丽娟）

【职工书画摄影展】 11月28日，第四届挥笔聚焦新东城职工书画摄影展开展。书画摄影活动以"美丽东城 幸福家园"为主题，在全区职工中征集作品，经过选拔，100余家单位300余名职工创作的400余幅作品参展。张晓林等领导出席颁奖仪式并为获奖职工颁奖。 （赵丽娟）

【职工创新工作室授牌仪式】 12月18日，区职工创新工作室授牌仪式暨经验交流会召开。张晓林为广渠门中学吴甡创新工作室、当代节能置业有限公司新动力研发设计工作室等10个区级职工创新工作室授牌。各街道、直属企事业单位工会领导和职工创新工作室代表40余人参加。自上年区总工会启动区级职工创新工作室评选工作以来，首批10家创新工作室已创造经济效益过亿元。年内，各基层工会培育职工创新工作室35个，区总工会评审与实地考察，选出10个区级职工创新工作室，并给予每个工作室支持经费2万元。 （赵丽娟）

【读后感展示活动】 12月24日，"读一本好书 做一个好人"读后感展示活动暨职工书屋赠书仪式举行。市、区总工会有关领导出席。与会领导为活动获奖职工颁发证书，为部分新建职工书屋赠书。获奖职工4人交流读书感悟。区总工会出资近60万元支持职工书屋建设，全区新建职工书屋84个。各街道总工会、直属基层工会主席，工会干部，部分职工近200人参加。 （赵丽娟）

共青团东城区委员会

【概况】 共青团北京市东城区委员会（简称团区委）是在东城区委、区政府领导下，负责全区共青团工作的群众团体。内设办公室、组织部、宣传部、统战权益部、社会工作部，机关行政编制16名。截至年底，全区有14～28周岁适龄青年3.40万人，其中团员2.65万人，占青年总数的78%。团员中有女团员1.19万人，少数民族团员1282人，分别占团员总数的44.77%和4.83%。全年新发展团员2613人，占适龄青年总数的7.68%。全年有团员95人加入党组织，经推优入党团员数55人。有团员291人超龄离团，占团员总数1.09%。有基层团委73个、团工委19个、团总支67个、团支部1907个。团干部总人数为3646人，其中专职团干部93人，占2.55%；党员及预备党员461人，占12.64%；具有大学（含专科）以上学历1121人，占30.75%；女团干部2494人，占68.40%。

年内，学习贯彻"十八大"和团的"十七大"精神，结合团"十七大"报告及党中央领导重要讲话精神，引导基层各级团组织开展主题学习实践活动。落实区委和团市委决策部署，围绕中心、深化品牌、夯实基础，履行团的四项基本职能，团结带领全区团员青年完成全年目标任务。获年度希望工程最佳项目管理奖，YBC北京市优秀服务站称号。

单位地址：东城区后永康胡同17号
联系电话：84039238 邮政编码：100007 （董明）

【青年志愿者工作】 1月8日，与中国文联机关青联在海巢HOT·社区青年汇开展文艺慰问志愿者活动。中国文联机关青联主席杨发航及中国文联有关部门领导出席。1月至2月，组织青年志愿者集中开展春节志愿服务和"情系青春 温暖东城"两节送温暖活动，慰问家庭经济困难青少年群体275户，向各街道需要帮扶青少年发放慰问品20.20万元，参与志愿服务100余项，志愿者2000余人次参加。2月，启动青年健康使者火炬行动，与医疗卫生机构对接，开展医疗卫生志愿服务活动。3月，集中开展学雷锋志愿服务活动200余次，1300余人次参加。4月19日，召开"阳光成长·东城共青团关爱农民工子女"志愿服务项目推进会，新增2所结对关爱学校。同日，组织7支关爱农民工子女结对团队前往金台书院小学开展关爱农民工子女志愿服务示范观摩活动。5月28日，组织青年志愿者30人参与北京国际服务贸易交易会志愿服务。6月28日，举办北京志愿者组织乒乓球团体邀请赛东城分赛区比赛，22支志愿者服务队参加，海巢HOT·社区青年汇获冠军。7月13日，指导成立东城青年志愿者协会下属首家中医药专业志愿服务队——和医杏林青年志愿服务队。9月13日,举办“公益播种梦乡　志愿点亮东城”东城青年志愿服务骨干人才专题培训班,区志愿者协会下属志愿服务骨干81人参加。10月,集中开展重阳节青春伴夕阳敬老爱老志愿服务。10月18日至11月3日,组织青年志愿者开展毛主席纪念堂志愿服务,46人参加志愿服务总时长3036小时,服务瞻仰人数超过30万人次。12月3日,举办北京志愿者台球邀请赛东城分赛区选拔赛,44支队伍参加,海巢HOT·社区青年汇夺冠。 (董明)

【青年创业就业】 1月22日,扶持青年电商文化孵化园建设,推荐炮局工厂青年文化大院项目参加东城区就业援助月专场就业洽谈活动。4月11日,启动青年创业就业服务月系列活动。同日,在北京现代职业学校开展创业青年大课堂活动,200余名在校学生接受创业知识辅导。4月16日,组织17家企业到北京化工大学西校区开展东城青年就业创业见习基地高校行活动,面向高职毕业生发布招聘岗位100余个。5月,开辟东城青年“就业之家招聘会”绿色通道。5月22日,举办青年创业沙龙活动,40余名创业青年代表参加。8月7日,开展创业青年大讲堂走进永外百荣活动,创业青年讲授电子商务知识,150余名青年参加。12月23日,开展龙潭CC·社区青年汇青年创业导师聘任活动,10名优秀创业青年接受创业导师聘任。 (董明)

【预防青少年违法犯罪专项工作】 1月,团区委参加首都综治委预防青少年违法犯罪工作专项考核,总结全年预防青少年违法犯罪工作情况,汇总年度工作重点,谋划下年工作设想。 (董明)

【青少年法制宣传和自护教育】 1月至2月,在区内17所星光自护学校开展“年度东城区寒假星光自护小卫士”青春自护培训活动28场,覆盖青少年近1500名。5月,组织团青干部、团员青年及社区青少年收看《为了孩子,为了明天》专题记录片。6月,开展以“践行北京精神　共创无毒梦想”为主题的国际禁毒日宣传活动,向群众发放环保购物袋500余个、宣传手册1200余份、学习材料及安全自护手册近850份。7月至8月,依托星光自护学校组织各街道开展夏季防暴雨、雷电专题自护教育。8月,组织学生干部代表参加“珍爱生命　远离毒品”青少年禁毒教育夏令营活动。11月,开展“行动起来,向‘零’艾滋迈进”主题预防艾滋病宣传活动,发放防艾宣传手册、宣传页等300余份,卫生防艾纪念品200余份,向近500名群众宣传讲解预防艾滋病知识。 (董明)

【团干部学习实践活动】 年初,实施青春远航工程暨东城区团干部学习实践活动。1月8日、11月8日,团区委分别举办新任团干部培训班,提升新任团干部业务水平,全区各基层团组织团干部80余人参加。11月19日,举办东城区第四期团干部调训班,围绕共青团深入基层调研工作、团“十七大”精神解读、国际政治形势与中国安全、北京城建历史传统文化等内容对团干部进行专题讲座,全区各基层团组织负责人、非公团组织负责人和青年汇总干事150余人参加。完善团青干部“思想汇”活动平台,以参观交流形式对团干部培训。5月23日,举办“新老团干话团情·共谈中国梦”之走进百工坊活动。9月27日,非公企业团干部培训走进吴裕泰茶庄茶文化创意平台活动。10月24日,畅谈新媒体与青年工作走进便宜坊等活动,实现思想汇活动从“请进来”向“走出去”转变,全年覆盖120余人次。 (董明)

【社区青年汇建设】 2月20日,团区委将原有4家市级社区青年汇增设到13家。3月23日,文莱青年代表团参观东城区社区青年汇。4月14日,团区委组织市级社区青年汇专职社工面试考试,为13家市级社区青年汇配备“总干事+专职社工+志愿者”的管理团队。5月3日,团中央书记处第一书记秦宜智参加东城社区青年汇团日活动。5月15日,广东团省委书记曾颖如一行到海巢HOT·社区青年汇调研。6月13日,团区委推进“青春梦想　同龄同行”服务项目,开展“新青年学堂”活动。面向全区为参加成人高考的社会青年提供免费考前辅导,5个月时间,新青年学堂上课39课时,全区受益学员近4000人次。6月14日,团区委成立社区青年汇专职社工“圆梦班”。7月27日,团区委启动新青年城市体验营活动,组织社区青年汇开展走进特警基地,迎国庆放映电影,参观首钢总公司、北京人艺戏剧博物馆、百工坊博物馆、北京南站交通枢纽等活动。8月20日,北京市副市长戴均良调研东城区社区青年汇工作。11月30日,团中央书记处书记罗梅一行到海巢HOT·社区青年汇,参加活动并调研社区青年汇工作。12月7日,团区委组织社区青年汇开展“温暖衣冬——为最需要的人送去一份寒冬里的温暖”活动,全区接收近1万件御寒外套。 (董明)

【合适成年人队伍建设及服务】 2月,出台《东城区合适成年人队伍管理办法(试行)》,推进合适成年人队伍建设管理。3月至5月,相继出台针对合适成年人工作的发展规划、长效经费保障机制及培训制度、评估制度、督导制度。整合东城区“青少年公益律师服务团”等公益组织以及各街道资源,组建75人的合适成年人队伍。全年派出合适成年人56人次,配合未成年人案件审理工作。 (董明)

【涉诉未成年人社会调查】 2月,出台《东城区未成年人刑事案件社会调查工作方案(试行)》,加快区涉诉未成年人社会调查工作规范开展。3月至5月,相继出台针对社会调查工作的发展规划、长效经费保障机制、培训制度、评估制度及督导制度。与阳光社区矫正服务中心签署合作协议,开展区涉诉未成年人案件社会调查工作,全年完成未成年人案件社会调查15例。 (董明)

【共青团工作调研】 3月1日,印发《团区委关于加强和改进东城共青团调查研究工作的意见》,正式启动东城共青团系统调查研究工作。3月,组织开展调查研究课题立项工作,确定立项课题33个。4月,印发《东城团区委机关部室参与基层团组织调研工作安排》,组织机关干部参与基层团组织调研工作。8月2日,开展“走群众路线　深入青年　实事求是做调研”——共青团调查研究培训工作，团干部、社区青年汇总干事、专职社工等40余人参加。11月，组织开展优秀调研文章评选工作，评选出优秀调研文章20篇。12月，配合团市委开展创业青年、户籍青年群体发展状况大调研工作。

（董明）

【青少年社会组织建设】 3月6日，茗韵学堂走进东城疾控中心，开展茶文化传播志愿服务宣讲活动。4月27日，联合体育馆路街道团工委，以红桥地区天宝润德古玩文物艺术会展中心为依托，孵化成立东城区首家团属“识文物 读历史”社团——体育馆路地区“博古苑”青年社。6月13日，召开青少年社会组织交流洽谈会，引入北京幽兰文化基金会、兰花草志愿服务队等市级青少年社会组织7个项目落地东城。10月，北京幽兰剧团走进永生小学、北锣鼓巷小学等农民工子弟学校，开展京剧艺术进校园系列活动。（董明）

【团区委全体会议】 3月31日，共青团东城区委员会召开十届四次全体（扩大）会议，传达市共青团工作会议精神，说明团区委工作要点，部署各项任务，表彰获得上年度北京共青团达标创优竞赛活动中的先进集体和个人。6月27日，召开共青团东城区委员会十届五次全体（扩大）会议，部署共青团系统学习宣传贯彻团“十七大”精神具体工作。（董明）

【组织建设】 4月10日，制定并实施《东城团区委深入基层密切联系团员青年实施办法》，启动“走基层、问青年、促发展”活动，指导各街道对日常工作进行定期梳理和汇总。9月17日，开展街道辖区内共青团资源摸底调查，推进“两新”组织团建工作。全年指导各街道团工委新建非公有制企业团组织228家，新社会组织8家，直接联系非公企业团组织70家。（董明）

【青年人才工作】 4月14日，制定并实施《东城团区委实习生管理办法》，将实习生工作纳入规范化、制度化、长效化管理；建立实习生人才储备库，全年完成20名实习生的录用和管理等工作；5月，开展基层团组织实习生需求调查，联系首都高校青年教师，与吴裕泰等企业团组织对接，为企业团员青年举办培训讲座。9月6日，与国资委召开人才工作座谈会，就如何搭建校企合作平台等问题进行交流探讨。定期召开部室会，以青年人才发展规划为驱动，拓宽引才荐才渠道，深化“东城——高校直通车”平台建设，推进“区校共建”，携手北京科技大学等高校团委开展共青团文化交流活动。

（董明）

【星期四手机微团课项目】 4月25日，团区委启动“星期四手机微团课”，借助新兴媒体加强队伍建设，提升团组织凝聚力。6月20日，团区委“星期四手机微团课”发布团的“十七大”专刊。8月22日，团区委在手机团课固有栏目之外，增设青年观察和文化中国栏目。10月24日，通过问卷调查和座谈会方式，征集手机团课改进意见，增加“团章节选”和“走遍东城”2个板块。截至12月30日，团区委发送手机团课32期。

（董明）

【希望工程】 4月，举办“爱在雅安”大型公益行动，募集善款11.36万元。做好“希望之星”、“学子阳光”信息收集、审核、上报工作，22名家庭经济困难学生获得来自社会各界资助助学款1.92万元。11月，落实特教学校捐款4万元。

（董明）

【共青团参与社会服务管理创新】 5月31日，组织来自王府井百货大楼和红桥市场的24名外来务工青年召开座谈会并填写调查问卷，调研外来务工青年群体就业情况、思想状况和利益诉求。6月29日，举办“缘定东城——邂逅初夏 微爱圆梦”单身青年联谊会，组织来自全区非公企业、部分国有企事业单位、首都高校和政府机关等行业的160余名单身青年参加联谊会，并取得良好效果。12月30日，深入街道调研，完成《共青团参与社会服务管理创新的思考》调研课题。

（董明）

【青少年思想引导活动】 5月，举办“文化强东城 青春圆梦想”主题活动，组建寻访实践队伍30余支，向团员青年发布推荐5条经典文化寻访线路并发放《寻访指南手册》，设计制作“3510”（3公里步行、5公里骑车、10公里乘公交车、远距离绿色驾驶的绿色出行理念）绿色出行卡。5月9日，举办青少年文化传承体验高潮日活动，以五四文化、国学文化、皇城文化、志愿文化、传统文化、创新文化、时尚文化等七大版块展示共青团近年来文化建设成果。下半年，举办“我的梦 中国梦”系列宣传教育活动，学习宣传习近平总书记关于“中国梦”一系列重要讲话精神，开展“弘扬中国梦，传递正能量”迎国庆电影放映周，举办“我的中国梦——奋斗的青春最美丽”北京社区青年汇分享会。（董明）

【青年文明号】 6月24日，以“聚青年力量 共创中国梦”为主题，正式启动全区市级青年文明号争创申报、认定复验工作，重新认定市级青年文明号58家，新申报市级青年文明号9家。10月，以“汇聚青春正能量 提升服务创品牌”为主题，组织新申报市级青年文明号班组参加北京市青年文明号服务大赛，展示青年文明号集体综合实力和服务水平。

（董明）

【共青团十七大精神传达学习】 7月25日至8月1日，为各基层团组织发放《团十七大报告辅导读本》，帮助团干部和团员青年学习贯彻团“十七大”精神。11月19日，邀请中国青少年研究中心副主任为全区基层团干部作共青团“十七大”精神解读专题讲座，180人参加。（董明）

【重点青少年服务管理】 7月至11月，部署和推动重点青少年群体个案帮扶系统信息录入工作，录入重点青少年信息175条，针对重点青少年个性化帮扶需求，制定帮扶计划、开展帮扶工作。同时，面向全区开展重点青少年群体摸底统计工作。（董明）

【社区青年汇文化体育季活动】 10月16日,启动"青春激扬 放飞梦想"东城社区青年汇文化体育活动季,10月至12月,组织社区青年汇开展乒乓球赛、羽毛球赛、保龄球赛、"三国杀"3V3比赛、K歌大赛等青年活动,受到青年欢迎和支持,参与青年500余人次。 (董明)

【党建带团建工作】 11月19~22日,落实区委组织部、区委社会工委《关于开展社区党的建设"三级联创"活动的实施意见》要求,团区委组成考评组对全区17个街道的共青团工作情况进行考核评价,从领导班子建设、工作机制等5个方面着手,细化并分解成28个测评指标和要素进行全面考察。考核中,和平里街道、安定门街道、景山街道、永外街道总分位居前4名。 (董明)

【与人大代表、政协委员面对面】 11月至12月,对"面对面"活动进行部署并督促实施。与北京宏志中学举办以"净化网络和新媒体环境,促进青少年健康成长"为主题的面对面活动,先后组织区政协委员调研北新桥街道青龙社区、藏经馆社区,发动青联委员中的人大代表、政协委员通过青联微博建立与青少年沟通平台,撰写《传播网络正能量,打造健康新媒体环境》《如何运用新媒体引导凝聚青年,促进青年成长》2篇调研报告。指导全区17个街道开展面对面活动,制订方案、开展活动、上报信息,实现面对面活动覆盖率100%。 (董明)

东城区青年联合会

【概况】 东城区青年联合会(简称区青联)是东城区委、区政府领导下,团结和引领全区各族各界青年的爱国统一战线组织。区青联第五届委员会于2012年9月换届,常委会设常委72名,其中主席1名、副主席14名、秘书长1名。下设秘书处。分设10个界别:公共管理界别一组、公共管理界别二组,港澳台民宗侨,政法,经济界别一组、经济界别二组,科教,体育卫生,文化新闻,社团劳模。截至年底,有青联委员313名,荣誉委员23名。

年内,学习贯彻"十八大"精神,以北京建都860周年和区实施"精细化管理年"为契机,团结和引领全区各族各界青年,提升青联组织的战斗力、感召力、影响力和凝聚力,深化为大局服务、为社会服务、为青年服务、为委员服务工作理念,推动全区各界青年统战工作的开展,为"国际化现代化新东城"建设贡献青春力量。青联秘书处继续协调各方力量,整合各方资源,拓宽思路,创新理念,构建"三四五"理论体系,以三重载体为组织依托,以四方发展为工作抓手,以五大平台为宣传交流阵地,开展区青年统战工作。

单位地址:东城区后永康胡同17号

联系电话:84039237 邮政编码:100007 (董明)

【五届二次会议】 2月4日,区青联召开五届二次主席团会议,会议由区青联主席主持。区青联常务副主席解读《东城青年联合会2013年工作要点》(以下简称"要点")并提交主席团审议。主席团会结合自身实际对"要点"提出修改意见及对青联工作的建议。常务副主席介绍拟增补13名委员及5名常委的提名人选基本情况并提交主席团审议。会议决定春节后适时召开区青联五届二次常委会议及全体会议。4月17日,召开五届二次常委会,由区青联主席主持。会议审议并表决通过增补区青联五届委员会常委8名,增补委员19名,审议并通过《关于成立东城区青年联合会第五届委员会荣誉委员联谊会的提议》并同意23名卸任委员加入荣誉委员联谊会。区青联常委会审议并通过五届二次全体会议议程。4月17日,召开五届二次全体会议。区领导吴松元,团市委副书记、市青联主席刘震等出席。会上,区青联主席代表常委会向大会作工作报告,通报五届二次常委会通过的关于新增补五届青联常委、委员以及成立五届委员会荣誉委员联谊会决议。围绕全区中心工作,发挥人才优势,举办"筑梦文化创意产业"——东城青联先锋讲坛,邀请委员代表分别围绕区域优势、数字版权、资源转化等主线,聚焦文化,着眼创意,共同探讨文化创意产业发展方向,为东城区"打造文化新引擎",实施"文化强区"战略献计献策。 (董明)

【外事接待】 10月12日,接待菲律宾青年政治家理事会代表团一行10余人,到东城区青少年交流基地——花市文化中心开展交流活动。通过联欢、座谈、参观等交流形式,加深外国青年朋友对区经济、文化、教育等多方面了解,为青年间互相学习、共促友谊奠定良好基础。中国国际交流协会、市民间组织国际交流协会、团区委有关领导参加。 (董明)

【界别活动】 年内,引导各界别结合自身特点,开展特色活动,树立界别文化。公共管理界别一组以爱国主义教育为依托,带领委员参观故宫、登天安门城楼并参观慰问国旗护卫队。公共管理界别二组组织委员到孔庙、国子监、五道营开展活动,体验京城文化,感受国学渊源。港澳台民宗侨界别组织委员畅游胡同创意工厂,观摩中小企业服务中心。政法界别带领委员走进区法院,旁听庭审,参观交流。经济界别一组组织委员开展移动信息化之旅系列活动。经济界别二组组织委员到北京国际雕塑公园、北京台湾街参观交流。文化新闻界别组织委员到国家大剧院、梅兰芳大剧院开展参观交流活动。 (董明)

【品牌沙龙】 打破界别限制,开展沙龙系列活动。组织各界别委员现场观赏"爱的旋律"吴茜古筝公益音乐会、到新保利大厦开展"走进文藏"沙龙活动,观看《寸劲儿》《隆福寺》《西施》《南锣鼓巷7号》《苏小妹》《游龙戏凤》《玉堂春》等经典文艺剧目。举办第三届"迎三八魅力大变身——展现活力美"活动,50余名委员参加。携手区食品药品监督管理局举办健康用药知识讲座活动,各界别委员及各系统团员青年100余名参加。举办"爱在雅安"大型公益行动,募集善款11.36万元。 (董明)

【青联同行系列活动】 年内,组织委员开展青联同行系列主题活动。组织各界别委员,到区特殊教育学校,观摩特教课程,与听力障碍的学生们互动交流,分享青春梦想,与贫困特殊青少年建立长期帮扶机制。团区委及多名青联委员现场捐赠助学金4万元及学习、体育用品,40余名委员参加。组织各界别委员,到平谷区南独乐河镇北寨村,进行新农村建设考察、参观委员企业并开展座谈活动,30余名委员参加。组织委员参观委员企业——中小企业服务中心,了解中心运营模式及服务内容、配套设施,开展交流座谈。 (董明)

【推优荐才】 继续推荐委员参与各类市、区级人才奖项评选。推荐1名委员参评并获北京市五四奖章,推荐8名委员参与市级、区级优秀人才培养资助项目,推荐6名委员加入区工商联青年创业者协会会员,推荐委员参与第三届首都杰出人才奖候选人评选,推荐委员参与第十批海外高层次人才申报工作。同时,加强对委员的培养服务和教育引导,建立与委员联系沟通的长效机制,实时掌握委员情况,对委员事业发展、专业领域研究项目进展以及所获荣誉等情况进行分类建库、定期更新、动态管理。 (董明)

东城区妇女联合会

【概况】 东城区妇女联合会(以下简称区妇联)是区委领导下的群众团体,是党联系妇女群众的桥梁和纽带,其基本职能是代表和维护妇女权益,促进男女平等。内设办公室、组宣部、权益部、儿童部(区妇儿工委办),行政编制12人,机关工勤编制3人。截至12月底,全区有街道妇联17个,社区妇联187个,机关妇委会65个,党派机关妇委会8个。

年内,围绕纪念三八国际劳动妇女节103周年,面向全区各族各界妇女发出践行"十八大"精神,凝聚女性力量,奉献美丽东城号召。各级妇联组织开展参与建设、素质提升、岗位练兵等活动。各系统涌现出区巾帼文明示范岗20个,巾帼建功标兵20人。各级妇联组织开展"荣誉、岗位、技能、幸福、家教、文化"送到基层的"六送"服务月活动、巧娘技能公益巡讲、"浪漫牵手 缘定东城"青年联谊等活动1245次,服务妇女近8万人次。举办女性专场招聘会,提供工作岗位1.02万个。举办三八妇女维权周活动,全国妇联副主席、书记处书记甄砚等领导出席活动,维权周期间举办普法讲座127场次,开设普法讲堂5场,制作发放宣传品1.12万份,2860人次接受法律咨询和服务,为特殊人群提供帮教服务135人次,解决信访案件49件。姐妹驿站开展活动38次,解决问题82件,覆盖5337人。元旦、春节期间,争取北京市妇女儿童事业发展基金会、区政府的资金支持,筹集资金46.89万元,走访慰问困难妇女688人。申请全国妇联"两癌"(宫颈癌和乳腺癌)专项救助资金3万元,慰问3户因病致贫的困难妇女,为57名乳腺癌术后的困难妇女配发价值约10万余元义乳114件。儿童节前夕,为华丰幼儿园、北池子小学等6所园、校孩子们送去节日礼物和祝福,21户单亲、贫困家庭儿童接受入户慰问,送出款物5.90万元。全年在全国、市、区及互联网等媒体发新闻报道稿件80余篇。

单位地址:东城区后永康胡同17号

联系电话:84039244 邮政编码:100007 (张明旭)

【走访慰问】 元旦、春节期间,继续组织开展以"营造温暖之家、共享美好生活"为主题的走访慰问活动。区领导冯熙、吴松元等先后看望困难单亲母亲、两癌患病妇女,送去慰问金和慰问品。3月19日,区妇联主席慰问永外街道1名宫颈癌患者、低保母亲。年内,争取全国妇联、北京市妇联"两癌救助基金"18.80万元,救助"两癌"困难妇女110名,救助个人最高金额1万元。 (张明旭)

【十二届三次执委(扩大)会议】 1月31日,在区委、区政府2号楼北311会议室召开十二届三次执委(扩大)会议。区领导吴松元出席会议并讲话。会议传达市妇联十二届六次执委会会议精神,增补、替补执委3人,常委1人。大会审议并原则通过区妇联主席作的《学习贯彻党的十八大精神 不断推进妇女工作创新发展》工作报告。会上,安定门街道交北头条社区妇联、朝阳门街道大方家社区妇联、区巧娘工作室发展协会负责人分别就"一家带五队"工作模式、项目化社会工作方法、公益性服务发展作交流发言。区妇联执委、各机关妇委会、妇联界别政协委员、街道主管领导110人参加。 (张明旭)

【家教知识送家庭系列讲座】 3月5日,与交道口街道妇联联合为母亲举办青春期子女教育讲座暨区妇联"家教知识送家庭"系列讲座第一讲。邀请市青少年法律与心理咨询服务中心主任主讲,以妈妈的微笑是美丽的粉红色为主题,针对青春期子女教育问题,列举大量生动事例、讲解青春期子女所面临的问题,分析青少年所面临的亲密关系需要、成就感需要、刺激需要、同伴需要等四大心理需求。200名家长参加。3月15日,在和平里一小举办家教知识送家庭系列讲座第二讲。讲座以成长的烦恼与家长的选择为主题,邀请视情教育创始人、中国多元智能教育协会副会长主讲,从如何做个专业家长,如何认识自己孩子,培养孩子良好行为习惯等方面进行讲解和剖析,现场家长与专家交流互动。近150名家长参加。 (张明旭)

【纪念三八妇女节103周年】 3月6日,在风尚剧场召开区纪念三八国际劳动妇女节103周年大会。区领导吴松元代表区委、区政府致辞。纪念活动以"践行'十八大'精神,凝聚女性力量,奉献美丽东城"为主题,用歌曲、舞蹈、相声、时装表演、配乐诗朗诵等形式展现新东城妇女的精神风貌。区领导金晖、高桂强等出席,巾帼文明岗、巾帼建功标兵代表、女政协委员、机关妇委会成员、妇联执委、社区妇女群众等来自全区各条战线和各族各界的近400名妇女参加。三八前夕,区妇联领导分别走访慰问区巾帼文明岗代表北京大北照相有限责任公司业务组、北京徽商故里餐饮管理有限公司和区巾帼建功标兵代表2名。为她们送去奖牌、荣誉证书、巾帼文明岗及巾帼建功标兵风采集锦光盘和象征美好祝愿的38朵玫瑰。 (张明旭)

【女性专场招聘会】 3月7~8日,与区人力资源社会保障局联合举办"自强不息 展巾帼风采 深化服务 促质量就业”为主题的女性专场就业招聘会。60家用人单位,提供适合女性人员的行政管理、物业管理、财会、文秘、餐饮服务、保管员等岗位4000余个,190人达成就业意向。招聘会上,北京市亿嘉律师事务所、北京市信德公证处及北京市普仁医院,为求职女性设立临时咨询服务台,发放各种宣传材料200余份。 (张明旭)

【友好往来】 3月19日,石景山区、门头沟区、顺义区妇联到区参观学习社区网格化建设和巧娘发展协会工作。区妇联、东直门街道妇联、区巧娘工作室发展协会分别介绍社区网格化建设和区巧娘工作室发展现状,并与考察团成员围绕关心的问题进行互动交流。会后,考察团成员参观巧娘工作室公益培训和展示作品。4月10日,黑龙江省妇联和山东省济南市妇联考察团一行20余人到区巧娘工作室发展协会参观考察,市妇联副主席王淑存陪同。考察团成员参观东城巧娘作品展示,观看《巧手为明天》宣传片,围绕协会创办、公益培训志愿团队建设、巧娘产品销售渠道等问题进行交流。同时,参观东四街道彩虹工作室并与巧娘进行互动。6月24日,阿尔及利亚全国妇联主席哈夫西·努丽亚(Hafsi Nouria)一行8人,到东城区巧娘工作室发展协会参观考察。代表团一行参观巧娘工作室发展协会,听取负责人介绍情况,代表团对巧娘工作室的发展、妇女居家就业工作模式给予肯定。代表团在现场参观巧娘作品并参与中国传统风筝制作。阿尔及利亚驻华使节夫人祖必达·拉贝西(Mrs. Zoubida Rabehi),全国妇联国际部副部长卢亚民、市妇联主席赵津芳、区领导吴松元等陪同。 (张明旭)

【儿童伤害干预项目实施】 4月27日,区妇儿工委办公室、区教委在北京市崇文小学联合举办“安全同行,健康成长”区儿童伤害干预项目交流展示活动。联合国儿基会驻华办事处项目组官员朱徐、全国妇儿工委办公室、市妇儿工委办公室及区妇儿工委、区教工委有关负责人出席活动,中小学、幼儿园、街道实验单位项目负责人等106人参加。年内,12个实验单位加入到新一轮项目实验中。暑期,妇儿工委办公室组织开展儿童安全知识竞赛,竞赛采取试卷答题、现场抢答、实操演练等多种形式,评选出一等奖17人,二等奖50人,三等奖125人。东城区作为第二批北京市儿童伤害干预项目实验区,自2011年启动项目实施工作以来,有项目实验单位32个。 (张明旭)

【变废为宝创意作品大赛】 5月15~17日,在区第一文化馆二楼展厅举办“家庭绿色行　共筑中国梦”——东城区变废为宝创意作品大赛活动,展出环保作品500余件,展品全部来自社区居民、机关干部和在校学生。参赛者中,年龄最大的88岁,最小的只有5岁,参赛者利用物品的特质,制作出具有较高实用价值或艺术欣赏价值的作品。大赛吸引近1000名观众参观和投票,经专家和群众投票评选出最佳节能奖、最佳创意奖、最佳实用奖、最佳欣赏奖作品40件。(张明旭)

【低碳骑行游东城活动】 5月25日,与区旅游委、体育局开展以“家庭绿色行　共筑中国梦”为主题的低碳骑行游东城活动,旨在倡导“绿色环保·低碳出行”理念,促进和谐家庭建设,推动东城深度游和古都文化保护。活动从东便门角楼出发,在5条骑行线路上,体验骑车游东城的乐趣。在同仁堂学习配药、抓药、秤药、包药;在磁器口老豆汁店喝老北京豆汁,参观新红资餐厅,学画脸谱;在国子监学写“龙”字,学画兔爷,赏玩老北京物件,穿大褂,喝大碗茶,听传统吆喝;在南锣鼓巷陶泥人学习制作软陶艺术品;在百工坊学习制作传统烫葫芦工艺;在天坛学做风筝等。全区30余个家庭近100人参加。参加骑游家庭不仅学到知识,体验传统文化,还增强绿色环保从我做起,从家庭做起的决心。 (张明旭)

【举办文化庙会】 5月28日,与区文化委、文明办在北池子小学举办“传承文化经典　放飞中国梦想”文化庙会活动,市妇联副主席周志军、副区长汤钦飞等出席,区妇联、区文化委、区文明办有关领导参加。主题活动分为风采展示和文化庙会两个部分,来自北池子小学、东高房小学、织染局小学、什锦花园小学的1000余名外来务工人员子女以舞蹈、武术、齐诵《弟子规》等形式汇报小学生传承中华传统文化、开展传统美德教育成果。小学生们展示自己制作的手工艺作品、参与体验传统游戏项目,把自己家中看过的旧图书拿到活动现场进行义卖,现场所得1600余元书款捐献给北京妇女儿童基金会,用于资助贫苦山区学生。 (张明旭)

【庆六一亲子阅读会活动】 6月14日,组织流动儿童友好家园及社区流动儿童活动站部分孩子和家长150人到青少年阅读体验大世界,开展美丽梦想DIY(孩子们自己动手模仿写剧本、演出等)亲子阅读会活动,来自社区流动家庭的家长和孩子代表作发言,区妇联领导赠送节日礼物。流动家庭孩子在参观中,体验阅读大世界的相关阅读课程、实践活动,培养阅读习惯和良好学习习惯,提高听、说、读、写能力,改善亲子关系,为流动家庭的孩子提供心灵成长与精神滋养机会。 (张明旭)

【市妇联领导调研】 7月23日,市妇联副主席常红岩一行6人到区调研市第十三次妇女代表大会报告起草工作有关事宜。调研座谈会围绕妇女参政议政、妇联组织参与社会服务管理创新、流动妇女服务管理、妇女教育培训、妇联干部专业化发展、妇女工作科学发展保障机制、群众路线教育实践活动等问题展开。常红岩对区妇联在引领全区妇女群众在经济、政治、文化、社会和生态文明建设中取得的成绩给予肯定。区妇女界别政协委员、街道党政主管领导、街道、社区妇联主席、女企业家、社会组织负责人、全国、市级“三八”红旗手等代表24人参加。 (张明旭)

【市区人大代表政协委员考察】 7月25日,市政协常委、市妇联党组副书记陈玲率市政协社法委妇女儿童工作小组的政协委员及市财政局、市委社工委、市民政局、商委、科委等单位负责人一行20余人,到区考察巧娘工作室创建工作。观看专题片《巧手为明天》,区巧娘工作室负责人介绍区巧娘工作室工作情况,市政协委员们肯定区巧娘工作室在促进社会和谐稳定中发挥的重要作用,并在打造品牌、申请项目及争取政策扶持等问题,提出意见建议。8月22日,北京市人大妇女工作小组代表一行20余人,到区考察为老服务工作。由市人大常委会副秘书长刘维林带队,市委委员、市妇联主席赵津芳主持。考察组在东直门街道观看关于东直门网格化管理专题片,听取社区服务中心关于"打造零距离服务　提升百姓幸福指数"的为老服务工作情况汇报,区老龄委副主任简要介绍区居家养老工作中存在的困难。随后,考察组参观东直门街道为老服务一条街及北新桥街道三和老年公寓。区领导汤钦飞及区妇联、老龄委、东直门街道、北新桥街道领导参加。9月16日,区人大妇女工作小组代表一行10余人到区第一妇幼保健院考察区妇幼卫生工作。代表们听取妇幼保健院院长关于区第一妇幼保健院历时8年的改扩建工作及目前工作进展和重张工作情况汇报。代表们围绕妇幼保健院历史、生育文化,重张后医疗队伍等问题展开讨论,重点围绕如何落实《东城区"十二五"妇女儿童发展规划》重点指标问题,随后察看妇幼保健院环境设施。区卫生局领导参加。12月4日,区妇联界别政协委员20余人,到北京65中学,举办"关心儿童成长　关注儿童教育"主题活动。65中学校长向委员介绍学校办学理念和办学特色。双语小导游现场作展示。委员们围绕如何发挥学校、社会、家庭协同作用,培养孩子情商、开展美育学堂、培养青少年阅读素养和习惯等问题展开讨论。区政协副主席王红及区妇联主席、区政协专委会三室主任参加。 (张明旭)

【区妇女儿童规划接受评估督导】 9月3日,由市妇儿工委办公室常务副主任任组长,专家、市委、办、局有关领导组成的市妇女儿童规划中期评估督导组对区"十二五"时期妇女儿童规划中期落实情况进行督导。区妇儿工委主任、副区长汤钦飞就区"十二五"时期妇女儿童规划中期落实情况向市督导组作题为《立足新东城　统筹新规划　推动东城区妇女儿童事业科学发展》的汇报;区委组织部、区人力社保局、卫生局分别汇报女干部培养选拔、女性培训就业、妇女儿童健康情况;督导组成员与相关成员单位沟通交流妇幼保健工作、教育均衡化发展情况、女性就业、女干部培养等方面情况,并观看区0~3岁早期教育专题片,对朝阳门街道新鲜社区0~3岁婴幼儿家庭早期教育促进项目教学示范基地进行实地考察。区妇儿工委成员单位领导、办公室成员50余人参加。 (张明旭)

【第七届好邻居表彰】 9月10日,第七届区好邻居表彰活动经居民推荐、社区评选、公示、网上投票4个环节评选出17个家庭获区好邻居标兵称号,165个家庭获好邻居荣誉称号。9月13日,组织荣获区好邻居标兵称号的17户家庭代表到国家博物馆参观"复兴之路"展览。 (张明旭)

【巧娘志愿者服务队成立】 9月27日,东城巧娘"巧手慧心"和"爱心天使"志愿者服务队正式成立。成立仪式上,2支志愿者队伍分别接受志愿服务手册和志愿者标识胸牌,并庄严宣誓,表达成为优秀志愿者的决心。1名志愿者代表作发言。区妇联副主席、区巧娘工作室发展协会会长、中华女子学院社会工作系师生及各巧娘工作室负责人和志愿者代表近60人参加。 (张明旭)

【开展防邪知识进家庭活动】 10月18日,与区委防范办联合开展"崇尚科学,反对邪教,共创平安家庭"为主题活动。邀请中国中医科学院研究员、医学博士从伪气功、邪教本质等方面进行讲解和指导。活动中,社区家庭代表向全区家庭发出家庭成员行动起来,树立科学理念,拒绝邪教诱惑和毒害倡议。17个街道妇联、社区妇联主席及社区家庭代表200余人参加。 (张明旭)

【举办单身联谊活动】 11月11日,与市婚姻家庭研究会、区朝阳门街道联合在朝阳门街道社区服务中心举办"缘汇八方·相约朝阳门"单身联谊活动,单身青年90余人参与。活动由暗送秋波、谈谈恋爱、玫瑰之约、丘比特之箭等环节组成。经过"号码配对"和"现场告白",10对男女青年成功牵手。 (张明旭)

【推进妇女之家建设】 12月3日,召开"一家带五队"志愿服务项目工作推进会,市妇联社会工作、协作者社会发展中心、区妇联等有关领导和专家组成评估小组,出席推进会。17个志愿服务项目负责人以PPT的形式分别汇报社区美化、为老服务、儿童教育、邻里互助、文化体育等项目实施情况,评估小组现场点评项目中的亮点和不足。经过考评组评估,6个项目获得优秀。 (张明旭)

东城区工商业联合会

【概况】 东城区工商业联合会(简称区工商联,又称区商会)是中国共产党领导的面向工商界、以非公有制企业和非公有制经济人士为主体的人民团体和商会组织,是党和政府联系非公有制经济人士的桥梁纽带,是政府管理和服务非公有制经济的助手。区工商联有30家基层商会,实现17个街道工商联商会的全覆盖和3家特色街区商会(南锣鼓巷商会、五道营商会、前门大街商会)、1家重点地区商会(北京站地区商会)、1家科技园区商会(雍和园商会)、1家楼宇商会(东方燕都商会)、2家异地驻京商会(天台北京商会、山西企业商会)和5家功能性商会(法律商会、金融商会、科技商会、文化产业商会、青年创业者协会)各具特色的组织网络。区工商联内设办公室、宣传教育科、会员科(民间商会管理科)和经济服务科,行政编制16人。有会员2300余人,其中市人大代表11人,区人大常委4人、区人大代表26人;全国政协委员1人,市政协常委2人、市政协委员9人,区政协常委12人、区政协委员83人;全国工商联执委2人,市工商联执委31人,其中市工商联副主席1人、常委14人、市商会副会长5人。

年内,区工商联继续推动《东城区"十二五"期间工商联事业发展规划》落实,不断提高履职尽责和发挥"五个作用"

的能力,非公经济人士理想信念教育实践活动有效开展,制定完成8大类58项折子工程,培养和带出一支政治觉悟高、企业发展好、热心工商联工作的非公经济代表人士队伍,完成各项工作任务,促进工商联事业健康发展。获全国五好县级工商联建设示范点称号,被评为北京市区县机关档案工作测评市级优秀单位。办公地址搬迁至东城区天坛东路13号院5号楼。

单位地址:东城区天坛东路13号院5号楼

联系电话:65255187　邮政编码:100061　　(高鹏)

【光彩事业】 元旦、春节期间,组织27家基层商会的286家企业开展送温暖活动,覆盖全区17个街道及重点街区、楼宇,捐款捐物价值达115万余元,慰问困难群众3016人次。1月31日,区工商联连续7年与景山街道10户困难家庭结对子签协议,送慰问金3000元。4月19日,在东城特教学校举办"资助特教学校捐款仪式"和"科普大篷车"活动启动仪式,组织11家企业为特殊教育学校捐助10万元用于开展国际交流,市、区相关部门领导及非公经济代表人士、区特教学校师生、街道、企事业单位、院校领导等150余人参加。4月22日,在史家小学举行捐赠仪式,区工商联主席、北京宏林科技发展有限公司董事长王曦向史家小学捐赠价值20余万元的办公设备,区领导周永明出席并讲话。仪式后,参观史家小学校园建设情况。市、区部门相关负责人及部分非公经济人士代表参加。4月至12月,联合区科协指导会员企业北京柯瑞生物科技有限公司组织东城"科普大篷车"走基层活动,走进街道、社区、企业和学校。5月31日,区工商联组织庄子工贸、华鸿医药、南门涮肉、中和珍贝4家会员企业为一师附小捐款16万元,购置80台近视眼防治仪,建立爱眼工作室。6月,组织会员企业北京宏源餐饮管理有限公司慰问区公安、交通干警和城管大队队员,捐矿泉水1万箱价值25万余元。11月28日,区工商联南锣鼓巷商会为周边困难群众捐助20吨白菜。12月3日,会员企业北京中工天业国际建筑工程咨询有限公司为东直门街道残联捐助7吨面粉。年内,集中对会员企业各类捐助和投资光彩项目情况进行摸底,完成光彩事业统计及数据库录入、组织会员企业参与"光彩惠农行动"对接项目统计工作。　　(高鹏)

【会员服务】 1月15日,在区工商联和基层商会——金融商会运作下,上海股权托管交易中心与华夏银行北京分行举行战略合作签约仪式,同时在上海股权托管交易中心成功挂牌的区工商联会员企业保罗生物获得华夏银行2000万元信用贷款授信额度。4月1日,与区产促局召开座谈会,研讨如何落实中小企业融资贷款等相关政策问题。7月,联合区国资委,搭建区内国有企业与民营企业项目对接合作平台,将项目公布在区工商联网站,并以手机快讯形式告知工商联民企会员1200余人。10月17日,召开区国企与民企合作对接座谈会,与会国企负责人介绍各自企业情况和特色产品,区领导周永明出席并讲话。区国企、区工商联各行业代表性企业40余人参加。11月1日,在雍和大厦多功能厅召开区国企与民企合作对接会暨东方信达项目推介会,推介北京东方华盖创业投资有限公司项目、华盖影视基金、北京文创小额贷款公司项目、国华担保增资项目、国际影视基金等5个项目,东方信达各项目负责人及区工商联会员50余人参会。11月19日,召开非公有制经济座谈会。会上,播放区工商联《追求卓越　共筑梦想》工作宣传片,通报区工商联近期工作,会员企业对区非公经济发展环境提出意见和建议。区领导许汇出席并讲话。年内,组织征集推荐13家会员企业申报文化创意产业发展专项资金和北京市中小企业发展专项资金,征集区年度新兴产业、中小企业等扶持项目,为会员企业申报贷款贴息、担保费补贴、购房补贴、资金配套等扶持资金项目30个,获得财政扶持资金300余万元。加强与顾问单位合作,与银行和担保公司经常性联系与沟通,对会员企业年度融资需求进行调研,向银行推荐优质会员企业,将有融资需求会员企业进行有效对接,获得商业银行贷款5亿余元。发挥金融服务商会作用,与华夏银行北京分行等3家银行签订6亿元无抵押贷款授信合作协议,有6家会员企业以无抵押方式得到信用贷款4000万元。与上海股权托管交易中心、华夏银行等加强联系与合作,促成双方战略合作协议签订。推荐2家会员企业在上海股权托管交易中心挂牌,依托法律商会,开展每月1次会员企业法律咨询服务。律师30人轮流值班为会员提供免费的法律咨询,30余家会员企业进行法律咨询。与区人保局、职介中心共建劳动用工直通车,搭建会员企业招工平台。组织会员参加北京市民营企业招聘月活动,参加区总工会牵头组织的工资协商检查小组,对5家会员企业进行工资协商专项指导和检查。　　(高鹏)

【荣誉工程评比】 1月29日,在市工商联召开的上年度内报内刊总结表彰会上,区工商联及会员企业9家内报内刊获表彰,其中《东城工商界》等7家获优秀奖,《世纪天鼎》等2家获鼓励奖。区工商联获组织奖,并在大会上作典型发言。3月19日,区工商联会员企业北京红桥天环市场被北京市渔业协会授予上年度珊瑚龙头企业称号。12月,在全国工商联和《中华工商时报》主办的未来中国工商领袖荣誉获得者颁奖仪式上,会员企业北京联飞翔科技股份有限公司董事长获得未来中国工商领袖荣誉,区工商联在此项活动中获最佳推荐奖。年内,推荐北京通利达汽车租赁有限责任公司、北京全福德投资管理有限公司等20家会员申报市级非公经济新典型,在基层商会和会员企业中组织开展学雷锋活动,制定学雷锋活动计划,上报典型事迹材料,号召非公企业开展"岗位学雷锋,争做好员工"活动;开展会员精神文明单位网络志愿者工作,通过微博和QQ等信息渠道宣传企业精神文明建设和好人好事,完成会员企业网络文明志愿者和信息员的统计上报工作;引导会员企业开展文明餐桌行动等多项精神文明建设活动。　　(高鹏)

【老会员工作】 春节、五一、十一期间,走访慰问26名老会员,慰问金额10.50万元;对97名老会员及遗孀进行困难补助,补助金额25.20万元。开展原工商业者(三小)和遗孀身份认定工作,对涉及人员认真审核、申报,对重点人员入户调查走访,了解、掌握原工商业者生活困难状况和困难程度。

同时,做好老会员上访事件调查取证、材料整理汇报、信访答复等相关工作。（高鹏）

【理想信念教育实践活动】 年初,在全区非公经济人士中开展理想信念教育实践活动。2月22日,全国工商联宣教部部长高庆林到区调研如何加强非公经济人士理想信念教育,促进非公经济健康发展和非公经济人士健康成长情况。市工商联副主席郑勇男、区领导周永明等领导参加。5月,成立以区领导周永明担任组长的领导小组,区委统战部、区工商联合下发《开展非公有制经济人士理想信念教育实践活动实施方案》,搭建依法诚信经营、转型升级、基层商会建设、会员服务等10个平台,努力达到整体提升工商联工作水平和非公经济人士素质的目标。5月23日,召开离退休老干部座谈会,通报中央统战部、全国工商联在非公经济人士中开展理想信念教育的意见精神,并征求《关于在非公经济人士中开展理想信念教育实践活动实施方案》意见和建议。6月20日,召开区非公经济人士理想信念教育实践活动推进会暨民营企业家的"中国梦"演讲报告会。市工商联党组副书记张卫江及区领导周永明出席并讲话。区工商联各基层商会、区工商联班子成员及非公有制经济人士580余人参加大会。大会向全体非公经济人士发出倡议,非公有制经济企业家4人作典型发言。《中华工商时报》相关负责人向区工商联颁发上年度全国工商联(商会)工作十大创新奖牌。10月30日,组织机关干部和非公有制经济人士20余人参加全国非公有制经济人士理想信念教育实践活动报告会。9月至12月,在总结阶段,提出并完成"四个一工程"即制作完成一部反映区工商联发展历程的专题宣传片《追求卓越　共筑梦想》、编印一本《创业者的足迹》企业家风采录、出版一期《东城区非公有制经济人士理想信念教育实践活动专刊》、通过《中华工商时报》《新东城报》进行一系列教育实践活动中典型事迹专题报道。期间,利用手机、图片和各种媒体进行宣传,编发报送相关信息200余条,在《中华工商时报》等报刊发稿20余篇,编发《专刊》22期。指导28家基层商会开展"美丽东城我参与,幸福东城我奉献"教育实践活动,非公经济人士2.48万人次参与,参与率达到60%以上,会员企业参与率100%。（高鹏）

【商会建设】 2月27日,区工商联(商会)成立文化产业分会,明确分会工作的方向和重点,选举产生分会主席、副主席、理事和秘书长,并向新当选分会主席授牌。4月25日,召开基层商会建设工作会。会议通过《关于区工商联基层组织称谓变更的通知》和《关于加强新形势下基层商会建设的指导意见》,区工商联基层组织称谓由分会正式变更为商会,提出加强基层商会建设的10条指导性意见,并在商会中推行"创优联盟"的全新尝试。会上,市、区领导向基层商会代表颁发牌匾,景山街道等4个商会作典型发言。市工商联副主席王爱民、区领导周永明出席并讲话。市工商联及区委宣传部相关负责人、区工商联各街道商会主管领导、秘书长及非公经济代表人士160余人参加。8月20日,天坛街道商会成立劳动争议调解中心,颁发天坛街道商会劳动争议调解中心牌匾,调解中心调解员代表和调解委员会代表分别作表态发言。区领导周永明参加并讲话。8月30日,东华门街道商会和天坛街道商会成为北京市首批挂牌"劳动争议预防调解示范点"。9月26日,举办青年创业者协会成立大会暨青年创业者论坛活动,审议并通过《东城区工商联青年创业者协会章程(草案)》,选举产生首届理事会成员。老一辈企业家代表和青年创业者代表,围绕"青春　创业　圆梦"作主题演讲。全国工商联宣教部部长高庆林、市工商联领导王爱民、区领导周永明出席并讲话。东城区企业家代表、青年创业者代表及团区委、区社会主义学院等相关部门负责人60余人参加。11月27日,区工商联青年创业者协会组织成员到北汽新能源汽车有限公司参观座谈,了解新能源汽车的技术、性能和发展方向,围绕节能、减排、环保、汽车产业发展和交通能源转型等问题展开讨论。12月7日,区工商联山西企业商会成立。会上,选举产生商会会长、副会长、理事、秘书长和副秘书长,审议通过《北京市东城区工商联山西企业商会章程》和《会员管理办法》,并向商会授牌,宣读山西企业商会发来的贺信。年内,配合区委统战部开展加强商会组织建设专题调研。加紧进行商会注册工作,与区民政局沟通,做好相关材料的准备工作。加强和区财政局沟通联系,推进基层商会专职工作者队伍建设。深化机关干部联系商会制度,完善工作考核责任制,研究确定骨干会员名单216人,制作《干部联系基层商会情况登记表》,指导机关干部到骨干会员企业开展走访调研和提供服务。指导各商会围绕街道、地区中心工作,发挥商会职能,开展特色活动。（高鹏）

【调查研究】 3月1日,北京市厂务公开协调小组到区工商联会员企业北京宏源餐饮管理有限公司调研,检查厂务公开、民主管理工作,并同意推荐该公司为全国厂务公开民主管理示范单位。全国总工会民主管理部副部长张天文、市工商联副主席王爱民及市委社会工委、总工会、私个协、区总工会、工商联负责人参加。6月8日,市工商联副主席郑勇男一行到区工商联推荐的北京市工商业联合会"十佳"会员企业——北京华江文化发展有限公司、北京盛世骄阳文化传播有限公司调研。12月3日,市领导牛有成、李伟一行到区工商联会员企业大前门(北京)文化艺术有限公司调研非公经济在文化产业中的重要作用情况,参观大前门拍卖公司及尚韵轩博物馆,听取公司董事长作为电视剧《正阳门下》编剧获得成功的总结汇报。年内,在会员企业中建立14家中小微企业监测点,为工商联系统重大课题研究形成重要数据基础。配合全国工商联等有关部门,完成《工商联会员2013年问卷调查》《北京市非公有制经济发展政策环境调查问卷》《企业创新能力调查》《东城区行业商会组织建设调查问卷》《外事服务民营企业走出去抽样调查表》和《民营企业劳动关系调查问卷》等工作。全年,走访调研会员企业160余人次,帮助会员企业了解经济形势、区域发展政策和经济环境,协调相关事宜30余件。完成《关于加强新时期非公经济宣传报道工作的思考》《2013年北京市东城区民营企业融资报告》《关于加强基层商会建设的几点建议》《关于推进机关办公自动化的调研报告》等4篇调研报告。（高鹏）

【参政议政】 全国“两会”期间,组织非公有制经济人士收听、收看政府工作报告,关注非公有制经济发展政策。3月29日,区文化发展年会上,北京宏林科技发展有限公司董事长、大成律师事务所高级合伙人分别以“利用信息技术提升东城区公共文化服务水平”、“大力推进东城区文化产业的跨越式发展”为主题演讲,并就区文化建设、历史名城保护及争创国家公共文化服务体系示范区等方面建言献策。年内,组织25家会员企业参加中华全国工商业联合会第十一次会员代表大会。配合区委统战部完成民主党派中央换届有关人选任免表填写、考察材料整理、综合评价等相关工作。完成第四届北京市优秀中国特色社会主义事业建设者、区信息化专家咨询委员会专家、全国关爱员工优秀民营企业家、区人才工作专家库入库专家等评选材料填报推荐工作。形成《关于给予辖区内在上海股权托管交易中心成功挂牌中小企业财政专项扶持建议》《关于加强工商联基层组织建设,建立专职工作者队伍的建议》《关于加强南锣鼓巷、五道营特色商业街区保护和发展的建议》等提案,提交区政协十三届二次会议,其中1件被评为优秀提案,完成提案办理工作。 (高鹏)

【合作交流】 3月29日,大兴区工商联到区工商联座谈交流,双方就基层商会组织建设、光彩事业、宣传教育等工作进行探讨,提出加强沟通联系,搭建两地非公企业交流平台,促进资源共享。3月,区领导周永明带队,区工商联组织部分单位领导及非公经济企业家一行,赴浙江省乐清市、义乌市考察,交流研讨工商联商会建设及非公经济人士开展理想信念教育等方面工作。5月15日,与天津市红桥区工商联签订友好商会协议书。6月18日,区工商联(商会)与北京山西企业商会举办战略合作协议签字仪式,标志着双方正式建立全面战略合作伙伴关系。市工商联领导郑勇男出席并讲话。区委统战部、区产促局、雍和园管委会、朝阳门街道等有关部门负责人及区工商联和北京山西企业商会班子成员、企业家代表50余人参加。8月18~22日,与东华门街道工商联商会组织近10家会员企业前往吉林市参观考察,到吉林市东福米业集团参观绿色农业和新农村建设,与吉林市工商联交流商会建设工作,双方签订友好商会协议书。11月22日,举办“内蒙古宁城县招商引资项目推介会”,区工商联、产促局、宁城县政府等领导及东城区非公经济企业家30余人参加。年内,区工商联与赣州市工商联建立两地商会沟通联系机制,与内蒙古呼伦贝尔市工商联、黑龙江鸡西市工商联建立友好商会关系,组织部分机关干部和基层商会会长赴上海、浙江等地学习考察商会建设经验。组织会员企业参加第十届中国国际中小企业博览会、首都非公经济食品产业链对接活动、内蒙古乌兰察布市旅游推介会及计算产业发展论坛等,为会员企业走出去提供服务。 (高鹏)

【执委常委会会议】 8月29日,区工商联(商会)召开九届四次执委会会议。会议通过有关人事调整事项,通报上半年工作情况并对下步重点工作进行部署,开通会员企业劳动用工直通车。区领导周永明出席并讲话。区委统战部、纪委监察局第二派驻组有关领导、区工商联(商会)执委90余人参加。12月18日,区工商联(商会)召开九届五次执委会会议。市工商联领导王爱民、区领导周永明出席并讲话。市工商联会员处有关负责人、区工商联执委、基层商会秘书长120余人参加。会议表决通过执委增、减事项,审议通过免去执委5人,增补执委17人。本届执委会有执委103人,其中主席1人,常务副主席1人、副主席22人,秘书长1人,常委51人;区商会会长1人,常务副会长1人、副会长30人,秘书长1人。审议通过年度工作报告,部署下年重点工作。 (高鹏)

【宣传信息】 年内,编印完成内刊《东城工商界》,增设商务信息栏目,网站增加电子刊物版块,将区工商联2010—2013年上半年《东城工商界》杂志转换为电子版刊登在网站上,利用网站资源共享和信息传播功能;开通区工商联集团彩信业务,设置“点睛、商会动态、光彩事业、企业风采、生活小贴士、忠言思语”版块,增强信息容载量和可读性。利用区工商联手机快讯、网站、政务微博等平台进行信息接收和发布。全年报送信息377篇,编发短信版手机快讯75期,彩信版手机快讯20期,《部门要闻》《图片新闻》、工商联网站刊发稿件67篇,在《东城信息》《中华工商时报》等报刊上刊发稿件54篇,在北京市工商联动态、简报、信息发稿8篇,在《工商界》杂志和市工商联网站发信息15篇,信息采用率在市工商联系统和区委统战部系统名列第一。 (高鹏)

东城区归国华侨联合会

【概况】 东城区归国华侨联合会(简称区侨联)是由归侨侨眷组成的人民团体,是党和政府联系归侨侨眷的桥梁和纽带。侨联工作的职能是群众工作、参政议政、维护权益、海外联谊。区侨联编制4人,无内设机构。全区有归侨222人,侨眷6734人,新华侨4391人,新移民、留学人员亲属4389人。东南亚归侨占85%以上,归侨的原侨居国分布20余个国家。新华侨分布57个国家,基本在发达国家。有17个街道侨联和教委、卫生局2个系统侨联。

年内,举办贯彻落实十八届三中全会精神培训班;召开一届六次全会、基层侨联秘书长工作会和侨界参政议政工作会;举办侨界新春联谊会,归侨代表70余人参加,召开敬老会,慰问老归侨60余人;协助市人大开展侨法执法检查和新侨工作调研座谈会;市侨联机关群众路线教育实践活动到区座谈征求意见,市侨联经济科技部调研工作;举办第六届首都新侨乡文化节演出专场,承办乒乓球邀请赛;举办传统文化主题日华裔夏令营活动,参观焦庄户地道战遗址纪念馆;完成侨联工作进网格和政府购买社会组织服务项目;组织归侨侨眷175人旁听第九次全国归侨侨眷代表大会开幕式,在第九次全国归侨侨眷代表大会上区侨联被中国侨联评为全国侨联系统先进组织,侨界人士2人被中国侨联和国务院侨办评为全国归侨侨眷先进个人。

单位地址:东城区幸福大街32号

联系电话:64023999　邮政编码:100061 (窦跃斌)

【开展走访慰问活动】 春节前,针对慰问困难归侨户数比往年有较大增加等新情况，进行研究分析和部署，采取不同形式走访。区侨联领导带队对8名担任过区侨联主席、副主席的老领导上门走访慰问；对40余名老归侨利用召开联谊会形式进行集体慰问；动员基层侨联力量，利用从市侨联争取到的困难归侨补助款，通过区侨联和困难归侨所在街道侨联对31户困难归侨进行走访慰问，送去慰问款2.16万元；慰问与区侨联结对子的北新桥街道藏经馆社区2户困难党员家庭，给他们送去价值1.30万元慰问品并致以节日问候。（窦跃斌）

【基层侨联秘书长工作会】 1月23日召开。会上，全区17个街道和教委、卫生局系统基层侨联秘书长交流上年工作及年度工作设想，部署需要基层侨联配合区侨联开展的主要工作，区委统战部相关人员参加。（窦跃斌）

【一届六次全委会会议】 1月28日，召开一届六次全委扩大会议。会上，通报北京市侨联十三届十二次全委（扩大）会精神；审议侨联主席代表区侨联第一届常委会所作的上年工作报告，研究确定年度主要工作。区侨联委员、19个基层侨联负责人、区委统战部相关人员近60余人出席、列席会议。（窦跃斌）

【法律咨询与援助服务项目实施】 年初，立项法律咨询与援助服务项目在全区17个街道侨联组织协助下，通过邀请专家讲解、制作展板展示、发放宣传册，聘请专业律师现场咨询等形式推进“侨法”进街道、进社区，于9月底完成项目实施，取得侨界群众认可100%，满意100%的实际成效。在11月13日召开的全区政府购买社会组织服务项目总结会上作经验介绍。（窦跃斌）

【市侨联经济科技部调研】 3月19日，市侨联经济科技部部长带领市侨联经济科技部全体成员到区调研侨联经济科技工作。区侨联主席汇报近几年在经济科技方面所做工作，特别是关注侨资企业发展、为新侨在东城区投资创业牵线搭桥情况。市侨联经济科技部部长重点介绍经济科技部关于开展“第十三届海外侨界高层次人才为国服务团”活动筹备情况及“特聘专家委员会”和“北京华商会”有关工作。围绕如何利用好市侨联经济科技部已有平台和载体，整合资源，利用资源，实现双赢事宜探讨和沟通，并对海外高层次人才活动开展提出意见建议。（窦跃斌）

【承办乒乓球邀请赛】 5月25日，在东四奥林匹克社区文体中心承办第六届首都新侨乡文化节系列活动乒乓球邀请赛，是区第三次承办。全市16个侨联组织近80名运动员参加。东城区侨联代表队获冠军。市侨联副主席李冬娟、区委统战部、东四街道工委等相关领导参加开赛式。（窦跃斌）

【举办首都新侨乡文化节活动】 6月25日，第六届首都新侨乡文化节东城区文艺演出专场在区文化馆风尚剧场举行。区领导周永明代表区委致辞。演出活动以“美丽东城——我的中国梦”为主题，展示东城区悠久历史和灿烂文化，展示东城区侨界风采和魅力。市侨联主席李昭玲、副主席李冬娟，区领导朴学东等出席。19个基层侨联组织、区属各人民团体、涉侨单位、兄弟区县侨联嘉宾及全区归侨侨眷320人观看演出。在首都新侨乡文化节14个专项活动中，由区侨联推荐的乒乓球代表队和围棋代表队，分获比赛冠军；推荐的文艺汇演节目获得一等奖1名、二等奖2名、三等奖3名；推荐的征文获得二等奖2名、三等奖3名。在“我的中国梦”主题征文活动中获得2个二等奖，4个三等奖。（窦跃斌）

【查找侨法实施中存在问题】 上半年，配合区民宗侨办，查找“侨法”实施过程中依法维护侨益方面存在的问题与不足，对“侨法”相关内容滞后形势发展等问题，形成书面材料，通过区民宗侨办提交北京市人大“侨法”执法检查组，反映全区侨界群众心声，得到侨界群众赞同。下半年，配合市人大、市侨联举办归国留学人员在京创业发展与权益保护调研座谈会，向市人大、市侨联反映企业发展状况，12家侨资企业参加。（窦跃斌）

【举办华裔夏令营活动】 7月22日，举办传统文化主题日华裔夏令营活动。来自意大利、斯洛伐克、美国、加拿大4个国家的65名华裔青少年参加。参观安外三条小学校园文化展示，与学生一起表演成语故事；体验体育传统游戏推铁环；开展成语扑克接龙比赛；听学校老师介绍从蹴鞠到足球的演变过程，进行7人制足球友谊赛；参观孔庙、国子监博物馆。市侨联副主席马坚全程参加活动。区委统战部副部长在夏令营欢迎仪式上致辞；区侨联、教委分别向夏令营团队赠送具有中国传统文化特色纪念品。（窦跃斌）

【市侨联领导到区征求意见】 9月6日，市侨联领导马坚到区征求基层侨联组织对市侨联机关党的群众路线教育实践活动的意见建议。区侨联组织老侨、新侨代表及部分街道侨联代表座谈。参会人员对市侨联在践行群众路线方面的情况给予客观评价，对市侨联在基层组织建设、干部队伍建设、为侨服务方式及侨界群众关注的热点、难点问题等发表意见。为市侨联践行群众路线，针对性地开展工作提供有价值建议。市侨联联络维权部和区侨联机关全体干部参加。（窦跃斌）

【学习十八届三中全会精神】 11月27日，邀请北京师范大学社会学系主任，为全区侨界群众作贯彻落实党的十八届三中全会精神，加强侨联自身建设专题辅导报告，围绕国内外社会组织建设的历史沿革、现状和发展方向进行辅导。区侨联委员、19个基层侨联组织侨界群众代表200余人参加。（窦跃斌）

【推进侨联工作进网格】 年内，对全区17个街道侨联组织采取逐一调研形式，督促街道侨联组织对街道辖区内侨情资源进行摸底调查，建立侨界人员数据库、社情民意反馈平台、为侨服务日志平台，全面推行侨联工作进网格，构建侨联工作区、街道、社区、网格四级工作体系,形成基础数据有人统计、基层组织活动有人抓、侨界群众问题有人管、社情民意反映有渠道的良性循环网格体系,提高侨联工作精细化水平。

(窦跃斌)

【参政议政】 年内,引导归侨侨眷参政议政。邀请侨界人大代表和政协委员围绕十八届三中全会精神和东城区发展方向,对区人大及区政协全会期间提交什么样的议案、提案工作进行讨论。参加区政协十三届二次全会,提交团体提案2件、个人提案11件;参加区党风廉政建设工作大会,了解区党风廉政反腐败工作情况;参加区统一战线纪念中共中央发布五一口号65周年座谈会;参加党派团体协商通报会,协商区重大人事事项、协商区政协增补委员情况;参加市人大侨法执法检查工作;参加市维护侨益法律事务服务站揭牌仪式;参加市侨联学习宣传"中国梦"专题报告会;参加市党的群众路线教育实践活动动员部署会;参加市侨联十三届十四次全会,选举出席第九次全国归侨侨眷代表大会代表,区2名代表入选;参加市人大、市侨联归国留学人员在京创业发展与权益保护调研座谈会;参加市侨联学习贯彻十八届三中全会精神学习班。组织全区175名归侨侨眷在人民大会堂旁听第九次全国归侨侨眷代表大会开幕式。上报市侨联信息和社情民意132条,上报区政协社情民意37条,上报区委统战部信息和社情民意46条。召开侨界参政议政工作会,通报区侨联参政议政工作情况;侨界人大代表和政协委员围绕全区工作重点展开讨论,确定提交下年区政协全会团体提案主要内容。 (窦跃斌)

东城区残疾人联合会

【概况】 东城区残疾人联合会(简称区残联)是将残疾人自身代表组织、社会福利团体和事业管理机构融为一体的综合性人民团体。具有"代表、服务、管理"职能。内设办公室、组联部(就业部)和康复部(宣传文体部),有干部11人。下辖全额拨款事业单位4个:区残疾人就业服务中心、区残疾人服务一中心、区残疾人服务二中心、区残疾人职业康复中心,有干部42人。

年内,全面实施以"居家助残谋福祉、惠民服务暖人心"为主题的"阳光爱心八进门"助残行动,改善残疾人公共服务环境,成立辅助器具科技助残团队,召开区残疾人工作总结暨下年工作研讨会。截至12月底,全区办证残疾人34271人。

单位地址:东城区夕照寺街绿景苑小区4号楼

联系电话:67075423　邮政编码:100061 (贾琳)

【就业援助月活动启动】 1月17日,"就业帮扶　真情相助"启动会暨就业援助月就业困难人员招聘会在区职业介绍服务中心举行。招聘会有屈臣氏、都一处快餐店等20家用工单位参加,提供财会、办公室文员等77个就业岗位,残疾人185名到场求职,当场达成初步就业意向80余名。

(贾琳)

【残疾人新春联欢会】 1月22日,"残健同心携手,共建美丽东城"区残疾人新春联欢会在东城区第一文化馆举行。区残联理事长介绍上年区残疾人事业发展成果,市残联副理事长吴学文、区领导宋甘澍分别代表市残联和区委、区政府向残疾人送上新春祝福。为5名荣获北京市单项竞赛第一名的残疾人选手颁发奖状和奖金,为社区医疗康复、儿童机构康复、专业辅具服务、心理支持疏导4支服务队颁发助残先进荣誉奖牌。南锣社区工艺坊为500名残疾人送上爱心购物卡,肯德基公司捐赠就餐券1万元,文化馆赠送1000张相声演出票和200册图书,黑沃盛贡食品公司等多家社会单位为贫困残疾人捐赠爱心款物。残疾人特色文体团队、曲艺名家表演文艺节目。 (贾琳)

【残疾人职业技能展示】 春节期间,在龙潭湖公园庙会和地坛公园庙会设点举办残疾人手工艺品展示展卖活动。残疾人手工制作的软陶、平安福、年年有鱼等数十种产品深受游人和市民喜爱。展示展卖活动在春节庙会连续举办7年。9月27日,"绽放生命风采,塑造美好人生——东城区第二届残疾人职业康复劳动项目技能展示活动"在恒基商城举行,区领导宋甘澍及有关单位领导出席。活动为期3天,由产品展示展卖、技能演示两个部分组成。各街道残疾人职业康复站、区培智中心学校、区特殊教育学校和民办职业康复机构近100名残疾人参加。 (贾琳)

【辅助器具站验收自查】 2月19日,残疾人辅助器具站验收自查工作交流会在建国门街道温馨家园举行,17个街道31名辅助器具站管理人员参加。春节前,区残联从基础条件、服务情况、档案管理和特色加分4个方面,对17个街道级辅具站进行抽查并举办辅助器具服务站管理人员培训班,为落实市残联辅助器具服务站检查验收工作打下基础。 (贾琳)

【爱耳日助残活动】 3月1日,第14次全国"爱耳日"宣传展示暨学雷锋志愿助残活动在东直门交通枢纽举行。活动主题为"健康听力,幸福人生——关注老年人听力健康"和"残健互助传承雷锋精神、志愿服务携手文明出行"。活动现场分设政策知识宣传区、康复服务体验区、志愿按摩服务区3个区域,内容包括:各种康复救助政策、法律知识咨询;宣传手册及宣传品发放;听力检测、血糖、动脉硬化指数侦测等康复服务活动;阳光指柔志愿按摩服务队义务按摩;体验东直门交通枢纽无障碍设施,乘公交无障碍专线,沿区"红色之旅"参观路线,经天安门广场到国博观看《复兴之路》展览。近100名听力残疾人及老年人参加。 (贾琳)

【主席团会议暨残工委会议】 3月19日,区残联第一届主席团第三次全体会议暨区政府残工委、残疾人工作会议在区残疾人活动中心召开。会上,审议并通过新当选的区残联主席团委员、执行理事会成员和出席市残联第六次代表大会代表及主席团委员候选人名单;区残联理事长代表第一届执行理事会作题为《创新居家服务模式推动网格化管理　打造富于东城特色的残疾人事业发展新格局》工作报告,总结上年工作,并部署年度重点工作任务。区领导宋甘澍代表区委、区政府作重要讲话。区残联主席团委员、区政府残工委委员、街道残联理事长100余人参加。（贾琳）

【残疾人轮椅太极扇培训】 3月27日,与北京体育大学联合举办"导引养生功项目"残疾人轮椅太极扇培训班。此培训班是区残联文体工作创新项目之一。北京体育大学专门成立研发小组,根据残疾人的实际身体状况和训练特点创编和研发出轮椅太极扇操。17个街道20名体育小教员参加培训。（贾琳）

【文体竞赛获奖】 4月,在市第27届残疾人棋牌比赛中。区残疾人16名选手参加象棋、围棋、桥牌等7个项目角逐,获象棋女子肢残组第一名、象棋女子盲人组第二名、围棋组第五名、桥牌男女混合组第二名。5月31日,在市首届残疾人飞镖比赛中,区12名残疾人飞镖队员分别获女子站姿组冠军,女子坐姿组、男子站姿组、听力言语组亚军。6月7日,在市第八届残疾人艺术汇演中,区残联选派的独唱《我是一支歌》和京胡独奏《梅花新调》分获声乐类和器乐类三等奖。6月16日,区残联队员代表本市参加首届"快活谷狮子会杯"中国象棋残健共融团体赛,获团体第七名。6月23日,区残疾人轮椅太极扇队参加市第九届全民健身体育节暨首届北京市优秀健身团队交流展示大会,获优秀展示奖。10月27日,区残联选派6名特奥运动员代表北京市参加全国特奥乒乓球比赛,荣获1枚金牌、4枚银牌、4枚铜牌。11月27日,区残疾人代表队参加市残疾人乒乓球比赛,获男子站姿组团体第一名,男子站姿组个人第二名,男子坐姿组个人第二名,男子聋哑组第三名,女子聋哑组第三名,女子站姿组个人第五名。12月6日,区选派8名运动员参加市首届残疾人飞镖比赛,取得女子站姿个人第三名、第五名,女子坐姿个人第三名,女子聋哑个人第三名,男子站姿个人第五名和3人团体赛第六名。区残联在各项竞赛中都荣获优秀组织奖和体育道德风尚奖。（贾琳）

【专门协会活动】 5月9日,区精协、智协和体协与街道残联在昌平兴寿农业嘉年华共同举办主题为"感受现代新农村,畅游农业嘉年华"活动,参观首届北京农业嘉年华场馆,同时开展健身养生大讲堂和趣味运动会,100余人参加。6月24日,区盲协、体协与街道残联在昌平生态园开展主题为"触摸大自然共享绿色生态"活动,参观生态园,了解农业知识,举行趣味运动会,残疾人100余人参加。9月29日,区盲协、智协和精协联合组织委员及骨干到永定河畔北京园博园开展"走进园博会,感受盛世园林"主题活动,游览主展馆、中国园林博物馆、锦绣谷、永定塔、北京园以及创意展园和传统展园等景观,100余人参加。10月26日,区精协、智协和体协与街道残联在昌平区燕山文化广场举行以"在希望的田野上,畅想美丽中国梦"为主题的健身拓展康复行活动。聆听康复健身讲座、农疗体验拓展训练和趣味运动会活动,200余人参加。

（贾琳）

【助残康复娱疗系列活动】 5月13日,与市教学植物园联合举办"相同的关爱,不同的绿色"助残康复娱疗体验活动。残疾学生轮流体验闻香识花草、植物魔方、猜猜看、谜语大家猜、植物食物对对碰、植物栽培6个项目。8月1～9日,"天籁氧吧,为盲人朋友打开心灵之窗"康复娱疗活动在区残疾人辅助器具资源中心举行,活动运用最新型多功能智能音乐放松系统对盲人生理指数检测,有针对性地进行立体化放松体验,并针对生成的检测报告中发现的残疾人压力、心理等问题,由咨询师进行心理咨询与疏导。110余名盲人参加。

（贾琳）

【残疾人法律大讲堂】 5月14～15日,由市残联和市司法局组建的由法官、检察官、法律援助工作者和维权助残律师组成的法律宣讲团到区残疾人活动中心,为辖区600余名残疾人及残疾人工作者举办3期残疾人法律大讲堂。采取以案说法、现场咨询、趣味互动形式向残疾人和工作者集中讲解婚姻法、财产纠纷、法律援助等方面政策法规、普及与残疾人事业密切相关的法律知识,引导残疾人知法、懂法,并提升基层残疾人维权工作的服务能力。（贾琳）

【全国助残日】 5月19日(第23次全国助残日),与区政府残工委成员单位共同在区特教学校举办以"残健手拉手,实现幸福梦"为主题的大型活动。活动设三大板块项目:区残联、区人保局举办残疾人专场招聘会,有20余家企业到场提供360余个就业岗位,现场收到残疾人求职简历167份,与88人初步达成就业意向;区残联、体育局、教委联合举办区第三届特殊奥林匹克运动会开幕式,17个街道智力残疾人500余人报名参赛;举办残疾人"就业服务和社会保障"进社区巡展及康复知识、辅助器具、无障碍改造宣传咨询,志愿者与社会组织服务活动。市残联领导马大军、区领导宋甘澍出席,社会各界代表、残疾人及亲友600余人参加。（贾琳）

【成立康复特色培训学校】 5月29日,区残疾人家庭康复培训学校精神卫生康复分校揭牌成立仪式在区精神卫生保健院举行。精神卫生分校成立后,区残联与区精保院联合开展"东城区精神残疾人康复知识巡讲及心理健康快车进社区"活动,每周深入1个街道,向精神残疾人及其亲友普及精神卫生法,宣讲精神疾病的识别、家庭康复常识、用药指导知识及突发事件应急处置办法。（贾琳）

【康复服务巡回展】 6月21日,区"生命阳光"康复服务巡展进社区暨区残疾人辅助器具资源中心、个性化定制服务中心揭牌启动仪式在区残疾人辅助器具资源中心举行。市残联副理事长唐海蛟、区领导宋甘澍、区残联和部分街道残联理事长、残疾人100余人参加。活动从6月21～28日举办。分别在玉蜓桥残疾人辅助器具资源中心和区残疾人活动中心两地举办辅具展示展卖、辅具维修与改造等活动,巡展中向残疾人发放《东城区小型辅助器具及易损配件服务手册》,举办残疾人心理减压、辅助器具知识、偏瘫、脑瘫残疾人康复训练等各类知识讲座7期,申请辅助器具维修10人。申请适配小型辅助器具及易损配件达1000余人,各类残疾人及亲友3000人参加。巡展结束后,对符合条件的按照政策规定申报,实施服务。“生命阳光”残疾人康复服务社区巡回展活动已举办6届。　（贾琳）

【残疾人职业技能竞赛】 8月20日,区残疾人职业技能竞赛美甲项目分赛在区残疾人职业康复中心举行。美甲项目填补区残疾人职业技能竞赛项目空白。11月19日,区第四届残疾人职业技能竞赛插花分项赛在市公交集团保修分公司二厂举行,比赛聘请亚太地区插花艺术联合会会长、资深花艺大师担任评审,全区17个街道30余名选手参加。比赛评出一等奖1名,二等奖2名,三等奖3名。年内,选派3名选手参加全国残疾人岗位精英职业技能竞赛,1名选手获拼搏奖。　（贾琳）

【领导调研】 8月23日,市残联理事长吴文彦、副理事长郭克利等到区专题调研“残疾人社会组织如何融入温馨家园开展助残服务”工作。听取区助残类社会组织培育现状,将社会组织引入温馨家园的主要做法和取得效果介绍。参观景山街道康健阳光家园和朝阳门街道残疾人圆梦服务中心,了解社会组织依托温馨家园开展助残服务和机构运行情况。副区长王中华参加。　（贾琳）

【举办体育竞赛】 8月23日,东城区第七届和谐杯乒乓球比赛暨第十五届残疾人乒乓球比赛在恒基中心举行,17支代表队300余名选手参赛,交道口、永外、东直门街道分获比赛前三名。8月27日,东城区第二十二届残疾人棋类比赛在百荣世贸商城举行,全区17个街道85名残疾人选手参加团体赛角逐。最终体育馆路、安定门、东四街道分获团体赛前三名,永外街道获特殊贡献奖。　（贾琳）

【居家康复指导服务】 9月,启动肢体残疾人居家康复指导服务试点工作,年内,完成肢体残疾人居家康复服务评估565人,确定有效服务对象498人,服务近1500人次,人均服务3次,服务满意度达到90%以上。部分残疾人康复效果明显。　（贾琳）

【参展博览会】 10月10日,区残联应邀参加北京国际旅游商品博览会。展区以“凝聚梦想、精彩明天”为主题,展出“民俗、软陶、珠编”三个系列,30人参加,展品100余种2000余件,展现区残疾人手工艺品发展成果,其中软陶、珠编系列受到社会各界关注。11月13日,区残疾人文化作品、产品参加第八届中国北京国际文化创意产业博览会。10人参加,展出文化作品、产品50余种680余件。　（贾琳）

【残疾人免费体检】 10月,为区残疾人2194名免费体检,有体检需求的重度残疾人体检率达100%。体检满意度、调查满意率均达100%。　（贾琳）

【残疾儿童辅具适配评估】 11月19日,“七彩梦”残疾儿童辅助器具适配评估活动在区残疾人活动中心举行,市辅助器具资源中心辅具技术专家为20名残疾儿童进行辅具适配评估。此次适配的辅具包括儿童脑瘫轮椅、儿童站立架、框式两轮助行器等10余种,每名残疾儿童均可根据需求选择辅具,区残疾儿童辅助器具需求适配率100%。　（贾琳）

【残疾人招聘】 11月28日,区残疾人专场招聘会在区残疾人职业康复中心举办。招聘会有海口民间旅行社、汇通汇利等7家用工单位参加,提供收银、财会、勤杂、办公室文员等26个就业岗位,60余名残疾人到场求职,最终20余名达成初步就业意向。　（贾琳）

【国际残疾人日】 12月3日(第22次国际残疾人日),区残联开展“扶残助残献爱心,互帮互助圆梦想”爱相随助残服务卡发放暨东直门街道第五届残疾人庙会活动。仪式上,区残联为重度残疾老人发放“爱相随”助残服务卡;社会爱心助残单位与贫困残疾人家庭和街道残联签订帮扶协议;中工天业建筑公司和尚品精良爱心超市现场为残疾人捐赠7吨面粉和60份有机食品。市残联领导马大军、区领导宋甘澍等与100余名残疾人共同参加。　（贾琳）

【残疾人摄影展】 12月20日,“留下美丽瞬间——摄影走进重度残疾人家庭”暨东城区第二届残疾人摄影展在区残疾人活动中心举行。各街道100余名残疾人的200余幅作品参展,3幅作品获一等奖,48幅获优秀作品奖。大赛还评选出二等奖5名,三等奖8名。　（贾琳）

【社会保障与服务】 组织开展相关项目普查,掌握残疾人家庭收入和享受社会保障情况。落实各项惠残政策,全年审批生活补助4931人,1053万元;个体就业社会保险补贴2417人,1550万元;城乡居民养老保险445人,40万元;居家助残券3750人次,320万元;“阳光家园”居家托养补贴253人,15万元。开展走访慰问活动,为贫困残疾人、康复机构残疾儿童等送去“五百爱心惠残礼包”,走访2150户,发放慰问款物110万元,实现政策全覆盖、救助无盲点。　（贾琳）

【文化助残】 年内,开展“彩虹东城”文化助残系列活动,残疾人2300余人受益。“共享阳光,无碍阅读”活动开展11期,盲人100余人到区图书馆盲人阅览室阅读;举办“聆听评书,传承文化”活动,著名评书艺术家连丽如携徒弟表演20场,残疾人600余人次参加;“残疾人素质教育大讲堂”围绕“北京文化”和“文化产品”开设课程,举办讲座4期,残疾人及亲属300余人参加;组织残疾儿童欣赏儿童音乐剧《岳云》,增进少年儿童对“中国梦”的理解,100余名残疾儿童参加;举办“摄影讲座”15期,750人次残疾人参加;组织残疾人500余人轮流观看国产优秀影片。　（贾琳）

【就业服务】 全年举办各类招聘会7次,发放宣传材料2000余份,提供就业岗位175个,新安置就业302人;向残疾人5人发放扶持资金13万元;审核社会单位3.70万家,审核率

87%,核定残保金2.38亿元;举办各类培训班150余个,培训1100人次;投入1500平方米场地与企业合作建设义齿加工培训基地,可提供就业岗位200余个。（贾琳）

【信访维权】 接待来信来访236人次,答复率100%;发挥各街道温馨家园法律援助室作用,提供免费法律咨询、代写文书、入户调解和法律援助服务;法律宣讲团开展3期"规范群众诉求表达、畅通权益保障渠道"法律大讲堂活动,600余人参加。（贾琳）

【无障碍建设】 完成100户贫困重度残疾人家庭无障碍设施改造工作;配合规划部门对5个小区进行情况调查,对前门商业街、公共停车场等处无障碍设施进行监督检查;组织形式多样的宣传展示及监督检查活动,发放宣传品700余份,提出整改意见85条。（贾琳）

东城区红十字会

【概况】 北京市东城区红十字会(简称区红十字会)是区级从事人道主义工作的社会救助团体。其宗旨是:保护人的生命和健康,发扬人道主义精神,促进和平进步事业。区红十字会基层组织317个,会员总数11.84万余人。区红十字会行政编制10人。区红十字会下设应急救护培训中心是全额拨款事业单位,行政人员4人。

年内,区红十字会以学习贯彻"十八大"精神为重点,结合"我的梦 中国梦"开展主题活动;以因病致贫、因病返贫为重点开展大病医疗救助,突出红十字救助职责;在全区重点行业开展应急救护培训,开拓救护培训新领域。结合区红十字会工作实际,编写《东城区红十字会机关管理制度汇编》。

单位地址:东城区幸福大街32号906室

联系电话:87556906 邮政编码:100061 （范有余 杨鑫）

【博爱在京城募捐工作】 3月初,召开博爱在京城募捐工作动员部署会,正式启动博爱在京城募捐工作。会后,各基层单位将募捐重点由"量"转向"质",并通过宣传奖励等措施,调动募捐积极性。通过向捐赠者反馈募捐信息,与捐赠者建立联系,定期沟通的方式增强捐赠者对区红十字会工作的认同与信任,博爱在京城接受捐款128.50万元。

（范有余 杨鑫）

【八届三次理事会】 3月28日召开。会议通过关于增补、更换部分理事、常务理事的决议,听取、审议并通过《东城区红十字会2012年度工作报告》和《东城区红十字会2012年度募捐款收支情况的报告》。市红十字会副会长吕仕杰、区政协副主席王红等领导及60余名理事参加。（范有余 杨鑫）

【四川雅安芦山地震专项募捐】 4月20日,四川省雅安市芦山县地震发生后,区红十字会第一时间召开执委扩大会议,紧急启动四川雅安芦山地震专项募捐行动,制定募捐救助工作预案、组成募捐领导小组,及时发出募捐通知并通过区红十字网站和《新东城报》向社会发出募捐呼吁,设立多个地震募捐接收处,专人值守接收捐款。198.50万元专项捐款全额上缴市红十字会。（范有余 杨鑫）

【志愿服务活动】 5月,在纪念"5.8"世界红十字日期间,组织街道部分社区居民参加中国红十字总会中华骨髓库开放日活动,居民踊跃参加。继续开展心理学助学项目,邀请心理救援组专家为区培智中心学校教师讲授心理教学专题讲座,并探索心理学在特殊教育领域中的应用,区教委与区特教学校合作开展教师心理学助教活动。开展3.15学雷锋志愿服务活动,申报成立区红十字会心理救援志愿服务队,并在市社工委网站招募志愿者。参加市红十字会首都红十字志愿服务总队成立仪式,并接受授旗。区科普红十字志愿者服务队纳入区科普工作,参与区科协在龙潭湖公园、南馆公园等组织的健康科普知识宣传周,宣传普及红十字应急知识和讲授心肺复苏等技术知识。受益人群达6000人次,发放各类宣传材料2万余份。（范有余 杨鑫）

【宣传传播工作】 5月,举办宣传传播培训班,全区各基层红十字会科长、专职干部和区红十字会机关干部30余人参加。结合红十字文化建设和宣传传播,就公文格式规范、新闻特点与写作、新闻报送渠道等相关内容对各基层红十字干部培训,部署区红十字会宣传传播信息工作。配合《中华人民共和国红十字会法》和《国务院关于促进红十字事业发展的意见》学习宣传和贯彻,分别制作宣传板,加强依法开展工作透明度。编制《东城红十字信息》14期。在市红十字会宣传与信息工作评比中获二等奖。（范有余 杨鑫）

【创新救助方法】 年内,相继开展两节送温暖、大病救助和快乐儿童节等系列救助活动。通过创新救助方法,改变以往两节送温暖送米面油的传统做法,将送温暖与成人大病、少儿大病、博爱助困等项目相结合,救助方向由原来小额度、广覆盖普惠制救助向因病致贫、因病返贫的重点救助倾斜。区红十字会坚持严格把好救助关,救助前派人到医院、街道、社区和家庭走访调研救助者详细情况,形成文字材料和档案报区红十字会执委会集体研究实施救助,花好每一分救助钱。全年发放救助金334.10万元。（范有余 杨鑫）

【红十字救护培训】 年内,与区应急办联合召开应急救护培训工作部署会。会上,确定年度持证初级急救员培训任务并进行分解。市红十字会秘书长刘燕君、副区长颜华及全区应急委相关行业和单位主管领导参加。会后,下发文件,根据不同培训需求,制定相应培训方案。首次在区安监局企业中开展以"安全生产,降低伤亡"为目的的初级急救员培训。经过区、街和相关单位共同努力,全区完成初级急救员培训取证1.30万余人次,普及培训10.01万余人次。

（范有余 杨鑫）

【应急救护培训】 落实市红十字会年度应急救护培训工作

总体部署,区红十字会参与家政服务行业应急救护培训工作启动仪式举行,重点推进家政服务行业中的应急救护培训工作。区红十字会到区内员工制家政服务公司——慈爱嘉家政服务公司进行前期调研,结合区域特色制定培训计划。在家政服务行业应急救护培训工作中采取高度重视、提高认识,明晰思路、抓好落实,精心组织、严控质量,密切合作、形成机制,加强宣传、营造氛围五项措施,保证应急救护培训工作在家政服务行业中落到实处。 (范有余 杨鑫)

【红立方服务站活动】 年内,发挥"红立方"(999社区综合服务社又称"红立方",是市红十字会发挥枢纽型社会组织作用,参与社会服务的一项重要举措)综合服务站作用,运用各功能申报"红立方"年度政府购买服务项目,接收市、区政府服务项目中期绩效评审审计工作。开设"红立方"服务站大讲堂,组织志愿者为和平里社区群众举办防艾专题讲座、应急救护培训8次,1526人参加。策划实施"红立方"社区志愿服务救助项目,招募红十字志愿者开展社区孤老残困难户志愿服务者,有关领导、周边社区干部、不同职业志愿者近30人参加。蓝天救援队东城分队在社区综合服务站成立,填补区红十字会处置应急事件空白,东华门街道社区救护骨干5人成为第一批队员,并参加市红十字会举办的应急综合救援队骨干培训班。"红立方"发挥对外窗口作用,分别接待内蒙古红十字系统的常务副会长考察团60余人,辽宁省红十字系统的常务副会长参观考察团50余人和红十字总会两期培训班100余人次参观考察,"红立方"的九大功能受到考察人员好评和赞誉。 (范有余 杨鑫)

【红十字青少年活动】 落实区域内托幼园所健康促进工作,与区卫生局对三幼、东华门幼儿园和总政幼儿园教师进行应急救护知识培训。开展健康科普进校园活动,组织区文汇中学填答《中国红十字报》刊登应急救护知识竞赛答卷1000份,在中学生中宣传普及应急救护知识。落实24中学市红十字会《续写雷锋日记》活动,向学生发放笔记本500个。 (范有余 杨鑫)

【制作建会60周年画册】 区红十字会建会60周年(1953—2013年)之际,开展以红十字在我心中为主题的宣传传播活动,制作"弘扬人道、播撒爱心、共筑中国梦"大型画册,从不同角度和大量图片反映东城、崇文两个红十字会所取得的成绩和发展变化,记载和见证区红十字人为红十字事业付出的艰辛。 (范有余 杨鑫)

东城区文学艺术界联合会

【概况】 北京市东城区文学艺术界联合会(简称区文联)是在区委、区政府领导下,负责联系全区艺术家、文学艺术工作者和业余爱好者的群众团体机关。内设办公室、宣传科、组织联络科,有干部11人。有12个艺术家协(学、研究)会:东城作家协会、东城戏剧家协会、东城书法家协会、东城美术家协会、东城摄影家协会、东城民间文艺家协会、东城民间艺术家协会、东城音乐家协会、东城舞蹈家协会、东城曲艺家协会、北京广角摄影学会、东城书画研究会;8家街道文艺工作者联谊会(简称街道文联);会员总数近3000人。

年内,发挥党和政府联系文艺界桥梁纽带作用,开展一系列植根基层、服务百姓工作,在组织体系建设和文艺活动开展等方面取得成果。召开第四次主席团会、第三次理事会、各协会年度工作会、作家协会主席团会、书画研讨会;开展书画联谊、传统文化展示、民俗文化讲座、学雷锋主题油画作品展等活动。上演原创话剧《前门人家》。推动街道文联建设,截至年底,东四、朝阳门、建国门、景山、东花市、龙潭、体育馆路、崇外8家街道成立文联。在市文联举办的北京市区、县(局)、产(行)业文联优秀文艺节目展演中,获优秀组织奖,选送的鼓曲歌《梦绕魂牵大前门》和男女声二重唱《北京叫卖声》分别获一、二等奖。区文联参与组织中央人民广播电台举办的第三届"夏青杯"朗诵大赛北京赛区比赛,并获优秀组织奖。

单位地址:东城区崇外大街7号正仁大厦2段9层
联系电话:67089490　邮政编码:100062 (王卓)

【书画进社区】 1月28日至2月5日,区文联书画家走进安定门、景山、天坛、永外等街道,送春联到百姓身边。7月4日,书画研究会在天坛街道文体中心举办书画知识讲座,是区文联"文艺惠民"系列活动的一项具体举措。10月31日,崇外街道第六届社区艺术节群众展演季暨东城书画研究会"书画进社区"活动在新怡社区服务中心举行。书画研究会向崇外街道赠送书画作品及画册,并展出书画作品50余件。 (王卓)

【新春联欢】 1月29日举行。联欢会由中央电视台尼格买提和北京电视台向真主持。区领导金晖、区文联主席分别致辞,区文联常务副主席宣读《北京市东城区文学艺术界联合会关于表彰奖励2010—2012年度优秀文艺工作者、优秀文艺作品、优秀品牌活动的决定》。中国文联副主席刘兰芳,中国文联书记处书记夏潮,文化部公共文化司副司长张永新,市文联主席金铁霖,区领导杨柳荫、冯熙、徐鸿达等出席。中国音乐家协会、区四套班子有关领导,市文联有关部门、区县文联及部分区属单位负责人,区文联顾问、主席团成员、理事及各艺术家协会代表近500人参加。出席领导为获奖代表颁奖。著名影视表演艺术家朱琳、著名手风琴演奏家杨屹、青年歌唱家刘和刚等表演精彩文艺节目。东城书画家协会、东城书画研究会和东城美术家协会分别向本次活动赠送书画作品。 (王卓)

【慰问走访】 2月4~5日,区文联领导看望慰问区文联艺术家顾问、著名书法家欧阳中石、民俗学家赵书、东城书画研究会原主席张广富等艺术家并送上新春祝福。3月14~28日,区文联领导到各艺术家协会,采取座谈、走访等形式,与文艺工作者面对面交流,听取各协会工作计划以及文艺工作者对东城文艺工作和文联工作意见和建议。

(王卓)

【书画协会台湾行】 3月18~25日,书画协会组织会员赴台湾开展采风考察活动。先后参观台北故宫、阿里山和野柳公园,与台湾南部书协组织负责人座谈交流。台湾之行对会员书画创作、积累素材、提高书画技艺起到促进作用。会员20人参加。 (王卓)

【清明节风筝放飞】 4月1日在永定门广场举行。由区文联、北京非物质文化遗产保护中心、区文委共同主办。区文联常务副主席主持,区领导金晖致辞。东城民间艺术家协会主席吉胜久及区文委、区文联有关负责人出席。200余名风筝爱好者和社区群众到场观看。 (王卓)

【廉政微小说创作培训】 4月16日,区文联邀请作家田珍颖、刘孝存为北京工商文联开展廉政微小说创作培训。100余名工商系统文学爱好者和全市17个工商分局的工商干部参加。 (王卓)

【考察交流】 4月19日,区文联与山东省潍坊市文联建立友好文联签约仪式在潍坊市委会议室举行。区文联常务副主席、潍坊市委宣传部副部长、潍坊市文联主席、东城美术家协会主席、潍坊市文联班子成员和部分艺术家代表出席。5月7~10日,区文联组织书画家协会、美术家协会、书画研究会艺术家赴山东进行为期4天的文化交流,与潍坊市文联座谈、笔会。5月14~17日,区文联组织协会作家、摄影家、音乐家、舞蹈家等各门类艺术家赴江南进行艺术采风和考察交流活动。 (王卓)

【第七届体育国标舞蹈世界杯赛】 4月28~29日,东城舞蹈家协会组队参加在光彩体育馆举办的IDSA世界体育舞蹈协会(中国)第七届体育国标舞蹈世界杯赛暨中国·北京第七届体育国标舞蹈公开赛。选拔选手50余人,参加20余个组别比赛,获10余个组别冠军。10月2~3日,东城舞蹈家协会组织的区文联国标舞交谊舞代表队,在光彩体育馆参加IDSA世界体育舞蹈协会(中国)第七届体育国标舞蹈世界锦标赛暨中国·北京第七届体育国标舞蹈锦标赛,获9个冠军。 (王卓)

【领导参观】 5月8日,中国文联文艺研修院副院长孙德华一行14人到京城百工坊参观交流。区文联秘书长、京城百工坊经理陪同。学员通过参观,感受到东城区深厚的文化底蕴,并对东城区作为首都文化中心区所做的工作表示赞赏。 (王卓)

【街道文联工作会】 5月13日,召开街道文联成立工作座谈会,动员部署成立街道文艺工作者联谊会有关工作。与会人员就设置街道文联机构、理顺街道文联工作关系等内容进行讨论。区委宣传部及景山、东四、朝阳门、崇外、东花市、天坛等街道有关负责人参加。11月27日,召开街道文联工作会。会议通报区文联下年工作要点,各街道交流街道文联筹备成立和开展工作经验、做法。区文联有关领导及景山、东直门、东四、朝阳门、建国门、崇外、东花市、龙潭、体育馆路、天坛10家街道和东二环建管办有关负责人参加。 (王卓)

【民俗画山水画滚彩水墨画联展】 5月18~27日,由东城区、西城区文联和东城、西城美术家协会共同主办民俗画、山水画、滚彩水墨画联展在海淀区爱家国际美术馆开幕。以"品鉴生活,理性收藏"为主题,并举办"关注艺术,理性收藏"公益讲座。联展期间展出北京京味民俗画家杨信、山水画家陈溪峋、滚彩水墨画创始人杨章联3名画家作品60余幅。 (王卓)

【书画研究会成立30周年书画展】 5月21日在区第一文化馆风尚美术馆开幕。展出160幅佳作,集中代表研究会30年艺术成果。书画研究会原主席张广富、北京书法家协会副主席兼秘书长田伯平分别致辞,区领导徐鸿达宣布开幕。展览为期3天,至5月23日结束。 (王卓)

【艺术馆开馆典礼举行】 6月1日,由区文联、北京美术家协会共同主办的纪念齐白石诞辰150周年暨李海峰艺术馆开馆典礼举行(李海峰系齐派画家、东城美术家协会副主席),中国文联副主席徐沛东、著名文化学者吕立新揭牌。区文联常务副主席致辞。齐白石曾孙和湘潭美协主席出席。该艺术馆以弘扬"齐派"传统书画艺术为特色。 (王卓)

【美丽北京文化东城书画作品展】 7月12日在首都博物馆开幕。东城书画家协会、东城美术家协会、东城书画研究会创作近100幅书画作品,是东城区书画艺术一次较高水平的集中展示。中国书法家协会副秘书长潘文海、中国美术家协会研究部主任吴涛毅、市人大常委会副秘书长李福祥、北京书法家协会副主席田伯平、区领导金晖等及区文联领导和嘉宾出席。300余名书画爱好者参观展览。展览为期10天,免费开放,至7月21日结束。 (王卓)

【书画家进军营慰问笔会】 7月19日,在武警北京总队天安门支队举办迎八一书画家进军营慰问笔会。武警北京总队天安门支队队长、副政委及区文联领导出席。区文联5名书画家现场创作30余幅书画精品。 (王卓)

【优秀摄影作品展】 7月24日,由区文联主办、东城摄影家协会承办的"古韵北京 文化东城"——东城区优秀摄影作品展在王府井开幕。区文联党组书记主持,区领导金晖宣布开幕。中国摄影家协会、北京摄影家协会、北京摄影函授学院有关领导及区领导蔡福全、邵鹏出席,区纪委、统战部、区直机关工委和部分街道有关负责人参加。展览展出摄影作品100幅,展示出古都风情和文化之美。展览为期3天,至7月26日结束。 (王卓)

【折扇书画作品展】 8月6~8日,"古风京华 文化东城"——东城区折扇书画作品展在区第一文化馆展出。区文联常务副主席致开幕词,区领导金晖宣布开幕。东城区书画协会名誉主席林挺以及区委宣传部、区文联、区文委、西城区文联等有关部门领导和嘉宾出席开幕式。展出折扇书画作品232幅。（王卓）

【第二届彩虹文化节文艺演出】 8月30日，原创音乐作品演唱会暨第二届彩虹文化节文艺演出在长安大戏院举行。由区文联与建国门街道工委、办事处联合主办，音乐家协会、舞蹈家协会、建国门街道文联共同协办。东城音乐家协会原创。12首优秀作品全部搬上舞台。全国妇联机关工会主席侯凤兰，市政协办公厅副主任顾健、市文联党组副书记王德新，区领导朴学东等及市文联有关部门和艺术家协会、区有关部门领导参加。一线劳动者、优秀党员、道德模范、社区志愿者代表和建国门街道社区居民近700人观看。（王卓）

【东城书法家协会成立大会】 9月7日，书法家协会成立大会暨第一次理事会召开。会议总结原东城书画家协会工作，通报筹备成立东城书法家协会有关情况，宣读《关于"东城书画家协会"更名为"东城书法家协会"有关问题的批复》，表决通过理事会和主席团成员名单及《东城书法家协会章程》，为名誉主席、名誉副主席和艺术顾问颁发证书。区领导金晖出席并讲话。中国书法家协会草书专业委员会副主任白煦、市人大常委会副秘书长李福祥出席，市文联、市书法家协会、东城书法家协会名誉主席、副主席、艺术顾问以及近50名理事参加。（王卓）

【中秋月圆中国梦书画交流笔会】 9月18日在北京孔庙和国子监博物馆举办。由区文联、区委宣传部、统战部、安定门街道办事处、民进中央开明画院、北京九三书画院、北京东方嘉诚文化产业发展有限公司共同主办。九三学社市委副主委方炎，民进中央社会服务部副部长刘文胜，区领导金晖、王晨阳出席，区委宣传部、区文联、国资委、安定门街道办事处有关负责人参加。近20名知名书画家以庆贺中秋佳节、共筑中国梦、建设美丽中国等内容为主题，现场创作50余幅书画作品。（王卓）

【文联展演获奖】 11月10日，市区、县(局)、产(行)业文联优秀原创文艺节目汇报演出在大兴剧院举行。区文联原创节目——鼓曲歌《梦绕魂牵大前门》和男女声二重唱《北京叫卖声》分别获一、二等奖。（王卓）

【第五次主席团会】 11月28日，第五次主席团会召开。会议通报并审议区文联年内工作总结和下年工作计划；通报《将东城书画家协会更名为东城书法家协会的情况》；表决通过《关于拟增补李福祥同志为东城区文联理事、副主席的意见》和《建议提请协会增补文联6名同志为东城区文联12个艺术家协会副秘书长的意见》。与会艺术家对到基层开展文艺指导、引导艺术家走向市场、加强文艺阵地建设等问题提出意见。区文联主席总结发言。20余名成员参加。（王卓）

【街道文联活动】 12月18日，龙潭街道文联举行以"龙谈思想汇·分享季"为主题的赠书活动。地区2名热爱文学老人出版发行小说《磨炼》和《廖橛子》，并赠与地区居民，区文联党组书记参加。12月20日，东四街道文联社区大讲堂在东四奥林匹克社区文体中心多功能厅举办讲座。邀请毕业于中国音乐学院国乐系师生介绍古琴文化的历史与传承。（王卓）

东城区团体负责人

东城区总工会主席	张晓林
共青团东城区委书记	韩新星
东城区青年联合会主席	韩新星(兼)
东城区妇女联合会主席	杨立萍(女)
东城区科学技术协会主席	曹洪欣(兼)
东城区工商业联合会常务副主席	郝国信
东城区老龄协会会长	徐维江
东城区归国华侨联合会主席	谭　菲(女)
东城区残疾人联合会理事长	从艳梅(女)
东城区红十字会会长	颜　华(女,兼)
东城区文学艺术界联合会主席	赵　书

政权·政协

北京市东城区人民代表大会常务委员会

【概况】 北京市东城区人民代表大会常务委员会(简称区人大常委会)是区人民代表大会的常设机关,在区人民代表大会闭会期间,依法行使地方国家权力机关职权,对区人民代表大会负责并报告工作。内设办公室、研究室、代表联络室、财政经济工作委员会、内务司法工作委员会、教科文卫工作委员会、城建环保工作委员会、预算工作室。在编公务员62人,工勤18人。

年内,围绕全区中心任务,服务国际化现代化新东城建设大局,全面落实区十五届人大三次会议决议,依法行使监督、重大事项决定、任免等职权,召开常委会会议7次,审议议题38项;召开主任会议14次,研究讨论议题67项。听取、审议"一府两院"专项工作报告7个,议案建议办理以及督办工作报告3个,计划、预算、决算、审计、预算调整等报告7个;依法作出决议、决定15个,审议意见书5个;任免国家机关工作人员157人次。组织召开十五届人大三次会议。

单位地址:东城区幸福大街32号
联系电话:87556606 邮政编码:100061 (刘国栋)

【主任会议】 全年召开14次主任会议。研究区人大本年工作要点和主要议题安排(草案)、代表建议重点督办工作的意见、《财政经济委员会关于区"十二五"规划纲要部分指标调整方案(草案)的预先审查意见(讨论稿)》。通报外出学习考察管理的补充规定,听取区人大会议支持系统研究建设实施方案、安全生产工作情况的工作报告及委员会学习考察情况、教科文卫委员会外出学习考察情况、《北京市学前教育三年行动计划(2011年—2013年)》和人大三次会议重点建议督办情况、区人大常委会工作报告修改情况的汇报,区法院、区检察院、东城公安分局、东城交通支队等单位关于优秀法官、优秀检察官、优秀人民警察称号候选人名单、产生过程及主要事迹的说明,代表资格审查委员会关于个别代表资格的报告(草案),区人大常委会代表资格审查委员会关于补选代表的代表资格审查报告(草案)。讨论《东城区人民代表大会常务委员会授予"东城区优秀法官"、"东城区优秀检察官"、"东城区优秀人民警察"荣誉称号办法修订草案》《关于批准东城区2012年财政决算的决议(草案)》《东城区人民代表大会常务委员会关于规范性文件备案审查办法(草案)》《东城区人民代表大会常务委员会组成人员守则(修订草案)》《关于授予"东城区优秀法官"、"东城区优秀检察官"、"东城区优秀人民警察"荣誉称号的决定(草案)》《代表资格审查委员会关于个别代表的代表资格的报告(草案)》《区人大常委会关于批准区"十二五"规划纲要部分指标调整方案的决议(草案)》,区人大领导班子权力公开运行与风险防范,召开区十五届人大四次会议的决定(草案),区人大常委会工作报告的征求意见稿、工作报告(讨论稿)。审议区国民经济和社会发展第十二个五年规划纲要实施情况中期评估报告、探索养老服务新模式议案办理情况报告和授予优秀法官、优秀检察官、优秀人民警察称号工作方案。通过《东城区人大常委会行使监督职权情况向社会公开的试行办法》修订案,《区人大常委会授予优秀法官、检察官和人民警察荣誉称号颁奖大会工作方案》《区人大常委会规范性文件备案审查工作规程》《2012-2017年区人大机关信息化建设规划》《区人大常委会机关关于领导干部请销假及报备有关事项的规定》《区人大常委会机关公务卡使用及报销办法》《东城区2013年1-7月国民经济和社会发展计划执行情况》《东城区2013年1-7月份财政预算执行情况》《东城区人民政府关于加强环境保护工作,推进生态文明建设情况》《区人大常委会街道工作委员会办公室工作通则(修订案)》《区政府关于积极应对人口老龄化,探索符合东城区情的养老服务模式议案办理情况的报告》《区人大开展"十二五"规划纲要中期评估报告工作专题调研情况的报告》《区"十二五"规划纲要实施情况的中期评估报告》的审议意见,区2014年国民经济和社会发展计划草案的初步审查报告和市区2014年预算草案的初步审查报告。决定废止《评选优秀议案试行办法》和《区人大常委会街道工作委员会办公室工作目标考核试行办法》。 (刘国栋)

【第八次常委会会议】 2月28日召开。传达市十四届人大一次会议精神;听取区人大常委会东四、东华门、崇文门外街道工作委员会上年工作报告;通过区人大常委会本年工作要点和主要议题安排。表决通过区人大常委会主任会议、区长牛青山、区法院院长孟祥和区检察院检察长殷健分别提请的有关人事任免事项。常委会成员31人出席。 (刘国栋)

【第九次常委会会议】 4月27日召开。听取区政府关于社会治安情况的报告;作出《东城区人大常委会关于修改〈关于授予"东城区优秀法官"、"东城区优秀检察官"荣誉称号的试行办法〉的决定》,通过区人大常委会主任会议、区长牛青山

及区法院院长孟祥分别提请的人事任免事项。常委会成员30人出席。 (刘国栋)

【第十次常委会会议】 6月27日召开。听取审议区政府关于上年财政决算草案的报告及关于上年度预算执行和其他财政收支的审计工作报告,作出关于批准上年财政决算的决议。听取区政府关于社会服务管理创新工作情况的报告。通过《北京市东城区人民代表大会常务委员会关于规范性文件备案审查办法》《北京市东城区人民代表大会常务委员会组成人员守则(修订案)》和区检察院检察长殷健提请的人事免职事项。常委会成员31人出席。 (刘国栋)

【第十一次常委会会议】 8月29日召开。听取和审议区政府《关于东城区2013年1—7月国民经济和社会发展计划执行情况的报告》《关于东城区2013年1—7月财政预算执行情况的报告》和《关于加强环境保护工作推进生态文明建设情况的报告》。审议通过《东城区第十五届人民代表大会常务委员会代表资格审查委员会关于个别代表的代表资格的报告》,同意李澎涛辞去区人大代表的职务,区第十五届人民代表大会实有代表332人。作出《关于授予"东城区优秀法官"、"东城区优秀检察官"、"东城区优秀人民警察"荣誉称号的决定》,决定授予林梅梅等优秀法官称号,授予尹丽等优秀检察官称号,授予付强等优秀人民警察称号。表决通过区长牛青山、区法院院长孟祥和区检察院检察长殷健分别提请的有关人事任免事项。常委会成员33人出席。 (刘国栋)

【第十二次常委会会议】 10月31日召开。听取区政府关于区年度预算变动情况的报告。审议区政府关于积极应对人口老龄化,探索符合东城区情的养老服务模式议案办理情况的报告。审议通过《东城区第十五届人民代表大会常务委员会代表资格审查委员会关于个别代表的代表资格的报告(草案)》,区第十五届人民代表大会代表常卫因工作变动调离本区,代表资格终止。4人因工作单位和职务变动提出辞去区第十五届人民代表大会代表职务的请求,代表资格终止。区第十五届人民代表大会代表实有327人。会议决定于10月下旬至11月28日,在东直门地区港澳中心单位联合选区,朝阳门地区史家、内务居民单位选区等8个选区依法补选东城区第十五届人民代表大会出缺代表8人。会议决定接受徐熙辞去东城区人民政府副区长职务请求,并报区第十五届人民代表大会备案。表决通过区人大常委会主任会议和区长牛青山分别提请的有关人事任免事项。常委会成员26人出席。 (刘国栋)

【第十三次常委会会议】 11月28日召开。通过区人大常委会主任会议、区政府、区法院和区检察院分别提请的有关人事任免事项。听取和审议区政府关于区国民经济和社会发展第十二个五年规划纲要实施情况的中期评估报告,听取区人大常委会关于开展"十二五"规划中期评估专题调研的报告,通过关于批准区国民经济和社会发展第十二个五年规划纲要部分指标调整方案的决议。作出关于召开区十五届人大四次会议的决定,大会将于下年1月7~10日召开。听取和审议代表资格审查委员会关于个别代表的代表资格的报告。经11月21日投票选举,依法选出都海江等8人为东城区第十五届人民代表大会代表,代表资格有效。决定接受牛青山、孟祥、殷健因工作变动提出的辞去区第十五届人民代表大会代表职务的请求,其代表资格终止。区第十五届人民代表大会实有代表332人。作出关于补选区第十五届人大代表的决定,通过补选工作实施方案及补选工作领导小组成员名单。常委会成员30人出席。 (刘国栋)

【第十四次常委会会议】 12月20日召开。听取和初审区政府关于区本年国民经济和社会发展计划执行情况与下年国民经济和社会发展计划草案的报告及关于区本年预算执行情况和下年预算草案的报告;审议区政府关于区人大三次会议代表建议、批评和意见办理情况的报告和区人大常委会关于区人大三次会议代表建议、批评和意见的督办工作的报告。审议通过区人大常委会代表资格审查委员会关于补选代表的代表资格审查报告,确认张家明、赵军、蓝向东的代表资格有效,区第十五届人民代表大会实有代表335人。讨论区人大常委会工作报告(草案)和区十五届人大四次会议有关事宜;通过区十五届人大四次会议预备会议议程、列席人员名单和区人大常委会主任会议提请的有关人事任免事项。作出《关于接受王佩立辞去北京市东城区第十五届人民代表大会常务委员会副主任职务请求的决定》,并向区人民代表大会备案。常委会成员26人出席。 (刘国栋)

【十五届人大三次会议】 1月8~10日召开。应出席代表333人,实出席314人。听取和审议《政府工作报告》《东城区人民代表大会常务委员会工作报告》《东城区人民法院工作报告》《东城区人民检察院工作报告》,审查《东城区2012年国民经济和社会发展计划执行情况与2013年计划草案》《东城区2012年预算执行情况和2013年预算草案》的报告。代表提出文化、经济、民生改善和各项社会事业、城市建设和管理、社会管理和社区建设、政府自身建设等37个方面的建议,对人大常委会工作提出监督、议案建议督办、代表工作、自身建设等14个方面的建议,对区法院、区检察院工作提出5个方面意见建议。大会收到代表议案32件,批评、意见和建议159件,涉及政法民政、城建城管、教育科技文化卫生体育和财政经济等方面。 (刘国栋)

【人事任免】 全年任命政府工作人员15人:王彦任区人力资源和社会保障局局长,刘健任区商务委员会主任,陈泽兰任区人大常委会教科文卫委员会委员,王晨阳任区人民政府副区长(挂职一年),张恩东任区城市综合管理委员会主任,胡萍任区人大预算工作室副主任,王志丹任区人大常委会办公室副主任,雷新隆任区人民政府民族宗教侨务办公室主任,谢霄鹏任区信息化工作办公室主任,岳玉龙任区人大预算委员会委员,张家明任区人民政府副区长,代理区人民政府区长职务,林杉任区人口和计划生育委员会主任,武鸿任区对外联络服务办公室主任,展辉任区人大内务司法委员会副主任委员,陈本宇任区人大东华门街道工作委员会主任。任命街道工作人员9人:刘艳梅任区人大东花市街道工作委员会办公室主任,陈旭任区人大体育馆路街道工作委员会办公室主任,王文英任区人大朝阳门街道工作委员会办公室主任,胡晨任区人大前门街道工作委员会办公室主任,付国英任区人大交道口街道工作委员会办公室主任,胡芸芳任区人大体育馆路街道工作委员会办公室主任,赵振齐任区人大龙潭街道工作委员会办公室主任,陈大鹏任区人大朝阳门街道工作委员会主任,王志勇任区人大北新桥街道工作委员会副主任。任命政法系统工作人员70人:刘晶任区人民法院执行二庭庭长,胡建光任区人民法院执行三庭庭长,梁延昊等11人任区人民法院审判员,王强等54人任区人民法院人民陪审员(任期五年),赵军任区人民法院副院长、审判委员会委员、审判员,代理区人民法院院长职务,蓝向东任区人民检察院副检察长、检察委员会委员、检察员,代理区人民检察院检察长职务,孟峰任区人民检察院检察委员会委员。免去职务56人:孙为民的区人大教科文卫委员会委员职务,梁岩的区人力资源和社会保障局局长职务,孟志军的区商务委员会主任职务,倪东的区信息化工作办公室主任职务,刘晶的区人民法院执行三庭副庭长职务,范庆福的区人民法院审判委员会委员、审判员职务,张小维的区人民法院审判员职务,曹利民的区人民检察院副检察长、检察委员会委员、检察员职务,张建、成红燕、高志航的区人民检察院检察员职务,陈大鹏的区人民政府外事办公室主任职务,胡萍的区人大办公室副主任职务,谢申的区城市综合管理委员会主任职务,周彤的区人大朝阳门街道工作委员会主任职务,刘颖的区人大预算工作室副主任职务,胡秉义的区人民法院民事审判第六庭庭长职务,高清华的区人民检察院检察委员会委员、检察员职务,胡建光的区人民法院执行一庭副庭长职务,赵宏松的区人民政府民族宗教侨务办公室主任职务,张剑的区人民法院副院长、审判委员会委员、审判员职务,邵金常的区人民法院审判监督庭庭长职务,曹英的区人民法院民事审判第五庭副庭长职务,才雪冬的区人民法院审判委员会委员、审判员职务,陈锦新的区人民法院民事审判第二庭庭长、审判员职务,王朔的区人民法院民事审判第二庭副庭长、审判员职务,马志星的区人民法院立案一庭副庭长、审判员职务,王萍等12人的区人民法院审判员职务,刘平等4人的区人民法院人民陪审员职务,肖敏等6人的区人民检察院检察员职务,李澎涛的区人大预算委员会委员、北新桥街道工作委员会副主任职务,钱连生的区人民检察院检察员职务,鲍亚范的区人口和计划生育委员会主任职务,王淑云的区审计局局长职务,曲力的区对外联络服务办公室主任职务,左海星的区人大内务司法委员会副主任委员职务,袁燕生的区人大东华门街道工作委员会主任职务。批准牛青山辞去区人民政府区长职务、孟祥辞去区人民法院院长职务、殷健辞去区人民检察院检察长职务请求,并向区人民代表大会备案。(刘国栋)

【代表会前活动】 1月4日,区委召开十五届人大三次会议代表联组会前活动汇报会。冯熙主持会议。杨柳荫讲话,牛青山、常卫、毛炯等领导出席。听取各代表联组开展会前活动情况的汇报。各联组围绕代表参会、讨论各类名单和报告、拟向大会提出议案建议等情况汇报。1月11日,市人大代表东城团开展市十四届人大一次会议会前活动。市委书记郭金龙,杨柳荫、牛青山等市人大代表59人出席。冯熙主持。召开市人大代表党员会,成立临时党支部,推选杨柳荫为代表团党支部书记,召开全团人大代表会议,推选冯熙为东城团团长,组织代表讨论大会各项报告(征求意见稿)、各项名单(草案)、会议议程(草案)和大会选举办法(草案),提出意见建议。8月6日,组织市、区人大代表开展年中活动。冯熙、高桂强分别主持会议。传达市委、市政府领导同志在全市2013年上半年经济形势分析会上的讲话精神;讨论本市2012年市级决算、2013年上半年预算执行情况、2013年国民经济和社会发展计划上半年执行情况和市人大常委会2013年上半年工作情况的报告;对报告和《市人大常委会五年立法规划》《北京市实施代表法办法》《市人大代表建议、批评和意见办理条例》等征求意见稿提出意见建议。听取东城区“一府两院”半年工作报告。朴学东代表区政府作《2013年上半年东城区经济社会发展情况》的报告。区法院、区检察院以书面形式向代表报告上半年工作。市、区人大代表220余人参加活动。12月23~24日,17个人大街道工作委员会分别召开十五届人大四次会议会前代表联组活动。成立区十五届人大四次会议代表团,推选产生团长、副团长;讨论区人大常委会、区政府、区法院、区检察院工作报告的草案,区2013年国民经济和社会发展计划执行情况与2014年计划草案的报告,区2013年预算执行情况和2014年预算草案的报告以及大会议程、日程草案,有关名单草案和选举办法草案;研究拟向大会提出的议案和建议。12月25日,区委召开听取十五届人大四次会议代表联组会前活动汇报会。冯熙主持会议。杨柳荫、张家明、毛炯等领导出席。听取各代表联组开展会前活动情况的汇报。各联组围绕代表参会、讨论各类名单和报告、拟向大会提出议案建议等情况进行汇报。
(刘国栋)

【监督工作】 4月9~15日、17日、22日,冯熙到龙潭等15个街道调研城市生态环境建设。听取各街道对城市生态环境建设情况介绍及存在的问题、难点和解决问题的思路和建议,并对部分地区实地视察。部分区人大代表参加活动。4月18日,部分城建环保委员会委员与永外联组代表联动就永外地区三项难点问题与政府相关部门召开座谈会。朴学东主持座谈会。区人大代表提出《关于宝华里危改拆迁亟待解决问题的建议》《关于东城区第一人民医院异地再建的建议》《关于畅通永外桃园与桃杨路铁路沿线道路微循环的建议》与区政府相关部门沟通。分析存在的问题,提出推进下一步工作建议。5月14日,召开“十二五”规划中期评估专题调研动员培训会。布置区人大常委会关于听取和审议“十二五”年规划纲要实施情况中期评估报告专题调研工作方案,区发改委汇报关于“十二五”规划中期评估工作的主要安排。市发改委规划处和区发改委从“十二五”规划制定背景、主要内容和实施情况、五年规划的概念及框架体系、政府部门中期评估工作、市“十二五”规划中期评估工作的进展情况等方面讲解。市、区人大代表70余人参加。5月29日,内务司法工作委员会、代表联络室和各人大街工委联合组织部分市、区人大代表旁听区法院公开案件审理。庭审前,听取案情介绍,庭审中,代表们旁听庭审环节。庭审结束后,填写《区人大代表旁听人民法院公开审理案件意见建议书》,评价审判人员、公诉人员的举止仪表、庭审能力和公诉水平,提出意见建议。7月11日,区人大常委会"十二五"中期评估预算专题调研组到区财政局调研"十二五"规划和各专项指标完成情况。听取《东城区"十二五"规划财政主要指标中期完成情况的报告》和《东城区财政局关于"十二五"规划纲要实施情况的自评报告》的汇报。围绕宏观经济形势和财税政策对区财政收入影响、进一步完善区街财政体制等问题交流。视察玉河风貌恢复和花市清真寺修缮项目。9月6日,王兆康调研区"十二五"规划产业发展情况。听取区产业和投资促进局关于"十二五"规划中关于产业发展等指标任务执行情况汇报,并就进一步转变政府职能、转变经济发展方式、促进传统产业转型升级、优化经济发展环境、文化与科技融合发展、提高功能区品牌影响力、民间资本助力东城建设、文化软实力助推经济发展等方面座谈。11月6日、11日,王佩立、蔡福全到首都旅游集团有限公司、华润医药商业集团走访。与集团负责人座谈,向企业颁发区百强企业牌匾。针对企业提出的问题,表示联系相关部门,做好各项服务工作,为企业营造良好的发展环境。11月28日,冯熙、蔡福全到景山街道"景山尚爱老年养护中心"就养老问题调研。参观养护中心的老年人居住环境、康复器材、食堂餐厅等设施建设,与养护中心老人交谈,听取关于机构养老和老年营养配餐等养老服务进展的情况介绍。 (刘国栋)

【督办议案建议】 1月23日,王佩立就区人大常委会听取区政府关于社会管理创新工作情况的报告,审议区政府"关于积极应对人口老龄化,探索东城区养老服务新模式的议案办理情况的报告"与汤钦飞座谈讨论。确定牵头办理单位和协办单位,分析研究有关事项。区人大常委会内司工委、区社会办、区民政局和区老龄委的负责人参加座谈。4月18日,召开办理人大代表建议、政协提案工作培训会。讲解人民代表大会制度和代表法关于办理工作的相关规定、区人大常委会督办人大代表建议的方式、方法及办理工作中存在的问题,进一步加深承办干部对根本政治制度的认识和办理人大代表建议工作重要性的了解。区人大、区政府、区政协、区信息办及80余家承办单位的有关同志参加。6月6日,高桂强与代表12人到区交通支队开展代表建议办中检查工作。视察左安门内大街道路安装护栏情况,听取建议办理工作情况汇报。区交通支队承办代表建议18件,已办结14件,代表表示"满意"的8件,"同意"的6件。高桂强要求承办单位办理代表建议要与单位实际工作、与维护社会稳定、与为百姓办实事相结合,把工作落到实处。6月18日,组织代表议案调研组部分成员对区养老机构建设工作情况开展调研。实地视察三和老年公寓和汇晨老年公寓,听取养老机构建设工作情况和老年公寓运营情况的汇报。冯熙强调坚持公办养老与民办养老并举,加强养老问题的分类管理,建立起分阶段、分层次、分级别的养老服务体系。10月11日,召开议案办理调研组工作会议。王佩立主持。汤钦飞对"关于积极应对人口老龄化,探索符合东城区情的养老服务模式"的议案办理情况的报告(征求意见稿)作说明。代表提出要全面总结经验和做法,进一步明确养老服务新模式的目标、主要任务和具体措施,把问题分析透,有步骤的实施各项措施,把养老服务工作落到实处。冯熙提出要求。在大会和闭会期间,收到代表建议196件,涉及老旧楼房改造、环境治理、煤改电、停车、社区安全等问题。解决或基本解决74件,取得进展71件,短期内难以解决,向代表做出解释说明13件,列入计划,两三年解决19件,因条件限制不能解决14件,留作参考5件。 (刘国栋)

【代表培训】 3月15日,财政经济委员会与商务委联合举办电商专题讲座。邀请电商资深专家、易观国际集团总裁就电子商务发展现状和未来发展趋势,如何利用电子商务平台,推动区域经济结构调整、加快文化产业发展、促进传统商业升级等方面问题与委员交流。王兆康参加。9月24日,举行人大代表培训会,高桂强主持。全国人大常委会法制工作委员会国家法室主任结合人大代表如何提高履职能力,从监督法制定的背景和过程、监督法规定的主要内容、进一步加强监督工作3方面,宣讲《中华人民共和国各级人民代表大会常务委员会监督法》。市人大常委会代表联络室副巡视员王晓红,冯熙、赵中原、蔡福全、于静及区人大代表180余人参加。 (刘国栋)

【规范性文件备案审查】 3月26日,备案审查筹备办公室召开第一次会议。总结前期工作进展情况,研究和布置下一步工作。6月6日,王佩立、朴学东就《北京市各级人民代表大会常务委员会规范性文件备案审查条例》的实施以及《东城区人民代表大会常务委员会关于规范性文件备案审查办法(草案)》沟通。8月29～30日,召开规范性文件备案审查工作会议。赵中原、王佩立分别主持会议。解读区人大常委会规范性文件备案审查办法、审查工作规程,明确职责分工。市人大常委会法制办副主任就规范性文件备案审查工作的基本概念、重要意义及把握的问题作专题辅导。冯熙提出要求。10月18日,召开规范性文件备案审查专业领域顾问聘任工作会议。赵中原主持。王佩立宣读《东城区人大常委会关于规范性文件备案审查专业领域顾问聘任的决定》,冯熙向顾问颁发聘任证书。内司委负责同志介绍区人大常委会规范性文件备案审查工作的总体情况。 (刘国栋)

【信息培训会】 4月2日,召开人大信息工作培训会。就人大决策支持系统的应用、人大信息特点、需求和要求方面进行培训。布置人大信息工作重点,提出按照"围绕要点、突出重点、注重质量、提高时效"总要求,用好《东城人大信息》《人大代表手机报》《东城人大》杂志、人大网站和决策支持系统、《新东城报》、区外媒体以及舆情通报等媒介,提高信息质量和时效。赵中原提出要求。区委、"一府两院"、机关各委室和17个人大街工委等单位信息员参加。 (刘国栋)

【市人大领导视察调研】 4月16日,市人大常委会副主任孙康林带领执法检查组到区检查《北京市实施〈中华人民共和国归侨侨眷权益保护法〉办法》落实情况。听取颜华关于贯彻落实"侨法实施办法"总体工作情况和北京汇文中学校长关于华文教育工作情况汇报,孙康林在肯定工作的基础上,提出要求。执法组成员黄强、吴宝华,市政府侨办主任李印泽、副主任李纲,王佩立参加。7月22日,市人大常委会副秘书长刘凤仪到建国门街道调研信访工作。视察参观建国门街道社区博物馆、行政服务大厅、应急指挥中心和信访接待室。市人大通报上半年信访基本情况,建国门街道就街道信访工作情况、主要做法、面临的形势及遇到的难点问题等方面作专题汇报,对如何做好当前形势下的信访工作交流。市人大信访办主任闫景联,赵中原参加。9月11日,市人大副秘书长、内司办主任刘维林到区调研市人大常委会《关于加强人民检察院对诉讼活动的法律监督工作的决议》的贯彻实施情况。王佩立介绍贯彻决议的情况。刘维林肯定工作,并提出要求。冯熙、赵中原和部分区人大代表参加。11月11日,市人大常委会副秘书长、办公厅主任张清到车辇店居民区停车楼调研考察停车管理情况,并与市、区相关职能部门和安定门街道居民代表座谈,冯熙参加。 (刘国栋)

【人大社区联络员培训】 4月26日,高桂强主持召开人大代表社区联络员培训会。就人民代表大会制度和《中华人民共和国全国人民代表大会和地方各级人民代表大会代表法》等方面进行培训。170余人参加。 (刘国栋)

【工作交流】 5月6日,沈阳市和平区人大常委会副主任张伟率队到区学习人大街工委工作。高桂强介绍代表工作,人大和平里、景山、永外街工委分别介绍闭会期间开展代表活动、代表述职和建立代表履职档案等情况。5月8日,区县人大研究室主任联席会议暨"'智慧人大'规划与应用研讨会"在区召开。赵中原介绍本区的文化特点、20年总规以及区人大常委会的五项重点工作。研究室负责人介绍区"智慧人大"规划与应用的探索与实践,现场演示人大决策支持系统。与会者结合工作实际,就人大信息化建设规划与应用进行讨论。市人大常委会副秘书长、研究室主任黄石松,副主任李正斌、田洪俊,市人大理论研究会副会长席文启及市各区、县人大研究室主任出席。5月23日,重庆市人大常委会主任张轩率团到区调研。冯熙介绍区基本情况以及20年总规的有关情况,高桂强从抓学习培训、抓制度建设、抓基础工作、抓工作实效、抓调查研究等方面介绍工作。与会人员就代表联系选民、议案建议办理、预算监督、审议议题的确定和"十八大"对人大工作的新要求等方面交流。市人大常委会副秘书长、办公厅主任张清、市人大常委会办公厅副主任朱秋征参加活动。同日,山东省临邑县人大常委会主任孙书臣率队到区调研。就常委会开展工作、评选优秀法官、检察官、代表旁听法院案件审理、代表接待选民等方面交流。听取人大体育馆路街道工作委员会负责人关于充分发挥人大代表资源优势,合力打造地区文体活动特色品牌、促进地区发展和基础设施建设、积极关心慈善、改善民生、加强监督等方面的介绍。冯熙、赵中原、高桂强参加活动。6月4日,上海市闸北区人大常委会副主任黄军龙率团到区考察社区工作者队伍建设与管理情况。考察建国门街道和东花市南里社区。交流如何加强新时期社区工作者队伍建设,前门街道和区民政局等单位分别介绍工作情况。王佩立参加活动。9月6日,召开六区县人大代表工作联席会第一次会议。与会各区县就如何开好东片代表工作联席会,进一步提高代表工作水平进行研讨。市人大常委会代表联络室有关领导,冯熙、高桂强,朝阳区、通州区、平谷区、怀柔区、密云县人大常委会主管代表工作的副主任参加活动。 (刘国栋)

【全国人大专题调研】 7月8日,全国人大常委会调研组到区调研预算法立法。全国人大法律委员会副主任委员李飞和预算工作委员会副主任黄建初带队。区人大常委会、区财政局、区审计局、区教委、区卫生局、区国税局、区地税局等单位结合自身工作实际,就预算法修正案二次审议稿相关情况作汇报,并与参会人员讨论和交流。市人大常委会领导李小娟等及区领导冯熙、王兆康、朴学东出席。 (刘国栋)

【市人大东城团代表活动】 8月6日,市人大代表东城团开展年中活动。代表对上半年的工作表示肯定,针对生态环境、养老、房价、人口、社会稳定、文化产业、企业、区域经济、教育、预算执行等10个方面提出意见建议。12月17日,市法院、检察院在东城法院召开征求市人大代表意见座谈会。赵中原主持。市法院、检察院分别介绍本年重点工作情况及下年工作思路。区法院、检察院以书面形式进行汇报。代表对两院主动加强与代表联络、自觉接受监督、丰富会议内容、简化会议形式的做法表示肯定,对两院各项工作进展及取得的成效给予高度评价,并提出建议。市高级法院党组成员、纪检组长高晓陵,市检察院党组成员、纪检组长张笑英等参加座谈。市人大代表17人出席。 (刘国栋)

【补选区人大代表】 10月31日、11月28日,赵中原主持召开两次补选区人大代表工作领导小组会议。传达区人大常委会关于补选人大代表的决定,宣布补选工作领导小组成员名单,学习补选工作实施方案;讨论通过关于补选的办法、选民资格审查工作的意见和补选工作领导小组办公室各组工作职责;听取有关单位补选筹备工作进展情况汇报。11月11～18日,东直门、朝阳门、景山、东华门和体育馆路街道及人武部组织人大代表补选工作。11月20～21日,冯熙、赵中原、王佩立到国家体育总局选区、朝阳门地区史家投票站、东华门地区智德投票站、多福巷投票站、景山地区汪芝麻投票站,检查投票站布置和组织工作。8个选区有选民24289人参加投票,占核实登记选民的96.80%。12月11～12日,冯熙、赵中原先后到福祥居民单位选区、七条居民单位选区和公安部边防管理局选区了解选举站布置情况和组织工作,实地查看选区人大代表补选投票工作。3个选区核实登记选民5700人,参加投票选民5618人,投票率98.60%。11月22日、12月13日,赵中原主持召开两次补选区人大代表工作领导小组会议。确认补选出都海江等11人为东城区第十五届

人民代表大会代表。 (刘国栋)

【代表履职活动】 全年组织代表联组活动72次,小组活动155次;参加走访选民的代表765人次,以提写议案、建议等形式反映选民提出的问题,督促有关问题解决落实;156人次旁听法院案件审理,组织代表65人进行述职报告,选民对代表的履职工作给予肯定。

(刘国栋)

东城区第十五届人民代表大会常务委员会组成人员

主　任 冯　熙

副主任 赵中原　高桂强(女)　王佩立(12月辞去)　蔡福全　于　静(女)　王兆康　何厚夫

委　员 (以姓氏笔画为序)

马　龙　王力宇　王小英　王先勇　王衍臻　王振淮　王　曦　毛惠华　石庆萍(女)　白京涛　冯远征　危天倪(女)　刘超英(女)　许金玉(女)　杨立萍(女)　杨永强　杨向弘(女)　杨冠军　肖　燚　张国熙　张　跃　陈爱玉(女)　苗　谦　郑　毅　袁燕生(10月辞去)　耿学森　魏敏德

工作机构负责人

办公室主任	耿学森	**内务司法室主任**	魏敏德
研究室主任	王衍臻	**教科文卫室主任**	王力宇
代表联络室主任	杨向弘(女)	**城建环保室主任**	毛惠华
财政经济室主任	张国熙	**预算工作室主任**	许金玉(女)

东城区人民政府

概　述

东城区人民政府(简称区政府),完成区十五届人大三次会议确定的各项任务,保持经济社会持续健康发展。全区地区生产总值1571.10亿元,增长8.30%;区级财政收入完成147.10亿元,增长9.10%;城镇居民人均可支配收入4.17万元,增长8.10%;全社会固定资产投资完成195.10亿元;万元GDP能耗下降3.56%,城镇登记失业率控制在0.78%。

文化工作。历史文化保护稳步推进,“三个十工程”完成26项,钟鼓楼广场恢复整治等4个项目进展顺利。推进前门西区建设,启动前门东区修缮整治。时间博物馆主体结构完工。智珠寺古建筑群获联合国教科文组织亚太地区文化遗产保护奖,全区文物修缮率68%。与故宫博物院战略合作,参与“平安故宫”文物修复保护,故宫学院正式挂牌成立。东城区获第二批国家公共文化服务体系示范区创建资格。完成永外、体育馆路和天坛街道文化活动中心达标工程建设,建成10个数字文化社区,万米以上文化广场达5个。全市首家胡同博物馆——史家胡同博物馆对外开放,社区博物馆达6家。开通全国首个公共文化服务导航网站,成立10家街道文联组织。围绕纪念北京建都860周年,举办前门历史文化节、孔庙国子监国学文化节、皇城国际旅游节、南锣鼓巷戏剧展演季等活动,《前门人家》《隆福寺》等原创剧目首演。国内首家公益性油画专业美术馆——大都美术馆建成开馆。区档案馆成为市第一家新国标一级档案馆。优化文化创意产业结构,增加值占GDP比重12%左右,文化艺术业、广告会展业、新闻出版业成为主体。组建胡同工厂孵化器产业联盟,设立全市首家专门面向文化产业的融资性担保机构。继续深化“戏剧东城”品牌,全方位、多渠道推介东城旅游文化资源,旅游综合收入624.30亿元,接待总人数7687万人次。重组成立北京天街集团有限公司,形成文化资产运营、文化地产开发、文化金融服务三大运营平台。

经济工作。完成中关村东城园空间规模和布局调整,制定文化和科技融合发展三年行动计划,高新技术企业预计实现收入850亿元,增速达124%。继续实施王府井品牌升级战略,新增5家国际知名品牌旗舰店,总数达41家。东二环高端服务业发展带成为全市首批总部经济集聚区和商务服务业集聚区。前门历史文化展示区调整商业业态,联想全球首家品牌形象店等知名商家入驻。推进龙潭湖体育产业园、和平里商务新区项目建设,加快永外现代商贸区业态调整升级。坚持高端化、低碳化、集约化,加大政策引导支持力度,六大重点产业增加值占GDP比重66%左右。优化发展环境,中国黄金珠宝公司、中海油财务公司等企业落户东城,跨国公司地区总部达17家。推动建立规模为2亿元的创业投资基金,设立2家中小企业服务分中心。完成370万平方米热计量改造,和平里医院和史家胡同小学成为国家第一批节约型公共机构示范创建单位。东城区获全国国土资源节约集约模范县(市)和市节能先进区县称号。

生态文明。26条大街试点推行门前管理责任制,推进15条市区级道路环境建设达标工作,灯市口大街被评为市级精品大街。实施39条主要道路架空线入地工程。完成24条胡同和16个老旧小区环境整治提升工程,513条背街小巷实现环卫达标。开展拆违专项行动,累计拆除违法建设1735处、4.74万平方米。实施明城墙遗址公园西侧绿地、北中轴路绿化景观提升等10项绿化美化工程,完成绿化面积13.92万平方米。淘汰老旧机动车1.98万辆,调整退出3家高污染行业企业,完成主要污染物总量减排任务。垃圾分类减量达标小区达172个,生活垃圾无害化处理率保持100%。完成北花市大街、分司厅胡同等10项道路疏堵工程,新增五道营等20条“单行单停”胡同,增加居民区停车位2546个。建成159个公共自行车服务网点,5000辆自行车投入运营。

社会建设。推进保障性住房和对接安置房建设,继续实施危改、老旧小区综合整治。祈西一号地、西革新里项目基本完成搬迁,豆各庄、北苑宾馆等项目建设进展顺利,定福家园A组团、焦化厂等项目有序推进。完成7000套保障性住房摇号配租配售工作,其中经济适用房5232套、限价房492套、公租房1175套、廉租房101套。完成90栋、26.36万平方米直管公房抗震加固,竣工规模位居全市前列,4656户居民受益。完成全市首个成规模的老旧小区综合整治项目,惠及居民1500户。安置就业困难人员7785人,实现创业1330人,带动就业3961人,零就业家庭动态为零。五项社会保险基金征缴162.46亿元,累计支出147.12亿元,实现收支平衡、略有结余的目标。全年对低保对象及生活困难补助人员发放各类救助金1.07亿元。推进机构养老,试点“公建民营”和“医养融合”模式,汇晨老年公寓正式运营,引进隆福医院开设门诊。开展“阳光爱心八进门”助残行动,改善残疾人公共服务环境。深化网格化社会服务管理,制定“两网融合”实施方案。完善“多元参与,协商共治”社区治理模式。拓展社会组织培育新渠道,率先开展公益创投。全市首家社区级邻里服务中心在广外南里社区建成启用,为居民提供“一站式”服务。东城区成为全国社区商业示范区,“一刻钟社区服务圈”覆盖率达90%。新改建40家固定门店式早餐店,进一步提高早餐便利度。完成学前教育三年行动计划,累计增加幼儿园学位近3000个,有效缓解入园难。深化学区化管理和学校联盟机制,联盟校达30个,新成立8个名校长工作室和28个名师工作室。继续推广家庭医生式服务,签约人数达常住人口的50.40%。新增50个中医药特色健康管理社区,区第一妇幼保健院完成改扩建并开诊。支持科技企业创新,加强知识产权保护,技术交易额、专利申请量和授权量大幅增长,新增5家市级科普基地。全面推进“智慧东城”建设,启动国家智慧城市创建试点任务,建成49个“智慧社区”。开展打防整治,加大社会面防控力度,百户发案数城六区最低,获全国平安建设先进区称号。深化信访代理制和“3+X”多元矛盾调解体系建设,信访总量、区级集体访实现双下降。通过“六五”普法中期检查验收,推进行政复议规范化建设,全区行政复议和行政诉讼败诉率继续下降。

单位地址:东城区育群胡同1号

联系电话:64032061　邮政编码:100010　(贾玉轩)

主要工作和重大活动

【签署合作协议】 1月16日,与故宫博物院签署合作协议。双方充分发挥各自优势,在故宫所藏文物抢救性保护修复、故宫文化产品研发推广等方面合作,以加强故宫文化遗产保护和发展,促进区传统手工技艺振兴与发展,共同打造富有宫廷特色的区域文化。故宫博物院院长单霁翔、常务副院长李季、副院长王亚民、宋纪蓉、冯乃恩及区领导杨柳荫、牛青山等出席。　(贾玉轩)

【区政府全体(扩大)会议】 2月25~26日召开。会议围绕工作标准、重点、措施、难点和创新5个方面,就做好全年工作、切实改进作风、加强自身建设进行讨论,重点部署年度任务。牛青山就改进作风提出要求。有关区领导出席。区政府各委、办、局和各街道办事处行政负责人参加,区委有关部门及派出机构、区法院、区检察院、各民主党派、各人民团体主要负责人和区属骨干企业负责人列席。　(贾玉轩)

【市领导调研】 3月14日,副市长陈刚调研天坛周边危旧楼改造,听取天坛东里北区1-8号楼、北新桥和安定门平房区拆迁工作情况汇报,研讨解决方法。陈刚要求:选择确定工程的市场运作主体,明确任务,提出拆迁、改造的政策框架建议,制定管理办法,做好管理和服务。做好政策宣传、引导和信息公开。牛青山、朴学东陪同。3月27日,市委书记郭金龙、市长王安顺围绕“加强城市精细化管理、推动核心区环境改善”主题进行调研。调研安定门街道五道营胡同和东花市街道西忠实里地区,察看五道营胡同环境秩序现状、了解胡同特色街区建设、遏制地上地下违建高发态势、实现精细化管理等情况。察看西忠实里地区群众居住条件和市政基础设施、环境秩序现状,了解整治改造计划及铁路沿线环境整治安排,并听取居民意见建议。市领导赵凤桐、张延昆,市政府秘书长李伟,区领导杨柳荫、牛青山等陪同。6月24日,王安顺调研核心区煤改电工作,实地察看建国门街道庆平胡同30号院、法华寺变电站选址场地、王府井大街34号院煤改电工程进展和设备运行情况,并入户与居民交流,了解居民生活和冬季采暖情况。副市长张工、市政府秘书长李伟参加,区领导杨柳荫、牛青山、王中华陪同。11月2日,市领导郭金龙、王安顺、赵凤桐、傅政华、张延昆到区调研。察看行政服务大厅窗口运转情况、综治维稳中心视频监控系统和地区全景沙盘,听取建国门街道社区防控、重点人管控、矛盾纠纷排查化解、群防群治工作情况的汇报。郭金龙对工作予以肯定,并提出要求。区领导杨柳荫、牛青山陪同。（贾玉轩）

【环境建设动员会】 4月2日召开,徐熙主持。会议播放反映区城市环境存在问题的专题片。王中华宣读对区上年城市建设、社会管理、综合执法、环境卫生工作先进单位和个人的表彰决定,并部署年度工作。杨柳荫和牛青山分别做重要讲话。金晖、夏树军、毛炯出席。（贾玉轩）

【前门工程建设专题会】 5月2日召开。牛青山主持并要求重点把握四个方面:一是前门地区东西两片、地上地下建设做到整体联动,和谐统一;二是对前门大街、鲜鱼口大街、台湾商务区以巩固提高为主,打造高端文化商业街区,前门东西区加快规划建设,加快文物保护,加快改善民生;三是充分运用征收政策,以改革发展促搬迁,以拆除违建促搬迁,以加强安全管理促搬迁,最终实现联手共赢;四是加快推进,加强领导。王再云、朴学东、周永明、陈之常参加。（贾玉轩）

【全国社区商业示范区】 上半年启动创建全国社区商业示范区工作。全区有社区商业网点5600个,总营业面积超过76万平方米,占全区商业总面积的23.40%;平均千人拥有社区商业网点数量6个,营业面积800平方米;拥有国家级商业示范社区6个、市级商业示范社区8个。11月9日,召开全国社区商业示范区评审会。宋甘澍致欢迎词。专家评审组听取工作情况汇报,同意评选东城区为全国社区商业示范区。（贾玉轩）

【开展城区合作】 10月18日,与天津市和平区签订商贸发展战略合作意向书。两城区成为商贸发展战略合作伙伴,在繁荣商贸、品牌战略、市场监管、招商引资、项目推介、外贸促进、特色街建设、老字号扶植、民心工程等领域延伸合作,加强商贸交流与合作,促进双方商贸繁荣与经济发展。区领导陈之常、天津市和平区副区长何鹏出席签约仪式。（贾玉轩）

【入选国家示范区】 11月6日,金晖率队赴上海参加中国图书馆年会暨国家公共文化服务体系示范区工作会议。在中国东部15个地区中东城区脱颖而出,入选第二批国家公共文化服务体系示范区。王晨阳代表区签署责任书。（贾玉轩）

【治理房屋违法出租】 12月18日,全区房屋违法出租问题治理工作推进会召开。王中华主持,并部署全区房屋违法出租问题治理工作。谢世龙部署全区流动人口和出租房屋信息采集登记、出租房屋安全隐患排查和房屋违法出租问题调查摸底。朴学东部署全区房屋租赁经纪机构违法违规问题清理整治和日常管理。张家明要求:统一思想,认识房屋违法出租问题治理工作重要性和紧迫性。坚持条块结合,做好全区房屋违法出租问题治理工作。推进制度创新,提高社会治理和城市服务管理水平。（贾玉轩）

【办公文秘】 全年制发公文415件,其中区政府文件39件,区政府函142件,向市政府报送请示报告11件,制发会议纪要80件,区政府办公室制发文件30件,区政府及区政府办公室无号文件113件。全年办理公文2826件,其中市政府文件238件,市委办局文件834件,区属各单位请示669件,不相隶属单位函288件,办理区领导批示及区委、各委办局转办件797件。全年办理机要文件2528件,交换涉密文件1.89万件。登录档案192卷。（贾玉轩）

【区政府会议】 围绕经济发展、城市管理、公共安全、民生等全区中心工作,召开区政府常务会20次、专题会80余次,讨论议题约300项。区政府办举办的全区性会议同比减少42%。（贾玉轩）

【信息督查】 年内,编发《东城手机报》《昨日区情》542期,向市政府办公厅报送信息800余条,被采用301条,获市领导批示44条,信息采用数量和市领导批示次数,在16个区县中均排名第一。督办30项市政府折子工程、6项市重要实事、134项区政府折子工程、22项区重要实事,以及45件市(区)领导重要批示事项。按时完成全国、市、区人大代表议案、建议和政协委员提案495件。（贾玉轩）

【政务值班和应急工作】 全年接转电话6万余次,收发各类会议通知请柬1800余次,接转办理人民来信433封,服务保障各级领导出席活动100余次,其中参与中央及市领导调研检查的活动20余次。先后21次启动全区应急机制,完成全国“两会”、三中全会服务保障,元旦春节烟火爆竹燃放安全管控,处置“7.24”燃气爆燃等各类突发事件155起,牵头处理“10.28”恐怖袭击事件善后工作。（贾玉轩）

【非紧急救助】 全年办理群众诉求3万余件,承办微博诉求550件,承办《市长电话要情》《市长电话值班专报》上市领导批示25件。办理群众诉求量排全市16区县前5位。接听并处置市民电话6080件。（贾玉轩）

【政府信息公开】 全区通过政府信息公开专栏主动公开政府信息1.04万件,通过“数字东城”网站更新信息2.52万条;受理依申请公开222件,均如期答复。开展3次在线访谈活动,区领导颜华、许汇、汤钦飞分别参与互动,现场解答800余名听众提出的300余个问题。（贾玉轩）

法制工作

【概况】 区政府法制办公室(简称区法制办)是区政府综合管理法制工作的职能部门。下设文审科、行政复议案件办理科、综合科、行政复议接待科和行政执法监督科5个职能科室。编制28人。

年内,完成国务院法制办委托课题,提交《北京市东城区依法行政调查研究》和《北京市东城区依法行政调查情况分析》报告。调整推进依法行政工作领导小组,增加5家成员单位。

单位地址:东城区幸福大街32号

联系电话:87556312 邮政编码:100061 (涂新文 赵红娟)

【学习培训】 5月21~23日,与区委组织部、区委党校举办处级领导干部法治思维和法治方式能力提升培训班,邀请北京大学法学院专家学者授课。组织依法行政专题报告会,邀请中国政法大学教授结合"十八大"报告对加快法治政府建设亟须关注的问题阐述。全年组织各街道、各行政执法部门主要负责人、主管法制工作的领导和法制干部500余人次参加。组织区政府常务会学法3次。 (涂新文 赵红娟)

【推行评议考核机制】 11月初,编制《东城区2013年度依法行政考核工作手册》。11月25日至12月4日,会同各专项考评单位组成联合检查组,检查17个街道和34个行政执法部门推进依法行政、落实行政执法责任制的工作情况,并对问题现场指导。 (涂新文 赵红娟)

【重大决策合法性审查】 全年收到区政府会议讨论文件合法性审查表14件,以及其他形式征求意见稿38件,全部出具书面法律意见和建议。审核信息公开拟答复意见12件,并参加案件分析会,确保按照时限及要求答复申请人。

(胡耀彬 赵红娟)

【法律服务】 年内,参与"两站一街"对接安置房、钟鼓楼整治、地铁十四号线委托搬迁事宜、定福庄保障房建设、广渠门北里残疾人就业职业康复劳动中心、保障性住房市场化租赁补贴政策制定等事项的论证。完成对《故宫博物院与东城区人民政府战略合作意向书》《北京协和医院与东城区人民政府关于建立区域医疗联合体的合作框架协议》《西部会馆合作开发协议书》《本家润园物业补偿协议》等10余件合同、协议的审查把关,为政府部门规避法律风险。

(胡耀彬 赵红娟)

【行政复议规范化建设】 全年收到行政复议申请48件,进入审理程序行政复议案件46件,受理43件,不予受理3件,发告知书1件,发补正通知书后未回复1件。出台《北京市东城区人民政府及其工作部门诉讼案件应诉工作规则》,对败诉案件统计分析、归类整理,下发《2012年度东城区行政复议和行政应诉案件统计分析情况通报》。调整行政复议委员会部分委员名单的方案,审议通过行政复议委员会工作报告。 (吴泉河 赵红娟)

【行政调解】 年内,各街道、各部门开展矛盾纠纷排查598次,参与调解疑难复杂纠纷527件,防止化解群体访12件,受理各类矛盾纠纷案件7735件,成功调解6719件,调解成功率86.86%。调解各类行政纠纷2849件,调解达成协议2770件,未达成协议79件,调解达成协议率97.23%。

(吴泉河 赵红娟)

【行政执法责任制】 全年对30家行政执法部门贯彻落实《北京市东城区人民政府关于印发进一步加强和改善行政执法工作实施意见的通知》监督检查,开展行政征收工作专项监督检查,参与钟鼓楼广场、北京国际戏剧中心等扩建工程的立项、征收方案的论证,做到监督有力度、检查有记录、指导有依据、协调有记载。邀请行政执法特邀监督员参与全程督查,开展行政执法特邀监督员培训,就依法行政考核指标及行政处罚法等内容专题培训。 (兰秋月 赵红娟)

【行政处罚案卷评查】 全年评查23个行政执法部门的行政处罚案卷94卷,合格率100%,优秀率100%。完成对通州区行政处罚案卷互查工作,接受平谷区对东城区行政处罚案卷现场评查,并形成完成《关于开展2013年度行政处罚案卷区县互查工作情况》的报告。继续推行行政执法人员资格认证制度,组织区住建委、区民防局、区安监局、区司法局等部门的执法人员62人参加行政处罚执法资格公共法律知识及行政强制法资格考试,全部通过。开展行政执法证件审核办理工作,接到区旅游委、区民政局2个行政执法部门的申请,审核通过9人,并办理证件,更新执法人员数据库。

(兰秋月 赵红娟)

【推进行刑衔接】 完善和落实行政执法和刑事司法相衔接(简称行刑衔接)工作机制,首次与区检察院召开行刑衔接工作推进部署会暨联席会。建立行刑衔接工作信息平台管理员数据库,明确19个行政执法部门信息平台管理员及相关权限。落实联席会议制度、信息共享平台运行管理暂行办法、信息共享平台建设实施方案等制度,确保制度的严谨性、准确性和可操作性。协助行政执法机关、公安机关和检察机关通过开展联合现场执法、提前介入侦查等形式,加强部门间协作,实现"靠前、深度、延伸"打击犯罪行为。

(兰秋月 赵红娟)

对外事务

【概况】 东城区人民政府外事办公室(简称区外办)是区政府主管外事工作的职能部门。内设综合科、国际交流科和因公出入境管理科。行政编制12人,工勤事业编制1人。

年内,开展统筹推进区域国际化调查研究,为领导决策提供参考,深入实施国际化战略成为区委全会报告内容。贯彻落实中央、北京市因公出国(境)管理新政策,出台党政干部因公出国(境)经费管理暂行办法。全年安排区领导会见21批93人次,促成福布斯亚洲企业50强论坛等项目落地。协助区首次成功承办澳门国际贸易投资展览会北京展区活动。推动商务、旅游、教育、体育、文化、社会民生等领域的国际交流,举办或协办大型国际活动11个,4300余人次参与;安排区领导与友城之间互访,接待意大利、罗马尼亚、法国等友城区长级代表团访问;推动与罗马尼亚布加勒斯特市二区青少年交流,与韩国首尔钟路区公务员互换项目,与法国巴黎大区公共文化领域建设项目;与意大利驻华使馆建立东城区与意大利弗利—切塞纳省定期会商机制项目。全年接待外国友好代表团31批593人次,党宾国宾代表团27批284人次。开展公务员外语人才库英语沙龙活动,继续在街道、社区、企事业单位推进市民讲外语活动和公共场所双语标识规范化工作。

单位地址:东城区幸福大街32号
联系电话:87556315　邮政编码:100061　(陈迪)

【规范公共场所英语标识】　1月9日,区外办、王府井建管办、东华门街道办事处联合召开王府井地区英语标识督促整改会议,近30余商家出席。会上通报英语标识检查中发现的40余个各类错误,以及经北京市外语专家组研究确认的修改意见。会议敦促各商户配合整改,使用规范英文标识。1月,与区城管大队对王府井地区商家不规范的英文标识进行纠正。　(陈迪)

【外国记者管理与服务】　2月,地坛、龙潭春节文化庙会开幕,新华社、《人民日报》、中央电视台、中国新闻社、《北京日报》、北京电视台、北京人民广播电台和美联社、法新社、日本共同社、俄罗斯电视一台等60余家中外媒体宣传报道庙会活动。6月20日,北京二中组织全校学生通过电视直播收看神舟十号航天员太空授课,相关学科教师组织学生开展讨论。欧洲新闻图片社、马来西亚《星报》以及韩国《中央日报》记者进行采访。　(陈迪)

【外交外事服务】　3月27日,杨柳荫会见福布斯亚洲版执行董事吴文贵先生一行,双方就亚太企业50强论坛落户东城进行交流。4月2日,中美比较教育专题校长论坛在区举行。论坛以中美比较教育为主题,美国斯尔拉多高中、加利福尼亚小学、胡克中学、北京理工大学附属中学、北京小学、北京市广渠门中学领导分别围绕高中课程供给、课堂教学呈现方式和教师培养等问题发言。市教委副主任罗洁,区领导宋甘澍、颜华出席。全区8个学区中小学轮值主席、各中小学负责人、部分友好区县校长和美国中小学校长300余人参加。4月16日,新加坡常秘访华团到区访问,参观安定门街道孔庙国子监博物馆,观看东直门街道社会服务管理信息平台及政民互动交流网站的操作演示,考察清水苑社区网格化社会服务工作,并就加强民间社会组织建设、提高公众参与度等问题座谈交流。10月22~24日,第六届北京可持续发展教育国际论坛在区举办。与会代表交流各国实施《联合国可持续发展教育十年计划(2005至2014年)》最新研究与实践成果,就可持续发展教育的政策与理论创新、地区推进、学校推进、课程建设及教学、环境资源与气候变化等专题进行研讨,形成《北京可持续发展教育国际论坛2013共识》,并参观北京景山学校和北京市第五十五中学。论坛由联合国教科文组织主办,来自13个国家的嘉宾18人,以及11个省市的300余人参加。

(陈迪)

【涉外活动】　3月,第七届莫斯科国际旅游交易会开幕,区旅游委作为全市唯一旅游部门参展,展示京剧表演和京剧脸谱勾绘等文化,发放《玩转东城》《精品四合院手册》《必游皇城》等旅游宣传材料,展示东城旅游资源。5月30日至6月2日,第二十六届韩国国际旅游展在韩国首尔COEX国际会展中心举办。区旅游委作为全市唯一的区县旅游部门参展。发放手撕地图、皇城脚下四合院、爱上东城十大理由等宣传材料5000余份。6月30日至7月2日,中国·海拉尔第九届中俄蒙经贸洽谈暨商品展销会在海拉尔举行。区贸促会组织2家企业参展,朗利斯国际服饰(北京)有限公司获优秀产品奖。9月23日,第九届中国国际民间艺术节暨区群众文化展演季闭幕式演出举行。来自埃及、埃塞俄比亚、波兰、墨西哥、西班牙5个国家的代表团和区群众文艺团队同台献艺,近650人观看演出。　(陈迪)

【港澳事务】　4月18日,澳门新闻界高层访京团调研本区文化创意产业情况,参观"崇文1921"文物艺术会展中心创意园。9月30日,香港教育局局长吴克俭、香港教育局局长政务助理郑健、香港教育局局长新闻秘书张志明到北京国际职业教育学校参观交流。10月17日,澳门特别行政区行政长官崔世安参观第十八届澳门国际贸易投资展览会北京展区,了解北京展区布展设计、区参展企业、项目及非物质文化遗产传承人情况。8家参展企业以古都北京、魅力东城为主题,宣传东城文化、旅游、体育等优势资源。10月23日,第十七届京港洽谈会在北京饭店开幕,市长王安顺、香港特别行政区行政长官梁振英等出席。以"产业引领、创新驱动、转型发展、共创繁荣"为主题,举办4项重要活动和9项专题活动。

(陈迪)

【友好城区交往】　6月,陈之常率旅游文化代表团一行6人访问意大利弗利—切塞纳省,以高端旅游企业为主体开展东城旅游资源图片展暨友好省区手工艺大师交流活动。8月1~10日,区商业代表团赴德国、希腊和意大利开展商务洽谈。在德国,代表团出席柏林市夏洛滕堡—威尔敏斯特区库达姆大街"2013城市之夏"活动开幕式,举办魅力东城图片展,在"购物街发展的经验与新趋势"主题论坛上发言。柏林市长Klaus Wowereit、中国驻德大使史明德、夏洛滕堡区区长莱茵·哈德瑙曼会见代表团。在希腊,代表团考察folli follie品牌首饰等,就工美大厦引进folli follie品牌洽谈,调研盛锡福成品帽在希腊的销售情况。在意大利,代表团就东来顺进驻国外商街事宜进行商洽。8月2日,韩国首尔市钟路区学生代表团一行11人与工美附中学生9人开展为期8天的入户式国际交流活动。8月2~9日,区青少年代表团应邀赴罗马尼亚布加勒斯特市二区开展交流活动。二区区长尼古拉·翁察努会见代表团成员、参加交流活动的罗方学生及家长代表。代表团参观中国驻罗马尼亚使馆。10月23~31日,罗马尼亚布加勒斯特市二区区长尼古拉·翁察努率政府及议会代表团一行8人到区访问。杨柳荫、牛青山、冯熙分别会见代表团。双方就经济发展、社会保障、环境保护、污染治理、城市交通、历史风貌保护以及能源等问题交换意见,并就推动青少年教育、文化遗产保护、环境保护、城市管理等领域的交流与合作达成共识。10月24日,法国巴黎伊西市副市长玛尔蒂娜·维斯埃尔一行到区访问,许汇会见代表团,双方就经贸合作、文化交流、智慧城市和网格化城市管理等领域进行探讨。代表团参观网格化城市管理工作模式。

(陈迪)

【市民讲外语】 8月30日,区公务员外语人才库高级英语人才第三期培训在环球英语培训中心开班。学员20人,参加网上在线学习、外教口语等课程培训。9月至10月,公务员外语人才库录取工作启动。录取工作与公务员初任培训结合,与区委组织部、区人力社保局共同主办。经过笔试、口试,录取初任公务员16人入库,共计195人,涉及英语、法语、德语、西班牙语、日语、韩语、俄语、阿拉伯语8种语言。全年公务员外语人才库开展系列英语沙龙活动4次,70余人参与。邀请新东方学校美籍外教主持,围绕特定主题,全程用英语沟通、交流、讨论,提高学员英语水平。10月16日,在柳荫公园举行北京外语游园会东城区分会场活动。与区园林绿化局、区园林绿化管理中心、东四街道办事处和天坛街道办事处联合主办,柳荫公园管理处承办。全市各区县的11支外语学习团队、外语爱好者约300人参加,用英、韩、俄等语种表演歌曲、情景剧、诗朗诵、舞蹈等节目。《英语角》杂志社现场开展英语学习、推介活动。10月20日,柳荫公园外语角及东四街道六条社区参加主会场活动,表演诗歌联唱“柳荫英语角之歌”和诗朗诵“让梦想插上金色的翅膀”。

(陈迪)

【涉外应急管理】 9月1日,在全市各区县中首创涉外管理联席会议机制。9月13日,召开涉外管理联席会议第一次全体会议。涉外管理联席会议机制是综合性涉外管理联席会议机制,包括会商涉外突发应急、境外媒体采访、境外非政府组织管理、境外领事保护等情况,研究、解决涉外领域重点、难点问题,统筹协调,确保区域涉外安全稳定等。许汇及全区涉外管理联席会议46家成员单位负责人参加。“10.28”天安门金水桥事件造成1名菲律宾游客死亡,3名菲律宾及1名日本游客受伤,立即启动区涉外突发事件应急预案,与东城公安分局出入境管理处协同更新事态进展,向市外办汇报处置应对情况。陪同区领导赴同仁医院和北京医院安抚慰问受伤游客,了解伤亡情况及伤员需求,成立处置工作领导小组,与相关单位对接。建立24小时值班制度,协助东华门街道做好外籍伤员安置及家属安抚工作。联络协调市属相关部门加强与菲律宾驻华使馆、日本驻华使馆官员的沟通、联系、磋商,确定事故善后处置方案。 (陈迪)

【因公出国(境)管理】 全年执行出国(境)团组173批605人次,其中党政干部自组团20批104人次,随团39批43人次,未发生任何违规违纪事件。 (陈迪)

行政服务中心工作

【概况】 东城区行政服务中心(简称区行政服务中心)是负责区集中办理行政许可和服务事项协调管理的区政府正处级派出机构,设办公室、宣传教育科、监察室、协调指导科4个行政科室和行政事务保障中心(下设代理服务部、对外联络部、运行维护部)、政府采购中心2个事业单位,工作人员42人,其中行政编制15人,参照公务员管理事业编制9人,纳入工资规范管理事业编制18人。办事大厅共进驻单位17家,窗口62个,工作人员142人,审批事项271项。

年内,制定《北京市东城区行政服务中心发展规划(2013—2015)》。完善“两网一库多互动”组织体系,强化“三位一体”工作网络建设。建立重点企业分类指导服务机制,开展“政企互动兴东城”系列联组活动。建立综合经济部门与企业服务相关部门“6+X”重点企业动态沟通机制,开发重点企业信息系统,建立百强、绿卡等重点企业电子档案。继续开展产业政策奖励兑现,奖励和补贴企业687户,兑现奖励和补贴金额3.60亿元。大厅实现银行式全天候服务,开通服务绿色通道等便民服务新举措,改善服务环境,优化审批流程,创新服务模式,等待时间缩短30%。全年受理各类事项43.03万件,好评率99.84%,无有效投诉。收到表扬信34封,锦旗45面,东城工商分局窗口获市总工会“工人先锋号”称号,中心获区县机关档案工作市级优秀单位称号。市民中心举办公益活动近300场,接待2万余人次。

单位地址:东城区金宝街52号

联系电话:65594781 邮政编码:100005 (张祎航)

【优化经济发展环境】 3月29日,召开上年度区优化经济发展环境工作情况会,部署年度工作要点,徐熙、许汇分别提要求。4月8日、10日、12日,联合东城工商分局开展楼宇驻点绿卡企业工商年检服务月活动,组织东方广场楼宇专场、中粮广场楼宇专场及联合专场,为140余户企业提供“一站式”集中年检服务和现场咨询。完善“两网一库多互动”组织体系,强化“三位一体”工作网络建设,联合区教委协调解决全区绿卡企业两高(高级管理、高级技术)人员子女入学事宜,联合区人力社保局协助绿卡企业办理《北京市工作居住证》和人才引进相关手续。 (张祎航)

【行政审批】 9月6日,办事大厅办公时间调整为9:00-17:00,实现银行式全天候服务。加强电子政务建设,建立全流程智能导办系统,升级呼叫中心系统。全年受理企业、市民行政许可和服务类事项申请43.03万件,其中17个窗口单位、62个受理窗口(除出入境、残联外)办理8.68万件,办结8.66万件,办结率99.84%;出入境办理30.73万件,残联办理3.62万件;接待办事人员55万余人次,日均接待2500余人次,未出现重大投诉事项。 (张祎航)

【并联审批】 10月15日,成立中心并联审批“双模式”机制课题小组。按照“最细颗粒度”原则梳理审批事项,提出在市场准入区推行统一受理、统一踏勘、统一审批、统一办结的“四统一”模式,在固定资产投资区推行明确阶段、明确部门、明确事项的“三明确”模式。12月10日,第一家企业证照“四统一”模式并联审批流程正式启动。12月31日,经过两次预审、统一踏勘和审批,第一家应用并联审批"四统一"模式的企业北京沁仁轩餐饮管理有限公司取得全部证照,实现设立登记3天内取证,审批时限压缩50%。(张祎航)

【党风廉政建设】 开展干部作风教育活动,共查找出党员队伍存在突出问题7项,科级干部队伍存在突出问题13项,收集到对两支队伍作风建设工作的意见建议各3条。出台《东城区行政服务中心关于落实中央"八项规定"的具体措施》,印发《东城区行政服务中心2013年党风廉政建设工作要点》《东城区行政服务中心2013年廉政风险防控管理工作要点》,组织廉政风险精细化梳理工作,确定中心年度重点防控项目3项,查找出思想道德风险点139个,制定岗位说明书42篇,出台岗位职责对应防控措施495项。开展涉权事项目录、权力运行流程图梳理和规范工作,完善涉权事项56项,新增流程图3张,在权力运行流程图的工作关键环节标注廉政风险点和防控措施。制定《东城区行政服务中心党风廉政监督员工作制度》,从政协委员、人大代表中聘请党风廉政监督员6人。完成预算执行和决算草案情况自查自纠内部审计工作。(张祎航)

【重点项目绿色通道】 为重点项目、重点企业开辟绿色预约通道,实行常件快办、特件特办、急件急办特色服务,设置专项办理窗口,制定个性化服务措施。根据企业需求进行"一对一"跟踪服务,实时掌握办理动态,随时跟踪办理进度,结合企业具体情况提供定制式服务。年内,中心为银河SOHO重点项目158家企业办理审批手续。(张祎航)

【效能监察】 制定《东城区行政服务中心进驻窗口主管领导联席会议制度》,邀请区监察局直接参与中心窗口评优评先。落实日巡查、月考核、季评优的监督考核长效机制,全年组织巡查267次、专项检查3次、电话暗访66次,开展月度考核12次、季度考核评优4次,评选季度优秀窗口12个、季度服务标兵12人。(张祎航)

【重点企业服务】 年内,完成上年度企业奖励兑现,受奖企业687户,奖励3.60亿元,同比减少128户、1.80亿元,实现奖励面相对集中、奖励结构优化,提高有限财政资金的使用效益。建立重点企业分类指导服务机制,成立总部企业、文化旅游、金融产品创新、新兴产业、智库5个联组,开展政企互动兴东城区系列联组活动,实现政企、企企互动交流。

(张祎航)

【接待活动】 全年接待参观访问13批366人次,其中国内单位12批次、来访360人,外国友人团体1批次、来访6人。接待各类会议782场次,接待人数1.80万人次。(张祎航)

【政府采购】 全年接收政府采购立项通知57项,同比增长200%,预算金额6687.25万元;已实施完成45项,实施完成项目预算资金5585.78万元;中标资金4563.32万元,节约资金1022.46万元,节约率18.30%,政府采购满意度保持100%。(张祎航)

安全生产监督管理

【概况】 东城区安全生产监督管理局(简称区安全监管局)是负责东城区安全生产综合监督管理的区政府工作部门。设办公室、人事监察科、综合协调科、法制宣传科、安全生产监察科、危险化学品管理科、职业安全监督科7个科室,工作人员35人。区安全执法监察队为安全监管局所属参照公务员管理事业单位,工作人员19人。

年内,突出立足平时、立足防范、立足法治,发挥区安全生产委员会(简称区安委会)的综合协调作用,组织开展安全生产大检查、"打非治违"、燃气安全专项整治等重点行业领域安全生产专项整治。有针对性地开展专项执法检查,完成各项政治活动、节假日及大型活动安全生产保障任务,推进企业安全生产标准化达标试点工作。制定《北京市东城区安全生产监督管理局工作手册》《北京市东城区安全生产监督管理局监督检查要点》和《行政执法权运行廉政监督检查制度》,健全执法程序,规范执法行为。本局被评为市安全生产工作先进区县和"北京建工杯"百万一线职工安全生产知识竞赛活动优秀组织奖。印制的《居民安全实用手册》被评为市级安全生产题材优秀宣传作品平面类二等奖。

单位地址:东城区东四十一条83号

联系电话:64055528　邮政编码:100007　(孟庆喜)

【执法检查】 年初,制定《2013年安全生产重点执法检查计划》,根据行业、季节等特点明确不同时间段执法检查重点,将具体检查任务层层分解,逐级落实到相关执法科室。先后开展综合楼宇安全、汛期重点建筑工程安全、华润万家连锁超市、金凤成祥连锁面包店、速8、七天连锁酒店、节能改造工程、公园游乐设施、机动车维修行业等14项专项执法检查行动,检查各类生产经营单位2489家次,下达责令改正指令书793份,下达强制措施决定书12份,对生产经营单位行政处罚78起,处罚金额42.44万元,处理安全生产投诉举报107件。(孟庆喜)

【节假日大型活动安全生产保障】 全国"两会"期间,调查摸底代表驻地周边200米内的生产经营单位,建立台账,开展全覆盖式检查。检查生产经营单位153家次,下达执法文书154份,整改各类安全隐患58处。参与地坛和龙潭庙会、雍和宫春节期间觐香活动、"创意点亮北京"、中国北京国际体育舞蹈公开赛、世界旅游城市联合会巡展、国子监国学文化节等10余项大型活动临建设施搭建工作,为辖区内举办大型重要活动提供生产安全保障。(孟庆喜)

【创办《安全生产执法简报》】 6月,创办《安全生产执法简报》,每月编发2期,简报具体包括专项执法行动、执法动态、一句话新闻、名词解释和"三违曝光栏"等内容,全年编发16期,有效推动安全生产执法工作开展。

(孟庆喜)

【安全生产月宣传】 6月,加大安全生产宣传力度。制作安全生产法律、法规、规章、操作规程及消防安全知识、特种设备安全知识、交通安全知识、职业健康安全知识和公共安全知识等方面的宣传横(条)幅50幅、宣传画500幅、宣传读本1.10万本、宣传卡片4000张,在街道、机关、企业、宾馆、工地、食堂等场所悬挂、张贴、发放、展览。营造强化安全基础,保障城市运行安全为主题的宣传氛围。年内,联合有关部门组织开展5次安全生产知识竞赛、1次书画摄影比赛、2次演讲比赛,完善与部门联合、与企业联动、与街道沟通,共创安全生产宣传格局。 (孟庆喜)

【专项执法行动】 6月至7月,由区安全监管局牵头,协调区住建委、区质监局,整合执法力量,在建筑施工、宾馆饭店、商市场、文化娱乐场所、工业企业、物业管理单位6个重点行业领域开展打击特种作业及特种设备作业人员"持假证上岗、无证上岗"专项执法行动。出动执法人员380人次,检查生产经营单位125家,抽查特种作业人员361人,其中持北京证316人、持外埠证39人,发现未持证人员6人,立案查处3起,处罚金额1.70万元。 (孟庆喜)

【安全生产教育培训】 9月,邀请国家安全生产专家作《加大政府监管执法力度确保一方平安》专题报告,400余人参加。全年分5次对17个街道200余人次开展业务培训。加大对区内7家培训机构考核管理,成立特种作业考试点,规范特种作业人员考试。全年培训电工、焊工、制冷、登高作业、场内车辆驾驶等特种作业人员265期,理论考核2.37万人次,合格1.94万人次,合格率81.86%,实操考核2.22万人次,合格1.97万人次,合格率88.74%。 (孟庆喜)

【指标控制管理】 年内,发生生产安全亡人事故4起,亡6人;道路交通事故7起,亡9人;未发生生产经营性火灾亡人事故和铁路交通亡人事故。各项指标均在市安委会下达的安全生产控制考核指标范围内。 (孟庆喜)

【安全生产组织领导】 区委常委会听取安全生产工作汇报2次,区政府常务会议听取安全生产工作汇报3次。组织召开区安委会全体会议3次,安排燃气安全整治、"大排查、大整治统一行动"、标准化推进、大检查督查情况反馈等专项工作部署会10余次,有针对性的部署阶段重点工作,通报安全生产事故情况,研究、分析安全生产形势,协调解决重点、难点问题,指导、督促各政府部门落实安全生产监管责任。制发安全生产大检查工作方案、"两节"、"两会"、汛期等各个重要时期做好安全生产工作的通知和有关专项整治工作方案、检查计划等35份,编发《安全生产简报》26期。组织开展区委书记、区长带队的安全生产大检查督查活动,开展春节、五一、国庆节前3次区领导带队检查行动。 (孟庆喜)

【安全隐患排查专项行动】 全面排查治理建筑施工、人员密集场所、地下管网运行、地下空间使用、危险化学品、道路交通、高层建筑、工业企业、职业卫生等行业和领域以及重点单位的安全隐患,维护城市运行安全。全区出动执法人员1.70万人次,检查企业1.90万家次,打击非法违法行为1.10万起,消除各类安全隐患,给予警告1279次,责令整改6575起,责令停业234家,关闭企业22家,行政拘留44人,处以罚金294.14万元。 (孟庆喜)

【燃气安全治理】 年内,制发工作方案,开展全面普查,建立包含3033家餐饮场所的燃气使用基础台账。成立由区城管委、区安全监管局、区质监局、区城管执法局、区消防支队5个部门牵头的联合检查组,抽查燃气使用单位,抽查比例不低于台账的20%,开展联合执法检查43次,检查液化石油气钢瓶使用单位615家。协调行业主管部门、属地,推进天坛南里燃气专项治理。 (孟庆喜)

【安全生产事故调查处理】 按照《东城区生产安全事故调查处理工作程序》,加强与事故调查组成员单位研究会商,通过事故现场会、事故分析会、事故通报会等形式,最大程度还原事故原貌,依法、准确认定事故原因和性质,确保事故调查处理程序更加科学、严谨。查处4起生产安全亡人事故,结案3起,实际收缴罚款26.49万元,当事人均未申请行政复议或听证程序。 (孟庆喜)

【烟花爆竹安全监管】 年内,审批烟花爆竹零售网点23家,督促缴纳风险抵押金、安全生产责任保险,并签订《烟花爆竹经营单位安全生产承诺书》。在烟花爆竹销售期间,安排执法人员昼夜执法检查,运用监控系统对各销售点24小时视频监控,销售6693箱,共计361.71万元,未发生因烟花爆竹经营引发的安全生产事故。 (孟庆喜)

【安全生产标准化达标试点】 按照"试点先行、全面铺开、整体推进"原则,确定区城管委、区商务委、区文化委、区旅游委、区体育局、17个街道办事处及3个地区管理机构为安全生产标准化创建试点行业及地区。根据小加工、小餐饮、小旅馆等企业特点编印《东城区小微企业安全生产标准化岗位达标工作手册》,指导企业建章建制,开展达标创建工作。全年有47家企业完成三级标准化达标创建,117家企业完成小微企业岗位达标创建。 (孟庆喜)

【危险化学品经营单位审批】 完成危险化学品经营许可证审批30家,第二、三类非药品类易制毒化学品经营备案7家,注销危化单位10家,其中涉及兼有易制毒经营备案的3家。 (孟庆喜)

【掌握自由裁量标准】 通过梳理裁量事项、明确裁量条件、分解裁量权限、量化裁量标准,编制《东城区安全生产行政处罚自由裁量标准》和《安全生产行政处罚自由裁量权工作制度》,其中自由裁量标准涉及执法依据5类25个,违法行为218种,自由裁量阶次570个。 (孟庆喜)

民族·宗教·侨务

【概况】 东城区民族宗教侨务办公室(简称区民宗侨办)是负责全区民族、宗教、侨务工作的政府机构,内设民族科、宗教科和侨务综合科,实有14人。

全区有48个少数民族,少数民族人口4.44万人,约占全区总人口4.80%。和平里街道、北新桥街道、东四街道、东花市街道、永定门外街道为市级民族工作重点街道,朝阳门街道为区级民族工作重点街道;东四街道豆瓣社区、和平里街道交通社区、东花市街道南里社区、永定门外天天家园社区为市级民族工作重点社区。全年办理更改民族成分45人,其中满族18人,回族12人,其他民族15人。为区属民族企业、民族园校争取国家和市扶持资金245万元,为东来顺、工美集团、金漆镶嵌等企业申请贴息贷款2.30亿元。全区有宗教活动场所14座,其中天主教3座(王府井教堂、东交民巷教堂、南岗子教堂)、基督教3座(崇文门教堂、宽街教堂、珠市口教堂)、佛教2座(雍和宫、通教寺)、伊斯兰教6座(东四清真寺、东外清真寺、南豆芽清真寺、安外清真寺、花市清真寺、沙子口清真寺);有区级宗教团体3个:区天主教爱国会、区基督教三自爱国运动委员会和区伊斯兰教协会;有教职人员155人,其中阿訇22人、牧师和传道员24人、神父7人、僧尼102人。市基督教三自爱国运动委员会、市基督教青年会、女青年会的办公地点设在本区。崇文门基督教堂被评为第二届全国创建和谐寺观教堂先进集体,2人被评为第二届全国创建和谐寺观教堂创建先进个人。全年办理朝觐报名审核4人,1人参加朝觐;办理提案、建议4件;完成14座宗教活动场所登记证重新编号换发。全区有归侨220人,侨眷7194人,新华侨4391人,新移民、留学人员亲属4389人,归侨侨眷和海外侨胞约1.60万余人,其中区政协委员13人,区人大代表4人;有侨资企业141家;全国社区侨务工作示范单位1个,即体育馆路街道;全国社区侨务工作先进单位1个,即龙潭街道;全国侨务工作示范社区1个,即东华门街道南池子社区;全国社区侨务工作明星社区1个,即体育馆路街道国家体育总局社区;全国侨法宣传角9个,即体育馆路街道、龙潭街道、崇文门外街道、永定门外街道、东四街道、东华门街道的甘雨社区、北新桥街道的海运仓社区、东直门街道的清水苑社区、和平里街道的兴化社区。全年为归侨子女、华侨在京子女、归侨学生3人出具中考证明,为4人出具高考身份证明,为14人办理来京上中小学批准书及接受义务教育证明信,为9人办理归侨证,回复涉侨信访2件。

单位地址:东城区金宝街52号

联系电话:65131487　邮政编码:100005　(玉佶)

【宗教节日】 1月5日,调整以徐熙、谢世龙、周永明、颜华为组长及18个部门参与的雍和宫春节期间安全保卫工作领导小组,制定《东城区2013年雍和宫春节期间安全保卫工作方案》《各部门职责分工》等,召开会议研究落实工作方案,并实地检查雍和宫及周边情况;调动近2000人,协调市交管局、交通委、公交集团、地铁公司、北京移动等部门正月初一对雍和宫周边实行交通管制、公交绕行、地铁甩站、短信提示等工作;印制《致雍和宫周边居民的一封信》、国标《宗教活动场所和旅游场所燃香安全规范》的宣传手册对周边居民、商户进行宣传;整治和清理周边环境、危险障碍。春节长假期间及正月十五雍和宫接待香客和游人24万人。8月8日是伊斯兰教的"开斋节",市委常委、统战部部长牛有成、市人大常委会副主任孙康林、副市长戴均良、市政协副主席赵文芝、市委统战部副部长张洋、市宗教局局长池维生、副局长范宝等走访东四清真寺,向以中国伊斯兰教协会会长陈广元阿訇为代表的教职人员和广大穆斯林群众致以节日慰问。区领导周永明、王佩立、颜华、王红等陪同,并走访东外、南豆芽、安外、花市、沙子口等清真寺,慰问各寺阿訇和穆斯林群众。据统计,到清真寺参加宗教活动的穆斯林群众3180人,其中外宾35人。10月15日是伊斯兰教古尔邦(宰牲)节,全区6座清真寺分别举行节日宗教活动。区委统战部、区人大内司委、区政协专委会工作三室等领导分别到各清真寺走访慰问,向陈广元阿訇等及穆斯林群众祝贺节日。穆斯林群众2060余人到清真寺参加宗教活动,其中外宾63人。宰牛14头、宰羊82只。12月25日为天主教、基督教传统节日——圣诞节,王府井天主教堂、东交民巷天主教堂、南岗子天主教堂、崇文门基督教堂、珠市口基督教堂举行圣诞节宗教活动。区领导周永明、王佩立、颜华、王红到各教堂走访慰问,向教职人员和信教群众祝贺节日。市宗教局副局长刘先传分别到区各教堂走访慰问。区领导张家明、谢世龙、王中华、陈之常到圣诞节安保工作总指挥部王府井建管办检查圣诞节安保工作。周永明、颜华在总指挥部指挥调度安保工作。圣诞节宗教活动近1.10万人参加,其中外宾90人,韩语弥撒400人,英文弥撒600人。　(苏会军　马专)

【联谊慰问】 1月25日,与区侨联在北京市华侨服务中心联合举办侨界新春团拜会,归侨代表70余人参加。1月29日,举行民族宗教界新春茶话会。区领导王佩立、颜华、王红出席。区天主教、基督教、伊斯兰教、佛教界人士以及民族工作重点社区、民族园校等相关单位负责人130人参加。2月7日,颜华走访慰问困难宗教界代表人士杨冠军阿訇,看望慰问其家属。周永明、颜华看望慰问中国伊斯兰教协会会长、东四清真寺阿訇陈广元,并送去节日慰问品。春节前夕,走访25户少数民族贫困、归侨11户和困难侨眷2户,送去慰问金3.28万元。发放少数民族一次性困难补助530人,共15.90万元。10月12日,市宗教局局长池维生调研花市清真寺,视察花市清真寺大殿修缮工程,听取区伊协工作进展、教风年活动开展等情况汇报,并就市宗教局党的群众路线教育实践活动听取区伊协和清真寺的意见建议。市宗教局办公室主任、区伊协副会长、花市清真寺阿訇、伊协秘书长等陪同。10月31日,与区政协工作三室联合组织区政协民族宗教界委员开展界别活动,参观史家胡同博物馆和中华民族园《陈广元大阿訇手书王凤桐多斯提石刻〈古兰经〉展览》。

(王艳　苏会军)

【安全维稳】 2月28日,召开宗教活动场所全国"两会"安保服务保障工作会。部署全国“两会”期间安全保卫、值班安排、信息报送、接待服务保障工作。全区天主教、基督教、伊斯兰教3个宗教团体、14座宗教活动场所负责人参加。7月1日，组织召开伊斯兰教工作专题会议。通报全市、全区涉及民族宗教的维稳工作形势，传达市宗教局和区维稳工作有关会议精神和工作要求。区伊斯兰教协会、各清真寺管理组织负责人参加。11月25日，分2个组对辖区14座宗教场所的消防器材、安全疏散通道、应急设备、电路电器安全、长明香烛和燃气使用管理是否到位、应急预案、应急措施与安全工作负责人是否落实到位等情况进行检查。督促整改，消除区内宗教活动场所的安全隐患，完善安全设施，增强安全意识，确保区宗教领域的安全稳定。12月16日，市宗教局副局长刘先传到区检查宗教活动场所安全。检查王府井天主教堂、东交民巷天主教堂、崇文门基督教堂、珠市口基督教堂的安全，听取教堂负责人有关圣诞节活动安排和安保工作汇报，并实地查看教堂内安全设施和疏散通道等有关情况。

（苏会军 马专）

【领导调研】 4月16日，市人大常委会副主任孙康林率市人大代表一行9人，检查区贯彻落实《北京市实施〈中华人民共和国归侨侨眷权益保护法〉办法》情况。颜华汇报区2006年来开展的主要侨务工作，北京汇文中学校长汇报开展华文教育的情况。市政府侨办主任李印泽、副主任李纲、区领导冯熙参加检查。7月4日，市宗教局副局长刘先传检查王府井天主教堂安全工作，实地查看教堂管理情况和安全设施，并要求做好教堂安全管理，加强力量，落实措施，维护教堂安全稳定。11月5日，市人大代表12人视察朝内大街81号天主教房产文物保护和改造利用情况。市人大常委会副主任孙康林出席。

（马专 张琳琳）

【外事接待】 4月17日，斯里兰卡外交部辅秘塞纳维拉特纳女士率外交部官员团一行5人到雍和宫参观礼佛。10月11日，王府井教堂举行一年一度的北京国际音乐节教堂专场音乐会。音乐会以《克里斯·波提和他的乐队》为题，由美国小号演奏家克里斯·波提带领他的乐队带来一场爵士音乐盛宴。市宗教局副局长刘先传、天主教北京教区主教、市天主教“两会”主席李山神父等及400余人参加音乐会。

（马专 苏会军）

【宗教慈善活动】 5月19日，天主教爱国会在王府井教堂广场举办“创和谐、献爱心义务服务”活动，有修车、理发、测血糖、量血压、刮耳祛病、法律咨询、信仰咨询等，接受服务230人。8月23日，开展资助延庆贫困大学生活动。帮扶贫困大学生5人，捐助款4.29万元。9月19日（中秋节），联合属地苏州社区举办“让慈善走进社区”活动之“空巢有爱中秋晚会”。近200人参加晚会，其中社区空巢老人20余人，教堂空巢老人30余人。同日，开展“让慈善走进社区”活动之临终关怀活动。志愿者分为2组，分别探访病人2人。9月20日，教堂举办慈善晚会。由唱诗班首先献上爱的诗歌，志愿者上台分享慈善活动心得。信徒300余人参加。（马专）

【民族宗教工作会】 5月27日，区民族宗教工作领导小组召开办公室工作会议，研究第七届首都民族团结进步先进集体、先进个人评选工作方案及名额分配情况，将各街道推荐的13个民族工作重点社区以区民族宗教工作领导小组名义正式命名。10月12日，与区体育局、区教委研究参加第九届北京市民族传统体育运动会筹备工作，总结参加民族传统体育节情况，讨论参加市民运动会方案，初步确定参赛项目及代表队所在单位。相关街道及部分相关学校20余人出席。

（张琳琳 王艳）

【学习培训】 10月18日，在体育馆路街道举办侨务工作培训班，市侨办侨政处副处长以“做好新时期的首都侨务工作”为题，解读国家侨务政策。17个街道的侨务干部50余人参加。12月19日，举办民宗侨界贯彻党的十八届三中全会精神学习班。17个街道主管主任、相关业务科科长、专干、工作重点社区负责人、民族定点企业负责人、民族园校负责人和宗教界代表人士等160余人参加。同日，举办区民族工作培训班，邀请倍能组织能力建设与评估中心执行主任作《创新型社会服务组织能力建设理念与原则》专题讲座；区民宗侨办副主任作《以规范法人治理为核心，创新社会治理，完善民族社区服务体系》专题报告，并对民宗侨干部进行业务培训。17个街道主管民族工作的副主任、科长、专干和工作重点社区的主要负责人86人参加培训。（张琳琳 玉佶）

【宗教团体建设】 10月22～23日，举办宗教界代表人士学习班。邀请中央民族大学教授、博士生导师作题为《学习党的民族宗教政策的体会》的报告。区领导周永明、王佩立、颜华出席。全区各宗教团体、宗教活动场所主要负责人、宗教教职人员80人参加。11月6～7日，与区天主教爱国会联合举办委员及骨干信徒学习班。观看《国际形势报告》录像，邀请市天主教爱国会副主席兼秘书长作报告，介绍“教风年”和谐寺观教堂创建活动意义、作用和成果，并就天主教界如何为实现中国梦做贡献提出要求。60人参加。11月19～20日，与区伊斯兰教协会联合举办伊斯兰教协会培训暨一届三次全体委员会。区伊协秘书长总结伊协全年工作，并提出下年工作重点。还观看《国际形势报告》录像。60余人参加。

（马专）

信息化管理

【概况】 东城区信息化工作办公室（简称区信息办）是区信息化工作领导小组的办事机构，是负责全区信息化工作的政府工作部门。内设综合管理科（监察科）、应用推广科、电子政务科；下设两个科级事业单位：区信息中心和区信息资源管理服务中心。行政编11人，事业编37人。

年内，加强信息化机制、标准、规范和基础设施建设，提升公共服务能力，推进全区信息资源整合和信息化融合，在政府运行管理、区域公共安全、信息资源共享等方面取得成效，在服务政务、服务民生，以及促进全区经济社会和各项事业保持健康稳定协调发展起到服务支撑作用。网格化社会服务管理创新项目获中国智慧城市创新应用奖,区政府门户网站志愿者服务专栏被评为政府网站特色专栏,东城区获中国智慧城市推进杰出奖。区信息办获移动电子政务安全本示范单位。

单位地址:东城区东四北大街钱粮胡同3号

联系电话:64031118-2304　邮政编码:100010　(王伟)

【项目建设与验收】 2月27日,召开网格化社会服务管理云平台研发与示范应用项目验收专家评审会。国家质检总局教授级高工、北京航空航天大学教授、国家信息中心信息化部副处长、国家信息中心高级工程师、中国联通北京公司高工等专家参加。6月6日,召开数字东城地理空间框架建设竣工验收会。国家测绘地理信息局副局长李维森、国家测绘地理信息局国土测绘司副司长孔金辉、市规划委员会委员叶大华、市测绘设计研究院院长温宗勇,区领导王晨阳等参加。(王伟)

【数字东城网站】 5月18日,在天坛公园祈年殿举办纪念北京建都860周年"梦想北京　中国三高"演唱会。东城文化服务导航网联合"首都之窗"网站首次利用互联网进行现场视频直播,600余人次在线观看。5月19日、7月6日、30日,对举办的国际旅游文化系列活动暨皇城低碳骑行游、"创建智慧家园乐享数字生活"的数字生活技能竞赛、庆八一联欢晚会等活动,"数字东城"网站全程进行实时现场图文直播。(王伟)

【培训工作】 6月8日,召开部门协同办公系统培训会。培训系统模块特点和操作方法,交流系统的背景、意义、重点、安全、疑难杂症。全区66家单位技术骨干参加。10月9日,开展部门协同办公系统小教员培训工作会,由科室抽派1人同技术人员组成11人培训组,分派到各使用单位,讲解协同办公系统建设情况及部门协同系统5个功能模块使用方法。(王伟)

【电子政务呼叫中心系统上线】 11月4日试运行。全天接听热线电话59次,形成座席工单59个,其中16次通过工单流转由其他部门协助处理,主要为基础设施类问题,全天回复用户电话50次,全部问题均解决。(王伟)

【社会服务管理创新】 年内,完成为老服务、助残服务、司法服务、志愿者服务等子系统,将为老、残疾人、司法和志愿者工作全面融入网格,完善网格化社会服务管理模式整体设计。建成统战业务、社会面防控子系统,提升城市管理精细化水平。以永定门外街道为试点进行基础数据更新采集,做到底数清。结合两网(社会网格、城市网格)融合前期调研成果,制定《基于大数据技术的智慧东城网格创新管理服务平台的研发与示范应用》课题,落实两网融合工作。完成网格化社会服务管理云平台建设,为区管理服务的底数清、情况明,服务工作的精细化和立体化、监督决策的科学化和实效化提供支撑。(王伟)

【协同办公平台应用】 全区268家党政机关、企事业单位应用协同办公平台,用户数超过4000个。全年收发文5.96万件,通知公告5.52万件,刊物发布465件,信息报送2.45万件,督查督办245件。(王伟)

【信息化技术服务】 完成电子政务呼叫中心系统升级改造,新增短信发送、传真收发、工单流转等功能,优化业务办理流程。全年编发各类手机报627期,提供热线咨询服务2.25万次、远程支持服务536次、现场维护服务4173次。服务响应率100%,综合满意度98.20%。(王伟)

【数字东城网站整合与推广】 年内,梳理各类办事服务事项6437项。推出区文化服务导航网,建立综合性志愿者信息管理系统,构建社区办事服务门户网站,整合一批网上办事应用系统,开通街道"服务零距离、幸福每一天"政民互动交流网站,开设微博、视频直播、图文直播、在线访谈等互动形式。打造网上信访互动平台,累计接件2837件,办结2613件,办结率92.10%。(王伟)

信访工作

【概况】 中共东城区委、区政府信访办公室(简称区信访办)是区委、区政府受理人民群众来信来访的职能部门。设综合科、来访接待科、来信办理科、排查调处科、复查复核科、督查宣教科,有工作人员22人。

年内,受理群众来信、来访1.01万件(批),同比下降1.50%,其中来信6808件,同比基本持平;来访3310批,同比下降4.80%。发生区级集体访58批1078人,同比批次下降51.30%,人次下降45.50%。联名信86件,同比上升28.40%。市级集体访60批,同比上升22.50%。区领导接待群众来访28批258人次,批示群众来信93件。全年开展3次全区性大排查,排查出重点信访矛盾纠纷55件,化解49件。受理信访事项复查申请48件,办结40件,按期办结率100%。

单位地址:东城区什锦花园胡同23号

联系电话:64041552　邮政编码:100007　(赵慧锋)

【领导调研】 1月15日,市信访办督查专员王传颂到区调研,听取上年信访工作汇报及本年信访工作思路,要求继续坚持行之有效的工作方法,积极探索信访工作新机制。2月5日,杨柳荫等区领导调研,要求加大力度化解一批骨头案、钉子案,促进信访工作再上新台阶。6月3日,市信访办副主任刘志洪到区调研,了解信访形势、信访工作开展情况,要求全力做好工作,开展好信访大调研活动。6月20日,朴学东、陈之常召开专题调度会,研究东四十三条居民房屋火灾信访问题,听取区住建委、北新桥街道办事处、区信访办、区房管局、区房地一中心、轨道交通建设管理公司等单位工作汇报,要求尽快修缮损坏房屋,保证居民安全度过汛期;明确未拆迁房屋的移交、修缮和日常管理问题,及时处理好拆迁区内群众生活居住困难问题。7月12日,市信访办调研处到区督

促了解国家信访局部署的“贯彻十八大·开创新局面”大调研活动进展情况，并提出要求。（赵慧锋）

【信访维稳工作会】 1月17日，汤钦飞主持召开市“两会”期间信访维稳工作部署会。听取区“两会”及近期信访工作情况，传达市“两会”期间信访维稳工作指示，部署全区工作。汤钦飞要求：要提高认识，加强信访代理和领导干部接访工作，全力做好应急值守，及时处理突发问题。17个街道和重点委办局信访工作负责人参加。（赵慧锋）

【信访联席会议】 2月22日，召开区处理信访突出问题及群体性事件联席会议（简称区联席会议）第一次扩大会。会议传达市第二十六次联席会议精神，总结上年信访工作，部署本年信访工作，对全国“两会”期间信访工作提出要求。常卫、汤钦飞，各街道、委、办、局，重点企事业单位主要领导参加。10月28日，区联席会议领导小组召开第二次领导小组会议，重点研究前门地区和白桥危改小区拆迁问题。12月19日，召开第三次领导小组会议，研究鼓楼东大街拆迁问题等，推动重点信访问题妥善化解。（赵慧锋）

【信访调研】 4月至8月，在全区集中开展信访调研活动，从加强信访工作机制和制度建设，推进信访工作深入开展，以及群众普遍关注的热点、难点问题等方面深入开展调研，提出化解难题的具体措施及对策建议。共征集调研报告51篇，9篇选送市信访办。12月5日，召开全区信访调研活动座谈会，通报调研活动开展情况，区人力社保局、崇文门外街道交流发言。（赵慧锋）

【信访条例宣传】 5月10日至6月7日，在全区开展畅通和规范群众诉求表达、利益协调、权益保障渠道信访条例宣传月活动。各街道、社区下发《坚持以人为本，落实信访代理》宣传画500张、《信访条例》以及宣传折页3500余份，现场接受群众咨询300余人次。工作人员350余人，群众1500余人参加。（赵慧锋）

【业务培训】 7月3～5日，举办信访工作培训班，从信访业务知识、保持阳光心态、提升心理素质、开展信访调研等方面培训。汤钦飞结合“十八大”报告对信访工作提出的新要求，从认识信访制度、了解信访人员、做好信访工作等方面起草讲课稿，并委托区信访办领导代讲。区属各单位信访工作者120余人参加培训。（赵慧锋）

【信访维稳协作组工作会】 7月12日，人力资源和社会保障部办公厅与区政府召开区信访维稳协作组第三次工作会。会议总结前一阶段工作情况，归纳经验，发现不足，部署下一阶段工作。人保部副部长杨志明要求进一步探索创新协作机制，取得更好工作成果。区领导汤钦飞出席会议。（赵慧锋）

【信访代理组工作协调会】 9月12日，赵中原、高桂强分别召开第十二信访代理组、第五信访代理组工作协调会，重点研究6件信访问题，听取责任单位工作情况。要求责任单位明确责任，做好信访接待、矛盾化解和稳控工作，发挥信访代理制度作用。（赵慧锋）

【完善信访工作机制】 年内，制定完善《关于进一步加强律师参与信访工作的意见》和《东城区关于对涉及广大群众利益的重大决策进行信访风险评估的意见》，进一步完善律师参与接待、信访风险评估工作机制。（赵慧锋）

调查研究

【概况】 东城区人民政府研究室（简称区政府研究室）是承担综合性政策研究和咨询任务的区政府工作部门。内设综合科、调研科。行政编制8人。

年内，围绕中心工作，完成政府工作报告、领导重要讲话文稿80余篇。组织专题座谈会、实地走访等调研活动，完成市重点关注调研课题和区调查研究重点课题《以中关村东城园空间规模布局调整为契机，推动东城产业转型升级，实现经济高端发展研究》，区重大关注课题《新形势下东城区旧城保护与发展问题研究》，为区政府科学决策提供参考和依据。

单位地址：东城区什锦花园胡同23号

联系电话：64031118－8711　邮政编码：100007　（王庆凯）

【起草区政府重要文稿】 完成《2013年北京市东城区人民政府工作报告》及专有名词解释等相关材料起草工作，完成区政府领导在区委区政府重要会议、重要活动上的讲话，配合区政府各部门做好文稿服务工作。（王庆凯）

【重点调研课题】 牛青山主持的课题《坚持以文化为导向，以融合为路径，加快区域产业结构化升级，促进东城区经济高端化发展——中关村东城园空间规模布局调整与区域经济发展研究》列入全市重点关注调研课题和区调查研究重点课题，并形成调研报告。（王庆凯）

【服务区域发展】 参与区申报第二批国家公共文化服务体系示范区工作，编制《北京市东城区创建国家公共文化服务体系示范区规划（2013—2015年）》。与中国医药卫生事业发展基金会开展合作，承担区健康城市建设的课题研究，并撰写课题报告。（王庆凯）

档案管理

【概况】 东城区档案局（馆）（简称区档案局（馆））为一套机构、两块牌子，是区政府负责档案工作的主管部门，区政府直属机构，是区档案安全保管基地、爱国主义教育基地，政府信息公开查阅中心和档案信息服务中心。区档案局（馆）为参照《公务员法》管理的事业单位。内设办公室、法制科、业务指导科、管理一科、管理二科、接收征集科、编研科、社会教育科、信息技术科、纪检监察科、人事财务科、利用科。编制

57 人。

年内,以晋升国家一级综合档案馆为目标,实施双轮驱动,推进档案资源体系、利用体系和安全体系建设,提升档案工作科学化、制度化、规范化水平。编印《档案工作文件汇编》《东城区档案学术论文集(2004—2013 年)》等书。出版《东城档案》刊物 13 期,在《北京档案工作信息》刊登 33 条,数量居全市前列。全年报送工作动态信息 200 条,各级信息刊物采用 108 条。《区县档案馆档案分级管理研究》获市档案科研优秀成果奖励一等奖。

单位地址:东城区幸福大街 32 号
联系电话:87556343　邮政编码:100061　(朱凤荣)

【参加学会活动】 2 月 28 日,组织会员参加市档案学会举办的档案学术论文与新闻报道专题讲座。9 月 17 日,组织会员赴天津市档案馆学习交流,参观天津城市记忆和知青岁月展览,现场观摩修裱馆藏破损档案。　(朱凤荣)

【机关档案工作测评】 3 月 18 日,下发开展机关档案工作测评文件,部署测评工作。10 月 22 日至 12 月 31 日,对 27 个单位开展机关档案工作测评,全部获市区县机关档案工作测评市级优秀单位。　(朱凤荣)

【第五届“档案馆日”】 6 月 9 日,举办以档案在你身边为主题的第五届“档案馆日”活动。包括展览展示、查档体验、咨询服务、政府信息查阅、知识竞答、网上查档和微博互动等 10 余项活动。颜华及近 500 人参加。《新东城报》以《留存珍贵记忆　档案服务民生》为题,以整版篇幅刊登活动情况。　(朱凤荣)

【档案信息化建设】 上半年,修订并实施《东城区档案馆信息化建设实施方案》。建立馆藏珍贵档案和重要档案、照片、音频、视频档案全文数据库各 1 个。开发触屏查询系统、网站信息数据检索及虚拟展厅系统。全年完成南北馆馆藏文书档案数字化加工 3 万卷(246 万页),北馆馆藏 326 盘录像带数字化转化,南北馆 2.48 万张照片数字化扫描,南馆 66 张地契数字化扫描,全部实现计算机全文检索。对 20 余家单位开展原生电子档案收集工作。制定录像档案、录音档案、照片档案的数字化技术规范,对录像、录音、照片、古老珍贵档案进行数字化。升级改版局(馆)网站,增加网上展厅、办事服务、档案微博等板块,开通开放档案目录检索系统,公布馆藏全部开放档案目录和部分档案原文。档案馆网站共设置 22 个板块、38 个栏目,改版后访问量达 1 万次。(朱凤荣)

【晋升国家一级综合档案馆】 7 月 26 日,国家档案局专家测评组对区档案馆 15 项测评内容逐项打分,经综合评议,区档案馆以 96.20 分通过测评(满分 100 分),各项指标达到国家一级档案馆标准,成为国家档案局施行新的测评标准后全国第二家、全市第一家国家一级档案馆。国家档案局副局长、中央档案馆副馆长李明华对区档案工作给予高度评价。市档案局党组书记陈乐人、局长吕和顺及区领导杨柳荫等参加区晋升国家一级综合档案馆授牌仪式。　(朱凤荣)

【档案利用】 区档案馆重新修改完善档案利用工作制度,规定自 8 月 1 日起,利用馆藏档案不再收取任何费用。局(馆)落实首问负责制、服务承诺制、责任追究制。截至年底,接待查档 1.23 万人次,实际提供档案利用 1.61 万卷次,接待咨询电话9506 个。结合外国人利用档案情况,制定外国人及外国组织利用开放档案规定。　(朱凤荣)

【第四届《档案法》宣传月活动】 8 月 15 日至 9 月 15 日,开展以档案法律法规宣传进机关、进社区、进学校、进企业、进单位,提高全区依法管档工作水平为主题的第四届《档案法》宣传月活动。全区各单位组织学习档案法律法规知识、开展汛期档案库房安全检查等。区属各单位利用理论中心组学习、普法园地、内部刊物、网站、电子大屏幕等形式集中开展法制宣传活动。与区监察局、区人力社保局联合发文,组织教育系统专兼职档案员近 100 人进行专题培训,宣传贯彻《档案管理违法违纪行为处分规定》。　(朱凤荣)

【教育培训】 10 月 28 日至 11 月 1 日,举办为期 5 天档案专业知识面授培训班及 24 学时的网上培训,来自全区机关、学校、医院、企业和社区专兼职档案人员 84 人参加培训。此外,组织全区档案人员开展网上继续教育培训,网上学习人数达 390 人。　(朱凤荣)

【政府信息公开查阅场所】 全年接收各单位移送的政府信息公开文件 297 件。区档案馆对各单位移送的政府信息公开文件全部数字化,实现计算机检索和网上全文阅览。政府信息公开查阅,全年接待查阅者 10 人次,提供文件 19 件,查阅主要内容为信访工作、人事任免信息等。　(朱凤荣)

【业务监督指导】 年内,深入 51 个单位进行业务指导 147 次,对其中 27 个机关档案工作测评单位重点指导。分别召开 6 个协作组会,促进档案工作业务交流与协作。与区政府办公室联合召开政府机关档案工作调整会,局领导结合 15 个政府部门档案工作调整的实际提出工作要求。指导机关各单位结合“三定”方案,把反映本单位职能、重大活动和涉及民生的文件资料全部纳入归档范围,对 21 个单位的文件材料归档范围和文书档案保管期限表进行审批。（朱凤荣)

【994 户家庭建档】 继续实施家庭建档“十百千”工程,指导 362 户居民家庭建立较为完善的家庭档案,并免费发放档案装具,累计完成家庭建档 994 户,提前完成“十二五”时期工作目标。　(朱凤荣)

【档案编研】 开发馆(室)藏档案资源,编纂《生正逢时—清皇族后裔金毓嶂口述家族史》《东城决策纪实(1994—1998)》《足迹—街道组织机构的发展变迁》《东城名人故居概览》4 种编研成果。其中,《生正逢时—清皇族后裔金毓嶂口述家族史》由人民出版社公开出版,书中有 100 余张爱新觉罗家族珍贵照片首次面世，具有一定历史研究和史料参考价值。编印《东城区档案利用效果实例集锦(2005—2012)》一书。

（朱凤荣）

【规范民生档案管理】 重点加强民生档案管理业务指导，区社保中心、医保中心业务档案通过市社会保险基金业务档案管理达标验收。档案馆加强民生档案规范整理和安全保管，编制婚姻、招工、知青等民生档案查阅指南，修改完善馆藏婚姻、知青、招工数据库。（朱凤荣）

【档案接收征集】 开展33家立档单位34个全宗档案接收前检查及复查，并反馈检查情况，督促、指导档案整理不达标单位整改，确保进馆档案质量。接收6家单位文书档案1936卷、资料747册、馆藏档案数字化光盘1461张。利用《新东城报》、部门网站刊登征集启事，开展征集工作。将抗美援朝老战士档案、道德模范孙茂芳学雷锋做好事档案和清皇族档案史料等一批珍贵档案征集进馆，全年征集照片、文书、资料、实物档案计227卷件。继续对地坛庙会、蟠桃宫庙会等民俗活动跟踪拍摄，拍摄了第四届孔庙国子监国学文化节、地坛中医药文化节、“梦想北京·中国三大男高音”天坛主题音乐会等11次活动，拍摄照片1003张。（朱凤荣）

【档案保管保护】 对馆藏1983年满30年到期档案122个全宗3721卷进行开放初审、复审，并向81家单位下发征求意见表，确定872卷对外开放，2849卷不向社会开放；对原馆藏开放档案重新复审352卷。对馆藏1963年满50年到期档案2135卷3.17万件进行保管期限再鉴定，保管期限重新定为永久的168件，30年的8537件，15年的2.30万件。全年分类整理档案2.14万卷、照片2.06万张，更换档案案卷盒近5000卷。完成北馆馆藏1万余册资料的重新整理及目录核实、录入。编写档案馆指南2册，根据新档案行业标准《全宗卷规范》，进一步规范整理馆藏219个全宗230盒全宗卷材料，并创立综合类全宗卷。根据新档案行业标准《全宗指南编制规范》，重新撰写馆藏219个全宗指南。

（朱凤荣）

【爱国主义教育基地】 制作区档案馆馆藏陈列展。重新制作“京城活雷锋—孙茂芳展览”。参观人数1000余人次。运用现代信息技术创新展览方式和手段，在局（馆）网站开辟网上展厅，常年举办《首都文化中心区　世界城市窗口区—新东城风貌展》《光辉岁月、壮丽东城—东城区纪念中国共产党成立90周年展览》《红色足迹在东城》等5个展览，介绍区情和人文历史。组织青少年1500余人开展追寻红色足迹，唱响中国梦主题教育活动。（朱凤荣）

地方志工作

【概况】 东城区地方志编纂委员会办公室（简称区地方志办）与区委党史工作办公室合署办公，正处级参公事业单位，负责全区党史、地方志工作。内设综合科、党研科、方志科、编辑科4个科室，编制16人。

年内，坚持每周例会制度，完善年鉴框架，对年鉴主笔进行撰稿业务培训1次，组织业务研讨会2次，完成《北京东城年鉴》(2013卷)编辑工作。二轮修志工作有序推进。

单位地址：东城区东四十一条83号

联系电话：84037892　邮政编码：100007（赵妍）

【年鉴培训会】 1月11日，召开全区年鉴工作培训会。总结上年年鉴工作，布置年度年鉴工作。邀请市年鉴社副社长沈红岩就年鉴的基础知识、特性、条目撰写、常见问题等4个方面进行业务培训。会议要求：一要加强年鉴业务学习；二要提高对年鉴工作重要性认识，年鉴是展示全区各部门的窗口，也是展示撰稿人态度、能力和水平的窗口；三要准确把握年鉴性质、特点，如期如质完成年鉴撰稿任务。会后，各责任编辑与主笔人就年鉴编写中遇到的问题进行沟通交流。区地方志办、年鉴编辑部全体人员及全区年鉴主笔151人参加。（赵妍）

【业务研讨】 3月4日，召开《北京市东城区志》（试写稿）研讨会。传达市地方志工作会议精神，在初读试写稿基础上，从体例、文风、篇章设置、史实、标点符号等方面提出修改意见。《东城区志》责任编辑11人参加。9月26日，召开第二轮修志工作研讨会。会上介绍二轮修志整体进展、存在问题及下步安排，与会人员交流修志感想和体会，并就具体问题展开讨论。区地方志办、《崇文区志》《东城区志》责任编辑33人参加。（赵妍）

【评议区志试写初稿】 3月29日，市地方志办公室（简称市志办）主任王铁鹏一行3人到区评议《东城区志》（试写稿）。在肯定试写稿的基础上，就节题设置、大事记内容记述、表格计算准确性、二轮志和一轮志衔接等问题提出指导意见，强调重点记述网格化社会服务管理创新模式以凸显东城特色。区志办和区志编辑人员20人参加。8月20日，召开《崇文区志》（试写稿）评议会。市志办领导点评《人民代表大会》《工业 交通 通讯 公用事业》《商业服务业》《对外及港澳台经济贸易 旅游》《综合经济管理》《财政 税务 金融》《教育》《科技》《文化》《卫生 医药》10编试写稿，在肯定试写稿质量的基础上，就篇目结构、记述体裁、文字表述、以事系人、正文与表格、行文规范化等方面提出修改意见和建议。市志办领导出席，区地方志办、《崇文区志》《东城区志》责任编辑31人参加。（赵妍）

【年鉴编辑】 12月，编辑完成《北京东城年鉴》(2013卷)，为总第十七卷。全书设综述、大事记、特载、政党·团体、政权·政协、政法·军事、综合经济管理、工商·旅游·对外经济、财税·金融、城市建设、城市管理、科学·教育·文化、医药·卫生·体育、社会生活、街道、人物、统计资料、附录18个类目，类目下设栏目，栏目下设分目，分目下设条目。采用文章、条目、表格等体裁，以条目体为主，共887.80千字，彩页45页，照片202幅，全面、系统地记载上年全区在政治、经济、文化、社会等领域发展变化和发生的大事、要事、新事,记载新成就、新进展、新经验,为各界人士了解东城、研究东城、建设东城提供信息和资料。（赵妍）

【咨询服务】 为区领导及各单位提供区志、年鉴、地情资料书籍等20册;对区各单位年鉴、修志工作进行业务指导60次;为区属有关单位讲区情、党课3次;与外省市交换年鉴18册;为群众和新闻媒体提供史志咨询服务20人次。（赵妍）

机关事务管理

【概况】 东城区机关事务管理服务中心(简称"中心")是区直属正处级事业单位,经费全额拨款,工资纳入公务员规范管理。承担区委、区人大、区政府、区政协机关及部分行政事业单位的机关事务管理及服务保障工作。内设办公室、人事监察科、财务科、国有资产监督管理科、公共机构节能监督管理科、安全保卫科、房管基建科、车辆管理科、膳食科、接待科、综合服务科、管理一科、管理二科、管理三科14个科室,下辖差额拨款事业单位东城区人民政府机关服务中心。公共机构节能监督管理科为本年新建科室。编制75人。

年内,落实《机关事务管理条例》,坚持科学管理、精细服务、高效保障,完成区机关各项管理服务保障任务。整理国有资产管理、财务管理等各项机关事务管理制度20余项,推进区机关事务统一集中管理。

单位地址:东城区东四北大街育群胡同6号
联系电话:64077648　邮政编码:100010（苏敬）

【财政经费管理】 完成8.27亿元财政预算经费收支管理,严格审批程序、规范操作零差错。按照"零余额"账户管理要求,完成各委办结余资金的归并。公开中心代管单位年度预算信息。申请上报应急指挥中心、法院大楼、府学37号院、怀柔青少年培训基地、东四六条53号装修等5个固定资产项目。评审人大、政府、餐厅改造项目及应急中心贵宾室改造项目。建立人员动态信息库,完成人员经费基础数据更新,发放900余名干部职工工资,办理240余名干部职工住房补贴支付手续、400余笔医疗保险报销手续。（苏敬）

【国有资产管理】 建设区国有资产"网格化"信息管理系统,对二级预算单位资产实施精细化管理。完成区财政资产管理系统资产信息重新录入登记。完成128间办公用房,面积1.25万平方米国有资产出租出借清查。处置53家单位7000余件资产,清理整顿区129套大学生宿舍,腾退24套床位。建立大学生宿舍信息管理系统,更新数据和信息。出台《东城区大学生宿舍管理实施细则》,规范大学生宿舍管理,改善生活环境。（苏敬）

【工程项目建设】 完成东四街道办公用房节能、工商联新址、文章胡同临时停车场、1号院停车库工程、政协礼堂等项目改造,东四十一条83号院南楼卫生间翻修和增加电梯工程,幸福大街32号院信访楼空调改造工程,车辇店胡同停车场工程审计和结算审计等重点工作。完成中心管理的办公区域维护改造182项,小型维修项目63项,10万元以上施工项目5项,全年实现"零事故"安全生产工作目标。（苏敬）

【安全维稳工作】 完成区委、区政府大型活动及会议执勤保障任务30余次,出动安保人员100余人次,疏导车辆2000余台次,合理疏导疏散信访群众1900余人次。（苏敬）

【服务保障】 中心管理10个办公区13个食堂,保障干部职工2700余人日常就餐,发挥"健康食堂"品牌辐射和引领作用。全年开展安全行车教育4次,发放和张贴宣传《中华人民共和国道路交通管理条例》1000余份,保障公务用车2851台次,171部车辆全年行驶220万公里。完成机关办公院落的卫生保洁及各类设备设施日常维护;机关会议接待任务2000余次;健康体检540余人;发放各委办机关单位报纸报刊近9万份,送递报纸报刊近1500余次。年内保障机关文件印制200余万份,约20万册;增添储备价值7260元防汛物资;建设公共自行车租车网点95处,投放设备3100套。（苏敬）

东城区人民政府组成人员

区长、副区长

区　长	牛青山(11月免)
	张家明(11月任代区长)
副区长	徐　熙(10月免)
	朴学东　陈之常
	王中华　颜　华(女)
	许　汇　汤钦飞
	王晨阳(4月任,挂职一年)

工作机构负责人

政府办公室主任	袁秀江
国家保密局局长	暴　剑
发展和改革委员会主任	李铁生
教育委员会主任	冯洪荣
区政府教育督导室主任	刘顺利(11月免)
	付　葵(女,12月任)
科学技术委员会主任	孙占军
住房和城市建设委员会主任	许利平

城市综合管理委员会主任 谢　申(4月免)
张恩东(4月任)
商务委员会主任 孟志军(2月免)
刘　健(女,2月任)
文化委员会主任 李承刚
人口和计划生育委员会主任 鲍亚范(女,11月免)
林　杉(11月任)
国有资产监督管理委员会主任 杨博贤
社会建设工作办公室主任 赵小平
民族宗教侨务办公室主任 赵宏松(回族,8月免)
雷新隆(畲族,8月任)
外事办公室主任 陈大鹏(4月免)
法制办公室主任 李凌波
信访办公室主任 周秋来
信息化工作办公室主任 倪　东(女,2月免)
谢霄鹏(10月任)
对外联络服务办公室主任 曲　力(女,11月免)
武　鸿(11月任)
金融服务办公室主任 吴东方
危旧房改造办公室主任 杨金魁(10月免)
张晓峰(11月任)
台湾事务办公室主任 王宝祥
防范和处理邪教问题办公室主任 王伟民
政府研究室主任 郝留亮
产业和投资促进局局长 李照宏
监察局局长 李连喜
民政局局长 魏慧明
司法局局长 李利平(女)
财政局局长 崔燕生
人力资源和社会保障局局长 梁　岩(女,2月免)
王　彦(2月任)
机构编制委员会办公室主任 王　彦(3月免)
高丽萍(女,3月任)
环境保护局局长 韩小平(女)
卫生局局长 张　明(满族)
审计局局长 王淑云(女,11月免)
安全生产监督管理局局长 赵鹏锦(回族)
体育局局长 吕德成
统计局局长 陈　平
园林绿化局局长 梁成才
园林绿化管理中心主任 王迪生
旅游发展委员会主任 李雪敏(女)
民防局(地震局)局长 袁　银
房屋管理局局长 赵明杰
东城公安分局局长 谢世龙
东城安全分局局长 李丹江
市国土资源局东城分局局长 林　毅
市规划委员会东城分局局长 宋志红(女)
国家税务局局长 王炯东
地方税务局局长 刘春林(5月免)
赵增科(5月任)
市工商行政管理局东城分局局长 孙建生
质量技术监督局局长 张　勇
市药品监督管理局东城分局局长 王厚廷
经济社会调查队队长 孙书振
行政服务中心主任 刘　健(女,2月免)
尹广枢(2月任)
雍和园管理委员会主任 彭　湘
前门大街管理委员会主任 葛俊凯
北京站地区管理处主任 王中华(兼)
城市管理监察综合行政执法监察局局长 郭立峰
城市管理监督中心主任 朱传芳
东二环交通商务区建设管理办公室主任 李　强
王府井地区建设管理办公室主任 陈之常(兼)
档案局(馆)局(馆)长 胡家文
地方志编纂委员会办公室主任 彭积冬
机关事务管理服务中心主任 路秀桥(12月免)
张春燕(女,12月任)
老龄工作委员会办公室主任 徐维江
住宅发展中心主任 丁文理
环境卫生服务一中心主任 李勇泉
环境卫生服务二中心主任 丁选云
房屋征收事务中心主任 王立新
房屋土地经营管理一中心主任 赵春军
房屋土地经营管理二中心主任 康哲才
龙潭湖体育产业办公室主任 任继明

中国人民政治协商会议北京市东城区委员会

【概况】 中国人民政治协商会议北京市东城区委员会(简称区政协)履行政治协商、民主监督、参政议政职能。设提案委员会、学习和文史委员会、经济科技委员会、城建环保委员会、教文卫体委员会、社会和法制委员会、民族和宗教委员会、港澳台侨委员会。区政协常务委员会主持日常工作,设办公室、研究室、专委会工作一室、专委会工作二室、专委会工作三室、专委会工作四室、专委会工作五室为办事机构。公务员编制47人。

年内,坚持走访委员制度,主席、副主席、秘书长走访委员单位45家,走访委员51人,密切政协组织与委员和委员单位沟通交流。全年举办3次政协讲堂,召开27次专题座谈会,听取相关部门专项工作汇报,组织委员视察老旧小区综合整治、社区中医药服务机构建设、社会服务与管理等工作情况。报送社情民意信息311篇,编发《社情民意》109期,其中全国政协、市相关部门采用33篇,市、区领导14人作批示155条。撰写理论文章、编辑《新东城政协》报、制作年度政协工作专题片等,宣传政协工作。《中国政协》《北京观察》《中外企业文化》及中国政协网等新闻媒体宣传报道区政协工作。区17个街道活动小组组织活动72次,政协委员参与729人次。

单位地址:东城区幸福大街32号

联系电话:67104509　邮政编码:100061　　(李夏)

【主席会议】 全年召开主席会议9次。分别审议《中国人民政治协商会议北京市东城区第十三届委员会第二次会议关于同意孙占军同志不再担任副主席的决定(草案)》《中国人民政治协商会议北京市东城区第十三届委员会常务委员会关于补选政协北京市东城区第十三届委员会副主席人选的建议(草案)》《中国人民政治协商会议北京市东城区第十三届委员会第二次会议议程(草案)》《中国人民政治协商会议北京市东城区第十三届委员会第二次会议日程(草案)》《中国人民政治协商会议北京市东城区第十三届委员会第二次会议选举办法(草案)》《中国人民政治协商会议北京市东城区第十三届委员会常务委员会2013年工作要点(草案)》《中国人民政治协商会议北京市东城区第十三届委员会关于政协委员列席区政协常委会会议制度(草案)》《关于东城区中医药特色健康管理社区建设的建议案(草案)》《关于让企业成为创新主体的建议案(草案)》《关于进一步完善东城区公共法律服务的建议案(草案)》《中国人民政治协商会议北京市东城区第十三届委员会常务委员会关于增补政协北京市东城区第十三届委员会委员的决定(草案)》《中国人民政治协商会议北京市东城区第十三届委员会常务委员会关于陈大鹏等两位同志不再担任委员的决定(草案)》《关于召开中国人民政治协商会议北京市东城区第十三届委员会第三次会议的决定(草案)》《中国人民政治协商会议北京市东城区第十三届委员会第三次会议议程(草案)》《中国人民政治协商会议北京市东城区第十三届委员会第三次会议日程(草案)》《中国人民政治协商会议北京市东城区第十三届委员会第三次会议决议起草委员会委员名单(草案)》《中国人民政治协商会议北京市东城区第十三届委员会第三次会议委员分组办法和各组召集人名单(草案)》《中国人民政治协商会议北京市东城区第十三届委员会关于专门委员会主任、副主任调整的决定(草案)》《中国人民政治协商会议北京市东城区第十三届委员会关于表彰2013年度优秀委员的决定(草案)》《中国人民政治协商会议北京市东城区第十三届委员会常务委员会工作报告(草案)》《中国人民政治协商会议北京市东城区委员会常务委员会关于十三届二次会议以来提案工作情况的报告(草案)》,区政协各专委会年度工作计划(草案)和区政协机关人事任免有关事宜。通过《中国人民政治协商会议北京市东城区第十三届委员会第二次会议主席、副主席、秘书长分工(草案)》《中国人民政治协商会议北京市东城区第十三届委员会第二次会议大会秘书处各组负责人名单(草案)》《中国人民政治协商会议北京市东城区第十三届委员会关于推荐区政协委员担任区城市管理监督中心党风廉政监督员的名单(草案)》《中国人民政治协商会议北京市东城区第十三届委员会关于推荐区政协委员担任区司法局党风廉政监督员的名单(草案)》《中国人民政治协商会议北京市东城区第十三届委员会关于推荐区政协委员担任区药品监督管理局社会监督员的名单(草案)》《中国人民政治协商会议北京市东城区第十三届委员会关于组织“政协讲堂”活动的实施方案(草案)》《中国人民政治协商会议北京市东城区第十三届委员会关于开展“服务社会创先争优、服务发展彰显优势、服务群众树立形象”主题实践活动的方案(草案)》《中国人民政治协商会议北京市东城区第十三届委员会关于主席、副主席、秘书长、副秘书长分工调整的决定(草案)》《中国人民政治协商会议北京市东城区第十三届委员会关于推荐区政协委员担任区法院人民陪审员的名单(草案)》《中国人民政治协商会议北京市东城区第十三届委员会关于推荐区政协委员担任区行政服务中心党风廉政监督员的名单(草案)》《中国人民政治协商会议北京市东城区第十三届委员会第三次会议主席、副主席、秘书长、副秘书长分工(草案)》《中国人民政治协商会议北京市东城区第十三届委员会关于表彰2013年度优秀提案的决定(草案)》《中国人民政治协商会议北京市东城区第十三届委员会2013年度优秀社情民意信息工作者表彰名单(草案)》《中国人民政治协商会议北京市东城区第十三届委员会2013年度社情民意信息工作先进单位表彰名单(草案)》和《中国人民政治协商会议北京市东城区第十三届委员会第三次会议大会秘书处各组负责人名单(草案)》。听取《中国人民政治协商会议北京市东城区第十三届委员会常务委员会工作报告》《中国人民政治协商会议北京市东城区委员会常务委员会关于十三届一次会议以来提案工作情况的报告》和大会选举办法(草案)情况、十三届二次会议补选副主席人选名单(草案)情况及监票人推选情况、关于深化廉政风险防控管理推进区政协领导班子权力公开透明运行工作情况的汇报,各专委会关于组织委员外出学习考察情况的报告。通报区政协委员典型系列宣传报道工作的方案。 (李夏)

【第七次常委会】 1月4日,王红主持召开。审议通过《政协北京市东城区第十三届委员会第二次会议关于同意孙占军同志不再担任副主席的决定(草案)》《政协北京市东城区第十三届委员会常务委员会关于补选政协北京市东城区第十三届委员会副主席人选的建议(草案)》《政协北京市东城区第十三届委员会第二次会议议程(草案)》《政协北京市东城区第十三届委员会第二次会议日程(草案)》《政协北京市东城区第十三届委员会第二次会议选举办法(草案)》,对《政协北京市东城区第十三届委员会第二次会议委员分组办法和各组召集人名单》的修改进行说明。 (李夏)

【第八次常委会】 1月8日,徐鸿达主持召开。听取关于委员讨论第十三届委员会常务委员会工作报告、提案工作情况报告、区政府工作报告和《政协北京市东城区第十三届委员会第二次会议选举办法(草案)》情况的汇报,听取《政协北京市东城区第十三届委员会第二次会议补选副主席人选名单(草案)》情况,审议通过《政协北京市东城区第十三届委员会第二次会议选举办法(草案)》《政协北京市东城区第十三届委员会第二次会议补选副主席人选名单(草案)》《政协北京市东城区第十三届委员会第二次会议总监票人、副总监票人、监票人名单(草案)》《政协北京市东城区第十三届委员会第二次会议决议(草案)》。 (李夏)

【第九次常委会】 1月9日,徐鸿达主持召开。听取关于政协东城区第十三届委员会第二次会议补选政协北京市东城区第十三届委员会副主席计票结果的汇报,审议通过《政协北京市东城区第十三届委员会提案委员会关于第二次会议期间提案征集情况的报告(草案)》。 (李夏)

【第十次常委会】 1月9日,乔世怀主持召开。审议通过《政协北京市东城区第十三届委员会常务委员会2013年工作要点(草案)》。 (李夏)

【第十一次常委会】 3月26日,王红主持召开。审议通过提案委员会、学习和文史委员会、经济科技委员会、城建环保委员会、教文卫体委员会、社会和法制委员会、民族和宗教委员会、港澳台侨委员会年度工作计划(草案)。 (李夏)

【第十二次常委会】 6月13日,乔世怀主持召开。听取提案委员会、港澳台侨委员会赴贵州省考察情况的报告,学习和文史委员会、教文卫体委员会赴云南省考察情况的报告,经济科技委员会、城建环保委员会赴云南省考察情况的报告,社会和法制委员会、民族和宗教委员会赴浙江省考察情况的报告。审议通过区政协机关人事任免有关事宜。 (李夏)

【第十三次常委会】 8月14日,邵鹏主持召开。听取《关于东城区2013年上半年经济运行情况》的通报,审议通过《关于东城区中医药特色健康管理社区建设的建议案(草案)》《政协北京市东城区第十三届委员会关于政协委员列席区政协常委会会议制度(草案)》及区政协机关人事任免有关事宜。 (李夏)

【第十四次常委会】 10月18日,邵鹏主持召开。审议通过《关于让企业成为创新主体的建议案(草案)》和《关于进一步完善东城区公共法律服务的建议案(草案)》。 (李夏)

【第十五次常委会】 12月17日,王红主持召开。听取《关于2013年政协提案办理情况和建议案落实情况》的通报,审议通过《政协北京市东城区第十三届委员会常务委员会关于增补政协北京市东城区第十三届委员会委员的决定(草案)》《政协北京市东城区第十三届委员会常务委员会关于陈大鹏等两位同志不再担任委员的决定(草案)》《关于召开政协北京市东城区第十三届委员会第三次会议的决定(草案)》《政协北京市东城区第十三届委员会第三次会议议程(草案)》《政协北京市东城区第十三届委员会第三次会议决议起草委员会委员名单(草案)》《政协北京市东城区第十三届委员会第三次会议委员分组办法和各组召集人名单(草案)》《政协北京市东城区第十三届委员会关于专门委员会主任、副主任调整的决定(草案)》《政协北京市东城区第十二届委员会关于表彰2013年度优秀委员的决定(草案)》《政协北京市东城区第十三届委员会常务委员会工作报告(草案)》《政协北京市东城区委员会常务委员会关于十三届二次会议以来提案工作情况的报告(草案)》和区政协机关人事任免有关事宜,审议《政协北京市东城区第十三届委员会第三次会议议程(草案)》。 (李夏)

【第十三届委员会第二次会议】 1月7~9日,第十三届委员会第二次会议在五洲大酒店北京国际会议中心召开。邵鹏主持。徐鸿达作区政协十三届委员会常务委员会工作报告,王红作《关于区政协十三届一次会议以来提案工作情况的报告》,参会区政协委员列席区人民代表大会第十五届三次会议,听取并讨论《东城区人民政府工作报告》,讨论《关于东城区2012年国民经济和社会发展计划执行情况》《2013年国民经济和社会发展计划(草案)的报告》《关于东城区2012年财政预算执行情况》《2013年财政预算(草案)的报告》《东城区人民法院工作报告》《东城区人民检察院工作报告》,补选区政协第十三届委员会副主席,听取提案委员会《关于第十三届委员会第二次会议期间提案征集情况的报告》,审议并通过《中国人民政治协商会议北京市东城区委员会第十三届委员会第二次会议决议》。杨柳荫在闭幕式上讲话。市政协副主席陈平,区领导牛青山、冯熙出席。（李夏）

【政协委员担任监督员陪审员】 15位政协委员担任区城市管理监督中心、区司法局等部门特邀监督员和区法院人民陪审员,开展特邀监督工作,发挥优化区发展环境作用。社会管理综合治理民主监督小组和财政预算民主监督小组通过视察走访、听取情况通报等形式,提出意见建议,发挥民主监督作用。（李夏）

【建言献策活动】 1月9日,组织"我为东城发展建言献策"活动,11名委员就文化产业发展、社会服务与管理、生态文明建设等问题发言,为"智慧东城"建设献计献策。（李夏）

【公共法律服务论坛】 9月3日,以"法在路上 律者先行"为主题,举办公共法律服务论坛。6人就社区居民、小微企业公共法律需求,通过创新,在区街道和社区开展公共法律服务,整合资源、满足社会公共法律服务需求等问题发言。特邀的北京大学法学院、国家行政学院法学部专家现场点评。区领导徐鸿达、王中华出席。区有关部门、街道、行政执法专题班和政协委员200人参加。（李夏）

【专题调研】 区政协常委会确定《促进企业成为创新主体》《东城区中医药特色健康管理社区建设》《东城区公共法律服务需求与应对》3项重点调研课题并成立专项课题组,提出30条建议,形成3份建议案。其中,关于搭建市场对接平台、完善社区卫生服务机构建设、健全公共法律服务体系等11个意见建议,为破解区经济社会发展难题提供思路。制定实施《政协委员列席区政协常委会会议制度》,增强常委会民主协商性、广泛性,扩大常委会参与面、影响力。邀请区政府职能部门通报重点工作,进行专题协商,为委员知情明政、履行职责搭建平台。（李夏）

【提案办理】 年内,区各民主党派、人民团体和政协委员提案311件,立案297件,立案率95.50%,办结率100%。区政协网站向委员发布十三届二次全会征集提案情况公告,将不立案提案转为社情民意。将3件非区属事权范围的提案交市政协委员。编发5篇重要提案摘报和提案分析,报送市政协、区委、区政府相关部门和全体委员。向全体委员及区政协《社情民意》反馈提案情况。政协领导领衔检查督促重点提案办理工作,分别到区商务委、区旅游委、前门管委会、区产促局、区房管局重点督办,促进提案办理。走访各民主党派,征求提案办理工作意见建议。对承办单位办理结果不满意提案,召开三方见面会与承办单位和提案者沟通协商,探索研究解决方案。对承办单位答应解决的,实施追踪问效。印发《优秀提案汇编》,介绍获奖优秀提案特点,引导委员提出高质量提案。以《东城政协报》、东城政协网站为阵地,介绍如何写好政协提案,交流写作经验。通过媒体报道提案工作,先后接受《人民政协报》《中国政协》采访,介绍提案办理协商做法。8月14日《人民政协报》宣传报道区政协提案工作做法。（李夏）

【政协讲堂】 3月13日始办,徐鸿达主持报告会。中国人民政协理论研究会秘书长、中国政协《理论研究》杂志执行主编以《贯彻落实中共"十八大"对人民政协的新要求,做称职的政协委员》为主题作报告。回顾人民政协历程,阐述人民政协性质、地位、作用和主要职能及委员职责,阐释全国政协十二届一次会议新精神、新提法、新观点和新措施。6月17日,举办第二次政协讲堂,乔世怀主持报告会。中国社会科学院信息情报研究院院长、《国外社会科学》主编作《全球视野中的中国政治发展道路比较》报告。10月9日,举办第三次政协讲堂,邵鹏主持报告会。区政协委员、文化部公共文化司司长作《积极探索中国特色的公共文化服务体系建设之路》报告。区领导徐鸿达、金晖、王晨阳和近300位政协委员、各街道文化干部、政协机关干部参加。（李夏）

【八区县政协提案工作交流会】 4月23日召开,王红主持。区县政协分别交流提案工作的经验和做法,针对存在问题和不足,探讨如何发挥提案在履行政协职能中的作用,如何通过提案办理平台,推进协商民主制度建设。市政协副主席闫仲秋,市政协提案委主任董瑞龙,区领导徐鸿达、朝阳、通州、顺义、大兴、平谷、怀柔、密云等区县政协主席、主管副主席、提案委干部30人出席。（李夏）

【市政协专委会调研】 5月7日,市政协社会和法制委员会20人调研区推进网格化社会服务管理体系建设。听取汤钦飞介绍区网格化社会服务管理创新整体情况,观看区信息办现场演示,在东花市南里社区综合工作站座谈网格工作情况。宋甘澍、乔世怀参加。（李夏）

【兄弟市县工作交流】 7月19日,承德县政协主席冯桂琴、承德县委常委、组织部长李建侠组成考察团到区学习交流。参观东直门街道社会服务管理综合指挥分中心,交流和探讨加强对社区物业管理、增强对孤寡老人的社会服务等问题。8月7日,上海市徐汇区政协副主席周秀芬组成课题组到区交流座谈。听取区历史风貌保护区开发的战略制定、经营决策、资本运作、融资模式等介绍,并观看《天街实录宣传片》,针对问题交流和探讨。（李夏）

【新任委员培训会】 12月20日召开。向新任委员介绍写好提案和社情民意信息情况。徐鸿达向新任政协委员祝贺,并诠释人民政协性质、地位、特征、职能和作用。

（李夏）

中国人民政治协商会议北京市东城区第十三届委员会组成人员

主席、副主席、秘书长、常务委员

主　　席 徐鸿达

副 主 席 邵　鹏　乔世怀　王　红(女)　张树华　姚卫海　罗　强　王　钢

秘 书 长 赵汶柏

常务委员(以姓氏笔画为序)

丁迪红(女)　卜天月(女)　于鸿雁
马水清　马宝刚(回族)　王　涛(女)
王　清(女,满族)　王成祥　王林洪(女)
王富国(满族)　尹向敏(女)　田　华(女)
田振清　冯　燕(女)　冯洪荣
吕志斌　吕德成　曲运宏
朱　捷　刘　冰(满族)　刘京生
刘海江　刘继春　庄再强
关　卫(满族)　关连宝　许睢宁
纪常伟　杨　梅(女)　李　辉(女)
李　淼　李小康　李金梅(女)
李建安　李照宏　吴之越
何志才　沈　明　张　东
张　伟(女,回族)　张　杰(女)　张　明
张　蕊(女)　张秀丽(女)　张京京(女)
张晶晶(女)　陈　工(女)　陈　靖(女)
陈本宇(12月辞去)　陈凯贤
林余存　林美龄(女)　苑晓红(女)
罗东川　周旭辉　周丽霞(女)
郑　欣(女)　宗绪毅　郝国信
郝金明　赵元立　赵宏松(回族)
赵青仲　钟连盛(满族)　贺　征
秦　斌　徐工学　徐建胜
郭凤书(女)　高　阳　高　萍(女)
黄　晔　康玉杰(蒙古族)　彭　湘
董化端　蒲　丛　谭　菲(女)
滕　健　滕亚杰(女)　薛晓鸥(女)

专门委员会负责人

提案委员会主任	王　涛(女)
学习和文史委员会主任	李承刚
经济科技委员会主任	李照宏
城建环保委员会主任	许利平
教文卫体委员会主任	冯洪荣
社会和法制委员会主任	吴志辉
民族和宗教委员会主任	雷新隆(畲族)
港澳台侨委员会主任	谭　菲(女)

工作机构负责人

办公室主任	徐　龙
研究室主任	李　华(女)
专委会工作一室主任	肖利明
专委会工作二室主任	赵其瑜
专委会工作三室主任	张锦东(女)
专委会工作四室主任	侯文君
专委会工作五室主任	高秀文(女)

政法·军事

政　法

政法委员会工作

【概况】 中共东城区委政法委员会(简称区委政法委)是区委领导和管理政法工作部门。内设办公室、法制科、政治部,有公务员14人。

年内,注重维护稳定、法治保障、管理创新,推进平安东城建设、法治东城建设、司法公信建设、政法队伍建设和网格化社会服务管理体系建设。做好全国"两会"安保维稳工作,召开区维稳领导小组(扩大)会议。部署"两会"期间安保维稳工作。常卫主持并讲话,区领导王中华、汤钦飞、孟祥、殷健出席。区维护稳定工作领导小组各成员单位及有关部门负责人参加。成立区全国"两会"安保维稳指挥部,启动战时情报信息会商机制。"两会"期间,区领导常卫等多次到指挥部传达上级指示、指导协调工作并参与值守。

单位地址:东城区钱粮胡同3号

联系电话:64071736　邮政编码:100010　(姜云飞)

【政法工作会议】 1月14日,区委政法委员会召开全体会议。传达学习全国、全市政法工作会议精神,讨论常卫在全区政法工作会议上的讲话,并提出修改意见和建议。会议由区检察院检察长殷健主持,常卫出席并讲话,区领导王中华,区委政法委各位副书记、全体委员参加。(姜云飞)

【维稳工作会议】 1月17日,召开全区政法工作会议。部署年度政法维稳工作,常卫讲话,王中华传达全国、市政法工作会议精神,表彰先进。区法院院长孟祥主持,区领导王佩立、王红、殷健出席。全区政法、维稳、综治、反邪教系统及各街道(地区)400余人参加。(姜云飞)

社会治安综合治理

【概况】 东城区社会治安综合治理委员会办公室(简称区综治办)是区社会治安综合治理委员会(简称综治委)的办事机构。负责调查研究、督促检查、指导协调各单位实施社会治安综合治理领导责任制。设置4个科室,1个事务中心:即综合科、联络科、指导科、督导科、事务中心。实有公务员14人,事业编3人。

年内,完成"两节"、"两会"、党的十八届三中全会等重大安保维稳和服务保障任务,网格化管理、社会化服务方面取得进展,基层平安创建活动取得成效,社会矛盾多元调解体系日益完善,流动人口和特殊人群服务管理工作不断深化,社区可防性案件持续下降,万人发案率保持城区最低水平。东城区获全国平安建设先进区称号,并再次获中央综治委颁发的"长安杯"。连续16年被授予首都社会管理综合治理先进区县称号。

单位地址:东城区钱粮胡同3号

联系电话:64031118－3210　邮政编码:100010　(王义红)

【社会治安防控体系】 元旦、中秋、国庆等节假日和全国"两会"、上合组织峰会、市第十一次党代会等重大政治活动期间,启动二级以上等级防控67天,每天安排部署群防群治力量守望岗点位3000余个。十八届三中全会期间,对代表驻地、会场周边、行车线路部署专业警力908人,对198处重点地区、2100余处重点部位、187个社区内部安排守望岗点位3042个,发动各类群防群治力量3万余人,守望岗志愿者发现上报并处理社会事件300余起,维护区社会安全稳定。(王义红)

【重点地区治安整治】 4月23日,召开社会治安专项组第一次全体会议。部署社会治安专项组工作要点,明确专项组各项重点工作,确定区、街两级挂账整治社会治安重点地区名单。打黑除恶、社会治安重点整治、社会治安防控体系建设、城市环境秩序重点整治4个工作小组的牵头单位分别部署各项重点工作,以及五一期间,全区社会治安秩序、城市环境秩序重点整治工作。4月28日,王中华带队,检查故宫北门和地坛公园等旅游景点周边城市环境秩序。全年专项组办公室组织检查70余次,出动检查人员164人次,下发督查通报37份。7月3日,王中华带队到故宫北门周边地区调研社会治安重点地区整治工作。7月23日至10月15日,由东华门街道牵头组织,区综治办配合,抽调区城管大队、东城公安分局、东城交通支队、区民政局、区旅游委、东华门街道等单位执法力量,组成20人综合执法小组,对故宫北门周边地区开展为期3个月的集中整治工作。(王义红)

【"两网"融合专题会】 5月24日,杨柳荫专题调研"两网融合"工作。肯定前期工作成果,并指出"两网融合"工作方案存在提升改进的空间。11 月 30 日,代区长张家明主持召开"两网"融合工作座谈会,听取工作情况汇报。张家明肯定全区"两网融合"工作总体思路,并就深化"两网融合"工作提出意见。（王义红）

【平安东城建设】 5 月 29 日,召开基层平安建设十项重点工作牵头单位工作会。传达杨柳荫、牛青山关于加强区基层平安建设工作的指示精神,对《关于深入开展基层平安创建活动的方案》《基层平安建设工作制度(征求意见稿)》和《基层平安建设工作折子工程(征求意见稿)》进行说明,通过折子工程形式,将基层平安创建十方面工作细化为 60 项工作任务,明确责任单位和完成时限,建立基层平安创建工作例会、信息、联络等工作制度。开展平安单位、平安校园、平安医院、平安旅游景区等形式的行业平安创建活动。重新修订、完善平安单位、平安商市场、平安校园、平安医院、平安旅游景区的创建实施方案、办法和标准,组织召开区平安单位工作部署会和经验交流推进会,部署和推进平安单位创建工作。（王义红）

【基层平安建设推进会】 6 月 8 日,召开综治委、流管委第一次全体(扩大)会议暨基层平安建设推进会。传达中央综治委召开深化平安中国建设会精神。通报区第四次获全国平安建设先进区称号及第二次获"长安杯"称号,杨柳荫、牛青山等受到中央综治委、中共中央组织部的嘉奖。表彰并授予东四等 17 个街道和 2 个地区评为上年度区社会管理综合治理先进街道(地区)称号,授予区司法局等 35 个单位上年度区社会管理综合治理先进单位称号。王中华部署年度综治、流管及基层平安建设工作。宋甘澍出席并讲话。区法院院长孟祥、区检察院检察长殷健及有关人员 90 余人出席会议。（王义红）

【平安建设大走访】 6 月 18 日,召开基层平安创建工作会议,安排部署基层平安建设大走访活动和安全社区创建。7 月 16 日,举办平安建设大走访主题宣传日活动。以"访民情、解民难、保平安"为主题,各单位结合自身工作,向居民宣传平安建设大走访活动的相关内容,营造平安建设人人知晓、人人参与、人人受益的氛围。8 月 16 日,召开基层平安建设大走访工作推进会。组织干部 7438 人次,走访居民1.65万人次,收集各类问题 2302 件,汇总意见建议 827 条,80% 问题在基层得到解决。（王义红）

【培训情况】 6 月 21 日,召开街道(地区)综治办主任工作会议,对深入开展基层平安建设重点工作进行专题培训。以开展平安建设大走访活动和安全社区创建工作为重点进行培训,内容涉及工作方案制定、开展大走访活动、平安社区创建、科技创安、群防群治队伍建设、两新组织建站、群众工作等 24 项具体工作。7 月 24 ~ 26 日,在区委党校组织综治干部集中培训。邀请社会管理、平安建设、社区建设、网络安全、科技创安等领域的专家学者授课,安排部分工作经验交流。17 个街道和 2 个地区主管综治工作副主任、综治办主任、综治办干部 93 人参加。9 月 5 ~ 6 日,举办网格化社会服务管理工作培训班。邀请国家行政学院决策咨询部副主任、市社科院首都综治研究所所长授课。17 个街道的创新工作主管领导、各街道分中心新招聘工作人员及社区书记 270 余人参加。10 月 17 日,召开综治信息调研宣传培训会,邀请中央政法委、首都政法委相关领导、首都综治研究所专家、首都政法综治网资深编辑授课,旨在提高基层综治工作者综治信息调研工作水平,推进综治宣传队伍建设。区综治委各成员单位、各街道(流管办)、社会服务管理分中心的综治信息通讯员参加。11 月 27 日,组织全区 589 个网格的网格助理员开展为期两个半天的集中培训。（王义红）

【铁路护路联防】 全年通报铁路沿线各类安全隐患 15 处,挂账整治 14 处。有 12 处按照方案完成整改予以销账。（王义红）

【排查管控出租房屋】 年内,新发现流动人口中重点人员 2238 人,撤销列管 2291 人,实有列管流动人口中重点人员 4738 人,其中流动人口列为中风险人员 1 人,其余均为低风险等级。全年打击流动人口违法犯罪 2963 人,抓获在逃 34 人。针对出租房屋非法出租、违法经营、安全隐患等问题,组织相关部门开展出租房屋安全隐患摸排检查,化解处置邻里纠纷、家庭矛盾等 23 件流动人口矛盾纠纷,将隐患问题及时化解在网格。全区有流动人口 28.50 万人,同比增长1.30%,出租房屋 4.67 万户,同比增长 4.50%。（王义红）

司法行政

【概况】 东城区司法局(简称区司法局)承担组织指导社区矫正和刑释解教人员的帮教安置工作,指导、监督和管理律师、公证、法律援助、基层法律服务及人民调解工作,组织开展法制宣传教育和基层依法治理等工作。内设办公室、组织人事科、法制工作科、行政财务工作科、监察科、党群工作办公室、社区矫正和安置帮教工作科、法制宣传教育科、基层指导科、矛盾调解指导科、律师行业监督管理科、律师行业综合指导科、公证工作管理科、法律援助指导科 14 个机构。街道设立 17 个司法所,承担街道司法行政工作。下辖区法律援助中心、阳光中途之家、东方公证处、信德公证处 4 个事业单位。公务员 113 人。

年内,组建区人民调解讲师团。开展重点时期大排查活动 6 次,日常纠纷排查 4149 次,排查出各类矛盾纠纷 3400 余件,预防纠纷 2715 件。全年调解矛盾纠纷 1.15 万件,成功调解 1.12 万件,成功率 97.50%,涉及当事人数 2.79 万人。新接收社区矫正人员 86 人,期满解除矫正 100 人,在册 216 人。安置帮教对象新增 231 人,减少 202 人,在册 1555 人。引导律师队伍参与公共管理和服务区域经济社会发展,有律师 202 人参与法律服务进社区,提供法律咨询 1.77 万人次,举办法律讲座 232 次,代写法律文书 85 份。全年东方、信德 2 个公证处办结公证案件 4.68 万件,区法律援助中心解答电话、来访咨询8794人次,受理并指派各类法律援助案件476件。区律师协会党委举行庆“七一”暨“十佳”律师事务所党组织、“十佳”党务工作者和优秀共产党员表彰大会。为司法所投入100余万元,购置打印机、传真机等办公设备。推进规范化司法所创建和外观标识制作,全区司法所办公面积达120平方米的有4家,完成统一规范外观标识的6家司法所。北新桥、朝阳门、龙潭3个司法所评为全市AAA级规范化司法所。投入经费90余万元,购置电动车、电脑、矫正警用器材、网络监控等基础设备,提高全局工作效率。

单位地址:东城区和平里南街6区16号

联系电话:84228050 邮政编码:100013 (张成雷)

【开展法律援助】 1月22日,区法律援助中心及各工作站在中铁三局地铁14号线施工现场等8家工地开展“践行‘十八大’精神,依法维护农民工合法权益”维权活动。组建15人的农民工法律援助律师团,采取现场咨询、发放宣传品等形式,向农民工宣传法律援助的程序、条件、范围等。接待法律咨询120余件590人次,受理法律援助案件申请10件,发放宣传材料1.60万余份。东华门街道法律援助工作站协助市委办公楼工地农民工、北京饭店二期农民工70人追回近100万元薪酬。10月17日,在小黄庄社区开展敬老爱老法惠重阳进社区活动。在场的老人就日常生活中遇到的法律问题,现场向律师咨询,并发放敬老助老纪念品、法律知识宣传品,提供助老法律服务热线电话。30余人参加。 (张成雷)

【领导调研】 2月27日至3月1日,市司法局党委副书记郑振远、副局长吴庆宝分别带队调研检查“两会”安保维稳工作。实地查看建国门街道司法所办公场所,听取工作汇报,了解代表驻地、行车路线的安全布控以及矛盾纠纷排查化解等情况。6月26日,司法部部长吴爱英到天同律师事务所调研。了解律所的历史和文化底蕴,视察党建工作,对律所党建成效、发展理念和工作方法给予肯定,并提出要求。9月25日,中央政法委机关党委副书记段农根到安定门街道就群众路线教育实践活动情况调研。听取区委政法委、安定门街道关于开展此项工作的意见建议,实地考察安定门街道人民调解委员会调解室和安定门派出所户籍管理大厅,并与专职人民调解员座谈交流。11月5日,市司法局局长于泓源到区检查司法行政系统十八届三中全会安保工作。听取区司法局发挥司法行政职能作用、保障十八届三中全会安全稳定工作部署的情况汇报,实地检查东华门地区安保维稳工作。在肯定工作的基础上,提出要求。 (张成雷)

【“六五”普法】 3月4日,各街道司法所联合民政、劳动、残联、计生、社保等部门举办以“雷锋精神伴我行”为主题的法律宣传活动,为现场群众提供法律服务2000余人次,发放法律宣传手册2万余份。4月12日,“司法行政为人民”第三届司法行政开放日活动暨《北京司法大讲堂》首场讲座在北新桥街道司法所开讲。包括基层法律服务、法制宣传、人民调解和法律援助等内容,打造《北京司法大讲堂》特色品牌,推进“法治东城”建设。市委政法委副书记滕盛萍、市司法局局长于泓源、区领导王晨阳及320余人出席启动仪式。启动仪式后,到南馆公园慰问现场工作人员,并向群众发放宣传资料400余份。6月24~26日、7月27日、8月13~14日,分3次对“六五”普法工作进行检查。采取听取汇报、查看档案和实地检查的方式,了解普法进展情况。7月27日,部署为期3个月的安全生产大排查、大整治。下发《关于加大安全生产法律法规学习宣传的通知》,要求全区各街道、各部门强化《安全生产法》《安全生产许可条例》《安全生产事故隐患排查治理暂行条例》等法律法规学习宣传。活动期间,举办普法大讲堂47场次、张贴海报342张、发放宣传材料680册、安全生产知识讲座87场次。8月16日,举办“我的梦法治梦中国梦”百姓宣讲活动,宣讲团由“中途之家”干部、公证处公证员、青春船长成员等8人组成。围绕自身工作实际,用事例去诠释和解读“中国梦”,讲述日常工作中如何公正司法、化解矛盾。全局机关干部、各街道司法所司法助理员约100人参加。8月至9月,各街道结合自身优势,从187个社区中推选20个社区参加评选命名活动。10月中旬,经过实地走访、现场交流、查看档案等形式,考核20个参评社区,最终东华门街道韶九社区、前门草厂东社区等7个社区评为市民主法治示范社区。12月2日,由区法制宣传教育领导小组办公室、区委宣传部、区文化委、区文明办、区司法局联合举办的“弘扬法治精神共建法治东城”暨“法治文化你我他”法治文艺节目展演在第一文化馆风尚剧场举行。演出快板《法制情系你我他》等10个节目。参会领导为获法治文化建设示范点称号的21个单位,获民主法治示范社区称号的20个社区代表颁发奖牌和荣誉证书。演出同时,在大厅举行法治文化建设示范展、区民主法治示范社区建设成果展。市、区有关领导及群众近400人参加。 (张成雷)

【社区矫正工作联席会议】 3月22日,与区检察院召开社区矫正工作联席会议。双方结合社区矫正日常管理、年度工作计划、上级要求部署等情况从执法、监督等方面介绍。针对网络互联、深化协作等问题探讨,就明确《解除社区矫正证明》的法律效力、规范“续保”流程、“禁止令”的执行与监督等课题达成合作意向。 (张成雷)

【社区矫正十周年座谈会】 7月2日,在阳光中途之家举行。区法院、区检察院、区民政局、区财政局、区人力社保局等特殊人群专项组成员单位的主管领导参加。参观阳光中途之家一层展板区和二层功能区,了解各功能室的作用,体验音乐放松椅,观摩心理沙盘的演示,欣赏矫正对象制作的手工艺作品,听取2名接受过阳光中途之家帮扶的矫正对象现身说法和各单位对社区矫正工作的意见和建议。 (张成雷)

【交流访问】 8月26~27日,台湾“海峡两岸共同打击犯罪及司法互助协议”高级顾问蔡清祥一行到区参观全国模范人民调解委员会——“家和万事兴”群众调解之家和天同律师事务所。参观调解场所,观看视频,了解其发展历程、工作模式、主要做法及成效。参观天同律师事务所办公场所、模拟法庭等,了解该所发展历史、律所文化等,蔡清祥为天同律师事务所题词“律师之光”。9月4日,内蒙古乌兰察布市集宁区一行11人考察交流司法行政工作。听取区司法行政工作基本情况、多元矛盾调解、特殊人群管理、司法力量进网格、法治文化等特色工作介绍。实地参观全国模范人民调解委员会——“家和万事兴”群众调解之家景山街道钟鼓社区法律服务工作。10月11日,南京市秦淮区人大副主任郑侃、江苏省律师协会会长薛济民一行12人调研律师管理和首都律师行业发展工作,双方就律所党建、行业协会发展以及政府对律师行业的扶持等内容座谈。实地参观天同、汉坤2家律师事务所。 (张成雷)

【人民调解员业务培训班】 8月29~30日举办,包括物业纠纷调解实务、新修订的《民事诉讼法》及司法确认工作实务、法院观摩庭审等内容。各社区调解主任、各街道专职人民调解员、专业性调解组织骨干人民调解员、负责人民调解工作的专职司法助理员等220余人参加。 (张成雷)

【人民调解组织现场会】 11月13日,在景山街道召开“家和万事兴”人民调解组织现场会。听取调解组织人员构成、运行模式和机制建设等方面的介绍。市司法局领导肯定“家和万事兴”调解组织在化解民间纠纷、维护和谐社会中的作用,各区县局主管领导认为东城区司法行政工作定位高,值得学习借鉴。全市16个区县司法局主管领导参加。

(张成雷)

【权益保护联盟成立】 12月26日,区律师协会与北京电视协会成立权益保护联盟启动暨新闻发布仪式在北京电视台举行。北京视协(东城)权益保护联盟是律师行业与影视行业的权益保护联盟平台。区律师协会在全区律所招募专业对口、热心公益的律师,建立第一批公益律师团队,涉及律所26家、律师60人。按照专业特长和影视行业的需求,设立知识产权、合同与新媒体、劳动人事、争议解决、综合业务和专家顾问6个专业团队,为北京影视文化产业在编剧、摄制、发行、传播等环节提供法律咨询、法律讲座、非诉调解等公益性法律服务。还开辟公益热线400-8900-148,由联盟律师值守并解答相关法律咨询。中国文联副主席赵化勇、市文联副主席陈启刚、市电视艺术家协会主席孙向东、北京电视台台长赵多佳、区领导金晖等领导及北京视协权益保护联盟成员、北京视协主席团及各理事单位等100余人参加启动仪式。 (张成雷)

东城公安分局

【概况】 北京市公安局东城分局(简称东城公安分局)受市公安局和区委、区政府双重领导。履行维护国家安全和社会治安秩序,保护人民,惩罚犯罪,完成保持国家长治久安的使命。内设办公室、政治处、勤务指挥处、纪委、督查、警务保障处、情报中心、信通处、警卫处、国保支队、刑侦支队、经侦支队、治安支队、巡警支队、中心区巡特警支队、禁毒中队、人口支队、内保支队、出入境管理大队、网安大队、第一预审、第二预审、法制处、看守所、拘留所25个业务部门,下设户籍派出所20个,治安派出所5个。干部职工2962人。

年内,搜集核查各类情况线索1992条,召集情报会商会议32次,形成情况专报182份,为市、区维稳工作提供决策参考;优化联勤联动的指挥运行机制,接报“110”警情15万余件,其中刑事类警情1388件,治安警情3742件,启动调整防控等级100余次,实地检查社会面防控警力7万余人次。执行各类警卫勤务2181起,投入警力7.81万人次。全年抽调警力1.66万人次,完成157场次大型活动安全监管工作。立刑事案件7188起,破案4262起,抓获犯罪嫌疑人4754人,打掉各类犯罪团伙33个。全年破获各类刑事案件同比上升16.70%,破侵财类案件同比上升29.10%,万人发案率城六区最低,百户发案数始终保持全市最低水平,命案侦破率连续9年达到100%,全区社会治安环境进一步优化。成功打掉一批有组织诈骗犯罪和聚众赌博犯罪团伙,先后侦破“5.02”东单公园抢劫杀人案、“6.07”特大运输贩卖毒品案、“11.04”兴业银行保险柜巨额现金被盗案、华业泰富特大合同诈骗案、聚隆迪非法吸收公众存款案等一批大案要案,连续6年获市交通安全先进单位。投资657.91万元,改造业务需求项目。年内,6个集体、6人立二等功,20个集体、182人立三等功,558人记嘉奖。17人获区级荣誉称号,17个集体、44人获市局荣誉称号。

单位地址:东城区大兴胡同45号
联系电话:84081033 邮政编码100007 (李露云)

【宣传日活动】 1月10日,举行亲民、爱民、为民,110在您身边主题宣传日活动,设立27个分会场开展宣传,出动警力320人次,接待各界群众咨询4000余人次,发放110宣传品2.80万余份,100余人参加活动。5月15日,以恒基中心为主会场,开展主题为打击防范经济犯罪,携手平安法治建设宣传日活动。在崇文门国瑞城小区、王府井好友商场等地设置分会场,出动警力67人,发放宣传折页900份、宣传礼品350套,解答群众咨询60余次。 (李露云)

【温家宝总理慰问派出所民警】 2月10日正月初一,国务院总理温家宝到东交民巷派出所,慰问一线民警。 (李露云)

【重大活动安保】 2月至3月,全国“两会”期间,承担5处住地、8条行车路线和大会堂会场外围安全警卫及全区社会面巡逻防控、防爆处突等任务。投入警力2.32万人次,完成各类警卫勤务173次。11月1~10日,十八届三中全会期间,启动社会面一级防控等级,日均部署巡逻力量1090人,对全区170条主要大街、66处主要路口和17处敏感部位、18处繁华街区的巡逻控制。完成与会代表抵离京、北京站、北京南站现场外围以及第二次全体会议(闭幕)大会堂会场外围安全警卫工作。年内,抽调警力1.66万人次,完成春节地坛及龙潭庙会、雍和宫宗教佛事活动,中超亚冠足球赛事等38项157场次大型活动安全保卫工作,安检审查近50万人次,抓获违法犯罪人员35人,调解纠纷65起,消除安全隐患15件,受理求助35件,批评教育90余人。 (李露云)

【社区压发案专项会战】 5月至7月,开展以防范社区入室盗窃案件和电信诈骗案件为重点的专项会战。全区悬挂横幅503条,张贴标语2738条,绘制板报536块,入户走访1.87万户3.27万人,向居民发放宣传材料17万余份,受教育人数14.11万人。出动警力1321人次,各类协警力量1万余人次,检查全区201个社区中的423个小区,2120栋居民楼,走访出租房屋1440户,地下空间540处,维修调试监控系统300余处,发放红外线报警器4809个,防撬锁2500把。（李露云）

【居民身份证登记指纹信息】 6月1日,开展居民身份证登记指纹信息工作。全年受理证件2.97万件。（李露云）

【妥善处置"7.24"突发事件】 7月24日7时34分,光明中街4号楼金凤呈祥面包店发生液化石油气罐爆燃。东城分局立即指派警力赶赴现场,并抽调周边派出所处突警力20人维持秩序。经核实,该店员工因操作不慎致液化气罐泄露后发生爆燃。该事故造成2人死亡,22人受伤,11辆车辆受损。（李露云）

【区拘留所定为市第二拘留所】 7月,市局决定全市拘留所合并,保留6个拘留所。东城区拘留所被保留,定为北京市第二拘留所,负责收拘东城分局、西城分局、丰台分局、西站分局送拘的行政拘留人员。并对现有监室及监控系统进行改造和升级,分阶段完善相关配套设施。分别于9月和10月收拘西城、丰台、西站分局拘留人员1698人。（李露云）

【治安整治百日专项行动】 7月至11月,开展夏秋治安整治百日专项行动,破获刑事案件1209起,抓获违法犯罪嫌疑人1800人,其中刑事拘留425人、治安拘留1375人。110秩序类警情同比下降41%。（李露云）

【治理治安重点】 年内,梳理全区治安重点地区、点位及行业,分析研究各部位秩序特点和警情高发原因,确定9个区级治安重点地区和20个街道级治安重点地区,开展社会治安重点地区清理整治。全年拘留各类违法扰序人员1310人,发现流浪乞讨人员3930人次,救助938人。针对治安列管行业场所开展集中、联合或异地执法检查34次,检查旅店2150家次、洗浴98家次、歌舞游艺娱乐场所316家次、特种行业场所200家次、发廊足疗场所280家次,从中抓获违法犯罪人员397名,破案288起,打掉犯罪团伙21个,抓获在逃人员85人。（李露云）

【整治社会环境】 开展"断粮行动"、高峰打整、"压减涉黄、涉赌警情"、"打击卡片招嫖"等专项行动整治社会环境,查扣"黑车"、"黑摩的"935辆,抓获涉黄、涉赌违法犯罪人员456人,打掉赌博团伙17个、窝点17个,收缴赌资210余万元,拘留"号贩子"203人。（李露云）

【物流寄递业专项整治】 成立物流寄递业管理领导小组和专项办公室,对辖区物流寄递企业进行摸排和数据采集,建立管理档案,确定试点单位,开展专项培训。全年摸排物流寄递企业116家、从业人员2031人,开展专项检查2088次,核录车辆1401辆、驾驶人及乘车人4168人,处罚运送物流寄递无牌照摩托车、电动三轮车36起,扣车30辆,处理14人。破获利用物流寄递渠道的违法案件6起,刑事拘留违法人员9人。（李露云）

【危险物品安全管理】 强化对全区55家危险物品从业单位的安全管理,通过签订责任书、落实"四停一封"(停止生产、经营、运输、使用,危险物品一律入库封存)等管控措施,开展"拉网式"清理检查,全年检查危险物品从业单位320余家次,检查各类刀具经销企业2000余家次,对32家管制刀具经销企业落实技防设施改造,发现整改不安全隐患300余起,全区270余家刀具经销企业停售7厘米以上刀具。（李露云）

【"缉枪治爆"专项行动】 全年破获涉枪案件5起、涉刀案件13起、涉弩案件2起,刑拘6人、行政拘留11人,收缴枪支12支、制式子弹23发、其他弹3749发、压缩气瓶90支、弩具2把、管制刀具15把;群众报警发现处置爆炸物案件5起,处置各类遗存炮弹、手雷等6枚;查获非法烟花爆竹案件3起,行政处罚1人,收缴烟花爆竹3箱。群众上缴烟花17箱,气枪4支、制式子弹652发、弩具2把、刀具12把。（李露云）

【保安服务行业监管】 建立保安服务管理行业基础台账,制定市局、分局、派出所三级监管机制,保安员审核、考证、信息采集(DNA采集)联动机制,奖惩通报总结机制,培训演练机制。全年投入警力2450余人次,检查全区44家保安企业的4600余家驻勤点、保安员8500余人次,排除隐患160次。审核保安员8900人,培训考取保安员资格证8600人,查获网逃18人,有违法犯罪记录的18人,上访重点人121人,人体DNA信息采集3900人,组织处突安保演练5次,确保保安队伍的整体稳定。（李露云）

【养犬管理】 全年办理1.32万只犬登记年检手续,接待犬伤人保险前期审核364起,出动警力1.56万人次、协警力量4349人次,查处各类违规养犬行为547起,检查养犬人2842人、批评教育违规养犬行为545起,督促办理养犬登记22人,收容救置流浪犬、无证犬4555条。接群众举报162件,回复158件,回复率98%。（李露云）

【集中打击侵财案件】 年内,运用视频侦查、便衣打现、线索串并等手段,以高发侵财案件为重点,共破获抢劫案件31起,同比上升29.20%,抢夺案件15起,同比上升275%,盗窃案件1221起,同比上升5.90%,诈骗案件1519起,同比上升46.60%,确保人民群众人身、财产安全。（李露云）

【推进社区民警驻区制】 分局通过整合警力,投入资金336.06万元完成全区202个警务室内、外观标识统一改造和监控系统安装,为全区警务室添置办公家具,配齐配强社区

民警211人(占分局派出所警力总数的16.40%),年底实现驻区制工作,社区警务室24小时专人值守。(李露云)

【警务督察】 出动督察警力1200余人次,督察车辆800余台次,执行各类重大警务部署、重大社会活动及各类现场督察200次,检查民警1.50万余人次。受理市局110批转群众投诉267件,现场督察发现和纠正各类问题120件,提出工作建议23件,上报督察信息30份,工作材料42份,依法维护民警正当执法权益案件11件,充分发挥警务督察的职能作用。(李露云)

【稳妥处置涉访信访】 全年预警群体访和个人极端访108次,处置各类群体访4150批13.65万人次、个人访16.10万人次。其中处置非正常访421批4.83万人次,个人访2.37万人次。组织警力3862人,开展集中劝返51次,劝返上访人员2.18万人次。处理上访滋事人员68人次,其中刑事拘留20人,行政拘留48人。分局领导接待信访23人次,群体访和群众43人。对重点信访案件会商5次。受理办理市局信访网信访件4170件,同比上升14.80%。受理办理区政府网站信访件779件,受理办理政府信息公开依申请114件,刑事赔偿和档案丢失赔偿26件。受理办理分局来信156件,其中转办74件。(李露云)

【破获特大合同诈骗案】 4月19日,经侦支队将华业泰富(北京)投资基金管理有限公司涉嫌合同诈骗的10名犯罪嫌疑人闫某(男,1972年11月生人,安徽省界首市人)、王某某(男,1981年10月生人,山东省巨野县人)、刘某某(男,1976年4月生人,河北省三河市人)、晏某(男,1979年11月生人,陕西省旬阳县人)、李某某(男,1978年4月生人,安徽省界首市人)、王某某(男,1969年8月生人,安徽界首市人)、李某某(男,1972年8月生人,安徽界首市人)、颜某某(女,1986年10月生人,江苏省淮阴市人)、常某某(男,1976年9月生人,黑龙江省牡丹江市人)、陈某(女,1982年3月生人,北京石景山人)抓获,告破特大合同诈骗案。犯罪嫌疑人以为事主公司提供融资为由,要求事主公司到指定的律师事务、数据分析公司办理律师见证、律师尽职调查报告、项目数据分析报告等为名,诈骗律师见证费、尽职调查报告费、项目数据分析报告费。华业泰富公司与律师事务所及项目数据分析公司按比例分赃。涉案金额上亿元,涉及事主300余人。(李露云)

【妥善处置广渠门持刀伤人案件】 5月4日14时许,嫌疑人李某某(男,36岁,黑龙江人)在广渠门桥西北辅路持刀突然拉开一辆白色雅阁轿车车门,扎伤该车驾驶员原某某(死亡),后奔向一黑色凯美瑞轿车,拉开车门扎伤徐某某,又奔向一出租车(京BQ1024)扎伤乘客王某(死亡),后强行拉开一灰色尼桑蓝鸟轿车(京NA8142)将该车驾驶员彭某(男,33岁,本市人,特警政治处民警)及其妻子反锁于车内,后李某某被赶至现场的东城分局民警制服,在送至医院后死亡。(李露云)

【破获非法吸收公众存款案】 8月26日,将涉嫌非法吸收公众存款的犯罪嫌疑人李某某(男,1964年生人,新疆维吾尔自治区克拉玛依市人)、曲某某(男,1972年1月生人,北京市西城区人)抓获。12月7日,在云南昆明市长水机场将另一名主要犯罪嫌疑人张某(男,1973年5月生人,辽宁省沈阳市人)抓获。至此该起北京聚隆迪林业发展有限公司以出售林地为名,向不特定人群非法吸收公众存款,涉及事主1000余人,涉案金额高达1.30亿元人民币的非法吸收公众存款案件告破。(李露云)

【侦破特大盗窃银行保险柜案】 11月4日11时50分,分局接报:兴业银行在东城地税局代收点的保险柜内32.76万元人民币被盗。经调查,确定东城地税局保安员刘某(男,1988年1月2日生人,辽宁省大石桥市人)有重大作案嫌疑。11月9日,侦查员在东城地兴居7号楼602号将刘某抓获。经讯问,刘某对盗窃犯罪事实供认不讳,并在昌平区天通苑北二区22号楼6单元1503号房间查获被盗现金。(李露云)

天安门地区公安分局

【概况】 北京市公安局天安门地区分局(简称天安门地区分局)负责天安门地区的治安、消防、侦查、内保、外事管理和警卫等工作。天安门地区分局为正处级建制机构,内设机构12个,其中副处级9个,即办公室、政治处、纪委(监察处)、治安大队、机动大队、巡警一至四大队;正科级3个,即中山公园派出所、劳动人民文化宫派出所、故宫派出所。

年内,完成元旦、全国“两会”、北京国际长跑比赛、五一、六一青少年文体展示、国庆黄金周、十八届三中全会、毛泽东诞辰120周年等重大安全保卫工作。全年出动警力3.64万人次,完成1639起警卫任务,确保654个现场警卫和985条路线警卫的安全。67人分别获个人一、二、三等功,100人获个人嘉奖,3个集体立集体功,3人分别获市优秀思想政治工作者、市公安局优秀共产党员、市公安局优秀复转军人等称号。

单位地址:东城区东交民巷37号

联系电话:85222687 邮政编码:100006 (董岩 库周乾)

【领导调研】 1月6日,公安部党委书记、部长郭声琨到分局调研指导,并慰问一线民警。听取市局局长傅政华、副局长张兵及分局局长的汇报,并作重要讲话。8月18日,市委秘书长、市委政法委书记赵凤桐,市委常委、市局局长傅政华,副市长张延昆,市委副秘书长、市委政法委副书记邱水平,市政府副秘书长,信访办主任薄钢以及市局副局长李润华等领导到分局检查指导工作。听取天安门地区维稳工作汇报,各位领导对市局和分局工作提出要求。(董岩 库周乾)

【“110”主题宣传日】 1月10日,在广场纪念碑东侧举办110宣传活动,以“亲民、爱民、为民,110在您身边”为主题,向900余名群众、30余支旅游团队、80余家内部单位发放宣传品1500余册,解答群众各类问题500余次,收集社会各界意见建议120余条。分局180余名民警参加活动。

（董岩　库周乾）

【北京国际长跑节安全保卫】 4月14日,安利纽崔莱北京国际长跑节比赛起点设在天安门广场,长跑爱好者约2万人参加。分局投入安保力量900余人,按照方案部署,细化工作职责,明确责任区域,确保勤务现场和比赛线路安全。

（董岩　库周乾）

【青少年文体展示安全保卫】 6月2日,万名青少年文体展示活动在天安门广场举行。分局投入安保力量500余人,确保勤务现场和活动区域的安全。（董岩　库周乾）

【韩国总统访华安全保卫】 6月27～29日,韩国总统朴谨惠访华。国家主席习近平在人民大会堂东门外广场为朴谨惠举行欢迎仪式。期间,分局完成警卫勤务14起,出动警力334人次,完成各项警卫任务,确保外宾在辖区内的安全。

（董岩　库周乾）

【处置暴力恐怖袭击事件】 10月28日12时05分,3名恐怖分子驾驶吉普车自南池子南口闯入长安街便道,由东向西快速行驶撞向金水桥护栏后起火,行驶过程中造成多名游客及执勤民警受伤,车内3人死亡。市公安局、应急、卫生等相关部门启动应急预案,有效开展工作并组织施救。

（董岩　库周乾）

【强化培训演练】 开展多轮警务培训和演练,组织反恐处突桌面推演4次、组织消防安全演练15次、应急处突拉动演练3次,警棍盾牌术使用技能培训7次,进一步提升民警处突能力。（董岩　库周乾）

【强化消防行政管理】 以“铁拳”行动为契机,出动警力2792人次,检查单位1396家次,发现并督促整改火灾隐患及违法行为73处,下发责令改正通知书69份,临时查封3处,罚款15.30万元,行政拘留1人,深入贯彻大排查大整治,推动火灾隐患零容忍治理。（董岩　库周乾）

【加强群防群治】 组织群防群治力量1.10万人次,培训400余人次,协助民警发现处置各类情况300余起。从群防群治力量中择优发展信息员,发挥隐蔽性强、辐射面广的优势,充实地区防控覆盖范围。（董岩　库周乾）

【群众路线教育实践活动】 开办学习教育集中培训班4次,举办主题党日活动5次,组织知识竞赛1次,制作学习资料32期,收集重要讲话、理论文章、重点评述75篇;加强与联勤单位、驻区单位、群防群治力量联系,走访中央直属单位4家,走进企事业单位9家,分局党委及基层党支部组织座谈会14次,明确4个方面17项建章立制内容,从根本上整治并杜绝“四风”问题。（董岩　库周乾）

东城交通支队

【概况】 北京市公安局公安交通管理局东城交通支队(简称东城交通支队)是全员行政执法单位。担负全区道路交通秩序维护、特勤交通保卫、交通事故处理、交通安全宣传等工作。全区交通干路79条、“九横八纵”大街62条,道路总长度637公里。下设12个行政办公机构,由办公室、勤务指挥处、交通秩序管理大队、事故处理大队、安全监督管理大队5个职能部门和帅府园大队、东单大队、东四大队、和平里大队、天坛大队、前门大队、机动大队7个执勤大队组成。实有民警669人,职工10人。

年内,实施对和平里中街、和平里南街等20条胡同、道路单行单停,优化小街桥东入机场高速口、东便门、沙子口路口、西花市大街西口、华威南路西口等23处路口,管界拥堵路段日均值同比下降3%,拥堵路段日峰值同比下降12%。在全国“两会”期间,推出分时分段单向管控、民用牌照车辆引导、交替放行不少于40秒等精细化管理措施,在保证警卫对象绝对安全的同时最大限度降低勤务交通对社会交通的影响。建立完善应急交通保障机制,妥善应对汛期、雾霾等恶劣天气保卫工作,护送危重病人赶赴医院350余次,协助消防、抢险等部门处置突发情况25次。全年组织检查占路施工项目70余次,查处违法施工行为30余起,罚款6200元。开展大型特色交通安全宣传活动9次,创建阳光少年交警队,经推广,全区有阳光少年交警队8支。组织学生开展征文、班会、参观等主题活动54次,涉及学生、幼儿近20万人次。

单位地址:东城区广渠门南小街5号

联系电话:68399100　邮政编码:100061　（戴凤君）

【领导慰问】 2月25日,市委常委、市公安局局长傅政华到困难民警于春水家里慰问,并送上慰问金和慰问品。8月5日,公安部党委委员、副部长黄明前往天安门广场东侧路北口岗,慰问帅府园大队执勤民警及协管员。9月29日,区领导杨柳荫、冯熙、徐鸿达到东城交通支队慰问全体干部民警,并赠送慰问品。（戴凤君）

【阳光少年交警队】 3月25日,区领导王中华和支队长张经在景泰小学宣布东城区第一支阳光少年交警队成立并授旗,小交警代表向全区中小学生发出“文明交通、从我做起、从小做起”的倡议,景泰小学校长作表态发言,小交警队还向大家展示交警指挥手势操,并邀请到会嘉宾走进各班级教室,参加交通安全主题班会。

（戴凤君）

【交通警卫】 全年完成特勤任务6335次,同比下降9.30%。其中一级716次、二级1750次、三级3869次。出动警力10.54万人次。（戴凤君）

【“122”处警】 全年接各类“122”报警20.39万次,其中交通事故报警4.86万次,同比下降5.30%;交通拥堵报警1.16

万次，同比下降26.50%；群众求助及情况反映14.37万次，同比上升3.50%。（戴凤君）

【交通秩序管理】 全年路面现场处罚机动车18.21万起，非机动车6.40万起，处罚"涉牌"违法行为4569起，处罚酒后驾车违法行为667起，处罚货车1.81万起，处罚外埠车辆违法行为8.99万起，处罚残三违法1523起，对前期扣留的937辆违法车辆进行解体。（戴凤君）

【交通设施管理】 全年拆除山寨指路牌512面，拆除"立柱"、"立杆"112个。排查162处路口信号灯、160处路段人行过街灯控路口，调整37处信号灯配时，加装护栏约62公里，便道桩344根，安装安全岛11个，新增、调整禁停标志47面，增划停车位131个，增设出租车扬招站90处。增加110处探头，用来拍摄违法停车探头数量达736处。（戴凤君）

【交通事故处理】 全年管界发生交通事故1.30万起，伤4813人，亡9人，与上年同期相比，事故起数增加335起，上升2.60%，伤人数增加352人，上升7.90%，亡人数增加1人，上升12.50%。民警处理简易事故1.29万起；逃逸事故27起，侦破27起、破案率100%；大货车肇事死亡事故8起；酒后驾车肇事死亡事故2起；拘留612人；抢救伤者168人，挽回危重伤者生命6人，延长生命18人。（戴凤君）

【交通执法监督管理】 全年行政复议案件96件，行政复议案件撤变率0；行政诉讼4件（含2件附带赔偿），行政诉讼败诉率0；办理危险驾驶案64件。审批一般事故卷104件、重大事故卷19件。审核拘留卷829件。办理交通事故复核案9起。（戴凤君）

【交通安全监督管理】 年内，检查处理全区56家违法超标专业客运单位，采取内部警告、扣除奖金等问责方式处理单位主管领导8人；采取辞退、调离岗位方式处理违法驾驶员17人；采取禁止机动车上道路行驶执法措施312次；对13个出现重点交通违法的单位进行黄牌警告。管界专业运输单位违法超标率和严重违法发生率同比分别下降6%和13%。（戴凤君）

【"6.15"重大交通事故逃逸案】 6月15日11时许，在永定门内大街天坛医院西门前发生一起交通肇事逃逸事故。支队立即成立侦破小组，通过大量走访、现场调查，结合调取事故周边的视频资料，侦破小组锁定肇事嫌疑人张某某及其车辆。经过研究，制定抓捕方案。7月2日，侦破组成员展开地毯式搜捕、蹲守，在连续搜捕10个小时后，终将犯罪嫌疑人张某某抓获归案。至此，"6.15"重大交通肇事逃逸案件告破。（戴凤君）

东城区公安消防支队

【概况】 中国人民武装警察部队北京市东城区消防支队（简称东城消防支队）是武警现役体制旅级建制，执行一类支队编制。担负东城区消防安全监督管理、消防宣传、灭火救援、应急处突、社会救助、重大活动消防保卫等职责。下辖司令部、政治处、后勤处、防火处4个职能部门，有花市中队、北新桥中队、故宫中队、王府井中队、金宝街中队、地坛中队、龙潭湖中队7个执勤备防中队，天安门中队、正义路中队2支勤务中队，前门站1个临时消防站。在编人员486人。

年内，按照总队党委创新体制机制，争创一流警务工作思路，铸造忠诚、为民、公正、廉洁消防部队，深入开展"三我"活动和消防平安系列行动，打造综合灭火应急救援消防铁军，推进消防基础设施建设。先后推树部局优秀党支部故宫中队、首届北京市公安局十大杰出青年卫士、全国消防部队优秀女警官、1人立个人二等功、19人立个人三等功、145人获嘉奖。

单位地址：东城区左安门西街19号

联系电话：67100736 邮政编码：100061 （魏刚）

【领导调研】 2月1日，公安部消防局政委杨建民到故宫中队检查指导工作。了解官兵在位情况、车辆装备情况，天安门勤务中队基本情况及工作模式，并询问工作情况。杨建民代表部局党委慰问一线消防官兵，并赠送慰问金。2月5日，副市长张延昆带队冒雪检查红桥路口西北桥烟花爆竹零售网点和龙潭湖公园西门加油站消防安全情况。听取网点负责人关于各类安全、消防等工作情况汇报，并实地查看网点内烟花爆竹存放数量，各项安全、消防等规章制度，工作人员消防安全培训及配备，防明火措施，安全燃放宣传教育以及消防应急设备和设施配备情况。在龙潭湖公园西门加油站，查看节日期间人员职守和领导带班，企业安全生产及消防安全应急预案的制定、演练，消防器材和应急物资的维护管理，春节烟花爆竹禁放标示的粘贴等情况落实。总队防火部高级工程师刘玥、区领导王中华等领导参加。5月29日，区领导杨柳荫到支队调研指导工作。听取全区火灾防控工作情况及消防工作思路和有关设想，在肯定工作的基础上，就工作目标、工作措施提出意见。（魏刚）

【面向社会述职述廉会】 7月18日，召开消防监督执法人员面向社会述职述廉大会。总队政委吴志强、区领导王中华、特邀警风监督员、支队全体干部、社会单位和被执法单位法人代表200余人出席。（魏刚）

【庆八一联欢晚会】 7月30日，联合区文化委、龙潭街道在支队四楼会议室举行庆八一军民联欢晚会。有器乐表演《欢乐颂》、相声《笑口常开》、杂技《力量》及区第二文化馆、东城消防支队、龙潭街道等军民组成的表演团队演出的《美丽的心情》《光彩人生》《消防颂》《拥军爱民歌》等节目。区文化委、区民政局、龙潭街道领导，支队班子成员及驻区部队官兵代表、群众代表200余人参加。（魏刚）

【《救火英雄》现场发布会】 10月28日，由珠江、英皇、寰亚3家电影公司联合制作拍摄，多名著名影星主演的电影《救火英雄》现场发布会在东城支队机关大院举行。电影参演全部主创到场,总队消防铁军代表现场表演。市消防局副局长李进、东城消防支队支队长、政委,英皇集团主席、珠江电影集团副总经理、寰亚电影公司副总裁等领导及100余家媒体记者参加。 (魏刚)

【"119"消防宣传周】 11月4日,第二十三届"119"消防宣传周活动启动仪式在百荣世贸商城举行。启动仪式由北京电视台主持人李杨薇主持。著名影视演员胡军应邀参加活动,并作为消防形象大使招募明星志愿消防队队员。总队防火部部长臧桂丛、区领导王晨阳、支队支队长、百荣世贸商城副总裁等领导出席。全区17个街道(地区)主管主任、派出所主管所长、社区居民、消防志愿者以及部分重点单位代表、市民400余人参加。 (魏刚)

检察

【概况】 东城区人民检察院(简称区检察院)是国家法律监督机关,行使检察权,对人民代表大会及其常委会负责并报告工作,受市检察院领导。内设办公室、政治处、案件管理处、侦查监督处、公诉一处、公诉二处、未成年犯罪检察处、网络和电信犯罪检察处、反渎职侵权局、反贪局、职务犯罪预防处、控告申诉检察处、检务接待中心、民事行政检察处、监所检察处、驻东城区看守所检察室、法律政策研究室、检察技术处、法警大队、行政装备处、监察处、机关党委办公室、机关工会、机关后勤服务中心24个部门。在编干警248人,事业编制人员17人。

年内,依法审查批准逮捕各类刑事犯罪1145件1507人,提起公诉1321件1653人。依法办理非法获取公民个人信息达1000余万条、非法控制某购物网站用户账户盗取礼品卡等复杂案件,按照规定办理外国人普通刑事犯罪案件。参与整顿和规范市场经济秩序工作,起诉制假贩假、侵犯知识产权、危害税收征管等破坏市场经济秩序犯罪97件121人。重点打击金融领域刑事犯罪,起诉持有使用假币、妨害信用卡管理及信用卡诈骗等金融犯罪46件55人。打击涉众型犯罪,依法办理诈骗金额近700万元人民币、涉及被害人80余人、犯罪嫌疑人46人的"9.28"特大跨国电信诈骗案等大案。查办和预防职务犯罪,立案侦查25件28人,其中大案23件26人,要案5件5人,侦结案件38件44人,为国家挽回经济损失人民币1000余万元。惩治渎职侵权犯罪,立案侦查6件6人。开展多种主题教育活动,向200余家单位赠送预防职务犯罪书籍2000余册。健全涉罪未成年人社会调查机制,委托司法局"阳光中途之家"开展社会调查31件41人,为公正处理案件和教育、感化、挽救未成年人提供重要的参考依据。深化诉讼监督,监督立案10件13人、监督撤案4件4人、追捕犯罪嫌疑人28人、追诉漏罪47件、追诉漏犯33人。针对罪犯交付执行过程中存在的问题,发出《纠正违法通知书》8份。针对新民诉法实施对民事检察工作的影响,加强均衡结案工作,受理案件79件,连同积存案件结案86件,结案率100%;提请和建议提请抗诉5件。推进全院制度机制统一工作,完善执法办案内部监督体系,建立健全工作规范20余项。区检察院被最高人民检察院评为全国检察宣传先进单位、市人民检察院优秀微电影评选活动组织奖。反贪局被市委政法委评为市人民满意的政法单位争创奖。反贪局、技术处、办公室、公诉一处、侦监处、预防处、研究室被市人民检察院评为市检察机关先进集体。

单位地址:东城区东四北大街265号(北区)

东城区珠市口东大街10-3号(南区)

联系电话:59115749 邮政编码:100007(北区) 100062(南区)

(曹德福)

【妥善处置退休职工集体访】 3月,原北京纸容器厂退休职工27人聚集上访。检务接待中心负责人和轮值处长迅速向主管检察长汇报,启动集体访应急处置预案,通知原案承办部门负责人到场同检务接待中心共同接待上访人。经过3个小时的耐心接待,平复上访人员情绪,全部上访人员陆续离开。 (孙雪明)

【"未检之窗"拓展工作平台】 4月,在腾讯网建立首都检察系统第一个未检官方微信"未检之窗"(微信号:bjdcwj),并正式刊载第一期主题内容。"未检之窗"定于每周二、五各刊发一期,涵括"青春寄语"、"微文共享"、"蕾蕾说法"、"心灵驿站"4个固定栏目。 (孙雪明)

【办结非法吸存案件】 5月,办结一起非法吸收公众存款案件,对犯罪嫌疑人张某某、王某某、楼某某、黄某某依法提起公诉。该案涉案金额巨大,牵涉人员众多,涉案金额高达2.60亿余元,涉案投资人达1700余人。 (曹德福)

【保障未成年人诉讼权益】 6月,在刑事诉讼阶段联合区法律援助中心开展未成年人法律援助,采取提高法律援助专业化,保障检察环节未成年人法律援助渠道畅通;确保法律援助全程化,实现检察环节未成年人法律援助的全面覆盖;法律援助律师积极配合承办人对犯罪嫌疑人进行帮教的具体措施,为15件案件中未成年人20人提供法律援助,其中指定辩护17人,为被害人提供法律援助3人。对未成年犯罪嫌疑人3人作出相对不起诉决定,对未成年犯罪嫌疑人3人作出

不予批准逮捕决定。（孙雪明）

【平安大走访活动】 7月至9月，走访群众60余人次，收集意见建议近100条，开展法制宣传活动20余次，受众500余人次，提供法律咨询服务10余人次，为群众解决法律难题，化解潜在社会矛盾。（孙雪明）

【电子数据检验鉴定】 8月，完成电子数据检验鉴定案件54件，取得市检察院电子数据检验鉴定助理鉴定人资格2人，取得电子证据鉴定人资格1人；1人获全市检察技术领域业务骨干称号。在全市第四届检察业务技能比武中，2人获电子取证能手比赛第一名和第六名。（孙雪明）

【检察建议收到整改效果】 8月，在办理一起诈骗案中，发现区某学校存在违规办学问题。向该校发送"严格遵守北京市教育委员会关于合作办学的规定，在合作办学过程中严格遵循报备义务，以规范办学行为"的检察建议，引起该校重视并回函。结合学校实际情况，对存在问题该校认真检查并进行多方面整改。表示加强监督，杜绝违规办学事件再次发生。（孙雪明）

【书记员业务培训】 9月，开展书记员业务技能系列培训。由长期在办案一线有丰富理论实践经验的处室负责人、业务骨干及全市十佳书记员讲授书记员在庭审流程、庭审记录、卷宗装订等内容和技巧。新入职的大学生17人参加培训。（孙雪明）

【"社保案"审查起诉】 11月，完成张某某、要某某等5被告人"社保案"审查起诉。该案是涉案人数多（嫌疑人9人）、涉案金额大（人民币200余万元）、涉嫌罪名多（贪污罪、挪用公款罪、滥用职权罪、玩忽职守罪）的职务犯罪案件。（曹德福）

【受理信用卡诈骗案】 全年受理信用卡诈骗案件85件85人，较上年的16件16人有大幅攀升。其中，恶意透支型信用卡诈骗案件占到总数的95%以上。（曹德福）

审　判

【概况】 东城区人民法院（简称区法院）是国家审判机关。受理辖区内一审刑事、民事、商事、行政、知识产权和执行案件。管辖面积41.84平方公里，实行南北两区办公，内设机关工会、办公室、干部科、组宣科、教培科、综合科、机关党委办公室、监察室、审判管理办公室、立案一庭、刑事审判一庭、刑事审判二庭、未成年人案件审判庭、民事审判第一庭、民事审判第二庭、民事审判第三庭、民事审判第四庭、民事审判第五庭、民事审判第六庭、民事审判第七庭、民事案件专业审判庭、行政审判庭、审判监督庭、执行一庭、执行二庭、执行三庭、信访工作办公室、研究室、司法警察大队、督促检查办公室、诉讼服务办公室、新闻宣传办公室32个部门，干警510人。

年内，受理各类案件2.22万件，同比上升4.30%，审结2.06万件，审限内结案率99.98%。其中审结刑事案件1192件，判处罪犯1553人；审结民商事案件1.28万件；审结知识产权案件784件；审结行政案件437件；执结案件5416件，执结到位金额10.60亿元。区法院评为全国法院学术论文组织工作先进奖、北京法院模范法院、北京法院先进法院、北京市思想政治工作优秀单位等称号。立案一庭评为市人民满意政法单位，民事审判第一庭、执行局被评为市法院先进集体。1人被评为市优秀思想政治工作者，1人被评为全国法院办案标兵、全国法院优秀廉政监察员。1人获全国法院系统第二十五届学术讨论会一等奖，3人被授予市法院模范法官称号。

单位地址：东城区交道口东大街1号（北区）
东城区永外定安里10号（南区）
联系电话：64012807　邮政编码：100007（北区）　100075（南区）
（余亚宇）

【爱民月开放日】 4月12日，市高级法院院长慕平、市委政法委副书记闫满成、区领导牛青山等到院参观指导，院党组成员、两批巡回法官和100余名干警代表参加活动。来宾与法院干警共同参加升旗仪式，观看诚信工程、"一驻两进"工作专题片和法官自编自演的小品，参观法庭建设，并开展法律咨询。全区280余名人大代表、政协委员、社区群众、武警战士与中学生共同参加爱民月法院开放日活动。（余亚宇）

【协作共建】 6月14日，与故宫博物院举行"文化·法治"共建协议签字仪式。故宫博物院院长单霁翔与法院院长孟祥签署共建协议书，主要内容包括：故宫博物院提供举办弘扬传统文化精髓的讲座和培训等文化服务，法院提供法律咨询、旁听案件、举办法律专题讲座等法律服务。故宫博物院副院长王亚民、陈丽华、宋纪蓉、冯乃恩与法院全体党组成员参加。（余亚宇）

【司法交流】 7月19日，香港特别行政区终审法院首席法官马道立一行到区法院参观交流并旁听刑事案件。听取区位特点、发展历程及内地法官选任等情况介绍。马道立表示通过了解内地法院建设及工作情况,加深香港特区法院对内地司法流程的了解,建议双方开展更多司法交流。10月16日,白俄罗斯最高法院院长苏卡洛等4人到区法院参观访问。参观阳光大厅、大法庭及历史长廊,旁听商事案件的审理。院领导结合区位特点,介绍法院审判职能、机构及人员情况,并就法院整体工作和法院文化生活与来宾交流。苏卡洛院长介绍白俄罗斯法院整体情况。双方认为,两国司法制度既相似又各具特色,希望加强司法交流,互相借鉴良好经验,提升司法水平。 (余亚宇)

【刑事审判】 依法打击严重刑事犯罪,审结抢劫、强奸、故意伤害、毒品犯罪案件224件。严惩多发性侵财犯罪,审结盗窃、电信诈骗类犯罪案件681件,同比上升13.90%。依法惩治职务犯罪,审结贪污贿赂、渎职犯罪12件,判处罪犯17人。坚持罪责刑相适应原则,防止量刑失衡,准确把握宽严相济刑事政策,对34人判处十年以上有期徒刑,宣告缓刑112人,未成年人犯罪非监禁刑适用率达36.70%。严格证据制度,防止冤假错案,推进非法证据排除规则适用与证人、鉴定人出庭作证工作。重视人权保障,在未成年人犯罪案件中探索施行合适成年人参与庭审机制。 (冯宁)

【民商事审判】 妥善处理涉及限购、限贷政策的房地产案件,审结房屋买卖合同纠纷、拆迁纠纷、物业纠纷等房地产案件1918件,涉案金额1.12亿元。妥善审理婚姻家庭继承案件1993件,医疗纠纷案件118件,相邻关系纠纷案件190件,其中69.60%的案件以调解方式结案。审结劳动争议案件1186件,审结涉企业股东权益、公司清算、企业破产案件75件。审结买卖、租赁、运输、服务等合同纠纷案件419件,涉案金额1.40亿元。审结借款、信用卡、保险等案件2431件,同比上升35.70%,涉案金额9.87亿元。深化联合调解机制,加大与保险行业协会联合调解力度,保险案件调解率64.70%。 (冯宁)

【行政审判】 判决撤销或部分撤销具体行政行为、确认行政行为违法、责令履行法定职责71件,行政机关一审败诉率16.30%。加强行政案件协调解决力度,促进行政纠纷实质化解,18.90%案件原告与行政机关达成和解并自愿撤诉。深入开展行政审判年度报告工作,与区政府联合召开加强司法与行政良性互动、共同促进依法行政座谈会。针对道路交通管理、信息公开、违法建设查处等易发行政诉讼领域,加大司法建议力度,引导规范行政执法。发挥行政审判法制教育功能,组织区委党校中青班学员、市级机关副处级公务员、东城交通支队等100余人旁听典型行政案件庭审。 (冯宁)

【执行工作】 加大执行力度,严厉打击规避执行行为,拘留53人次,罚款95万元,限制出境40人次。落实最高法院《关于公布失信被执行人名单信息的若干规定》,公布拒执人名单18人次。实施紧急执行无假日制度,紧急执行33次。规范案款分配及参与分配程序,做好案款发放工作,执行案款全面纳入数字化管理,发放案款4.21亿元。保障市、区重点工程建设,执结前门一号地段、西革新里强制拆迁案。处理北京工美集团申请执行红宝石娱乐中心腾房案等37件案件。 (冯宁)

【审判质量管理】 开展案件质量重点评查专项活动,发挥"审判管理、纪检监察、信访投诉"三位一体案件评查机制作用,评查案件156件,抽查案件1400余件,认定差错案件16件,一审判决案件改判发回重审率由上年的0.23%降至0.21%,审判质效综合指数排名全市法院首位。强化审判效率管理,加强立案、审判、执行的内部衔接,整体推进综合部门与审判部门协调配合,消除案件流转过程中的瓶颈,形成全院一体化工作格局。实行案件繁简分流,落实均衡结案,开展审限动态监控,结案均衡度明显改善。着力规范审判权运行,加强和规范合议制,发挥合议庭功能作用,解决合而不议、简单附议等问题。注重对审判质效指标分析研判,尊重审判规律,突出法定审限内结案率考核,避免盲目追求结案数出现突击结案、控制收案等影响当事人权益现象。完善考评工作制度,明确错案认定标准,健全问责机制,引导审判活动公正高效运行,严守防范冤假错案的底线。 (冯宁)

【巡回法官"一驻两进"】 选派第二批巡回法官17人进驻全区17个街道开展工作。巡回法官通过履行"六员"(宣传员、助理员、调解员、联络员、信息员、调查员)职责,依托派出所、司法所、街道等联合调解平台,开展形式多样的调解工作,参与多元矛盾化解,为群众提供法律服务近600次,参与调解纠纷300余起。创新普法宣传载体,成立法律宣讲团,利用巡回法官职务微博、便民服务车等平台,深入社区、学校、军营、企业提供讲法服务,开展普法宣传活动206次,参与群众1万余人。为街道违法建设专项治理、保障性住房档案规范化建设与特色街巷法治建设等工作提供智力支持。协助推进街道领导干部学法计划,加大对基层人民调解力量的指导培训力度,开展人民调解协议司法确认工作。"一驻两进"工作被评为全国法院党建创新优秀案例。 (冯宁)

【司法公开和司法民主】 加强督办联络工作,拓宽代表监督渠道,开通代表手机报,向全区人大代表、特邀监督员发送法院工作信息。坚持"请进来"联络活动常做常新,组织代表、委员视察法院工作、旁听庭审13次。加强人民陪审员工作,探索实施陪审员动态增补机制,实现陪审员退出和增补平衡。研发陪审员工作管理系统,实现参审预约全程信息化调控。注重陪审员业务培训,不断提升素质能力。发挥陪审员在诉前调解、执行监督、信访化解等工作中的作用。加强司法公开和民意沟通,提升司法公开实际效果。开发应用数字高清法庭、电子送达告知平台与远程视频庭审系统,组织庭审网络直播60余次。落实重要程序事项告知制度,推进裁判文书上网,实施重大信访案件与执行异议案件听证制度。加强新闻通报与舆情回应,在各类媒体刊发宣传稿件3582篇。组织"法院开放日"活动,群众代表280余人到院参观。

(冯宁)

【便民利民举措】 加强诉讼服务,完善内部服务机制,注重对当事人的指导与帮助,实行导诉咨询、案件查询、收转材料、案款缴纳等"一站式"服务。加强与鉴定机构协商沟通,建立999急救保障机制。延伸立案窗口服务职能,组建便民诉讼党员先锋队,为年老、疾病、残疾等特殊群体提供上门立案服务。加大诉前调解力度,促进源头化解,调撤案件385件。施行院庭长接待制度,全年接待群众来访5335人次。依法妥善化解涉诉信访案件42件,化解率居全市法院前列。

(冯宁)

【著作权纠纷案】 2006年8月,原告中国青年出版社出版《舌尖上的中国》一书,署名马某某、肖某选编,图书封面右下角标有"文化名家说名吃",图书搜集106篇有关饮食主题的名家散文。2012年6月,被告光明日报出版社和凤凰联动公司共同出版发行《舌尖上的中国》一书,署名编者为中央电视台纪录频道,该书分7个章节,采用图片与文字相组合,提供主要食材的相关资料,每章后收录有关美食的文章。原告称,被告方出版发行的《舌尖上的中国》一书侵犯了原告汇编作品著作权,请求法院判令被告停止出版、复制、发行、销售《舌尖上的中国》一书,并在《中国法制报》上刊登道歉声明。法院经审理认为,图书名称"舌尖上的中国"系2个通用名词的简单组合,无法体现作者对此所付出的智力创作性,此6个字的组合不是著作权法所保护的作品。比对2本图书,原告主张权利的图书和被控侵权图书不论从图书表现形式、章节划分,抑或图书内容体例的选择和编排均不相同,被控侵权图书具有自己的特点和独创性,被告共同出版的图书《舌尖上的中国》未侵犯原告相关权利。1月15日,区法院依法判决驳回原告马某某、肖某全部诉讼请求。一审宣判后,双方当事人均未上诉,判决生效。 (余亚宇)

【非法吸收公众存款案】 被告人李某某于2006年10月成立北京天安投资顾问有限公司。2007年4月至2010年6月期间,任公司法定代表人的李某某伙同副总经理何某某、财务总监程某某、业务主管陈某某、魏某某等人,在未取得金融许可证的情况下,通过参加北京国际金融博览会、随机拨打手机号码等途径向社会公开宣传,承诺通过该公司投资金亿枫酒店股权、新能源等项目,按投资人选择的投资期限以年利息12%—48%还本付息及股权投资方式,先后向北京、河北400余名社会投资者非法吸纳存款人民币8837万余元。法院经审理认为,被告人李某某等人未经批准吸收或变相吸收公众存款,数额巨大,均已构成非法吸收公众存款罪。其中李某某到案后协助抓捕其他同案犯,构成立功;被告人魏某某犯罪后自动投案,构成自首。上年12月19日,区法院依法判决:被告人李某某犯非法吸收公众存款罪,判处有期徒刑八年,并处罚金四十万元;被告人何某某犯非法吸收公众存款罪,判处有期徒刑七年,并处罚金三十五万元;被告人程某某犯非法吸收公众存款罪,判处有期徒刑六年,并处罚金三十万元;被告人陈某某犯非法吸收公众存款罪,判处有期徒刑四年六个月,并处罚金二十万元;被告人魏某某犯非法吸收公众存款罪,判处有期徒刑三年,并处罚金十万元。一审宣判后,公诉机关未提出抗诉,被告人李某某、何某某、程某某不服,上诉至北京市第二中级人民法院,3月18日二审法院作出判决,维持原判,判决生效。

(余亚宇)

【重大境外电信诈骗案】 被告人许某某等14人、吉某某等14人、林某某等17人先后出境印度尼西亚,在印度尼西亚雅加达市一别墅内,冒充中华人民共和国司法工作人员身份,通过电信技术手段,采用向中华人民共和国境内拨打电话,向被害人虚构个人信息泄露、涉嫌犯罪、资产需要保全等方法,诈骗被害人近100人人民币666.58万元。法院经审理认为,上述3起案件被告人以非法占有为目的,共同通过电信技术手段,采取虚构事实、隐瞒真相的方法,骗取他人钱财,且数额特别巨大。其行为侵犯了公民的财产权利,均已构成诈骗罪,依法应予刑罚处罚。9月12日,区法院依法判决:上述案件被告人45人均犯诈骗罪,分别判处十二年至二年六个月不等的刑期,并分别判处相应罚金。其中,许某某犯诈骗罪,判处有期徒刑十一年,并处罚金一万一千元;吉某某犯诈骗罪,判处有期徒刑十二年,并处罚金一万二千元;林某某犯诈骗罪,判处有期徒刑八年,并处罚金八千元。一审判决宣判后,吉某某等被告人不服,上诉至北京市第二中级人民法院,二审法院维持原判,判决生效。 (余亚宇)

军 事

人民武装

【概况】 东城区人民武装部(简称区人武部)受北京卫戍区和中共东城区委、区政府双重领导。内设军事科、政工科、后勤科。

年内,完成三天两夜徒步行军50公里的野外拉练;组织收看全国"两会"直播,学习会议精神;参与"5.12"防灾减灾日演练;接待乌鲁木齐市国教办到区参观社区国防教育工作。

单位地址:东城区龙潭路12号

联系电话:64030768 邮政编码:100061 (陈文君 曹剑)

【民兵安保执勤】 2月27日,部署全国“两会”期间民兵执勤工作。对人员选调、值勤规定、精神状态等提出具体要求。东城公安分局巡警支队警官就如何处置情况进行业务培训。3月1日、11月2日,先后两次组织民兵330人定点守护55处桥梁和地下通道。协助公安部门处置非法上访、寻衅滋事等30余起突发情况。 (陈文君 曹剑)

【领导调研慰问】 3月8日,卫戍区政委高东璐到东长安街王府井南口地下通道民兵执勤点,检查慰问全国“两会”期间民兵执勤工作。询问民兵执勤时间、工作任务、应急预案等情况,实地查看民兵执勤规范、装备和执勤任务部署图,并肯定民兵执勤工作。6月6日,卫戍区司令员郑传福围绕解决中心城区“征兵难”、加强民兵应急力量建设和发挥军地桥梁纽带作用等问题到区调研。了解年度工作情况及存在的主要问题和原因,并研究探讨解决问题、推动工作的办法和措施。7月26日,杨柳荫带领四套班子领导到卫戍区机关慰问全体官兵。卫戍区政委高东璐接见慰问团,区领导介绍东城经济社会发展情况,对卫戍区支持区建设表示感谢,同时向卫戍区指战员预祝建军节愉快。10月18日、22日,区人武部领导前往顺义区平各庄武警六支队新训基地、大兴区安定镇武警十四支队新训基地和房山区良乡卫戍区一师四团新训基地,看望新战士们。专程送去猪肉、鸡蛋、牛奶、水果、生活用品等慰问品和慰问金。 (陈文君 曹剑)

【民兵预备役工作会】 3月19日召开。听取东四街道、东花市街道工作述职。传达市民兵预备役工作会议精神,总结上年民兵预备役工作情况,部署本年任务。通报表彰和平里等5个街道武装部为先进基层武装部,9人为优秀专武干部。区领导杨柳荫、汤钦飞等出席。区相关委办局领导,街道工委书记、武装部部长和市属公司专武干部60余人参加。 (陈文君 曹剑)

【军地领导植树】 4月6日,卫戍区副政委郭志刚,区领导杨柳荫、牛青山等到明城墙遗址公园绿地,与驻区部队领导、市民代表、中小学生一起平整土地、栽树、浇水,共同种下100余株树木。 (陈文君 曹剑)

【民兵应急分队集训】 5月2日,区民兵应急分队在市民兵高炮指挥训练中心进行为期10天的防洪抢险、维稳课目综合训练,全区130名应急分队人员参加集训,并参加市民兵应急分队授旗仪式及训练考核。 (陈文君 曹剑)

【征兵工作】 6月24日,区征兵办分别到所属高校开展征兵宣传。7月22日,召开夏秋季征兵工作动员部署会议。汤钦飞宣读《东城区人民政府 东城区人武部2013年夏秋季征兵命令》,区人武部部长总结上年冬季征兵工作,部署本年夏秋季征兵工作,会议表彰冬季征兵工作先进单位。8月3日,全区17个街道在繁华地点设立宣传点开展征兵宣传。发放征兵宣传资料2万份,接受适龄青年1225人报名。 (陈文君 曹剑)

【便民服务】 7月1日,开展“践行党的宗旨、密切联系群众”为主题的党日活动。驻区部队官兵在中国美术馆东花园开展家庭装修咨询、计算机问题咨询、法律咨询、家电维修、身体检查、自行车修理、磨剪刀、理发等服务活动。 (陈文君 曹剑)

【欢送夏秋季新兵入伍大会】 9月3日召开。区人武部部长宣布夏秋季新兵入伍批准书,汤钦飞宣读东城籍优秀现役军人和优秀军属的通报,军地领导分别给新兵代表佩戴光荣花并赠送纪念品,给受表彰的优秀东城籍现役军人颁发奖牌。新兵代表表决心,家长代表和接兵部队代表发言。牛青山讲话并提出要求。 (陈文君 曹剑)

【军事设施保护】 年内,区人武部协调东城规划分局等相关部门重新划定辖区内军事设施保护范围,对15个驻军单位划定16处军事设施保护,其中军事禁区3处,军事管理区12处。 (陈文君 曹剑)

【国防教育】 年内,组织区国防教育宣讲团举办5场国防知识和安全形势报告会,组织区四套班子和有关委办局主要领导100余人过军事日活动,完善区国防教育网、国防知识手机信息网,提高国防教育影响力。 (陈文君 曹剑)

人民防空

【概况】 北京市东城区民防局挂北京市东城区地震局牌子,简称区民防局(区地震局),是负责全区人民防空、防震减灾相关工作的区政府工作部门。内设办公室(监察科)、工程建设管理科、指挥通信科、法制科、防震减灾科。有公务员31人、工勤2人。下辖正科级全额拨款事业单位2个,其中区人防工程管理服务中心,编制17人;区民防指挥通信中心,编制22人。

年内,落实第六次全国人民防空会议精神,按照军事斗争准备总体要求和“十二五”人防建设发展规划,坚持以人为本、民防为民,履行岗位职责,完成为民办实事、人防工程管理、指挥通信;依法行政、防震减灾等各项工作。6月,组织中国交通水运规划设计院有限公司职工参观东直门街道宣教中心。完成由区医疗、城建等20个单位及人员组成的区级人民防空专业队伍调查整组。

单位地址:东城区东四五条172号

联系电话:84006512 邮政编码:100010 (马丽芝)

【应急救援队伍】 3月1日,制定《东城区民防局特种应急救援队年度训练计划》。5月底,接验市民防局配发区民防特种应急救援队90种装备物资。12月底,完成库存设备数据库、物资展示室建设,为救援器材配备搬运箱。年内,分4个季度组织完成区民防特种应急救援队基础训练、专业训练、综合训练。 (马丽芝)

【防灾减灾宣传】 “3.1”国际民防日、“5.12”防灾减灾日、全民国防教育日以及“10.31”新中国人民防空创立日4个时段宣传活动中，街道、学校开展多种形式宣教活动，发放宣传品2万余份，参与活动的社区居民、学校师生达6万人次。宣传教育进社区活动，各街道民防宣教中心全天免费开放，组织市民在宣教中心观看防灾教育影片，参与地震和消防仿真体验，学习避险要点。在中国民航信息集团总公司举办地震知识展览，展出展板6块；向员工发放地震安全宣传手册100本、宣传品100套；用LED显示屏循环播放防震减灾公益广告和电影《昨天·今天·明天》。民航总公司运行中心团委利用微博平台举办为期一周的普及防震知识保护生命安全知识竞赛。（马丽芝）

【领导调研】 3月12日，市民防局局长刘宝杰一行5人考察区民防指挥中心。听取指挥中心建设情况，刘宝杰对指挥中心日常维护管理工作给予肯定，强调要把民防指挥通信工作融入区政府应急管理体系，承担好政府备份应急指挥平台作用，汲取指挥中心建设经验，在街道指挥宣教场所建设中灵活运用，带动防空防灾宣教工作开展。（马丽芝）

【警报通信】 4月26日，组织区、街警报人员26人进行警报维护管理业务培训。5月、9月，对全区55台防空警报器终端进行2次加电测试。6月，完成更换20套年久蓄电池。年内，完成应急指挥通信车拉动训练、集中驻训。在防汛、节假日及重大活动期间，承担全区应急值守、突发事件处置等保障任务。（马丽芝）

【法制教育】 4月26日，组织区人防工程管理服务中心和街道从事人防工作的40余人，结合人民防空工程和普通地下室安全使用管理办法，开展专题讲座。4月，组织新增执法检查人员13人进行人防法规培训，通过考试取得执法证书。执法人员2人参加区法制办执法资格公共科目考试和北京市民防局执法资格专业科目考试取得行政执法资格。7月4日，举办《合同及合同法知识介绍》法律知识讲座，执法干部20余人参加。9月9~10日，组织人防工程使用责任人260人进行人防法律、法规培训。（马丽芝）

【平稳度汛】 4月，汛前修订年度防汛预案和人防工程防汛工作方案，组建区、街道两级防汛指挥部，明确防汛值班要求和应急抢险程序，严格落实防汛值班制度。5月，检查检修抢险设备，补充防汛物资、设备，组建由市人防开发建设总公司项目四部、八部、九部、十部组成的4支抢险队伍，对抢险器材使用进行培训。6月，普查早期人防工程，消除安全隐患，累计出动检查人员450人次，确定隐患工程37处，1.14万平方米，并对隐患工程进行回填；组织2次有针对性防汛抢险演练。7月至9月，对11处、218平方米人防工程险情抢险抢修、妥善处理，确保汛期安全。（马丽芝）

【指挥演练】 5月8日，在东花市街道花市枣苑小区组织防空防灾人员疏散掩蔽演练。包括应急帐篷搭建、防空疏散掩蔽、人员急救包扎、防空防灾知识讲解及人防设备设施参观等科目，进一步加强居民防护意识和能力。区民防特种应急救援队、社区居民近40人参加演练。9月底，投入资金约40万元，完成北新桥、天坛街道指挥平台建设工作。（马丽芝）

【工程建设】 6月17日，组织相关单位责任人进行人防工程维护维修技术培训，学习安全生产知识，局领导与建设管理单位签订《早期人防工程治理施工合同》《安全协议书》及《施工监理合同》，使治理工作安全、质量、进度有保证。9月底，利用人防工程为社会提供513个停车位，提前超额完成为民办重要实事任务。完成早期人防工程治理回填7843平方米，维护维修13处，投入经费823万元。按照制度流程办理使用人防工程许可71处16.36万平方米，其中宣教中心1处、应急物资库1处、汽车库28处、仓库16处、娱乐活动场所1处、旅馆12处、办公11处、员工宿舍1处。办理竣工认可3处9535平方米，并按规定办理完成工程交接。（马丽芝）

【比武竞赛】 7月至11月，组织局及事业单位全体人员参加全国人防系统训练比武竞赛。制定《东城区民防训练比武竞赛实施方案》，全员参加理论预赛考试，合格率100%。选拔8人参加全市初赛，2人被市民防局选派参加国家人防办汇报展演，并获先进个人。1人获市民防局训练比武竞赛先进个人。竞赛活动为培养人民防空“六会”（会读、会记、会算、会写、会画、会传）型人才，“六能”（能掌握人防基础理论、能了解信息技术、能熟悉战技性能、能使用装备器材、能维护设备设施、能排除常见故障）型技术骨干，打下基础。（马丽芝）

【综合整治】 年内，明确整治工作重点，梳理建立整治台账，制定清退一批、转型一批、规范一批工作思路，采取约谈告知、综合治理、法律诉讼等6项具体措施推进清退工作。完成清退、转型、规范公用工程51处，市民防局下达折子工程27处。对拒不腾退的永外富莱茵11、13号楼使用单位提起诉讼，法院判决其按期腾退侵占使用的人防工程。根据市、区人防工程使用规划要求，人防工程住人面积不能超过人防工程总面积20%，12月底达到15.27%。（马丽芝）

【安全检查】 会同东城消防支队、区安监局、东城公安分局、区卫生局等部门对人防工程进行防汛、防火安全联合检查，出动4124人次，检查人防工程1931处，发现并消除房间内吸烟等一般安全隐患382处。（马丽芝）

【行政执法】 年内，对都市馨园21号楼人防工程使用合同到期拒不腾退案申请法院强制执行。起诉案件2起，民防局胜诉，法院判决被告限期将使用工程腾退并补交使用费。与人防工程使用人约谈30次；执行行政处罚28起，其中一般程序处罚2起；罚款总额5.42万元。在市民防局、市法制办及区法制办行政处罚案卷评查工作中，报送2份案卷均评为优秀卷。（马丽芝）

【防震减灾】 年内，会同街道办事处完成东花市街道枣苑社区、永定门外街道管村社区地震安全社区创建。全区有地震安全社区6个。会同区教委完成114中学、景泰小学防震减灾科普示范学校建设,全区有防震减灾科普示范学校6所。为修订完善《东城区地震应急预案》,对全区避难场所、公园绿地、学校操场、危险源等基础数据进行核实补充、收集整理。 (马丽芝)

武警六支队

【概况】 中国人民武装警察部队北京市总队一师第六支队(简称武警北京市第六支队)下设司令部、政治处、后勤处,下辖多个大队、中队及直属分队。驻守在以东城为主的北京市多个城区,担负辖区内多个重要目标的执勤任务。

年内,狠抓核心价值观培育,深入开展"坚定信念,铸牢军魂"主题教育活动,经常性思想教育教案被总队推广,"警营博客秀"节目参加总队文艺汇演,新训政治工作全师排名第一,新兵野营拉练、二中队老兵复退纪实新闻被北京电视台转播。《紧贴形势需要,筑牢三道防线,坚决打赢"四反"斗争主动仗》等16篇经验分别被总部、总队、师转发。完成"两会"、"7.5"、"10.28"等重大任务,实现39处固定执勤目标绝对安全。全年妥善处置各类情况780余起,5人因处置情况稳妥立个人三等功。支队连续7年被评为先进支队。

单位地址:东城区东四北大街府学胡同甲1号

联系电话:52197024 邮政编码:100007 (陈武)

【领导调研】 2月2日、16日,4月19日,8月11日,总队司令员王炳深带领总队机关首长检查指导支队工作,慰问一线执勤官兵。7月20日、8月1日,总队政委程伟带领总队机关首长检查指导支队工作,慰问一线执勤官兵。10月4日,武警部队政委许耀元到一师六支队十六中队民族园首长住地检查指导。11月25日,武警部队司令员王建平视察北京站中转服务接待工作。 (陈武)

【安全警卫】 2月24日,完成雍和宫、钟鼓楼地区烟花燃放维护秩序任务。3月2～17日,完成14次大会现场、2处代表委员住地、2条大会行车路线安全警卫、18个小区巡逻和机动备勤等任务,累计用兵1.38万人次,处置有碍安全突出情况5起,实现"三个确保、一个展示、三个满意"的总体目标。 (陈武)

【领导慰问】 9月16日,全国人大原副委员长布赫慰问六支队66号首长住地执勤官兵。10月10日,原国务委员唐家璇慰问六支队89号首长住地执勤官兵。10月22日,文化部副部长杨志今慰问六支队文化部执勤点官兵。11月22日,最高人民检察院检察长曹建明慰问六支队最高检执勤点满服役期老兵。 (陈武)

【双拥共建】 强化与62个区属单位、学校的共建联系,开展国防教育13场次,受教育群众、学生达2万余人。与46所中小学共同成立的少年军校,军训学生5000余人,其中史家小学、府学小学等5所少年军校被评为首都先进少年军校。在东城区设立5个便民服务站、18个便民服务小分队,采取定点服务、上街服务和上门服务相结合形式,为驻地群众提供理发、修理、医疗等义务服务。 (陈武)

【后勤保障】 推广军人保障卡实施,推进机关公务用车改革、集约化办伙等后勤改革,开展伙食管理月、枪弹"五个一遍"和出租房屋检查治理。组织专业技术兵培训6批71人次。全年出车8360台次,行驶140万公里,动用枪弹64次21万余发,实现万无一失。依托东城职教中心培训中级厨师20人,卫生队下部队巡诊送药20余次,诊治病号600余人次。 (陈武)

东城区政法、军事机构负责人

区人民法院

院　长	孟　祥(9月免)
	赵　军(11月任)

区人民检察院

检察长	殷　健(11月免)
	蓝向东(11月任)

市公安局东城分局

局　长	谢世龙
政　委	滕　健

市公安局公安交通管理局东城交通支队

支队长	张　经
政　委	刘石刚(4月免)
	吴学军(8月任)

中国人民解放军北京市东城区人民武装部

党委第一书记	杨柳荫
部　长	展　辉
政　委	徐文熬

区公安消防支队

支队长	刘海龙
政　委	李树义

天安门地区公安分局

局　长	武顺发
政　委	刘晓燕

武警六支队

支队长	艾　均
政　委	常　宏

综合经济管理

经济改革和社会发展

【概况】 东城区发展和改革委员会(简称区发改委),是负责全区国民经济和社会发展统筹协调、经济体制改革综合协调的区政府工作部门,负责辖区内价格监督检查、管理工作,对价格违法行为实施行政处罚,受理有关价格方面的举报、投诉,提供价格服务、进行价格政策宣传、接受价格咨询。东城区价格认证中心系区发改委所属全额拨款事业单位,负责对区域内司法和行政执法机关在司法和行政过程中涉及的涉案财产进行价格鉴定;在规定时间内出具具有法律效力的涉案财产价格鉴定结论书。区发改委内设办公室、发展规划科、国民经济综合科、固定资产投资科、资源节约与环境保护科、价格收费管理科、经济体制改革科、能源监察科(东城区电力管理办公室)、法规科(东城区重大项目稽察办公室)、人事监察科(党务办公室)10个机构,机关行政编制43名。区发改委所属北京市东城区物价检查所(简称物价检查所)内设综合科、案件复审科、医疗和药品价格检查科、收费检查科、价格检查科、市场检查科、社会监督科7个机构,行政编制42名。

年内,获得市政府老旧小区电网配电设施改造工程补助资金2257万元。把握实施城南行动计划机遇,19个项目争取到市发改委直接投资及资金补助10.57亿元。地区生产总值1571.10亿元,同比增长8.30%;区级财政收入完成147.13亿元,同比增长9.10%;社会消费品零售额839.16亿元,同比增长5.60%;完成全社会固定资产投资195.10亿元;城镇居民人均可支配收入达4.17万元,同比增长8.10%。全区主要经济指标均完成计划,区域经济保持平稳增长。对商品和服务价格开展以整治规范市场价格秩序、价格行为的专项检查。制定《进一步完善东城区产业促进、招大选强政策及工作机制实施方案》《2013年东城区"招大选强、增收节支"工作折子工程》,区招大选强、增收节支工作办公室设在区发改委。起草《东城区2013年国民经济和社会发展计划执行情况与2014年国民经济和社会发展计划草案的报告》,经区第十五届人民代表大会第四次会议审议批准。完成上年度区县医改督导考核工作。完成19家集体资产管理协会年检。上年节能目标责任考核获优秀等次,获市节能先进区县、市减排先进区县称号。

单位地址:东城区打磨厂街3-1号
联系电话:64079927 邮政编码:100062 (袁萍 张晔)

【建立功能区统筹机制】 针对区域特点,提出统筹功能区发展工作思路。3月,起草《关于建立东城功能区统筹协调工作机制的初步探索》。建立功能区统筹发展联席会议制度,梳理各功能区经济监测需求,协同统计局推进功能区统计监测工作。 (张晔)

【规范化建设年活动】 3月,物价所开展规范化建设年创建活动。活动分为6个阶段,出台配套文件12个。聘请7名行政执法监督员;建立教育、医疗、大型商超和物业等管理相对人资料共享数据库,形成联系长效机制;召开教育、医疗、宾馆饭店、大型商超和房地产经纪公司等行业经验交流现场会,宣传价格法律法规,树立行业典型;完善现有工作制度。建立和修订52个工作流程、63个工作制度。 (王丽)

【收费许可证年审】 3月至5月,开展上年行政事业收费许可证年审和换证工作,换发收费许可证440个(正本162个副本278个)。应参加年审行政事业性收费单位169个,实际年审行政事业性收费单位169个,年审率100%,年审合格率100%。撤销收费许可证21个(正本7个副本14个)。 (师佳媛)

【领导调研】 4月10日,国家发改委价监局局长许昆林到区发改委物价检查所调研。听取区发改委、物价检查所负责同志情况汇报,分析一季度价格形势和价格监管任务,提出创新新时期价格监管建议。市物价检查所领导陪同。 (王丽)

【完善政府投资管理制度】 4月18日,下发《关于进一步加强东城区政府投资建设项目管理的通知》,规范完善政府投资建设项目决策机制、加快项目建设、规范投资概算调整流程、严格超投资项目解决方式、强化责任追究机制等5个方面的管理。10月8日,下发《关于东城区政府投资建设项目代建机构管理办法(试行)的通知》,通过公开招标重新建立政府投资建设项目咨询评估中介机构库和代建机构库。 (朱江)

【"十二五"规划中期评估】 4月,制定《东城区"十二五"规划中期评估工作方案》,组织区内50余家单位评估"十二五"规划纲要、55项专项规划、3个东城行动计划,完成《关于东城区国民经济和社会发展第十二个五年规划纲要实施情况的中期评估报告》暨《东城区国民经济和社会发展第十二个五年规划纲要部分指标调整方案(草案)》,区政府常务会、区委常委会、区人大财经委扩大会议以及区人大常委会审议通过。（李香芹）

【节能宣传周活动】 6月15日在新世界商场启动。活动倡导绿色行动、践行节能、东城先行,实现节能宣传进商区、进机关、进企业。市区有关领导、政府机关、企业和社区居民代表60余人参加。（李明博）

【节能产品技术推介会】 6月19日在康铭大厦举办。推介会介绍新能源利用、循环经济及资源回收利用、能源管控可视化等节能先进技术,宣传解读能源审计、清洁生产审核、能源利用规划等能源管理新思路和相关优惠政策。国家开发银行北京分行推出绿色信贷及低碳金融服务产品,与区用能单位对接,提供资金支持。区低碳城区建设和节能工作领导小组成员单位、年综合能耗5000吨标准煤以上重点用能单位及节能服务企业相关负责人近100人参加。（李明博）

【夏季电力安全检查】 8月26日,区发改委联合区安监局、属地街道,对东城变电站、木樨园变电站、崇文门变电站、松鹤分界室在建施工工地、内蒙古大厦北侧有限空间、同仁医院配电室等进行30余人次专项检查,并下达整改通知书,年底前整改措施已落实。（金晶）

【建立区公共机构名录库】 10月至11月,调查统计辖区内各级各类公共机构基本情况,横向到边、纵向到底,将570家公共机构数据录入数据库,完成区公共机构名录库建设。（李明博）

【聘请行政执法监督员】 11月,区物价检查所制定《价格行政执法特邀监督员工作办法》,聘请7名来自商场、医院、机动车停车公司等单位的价格行政执法特邀监督员,并颁发聘书。（王丽）

【重点用能单位能源审计】 年内,对北京协和医院、北京同仁堂股份有限公司和东方广场等11家重点用能单位开展能源审计。耗时5个月,核查分析能源利用的物理过程和财务过程,完成能源审计报告和11家能源审计项目报告初审,上报市发改委争取市级资金支持。（李明博）

【经济会商机制】 完善多层次经济会商和分析会议制度,协同各综经部门监测、分析和调度全区主要经济指标,坚持常态化专题会和月度、季度会商,全年召开11次月度、季度经济分析会商会,形成6篇月度形势分析,3篇季度形势分析报告,加强统筹经济工作。（张晔）

【审批重大建设项目】 审批完成崇文门内大街道路工程、安乐林路道路工程等政府投资项目,核准玉河历史文化保护区保护修缮项目南区SC07－3、SC07－4地块项目等企业项目,完成东四北大街钱粮胡同8号老宅翻新项目等备案工作。（朱江）

【价格管理与监测】 年内,核准机动车停车场收费标准114件,调整学生住宿收费标准1件,完成71家非学历教育培训机构收费标准备案工作。监测副食品、成品油、液化气、房地产、日用消费品、居民服务221品种价格,上报监测数据5万余个,报送信息48篇。完成调研报告《关于山西天镇蔬菜直营店在东城区经营状况的调查》。（师佳媛）

【减少污染举措】 年内,全区型煤销售8836.54吨,相比上年的1.50万吨大幅减少。以“煤改电”项目核准为重点,核准电力项目27件,推动电力民生工程落地。实现优质无烟型煤百分百替代,获得市级奖励,并下达奖励资金150万元至辖区煤炭企业。（金晶）

【变电站选址】 年内,协助城区供电公司办理相关手续,经与有关部门多次沟通协调,确定110千伏、220千伏两家变电站选址在红桥路口西北角及龙潭湖公交场站南侧。（金晶）

【查处价格违法案件】 全年检查1625家单位价格行为。查处价格违法案件288起,经济制裁总金额116.59万元,其中罚款24.59万元、没收违法所得85.73万元、退还消费者6.27万元、上缴财政110.32万元。（王丽）

【办结投诉案件】 年内,受理投诉300件,无问题135件,纠正109件,协商解决28件,立案处理23件,罚款2.69万元,协调退款745元。办结率100%。（马凤玲）

【价格鉴定】 全年涉案财产价格鉴定委托652件,总鉴定金额1412.89万元,办结率100%,差错率、复核率为零。（王有才）

人力资源·社会保障·机构编制工作

【概况】 东城区人力资源和社会保障局(简称区人力社保局),是负责全区人力资源、就业社会保障、机构编制工作的区政府工作部门。主要职责为贯彻执行国家、市关于人力资源、就业社会保障、机构编制方面的法律、法规、规章和政策;拟定区人力资源、就业社会保障、机构编制事业发展规划、工作措施,并组织实施和监督检查。区人力社保局(编办)设办公室、党群工作办公室、调研科、法制科、公务员管理科、教育培训科、就业促进科、职业能力建设科、流动调配科、专业技术人员管理科、劳动关系科、机关事业单位工资福利科、医疗保险科、养老保险科、工伤保险科、社会保险基金监督办公室、人事争议仲裁科、调解仲裁科、劳动监察科、信访办公室、财务科、人事科、纪检监察科、离退休老干部管理科、政府人事科、编制管理一科、编制管理二科、监督检查科等28个机构(其中区人力社保局25个,区编办3个)。下设社保中心、医保中心、劳动监察一队、劳动监察二队、劳服中心、劳鉴中心等6个参照公务员法管理事业单位;人才中心、职业技能鉴定管理中心、人才培训考试中心、信息管理中心、机关服务中心、军转安置中心、劳动人事仲裁院、职业介绍服务中心、职业技能培训管理指导中心、名人协会办公室、退休干部服务中心等11个事业单位。在职569人,其中局机关120人,事业单位449人。

年内,实行科级领导职务晋升100%竞争上岗,制定《东城区党政群机关科级领导职务竞争上岗统一笔试实施方案(试行)》,搭建统一规范的竞争上岗笔试平台,建立笔试、面试题库,234人走上科级领导岗位。全年新录用公务员207人,实现无违规、零投诉。制定下发《东城区科级及以下公务员平时考核工作实施办法》,6009人参加年度考核,优秀等次1200人,称职等次4616人,基本称职2人,不定等次191人,获三等功283人。事业单位公开招聘、录用各类人员898人。毕业生就业服务工作,组织4场专场招聘会,提供1388个岗位、录用318人;为非京籍应届毕业生191人办理进京审批、落户手续。完成军转干部108人安置任务。举办公务员初任、科任、科级领导干部更新知识、军转干部岗前培训等各类主体培训班17期,培训1500人;对全区公务员和专业技术人员2.41万余人开展在职培训;组织公务员及专业技术人员6784人开展《当代科学技术发展前沿与趋势》公共知识培训。人力社保局官方政务微博平台“东城人力社保”在新浪网正式上线运行。全年开展企业职工培训1.53万人,组织12个街道5家企业职工1100余人开展技能竞赛,89人获得初、中、高级职业资格。教育系统备案副高级241人,中级445人,助理级371人,员级22人;卫生系统备案正高级11人,副高级45人,中级178人,助理级178人,员级150人。年内,实现城镇登记失业率0.78%;城镇登记失业人员就业率72.38%;就业困难人员就业8611人;零就业家庭动态保持为零。社会保障水平提升,养老、医疗、失业、工伤、生育参保人数分别达到129.45万人、153.19万人、102.53万人、86.25万人、86.37万人。全年五项社会保障基金收缴178.13亿元,同比增收19.96%,支付171.51亿元,同比增加20.03%。召开信访重大疑难案件专题会22次,受理信访案件3390件,办结率达96.40%。实行劳动关系行政约谈制度,约谈企业10家。开展小企业劳动合同制度,新增集体合同1240户,职工1.11万人。加大劳动合同履行情况监控力度,全区企业劳动合同签订率96.63%,续订率85.98%。特殊工时行政许可241件,涉及职工6.21万人。实践劳动监察和谐执法,累计查处各类违法案件821件,接受群众投诉、举报案件820起,分别同比上升32.42%、10.81%,为员工790人追回拖欠工资419.64万元。全年办理养老保险转移接续转入1789人,转入金额6002.35万元;转出3781人,转出金额6382.72万元。成立职业技能培训管理指导中心,对培训班级全部实施开班审核。劳动能力鉴定增扩医疗专家库50人,全年出具鉴定结论1051人,同比增长28.50%。年内,召开2次编委会议,审议议题21项;完成人大及政协提案议案办理,主办2个,协办2个,代表满意率100%;完成上年度事业单位年检,529家参检,合格率100%。完成事业单位网上登记设立20家、变更77家、注销16家、证书补领1家;完成调研工作6项。

单位地址:东城区什锦花园胡同26号(中心区)

联系电话:64057208　邮政编码:100007

(杨凯)

人力资源管理

【公务员招录】 1月22日,启动公务员招录工作。42家单位提供140个职位,计划招录169人,其中包括大学生村官13人和服役期满大学生士兵7人专项招考。4月,成立面试工作领导小组;制定面试工作方案,安排考场、人员及应急预案;培训面试考官、监督员、计分员等工作人员;面试当天随机抽取组成考官小组;考场实行封闭式管理,全程摄像,邀请区纪委监察人员全程监督。年内,80家单位招录207人。

(杨凯)

【干部培训】 3月11日,举办公务员初任培训班,区属17家单位新录用公务员及参公事业单位人员35人参加。7月,开展干部在线学习,建立干部在线学习二级管理员队伍及在线学习电子档案,学习情况纳入干部目标责任制考核范畴,考核结果记入个人学习档案;建立季度通报制度,确保参学率。注册学员5735人,实现人员全覆盖。 (杨凯)

【政务公开接受监督】 3月,开设阳光政务专栏,公开28项工作信息、87项行政职权、7项便民服务事项;设定每年第二季度为行风建设季,开展廉政书屋、行风动态、廉政园地活动;选聘32名业务骨干担任行风监督员,开展“走转改”及政务公开专项监察,做到明察暗访有记录、可追溯、可查询;电子监察养老保险、社保稽核等部门18类行政事项,实现行政审批与风险防范一体化。 (杨凯)

【国家职业资格鉴定考试】 5月18日,组织国家职业资格全国统一鉴定考试,涉及企业人力资源管理师、心理咨询师、企业培训师等13个职业5个等级,3.23万人参加。 (杨凯)

【事业单位考核】 5月,开展上年度区属事业单位考核,工作人员2.44万人参加。优秀等次3621人,比例14.81%;合格等次2.05万人,比例83.89%;基本合格等次20人;不合格等次14人;未定等次285人。 (杨凯)

【随军家属就业服务】 7月30日,举办随军家属暨退伍兵双选会,复转军人和随军家属300余人参会求职,95人现场达成用工意向。9月,开展随军家属服务月活动。与区民政局等部门研讨鼓励随军家属自主创业补贴政策,以创业带动就业;设立专门窗口,针对不同需求推荐就业;举办专场招聘会,搭建双选平台;开展就业培训及职业指导。全年落实随军家属就业岗位28人。 (杨凯)

【事业单位工资规范管理】 8月,出台《事业单位申请纳入工资规范管理工作暂行办法》,明确申请条件与审批原则;建立联席会议制度,人力社保、财政、审计等部门共同参与、集体联审,各部门联动配合规范后续职数管理、工资变动等相关工作。召开联席会2次,审核通过30家事业单位纳入工资规范管理。 (杨凯)

【企事业单位人才测评】 11月,通过完善测评试题命制、评判等环节操作程序;结合被测评单位实际,制定个性化配套方案,建立多元化考核模式,综合考察被测评对象能力;建立考官选派机制,实施用人单位反向考核;重点培训考官面试评判的公平性和公正性等。为70余家机关事业单位和国有企业提供测评技术服务,培训测评人员9306人次,提高人员与岗位的匹配度。 (杨凯)

社会保障事业

【创建就业服务联盟】 年初,创建区就业服务联盟,由区属公共就业服务机构、用人单位等63家成员单位组成。针对失业人员、“4050”人员,建立区、街、社区三级职业指导帮扶体系,由职业指导私人教练分级分层提供职业指导及追踪服务。全年帮扶1.21万人实现就业。 (杨凯)

【规范街道社保所】 年初,成立业务巡查指导小组,定期巡查全区17个街道社保所,规范业务操作流程;建立社保所交流互查制度,定期组织社保所互查互访、交流座谈。全区定点医疗机构变更、查询公民身份编码、医疗保险扣缴核对、个人信息变更、社保卡同步、医疗基本信息导出、综合统计查询四险、医疗资料变更导入等8项社保业务由社保中心向社保所下沉,业务累计经办11.40万笔,同比增长87.10%。 (杨凯)

【就业服务】 1月17日,举办就业援助月专场招聘会,28家用工企业提供2300个岗位,求职者400余人参加,135人与企业达成用工意向。3月19日,举办的大型招聘洽谈会以来京务工人员、高校毕业生、下岗失业人员及困难职工未就业家属为重点服务群体,飞利浦、百胜餐饮集团、华侨大厦、富平家政等62家参会单位提供行政管理、工程技术、业务营销、家政服务等5403个就业岗位,求职者1000人参会,360人当场达成就业意向。5月,开展民营企业招聘月活动,设立职业指导服务热线,选派职业指导师深入街道、社区,对高校毕业生、青年失业者开展个性化指导,联合街道、社区举办主题宣传和供需见面会,向企业、求职者发放调查问卷,了解供需要求。全年组织各种招聘会50场次,采集空岗信息12.80万人次,职业指导5.50万人次;校企共建招聘会9场次,提供岗位2239个;建立区发展家政服务业促进就业工作联席会制度,制定《东城区发展家政服务体系建设工作方案》,开展员工制家庭服务业试点,家政服务员430人实现正规就业。 (杨凯)

【社会保险信息化建设】 1月,研发“社保稽核检查信息系统”,实现稽核案件无纸化网上流转、审批及信息比对,全年追缴社保基金1122.01万元。6月,研发“养老保险行政审批可视化效能监控系统”,实现养老保险业务办理网络化、规范化,审核退休档案5183份,核准率93.09%。10月,联合民政、残联和计生部门建立居民医保多部门信息平台,有针对性地开展低保重残人员、“两劳人员”和新生儿参保工作;建立医保费用数据分析模型,搭建动态监测预警系统。11月,社保、医保档案实现电子化、信息化管理,实现远程实时调阅。 (杨凯)

【劳动监察】 2月25日,以建国门等5个街道为执法检查重点,开展人力资源市场秩序专项行动。依法取缔“黑中介”,规范用人单位招工行为,重点加强企业招录农民工执法检查。建立劳务费、农民工工资和农民工工资保证金专用账户;开展劳动监察网格内简单劳资纠纷调处;建立农民工权益保障社会援助机制,设立农民工维权工作站点。开展重点时期、重点领域、重点企业专项检查专项整治工作。全年日常巡查和专项检查5835家,受理投诉举报820件,查处率、结案率均达100%,为790名员工追回拖欠工资415.64万元。 (杨凯)

【和谐劳动关系建设】 3月,制定《东城区工资集体协商工作抽查方案》,扩大集体合同制度覆盖面,联合区相关部门成立工作组,开展工资集体协商工作专项检查。全年执行工资集体协商企业2.99万户,涉及职工31.55万人;指导企业规范用工管理,对诺基亚西门子通信技术(北京)有限公司、天街集团等企业裁员给予法律政策指导,平稳解除职工劳动关系136人。 (杨凯)

【退休审批】 4月,开发应用养老保险行政审批效能监控系统,实现养老保险退休审批管理信息化。6月,出台《档案审核记录规定》《退休资格审核组岗位职责》,建立内控工作制度,审批抽查、业务互查、内部监督与自我纠错常态化、制度化。全年核准退休1.40万人,同比增长20.52%。 (杨凯)

【规范家政服务业】 4月,制定发展家政服务体系建设工作方案,将卫生、残联、工商等部门纳入成员单位,明确分工、强化责任,形成工作合力;出台《家政服务企业享受岗位补贴管理办法》,用人单位新招用1名户籍失业人员,可享受岗位补贴3000元,最长享受期3年;搭建家政服务网格化管理服务平台,定期发布家政服务项目、收费标准、企业资质等情况,推进家政服务进社区。全年认定员工制家政服务企业2家,培训家政服务人员1690名。 (杨凯)

【公费医疗管理】 4月,出台《关于做好驻区中央级单位公费医疗工作有关问题的通知》。5月,完成驻区146家中央国家机关、中直机关、民主党派中央机关及中央管理事业单位总计6.31万人医疗费用3.15亿元的支出管理上报工作。 (杨凯)

【创业带动就业】 5月20日,召开就业创业工作部署会,相关负责人等100余人参加。8月,建设公共创业服务平台,出台《创业协调小组成员单位考核管理办法》;开通创业服务网站,加大创业政策、创业典型和创业培训活动的宣传力度。全年实现创业1365人,带动就业4047人。 (杨凯)

【劳动用工规范管理】 5月,制定《2013年全面推进"劳动用工一条街工程"工作方案》,健全区、街两级联动工作机制,动员区、街两级部门形成合力;结合专项执法检查和两网化工作,实时监控、动态管理;宣传劳动保障法律法规,强化用人单位守法意识和劳动者维权意识。检查用人单位5835家,涉及劳动者11.10万人,责令18家单位补签职工劳动合同129份、10家单位补办社会保险登记。 (杨凯)

【职业培训】 9月,制定《东城区职业培训补贴管理办法(试行)》,在就业困难人员享受培训期间生活补贴基础上,增加职业培训补贴项目,扩大职业培训补贴享受范围;区失业人员参加相关企业定岗培训,给予职业培训补贴;享受过市级职业技能培训补贴的失业人员可参加免费创业培训,参加过创业培训的失业人员可再次参加免费创业升级培训;区高校毕业生,参加职业技能培训可获1000元培训补贴。 (杨凯)

【高技能人才培养】 9月,完成上年度高技能人才推优工作,表彰高技能人才培养先进单位4家、优秀技能人才42人;建设区级首席技师工作室8家,钟连盛景泰蓝制作、苏然玉雕、孙立新中式烹调3家被评为市级工作室,其中钟连盛景泰蓝制作、苏然玉雕被评为重点项目,享受市级40万元、区级4万元及首席技师2万元工作性津贴的重点资助。全年开展企业职工培训15359人,组织12个街道5家企业职工1100余人开展技能竞赛,89人获得初、中、高级职业资格。 (杨凯)

【社区医保管理】 10月,将63个社区站分配至6个社区中心,实现"三统一"管理:统一管理医保系统,降低医保系统维护成本;统一调配总额控制指标,平衡各站指标,保证全年完成指标;统一医保政策口径,杜绝政策执行偏差,避免基金流失,减少医患矛盾。 (杨凯)

【失业保险金管理】 10月,修订社保所《工作手册》《操作手册》《考核办法》,规范业务操作流程,完善工作标准和职责;加强系统密钥管理,明确使用权限及范围;加大检查力度,建立失业保险金与退休金同时申领预警机制,逐一检查一次性领取失业保险金业务,按照20%比例抽查按月领取失业保险金业务。 (杨凯)

【两规范一提高试点】 11月,召开工作推进会,通报规范执法行为、规范政务服务、提高执法能力和服务水平试点工作完成情况;开展社保所示范材料观摩交流,总结和推广试点单位经验,形成长效机制;做好社保所检查验收工作,制定社保所新星级评估标准,实现全区社保所工作职能、岗位职责、业务流程、工作标准和检查考核"五统一";参考区纪委检查结果,完善系统行风建设,加大社保所优秀工作人员宣传力度,发挥典型示范作用。 (杨凯)

【社保档案管理】 11月,建立区社保基金管理中心社保经办业务档案数据库,数字扫描经办业务档案,形成图片文件,建立条形码,方便业务查询及内控检查;建立远程查询机制,明确单件档案所在库房位置、所在密集架、所在档案盒及所在案卷。 (杨凯)

【规范社保所管理】 12月,规范社保所财务会计科目,明确社保资金申领、审批流向;规范社保资金"三级"联审流程,社保所申报资金需经办人、社保所所长和街道主管副主任签字,区人力社保局审批需经办人、部门负责人和主管副局长三级核准;街道社保所每年开展不少于4次全员业务培训,建立所长跨部门交流轮岗制度,8名社保所所长跨街道对调交流任职。 (杨凯)

【搭建高校毕业生就业平台】 全年组织大学生专场洽谈会10场,120余家单位提供岗位3100个;搭建校企共建"即时互动"信息资源共享平台,建立11家校企共建实训基地,推荐毕业生到基地见习;利用网站公示等方式开展实名登记、指导推荐工作,实名登记毕业生390人;实现区户籍毕业生就业服务全覆盖;开展政策咨询、职业素质测评、推荐服务、职场能力拓展,为离校未就业毕业生和合同期满大学生村官等提供精细化服务。全年帮助高校毕业生963人(东城户籍)实现就业,就业率97.60%。（杨凯）

【劳动人事争议仲裁】 年内,17个街道全部建立调解站,2个企业单位建立仲裁调解中心,天坛街道成立非公有制企业劳动争议调解站,吸纳非公有制企业加入,从源头减少和化解矛盾;规范案件处理流程,完善工作制度,加强裁审衔接。全年受理案件3244件,审结3167件,结案率97.60%,同比增加2.08%;其中调解结案1855件,调解率57.20%。（杨凯）

【特殊工时审批】 实行工作人员、科室负责人和局领导三级联审,确保许可依法合规,统一答复口径,严格时限内办结。全年审批特殊工时行政许可241件,涉及职工6.21万人。其中综合计算工时169户,涉及职工4.53万人;不定时工作制112户,涉及职工1.68万人。（杨凯）

【医保基金监管】 年内,抽检5%一般病历,检查100%大额处方或重点药品。梳理岗位职责57项,规范工作流程8项,减少流程缺口。实行单据交接和档案管理责任制,确保交接有记录、档案有明细。全年审核结算医疗保险1060.04万人次,累计支付基金79.76亿元,同比增长28.13%。（杨凯）

【工伤认定】 建立案例分析会制度,定期研讨重点、难点问题;开展主题宣传日活动,现场讲解工伤认定办理流程、注意事项等;延伸现场调查范围,核实工伤申报案件;与用人单位、工伤康复医疗机构沟通协调,畅通工伤康复信息渠道。全年认定工伤1247件,60名工伤人员进行康复治疗。（杨凯）

【社会保险征缴】 开通绿色通道,提供社会保险登记、补缴业务等一站式服务,全年累计完成养老、失业、工伤、医疗、生育五项社会保险收缴178.13亿元,同比增加19.96%。（杨凯）

【医保总额控制管理】 协助定点医疗机构建立处方点评、费用分析、诊疗项目备案制度,细化管理;结合审核系统和统计查询系统分析费用申报情况,重点审核费用增长过快药品及诊疗项目;定期通报全区指标完成情况,及时发现问题,提出改进措施;采取住院审核定向“一对一”管理模式,遏制不合理医疗费用增长。全年辖区内总额预付医院基金申报46亿。（杨凯）

【社保待遇调整】 年内,调整退休人员24.54万人基本养老金,人均增加262.41元/月,补支金额6439.60万元,人均按月支付基本养老2812.34元,同比增长11.86%;调整市、区属离休人员生活补贴,为离休人员1402人补发122.09万元;完成居民9752人老年保障福利养老金调整,人均月增长32.50元,调整后月领取额310元,涉及金额31.69万元;完成辖区年满80周岁离休人员护理费调整及补发,为离休人员2033人调整待遇72.12万元,调整后人均月增加护理费354.75元;退休人员待遇差额调整涉及783个单位4369人,补发金额640.44万元。（杨凯）

机构编制工作

【事业单位分类】 3月,完成《关于开展事业单位分类工作的汇报》,成立区分类推进事业单位改革工作领导小组。6月14日,召开事业单位分类工作动员部署会,下发《东城区事业单位分类工作实施方案》《关于事业单位分类实施意见、行政类事业单位改革实施意见和职责分类目录的说明》。（杨凯）

【行政机构编制管理】 整合区住房保障服务中心和区公共租赁住房发展中心机构、职责和人员编制,组建区住房保障事务中心,该中心为区房管局所属相当副处级全额拨款事业单位。区城市管理监察大队更名为北京市东城区城市管理综合行政执法监察局。将区卫生监督所51名编制划转至区食品药品监督管理局。（杨凯）

【行政职权事项清理确认】 完成43个政府部门、17个街道、181个社区涉及行政处罚、行政强制、行政裁决、行政给付、行政许可、行政审批、行政征收、行政确认、行政代理等1.89万条行政职权事项的信息确认。（杨凯）

统　计

【概况】 东城区统计局、东城区经济社会调查队(简称东城局队)是负责辖区统计调查和国民经济核算工作的职能部门。内设办公室、党群工作办公室、人事科、监察科、宣传调研科、法规科、计算机管理科、综合统计科、监测调查科、数据中心、功能区统计所、工业科、社会科技统计科、能源监测科、产业调查科、商调队、住户调查科、价格调查科、执法检查队19个科室。在全区17个街道派驻17个统计所。在编人员173人。

年内,开展调查单位基本情况统计、工业统计、建筑业统计、批发和零售业统计、住宿和餐饮业统计、房地产开发统计等工作。构建区、街、社区、网格四级统计管理模式，印发《东城区统计工作网格化管理实施办法》，在全区范围内推广统计工作网格化管理工作模式。7月，局队就统计工作网格化管理在国家统计局有关会议上作典型发言。年内局队按要求削减会议、文件、三公开支，开展处级领导干部行动学习走基层主题活动并取得实效。制定《局队关于进一步加强计算机和互联网使用管理的意见》，对计算机实行网络监控，杜绝机关工作人员上班期间登陆互联网从事与工作无关的内容。开展科级领导干部竞争上岗选拔工作，24人任科级实职，9人到科级非领导岗位工作。局队连续三年被授予全区经济工作贡献突出单位称号，在北京市第五次妇女儿童工作会议上获2010—2012北京市妇女儿童工作先进集体称号，在全市统计系统综合考核评比上年度工作中排名第二。

单位地址：东城区金宝街52号

联系电话：65260007　邮政编码：100005　（罗虎）

【统计资料发布】 每月发布《北京市东城区经济和社会发展月报》，3月发布《统计公报》，每季度发布《北京市东城区经济和社会发展季报》，7月发布《北京东城统计年鉴》。根据区委、区政府、各委办局、各街道及其他单位的申请，向相关单位提供统计资料及数据24.50万笔。全年对外发布提供统计信息及报告486篇。（罗虎）

【调整内设机构和职责】 4月，将原专项调查科并入城镇住户调查科，新组建监测调查科，科室人员随之调整，调整后，内设机构数量及人员编制未发生变化。（罗虎）

【亿元以上商品交易市场专题调研】 8月，调研百荣世贸等亿元以上商品交易市场基本情况、经营模式、统计人员情况、数据渠道采集、数据处理汇总。推广世纪天鼎市场统计工作经验。创立永外城文化用品市场“永外城指数”统计工作方法。完成《大都市中心区传统商业面临的挑战与突破之路》课题研究。（罗虎）

【法人单位经营情况调查】 8月至9月，开展法人单位经营情况调查（又称准规模查找），调查范围为1月至6月纳税额大于40万元的单位864个。调查夯实统计调查基础，真实反映区域发展现状。（罗虎）

【年度全国统计从业资格考试】 9月15日，组织年度全国统计从业资格考试（东城考点），全区报考人数2633人，创历年新高，占全市总报考人数11.30%。参加《统计基础知识与实务》《统计法基础知识》2项考试。设立4个考点，考场136个，分别是50中分校、文汇中学、114中学、现代职业学校（北校区）。（罗虎）

【完善规章制度】 对原有46个业务类制度、161个工作管理类制度进行修订和完善，涉及统计调查、统计数据质量管理、统计数据使用、统计执法责任制、领导班子建设、法制建设、人事、财务、信息化管理等方面。（罗虎）

【个十百千工程】 年内，开展“个十百千工程”。即编制一本《经济普查宣传手册》；举办处级领导培训班十次；发展百个社区统计普法阵地；借助“12.4”全国法制宣传日等活动，送法到千家单位。（罗虎）

【功能区经济发展统计监测体系】 年内建立。监测体系以全区“一轴两带五区”等专业统计监测为标准，以现行统计方法制度为基础，引入经济理论方法与统计模型，在指标选取上综合考量数据可采集性及历史数据完整性，并根据各功能区指标需求综合选取综合性评价指标和个性化评价指标，为功能区经济发展监测评价工作提供科学、准确的数据支持。（罗虎）

【主要经济指标预警预测】 建立主要经济指标预警预测工作会商制度，每月召开1次会议，提前预测下个月主要经济指标数据，分析重点单位运行情况、指标变动原因和存在问题。通过预警报告、汇报沟通等方式将会商情况向区领导及区发改委、区商务委、区旅游委等发出预警信息，就发现的问题与相关部门进行协商，采取应对措施，实现统计监测关口前移，强化统计预警预测能力。（罗虎）

【综合服务数据库】 制定《东城局队数据管理平台管理办法》，将统计数据电子档案系统转换成数据库，实现数据查询和分析功能。搜集整理执法检查、群众安全感调查等统计数据，实现数据存储。梳理、整合统计数据采集报送渠道，改进统计数据存储办法，明确工作职责、数据质量、用户权限、安全防范、检查办法等工作细则，建立数据档案系统技术规范。（罗虎）

【统计科研】 全年完成调研课题18篇（其中国家统计局课题1篇，《提高中心城区居民收入调查样本代表性研究》）。向市第十七次统计科学讨论会提交论文3篇，《政府统计部门在大数据时代应避免的“七宗错”》获一等奖，《大数据背景下依托网格化推进统计工作的研究》获二等奖，《大数据大作为》获青年奖。局队处级领导课题8篇。青年干部竞标课题3篇。街道统计工作调研3篇。（罗虎）

【全国第三次经济普查准备工作】 年内，开展东城区全国第三次经济普查准备工作。普查标准时点为12月31日，普查对象为区内第二产业和第三产业活动单位。成立区领导小组，下设办公室，由东城局队牵头负责实施。已完成的工作包括：组建普查机构、制定工作计划、开展普查动员、制定普查实施方案、制定工作细则、划分普查区与电子绘图、落实普查经费、准备普查物资、选聘普查人员、开展普查宣传、开展普查综合试点工作、开展楼宇资源调查、开展单位核查、培训普查内容、完成程序准备、做好登记准备。（罗虎）

【执法检查】 年内，对390家单位开展执法检查，立案查处

95 家(其中一般程序立案 36 家,简易程序处罚 52 家,无证复查立案 7 家),罚款 10.21 万元。(罗虎)

产业和投资促进

【概况】 东城区产业和投资促进局(简称区产促局)、东城区金融服务办公室(简称区金融办),是负责辖区产业和投资促进工作、金融产业发展相关工作的政府工作部门。内设办公室、产业发展科、投资促进科、中小企业发展科、金融发展科、金融服务科等 6 个科室。编制 31 人。

年内,申报国家、市级扶持资金 5016 万元,兑现区产业政策 7664 万元,完成区十二五规划纲要中期评估。制定《东城区关于促进“二四三”产业发展的暂行办法》,修订《东城区关于鼓励企业上市的若干意见》。举办第二届驻京中外知名企业投资东城行、第十七届“北京·香港经济合作研讨洽谈会”、第十八届澳门国际贸易投资展览会北京展区等大型活动,对接洽谈项目 170 余项。制定东城区创业投资引导基金设立方案和中小企业融资风险补偿机制,通过政府资金引导和建立风险补偿基金,调动、鼓励金融机构和民间资本投资处于创业前期的中小企业,实现转型升级。

单位地址:东城区金宝街 52 号 621 -1 室
联系电话:65259078　邮政编码:100005
(张谊)

【承办第 18 届 MIF】 10 月 17 ~ 20 日,第十八届澳门国际贸易投资展览会(MIF)在澳门地区举办。东城区政府首次承办北京展区活动。北京展区面积 400 平方米,设立展柜 5 组,展示箱 3 个,展示展品、产品 25 种,制作、摆放展板 17 块,易拉宝 4 块,发放宣传资料、光盘、纪念品 21 类 6000 份。8 家参展企业是北京吴裕泰茶业股份有限公司吴裕泰特色茉莉花茶项目、紫德宝商贸(北京)有限公司“把博物馆带回家”项目、北京东方雍和国际版权交易中心有限公司版权云和限量收藏品发售流通平台项目、北京龙潭湖体育产业投资发展有限公司体育星光大道项目、北京东方嘉诚文化实业发展有限公司有树 25 号项目、北京市珐琅厂景泰蓝传统技艺、北京奥凯隆服装服饰有限公司懿非服装、北京剧装厂京绣和剧装戏具制作技艺。3 名非物质文化遗产传承人面人张、京派内画鼻烟壶、北京绒鸟传统手工艺设立现场展位展览展示。展览会期间,澳门地区、葡语国家和欧盟国家企业、投资者代表 120 人参加推介会。(张谊)

【产业发展】 1 月至 6 月,全区重点产业实现增加值 495.98 亿元,同比增长 4.98%,占 GDP65.60%。其中文化创意产业 85.12 亿元,同比增长 16.73%,占 GDP11.30%。1 月至 9 月,工业总产值 89.75 亿元,同比增长 9.20%。(张谊)

【中小企业和非公经济】 拟定《北京市人民政府关于进一步支持小型微型企业发展意见》实施意见。启动运行中小企业服务中心嘉诚分中心和东直门中小分中心。至 10 月,签约社会中介机构 79 家,组织企业活动 56 场,服务驻区企业 3691 家,吸引企业入驻 301 家。完成 421 家重点企业和 434 个重点项目、27 家中小企业集聚区项目池及 11 项区内中小企业公共服务平台和小企业创业基地重点培育工程储备,10 家中小企业纳入北京市经信委中小企业生产运行监测体系。(张谊)

【金融工作】 为天街公司向北京银行、民生银行、国开行贷款融资 39.70 亿元。与中信银行、国开行探讨财务投资合作模式,研究制定从资本金到土地一级开发、项目建设以及物业经营的整体融资方案,支持东二环新兴产业园建设。制定《关于金融支持我区棚户区改造和环境整治项目融资工作意见》。组织政金企交流对接会,为 11 家企业融资 1.15 亿元。发行第 4 期“雍和园文创企业集合信托”,融资规模 1000 万元。推动东城区中小企业服务中心与 30 余家金融机构签订服务合同,建设融资平台。与国都证券、人保财险合作推动中小企业私募债,举办东城区新三版拟挂牌企业股改启动仪式,4 家企业挂牌。(张谊)

工商行政管理

【概况】 北京市工商行政管理局东城分局(简称东城工商分局),是政府市场经济秩序监管部门。负责区域内宣传、贯彻、实施有关工商行政管理的法律、法规及规章。内设办公室、人事教育科、监察科、机关党委、工会、计划财务科、法制科、登记注册科、企业监督科、外商投资企业管理科、市场监督管理科、商标监督管理科、广告监督管理科、合同监督管理科、经济检查科、消费者权益保护科、商品质量监督管理科、执法队18个科室。下设工商所12个,即永定门工商所、幸福大街工商所、天坛工商所、前门工商所、建国门工商所、王府井工商所、东朝工商所、景山工商所、东直门工商所、北新桥工商所、安交工商所、和平里工商所。检查站1个,即北京站检查站。事业单位6个,即信息中心、档案中心、后勤服务中心、工商学会、消费者协会、私营个体经济协会。有干部职工439人,其中公务员编制370人、事业编制56人、工勤人员13人。

年内,办理食品流通许可1937件,食品检测2470例,开展食品安全专项整治8次,办结食品安全案件65件。完成食品安全监管职能,划转99人至区食品药品安全监督局工作。抽检成品油13户次、25个油样,立案调查1户加油站不合格成品油,罚没款16.40万元。推进诚信市场创建活动,完善诚信市场联盟制度,引导46家市场主办单位完成商户诚信分类工作,评出一星级商户1033个、二星级商户6190个、三星级商户3010个、四星级商户200个。世纪天鼎和永外城市场获市级诚信示范市场称号,永外城市场获全国2012—2013年度诚信示范市场称号。幸福大街工商所被评为全国工商系统先进集体,区消协被评为全国消费维权先进集体,登记科获市总工会工人先锋队称号。

单位地址:东城区东四北大街267号
联系电话:64033742　邮政编码:100007　(贾晓亚)

【群众路线教育实践活动】 组织各层级学习、参观活动16次,征求、收集政府部门、辖区企业、社区居民意见、建议164条,领导班子查摆"四风"问题87个,针对各方意见,修改、废止、新建工作制度26项,涉及文件、会议、调研、接待等内部管理工作11个方面,围绕群众关心的热点问题,开展商业街区广告促销、雍和宫地区等专项整治41次。　(贾晓亚)

【推进工商管理社会化】 在政府部门、行业协会、地区商会、社会群体四个层面上,推进社会化管理协作共治。与区教委共同对91所中小学校和教育机构品牌实施商标注册保护、协同北京市通信管理局开展网络经营行为监管、与洗染业协会联合规范主体入市、联合室内环境检测协会开展现场检测、引导五道营和南锣鼓巷商会建立消费纠纷快速解决机制,组织红盾志愿者服务队、区人大代表、政协委员、专家学者和普通消费者参与企业行为规范,搭建起工商管理社会化网络基本框架。　(贾晓亚)

【市场主体准入】 开通主体登记午间办理通道,优化工作流程14项,落实名称跨区登记、取消入资专户、非重点内容免审等工作制度,最大限度为申请人提供便捷服务。为4户高校毕业生创业办理登记,对31户存在劳动纠纷的企业实施限制登记。至年底,区域内实有市场主体7.48万户,同比增长5.50%,其中内资企业4.66万户,同比增加10.90%;外资企业3544户,同比增加2.97%;个体工商户2.46万户,同比减少1.77%;农民专业合作社1户。　(贾晓亚)

【服务业态调整升级】 进行文保区经营业态、特色商业街区、文化创意、金融等产业发展现状专题调研,完成主体运行分析40项,为区政府和有关部门提供经济数据41万条次。以存量转化、增量引导为原则,推动个体工商户转型升级,全年完成个转企220户,企业个体比率由1.82:1上升到2.03:1。参与《南锣鼓巷地区鼓励、限制业态指导目录》制定,并以此为依据,首次从主体准入前端实施区域业态调控,为支持地方经济发展开辟新路径。　(贾晓亚)

【商标战略】 完成东城区国家商标战略实施示范区争创工作,联合区6部门开展首届东城区知名商标评比,建立起知名商标、著名商标、驰名商标梯次储备培育发展模式。截至年底,全区有注册商标4.31万件,同比增长15%。　(贾晓亚)

【消费维权】 利用"12315"中心、消费纠纷绿色通道、人民调解委员会、消费跟踪顾问团等多渠道开展维权工作,完成区级老年人消费维权指导中心和20个社区老年消费维权指导站建设,将国家体育总局训练局、中国移动北京公司等一批客户规模大的市场主体发展为绿色通道企业,扩大维权工作覆盖面。全年完成消费跟踪服务203件次,为消费者挽回经济损失121万元,解决老年消费者投诉114件。　(贾晓亚)

【商品质量监管】 围绕商品质量监测和比较实验发现的突出问题、消费者投诉较多和社会反映强烈的问题,以及制售假冒伪劣商品的行为,强化商品抽检和案件查办,选取与人民生活密切相关的服装、电动车、床上用品、小家电等商品开展抽检工作,完成抽检商品380组,查处销售假冒伪劣商品案件41件,案值318万元。　(贾晓亚)

【提升市场秩序风险控制力】 利用辖区经济户口基础管理效能评估机制、"12315"信息共享机制、信访举报会商解决机制,掌握和消除市场风险,化解群体性消费投诉5起,解决集体信访4起,查处违法经营56起。完成主体巡查工作6.80万户次,取缔重点地区、重点行业和市级挂账违建中的无证无照197户,引导合法经营174户。　(贾晓亚)

【电子商务监管】 抽检当当网、新世界网上商城等电子商务企业销售的鞋类、儿童玩具类、床上用品类85组商品。协调有关单位,复制和恢复涉案网络企业服务器,固定案件证据,指证程序化、合法化。全年通过网上巡查判定各类网站、网点、黄页5135个,查办涉网案件26件,罚没款68.34万元。　(贾晓亚)

【广告监管】 监测录入广告数据20.88万条,叫停各类违法广告760条次。开展互联网医疗广告、虚假违法医药广告、封建迷信广告等专项整治,办结广告类案件102件,收缴罚没款210.60万元,下发广告类行政提示492份,行政约见208份,责令改正102份。　(贾晓亚)

【合同监管】 联合区房管局开展房地产经纪机构专项整治。对出国留学、电子商品、餐饮、家居装饰、快递、银行、电信等行业所使用的格式条款开展专项检查。办理动产抵押登记4件,主债权额2.20亿元,办理拍卖前备案307次,拍后备案273次,拍卖成交额81.67亿元,成交确认书9.13万份。

(贾晓亚)

质量技术监督

【概况】 东城区质量技术监督局(简称区质监局)负责贯彻、实施有关质量技术监督方面的法律、法规、规章和政策。内设办公室、法制科、产品质量监督管理科、标准化科、计量监督科、特种设备安全监察科6个科室和1个稽查队。机关行政编制44人(其中行政执法专项编制7人),工勤编制7人。直属事业单位3个,其中组织机构代码管理中心编制8人,计量检测所编制50人,特种设备检测所编制42人。

年内,制定控制大气污染工作方案和应急预案,加强型煤质量监管工作。加强党风廉政建设,全员逐级签订《党风廉政建设责任书》。推进廉政风险防控工作,梳理和确定廉政风险点358个。邀请辖区20家企业代表与区特约监督员,就清正廉洁、依法办事、信息公开、服务态度、办事效率5个方面情况进行评议。坚持"三重一大"原则,控制公务经费支出,减少文件印制,节约办公成本。走访慰问社区困难党员,组织共产党献爱心捐献活动,捐款9680元。全年开展执法活动1423起,出动执法人员3624人次,办理执法案件12起,罚没金额0.40万元。执法活动完成任务率118.58%,结案案件完成任务率100%。受理投诉举报案件154起,解决154起。全年报送各类信息215篇,其中媒体报刊刊登35篇次,市级信息44篇次,区级信息64篇次。

单位地址:东城区和平里五区甲12号

联系电话:84220417　邮政编码:100013　(高然)

【特种设备安全保障】 6月14日,在国瑞购物中心举办以强化安全基础,保障城市运行安全为主题的特种设备安全生产月宣传咨询日活动,并组织电梯困人应急演练,现场摆放宣传展板,发放宣传品200余份。9月14日、21日,在国瑞城小区和远洋德邑小区参加市质监局、市电梯商会主办的电梯安全进社区进物业活动,宣传安全乘梯知识,提高乘梯人员安全防范意识和自我保护能力。采取有奖问答、访问等方式了解居民和业主意见,组织专家解答问题。10月30日,召开《中华人民共和国特种设备安全法》宣传大会,讲解《特种设备安全法》,辖区内95家特种设备安装、维保、经营和使用单位123人参加。

(高然)

【群众路线教育实践活动】 7月19日启动教育实践活动,132人参加。活动期间征求意见建议35条,领导班子成员谈话36人次,查摆、梳理领导班子"四风"突出问题10条,制定整改措施33条,梳理制度33项,修改完善和新建制度22项。

(高然)

【燃气安全检查】 8月至12月,开展餐饮场所燃气安全大检查。出动执法人员22人,配合街道办事处和城管执法局4次夜查,检查餐饮场所501家次,燃气气瓶1261只。作为联合检查牵头单位之一,召开区部分委办局和街道参加的检查工作部署会,7次检查5个街道,涉及燃气供气合同、气瓶间、燃气设施等情况。出动执法人员1386人次,检查126家餐饮单位,气瓶650余只。联合检查组发现5家单位气瓶存在标识不清或无标识问题,要求相关单位对存在隐患进行整改。

(高然)

【建立质量教育社会实践基地】 10月,与区教委联合推荐,区计量检测所和京城天福茶庄有限公司茶文化中心通过专家组审查,获得北京市中小学质量教育社会实践基地称号。实践基地利用资源优势,完善质量教学内容,针对学生年龄结构特点开展形式多样的质量教学活动,培养中小学生从小树立质量意识和严谨作风。

(高然)

【集贸市场计量专项整治】 11月,执法检测人员编成3个检查小组,对市场交易行为、计量器具检定及使用情况、是否存在非统配秤"回潮"现象、公平秤设置和管理制度等4个方面进行重点检查。逐户检查32家集贸市场1283个使用电子秤摊位,共检查公平秤39台,交易用秤1326台。

(高然)

【工业产品质量监管】 年内,开展制造业产品质量合格率及工业产品质量指标统计工作,编制本年季度产品质量状况分析报告。完成8家工业产品生产许可证获证企业和4家检验机构年审工作。对6家重点获证企业开展管理体系认证行政监管和ISO9000认证实施效果现场访问活动。重点监管危险化学品、燃气器具、电线电缆、消防产品等行政许可和安全认证,监督检查有机产品、儿童用品、纺织服装、验配眼镜等,市级以上监督抽查产品32批次,合格率96.90%。

(高然)

【食品生产安全监管】 年内,落实监管食品加工作坊、食品委托加工备案、食品生产许可条件告知以及异地生产企业监管职责划转等重点工作,严格市场准入和退出机制。加强食品安全风险防控处置力度,针对乳制品、塑化剂、夏季食品、食品标签等开展专项整治活动,排查食品添加剂使用环节安全隐患。发挥社区网格监管作用,组织食品企业参加检测设备应用和先进质量管理方法培训。抽样检查8家食品生产企业的糕点制品、熟肉制品等6类12种120个批次产品,抽

样覆盖率100%,样品合格率100%。 (高然)

【标准登记注册】 年内,审核57家企业228个标准备案文本,为7家企业办理执行标准13起,为9家企业办理标准修改11起,废止83家企业249个标准。提供标准编写、备案、登记注册、标准信息查询、商品标识标注等咨询600余起。指导5家单位的9项标准(含系列标准)获得95万元技术标准制修订补助资金。 (高然)

【标准化建设】 年内,促进东城区网格化城市管理体系与网格化社会服务管理体系有机融合(简称两网融合),开展实地调研和论证分析,研究制定两网融合标准体系建设思路及实施方案。指导制定"奥林匹克·体育生活化社区"建设标准,申报北京市与国家行业标准。会同区计量、特种设备2个检测机构和组织机构代码管理中心,在该系统内编制完成3个业务窗口服务标准。 (高然)

【计量监督管理】 年内,组织40家医疗卫生单位进行计量器具统计申报。召开辖区内120家宾馆、饭店物业公司能源计量工作会议,强化企业节能减排和安全生产主体责任,监督管理热量表、燃气表等能源计量器具。开展计量器具生产、销售、修理、进口企业以及使用单位风险排查活动。在簋街、鲜鱼口等重点监管地区开展计量器具现场检测服务,对定量包装商品生产企业进行计量监督检查,检查计量器具3892台件,定量包装商品118批次。 (高然)

【特种设备安全监察】 年内,出动监察人员861人次,检查单位408家次,检查特种设备2351台,下发《特种设备安全监察意见指令书》26份。监督存在问题单位进行整改,整改率100%。受理和处置涉及特种设备投诉举报130件。完成电梯物联网示范工程建设收尾验收相关工作。开展商场、宾馆和居民小区电梯专项检查,加大电梯运行安全日常监管力度。参加全市严厉打击特种作业及特种设备作业人员持假证上岗、无证上岗(简称双打)专项执法行动。引导和帮助无证上岗、证件超期、证件应复审未复审人员进行培训、考核、复审,实现合法作业。 (高然)

【技术机构检验检测】 年内,计量检测所加强质量管理体系建设,推行特色便捷服务,提升检测质量和效率,检测计量器具7.38万台(件),其中强检计量器具4.41万台件。特种设备检测所以定期性检验工作为重点,科学安排检验计划,检测特种设备9067台(辆)。 (高然)

【办理组织机构代码证书】 全年办理组织机构代码证书1.44万套,制作IC卡1.04万张,变更2729家,注销代码证书540套,完成年审1797家。为258家企业办理开工告知1207台件,为146家企业办理731个标准备案,为334家企业受理行政许可1592台件,办理食品委托加工备案48件。 (高然)

审 计

【概况】 东城区审计局(简称区审计局)是负责全区审计工作的区政府工作部门,受区政府和市审计局双重领导。主要职责审计监督区年度财政预算执行情况,区政府重点投资建设项目情况,区行政事业单位财务收支情况,区属国有企业及国有控股企业资产负债损益情况,区行政事业单位处级领导干部和国有企业及国有控股企业领导人员经济责任履行情况等,对区政府和市审计局负责并报告工作。内设办公室、人事科、监察科、综合科、复核法制科、固定资产投资审计科、经贸审计科、行政事业审计科、财政审计科、街道财政审计科、社保环保审计科、经济责任审计科、内部审计指导科、信息管理办公室14个科室,1个全额拨款事业单位,在职干部职工74人。

年内,完成审计项目35个,审计查出违规金额6489万元、损失浪费金额435万元、管理不规范金额21.31万元,其中应上缴财政6489万元已全部上缴。提出审计建议130条,被采纳113条,被审计单位制定整改措施10项,促进建立健全规章制度2份,提交审计专报和信息101篇,被领导批示、采用74篇次。配合审计署和市审计局完成地方性债务资金、城镇保障性安居工程资金审计工作。完成2次科级干部竞争上岗工作,提拔科级干部16人。发展中共预备党员2人,预备党员转正1人。开展行动学习走基层专题活动,走访龙潭北里、夕照寺社区12户孤老、残疾和生活困难帮扶对象。审计局档案工作在市区县机关档案测评中被市档案局评为市级优秀单位,信息工作被市审计局评为先进单位。《原崇文区体育局局长经济责任审计项目》被市审计局评为优秀项目,《东城区国有控股企业经营管理现状审计调查项目》等3个审计项目获市审计局表彰。

单位地址:东城区天坛东路甲7号

联系电话:67052535 邮政编码:100061 (肖雅莉)

【审计业务管理】 1月27日上报预算执行和其他财政财务收支审计总体方案,4月12日上报经济责任审计工作计划,4月17日上报年度审计项目计划,经区政府审批后予以执行。完成审计局办公平台升级,京OA区县版应用系统开发。探索联网审计,推进审计手段现代化。修订经济责任审计工作流程、完善经济责任审计报告框架、建立经济责任审计数

据库。（肖雅莉）

【审计培训】　3月21日对区园林局系统进行案例教育，5月28日给区人大预算工委和专家顾问讲解审计条例，3月22日、9月26日为区新任处级领导干部讲授审计和财经知识，加大源头治理和审计工作指导力度。（肖雅莉）

【党风廉政建设】　3月27日，领导班子成员带头逐级签订《党风廉政建设责任书》，制定党风廉政建设工作目标任务，梳理廉政风险点、流程图，确定廉政风险重点环节，邀请区党风廉政监督员、特约监察员对审计人员执行纪律情况进行监督，在局域网上开辟党务公开和政务公开专栏。全年召开局党组会19次、局长办公会35次，专题研究84个“三重一大”事项。（肖雅莉）

【内部审计】　5月13日，制发《年度东城区内审工作指导意见》，组织全区66个一级预算单位和街道办事处对本单位预算执行情况进行自查自纠审计，对全区260余名内部审计人员进行继续教育和岗位培训。（肖雅莉）

【预算执行审计】　年内，开展预算执行审计17项。其中区级预算执行和其他财政收支情况1项、地方性债务跟踪审计1项、部门预算执行和决算草案15项。重点关注预算执行效率效果和财政政策、制度执行情况，关注公共财政体制改革落实情况，强化审计意见整改落实跟踪工作；突出三公经费审计。开展自查自纠内部审计，实现预算执行审计全覆盖，审计查出管理不规范金额77.01亿元，提出审计建议62条，被采纳。（肖雅莉）

【经济责任审计】　全年开展经济责任审计9项，突出对重点部门和重点单位领导干部的审计，突出对重点事项和重点资金的审计。审计查出违规金额6489万元、损失浪费金额435万元、管理不规范金额11.46亿元。上缴财政6489万元。提出审计建议50条。与区纪委合作编写《预警手册》，分为发现问题篇、教学篇、政策法规篇，是处级领导干部初任培训必备资料。（肖雅莉）

【政府投资建设项目审计】　审计天坛东里北区1－8号楼危楼腾退工程、南锣鼓巷社区服务用房项目搬迁补偿资金、地铁6号线、8号线拆迁资金东城段结算等5个项目。审计查出管理不规范金额1.32亿元，提出审计建议2条，收回被企业占用3年的拆迁资金3250万元。（肖雅莉）

【专项资金审计】　年内，审计调查区属社区妇联工作经费管理使用情况、区机关管理服务中心财务管理情况、区安全图像信息系统整合建设相关资金管理与使用情况、区属17个街道房屋管理使用情况等4个项目。审计查出管理不规范金额8290万元，提出审计建议16条。（肖雅莉）

烟草专卖

【概况】　东城区烟草专卖局（公司）（简称区烟草局）是烟草专卖行政主管机关，依法负责行政辖区的烟草专卖管理工作，在行政辖区内对烟草制品实行专卖专营。2010年9月，原东城、崇文两区局（公司）合并，新东城区局（公司）成立。中共组织关系隶属中共东城区机关工委。内设办公室（安保科）、人事劳资科（政工科）、财务科、法制科、专卖监督管理科（专卖稽查支队、内部专卖管理监督科）、内部专卖管理监督办公室、营销网建科7个科室。在编人员105人。

年内，局机关开展阳光下我们手拉手预防职务犯罪活动。组织温暖冬衣献爱心活动，收到捐献衣物100余件。向零售商户子女赠送书包、文具、书籍等学习用品。捐资助学将4000元助学金送给崇西社区贫困大学生。检查500余零售户，未发现天价烟。销售各类卷烟4.51万箱，查获案件210起，查获违法卷烟369.15万支，案值256.55万元，其中5万元以上大案9起，查获违法卷烟165.58万支，案值111.99万元，移送司法机关刑事拘留15人，依法判刑14人。

单位地址：东城区东直门外察慈2号

联系电话：84559701　邮政编码：100027　（于甜甜）

【专项整治检查】　元旦期间，专项检查王府井、崇文门、雍和宫、天坛等人口密集、流动性高、旅游人员众多等重点区域。出动执法人员20余人次，检查卷烟零售户30余户次，取缔无证户1户，纠正灯箱等违法行为2个，立案2起，查获非法卷烟100余条。3月11～23日，对王府井、东单、簋街、前门等9个重点检查区及200余重点监管户进行检查，采取集中检查、错时检查相结合方式，组织错时检查8次，检查零售户400余户，警告教育轻微违法行为10余户，立案16起，查获各类违法卷烟26万支，案值25万元。4月，与东城公安分局、东城工商分局等部门共同开展执法行动5次，破获5万元以上案件2起，清理整治无证商户10余户。对繁华商业区、旅游景区和夜市，组织10余次专项检查，查获违法案件23起，查处违法卷烟40.90万支，总案值28.13万元。6月1～28日，对辖区无证无照经营户进行专项治理行动，执法检查7次，联合其他部门检查2次，出动专卖执法人员25人次，出动执法车辆4台次，劝导无证经营户21人放弃经营卷烟。7月22日，出动执法人员20人，执法车2辆，说服教育无证摆卖和占道摆卖商贩，检查90余零售户，警告12户，查处违法3

户,查获各类违法卷烟1.86万支,案值1.79万元。7月22~26日开展为期一周的错时集中检查,走访检查200余户次,警告5户,查处违法案件4起,查获违法卷烟1.82万支,案值1.99万元。7月31日,联合东城公安分局对王府井地区进行重点治理。出动烟草执法人员30余人,干警12人,查获非法卷烟25.36万支,案值11.60万元,刑拘4人。 （于甜甜）

【普法宣传活动】 3月14日,会同区工商、卫生等部门在东环社区开展共铸诚信、营造安全、放心消费环境3.15普法宣传活动。向群众讲解真假烟识别技巧,派发200余份宣传材料。12月4日,开展普法宣传活动,设立法律宣传台,进行现场咨询,发放烟草专卖法律法规宣传资料,以典型案例分析形式,宣传涉烟违法行为所承担的法律后果。向群众发放法律法规宣传单200余份,接受鉴别咨询50余人次。 （于甜甜）

【破获大要案】 4月24日夜,联合东城公安分局在交道口南大街甲29号,当场查获李某涉嫌销售非法烟草专卖品96个品种908条,案值合计11.18万元。 （于甜甜）

【打击卷烟非法外流】 10月14日,区烟草局经过前期侦查,打掉一个卷烟非法外流窝点,当场查获卷烟49个品种943条,均为真品国产卷烟,价值8.34万元。 （于甜甜）

国有资产监督管理

【概况】 东城区国有资产监督管理委员会(简称区国资委)是区政府授权代表国家履行国有资产出资人职责的区政府直属特设机构。内设行政办公室、审计监督科(董事会、监事会办公室)、资产管理科、统计评价科(预算科)、企业发展科、人力资源科、党委办公室、组织宣传科、人事监察科9个科室。编制41人(含专职监事人员行政编制4人)。

年内,完成上年和年度国有资本收益收缴工作,编制完成下年国有资本经营预算。听取上年度国有企业董事会、监事会工作报告,对企业改革和发展、经营情况、董事会履职等作出书面评价。确定“3+1”国有资产整合思路(即整合区属国有企业资源,打造具有一定规模和较强集聚辐射能力的文化产业板块(文化航母)、具有较强品牌影响力和先进业态的商业服务业板块、能切实承担政策性投资项目建设的保障房和代建工程板块及国有资本运营平台)。推进国资委系统老字号企业全部完成改制。增强与中央、市属企业合作力度,组建北京京苑置业有限公司运作钟鼓楼建设项目;组建新隆福文化发展有限公司运作隆福寺建设项目;设立北京市文化科技融资担保有限公司,落户东城;与北京工美集团合作“北京礼物”项目取得开拓市场进展。推进天街集团前门历史文化展示区建设办理各类开工手续。弘善建设工程收尾,回迁安置225套,底商销售超过13亿元。完成全区行政事业单位及国有企业房产资源调查统计工作,为提高固定资产收益和盘活闲置资产做好准备。开展企业投资情况分析,检查一级企业投资方向、对外投资合作进展、投资收益等,提出完善投资管理的意见建议,督促企业加强风险控制。确定上年度6家所出资企业负责人经营业绩考核结果,完成兑现。与企业签订年度经营业绩考核责任书,指导建立企业高管副职和权属企业领导人经营业绩考核办法。完善《选拔任用工作程序的规定》《企业领导人员管理办法》,完成所出资企业和权属企业领导人员任免管理38人次。举办企业领导人员培训班8期,1300余人次参加。召开区国资委系统庆祝建党92周年暨表彰大会,18个先进基层党组织、44名优秀共产党员、18名党务工作者受到表彰。举办22名“时代先锋——区国资委系统先进人物事迹展”。

单位地址:东城区北花市大街14号
联系电话:67196908 邮政编码:100062 （马梁耘）

【成立天街集团有限公司】 8月1日,原北京天街控股集团有限公司和北京东方文化资产经营公司整合重组为北京天街集团有限公司。确定集团董事会、经营层、监事会人员组成。明确集团三大运营平台是文化地产开发、文化资产运营、文化金融服务,三大平台分工明确、相互支持、协同发展。 （马梁耘）

【提升区属企业融资能力】 推进天街集团提高资产使用效率,以前门项目土地作为抵押,申请贷款39.70亿元。通过协调市国资公司借款10亿元偿还政府平台到期贷款。成立历史文化名城保护基金,转变重点工程融资模式。实现地铁6号、8号线织补扩拆工程28亿政府债转企业债,解决政府债务审计隐患,降低政府负债风险。探索融资方式,完成10亿元中期票据发行前各项准备,天街集团市场融资70亿元,为区属重点工程建设提供资金支持。同时,降低企业资产负债率,北京大前门投资经营有限公司24亿元资产拨改投。推动东方信达设立东方华盖创投基金,政府引导资金加社会资本1.40亿元,推动区属文化创意、环保、节能等重点产业升级,助力区域经济发展。天街集团、东方信达共投资8450万元设立专业基金和基金管理公司,为戏剧制作、新媒体版权交易及创新性、科技型中小企业提供资金支持,弥补产业短板。 （马梁耘）

【年度产权登记年检】 年内,国有、国有控股、国有参股企业

203 家参加年度国有资产产权登记年检。全年完成新设占有登记 203 家,变动登记 11 家,注销登记 2 家。（马梁耘）

【推进审计监督】 转变审计机构费用支付方式,在国有资本经营预算中安排审计经费,确保财务决算和经济责任审计的独立性和客观性。发挥审计监督职责,按要求完成企业法定代表人的离任审计工作,并监督落实相关审计事项整改。督促企业贯彻执行区经济责任审计工作联席会议相关制度,重点完善企业内部经济责任审计制度。联合区审计局加强企业内审人员业务培训与工作研讨,指导和促进企业之间相互学习交流,提高内审业务水平。（马梁耘）

【落实安全维稳工作任务】 年内,国资委召开安全生产部署会 5 次,开展有重点、有针对性的安全排查 7 次,对地下空间、民防工程、汛期隐患、文明城区创建等进行专项检查。全年有效化解各类信访案件 122 件,通过协调,缠访情况明显下降,新产生的区级信访代理 3 件,得到初步化解。（马梁耘）

北京天街集团有限公司

【概况】 北京天街集团有限公司(简称天街集团)7 月 18 日成立,8 月 1 日举行揭牌仪式。天街集团由区国资委所属原北京东方文化资产经营公司和原北京天街控股集团有限公司整合组建,注册资本 11.40 亿元,总资产 202 亿元,净资产 70 亿元(原北京东方文化资产经营公司 2001 年成立,注册资本 13.60 亿元,专业从事文化产业经营与管理,是国有全资企业,上年总资产 14 亿元。原北京天街置业发展有限公司 2004 年 8 月成立,注册资本 3 亿元,是房地产开发、建设、销售、物业管理的国有全资股份制企业,上年总资产 127 亿元)。天街集团集文化地产开发、文化资产运营、文化金融服务为一体,是国有全资文化产业集团,履行区属文化产业投资、管理、运营、服务职能,承担区域历史文化风貌保护与发展任务。下设 5 个二级公司,北京东方文化经济发展有限公司、北京天街置业发展有限公司、北京东方文化资产经营公司、北京大前门投资经营有限公司、北京新北方旅游产业发展有限责任公司及 77 家权属单位。集团内设董事会办公室、党群工作部、重大项目办公室、行政事业部、人力资源部、财务部、资产管理部、经营部、法务部、企业发展部、预算部、审计部、前期部 13 个部室。有员工 76 人。

年内,拟定前门商业区商业转型升级方案,确定阶段性发展目标与方向,将前门商业区划分为文化旅游、文化创意、城市生活 3 个体验区,形成北、中、南三段式布局,使前门商业区成为文化体验式消费街区。8 月,举办第四届前门历史文化节暨中轴诗会,全国小剧场戏剧优秀剧目展演。10 月,举办《追梦——永远的邓丽君》音乐会。11 月,集团原创民族音乐剧《曹雪芹》在东方剧院首演。系列文化活动树立起前门历史文化展示区新形象。

单位地址:东城区王府井西街 9 号

联系电话:65281128　邮政编码:100006　（屈瑞蕊）

北京东方奥天资产经营有限公司

【概况】 北京东方奥天资产经营有限公司(简称东方奥天公司)2009 年 12 月 29 日成立,由北京奥士凯资产经营公司和北京天元资产经营公司调整组建而成,国有独资,注册资本 2.60 亿元。区国资委授权运营,并接受其监督管理。东方奥天公司依法对授权范围内的国有资产进行经营和管理,承担国有资产安全完整和保值增值责任。下属独立经营企业有利生体育商厦、新中国儿童用品商店、奥士凯商贸连锁经营公司、王府井食品商场、盛锡福帽业有限责任公司、同升和鞋业有限责任公司等 13 家。公司设董事会、监事会、经营层。内设办公室、资产经营部、财务部、审计部、发展改革部、房管基建部、人力资源部、保卫部、组织宣传部、工会、纪检监察部 11 个职能部门。有职工 1.05 万人,其中在岗 1858 人,离退休 8611 人。

年内,召开董事会 6 次,讨论批准《年度预算编制情况》《企业绩效目标责任制考核办法》《年度工资总额预算指标》《北京同升和鞋店改制事宜》《东单菜市场改制事宜》等 13 项议题。召开职工代表大会、经济工作会及工会工作会议,推进工资集体协商工作。修改完善《企业绩效目标责任制考核办法》,奖励超额完成利润预算指标的企业经营者 145 人次,通报纠正安全隐患、食品卫生、劳动用工等问题 25 件次,处罚 55 人次。提升房产资源运行质量,制定《网点资源未来五年发展规划》。加强廉政风险防范工作,全年梳理涉权事项 202 项,查找风险点 372 处,制定防控措施 359 条,梳理工作职责 569 条,完善职位说明书 187 项,编制工作流程图 185 项。实现国有资产保值增值,资产总额 10.24 亿元。全年实现主营业务收入 5.48 亿元,比上年同期递增 6.73%;利润总额 3419 万元,比上年同期递增 10.29%;国有资本保值增值率108.51%,在确保经济效益提高的同时,实现在岗职工人均工资收入增长 10%。公司员工 5 人纳入东城区优秀技能人才库,32 人获得高级营业员职业资格证书。获区优秀党务工作者 1 人,区国资系统先进党组织 3 个,区国资系统优秀共产党员 10 人,区国资系统优秀党务工作者 2 人。

单位地址:东城区韶九胡同 19 号

联系电话:85115220　邮政编码:100006　（白晓红　王酥镗）

【节日营销】 元旦、春节期间,开展以突出“年”味,融入民俗特色为主题的营销活动,实现销售 2362 万元,同比增幅 15.81%。（白晓红　王酥镗）

【同升和鞋店 111 周年店庆】 4 月 20 日至 5 月 5 日,开展百年制鞋技艺,真情代代相传主题活动,以及手工缝制皮鞋表演、手工布鞋制鞋表演和人体雕塑模特表演。活动期间实现销售收入 15 万元,同比增长 13%。（白晓红　王酥镗）

【同升和鞋店改制】 8 月 13 日,同升和与北京全福德投资公司举行改制合作签约仪式,成立北京同升和鞋业有限责任公司。双方签署《北京同升和鞋业有限责任公司合作协议》,召开第一届第一次股东大会，审议通过公司章程，选举产生首届董事会、监事会。新公司注册资本4840万元，双方持股比例各占50%。（白晓红　王酥镗）

【第四届购物节】 9月7日至10月7日举行，主题为消费者服务让消费者满意、月满金秋感恩回馈。800个品牌，5万个品种商品参与促销，实现零售销售3642.40万元，比上年同期零售销售增长507.04万元，同比增幅16.17%。（白晓红　王酥镗）

【东单菜市场改制】 12月3日，东单菜市场与京奥（北京）国际投资有限公司举行改制合作签约仪式，成立北京东单菜市场有限公司。双方签署《北京东单菜市场有限公司合作协议》，召开第一届股东会，审议通过公司章程，选举产生首届董事会、监事会。新公司注册资本8972万元，双方持股比例各占50%。（白晓红　王酥镗）

北京崇远投资经营公司

【概况】 北京崇远投资经营公司（简称崇远公司）2000年5月成立，注册资本1亿元，国有独资，是区国资委授权的国有资产监管运营企业，代表区国资委行使国有资产出资者权力。权属企业有崇远万家公司、便宜坊烤鸭集团有限公司、天润金百投资集团有限责任公司、大北服务有限责任公司、北京市珐琅厂有限责任公司、五州医药有限公司等14家。内设党委办公室、行政办公室、人事部、财务部、资产部、发展部、审计部7个职能部门。在职员工29人。

年内，推进资源整合和股权调整，发挥老字号品牌优势，突出主业发展，探索转变发展方式新途径，强化国有资产监管运营管理，确保国有资产保值增值。制定《崇远公司所出资企业国有产权代表管理暂行办法》，指导权属企业完善董事会、监事会组织结构和议事规则，建立权属企业董事、监事人选变更报备制度，规范董事会、监事会议事程序。配备充实大北公司、鞋帽工业联合公司、北京珐琅厂等单位党政领导班子。开展"道德宣讲进基层"活动，引导干部职工自觉践行"北京精神"。组织后备干部集中培训6次，74人参加。全年完成营业收入9.53亿元，同比增长7.56%；实现利润4949.22万元，同比增长35.41%；上缴税利8315.18万元，同比增长8.48%；归属母公司净资产收益率1.65%，同比增长0.74个百分点；在岗职工平均收入同比增长14.85%。

单位地址：东城区崇文门外大街新怡家园甲3号B座5层
联系电话：67170397　邮政编码：100061　（张剑）

【开展行动学习走基层活动】 2月，制定《关于进一步转变工作作风的实施意见》《党员领导干部密切联系群众制度》《关于进一步转变工作作风的具体规定》，开展领导干部行动学习走基层活动。所属企业64名领导干部，确定联系点79个，调研课题77个，制定可行性整改措施142条，提交书面调研报告40份，有效解决企业中存在的问题。（张剑　韩伟）

【加强审计监督】 年内，为防控国有资产流失，利用经济指标数据管理软件系统，做好审计、统计数据填报工作，及时对管理系统的主要数据进行汇总、对比、分析。在审计监管中，强化日常审核和定期测试，防止运行偏差，强化过程监督和动态管理，防控跑冒滴漏。完成权属国有及国有控股企业上半年管理效益审计及存货管理专项审计，实行全年经济责任审计。（张剑）

【会员卡专项清退活动】 在市区委和市区纪委开展的"会员卡专项清退活动"中，公司及权属企业高管人员和专兼职纪检干部70人按照"零持有、零报告"要求，做出"拒绝接受和持有不符合规定会员卡"的郑重承诺。（韩伟）

北京建远投资经营有限公司

【概况】 北京建远投资经营有限公司（简称建远公司）是区国资委授权负责国有资产监管、运营、管理的国有独资有限责任公司，成立于2004年。下属主要二级企业4个，北京正阳恒瑞置业公司、北京红桥市场有限责任公司、北京建新市政工程管理有限公司、北京崇建汇友装饰中心。授权、监管、投资的各级权属企业29家。内设党委办公室、行政办公室、投资经营部、资产管理部、财务部、审计部6个部门。在职员工27人。

年内，推进以保障性住房建设为主的房地产板块、市政基础设施建设板块和商业文化板块等三大核心板块发展。落实国有企业绩效考核制度，与下属企业逐级签订经营业绩和目标责任书，确定建远系统二级、三级企业经营业绩考核指标，分解落实各项任务指标，并通过开展专项审计等工作，将此项工作落到实处。每月召开安全生产工作会议，完善安全生产制度和应急预案，开展定期及不定期的安全检查工作，加强培训、教育，查制度、查预案、查设备、查落实，边检查边整改，提高各级干部职工的安全生产意识和相关技能。公司分别与二级企业签订《安全生产责任书》，分解落实安全生产责任。开展天坛周边66栋简易楼搬迁改造工程前期准备工作。年末公司总资产113.80亿元，净资产9.20亿元，实现利润4478万元，上缴税费1.24亿元。

单位地址：东城区天坛路55号
联系电话：67075339　邮政编码：100062　（金莹）

【保障性住房建设】 年内，北京正阳恒瑞置业公司承担的本区定向安置房弘善家园建设项目获取定向安置房产权免网签手续，已有2400余套住房具备进入朝阳区办证大厅条件。通州两站一街E5、E6保障性住房项目年内开工。该项目A5组团建筑面积20万平方米，居住户数3000套，首批实现土方施工。（金莹）

【代建工程项目】 年内，建远公司直管企业北京正阳恒瑞置业公司代建的区文化活动中心项目完成东、西、南侧用地占用及树木伐移工作；办理完成建设工程施工许可证。左安门角楼重要历史遗迹复建工程项目方案设计，上报北京市政

府;完成立项过程中规划、国土、环保意见征询。　（金莹）

【市政基础设施建设】　建远公司控股企业北京建新市政工程管理有限公司承担市政道路规划、建设项目29个。完成东西四块玉路道路建设;刘家窑路、正义路南延南段道路建设立项审批。全年完成投资1.87亿元。　（金莹）

【商业文化建设】　年内,建远公司直管企业北京红桥市场有限责任公司组织筹划春季红桥淘好货、庆五一红桥新款上市、创意点亮生活特卖、红桥珍珠感恩母亲节、六一特别献礼、红桥消夏夜市、六月生辰石珍珠推广月、金秋珠宝购物季等活动,市场全年销售热点不断,延长市场营业时间,调整经营业态,引进北大宝石鉴定中心、7-11便利店、眉州小吃、护国寺小吃等知名商业品牌,吸引客源。　（金莹）

北京东方信达资产经营总公司

【概况】　北京东方信达资产经营总公司(简称东方信达)2002年7月成立,为区属国有资产经营公司,按照国有独资公司模式建立董事会、监事会、经营层。形成战略中心、财务中心、人力资源中心、企业文化中心管理模式,构建起文化金融、商业流通、房地产开发与物业经营三大主业为支撑,新兴产业为后备力量的"3+N"业务发展格局。企业精神守正出新敢做善成。权属企业20余家。内设党委办公室、总经理办公室、人力资源部、审计部、企业管理部、企业发展部、综合项目部、财务部、退管部9个部门。资产总额56亿元。员工1600余人。

年内,东方信达调整股权、整合资源、优化业务,在资产管理、资本运营、内部管理等方面取得成效。总公司投资6000万元,申请市中小企业服务中心资金5000万元,联合社会资本9000万元,设立规模为2亿元的东方华盖创投基金,专注投资处于创业期的文化创意及节能环保企业。承担社会责任,配合区政府解决安置鸟枪胡同12号拆迁商户。

单位地址:东城区南竹杆胡同六号北京INN三号楼8层

联系电话:64224196　邮政编码:100010　（周琼）

【资产管理】　探索房产增值服务,对100余处房产分类贴标,制定房产经营规划,提升运营附加值。收回7200平方米低效但具有较高商业价值的房产。取得地铁5号线张自忠路站、北新桥站、雍和宫站商业项目房产证。推进胡同创意工厂建设,新增开发面积1万余平方米,签署龙潭湖、车库咖啡、东四地下博物馆项目。　（周琼）

【资本运营】　年内,完成东方信达持有的厚德资本、新媒体版权、版银科技、慧点东和、版权交易中心股权划归东信文金工作。代建工程开复工项目23个,面积14.43万平方米。完成五中、五中分校、东四街道办事处改造等14个代建项目,竣工面积10.56万平方米。下属国华文创担保公司完成增资,注册资本金达1亿元。王府井置业完成地铁6号线、8号线,及其他7个分地块拆迁结算工作。组织中医药平台项目和永安堂连锁药店参加第二届京交会,推广十病十药项目和永安堂品牌。学校后勤服务市场开拓进展顺利,京教物业后勤服务面积达24万平方米。　（周琼）

【规范制度加强内部管理】　完成《合同管理办法》《投资管理办法》《产(股)权管理规定》《投融资管理办法》《全面预算管理办法》《内部财务支出管理办法》等10余个管理制度修订工作。提名、任免权属企业国有股权代表108人次。制定《全面预算管理制度》,成立内部银行,以虚拟资金池模式开展资金内部融通工作,盘活存量资金5000万元。将审计链条从权属企业审计延伸到参股企业,扩大内部审计覆盖面。改版《东方信达报》,策划企业文化宣传主题和方案。　（周琼）

北京东方祥泰投资管理公司

【概况】　北京东方祥泰投资管理公司(简称东方祥泰)2006年3月13日成立,注册资本2000万元,出资人为北京东方信达资产经营总公司,以出资额为限对公司承担责任,经营业务为投资管理、技术开发、技术培训、企业管理咨询。东方祥泰有北京青蓝大厦有限责任公司、北京京教物业管理有限责任公司、北京育东劳务服务中心有限责任公司等权属企业17家,内设综合办公室、人事部、财务部、教育研发部、企业资产管理与经营部5个工作部门,有员工580人。

年内,创新推进经营项目,妥善处理校办企业历史遗留问题。为企业在岗职工缴纳五项社会保险432万余元,支付退休费493万余元。全年总收入4175.18万元,上缴税金417.24万元,国有资产保值增值率为104.51%。

单位地址:东城区报房胡同82号

联系电话:64032966　邮政编码:100010　（沈梦溪）

【两会期间安全保障】　全国两会期间,与全部17家权属单位、10家房屋承租单位签订《安保责任书》,明确各单位安全责任。重点部署青蓝大厦有限公司、普度寺管理处、东城教师公寓等重点单位安保工作,检查安全应急预案、安保措施、消防设施、值班安排等情况。未发生任何责任事故。　（沈梦溪）

【地方教材通过初审】　8月底,编辑完成小学三至五年级《快乐学京剧》地方教材及教师参考用书。9月,送交北京市中小学教材编审委员会审批。11月,通过初审,下年度投入教学使用。　（沈梦溪）

【学校后勤服务】　年内,协调推广学校后勤服务社会化进程。在区教委装备部、北京市第一中学、史家胡同小学、府学胡同小学、北京市第一幼儿园等21所学校27个校区开展多种项目后勤保障服务,管理校园面积20.46万平方米,提供后勤工作人员291人。　（沈梦溪）

【学生保险工作】　年内,联合北京联合保险经纪公司(UIB)

东城分公司,开展校方责任险、校方责任险附加无过失责任保险、学生意外伤害险等险种的中介服务,为全区中小学师生规避、分散风险。79所公办校参加校方责任险,6.78万名学生参保。办理保险理赔业务581起,赔付金额64万余元。

(沈梦溪)

【建成中小学艺术表演厅】 年内,权属企业青蓝大厦建成东城区中小学艺术表演厅,10余所区属中小学校无偿使用,开展学生艺术教育活动。

(沈梦溪)

集体经济管理

北京市东集兴业经贸有限责任公司

【概况】 北京市东集兴业经贸有限责任公司(简称东集兴业公司)。1999年,在政企分开改革中,组建成立东城区街道集体经济管理中心(简称区中心),注册登记为事业法人,负责接收管理原东城区10个街道办事处所属318个企业及41个集贸市场。2002年3月,区中心所属企业整体改制,集中街道集体企业全部联合资产,成立东城区东集兴业集体资产管理协会(简称协会),作为资产产权代表和管理机构,行使所有者职能,全面负责资产使用、处置、管理,在区民政局社团办注册登记为社团法人。2002年9月,协会投资成立北京市东集兴业经贸有限责任公司,注册登记为企业法人,注册资本2166万元。主营购销针纺织品、百货、五金交电、食品、日用杂品、副食品、烟酒、工艺美术品、民用建材、医疗器械、信息咨询、饮食服务、物业管理、房屋出租、酒店娱乐、经营企业自产产品、承办中外合资经营、合作生产业务、销售通讯设备、零配件商品。东集兴业公司下有6家控股子公司,即建国兴业公司、广联物业公司、景山双盛公司、东华新业公司、世纪新安公司、振新商贸公司。内设办公室、财务部、市场部、企业管理部。在职人员19人。

年内,公司挖掘潜力抓主业经营。遵循议事规则,董事会按时召开例行会议,每半年年审计一次公司经营和财务运行情况。东华门民政综合加工厂实现扭亏为盈目标,创造利润12.40万元。组织退休职工60人到平谷疗养;为200余人补办工龄手续;清理档案6份;应诉供暖费纠纷案件9起,支付1.30万元;为退休职工2288人发放取暖费56.90万元。在全系统职工中开展法制宣传教育活动,下发《关于东华新业公司涉嫌团伙经济犯罪案件的通报》,提高干部职工法律意识和法制观念。进行6次重点矛盾排查,受理信访5件次,年底全部结案。党员、积极分子和职工118人在共产党员献爱心活动中捐款8230元。"两节"走访慰问困难职工297户,发放慰问金和慰问品23.35万元;投入3.20万元为一线司机645人购买夏季清凉用品;为困难职工子女1人发放助学金4000元;组织女职工70人进行妇科专项检查。全年各项收入4179.45万元,实现净利润680.27万元。

单位地址:朝阳区安华西里一区26号楼三层
联系电话:64274716 邮政编码:100011

(赵家慈)

【房产经营管理】 年内,东集兴业公司所属控股企业——建国兴业公司在妆帝大楼各楼层死角安装监控仪16台,全方位监控楼内情况。世纪新安公司对协议到期的5个租户调整租金,增加近20万元收入。景山双盛公司收回北河沿大街31号地下室300平方米房产。东华新业公司提高新世界写字楼年租金12万元,增幅48%。广联物业公司整体改造小营商贸楼,采取分层精装、分类承包经营模式,将闲置多年的楼层全部盘活,年内入驻商户30余家。

(陈桂兰 赵家慈)

【市场管理】 东集兴业公司骨干企业东华门美食坊夜市和隆福寺早市贯彻落实《北京市食品安全条例》,撤销夜市生冷食品经营,早市坚持每周2次检测蔬菜、水果农药残留标准。东华门美食坊夜市投入38万元整修改造市场设施、设备,上调10%摊位租金,全年增收32.80万元。隆福寺早市稳定商户、堵塞管理漏洞,保持经营收益平稳增长。

(赵家慈 陈桂兰)

【出租汽车运营管理】 年内,景山、新中出租汽车公司制定《安全例会制度》《安全生产"一岗双责"制度》《驾驶员行车安全档案管理制度》《重大安全隐患报告、备案制度》《安全生产目标考核与奖惩办法》等21项管理制度。严格落实《运营车辆管理使用制度》,要求车辆行驶5000公里必须回公司进行保养(换机油),车队定期登记车辆运营公里数,核查车辆是否按公司规定进行保养和维护,对不按规定进行保养和维护的,给予处罚。全年发生交通违法行为284人次,比上年减少12人次,其中严重交通违法行为16人次,比上年减少26人次;发生交通事故行为57人次,比上年减少23人次。管理和考核调动起员工的积极性,双班运营率达90%以上。

(赵家慈)

东城区公司机构负责人

北京天街集团有限公司
董事长、党委书记　李　桦
总经理　李润杰

北京东方奥天资产经营有限公司
董事长、党委书记　王振淮(兼)
总经理　孙志家

北京崇远投资经营公司
董事长、党委书记　王振淮
总经理　孙志家(兼)

北京建远投资经营有限公司
董事长、党委书记　陈　艳
总经理　张　跃

北京东方信达资产经营总公司
董事长、党委书记　贺　征
总经理　邹宜凡

北京市东集兴业经贸有限责任公司
董事长、党委书记　李　增
总经理　黄满泉

工商·旅游·对外经济

工业企业

北京金漆镶嵌有限责任公司

【概况】 北京金漆镶嵌有限责任公司(简称金漆镶嵌公司)其前身北京金漆镶嵌厂是1956年建厂的国有企业,2005年3月改制为有限责任公司。生产经营项目:传统漆器、古典家具、室内装饰及木雕根雕石雕等工艺品。室内装饰业取得设计和施工双项国家甲级资质,金漆镶嵌公司是北京市非遗生产性保护示范基地,金漆镶嵌髹饰技艺2008年6月被列入国家级非物质文化遗产保护名录,金漆镶嵌公司为该项目的申报和保护单位。被市工商局评为守信企业。公司设立生产经营部、财务部、党政办公室、总工艺师室;下设英明斋、艺俱轩、物华苑、天宝楼、金漆艺术馆、金漆镶嵌奇石馆、金漆艺苑、金漆宫、燕京八绝艺术馆9个门店;古艺苑、艺俱轩、古润坊、漆宝斋、制漆分厂5个生产车间。公司占地面积7.78万平方米,建筑面积2.97万平方米。有职工237人。

年内,实现销售收入3176.60万元,利润35.60万元,上缴税金405.80万元。完成工业增加值同比增长5.28%;完成年产值同比增长33.66%。员工年人均收入同比增长9.73%。公司金漆镶嵌作品花卉九围带帽屏风、识文描金寿字瓜果纹八角盒等获"百花·漆花杯"金银奖;香台系列在第十届北京礼物旅游商品大赛上获优秀奖。精工矫嵌月漫清游屏风、仿明代戗金花鸟箱在中国(平遥)漆文化艺术博览会获金、银奖。精工矫嵌华冠群芳屏风、颤断彩绘架几案、紫地描金花卉多穆壶等获第七届北京工美杯金、银、铜奖。公司设计师1人获市有突出贡献高技能人才称号,高级技师1人列为北京市政府技师特殊津贴人员。柏德元大师代表中国工艺美术协会漆器专业委员会、金漆镶嵌公司向四川芦山灾区捐款20万元。

单位地址:朝阳区小红门乡红寺村40号
联系电话:67671153 邮政编码:100164 (刘丹)

【中华屏风文化展】 4月27日,举行中华屏风文化展暨非遗传承人柏德元大师从艺50周年庆典活动。展览荟萃多种形制、规格、工艺、题材的各类屏风200余件。在形制方面,有大型立式座屏、折屏、插屏、地屏、桌屏、挂屏等。在工艺方面,除传统镶嵌、彩绘、断纹平金开黑、平金开彩、雕填、刻灰等,还有漆画、木雕、嵌瓷片屏风等。在题材方面,包括历史典故、文学名著、宗教神话、民间传说、名人字画、山水人物、龙凤花鸟等。此外,还有书法和博古屏风展出。相关领导30余人,各界来宾400人,40余家媒体参加。 (刘丹)

【少数民族家居艺术精品展】 10月16日举行。为抢救濒临灭绝的技艺和品种,使少数民族家具文化得以保护和传承,金漆镶嵌公司结合企业优势和社会文化发展需求,利用2年时间,研发制造一批具有浓郁民族风格的民族漆艺家具和漆艺精品,达100余件(套),汇集藏族、回族、蒙古族、朝鲜族、满族等少数民族的家具、壁画、工艺摆件等。将非物质文化遗产及其资源转化为文化产品,使非物质文化遗产保护融入到生产生活中。 (刘丹)

【皇家风范·紫檀黄花梨精品展】 11月3日举行。展出具有明清宫廷艺术风格的紫檀和黄花梨精品近200件,其中雕龙顶箱大柜、荷花宝座、鹿角桌、椅等使用上乘名贵紫檀、黄花梨珍稀木料,实现销售额300万元。全国政协副主席、台盟中央主席林文漪等20余名领导应邀出席。 (刘丹)

北京市珐琅厂有限责任公司

【概况】 北京市珐琅厂有限责任公司(简称珐琅厂)其前身是北京市珐琅厂,1956年1月成立,由42家私营珐琅厂和皇宫造办处合并组成。郭沫若为其题写厂名。2002年11月改制为北京市珐琅厂有限责任公司。珐琅厂是全国景泰蓝行业中唯一的一家中华老字号。集景泰蓝产品研发制作、工艺展示、精品欣赏、参观购物为一体,是全国最大的景泰蓝研发、生产、销售基地。"京珐"品牌是景泰蓝行业的第一个知名品牌、北京市著名商标。2006年文化部指定为国家级非物质文化遗产——景泰蓝制作技艺保护传承基地。2011年11月文化部评定为国家级非物质文化遗产生产性保护示范基地。是全国生产经营景泰蓝最具权威的专业企业,代表着当代景泰蓝发展最高水平,引领着景泰蓝的发展方向和潮流。2012年6月建成全国第一个景泰蓝艺术博物馆。珐琅厂是北京外事接待单位,北京工艺美术院校实习培训基地。企业占地面积2.33公顷,建筑面积2.43万平方米。公司内设办公室、人力资源部、财务部、设计部、销售部、生产制作部、保卫部、商品部等8个工作部门。有在职职工205人。

年内,实现营业收入4448.48万元,利润511.93万元;在上缴国有资产占用费120万元基础上,实现税金662.31万元,为区财政贡献145.15万元,国有资产保值增值率127.97%。为全体员工每人上调浮动工资500元以上,增加工龄补贴,员工收入稳中有升。安排职工体检,为在职职工办理重大疾病、住院医疗及意外伤害互助保险;珐琅厂党政工领导看望走访劳模、孤寡、重病住院及困难职工25人次,保证职工利益,维护职工队伍稳定。珐琅厂被市政府授予首都民族团结进步先进集体称号。

单位地址:东城区永定门外安乐林路10号

联系电话:67211677 邮政编码:100075 (张莉)

【领导调研】 3月19日,市委常委、宣传部长、副市长鲁炜到厂调研。观看景泰蓝生产线,体验点蓝工艺,参观景泰蓝艺术博物馆并与厂领导班子进行座谈。鲁炜指出:"非遗"的根基在于保护传承纯手工技艺,要在此基础上进行创新。其次是引进人才,留住人才,开拓市场,更好地适应市场经济变化。同时在宣传中弘扬景泰蓝历史文化以及制作工艺。

(张莉)

【景泰蓝淘宝大集】 9月30日至10月15日举办。大集期间,景泰蓝精品展厅销售商品4000余件。著名景泰蓝设计大师钱美华设计作品售罄。此次活动是珐琅厂建厂以来宣传力度最广、参与人数最多、销售额最高的一次展销活动,出售景泰蓝产品1万余件,销售额1866万元。参观人数达6.40万人次。 (张莉)

【时尚创意大赛多项作品获奖】 10月24日,参加首届中华老字号时尚创意大赛表彰会。珐琅厂3名年轻设计师设计的"四大名旦·玉泰喜象"系列作品获金奖,"满园春"系列作品和"生生不息"系列作品获铜奖,公司作品"纸巾盒、果盘"系列获优秀作品奖。 (张莉)

【大型作品聚宝盆获珍品奖】 10月,景泰蓝大型作品聚宝盆在市工艺美术珍品评比中,被评为仅有的2件珍品之一。这是公司继70英寸国泰万兴大瓶获此殊荣后的第二次荣誉。聚宝盆直径1.80米、高1.46米,端庄、简洁、厚重,底足设计选取中华民族吉祥物——象征吉祥、太平的四尊象,托起聚宝盆造型,盆身4个开光花鸟纹样,与象征传统寓意的缠枝莲、牡丹纹穿插辉映,盆内荷花丛生,荷叶上3只金蟾口衔铜钱,上书"招财进宝",构成整部作品中心点,与开光花鸟、缠枝莲牡丹纹形成福、禄、寿、喜,财运连连寓意,盆沿两端双象头取意"太平有象",中心喷泉及6个荷花的循环喷水为作品注入生命气息,整件作品传达出喜庆、祥和、富足、长寿的主题。 (张莉)

【开放生产线供游客参观】 全年举办"走进珐琅厂·探秘景泰蓝"主题活动。公司安排讲解人员,引导来宾到互动区域,近距离观察景泰蓝制作工艺,在高级技师指导下,参与掐丝、点蓝制作,并开放景泰蓝生产线供游客参观。据不完全统计,此活动吸引1.50万市民和外地来京旅游人员走进珐琅厂,了解体验国宝京粹。中央电视台、《北京日报》等多家主流媒体报道。 (张莉)

【参加展会】 年内,珐琅厂参加市工艺美术行业协会、市非物质文化遗产保护中心、市老字号协会等组织的各种展会,以及京交会、第二届北京澳门合作交流洽谈会、第八届北京文博会等一系列展示、销售、宣传活动。获第八届文博会主场最佳展示奖、文博会创意产业促进奖、四川国际非物质文化遗产节景泰蓝制作技艺最佳展示奖。在中国(杭州西湖博览会)工艺美术精品博览会以及在成都、山西、云南、北京举办的展会上,销售额150余万元。 (张莉)

北京剧装厂

【概况】 北京剧装厂1956年1月成立,是全国剧装行业规模最大的国有企业,民族产品定点厂家。曾为梅兰芳等众多京剧表演艺术家量体裁衣。企业产品从单一戏剧产品向大型庆典活动、影视剧、旅游设施、宗教场所、户外广告、文物复制等领域拓展。先后为北京奥运会开闭幕式、国庆60周年庆典活动以及众多影视剧制作大批服装和道具。为故宫等各级博物院(馆)复制大批国宝级绣品类文物。剧装厂内设综合办公室、业务部、财务科、生产车间4个工作部门。有在职职工52人,退休职工276人。

年内,完成工业总产值915万元,销售收入967万元,实现税利170.50万元。接待9批外宾120余人参观。

单位地址:东城区西半壁街1号

联系电话:67020742 邮政编码:100050 (孙晓华)

【京剧·京绣服饰成就展】 4月2日在中华民族艺术珍品馆举行。展示活动由北京工美行业协会、中华民族艺术珍品馆和北京剧装厂共同主办,是燕京八绝系列展示活动的重要组成部分。剧装厂精选数十件(套)复制的宫廷服饰及京剧著名流派剧装精品,集中展示京绣技艺。展示活动使社会各界了解北京剧装厂作为国家级非遗项目传承和保护单位所取得的保护成果,提高民众参与非遗保护意识。崇远投资经营公司领导及有关部门代表、非遗代表性传承人、专业团体设计专家、剧装厂职工80人参加开幕式。 (孙晓华)

【承做传统祭祀活动用品】 4月,市有关部门在中国古建博物馆举办传统祭祀先农神活动。该项活动所用帐屋、幔帐、供桌外套由剧装厂承做。同时提供服务保障。主办方肯定剧装厂产品和服务,确定在其他祭祀活动中继续合作。

(孙晓华)

【制作国庆献礼大戏演出服装】 9月30日,国庆献礼大戏《天下归心》在国家大剧院上演。经过竞标,剧装厂承接演出服装制作任务。演出获得成功。注:该剧取材于《春秋左传》中的《郑伯克段于鄢》,讲述春秋时期一代贤君郑庄公摒弃前嫌与母亲重归于好的故事,表达孝道亲情与人性光辉。该剧

编剧为国家广电总局党组书记、局长蔡赴朝,总导演张艺谋首次执导京剧。 (孙晓华)

【参加澳门国际贸易投资展览会】 10月17日,剧装厂参加第十八届澳展会。在北京团展厅中央位置为来宾照相提供剧装。在企业展台展出高仿国宝级绣品类文物、清代帝、后龙袍,以及高档旗装、官补、绣片等京绣精品。澳门特首崔世安参观北京馆。展会期间接待各界观众1万人,发放企业宣传册400余册。 (孙晓华)

【开创经营新模式】 11月,与北京办公宝典信息咨询有限公司达成合作意向,借助对方信息和推广优势,以及包装推广"龙顺成"高档硬木家具产品成功经验,通过市场化运作,带活京绣高端精品市场,为企业高档京绣产品经营开辟新渠道。半个月内,2次参与对方举办的推介活动,销售收入近10万元。 (孙晓华)

【抢救传统技艺】 年内,市非物质文化遗产保护中心提供资金支持,开展对打穗、髯口、盔头、点翠、刀枪把子、靴鞋等6种传统技艺的保护性抢救工作。这些技艺都已有数百年传承历史,是北京传统手工技艺发展史上不可或缺的一页。剧装厂20余人次参与此项工作,历经10个月,行程上千公里,走访老艺人100余人次,拍摄完成120分钟6项技艺高清资料片,记录和整理技艺过程文字资料近10万字。挖掘、记录、整理、充实各技艺传承人传承谱系,填补空白。使相关技艺以现代手段得到永久保存,为传承和研究、考证提供第一手资料。 (孙晓华)

北京市工艺木刻厂有限责任公司

【概况】 北京市工艺木刻厂始建于1956年,1998年9月与北京绒鸟厂合并,2003年11月改制成立北京市工艺木刻厂有限责任公司(简称工艺木刻厂)。建厂初期生产木雕工艺品,主要给玉器厂、象牙雕刻厂、珐琅厂产品制作木制底座,属工美行业配套企业。20世纪60年代,工艺木刻厂进入较快发展时期,纯手工操作被部分机械所代替,产品质量和工艺水平大幅提高,产品品种有了突破。70年代后,陆续开发硬木雕刻家具、大型木雕、室内装饰、古建模型等生产项目。木雕家具以仿明清家具为主,造型古朴典雅、结构严谨、做工考究,品种有屏风、多宝格、花台、桌椅等。室内装饰有落地罩、隔扇、窗饰、牌匾等。此时期为钓鱼台国宾馆、中南海怀仁堂、北京饭店、天坛祈年殿所做室内装饰工程,成为传统工艺木雕代表作品。1991年按比例制作的金丝楠木北京四合院,获全国工艺美术百花奖一等奖。1997年迎接香港回归,为人民大会堂香港厅制作大型石木雕刻屏风。2003年为北京奥运会会徽"中国印·舞动的北京"制作紫檀宝盉。2005年、2009年第二届、第四届北京工艺美术展览上,翡翠《中华佛韵》《翡翠观音》(含紫檀木座)获北京工艺美术珍品奖。木刻厂的"北京木雕小器作"为市级非物质文化遗产保护项目。公司有北京市工艺美术大师、工艺美术师和高级技师5人。内设综合办公室、财务部、销售部。在职员工16人。

年内,重新制作企业宣传册,筛选确定上册产品,以小器为切入点,利用报纸及电视媒体等宣传方式,以实物作品扩大企业知名度。5月参加由区非遗中心组织的展览,展示红木作品云福天然座、福寿双全如意、福运终生桌屏等;9月新作品翡翠提梁瓶参加中国玉器百花奖评选,获铜奖并参展北京文博会;10月参加北京工美杯评选红木龙凤纹小屏风获优秀奖;10月参加由北京工美协会等单位组织的"百年风云·红色文化"创意作品大赛,翡翠作品《江山如此多娇》获金奖。

单位地址:朝阳区垡头甲88号

联系电话:87675826 邮政编码:100023 (冯军)

【翡翠提梁瓶获百花奖铜奖】 9月,新作品翡翠提梁瓶获中国玉器百花奖铜奖。该作品选用缅甸密支那地区优质翡翠,以平安美好为主题。作品型如商晚期青铜器长颈提卣,瓶盖上面琢菊花状,瓶身上端雕螭虎,两耳雕含环兽头,一环扣一环的叶子双链,错落有致的素面,饕餮纹饰,展示宫廷皇家艺术风范。整个作品,构思独特,造型庄重大方,浮雕技法娴熟,线条纯厚流畅,提梁卣木座选用红酸枝木,由高级技师设计制作。采用两层椭圆花座,提梁及花座用草龙图案,施以镂空雕与起地雕的雕刻技法,与翠瓶紧紧呼应,使其从形体到装饰,从内涵到技艺与翠瓶相得益彰,既突出了主体翡翠提梁瓶,又保证了整体艺术效果。 (冯军)

北京象牙雕刻厂有限责任公司

【概况】 北京象牙雕刻厂有限责任公司(简称象牙雕刻厂)前身是北京象牙雕刻厂,1958年5月创建。2002年企业改制更名为北京库鹏象牙雕刻有限公司,2008年7月,恢复厂名北京象牙雕刻厂有限责任公司。公司是经国家林业局批准的合法生产经营象牙制品企业,牙雕产品以北派皇家宫廷艺术为主导,以人物、山水、花卉、鸟兽为见长,以高雅、庄重、古朴、大气为艺术特点。有国家级工艺美术大师4人,市级工艺美术大师10人,高级技师27名,国家级象牙雕刻非物质文化遗产传承人3人。公司内设办公室、财务科、生产经营科。有员工30人。

年内,象牙雕刻厂以产品艺术化、品种多元化、经营市场化、管理职业化、职工利益最大化为指导思想,以创精品、抓品种、促传承、增效益为经营方针,贯彻经纪人公司的经营理念,超额完成年度任务目标。参加展会8次,获奖作品35件,其中金奖10件,即《仙子贺寿》《老子》《上官婉儿》《罗汉图》《霓裳羽衣曲》《八十七神仙卷》《琵琶仕女》《思念》《桃莲之约》《文房四宝》,16件获奖作品出自09届学员之手。全年完成工业总产值1935万元、销售收入902万元,实现税金272万元。

单位地址:东城区国瑞北路52号

联系电话:67011742 邮政编码:100062 (邵艺卉)

【学员比武】 7月至9月,开展学员比武,入厂4年的09届学员已具备牙雕二级工水平,象牙雕刻厂组织开展为期3个月的技术大比武,7 名学员参赛。比赛采用上班发活,下班收活方式,保障所有学员在同等时间完成创作。作品完成后,评判者对创意、用料、雕工、用时等打分,评出获奖名次。1 名学员作品《渔樵耕读》获一等奖,3 名学员并列获得二等奖。

(邵艺卉)

北京玻璃研究院

【概况】 北京玻璃研究院(原北京玻璃研究所)1960 年成立,隶属北京一轻控股有限责任公司。是市企业技术中心、北京光电材料及器件研发基地,专业从事光电功能材料研究、开发和生产的高科技企业,通过 ISO9000 和 GJB9001B 质量管理体系认证。先后承担并完成多项国内国际科研任务和重大国防军工配套任务,累计获得各类科技奖励 140 余项,其中国家级奖励 12 项。自主研发高科技产品广泛应用于航空、航天、兵器、核工业、船舶、电子等军用和民用领域,用于神舟 5 号、6 号、7 号飞船,国防重点核技术项目等关键配套材料及部件。主要产品分光学晶体与闪烁晶体、特种光纤及光纤器件、光学薄膜与镀膜材料、特种玻璃与光学玻璃、红外窗口与测温元器件 5 个系列。其中光学晶体、闪烁晶体、红外光纤、保偏光纤、封接玻璃、玻璃润滑剂、紫外光学镀膜、窄带滤波片等技术水平居国内领先地位。2008 年入驻中关村科技园区通州园光机电一体化产业基地。研究院占地面积 5.36 万平方米,建筑面积 2.70 万平方米,净资产 184 万元。设人工晶体、特种光纤、特种玻璃、光学薄膜、红外视窗 5 个事业部,科技质量部、生产经营部、财务部、党群行政部、综合事务部 5 个管理部门。有职工 81 人,其中专业技术人员 23 人。

年内,营业收入 754 万元,上缴税金 42 万元。

单位地址:东城区红桥东大地 1 号

联系电话:81508620　邮政编码:100062　　(邹璐　史彩红)

诺基亚通信系统有限公司

【概况】 诺基亚通信系统有限公司(简称诺基亚通信)原名为诺基亚西门子通信系统有限公司,2010 年 3 月 25 日成立,注册资本 3500 万美元,2013 年 12 月 6 日,更名为诺基亚通信系统有限公司。经营项目:生产网络基础设施设备、通讯传输设备和交换设备。主营产品:程控交换机(程控交换机是利用现代计算机技术,完成控制、接续等工作的电话交换)。一般经营项目:开发、销售网络基础设施设备、通讯传输设备和交换设备;自产产品售后服务、技术支持和其他客户服务等。内设生产部、计划部、质量部,在职员工 56 人,其中专业技术人员 35 人。

年内,诺基亚通信优化提升产能,调整运营生产结构,将核心网络基础设备生产份额由过去的 70% 提升到 90%。加强员工技术能力培养,在没有增加员工人数情况下保证按时交付增量客户订单。建立内部管理体系,10 月通过 TL9000 电信行业必维国际检验认证机构认证,11 月获得关键客户满意评价。诺基亚通信坚持以人为本,创建人文企业管理环境。全年营业收入 1.57 亿元,上缴税金 1483 万元。

单位地址:东城区和平里东街 11 号诺基亚 3 号楼 1 层

联系电话:84212288　邮政编码:100013　　(李晶)

北京远东仪表有限公司

【概况】 北京远东仪表有限公司(简称远东仪表)其前身是北京电表厂。远东仪表是由北京京仪科技有限责任公司和亚太投资有限公司共同投资组建的中外合资高新技术企业,1994 年 7 月成立。从事研发、制造、销售工业过程测量仪表、自动化控制系统等,为化工、电力、市政、冶金等企业流程自动化提供服务,为节能减排、绿色环保、安全、物联网、热计量改造等领域提供行业解决方案。远东仪表开展物联网、热计量等相关业务,从传统流程工业向城市管理、民生、节能等新领域拓展。推进单品销售、系统集成、解决方案向项目服务、运营服务延伸价值链。1994 年通过 ISO9001 质量管理体系认证。公司具有中国石油天然气集团公司一级供应网络会员、中石油“能源一号”会员、中国石化物资资源市场会员等系列市场准入资质。公司注册资本 2.10 亿元人民币。占地面积 3 万平方米。内设财务管理部、风险管理部、技术管理部、技术中心、综合办公室、企业文化建设部、人力资源部、市场部、物业管理部、信息中心、战略推进部、质量管理部 12 个部门。有员工 600 余人,其中工程技术人员占 33% 以上。

年内,远东仪表跟进产品技术和市场发展步伐。巩固与美国艾默生电气公司战略合作伙伴关系。6 月参加中国北京供热节能与新能源应用产业博览会,远东仪表提供的供热计量解决方案有助于供热行业实现由粗放式管理向精细化管理转变,热计量应用面积 330 万平方米,被媒体赞誉为小区的取暖管家。全年,销售收入 6.83 亿元。

单位地址:东城区和平路北街 6 号

联系电话:84293070　邮政编码:100013　　(刘达)

北京市龙顺成中式家具有限公司

【概况】 北京市龙顺成中式家具有限公司(简称龙顺成)创建于 1862 年(清同治元年)。20 世纪 50 年代,形成以清宫造办处所作家具为代表的“京作”宫廷家具特色,与“苏作”、“广作”并称为中国硬木家具三大流派,有家具中“官窑”之称。1993 年,恢复老字号龙顺成,改名为北京市龙顺成中式家具厂。1999 年 6 月,王世襄题写厂名。2010 年 10 月,改名为北京市龙顺成中式家具有限公司。主要经营项目:中式家具制作、木材加工、室内装饰及古旧家具修复。具备国家一级古旧家具修复资质。被市工商局评为守信企业。“京作”硬木家具制作技艺被列入国家级非物质文化遗产名录,是生产经营“京作”硬木家具权威专业企业。龙顺成是市纳税信用 A 级企业。2011 年再次被商务部认定为可保护与发展的“中华老字号”。龙顺成注册资本 1292.40 万元,总资产 1.58 亿元。占地 4.51 公顷,建筑面积 3.10 万平方米。内设综合管理部、财务部、技术研发部、销售部、业务部、修复部、生产分厂 7 个部门。在职职工 226 人。

年内,创新工作模式,调整生产布局和产品结构,根据合同要求,安排生产,确保订单如期履约。加大"京作"家具研发力度,实施常规产品与商务礼品、小件工艺品相辅的经营模式,突出文化营销。"龙顺成"商标,经市工商局复审,再次被认定为北京市著名商标。龙顺成获年度诚信企业、环保家具知名品牌、中国红木家具优秀企业称号。全年销售收入3811万元,税金668.82万元,利润263.31万元。

单位地址:东城区永定门外大街64号

联系电话:67211485 邮政编码:100075 (邸保忠)

【修复多项重大文物】 1月,承担为京西大觉寺文物家具修缮加固项目。遵循《中华人民共和国文物保护法实施条例》,修复藏经柜、大佛龛、迦陵画像、轿椅等57件文物,制作文物修复保护档案,完整记录修复过程,修复工作完成后,移交大觉寺。经验收,全部达到修复标准要求。实现修缮收入55.70万元。8月,承担为北京故宫博物院慈宁宫木器文物抢救性保护修复工作。修复紫檀木雕西番莲镜框、金丝楠木炕桌、红木麟龙大镜屏等7件木器文物。由非物质文化遗产传承人担任技术指导。详细记录修复过程,建立修复日志。经验收,达到修复标准要求。实现修缮收入18.70万元。

(邸保忠)

【京作家具拍卖会】 5月11日,在龙顺成文化交流中心,首次推出红与黑绝品红酸枝黑料典藏家具竞价鉴赏专场拍卖会。由龙顺成传人亲自监制的10套28件红酸枝黑料中式家具上拍,经38名红木家具爱好者竞价,全部成交。5月18日,与北京颐和园合作仿制的乾隆书房——澹宁堂典藏清代精品家具拍卖会,在龙顺成文化交流中心举办。3套6件上拍的紫檀木清代精品家具,由公司非物质文化遗产传承人与技师精心制作,全部成交。这是代表着传统独特制作工艺的"京作"家具精品走向市场,走向收藏界的首次尝试,也是进入市场化运作的一次活动。60名红木家具爱好者参加拍卖会。 (邸保忠)

【参加非遗文化展】 5月28日,参加在北京国家游泳中心举办的年度侨商北京洽谈会。展出"京作"家具图片、影像资料、榫卯结构件,意向性订单8笔。11月7日,参加在北京中国国际展览中心举办的第八届中国北京国际文化创意产业博览会,以中堂、拐子龙单人沙发组成的龙顺成客厅家具引起参观者关注。现场签单3笔,意向性订单12笔。

(邸保忠)

【组织文化营销活动】 8月17日,举办首届国摄天香摄影大赛,红木家具与摄影相结合,展现中国古典家具浓厚的文化底蕴。大赛设特等奖1名,一等奖1名,二等奖3名,三等奖5名。邀请著名摄影家担任评委。28名摄影爱好者参加摄影大赛。获奖作品在龙顺成文化交流中心长期展示。9月15日,第二届龙顺成京作文化艺术节在龙顺成文化交流中心开幕。相关人士,龙顺成第3代、第4代传承人及嘉宾共80人出席开幕式,北京青年报、新浪网等6家新闻媒体报道,9名贵宾为"九龙"画卷点睛。文化节期间实现销售300万元。10月14日,首届龙吟顺成书画笔会在龙顺成文化交流中心举行。中国华侨画院副秘书长等22名书画家,用书画寄语龙顺成。

(邸保忠)

北京联飞翔科技股份有限公司

【概况】 北京联飞翔科技股份有限公司(简称联飞翔),1995年成立,注册资本10万元,为国家级高新技术企业,入住中关村科技园区雍和园,拥有2家全资子公司(河北深思新材料技术有限公司、洛阳柯赛德汽车零部件技术有限公司),3家控股子公司(北京鼎能开源电池科技股份有限公司、湖北联飞翔汽车科技有限公司、联飞翔(大连)科技有限公司)。联飞翔从事新材料技术及其衍生产品的研发、生产和销售,经营产品为车用节能环保滤清器、长效低碳润滑油,及锂离子动力电池。1999年,体制改革,增资到138万元。2003年起转型研发新材料技术,进入车用节能环保领域。2007年改制为股份有限公司,注册资本增加到1亿元。2008年在中关村新三板挂牌上市。2009年在河北固安投资建立第一个研发生产基地;2010年在湖北随州投资建立第二个生产基地;2011年建成年产1000万安时的中试生产线。获得资质8项,包括企业诚信评价证书AAA登记、中关村企业信用双百证书、中关村高成长企业TOP100荣誉证书、瞪羚三星级企业证书等。公司内设董事会秘书办公室、总经办、人力资源部、后勤总务部、知识产权部、研发技术部、生产管理部、市场部、财务部、采购部、物流部、质检部、市场部、销售部14个部门。有员工218人。

年内,投资成立洛阳润滑油生产基地;收购大连润滑油生产基地;重组大连润滑油生产销售子公司。新增全国代理商25家;新开拓出租行业及其他终端大客户13家;累计开发并实现供货滤清器新品81种、润滑油新品17种;新增专利36项(发明专利7项,实用新型29项);申报各类项目29个,获得政府各项资助389万元,其中车用长效低碳润滑油项目获得中关村国家自主创新示范区新技术产品(服务)证书。年内承担北京市科技开发项目,针对治理PM2.5和降低汽车尾气排放物,开发环保型滤清器(第三代新型节能环保滤清器)。参加党心连民心,亲情进万家送温暖活动,捐赠款物1.80万元。定向发行股票450万股,募集资金1035万元,用于扩大销售规模所需流动资金。全年实现营业收入1.30亿元,利税3000余万元。

单位地址:东城区安定门外大街138号

联系电话:64097234 邮政编码:100011 (李文旭)

【中小企业私募债】 2月26日,非公开发行中小企业私募债券工作收到中国证券登记结算有限责任公司深圳分公司出具的《证券登记证明》,确定证券代码"118042",证券简称"12联飞翔",并与深圳证券交易所签署平台转让协议。3月6日起在深圳证券交易所发行,总额2000万元,票面利率8%,债券期限30个月。

(李文旭)

【鼎能增资】 3月15日,联飞翔控股子公司北京鼎能开源电池科技股份有限公司完成首次融资,募集资金960万元,新增投资人18人,增资后公司注册资本由2000万元变更为2800万元,为扩大经营提供资金支持。 (李文旭)

【北京市绿色通道项目】 6月,联飞翔在原有无机非金属陶瓷功能材料技术和节能环保型滤清器产品技术基础上,针对治理PM2.5和降低汽车尾气排放物的迫切需求,提出开发减排PM2.5环保型滤清器(第三代新型节能环保滤清器)研究课题,完成滤清器中试生产线搭建及减排环保型滤清器关键材料设计,形成2项发明专利,3项实用新型研究成果。 (李文旭)

【自产润滑油灌装】 7月1日,举办首批润滑油下线剪彩仪式,联飞翔主营产品"长效低碳润滑油"在自主研发基础上实现自主生产,是公司转型发展重要项目。 (李文旭)

【组建洛阳子公司】 9月1日,联飞翔投资650万元成立的全资子公司洛阳柯赛德汽车零部件技术有限公司在洛阳北企集团厂区举行落成仪式。柯赛德为当地企业配套滤清器和润滑油提供生产、技术、物流服务。洛阳子公司成立完成了联飞翔进军中原、辐射西南的战略布局。 (李文旭)

【鼎能公司电池产品下线】 9月11日,控股子公司北京鼎能开源电池科技股份有限公司电池产品下线暨配套产品交车仪式在河北固安基地举行。标志鼎能公司第一条生产线"绿安"电池产品正式投产。 (李文旭)

【组建大连子公司】 10月31日,联飞翔(大连)科技有限公司在大连举行开业庆典及签约仪式。该公司由联飞翔投资550万元(控股46%,为第一大股东),与大连中海星特种油品有限公司共同组建,生产销售车用及工业用润滑油。并于当天与东投康润等6家公司现场签约,为公司开拓东北市场,扩大销售奠定基础。来自全国各地近70家合作伙伴出席。 (李文旭)

北京一商红都服装服饰有限公司

【概况】 北京一商红都服装服饰有限公司(简称一商红都)。1956年3月,上海迁入北京7家国营服装店。1958年5月,组建北京市友联时装厂,"文革"中改名为北京人民服装厂。1984年12月1日,改名为北京市红都时装公司。2002年12月,体制改革,注册北京一商红都服装服饰有限公司。是一家集高档男、女士西服、中山装、青年装、大衣、旗袍、中式服装、燕尾服等系列配套服饰产品设计、开发、生产、销售为一体的国有服装企业,是国内最大的量体制装、零活应订生产加工基地之一。红都品牌被认定为中华老字号、中国驰名商标。红都曾为历届国家领导人、驻华使节等制作服装,并多次承担重要活动所需的制装任务。公司总部下设综合办、财务部、劳资部、质采部;生产部门有精品车间、良乡红都生产基地;经营部门有市场部、团装部、红都店、国华商场店、东四店、方庄店、北太平庄店、西坝河店;产品研发部门有红都设计研发中心、国服工作室、北服——红都工作室;还有2个中华技艺大师工作室。从业人员181人。

年内,制定产品质量双月抽检制度,执行质量一票否决制及源头追溯机制,使产品工期与质量得到保障。坚持走高档路线、精品路线经营发展战略,从日本、德国、意大利引进西装专用机、平机、后整理中间烫、服装设计CAD系统及CAM自动裁剪系统等先进专用设备,提升产品质量,创新营销工作。聘任7名有创新精神的年轻员工担任店经理助理和部室助理,培养后备人才。完成为20国驻华外交官制作中山装,为斯里兰卡总统制作2件青年装的外事工作任务。为航天员制作服装60余件。参加第二十一届中国国际服装服饰博览会,提出"为国人制国服"理念,突出中国古典特色,展示高级成衣定制精湛工艺,传播中国文化底蕴。参与社会公益活动,为北京梦之初慈善义工服务队50名义工特别定制正红色帽子和马夹,价值1万元。全年完成销售收入7300万元,利润399万元,上缴税费600万元。

单位地址:东城区东交民巷28号

联系电话:63189676 邮政编码:100006 (邓海燕)

【新店开业】 3月15日,蓝岛金隅商场店中店——红都蓝岛金隅店(简称金隅店)开业。金隅店秉承一商红都"四位一体"(高级定制、成衣销售、团体制装、服务修改)经营模式,经营上突出特色,服务上突出温情,购物上突出便利,环境上突出高雅。销售成衣,接受团装定制,同时承接修改业务,完善售后服务。 (邓海燕)

【服务全国"两会"】 3月,对公司服务"两会"工作人员进行服装文化、礼仪等培训,并准备126个品种1.13万件服装。服务政协委员和人大代表400人次。 (邓海燕)

【盛世国服获始创产品金奖】 4月,红都设计研发中心推出原创新品——盛世国服,在中山装传统中国元素基础上,加宽腰身部位,领口适度开低,袖口处改窄,袖型更流畅,新的制作方法使其修身合体,更具民族风格的礼服效果。在中华老字号时尚创意大赛中获始创产品金奖并以6.50万元拍卖。 (邓海燕)

【拍摄服装新形象宣传片】 5月21日,从北京服装学院选用3名外国模特和1名中国模特,由北京图片社专业摄影师拍摄,完成公司服装新形象宣传片。展示中山装、青年装、旗袍及晚礼服、西服、燕尾服等300余件套特色服装。 (邓海燕)

【参加侨商北京洽谈会】 5月28日,参加年度侨商北京洽谈会。展出具有中国传统风格的3类产品——中山装、青年装和旗袍,发放宣传资料,宣扬红都企业文化与老字号非遗项目。 (邓海燕)

【创新经营模式】 8月19日,红都国华店与大众点评网签订为期3个月的团购活动,尝试网络团购经营模式。2个月内接到40单,销售30万元。红都经典西服与时尚面料受到年轻人喜欢,成为团购消费主力。 (邓海燕)

【部门领导签约责任书】 12月20日,公司8个经营部门和2个生产部门负责人分别与公司领导就下年经营、生产指标与安全生产责任签订责任书。对各经营生产部门销售收入、利润指标等进行量化规定,对经营指标和安全生产进行书面约定。 (邓海燕)

北京东华服装有限责任公司

【概况】 北京东华服装有限责任公司(简称东华服装)前身是1973年组建的东城区服装管理处。1979年更名为北京市服装公司东城区分公司。1992年组建北京东华服装集团,1997年更名为北京东华服装集团公司。2002年6月改制成立北京东华服装有限责任公司。注册资本5000万元。主要经营:服装、针纺织品、物业管理、商业设施出租、信息服务等。下属4个分公司:东华服装分公司、建华皮货分公司、红叶服装分公司、华天诚时装分公司。公司与北京东华服装集体资产管理协会共同投资组建华北京华女内衣有限责任公司,参股北京东百安物业管理有限公司,与自然人共同投资组建北京建华雪花皮草有限责任公司,独资组建北京东华金街购物中心有限公司。东华服装设股东会、董事会、监事会,实行总经理负责制。内设经理办公室、财务部、组织人事部、劳资部、行政办、外联部、基建网点开发部、计算机室、党委办公室、工会10个职能部门。员工230人。

年内,贯彻“服务大众、价格适中、销售为王、错位竞争”十六字经营纲要;发挥房产优势,稳定租金收入;利用资金优势,投资理财产品;开展民间贷款,提高资金效率。制定、修改管埋制度9项,进一步规范企业行为。编撰“企业失误大全”,吸取历史教训。财务、劳资、人事、档案等进行电算化管理,提高办公效率。调整基层员工工资、住房公积金,工资上调8%,人均上涨400元。钟楼湾37号政府整治项目拆迁,减少面积1112.31平方米;东四六条甲13号由房地中心收回,减少面积315.47平方米。召开第四次会员代表大会,选举产生新一届公司工会委员会和经费审查委员会。全年实现营业收入7211万元,上缴各项税费1622万元。

单位地址:东城区什锦花园胡同43号
联系电话:64030107 邮政编码:100007 (岑泰)

【党建工作】 3月25日,召开党务工作会。总结上年党委工作布置年度工作计划,与6个基层单位签订党风廉政建设责任书。6月,开展创先争优评选活动。评选先进党支部2个,优秀共产党员13人,优秀党务工作者3人。组织共产党员献爱心捐款,154人参与,捐款2895元。离休干部1人上缴特殊党费1000元。举行党委换届改选,选举产生第四届党委和纪律检查委员会。 (聂仲杰)

【计算机技能比赛】 4月至9月,公司举行员工计算机技能比赛,68人参加,经过培训、初赛、决赛,在4个模块的比赛中,12人分获第一、第二、第三名,同时获得物质奖励。比赛使员工的计算机操作技能与水平得到普遍提高。 (聂仲杰)

【经营“老字号”】 建华皮货分公司有近百年历史,是王府井大街唯一专营皮革和裘皮的中华老字号门店,除经营自主“雪花”品牌外,还引进“湫斯迪、雪迪奥、高尔派”等品牌。年内在店内外安装LDE显示屏,加大宣传“老字号”力度。根据市场和季节变化及时调整商品结构,销售应季时装,保持较好的收益水平,成为王府井地区单位面积创效较高企业之一。 (岑泰)

北京白领时装有限公司

【概况】 北京白领时装有限公司(简称白领公司)1999年8月成立,由其前身北京白领服饰公司与苗红兵共同投资组建,注册资本5000万元(北京白领服饰公司1994年成立,占股比例75%)。公司集设计、生产、销售服装服饰于一体。2006年6月成立北京白领时装有限公司经济技术开发区分公司。2007年12月成立北京白领时装有限公司白领未来空间店。主要产品为女士高级套装、针织衫、风衣、大衣、裘皮、礼服等。年生产能力12万件。公司采用与商场联营的零售模式,北京设1家专卖店,燕莎、赛特、百盛以及长春、沈阳、大连、济南、青岛等一线城市设立直营专柜。经过19年经营与发展,白领公司拥有WHITE COLLAR、SHEE`S、K. UU、GOLDEN COLLAR4个自主品牌以满足各阶层顾客的不同需求。公司内设总部办公室、人力资源部、华贸办公室、管理中心、信息中心、营销中心、电子商务中心、设计中心、研发中心、配送中心、形象中心11个工作部门。有员工670人。

年内实现营业收入1.47亿元,上缴各项税费1454万元。

单位地址:北京经济技术开发区景园北街2号BDA国际企业大道8座
联系电话:67856688 邮政编码:100176 (贾鑫)

【WHITE COLLAR2014春夏发布会】 10月24日至11月1日,中国时装周春夏发布会在京举行。应主办方中国服装协会邀请,白领公司承担发布会闭幕时装展。在历时近4个月的前期准备工作中,公司投入300万元资金进行舞美及设计创意,并安排全体员工负责发布会服务和组织工作。时装秀展示白领4个品牌的50套件服装、服饰。相关部门领导及首都各界观众1000余人出席,精品购物指南、凤凰网、新华网等近200家媒体给予报道。 (贾鑫)

北京庄子工贸有限责任公司

【概况】 北京庄子工贸有限责任公司(简称庄子公司)1996年创建,注册资金2000万元,是一家集皮革服装开发、设计、制作、销售为一体的民营企业,建筑面积1.90万平方米。庄子工贸的理念是发展企业,回报社会,创造更多的利税和就业机会,为国家经济建设出力。近年,庄子工贸产品向男女梭织服装领域、品牌系列化发展。年生产能力30万件。公司内设营销中心(包括:销售部、客服部、物流部、成品库)、研发中心(包括:采购部、皮装部、男装部、技术部)、生产中心(包括:办公室、裁剪车间、缝制车间、毛领车间、原料库、辅料库)、管理中心(包括:管理部、行政人事部、总务部)、国际贸易部。有员工400余名,其中专业服装设计和技术人员60名。

年内,庄子工贸皮革服装再次位居全国皮革市场综合占有率榜首,在全国及北京市同行业市场销售名列前茅。获北京最具文化创意十大时装品牌、零售企业商品同类产品市场销售量第一位、北京市著名商标、中国真皮衣王等荣誉。热心公益向社会各界捐款19.10万元。组织中国梦·庄子梦主题党日活动,以党建带工建,组织员工开展多种活动,提高员工素质。全年经营收入1.26亿元,利润586.30万元,上缴税金598.10万元。

单位地址:东城区体育馆路13号

联系电话:67608681　邮政编码:100061　(金建伟)

【庄子秋冬服装展示会】 7月在宋家庄庄子工厂店开幕。男装系列彰显男士自信儒雅、智慧幽默双重特征,体现当代都市男士着装趋势;女装剪裁精致,诠释休闲经典的设计精髓,呈现轻松细腻的效果;复古优雅为本季皮装主题。会上展出服装千余款,服装设计者现场讲解设计理念和主题。

(金建伟)

【安全管理】 11月,召开安全生产综合治理工作会议,成立庄子公司安全生产综合治理领导小组,明确安全综合治理职责,确定领导小组成员名单,责成领导小组制定年度工作计划与要求,制定安全综合治理工作奖励惩罚制度。领导小组定期开展安全检查,重视安全管理工作,组织员工进行安全生产知识培训,根据厂区生产实际,发现问题及时整改,保证工厂生产安全有序进行。(金建伟)

北京格格旗袍有限公司

【概况】 北京格格旗袍有限公司(简称格格)始建于1994年。企业集研发、设计、生产、物流、营销为一体。厂房面积6000余平方米。经营范围:制造、加工服装、服饰、鞋帽;销售针纺织品、服装鞋帽、日用品、工艺美术品。主营业务:格格品牌中式服装研发、生产和销售。主要产品:中式生活装系列(女装、男装),中式婚庆装系列,旗袍系列,中式礼服系列,高级定制系列,中式礼品系列等。销售网络遍及全国20个省市,设立近100家专柜及专卖店。开发网络营销渠道,与京东、当当、淘宝、天猫等电商签署战略联盟合作协议。公司接待多位国家领导及国际友人到厂视察参观,为国家领导人及国际友人、影视明星设计、定制中式服装,如奥运会升旗仪式、国际金融论坛、第十届全国妇女代表大会等参会服装。承办国庆60周年祝福祖国方阵服装设计制作,"迎奥运盛世中华"民族服饰展演。格格致力于公益事业,先后为汶川灾区等捐赠价值近百万元衣物。企业获多项设计大奖,并连续20年获得守信企业、文明单位、先进私营企业、质量工作先进单位、十大消费者喜爱品牌、十大热销品牌等荣誉。公司内设总经办、行政部、财务部、销售部、商品部、电商企划部、研发部、技术部、生产部9个职能部门。有员工300余人。

年内,5月获北京时装之都热销品牌荣誉;6月电商天猫旗舰店开业;7月向河北省张北县小二台小学赠送价值10万元衣物;8月参展国际礼品展,格格中式礼品获追捧;9月再获最具文化创意优秀时装品牌殊荣;11月获商务部品牌世贸网颁发的网络推广国际知名品牌。全年生产各式服装13.50万件套,销售收入9600万元,纳税240万元。

单位地址:大兴区西红门镇福伟路4条北8号

联系电话:60291119　邮政编码:100076　(史学梅)

北京布逸昊服装服饰有限公司

【概况】 北京布逸昊服装服饰有限公司(简称布逸昊公司)成立于1998年,为自筹资金的民营企业。布逸昊公司2000年成为法国男装品牌萨巴蒂尼(S. D. Spontini)中国区总代理,将该品牌引入国内,并于2010年完成收购,成为萨巴蒂尼品牌中国区设计、生产、销售的品牌拥有者。布逸昊公司以专业、经典、奢华为理念,涵盖高级男士正装、晚装、商务装、休闲装、羊绒制品、皮革皮草、皮鞋等产品线。设计理念以人为本,注重服装与人体的自然结合,引领国际流行趋势,客户定位为成功男士。产品选材用料考究,长期与多家具有百年经营历史的国际顶级面料供应商合作,所用原材料百分之九十源于进口,处于国内男装行业领先地位。经营中,完善管理体系,开发优质产品,提供周到服务。公司内设董事长办公室、总经理办公室、销售营运部、产品开发部、物流部、人力资源部、财务部、信息部、IT部、行政部10个职能部门,员工700余人。

年内,新增门店18家,完成直营、代理、奥特莱斯等多种销售模式共150家门店建设,覆盖全国80余个重点城市,形成北至哈尔滨,西至乌鲁木齐,东至苏杭,南至广州的销售网络,在全国一线城市顶级商场均设有专卖店,并在商场销售中占有重要席位。企业在自身发展同时,承担社会责任,参与各种公益活动,资助贫困学生,为北京市青少年发展基金会及团市委主办的"温暖冬衣——为最需要的人送去温暖"爱心捐助活动提供特别经费30万元,组织员工捐赠衣物100余件。年内纳税额7000余万元。

单位地址:东城区青年湖北街11号

联系电话:84123339　邮政编码:100011　(花圣烨)

商业 服务业企业

东城区商务委员会

【概况】 东城区商务委员会(简称区商务委)是主管辖区国内外经济贸易和对外经济合作的工作部门。内设办公室、规划发展科、社区商业科、流通管理科、商务服务科、外资管理科、外经外贸科、市场监管科、粮食酒类管理科、人事监察科10个科室。在编人员43人,其中公务员42人,公勤人员1人。

年内,以构建国际商贸中心示范区和国际知名商业中心为目标,制定《东城区商业整体营销规划》,提出打造百年商贾悠购世界品牌思路,举办金秋购物季、美食体验季、岁末购物周活动,促进区域消费繁荣和经济增长。推进生活必须品应急保障能力建设,建立全区生活必需品应急保障机制,应急网点由24个增加到39个。全区实现社会消费品零售额839.20亿元,同比增长5.60%。东城区获全国社区商业示范区称号。区商务委、北京崇远万家邻里服务有限责任公司获全国社区商业优秀集体称号。

单位地址:东城区永内东街中里13号

联系电话:67116188 邮政编码:100050 (贺蔚蔚)

【推进社区商业体系建设】 3月18日,制定《东城区早餐示范工程建设工作实施方案》,推进连锁化品牌早餐门店发展,鼓励连锁超市、便利店搭载早餐,完成改造超市便利店40家、固定早餐门店40家。5月6日,制定《东城区全面完善社区商业服务体系的实施意见》,推进全国社区商业示范区建设。升级改造菜市场4家,新建崇远万家菜店8家,在6家菜市场推行市场信息监测系统。实现家政品牌在全区187个社区服务站的全覆盖,培训家政服务人员1000人。新建规范化再生资源回收网点5个,在教育系统160家单位推行规范化回收布袋进教室、进办公室工作。 (贺蔚蔚)

【参加第二届"京交会"】 5月28日至6月1日,组织区内80余家企业参加第二届"京交会"电子商务、版权交易等5大板块10个领域的展示推介,34个项目签约,金额超过100亿元人民币。 (贺蔚蔚)

【培育提升特色街】 8月15日,出台《南锣鼓巷特色商业街区指导目录》,完成五道营文化休闲胡同一期改造工程和南新仓"北延南扩"架空线入地工作。南锣鼓巷获中国特色商业街称号,王府井建管办、前门大街管委会分别获得2012—2013年度全国商业街先进集体称号。 (贺蔚蔚)

【宣传推介老字号】 年内,组织老字号企业参加"第二届台湾高雄·北京特色周"、2013老字号沙龙、台北国际老字号精品展暨海峡两岸老字号精品展、第二届京交会等活动。便宜坊集团与高雄河边餐饮机构签署产品推广协议,并在台湾开设首家分店;红桥集团与高雄琥珀传奇艺品有限公司开展实质性合作。 (贺蔚蔚)

【加大行业监管】 全年出动检查人员2488人次,累计检查企业1192家次。实施行政处罚4起,处罚金额3.50万元,保障区域安全生产形势稳定发展。 (贺蔚蔚)

【争取国家和市级资金支持】 争取商务部资金支持664万元,其中服务外包企业602万元,中小企业62万元;争取市级商业流通发展资金3800万元,其中早餐示范工程2100万元,重点商业发展项目1700万元;获市促销奖励资金3320万元,其中批发企业2100万元,零售企业1220万元;获市总部经济政策兑现奖励6823.19万元,其中市财政承担3688.19万元,区财政承担3135万元。全年累计获国家和市级资金支持1.15亿元。 (贺蔚蔚)

北京王府井百货(集团)股份有限公司百货大楼

【概况】 北京市百货大楼是中华人民共和国成立后北京建造的第一座大型百货零售商店,被誉为"新中国第一店"。1955年9月开业,1991年成立北京百货大楼集团,1993年进行股份制改造,1994年北京王府井百货(集团)股份有限公司在上海证券交易所上市,1999年新建北部商业楼,2000年王府井百货和东安集团公司实现资产重组,成立北京王府井东安集团有限责任公司,2004年2月百货大楼进行内部升级改造,4月对外营业,2007年11月,北厦青春馆正式对外营业,2009年7月至2010年9月进行内部改造调整,9月重张开业。有经营面积10万平方米,地上8层、地下2层,汇集国内外知名品牌,经营奢侈品、国际精品、国际化妆品、黄金珠宝、时装、鞋类、运动品牌、家居家电、时尚配件等商品。百货大楼售货员张秉贵是全国著名劳动模范,大楼前广场立有其半身铜像,陈云在基石上题词:"一团火精神光耀神州"。该建筑2007年市政府批准列入《北京优秀近现代建筑保护名录》。区文化委员会核定,百货大楼早期建筑被列为《东城区未核定等级不可移动文物》。百货大楼内设总经理办公室、业务营运部、市场营销部、财务部、人力资源部、卖场服务部、后勤服务部、党委工作部、工会、安全保卫部、储运部、会员中心12个工作部门,8个销售部:化妆珠宝精品销售部、女装一部、女装二部、皮具销售部、男装运动销售部、家用儿童销售部、超市销售部、功能销售部。在岗员工1115人。

年内,召开服务创新研讨会,总结服务创新成果,举行"不是回忆,是未来"58周年店庆、会员大享日等主题营销活动。2月获上年度北京十大商业品牌,3月评为上年度全国重点百货零售企业、市诚信服务示范单位、区消费者满意单位。推广双月员工奖励机制,23人获得提名。全年销售收入22亿元,纳税1733万元。

单位地址:东城区王府井大街255号

联系电话:85260557　邮政编码:100006　(高天)

【改造工程】　3月至10月,进行百货大楼北厦装修调整工程。工程扩充北馆六层、七层的餐饮商铺及休闲服务类项目,引进鹿港小镇、第二乐章、避风塘、鱼旨寿司,打造全新时尚美食空间,使休闲餐饮项目数量和质量得到提升。百货类中家居、家电、数码摄照类商品压缩下移至北馆五层,户外和运动服饰类重点品牌下移至北馆四层。同时涉及会员中心、团购部门、品牌专柜迁移,以及消防、机电等交叉作业。装修调整工作细化,落实责任人、明确时间表、确定工作目标,组织召开工程协调会,督促工程进度,保质保量完成各项工作。(高天)

【社会公益】　6月8日,组织开展大手拉小手撑起一片天——残障儿童关爱活动。182名员工、7名顾客捐献230件儿童服装、150件玩具、120件文具、60件婴儿用品,送给怀柔儿童福利院的孤残儿童们。(高天)

【张秉贵波普产品】　9月14日,百货大楼58周年店庆之际,张秉贵波普系列周边商品专柜在一层张秉贵纪念馆开张。该系列产品为黑色背底,上印张秉贵波普头像。波普代表着一种流行文化,又称新写实主义。在美国现代文明的影响下而产生的一种国际性艺术运动,多以社会上流行的形象或戏剧中偶然事件作为表现内容。运用波普文化打造张秉贵形象,具有强烈艺术张力。是第一次将著名全国劳动模范头像用于产品设计元素,周边产品包括文化体恤衫、棒球帽、热敏水杯、苹果手机外壳、冰箱贴和笔记本等。其中,热敏水杯和棒球帽最为热销。(高天)

【盛装游行】　9月,举办58周年店庆盛装游行。百货大楼员工沿王府井步行街至商店内各层,吸引游客驻足欣赏,营造百货大楼特色品牌。自此之后"万圣节"、"圣诞夜",盛装游行沿用升级,逐渐成为百货大楼标志性营销活动。(高天)

北京王府井百货(集团)股份有限公司东安市场

【概况】　北京王府井百货(集团)股份有限公司东安市场(简称东安市场)隶属于北京王府井百货(集团)股份有限公司。始建于1903年(清光绪二十九年),是京城历史最悠久的多种经营项目商场,颇具老北京市场文化特色,因邻近皇城东安门故名东安市场。1949年后,成立东安市场管理处。1954年起陆续公私合营。1966年改名为东风市场。1967年全场进行整修扩建。1969年竣工后重张开业,成为大型商场。1988年恢复东安市场名称。同年9月组建北京东安集团公司,东安市场成为东安集团下属经济实体。1993年北京东安集团公司与香港新鸿基地产有限公司合资在东安市场旧址进行改扩建工程。1998年1月新东安对外营业。2000年与北京王府井百货集团股份有限公司实现资产重组,成为其下属企业。国家历届领导人重视东安市场发展,周恩来、邓小平等领导先后到东安市场视察。经商务部认定为"中华老字号"企业。历年获得市诚信经营示范单位。在海内外消费者中拥有良好的口碑和信誉。东安市场位于王府井大街138号,总建筑面积1.60万平方米,经营区域位于新东安大厦核心区域D区4个楼层,商品经营面积8238平方米,东安影院建筑面积4963平方米。

年内,东安市场坚持诚信立业,视顾客为家人、朋友,满足顾客需求,调整丰富商品经营。提升团队管理、商品经营、服务理念品质。组织开展商场各部门年度重点工作目标考核,明确实现目标与要求。开展群众路线教育实践活动,完善廉政监督机制。成立职工社团东风社,为员工参与企业管理,搭建互动交流平台。开展劳动竞赛和合理化建议活动。为员工送温暖,帮助解决实际困难,营造良好内部环境。

单位地址:东城区王府井大街138号

联系电话:65281270　邮政编码:100006　(徐力)

【制定商场服务提升方案】　年内,开展服务创造价值大讨论和征文活动,提升全员服务意识,明确各岗位工作与满意工作的结合点,明确服务工作目标和保障措施。完善服务体系建设和建立健全服务管理机制,制定《东安市场2013年服务提升解决方案》,树立大服务观念,实现部门间联动,推动各部门服务工作的提升。(徐力)

【从经营品牌向经营顾客转变】　年内,为进一步扩大顾客体验服务的范围、形式,提升服务优势,东安市场特别成立总经理挂帅的顾客体验式消费项目组,围绕体验顾客消费开展研讨与实践,促进转变经营工作中心,实现从经营品牌向经营顾客转变。(徐力)

【营销推广方式创新】　年内,东安市场在继续组织开展风筝节、扇子节、非物质文化遗产展等东安传统特色主题营销活动的同时,加大网络、新媒体营销的推广力度,东安微信、东安微博,百度、高德地图等均加大线上营销推广力度,使商场的营销推广方式更贴近当代人生活模式,也更灵活多样。

(徐力)

中国北京同仁堂(集团)有限责任公司

【概况】 北京同仁堂1669年(清康熙八年)创建,1723年开始为皇室供奉御药。历经344年,同仁堂人始终恪守"炮制虽繁必不敢省人工,品味虽贵必不敢减物力"的古训,树立"修合无人见,存心有天知"的自律意识,铸就了同仁堂"同修仁德,济世养生"的企业精神和"配方独特、选料上乘、工艺精湛、疗效显著"的产品特色,打造成中国中药行业金字品牌。1992年7月13日,以北京市药材公司所属同仁堂制药总厂、北京中药总厂、药材公司为基础,组建中国北京同仁堂集团。1997年,同仁堂集团将旗下的北京同仁堂制药厂、制药二厂、制药三厂、药酒厂、中药提炼厂、进出口分公司和外埠经营部7个单位的生产经营性资产重组成北京同仁堂股份有限公司,在上海证券交易所上市,以2亿元股本募集资金3.40亿元。2000年,同仁堂集团分离制药二厂、中药提炼厂和进出口公司中具有科技含量的经营资产,成立北京同仁堂科技发展股份有限公司,在香港联合交易所创业板上市,以1亿元股本募集资金2.30亿元。2001年7月13日,成立中国北京同仁堂(集团)有限责任公司(简称同仁堂集团)。同仁堂集团是市政府授权经营国有资产的国有独资公司,拥有6个二级集团、3个院(研究院、中医医院、教育学院)、2个储备单位。同仁堂集团是以中药为主业,集科工贸、产供销为一体的大型中药企业集团,业务涉及中药材种植、饮片加工、中成药、普通营养食品、保健食品、传统滋补品、生物制品、化妆品及出口贸易等方面。年生产24个剂型1400余个产品,有83条通过国家GMP认证生产线。其下属北京同仁堂股份有限公司、北京同仁堂科技发展股份有限公司和北京同仁堂国药(香港)集团为上市公司。同仁堂集团内设综合办公室、经济运行部、财务运行部、证券部、对外经济工作办公室、品牌法律事务部、科技质量部、工装环保部、媒体广告管理部、医疗管理部、审计部、信息中心、文化传承中心、安全保卫部、房产管理部、行政后勤部、组织人事干部部、宣传部、党委办公室、纪委办公室、工会、团委22个部门。有职工2.39万人。

年内,围绕市场需求,加强品种群建设,促进销售上量,更新换代主销品种,增加产品附加值,提升利润空间。所属同仁堂科技发展股份有限公司发行新增H股,募集资金11.69亿港元,用于"十二五"规划工程项目和未来发展。北京同仁堂国药有限公司在香港联交所创业板正式挂牌上市。同仁堂集团与日本日水制药株式会社签署合同,合资开办北京同仁堂日水制药株式会社,促进同仁堂品牌和中医药文化在日本的宣传和推广。邀请北京电视台、《北京日报》等近20家新闻媒体领导召开座谈会,听取媒体对同仁堂发展的建议。开展党的群众路线教育实践活动。实现销售收入、利润总额连续17年两位数增长,整体投资回报率创历年最高。职工人均增资5级。全年实现汇总营业收入215.94亿元,同比增长8.72%,实现合并营业收入132.19亿元,同比增长11.80%,实现利润18.91亿元,同比增长16.26%。全年无重大安全、质量事故。获上年度北京十大商业品牌金奖称号。

单位地址:东城区东兴隆街52号
联系电话:67171762　邮政编码:100062 (葛冰)

【领导调研】 3月19日,市委常委、宣传部长、副市长鲁炜到同仁堂集团调研。他强调:要围绕同仁堂诚信、品牌、文化、经营、先进人物等方面加大宣传力度;要善于运用互联网、微博、手机等新媒体,扩大国企在全球的影响力。5月30日,中央政治局委员、国务院副总理汪洋考察京交会同仁堂展位,询问同仁堂在香港上市及海外销售情况,对同仁堂"医药结合、以医带药"的海外推广模式表示肯定。他指出,中药下一步目标是要打开欧美主流市场,以证明中药真正被西方认可。同日,商务部部长高虎城、部长助理仇鸿、国务院副秘书长毕井泉、市长王安顺、副市长程红、市政府秘书长李伟等先后视察京交会同仁堂展位。6月14日,致公党中央副主席程君培就中医药立法等事宜到同仁堂进行专题调研。10月11日,国家中医药管理局局长王国强到北京同仁堂中医医院进行现场调研。参观中药饮片调剂区、煎药室、乐家老宅精品药房、大师工作室、远程医疗、康复病区和刁氏正脊区,他指出:药方好,还要药材好。并对中医医院质量上乘的药品给予肯定。 (葛冰)

【同仁堂国药香港创业板上市】 5月7日,北京同仁堂国药有限公司在香港联交所创业板正式挂牌上市。开盘价4.70港元,收盘价6.53港元,成交额6.77亿港元。借助香港市场提供的融资平台,开发海外市场,开拓保健食品领域,发展养生保健服务,推广中医养生文化,打造医疗健康服务产业。市国资委主任、同仁堂集团董事长、同仁堂国药总经理出席挂牌仪式。 (葛冰)

【主办革命老区光明行活动】 5月16日,市政协委员、北京同仁堂革命老区光明行——走进怀柔大型公益活动,在怀柔区渤海镇卫生院举行。活动旨在帮助革命老区贫困白内障患者重见光明,同仁堂集团出资100万元,为200名患者进行免费手术治疗。市政协副主席陈平等领导出席启动仪式。 (葛冰)

【海外多国关注同仁堂发展】 5月16日,新加坡卫生部传统及辅助医药基层与社区医疗司主任吴汉升到同仁堂股份亦庄生产基地参观。参观后表示今后会更加支持和帮助同仁堂在新加坡的发展,也希望同仁堂在新加坡传统及辅助医药领域发挥更大的作用。7月10日,前非洲联盟委员会主席、加蓬共和国前总理兼外长让·平调研同仁堂生产基地。希望加强与中方交流,建议同仁堂尝试开拓非洲市场,将产品与技术带到非洲国家,让非洲人民享受到更加物美价廉的医疗环境。8月26日,塞尔维亚共和国总统夫人参观同仁堂药店。希望同仁堂能在塞尔维亚开店,让中医药更好地惠及塞尔维亚人民。9月25日,乌克兰卫生部副部长伯加切夫·罗曼参观同仁堂生产基地。表示乌克兰对中医药合作很开放,

希望同仁堂借鉴以医带药、医药结合的海外发展模式,为乌克兰人民提供健康服务。 (葛冰)

【参加东盟博览会】 9月2日,同仁堂国药参加第十届中国——东盟博览会。北京市副市长程红到同仁堂展位参观指导,并预祝北京同仁堂找到更多的合作伙伴。同仁堂国药已先后在东盟8个国家设立了合资公司、药店及中医诊所。 (葛冰)

中国医药保健品股份有限公司

【概况】 中国医药保健品股份有限公司(简称中国医药)成立于1997年5月8日,是在上海证券交易所挂牌的国有控股上市公司(股票简称中国医药,证券代码600056),其控股股东为中央直接管理的国有重要骨干企业中国通用技术(集团)控股有限责任公司。公司秉承"关爱生命、追求卓越"核心理念,致力于医药产业发展和人类健康事业,打造中国医药行业旗舰企业。建立起以国际贸易、医药工业、医药商业三大板块为支撑的科工贸一体化协同发展的产业格局,经营范围涵盖天然药物、医药化工、医疗器械、综合贸易四大领域,经营形态涵盖种植加工、研发生产、商业流通、国际贸易、技术服务等医药产业全产业链条。公司下属通用美康医药有限公司、中国医疗器械技术服务有限公司、天方药业有限公司、海南通用三洋药业有限公司等13家子公司。公司内设董事会办公室、总裁办公室、人力资源部、党群工作部、财务部、战略投资部、企业发展部、审计监察部、法律部、质量管理部、研发中心、医药工业事业部、医药商业事业部13个部门。在委内瑞拉、古巴、日本、意大利、俄罗斯、中亚和阿尔及利亚设有代表处。员工总数超过1万人。

年内,中国医药推进企业重组,取得成果。作为市国税局第一批74户享受出口退(免)税快捷服务企业,享受出口退税工作便利,缩短出口退税周期。获得市药监局颁发《药品经营质量管理规范认证证书》。完成ISO9001、ISO13485医疗器械质量管理体系和医疗器械产品CE认证证书的年度审核、到期换证和分类变更工作。下半年,公司党委全面启动党的群众路线教育实践活动,确保学习教育听取意见、查摆问题开展批评、整改落实建章立制各阶段工作不走过场。本年中国医药获上年度中国医药保健品行业进口五强企业称号;所属河南天方药业有限公司荣登中国制药工业百强榜;阿托伐他汀钙关键技术研究与产业化项目获河南省科学技术进步三等奖;所属湖北科益药业股份有限公司获武汉市中小企业技术创新奖;团干部1人被评为中央企业优秀共青团干部;员工1人获中央企业优秀共青团员称号。全年实现营业收入152亿元,完成利润8.70亿元。

单位地址:东城区光明中街18号

联系电话:67107218 邮政编码:100061 (马静)

【紧急采购抗震救灾医疗用品】 4月20日,雅安地震发生后,中国医药根据灾区需求,成立工作小组,紧急采购30套专用高级呼吸机及300余件附属配件,72小时内运抵灾区,并组织工程技术人员安装调试,在黄金救援时间内打通救援生命线。 (马静)

【医药资产重组取得突破】 5月31日,中国医药收到中国证券监督管理委员会《关于核准中国医药保健品股份有限公司吸收合并河南天方药业股份有限公司及向中国通用技术(集团)控股有限责任公司等发行股份购买资产并募集配套资金的批复》,标志着历时一年半的医药资产重组工作取得实质性突破。中国医药以换股方式吸收合并河南天方药业股份有限公司,以非公开发行股份方式购买通用技术集团旗下其他医药资产,同时整体托管通用技术集团医药控股有限公司。整合完成后,中国医药建立起以国际贸易为引领、以医药工业为支撑、以医药商业为纽带的科工贸一体化产业格局。 (马静)

【通过工信部扶持项目现场检查】 6月29日至7月1日,受工信部委托,天津经信委检查组现场检查四川省阿坝州大黄规范化栽培基地。经过实地查看、工作汇报、核查项目资料,检查组对中国医药发展大黄基地带动当地农牧民致富给予充分肯定。 (马静)

【国际化蓝图V2.0新闻发布会】 12月5日,中国医药在广州召开主题为"新起点、新跨越"的国际化蓝图V2.0新闻发布会。中国医药保健品进出口商会副会长出席并致辞,中国医药总裁发表题为"打造中国医药国际化蓝图版2.0"主题演讲,拜尔、雅培制药等重要客户,《中国医药报》《中国证券报》、广东电视台等媒体代表近70人应邀出席。 (马静)

北京永安复星医药股份有限公司

【概况】 北京永安复星医药股份有限公司(简称永安复星)2002年4月28日成立,其前身为区属国有医药商业企业——北京永安医药总公司。永安复星由北京东方信达资产经营总公司、上海复星医药投资有限公司、北京华辰伟业投资管理中心三家企业出资组建,注册地址——北京市东城区交道口南大街69号一层,注册资本1.50亿元。许可经营项目:销售中成药、中药材、中药饮片、化学药制剂、化学原料药、抗生素、化学药品、生物制品、第二类精神药品制剂、蛋白同化制剂和肽类激素(仅限于胰岛素)。销售医疗器械Ⅲ类:注射穿刺器械、医用超声仪器及有关设备、医用高分子材料及制品;Ⅱ类:基础外科手术器械、医用电子仪器设备、医用光学器具、仪器及内窥镜设备、物理治疗及康复设备、中医器械、医用激光仪器设备、临床检验分析仪器、医用化验和基础设备器具、手术室、急救室、诊疗室设备及器具、病房护理设备及器具,消毒和灭菌设备及器具,医用卫生材料及敷料。批发预包装食品。销售保健食品。一般经营项目:销售计划生育用品、百货、五金交电,劳务服务,摄影。永安复星下设北京永安堂医药连锁有限责任公司和北京王府井医药商店有限责任公司两家控股子公司。永安复星内设人力资源部、综合管理部、质量管理部、经营事业部、总经理办公室、党委办、财务部(含机房)7个部门。有职工386人,其中具有各类专业技术职称282人,占员工总数73%。

年内,公司营业收入15.39亿元,利润总额559.70万元,净利润416.70万元。5人获东城区优秀技能人才称号。

单位地址:东城区什锦花园胡同43号

联系电话:64015011　邮政编码:100007　(何向阳)

【职代会暨经济工作会】　3月14日,召开第三届第二次职代会暨经济工作会。应出席代表44人,实际出席代表41人。公司领导作《坚定信心共克时艰全面完成年度各项工作任务》工作报告。财务总监报告业务招待费提取和使用情况。与会代表对公司领导班子及其成员进行量表测评。会议审议通过《工资集体协议》《公司外勤、值班岗位执行不定时工作制的意见》《关于修订公司规章制度有关条款》3个决议。(何向阳)

【股东会和董事会】　5月29日,召开年度股东会和第四届第三次董事会。北京东方信达资产经营总公司、上海复星医药投资有限公司、华辰伟业投资管理中心派股东代表参会。会议审议通过上年度工作总结和年度工作计划报告;上年度财务决算和利润分配方案;年度财务预算报告。讨论通过董事长兼代理总经理上年度经营业绩考核意见和年度绩效考核方案。(何向阳)

【GSP专题调研】　永安复星实施新版GSP(GSP为药品经营质量管理规范认证证书)。8月1日,市区相关领导到公司调研。听取公司相关工作介绍,了解企业改造进程。公司领导汇报新版GSP实施情况和公司整合发展意向。(何向阳)

【奶粉进药店】　10月26日,永安堂医药公司所属朝内药店、灯市口约店成为首批北京市奶粉进药店销售试点单位。消费者可通过奶粉自动售货机购买11个品牌的婴幼儿配方奶粉,同时可扫描专用二维码直观获得奶粉基本信息。(何向阳)

中国全聚德(集团)股份有限公司北京全聚德前门店

【概况】　中国全聚德(集团)股份有限公司北京全聚德前门店(简称全聚德前门店)是中国全聚德(集团)股份有限公司下属企业,始建于1864年(清同治三年),已有近150年历史,是老字号"全聚德"的起源店。前门店建筑面积5000余平方米,餐厅营业面积2000余平方米,可同时容纳1000余人用餐。拥有零点餐厅、宴会厅、宫廷餐厅、快餐厅、老铺餐厅5个规模不同、风格各异的餐厅。前门店以经营传统挂炉烤鸭、全鸭席和400余道特色菜肴享誉中外,被称为"天下第一楼"。全聚德挂炉烤鸭技艺入选国家级非物质文化遗产保护名录,"老门面墙"被批准为北京第八批市级文物。全聚德前门店内设餐厅部、厨房部、公关销售部、快餐部、后勤保障部、安全保卫部、人力资源部、财务部、综合办公室。有在职职工376人。

年内,受到经济环境、禽流感等影响,上半年收入同比下降。下半年前门店坚守定位吸引客流,提升品质确保人均,加强内部管理,深入挖潜,减缓收入下滑。完成全国"两会"、国台办先后45批重要客人2000人参观及用餐接待。抽调技术骨干4人加强对郑州店、常州店、淮安店技术支持。推出26道价格亲民惠民的京味菜品,突出京味纯正特色,前门店通过国家级(五钻)酒家酒店复评,获国家钻级酒家示范店称号,获第十四届首都旅游紫禁杯旅游餐饮最佳集体奖,获到到网(全球最大旅行者网站TripAdvisor的中国官网)颁发的年度卓越奖。安全生产实现零事故,未发生任何食品安全问题。

单位地址:东城区前门大街30号

联系电话:67016321　邮政编码:100051　(陈雪蕾)

【青少年体验老店历史文化】　1月21日,《法制晚报》青少年社会实践营的高中学生50人观看复原老墙、烤鸭技艺砂岩雕组图、老物件、百年炉火、全聚德挂炉烤鸭技艺展示。高级服务员表演宴会摆台技术、传统唱菜单贯口。通过参观交流,提高学生们对全聚德品牌文化认知。全年前门店接待4批150人青少年实践团参观和体验老店文化。(陈雪蕾)

【展出美食园博会套餐】　7月11日,举行以美食园博会共享老店味为主题的媒体推介活动,展出美食园博会套餐。园博会元素随处可见,展台中央摆着手雕永定塔,所有菜品均以园林美景盘饰为点缀。同时展示各地特色饮食与全聚德菜品融合推出的创新菜肴,如东北风味秋叶酸菜包,东南风味麒麟鲈鱼,西北风味藤椒肥牛玉掌,西南风味酸汤鸭片等。活动引起顾客和媒体关注,取得较好宣传效果。(陈雪蕾)

【主题营销服务顾客】　年内,前门店借北京园博会和"大黄鸭"首次进京巡展等市场消费特点,拉动企业接待量,开展美味在老店美景在园博、享黄鸭快乐之旅品美食欢乐之情、持园博会门票用餐享受优先安排餐位并赠送礼品、持颐和园门票获赠布艺小黄鸭或小鸭酥点心等特色促销活动。挖掘企业自身旅游服务潜力,设计规划半小时旅游圈主题服务(以前门店为中心点,从前门店出发半小时到达为半径,圈定半小时旅游圈),指引宾客用餐完毕后可以去往中山公园、天坛公园、国家大剧院、国家博物馆等北京著名旅游景点参观。同时制作景点地图、印制主题凉扇,向就餐宾客免费派送。向自驾车到店客人免费发放车辆临时停靠卡,派专人引导客人到店用餐。全年采用"京味旅游餐饮名片"措施建议22条,候餐管理系统措施建议15条,营业收入同比上年有所增长。(陈雪蕾)

【搭建候餐服务平台】　前门店候餐服务系统由等候服务、导餐服务、安全服务等3个服务平台搭建而成,为候餐顾客提供温情服务。制定《候餐服务规范》,完善服务管理体系,对候餐基本服务内容、节假旺季、恶劣天气等特殊情况工作内

容,实行专业化、规范化、精细化管理。 (陈雪蕾)

【借用网络培育潜在市场】 发挥微博、微信网络优势,计划性发布,专业化管理,针对性宣传。利用微博可时时发送、范围广泛、内容丰富的特点,开展话题滚动式运作,实时更新,推出互动活动、增值服务、餐饮服务、阅读引导、直播服务等持续话题,展示前门店独具特色的文化、服务、菜品及营销形象。利用微信专注度、私密度、到达度强的特点,开展模块化深度推送,专注旅游餐饮服务系统,开发旅游资讯攻略、旅游产品推介、餐饮文化体验、旅游热点营销等多个旅游专属模块,如《画说全聚德》连环画,《全聚德传奇》在线评书,全聚德特色旅游产品集锦,开展候餐区微信答题、起源店微会员尊享特惠活动等。全年新媒体宣传内容涉及吃、游、购、娱、交通、文化等6大类,获得网络好友阅读和持续关注,微信好友突破2000人,微博单条最高阅读量达2.70万次。(陈雪蕾)

北京便宜坊烤鸭集团有限公司

【概况】 北京便宜坊烤鸭集团(简称便宜坊集团)2002年组建,国有控股,主营餐饮、饭店。集团拥有众多中华老字号餐饮品牌,如建于1416年(明永乐十四年)以焖炉烤鸭技艺独树一帜的便宜坊烤鸭店、建于1738年(清乾隆三年)乾隆皇帝亲赐匾额的都一处烧麦馆、建于1785年(清乾隆五十年)光绪皇帝御驾光临的壹条龙饭庄、建于1843年(清道光二十三年)北京八大楼之一的正阳楼饭庄、建于1922年(民国十一年)经营佛家净素菜肴的功德林素菜饭庄、建于1926年(民国十五年)以经营北京小吃著称的锦芳小吃店。所属直营店25家。特许加盟店17家。集团以市场需求为本整合技术,以提升效益为本整合管理,以品牌建设为本整合文化,以市场化专业化为本整合队伍,走出一条在整合中振兴,在振兴中做强的发展之路。先后获北京人最喜爱的烤鸭店、北京市商业服务名牌企业、中华老字号品牌企业100强单位、全国守合同重信用单位等称号。便宜坊焖炉烤鸭技艺、都一处烧麦制作技艺列入国家级非物质文化遗产保护(简称非遗)名录,壹龙清真涮肉、北京豆汁习俗列入市级非遗名录,天兴居炒肝、正阳楼蟹宴技艺列入区级非遗名录。集团设营运部、发展部、人力行政部、计财部、质管部5个部门。有员工1400余人。

年内,集团恢复新开4个品牌、5家店铺,即恢复锦馨豆汁店1家、红湖小吃店2家,新开天兴居嬴海店和便宜坊亦庄店。参加第二届台湾北京周活动,宣传便宜坊商业文化特色。成立便宜坊集团上市筹备工作领导小组。孙立新中式烹调首席技师工作室申报成为市级首席技师工作室。集团获上年度全国商业3.15诚信宣言守信企业、北京餐饮企业(集团)五十强、餐饮门店一百强、餐饮十大品牌、北京市纳税信用A级企业、安全生产信息工作先进单位、北京市安全文化建设示范企业称号等。获中国连锁餐饮十佳品牌、中国品牌诚信建设奖、厉行节约文明消费示范单位、锦芳和便宜坊商标获市工商行政管理局颁发的北京市著名商标。全年完成营业收入3.34亿元,税前收益1799.90万元,同比提升11.31%。

单位地址:东城区永内东街中里15号
联系电话:67020584　邮政编码:100050 (罗英男　程玉玲)

【推新企业宣传方式】 2月,与台湾电影《阿嬷的梦中情人》在大陆的宣传机构达成合作协议,作为该片在大陆宣传的中餐独家合作伙伴,就电影在大陆地区放映期间进行一系列的宣传合作。春节期间,凡在便宜坊预订年夜饭的四世同堂家庭和五世同堂家庭,均获赠《阿嬷的梦中情人》电影票,以此呼应在全国部分城市启动的"全家畅影"活动。 (罗英男)

【管理人员培训轮岗】 3月19~22日,组织管理人员集中培训暨人力标准化培训会。学习《便宜坊集团人力资源标准化手册》,并结合集团各直营店经营管理现状,制定管理人员轮岗制度,安排财务岗位3人、人力岗位7人、都一处3家直营店经理轮岗。 (程玉玲)

【赴罗马尼亚经营北京餐厅】 4月9日,首批外派3名员工赴罗马尼亚,按照合作协议约定经营罗马尼亚布加勒斯特幸运国际贸易进出口有限公司所属北京餐厅。 (程玉玲)

【多道招牌菜受大众喜爱】 8月19日至9月18日,中国烹饪协会官网开展"最受大众喜爱的招牌菜"大众评选专题活动。全国63家企业推荐103道菜品参加评选,评选出52道最受大众喜爱的招牌菜、26道最受大众喜爱的面食小吃。便宜坊的焖炉烤鸭、御膳饭庄的宫门献鱼、功德林净素饭庄的金刚火方、力力豆花庄的宫保鸡丁、壹条龙饭庄的涮肉获"最受大众喜爱的招牌菜"称号。都一处的烧麦、天兴居的炒肝、锦馨的豆汁获"最受大众喜爱的面食小吃"称号。(罗英男)

【参加全国烹饪技能竞赛】 9月,参加第七届全国烹饪技能竞赛(北京清真赛区),大赛设立餐厅服务、中餐热菜、冷拼雕饰和中餐面点4个工种。在历时1个月比赛中,选手们集中展现北京清真餐饮领域技艺水平和创新成果。集团获冷拼雕饰金奖、铜奖;中餐热菜铜奖;餐厅服务、中餐面点优秀奖;优秀组织奖。10月,参加联合利华饮食策划杯第七届全国烹饪技能竞赛(北京分赛区),集团获中餐热菜、冷拼雕饰、中餐面点、餐厅服务金银铜奖;团队优胜奖、最佳贡献奖;便宜坊鲜鱼口店获北京十大商务宴称号;9名选手获感动服务明星称号。 (罗英男)

【参加海峡两岸老字号精品展】 10月9~19日,集团在海峡两岸论坛上介绍品牌创新、赢利模式创新、管理模式创新、营销模式创新等方面作法与成绩。并展卖焖炉烤鸭、冠名红酒、冠名白酒、黑蒜等产品,还接受品牌加盟、产品代理等意向咨询。 (罗英男)

【锦芳店产品获中国名小吃称号】 10月,中国饭店协会在南京第十四届中国美食节期间,召开中国快餐团餐小吃产业大会。大会以"小吃,为美丽中国添彩"为主题,主要展示和推介各地具有地域特色和民族风俗的小吃。集团旗下锦芳饮食店的焦圈获年度中国十佳小吃，艾窝窝、豆面丸子汤、蜜麻花、豆汁获年度中国名小吃。（罗英男）

【便宜坊在台湾设立公司】 11月27日，集团参加在台北举办的第16届京台科技论坛台湾分论坛。在论坛上，便宜坊集团与台湾河边餐饮公司签署合作协议，启动双方合作在高雄设立便宜坊股份公司项目。（罗英男）

北京稻香村食品有限责任公司

【概况】 北京稻香村食品有限责任公司（简称北京稻香村）始建于1895年（清光绪21年），金陵人郭玉生南菁北迁，落户前门外观音寺，时称稻香村南货店，南店北开、自产自销、做工精致、口感独特，诚信经营，特色服务，生意十分红火。鲁迅先生寓居北京时，经常前往购物，《鲁迅日记》中有十几处记载。1926年因战乱歇业。1983年，根据中央关于恢复名厂、名店、名特产品的要求，稻香村第五代老掌柜刘振英带领员工小胡同里复业。1994年，组建北京稻香村食品集团。2005年，改制为北京稻香村食品有限责任公司。现有149家连锁店，1个物流配送中心，88家经销商，585个经销网点，其中外埠38家，网点219个。北京稻香村现代化食品生产基地占地200亩、建筑面积14万平方米。生产糕点、肉食、速冻食品、月饼、元宵、粽子等特色食品，16大类600余个品种。2005年通过ISO22000食品安全管理体系认证。2008年指定为北京奥运会食品供应商。2010年1月，位于昌平区北七家工业园区的北京稻香村食品检测中心通过国家认证认可委实验室CNAS认可，实施从原辅料采购到产品出厂全程质量监测。稻香村内设10个部门：总经理办公室、人力资源部、营销策划部、财务部、总务部、调研室、销售中心办公室、销售部、市场管理部、外埠市场开发部。有员工3000余人。

年内，确定渠道管理升级为年度工作重点，提高市场力、销售力、服务力，加强销售服务管理、开拓新的渠道市场。建设组织系统，调整12项职能职责。组建公司调研室，取消督导部，成立市场管理部和外埠市场开发部。新开14家连锁店。召开第二届职工代表大会第六次会议，审议通过《年度工作报告》《工会工作总结报告》。获上年度北京十大商业品牌金奖。全年实现销售收入52亿元，同比增长15%，上缴税金2.80亿元，年产量近10万吨。

单位地址：东城区东直门内大街19号

联系电话：64003102　邮政编码：100007　（王越娜）

【发布防伪标志】 1月3日，北京稻香村防伪标志发布暨年味产品品鉴会在北京国际饭店举行，邀请300名顾客和媒体共度新年，参加防伪标志发布会。标志由红黄绿三个颜色构成，外围是24个小三禾组成外圆的三禾标志，与胡厥文先生题写的“稻香村”以及“北京”字样组合成稻香村防伪标志。其中，绿色代表北京稻香村对产品绿色、健康、安全的追求，黄色代表北京稻香村有着如金子般的工艺传承和创新，红色代表北京稻香村对中国传统文化的传承和发扬。外围24个小三禾围成圆形的设计，承袭中国24节气文化，并与北京稻香村的24节气系列产品相对应，表达北京稻香村对“应时应吃”的中国传统饮食文化的传承和发扬。（王越娜）

【年度工作会】 3月7～8日、12月11～12日，分别召开年度工作会，公司中层以上管职人员400余人次参加。总结年度工作，探讨现代企业管理理念与方法。董事长兼总经理作《管理升级的三大重心》《关于2014年工作的报告》。（王越娜）

【质量管理成果】 5月8～10日，北京稻香村参加北京市第62次质量管理小组成果发布会暨“北京稻香村杯”冠名赛。获得一个特等奖、一个一等奖、一个二等奖、三个三等奖和一个优秀奖。在全国QC成果发布会上获得质量管理优胜奖，被评为国家优秀QC小组。（王越娜）

【包装经典产品】 7月25日，北京稻香村推出“京味经典”系列6款产品礼盒，分别为：自来红、萨其马、五仁饼、枣泥饼、核桃酥、黑麻饼，每一款都是百余年来传承至今的畅销品种，最具北京特色，是北京美食的代表，在消费者中拥有极高口碑。礼盒包装设计尽显北京味道，细微处彰显古都独特风情。（王越娜）

【注重产品质量】 全年各项市场监督抽检涉及8大类，75个样本，没有不合格记录。出厂检验（微生物、理化、标签、标识）合格率达98.40%。食品检测中心通过国家认证认可委的监督审核。产品的实物质量安全水平稳中提高，不断改进感官质量，适应顾客需求。全年开发新产品46个，完成质量技术改造项目35个。糕点车间引进萨琪玛流水线，增加两条糕饼流水线；肉食车间增加灌肠机、烟熏蒸煮炉等设备，生产能力大幅提高。（王越娜）

北京吴裕泰茶业股份有限公司

【概况】 北京吴裕泰茶业股份有限公司（简称吴裕泰）2005年8月26日成立。其历史可以追溯到1887年（清光绪十三年），1949年以前称吴裕泰茶栈，解放后称吴裕泰茶庄，“文革”时期更名为红日茶店。公司内设财务部、市场部、营销部、人力资源部、物流部、信息部、质管部、企业发展部、党群部、市场开发部、采购部、产品部12个部门。在职员工496人，离休2人，退休350人。

年内，吴裕泰提出二五三战略，即：整合出效益，合作出效益；突破现有营销模式，做到销售优先，突破现有店铺形象，实现店面升级，突破现有拓展方式，加快连锁速度，突破现有管理格局，提高工作效率，突破现有产品结构，增加产品创新；增强攻坚克难的信心和勇气，增强核心竞争力和创新精神，增强团队的凝聚力和执行力。以营销创新与渠道建设为重点，积极拓展电子商务领域，5家网上旗舰店正式登陆京东商城、天猫、当当、1号店和亚马逊，拉开吴裕泰进军电子商务的序幕。北京市春茶节上,吴裕泰白毛猴、明前雀舌、径山茶、黄金一号被评为质量合格、质价相符产品。年内新开连锁店53家,截至年底,连锁店总数已达343家。被中国连锁经营协会评为中国连锁企业120强,2人获年度金牌店长。前门店被市总工会授予工人先锋号称号。王府井店被中华全国妇女联合会授予全国巾帼文明岗荣誉称号。被北京日报报业集团、市商业联合会授予上年度北京十大商业品牌。在第十届中茶杯全国名优茶评比中,吴裕泰选送的茉莉龙针和翠谷幽兰获得一等奖。王府井茶博物馆被中国茶叶学会命名为茶叶科普教育基地。总经理获中国茉莉花茶产业杰出贡献奖。

单位地址:东城区交道口东大街4－17号

联系电话:84049766(总机)　邮政编码:100007　(赵连颇)

【茶文化庙会】 1月23日,2013茶香中国年——吴裕泰第三届茶文化庙会在王府井店启动。线上由@吴裕泰中国在官微发起吴裕泰微博茶文化庙会,内容涵盖吃喝玩乐购。线下由区少年宫少儿茶艺队的茶艺表演、拜师包包、学习画画等活动组成。线上与线下互动,微博与粉丝互动,店内与店外互动,成为本次茶文化庙会的创新亮点。(赵连颇)

【多款茶业产品赴沙特参展】 4月3～19日,参加在沙特阿拉伯王国首都利雅得举行的杰纳第利亚遗产文化节。50余款茶叶、茶具亮相活动现场。沙特国民卫队司令米特阿卜亲王和中国文化部部长蔡武在中国展馆门前为中国舞狮点睛。(赵连颇)

【裕泰东方在上海开业】 4月28日,吴裕泰上海公司旗舰店"裕泰东方"茶荟馆开业。该店位于世博园内,经营面积300余平方米,面对黄浦江,毗邻中国馆和文化中心。成为吴裕泰京外首家体验店。(赵连颇)

【推广品牌产品】 5月10～14日,吴裕泰首次参加年度天津国际茶叶博览会,除商品售卖以外,为30余家外商表演中国茶艺,参加茶文化发展高层论坛。进行品牌宣传和加盟推介并首次在天津《每日新报》刊登大幅广告。5月17～19日,吴裕泰首次参加年度中国(济南)第七届国际茶博览会暨首届茶文化节,并在博览会期间进行山东首场品牌宣传和加盟推介。(赵连颇)

【送茶进社区】 5月21日,吴裕泰在春茶节期间开展吴裕泰茶叶进社区活动,营销人员、茶艺员走进天坛、前门、石景山、新中街等社区送茶上门,讲解茶叶知识,进行茶艺表演,宣传茶文化,受到居民称赞。(赵连颇)

【开展校企合作活动】 6月,吴裕泰向雍和宫小学捐赠陆羽雕像。雕像为一块整体花岗岩,重2.50吨,高2米,宽0.60米。10月,与雍和宫小学联合举办年度校园花茶节。会上,播放交流活动成果宣传片,学生们表演茶艺、品茶、包茶叶包。(赵连颇)

【技能大赛】 9月13日,吴裕泰12名员工参加年度市茶叶精制工职业技能大赛决赛。马连道店长获北京市第1名,4名员工跻身全市10强。此外还有20名员工通过技能大赛获得职业资格证书。(赵连颇)

【126周年店庆】 9月27日在王府井店举办。相关领导和25位老中青顾客参加。会上,吴裕泰与四川省犍为县签订战略合作合约,从犍为购进2000盆茉莉花茶,在王府井店内进行促销。(赵连颇)

【特色茶品澳门参展】 10月18日,参加第十八届澳门国际贸易投资展览会。公司总经理作推介会主题演讲。吴裕泰特色花茶及创新茶品成为展会亮点,亲和的服务向澳门消费者传递着老字号茶企的文化内涵。(赵连颇)

【吴裕泰加盟商大会】 12月5日召开。来自北京、甘肃、河北、河南、黑龙江、吉林、辽宁、山东、山西、江西、内蒙古、宁夏等12个省(自治区)300余家加盟商参加,总结工作,共谋发展。吴裕泰向年度新开的47家加盟店授牌。颁发年度优秀区域加盟商、年度门店陈列创新奖、年度高绩效管理奖、年度最佳新店奖、年度微笑服务明星等奖项。(赵连颇)

北京天润金百投资集团有限责任公司

【概况】 北京天润金百投资集团有限责任公司(简称天润金百公司)以原崇文区国有商业资本为主体,吸收多元投资的国有控股企业,2003年1月成立,注册资本8000万元,其中国有股4016.87万元,占总股本50.21%,集体股1300万元,占总股本16.25%,社会法人股2683.13万元,占总股本33.54%。有控股子公司5家,为北京金伦股份有限公司、北京市前门化工原料有限公司、北京前门亿兆商场有限公司、北京朗迪曼尔服装服饰有限责任公司、北京新叶物业管理有限责任公司;参股子公司5家,为北京元隆丝绸股份有限公司、北京市亿隆实业股份有限公司、华润置地有限公司、罗马尼亚北京餐厅、北京银行。公司内设人力资源部、财务审计部、资产管理部、经营部、综合管理部、政工部(工会)6个部门。有在职员工301人(其中在岗94人),离退休职工1967人。

年内,召开三届二次股东会议、四届董事会和监事会第一次会议,审议董事会工作报告、通过董事会、监事会成员调整方案,选举产生新一届董事会和监事会成员。亿兆商场牛街店租赁合同到期,终止租赁合同,减少费用10万元。落实《中层管理人员选拔任用办法》,提拔总经理助理2人,中层正职8人,中层副职1人。表彰先进基层党组织3个,优秀共产党员9人,优秀党务工作者3人。全年实现营业收入8911.56万元,完成计划的108.26%,实现利润1280.19万元,完成计划指标的103.39%。

单位地址:东城区崇外大街9号

联系电话:67082858　邮政编码:100062　(姜婴娲)

【购置社会资产】 为增强企业发展后劲，提升企业市场竞争实力，天润金百公司经过调研和商讨，决定购置新景家园411.19平方米底商资产，并按照区国资委、崇远公司要求，履行资产购置审批程序，严格执行国家现行购房政策，规范工作流程，8月15日领取房屋产权证，办理资产接收，完成购置工作。 （姜婴娲）

北京工美凤凰旅游艺术品集团有限公司

【概况】 北京工美凤凰旅游艺术品集团有限公司（简称工美凤凰）2002年4月成立，注册资本5000万元，是集物业、旅游、商贸、工业为一体的股份制企业集团。经营写字楼、物业管理、旅游项目、进出口业务、工艺礼品及旅游相关配套项目。占地面积1.50公顷，建筑面积3万平方米。公司内设综合办公室、财务部、人力资源部、资产管理部、培训部、物业部5个职能部门。有在职职工102人，离退休职工1006人。

年内，集团所属百工坊申报成为国家AA级旅游景区。举办首届民间传统文化艺术节，非遗技艺传习所正式揭牌，聘请非遗代表性传承人20人为传习所教习。接待15个国家的国宾127人参观考察。开展共产党员献爱心活动，党员38人捐款580元。组织非遗传承人八一节为军民40人表演。被市校外教育办公室、市校外教育协会授予第二届阳光少年文化节活动优秀组织奖。成为区小企业创业基地，70余家微、小企业入驻。全年经营收入1200万元，上缴税金155万元。

单位地址：东城区龙潭湖北侧路1号
联系电话：67111381　邮政编码：100006 （李由）

【生肖文化游园会】 1月5～7日，癸巳年集邮生肖文化游园会在京城百工坊举办，游园会以首发活动日、亲子体验日、鉴宝拍卖日3个主题展开，生肖邮品设计师现场签售。相关领导出席首发式活动。游园会历时3天，接待参与者3000余人次。 （李由）

【日本学生体验中华民族艺术】 2月4日，北京日本人学校81名小学生到京城百工坊参观，体验中华民族传统手工艺文化。该校已连续3年组织日本小学生到此参观、学习、体验中国民间传统手工技艺，感受中国民族艺术，通过讲解和肢体表演，为日本学生搭建文化艺术交流平台。 （李由）

【非遗技艺庙会展演】 2月9日，百工非遗技艺亮相第三十届龙潭迎春庙会开幕式。国家级、市级、区级非遗代表性传承人20人现场表演料器、剪纸、雕漆、面人、毛猴、木雕、泥人、内画、火绘葫芦、糖画等手工技艺，游客与传承人零距离接触与交流，感受中国传统民间文化趣味。在8天庙会期间，接待参观者近50万人次。 （李由）

【非遗技艺展】 2月21～25日，在京城百工坊举办区第三届非遗项目代表性传承人技艺交流大展，展会征集国家级、市级和区级非遗项目28项，非遗传承人30余人作品参展，工艺大师20余人进行手工技艺表演，接待参观者3000余人次。 （李由）

【京味文化大集】 4月22日，京城百工坊与龙潭街道工委举办展示古都风采、传承京味文化、纪念建都860周年文化大集启动仪式。相关领导与木板雕刻大师现场印制建设文明、和谐、幸福新龙潭木板画。民间工艺大师和民间艺人表演剪纸、真丝手绘、中国结、面塑、民族乐器、京剧、拉洋片等京味艺术。500余人参加。 （李由）

【非遗传承艺术交流】 5月8日，中国文联文艺研修院领导与国内10省文艺研修班20余名学员到百工坊参观交流。学员与国家级雕漆技艺传承人殷秀云、料器技艺传承人邢兰香等工艺美术大师就北京雕漆与扬州漆器、北京料器与台湾琉璃的工艺特点、艺术内涵进行交流和探讨，区文联有关领导陪同。 （李由）

【境外多国贵宾参观交流】 5月至8月，接待秘鲁国会副主席、泰国上议院第一副议长、亚美尼亚外长夫人、东盟国家外长夫人、塞尔维亚总统夫人等外宾60余人到百工坊参观体验。客人们参观京绣、雕漆、玉雕、料器、内画、剪纸等民间手工艺作品，并现场观摩工艺大师技艺表演，体验中国结编织、真丝手绘等手工技艺。 （李由）

【参加国际旅游博览会】 6月21～23日，参加市旅游委举办的年度北京国际旅游博览会。百工坊12项国家级、市级、区级非遗项目作品参展，3名传承人现场展示手工技艺。 （李由）

【校外非遗文化教育】 6月和9月，京城百工坊民间手工艺大师12人到北京二中校园，为中学生800余人传授非遗文化和技艺。7月和11月，接待市27中学、109中学等中学生700余人到百工坊参观体验。 （李由）

【注重消防安全】 8月20日，东城消防支队警官到百工坊进行消防安全知识讲座，以实例传授防火知识、避险技能和应急程序，组织干粉灭火器及消防水龙带实习演练，提高消防安全知识及技能。80余人参加学习。 （李由）

【民间传统文化艺术节】 11月1日，为纪念北京建都860周年和传统手工艺保护基地建设10周年，京城百工坊举办首届民间传统文化艺术节系列活动。相关领导与各界群众800余人参加开幕式。100余件艺术品参加工艺美术大师作品展。其中雕漆盘《春晓》、牙雕《举头闻鹊喜》、花丝镶嵌多宝捧盒《龙凤福喜》、水晶内画炉《群仙祝寿》、料器摆件《年年有鱼》等20件作品首次与公众见面。剪纸工艺大师为艺术节创作《百工十年》。3天文化艺术节活动接待游客5000

人次。(李由)

【传习所揭牌】 11月1日,北京市工艺美术行业协会副会长、东城区非遗中心主任为京城百工坊非遗项目“技艺传习所”正式揭牌,聘请20名国家级、市级、区级非遗项目代表性传承人为传习所教习,第一期开设的玉雕、花丝镶嵌2个专业技艺传习班招收学员18名。(李由)

【市人大代表考察】 11月19日,市人大代表19人到京城百工坊考察调研。视察坊内15项非物质文化遗产技艺,了解非遗项目在保护传承过程中的实际情况,与传承人面对面交流,座谈会上人大代表就非遗项目如何传承发展进行探讨,达成共识。(李由)

北京华江文化发展有限公司

【概况】 北京华江文化发展有限公司(简称华江文化)2003年成立,注册资本1000万元,是一家集研发、设计、生产、销售为一体的国际性文化创意产业公司,主营国内外大型政治、体育、文化、旅游纪念品以及动漫衍生商品等相关特许项目。并为机构、企业开发纪念品、礼品和促销品。连续三届获得夏季奥运会特许经营权利,是中国奥委会、美国奥委会、国际奥委会授权特许经营商。华江文化在北京、南京、香港、伦敦、新加坡、美国、巴西等地设有子公司。公司内设项目部、人力资源、财务、行政、公关5个职能部门,在职员工109人。

年内,华江文化获得多项特许权利,加强产品研发、对外交流、宣传推广等工作,推出的“北京礼物”特许产品以及各项“奥林匹克授权产品”获得合作伙伴及市场认可与好评。9月举办华江10周年系列活动,包括体育文化主题周、旅游产品推介会、艺术收藏者交流会等内容。

单位地址:东城区崇文门外大街9号正仁大厦1段4层

联系电话:67082233 邮政编码:100062 (崔莹)

【海峡两岸交流】 4月24~27日,参加在台北世界贸易中心举办的年度海峡两岸文化创意产业展。展会由市台办、台湾贸易中心等单位主办。华江文化重点推介“北京礼物”品牌产品,100余盒“祈年大福”传统北京小吃礼盒受到好评。(崔莹)

【合作洽谈会】 6月5日,市政府、中国驻巴西总领事馆主办,北京奥运城市促进会、华江文化承办的“北京—里约”合作洽谈会在里约热内卢举办,市委书记郭金龙参加。华江文化与巴西代表就增进城市间合作,2016年里约奥运会项目发展和商业计划进行洽谈。(崔莹)

【销售亚青会特许商品】 8月16~24日,第二届亚洲青年运动会(简称亚青会)在南京市举办。此次亚青会特许商品由华江文化子公司南京江华公司研发并进行整体场馆零售,产品涵盖徽章、毛绒、服装、云锦、雨花石、箱包、邮品等10类,体现亚青会文化特色及青少年特点。特许商品仅能在亚青会比赛场馆内买到,限量发行,实现销售额150万元。(崔莹)

【改版官方网站】 10月15日,重新改版上线的华江文化双语版官方网站(www.honav.com)全新亮相,新版网站对企业进行全面介绍,展示华江文化所拥有的全部特许权利及其衍生产品。改版丰富网站内容、梳理分类及架构,使其更符合用户的浏览习惯与需求,给用户带来更好的访问体验。(崔莹)

【签约索契冬奥会特许商品】 11月,华江文化与索契奥组委签订下年索契冬奥会特许商品中国独家销售合约。这是继伦敦奥运会特许产品引入中国销售以来第二次大规模销售境外奥运举办国的奥运特许产品。产品包含徽章、毛绒玩具、文具、瓷器、服饰、食品、贵金属、玉石制品、邮票、钱币等品类。(崔莹)

【“北京礼物”亮相APEC会议】 12月9~11日,华江文化参加亚太经合组织(APEC)非正式高官会场展览展示活动,100余件北京礼物精品参展,其中北京“新十六景”旅行用品系列和以吴冠中大师画作进行开发的系列产品受到好评。(崔莹)

【与国际奥委会续约】 12月,华江文化与国际奥委会续签特许授权合约,扩大授权产品品类,在中国大陆地区可以生产、销售徽章、瓷器、服饰、帽品、玉石、贵金属等,还获得奥运会历史知识产权,可以利用历届奥运会会徽、吉祥物、火炬、运动图标、海报等开发产品。(崔莹)

百荣投资控股集团有限公司

【概况】 百荣投资控股集团有限公司(简称百荣集团)成立于2001年8月,是以批发零售商业、商业地产、金融服务为核心的跨行业、多领域、多元化发展的综合性企业集团。总资产200亿元。有北京百荣商业管理有限公司、百荣世贸商城市场有限责任公司、百荣物业管理有限公司、郑州金源百荣商业管理有限公司、百荣百尚置业投资有限公司、北京百荣易成担保公司、鼎能置业开发有限公司、金源百荣投资有限公司、百荣(河北)投资有限公司、舟山世纪太平洋化工有限公司、湖北随岳南高速公路有限公司、百荣(锡林郭勒盟)能源投资有限公司12家控股子公司。集团内设战略运营部、综合管理部、人力资源部、财务部、审计部、资产管理部、金融投资部、规划设计部、工程项目部、成本管理部10个部门。有员工1400余人。

年内,百荣集团完成以北京为核心、业务覆盖全国多个城市的战略化布局。关注公益事业,履行社会责任,向“美丽广西·清洁乡村”活动捐款3000万元,向清华大学校长基金捐赠5000万元。获区年度百强企业称号。

单位地址:朝阳区建国门外大街8号IFC大厦B座35层

联系电话:85660746 邮政编码:100022 (王强)

北京市百荣世贸商城市场有限责任公司

【概况】 北京市百荣世贸商城市场有限责任公司(简称百荣世贸商城)由百荣投资控股集团投资建立,作为百荣集团的全资子公司,负责百荣世贸商城运营管理。商城位于南中轴路与南三环路交汇处,总建筑面积近60万平方米,总投资30余亿元。为批发中高档服装、针织品、小商品为主,兼营零售的综合性市场。多家国际、国内著名品牌厂商、一级代理入驻商城,先后建成华北童装采购中心、华北针织品采购中心、华北羽绒服棉服采购中心、华北运动休闲服饰采购中心、华北韩国服饰采购中心、华北玩具采购中心、华北箱包皮具采购中心、华北花卉绿植家饰工艺采购中心等多个服装、针织品专业采购中心及小商品专业商贸基地,是国内著名品牌加盟中心和品牌运营中心。有员工900余人。

年内,公司统一规划、改造旧铺位276间,经营面积3519.42平方米。获得年度中国服装品牌推动大奖、中国纺织服装行业特别贡献奖、全国十大服装批发市场、AAA级信誉企业、北京市著名商标、东城区突出贡献企业等荣誉。获上年度全国标准化示范市场、全国重点示范市场、消费者满意单位。连续两年获北京诚信经营承诺企业称号。四川省雅安芦山发生7.0级地震后,商城组织募捐活动,募得捐款96万元。

单位地址:东城区永定门外大街101号

联系电话:87802323　67279068　邮政编码:100077　(王强)

【成立消防培训中心】 3月14日,百荣消防培训中心正式投入运行。培训中心有精良硬件设施和一流培训业务团队,配备投影仪,设立消防知识展示板、资料阅读架、宣传栏,直观展示防火、灭火、逃生等系列安全消防知识。培训中心可同时容纳25人,向商户普及消防基础知识,进行设备使用、维护等专项培训。(王强)

【119消防宣传周活动】 11月4日,东城区消防支队和百荣世贸商城联合举办区第二十三届119消防宣传周活动。市区相关领导、消防支队官兵代表及社区群众400余人参加。(王强)

北京大北服务有限责任公司

【概况】 北京大北服务有限责任公司(简称大北公司)2002年6月成立,注册资金1500万元,主要经营照相、饭店、洗浴、洗染、商务会馆5个行业。下设5个子公司:北京大北照相有限责任公司、北京圆中原照相有限责任公司、北京御华旅店有限责任公司、北京兆隆洗染有限公司、北京天坛南里温泉康乐城有限公司;4个分公司:永定门饭店、惠达商务会馆、四块玉商务会馆、崇文门第二旅馆;1个合作企业:北京新世界贝尔特酒店。公司内设行政办公室、党办、工会、经营管理部、财务部、人力资源部、行业协会7个部门。在编职工311人(其中在岗234人)。

年内,制定大北公司“十八大”精神培训活动安排,将学习宣传活动引向深入。召开纪念建党92周年暨表彰大会,82人参加。开展政工干部信仰教育。组织“12.4”普法学习。策划节日营销活动。获团区委先进团(工)委称号、区妇联巾帼文明岗称号。7月,1人获上年市商业服务业服务技能大赛摄影师职业竞赛第一名、年度市技术能手、首都劳动奖章称号。全年完成营业收入3970万元,实现利润160万元。

单位地址:东城区安乐林路69号

联系电话:67261945　邮政编码:100075　(田晓雨)

【综合摄影室投入使用】 5月,为解决大北照相前门店顾客排队等待时间过长,造成退款退票现象,上级崇远公司与天街公司协调,为前门店增加65.50平方米营业面积,可以拍摄合影照、儿童照、艺术照、戏装照。六一儿童节,前门店同时开放3间摄影室接待小顾客和家长,刷新单日创收历史记录,收入4.15万元。(田晓雨)

【消防知识培训】 9月25日,大北公司举办消防安全知识培训。邀请市消防培训中心老师讲解案例分析、消防常识、消防器材使用和逃生技巧。通过培训,使参训人员在遇到火灾突发事故时,懂得如何灭火、疏散和自救。公司管理人员、各门店经理、电工等关键岗位员工50余人参加。(田晓雨)

北京宏源餐饮管理有限公司

【概况】 北京宏源餐饮管理有限公司(简称宏源公司)是一家综合性清真餐饮企业,成立于2004年4月,主要经营特色涮肉、羊蝎子火锅及高、中、低档清真系列菜。宏源公司现有8家分店(宏源南门涮肉城、满朋轩餐厅、宏源河边店、宏源朝阳路店、宏源后海店、宏源北洼路店、宏源廊坊店、宏源西湖串店),1家物流配送中心和1家养殖中心,分别位于北京市东城区、西城区、朝阳区、海淀区、河北廊坊市和涿州。宏源公司先后被评为全国绿色餐饮企业、北京百强餐饮门店、50强餐饮企业、一级餐厅、特级酒家、中华名火锅等,并获公示进货渠道奖,赢得新世纪金秋美食节宴会银奖。宏源公司已通过ISO9001:2008国际质量管理体系认证以及ISO22000食品安全管理体系认证。宏源公司总营业面积1万余平方米,内设党办、总办、人力资源部、财务部、运营部、配送中心6个部门。有员工700余人。

年内,宏源公司举办年度岗位技术技能比赛,北洼路店、南门店、后海店分获团体第1、2、3名。召开职工代表大会,完成换届,选举产生工资集体协商代表。宏源公司被中华全国总工会授予全国五一劳动奖状,被全国厂务公开协调小组评为全国厂务公开民主管理示范单位,并获得北京市和谐劳动关系先进单位等称号。下属南门总店、满朋轩餐厅被北京市餐饮行业协会评为年度第二届北京餐饮文化节北京十大火锅宴称号。

单位地址:朝阳区南杨庄101甲14号

联系电话:87369190　邮政编码:100023　(赵建华)

北京通利达汽车租赁有限责任公司

【概况】 北京通利达汽车租赁有限责任公司(简称通利达)1995年成立,是北京市最早专业从事汽车租赁服务的企业之一。通利达经营业务覆盖北京、上海、广州等地,设立总部及8个租赁分公司。通利达经营理念是租车方便、开车安全、坐车舒适、用车无忧。为国内外著名企业及政府机构、事业单位提供短、中、长期商务及公务用车,客户中50%为世界500强企业驻京机构,微软、SP石油等已与公司合作10年以上。通利达拥有懂技术、有经验的专业租赁服务队伍,是全国汽车租赁行业中第一家通过ISO9000认证企业,连续6年被市交通委评为年度考核优秀租赁企业。2011年评为首都精神文明单位。为北京市市级行政单位汽车租赁定点服务政府采购供应商。在行业率先自主开发《汽车租赁管理软件》,自主开发并使用GPS及安全行车记录仪管理系统,对客户实施汽车租赁服务全程托管模式,提供完全个性化解决方案。参与编写交通运输部组织的《汽车租赁概论》。通利达设立业务部、分公司、财务部、资产管理部、人事部、行政部、技术部、维修部(修理厂)8个机构。在职员工79人。

年内,公司已拥有1700余辆高、中档进口、国产小轿车,如奔驰、宝马、奥迪、大众、别克、本田、丰田、现代等。营业收入1亿元,纳税1600余万元。

单位地址:东城区体育馆路9号西门

联系电话:67146022 邮政编码:100061 (李金燕)

北京世纪天鼎商品交易市场有限公司

【概况】 北京世纪天鼎商品交易市场有限公司(简称世纪天鼎)位于前门大街商圈南侧,由北京世纪天鼎投资有限公司投资建立,2002年成立,注册资本1200万元,2003年6月正式营业。主营业务涵盖美容美发用品、针纺织品、服装服饰、箱包鞋类、家用电器、工艺美术品等30种品类。世纪天鼎占地3万平方米,经营面积3.50万平方米,主营业大厅2万平方米,停车位350余个。是北京市经营品种最齐全的购物中心之一,其所经营的美容美发用品用具是北京市专业集中的集散地,用户辐射全国。世纪天鼎先后被国家工商行政管理总局授予全国诚信示范市场,被市工商行政管理局授予首都文明市场、市级平安市场、守信企业称号,被市工商业联合会授予市级文明单位标兵,被首都精神文明建设委员会评为首都文明单位,被市防火安全委员会授予市消防先进单位,被中国商业企业管理协会授予全国和谐商业企业、全国优秀商业企业、全国公平交易行业十佳单位等称号,被市公安局授予市先进治保单位称号。世纪天鼎于2007年成立党支部,成为民营企业开展党建工作的先进代表,连续数年被区委评为先进基层党组织,被市委社会工作委员会评为市社会领域先进基层党组织。企业内部刊物《世纪天鼎报》多次被北京市工商业联合会、北京市私营个体经济协会评为优秀企业内刊。内设办公室、企划部、财务部、市场部、安保部、工程部、鞋城部7个部门,管理及经营人员3000余人。

年内,世纪天鼎征求商户意见,开展市场调研后,决定扩大美容美发商城营业面积,于7月完成招商。参照社会平均工资水平,重新制定岗位工资标准,调整员工工资水平,涨幅15%~20%。对员工进行提高执行力与员工协作培训。世纪天鼎获区工商局评定的东城区诚信示范市场荣誉称号。世纪天鼎党组织重视党建,全年组织专题活动12次,党员考核1次,与兄弟单位党支部座谈2次,发放学习材料100余份。七一前夕天鼎党支部被区委评为区先进基层党组织。

单位地址:东城区珠市口东大街甲16号

联系电话:67075588 邮政编码:100050 (王方)

【爱心接力活动】 4月8日,世纪天鼎爱心接力活动小组组织为蓝天,为健康,植树环保活动,到怀柔县桥梓镇植树基地种树。4月19日,爱心接力活动小组在区特殊教育学校举行资助特教学校捐款仪式和科普大篷车活动启动仪式,捐款1万元购买学习用品。12月26日,爱心接力活动小组到区培智中心学校看望慰问困难学生,向5名困难学生送上每人2000元慰问金,赠送新年礼物和学习用品。 (王方)

【店庆十周年回馈消费者】 6月,世纪天鼎成立10周年。公司为员工及商户发放纪念品800余套,召集管理人员和私个协理事成员及中共党员130余人举办店庆10周年座谈会。同时举办10周年感恩回馈消费者促销活动,共祝世纪天鼎市场繁荣昌盛。 (王方)

【重视消防安全】 9月10日,特邀东城消防支队进行世纪天鼎全员联合消防演习。全年,组织员工商户进行专项消防知识培训6次。市场年检灭火器1146具,更新灭火器721具,维修维护灭火器425具。各项消防安全工作全面达标。

(王方)

北京宏林科技发展有限公司

【概况】 北京宏林科技发展有限公司(简称宏林公司)成立于1987年,由宏林复印打字社——宏林现代办公设备服务部——宏林办公设备有限公司发展而来,2007年更名为北京宏林科技发展有限公司,注册资金500万元。主要从事计算机网络系统集成、综合布线、视频监控工程,IT外包以及计算机、办公设备、计算机网络产品的销售和维修、设备租赁等相关业务。下属公司包括:北京和合创意文化传播有限公司、北京宏林图文制作有限公司等。1993年至上年,宏林公司多次被评为北京市优秀企业、北京市百强私营企业、首都文明单位等。积极参与社会慈善公益事业,向华东水灾、汶川地震等捐款40余万元。宏林公司已取得13项软件著作权证书,3项软件产品登记证书、一级安防工程企业资质证书、三级计算机信息系统集成证书;为北京安全防范行业协会会员企业、国家高新技术企业。宏林公司内设运营部、人力资源部、财务部、市场部、采购部、软件开发部、工程部、售后服务部、总经办9个职能部门。员工85人,其中博士2人、硕士5人、本科40人、大专38人;科技人员30人,占员工总数35%;研发人员20人,占科技人员66%。

年内,宏林公司通过ISO9001质量管理认证,3级计算机系统集成、1级安防工程企业、国家高新技术企业年审工作。下属北京宏林图文制作有限公司取得印刷经营许可证书、ISO9001质量管理认证证书、ISO14000环境质量管理认证证书。为资助特教学校和科普大篷车活动捐资2万元。向史家胡同小学捐赠价值20万元办公设备。

单位地址:东城区安外小黄庄29号楼1层
联系电话:84285522 邮政编码:100013 (白小英)

【加强消防安全管理】 9月,宏林公司购置消防器材,并定期检修电路设备。保安部组织全体员工开展消防安全培训,详细介绍常见火灾发生主要原因及防御措施、火灾种类及正确处理方法、消防器材的正确使用方法。提高员工消防安全意识,增强火灾防范责任感。 (白小英)

北京天龙天天洁再生资源回收利用有限公司

【概况】 北京天龙天天洁再生资源回收利用有限公司(简称天天洁公司)2007年6月成立,注册资金288万元,是北京市再生资源回收体系建设首批试点企业,前身是创始于1955年的公有制资源回收企业——北京市崇文区物资回收公司(简称崇文回收)。上世纪90年代初崇文回收改制为股份制企业即北京天龙股份有限公司(简称天龙公司)。1992年,天龙公司股票在上海证券交易所挂牌上市,成为全国唯一一家从事物资回收的上市企业。1999年,上市公司转让,天龙公司进行二次改制重组,整合相关资源,组建再生资源专业化公司,创建"天天洁"品牌。近年来,天天洁公司已建成各种形式的再生资源回收网点470个,拥有1个年处理能力5万吨的分拣中心,1个再生产品研发设计中心,专业物流车辆45辆。已形成从前端分类回收到统一物流、专业分拣、厂商直挂、自有品牌再生产品研发和销售的再生资源回收循环利用产业链条。在北京市的再生资源回收利用行业综合评比中,天天洁公司以总分第一的成绩确立为行业龙头示范企业,获得北京市总工会颁发的首都劳动奖状。天天洁公司下设营销部、网点管理部、生产部、市场部、网络部、分拣中心、物流部、客服部、总经办、财务部10个部门,有员工120人。

年内,天天洁推出再生至尚的再生环保文化理念,建立独具特色的运行模式。在居民社区建设绿猫资源回收屋,派驻收购人员实施定点回收。开通网上预约收废品,电话上门收废品,使居民足不出户即可出售废品。面向机关、企事业单位,提供资源再生低碳办公整体解决方案,推行再生至尚低碳办公执行标准,通过分类投放、分类收集及存储、分类回收、再生产品替代使用4个环节协助机关、企事业单位参与到资源回收循环利用的链条中。联合北京25所高等学校环保社团,发起成立再生至尚大学生环保联盟。建立起以大学生环保联盟为依托,联盟志愿者日常回收,主体企业负责定期清运的高等院校回收体系运行新模式。5月,通过ISO9001质量管理体系认证和ISO14001环境管理体系认证复审。6月,参加市商务委年度北京市家具以旧换新项目公开招标。经过专家组审核,入围家具以旧换新拆解企业。天天洁公司获首都精神文明办颁发的北京市生活垃圾分类先进单位贡献奖。全年实现销售收入993万元。

单位地址:东城区龙潭路3号院28号楼一层108
联系电话:67149617 邮政编码:100061 (肖丽丽)

【再生产品碳足迹】 4月7日,天天洁公司请第三方机构对自主品牌再生文化用纸进行碳足迹核算(即企业机构、活动、产品或个人通过交通运输、食品生产和消费以及各类生产过程等引起的温室气体排放的集合)。历经半年现场调查和数据测算,从原料获取到产品出厂阶段,再生文化用纸比原生浆文化用纸单位产品碳足迹减少5.53吨。 (肖丽丽)

【聘请义务监督员】 6月17日,北京市再生资源回收利用宣传周启动仪式在区举行。在宣传周启动仪式上,天天洁公司聘请25名义务监督员,其中80%为离退休人员,平均年龄55岁,义务监督员监督社区回收网点员工按照服务公约开展工作,向社区居民宣传垃圾分类、资源循环利用专业知识,带动居民参与资源分类回收,促使各种资源流向正规回收企业。

(肖丽丽)

旅　游

东城区旅游发展委员会

【概况】 东城区旅游发展委员会(简称区旅游委)是负责全区旅游发展统筹协调、产业促进和行业管理的区政府工作部门。内设办公室、规划发展科、旅游促进科、行业管理科、公共服务科、安全监管科6个科室。行政编制23人。

年内,旅游接待总人数7687万人次,同比增长2.70%。旅游综合收入624.27亿元,同比增长7.20%。加快培育如皇城低碳骑行游等满足不同市场需求的专项个性化产品和特色旅游文化品牌,为天坛神乐署、南锣鼓巷等6个项目发放品牌培育资金60万元。获4个奖项:最美中国——旅游目的地奖、年度最佳旅游推广贡献奖;皇城低碳骑行游进入中国旅游营销创新TOP10;皇城国际旅游节获年度最具创意休闲节奖。机关党支部被区直机关工委评为优秀基层党组织,团支部被团市委授予青年文明号称号。

单位地址:东城区金宝街52号9层

联系电话:65133305　邮政编码:100005　(宋超)

【区旅游产业发展联席会议】 1月14日,在丽晶酒店召开区旅游产业发展联席会第一次会议。区旅游委领导作区旅游业发展工作汇报,介绍创新举措以及取得的成效。会议决定以推进旅游公共服务体系建设为抓手,以旅游示范区和功能区建设为载体,推进旅游产业与城市建设的融合发展,推进旅游产业与商业服务业、文化创意产业等产业的融合发展,将东城区打造成为“开放式景区”,实现区景合一。国家旅游局、市旅游委、区相关委办局、街道办、驻区旅游企业代表、媒体代表92家联席会成员单位的负责人及旅游业界专家100人参加。　(宋超)

【东城旅游电子杂志上线】 2月21日,区旅游委推出东城旅游电子杂志iPad客户端,可在苹果商店App Store免费下载安装。该杂志是区旅游委开展移动互联网和新媒体领域旅游信息传播的一次探索,是全市16个区县中第一本iPad旅游电子杂志。　(宋超)

【皇城国际旅游文化活动】 5月19日,年度皇城国际旅游文化系列活动暨皇城低碳骑行游启动仪式在故宫午门前举行。市旅游委、故宫博物院、国家旅游局信息中心及相关领导出席。启动仪式后,由自行车专业俱乐部成员、外国友人代表、青年情侣、大学生代表、老自行车骑行选手等组成的5队共86人骑行队从午门出发,开始皇城低碳骑行游之旅。皇城低碳骑行游活动期间市民和游客可以在全区94个自行车租赁点位,自行租用公共自行车,沿5条精心设计的东城骑行游线路,深入领略皇城魅力。　(宋超)

【旅游法培训会】 9月5日,区旅游委组织《旅游法》旅行社专场培训会,学习旅游法。辖区内30余家旅行社100余名从业人员参加。　(宋超)

【台北推介会】 11月10日,区“铁马遛皇城”旅游推介会在台北著名文化创意基地华山文创园区举行。台湾同胞持台胞证办理一张北京公交一卡通,即可任意租用东城区94个租借点的3000辆公共自行车游览皇城,细品皇城韵味。海峡两岸旅游交流协会台北办事处、台湾旅行公会联合会、中华两岸旅游产学发展协会、台湾旅行商业同业公会总会大陆委员会、宜兰县旅行商业同业工会等近40家台湾旅游企业及中视、东森、《中国时报》《联合报》、新浪网、凤凰网等10余家台湾主流媒体参加,台湾民众1600余人参与推介互动。　(宋超)

对外经济

【概况】 东城区对外经贸工作,由区商务委主管。年内,新设外商投资企业108家,其中合资19家,独资88家,合作1家。实现合同利用外资6.27亿美元,同比下降53.50%。实现实际利用外资6.61亿美元,同比增长4%。实现进出口额165.75亿美元,同比下降1.80%。 (贺蔚蔚)

【总部经济集聚效应扩大】 年内,东二环高端服务业发展带被认定为首批"北京市总部经济聚集区"和"北京市商务服务业集聚区"。全年新增跨国公司地区总部2家——国民油井华高(北京)投资管理有限公司和华润雪花啤酒(中国)投资有限公司,跨国公司地区总部总数达到17家,居全市第二位。 (贺蔚蔚)

【扶持外贸企业走向国际市场】 全年审核境外投资项目29个,对外投资3.71亿美元。支持企业发展服务外包,完成年度服务外包业务发展资金初审,审核3家企业223人,金额100.35万元;完成上年7月至本年3月服务外包企业发展配套资金初审,审核2家企业4个项目,金额602.60万元。支持中小企业开拓国际市场,完成上年度第三批中小企业国际市场开拓资金拨付初审,审核34家企业78个项目,金额130万元;完成年度第一批中小企业国际市场开拓资金申报,审核19家企业29个项目,金额61.75万元。 (贺蔚蔚)

东城区工商企业单位负责人

北京金漆镶嵌有限责任公司
董事长、总经理、党总支书记 柏德元
北京市珐琅厂有限责任公司
董事长、党总支书记 衣福成
总经理 钟联盛
北京剧装厂
厂长 石金栓
党支部书记 刘彦春
北京市工艺木刻厂有限责任公司
董事长、党总支书记 曹海平
总经理 曹利华
北京象牙雕刻厂有限责任公司
董事长、总经理 肖广义
党总支书记 洪 燕
北京玻璃研究院
院长 甄西合
党支部书记 杨双涛
诺基亚通信系统有限公司
总经理 王学军
北京远东仪表有限公司
董事长、党委书记 秦海波
北京龙顺成中式家具有限公司
总经理 王志君
党支部书记 赵海涛
北京联飞翔科技股份有限公司
董事长、总经理 郑淑芬
北京一商红都服装服饰有限公司
总经理 张 培
党支部书记 孙玉冰
北京东华服装有限责任公司
董事长 林建华
党委书记 赵连河
总经理 林文洵
北京白领时装有限公司
董事长、总经理 苗红兵
北京庄子工贸有限责任公司
董事长、总经理 庄再强
党支部书记 蒲文献
北京格格旗袍有限公司
董事长 王金乔
北京布逸昊服装服饰有限公司
董事长 郑 毅
北京王府井百货(集团)股份有限公司百货大楼
党委书记 刘祥吉
总经理 陶晓钢
北京王府井百货(集团)股份有限公司东安市场
党委书记 王文杰
总经理 刘 炜
中国北京同仁堂(集团)有限责任公司
董事长、党委书记 殷顺海
总经理 梅 群
中国医药保健品股份有限公司
董事长 张本智
总 裁 高渝文
党委书记 崔晓峰
北京永安复星医药股份有限公司
董事长、党委书记、代理总经理 杨静森
中国全聚德(集团)股份有限公司北京全聚德前门店

总经理 寇向利
党总支书记 李陆英
北京便宜坊烤鸭集团有限公司
党委书记、董事长 刘东亮
总经理 赵育贤
北京稻香村食品有限责任公司
董事长、党总支书记、总经理 毕国才
北京吴裕泰茶业股份有限公司
董事长 赵书新
总经理 孙丹威
北京天润金百投资集团有限责任公司
董事长、党委书记 闫广亮
总经理 孔 云
北京工美凤凰旅游艺术品集团有限公司
董事长 轩少平
总经理 李 莹
党委书记 李 由
北京华江文化发展有限公司
董事长 陈绍枢
党支部书记 陆英毅
北京市百荣世贸商城市场有限责任公司
董事长 蒋柏荣
党总支书记 赵 薇
北京大北服务有限责任公司
党委书记、董事长 王金海
总经理 许仲林
北京宏源餐饮管理有限公司
董事长 马 龙
党支部书记 张淑英
北京通利达汽车租赁有限责任公司
董事长 李健秋
总经理 邹存生
北京世纪天鼎商品交易市场有限公司
董事长 林余存
党支部书记 王健宏
北京宏林科技发展有限公司
董事长 王 曦
北京天龙天天洁再生资源回收利用有限公司
总经理 刘 权
党委书记 郭长华

财税·金融

财 政

【概况】 东城区财政局(简称区财政局)是区政府综合经济管理部门,主要职能是负责全区财政收支、财税政策、财政监督、行政事业单位国有资产管理、财务会计管理等工作。内设机构25个,即办公室、机关党委办公室、人事科、监察科、法制科、离退休干部科、行政科、财政监督科、预算科、税政科、街道财政管理科、国库科、综合科、绩效评价科、行政事业资产管理科、行政政法科、教科文科、社会保障科、经济建设一科、经济建设二科、政府采购管理科(控制社会集团购买力办公室)、企业科、国有资本经营预算科、金融科、会计科。下属事业单位16个,有干部职工206人。

年内,区公共财政预算收入完成147.13亿元,为年度预算146.63亿元的100.30%,同比增长9.10%;政府性基金预算收入完成8.17亿元。区财政支出完成168.96亿元,为年度预算的92.20%,同比增长9.20%,预算执行情况良好。其中安排部门预算资金1.30亿元,保障重大公共卫生服务项目及突发公共卫生事件资金;为老旧小区综合整治项目,拨付资金4.56亿元;提供借款10.10亿元,加快推进定向安置房和保障房建设项目。资金使用方面,健全和完善政府采购机制。加强党风廉政建设,在作风、制度、机制等方面建立廉政风险防控管理体系。

单位地址:东城区东直门外新中街2号
联系电话:64153614　邮政编码:100027
网址:http://dccz.bjcz.gov.cn

(马建文)

【财政收入】 年内,完成增值税20.17亿元,同比增长101.50%。营业税44.44亿元,同比下降22%。企业所得税37.73亿元,同比增长45%。城市维护建设税10.98亿元,同比下降0.90%。教育费附加收入2.77亿元,同比下降0.90%。房产税15.30亿元,同比增长7.40%。印花税5.99亿元,同比下降0.40%。城镇土地使用税8229万元,与上年基本持平。土地增值税5.53亿元,同比增长62.20%。车船税2.28亿元,同比增长15.50%。政府性基金预算收入完成8.17亿元,同比下降26.70%。(马建文)

【财政支出】 年内,完成一般公共服务支出12.57亿元,同比下降5.20%。国防支出1899万元,同比增长41.50%。公共安全支出10.09亿元,同比下降5%。教育支出35.93亿元,同比增长10.40%,年教育事业投入46.14亿元,比上年增长9.30%。科学技术支出1.21亿元,同比增长5.80%;年科学事业投入1.21亿元,比上年增长5.80%。文化、体育与传媒支出5.17亿元,同比增长23.70%;年文化事业投入1.13亿元,比上年增长12%。社会保障和就业支出34.82亿元,同比增长10.20%。医疗卫生支出10.98亿元,同比增长15.60%;年卫生事业投入7.54亿元,比上年增长14.90%。节能环保支出13.21亿元,同比增长127.60%。城乡社区事务支出2.78亿元,同比增长0.70%。资源勘探电力信息等事务支出7595万元,同比增长20.60%。商业服务业等事务支出7022万元,同比增长32.10%。援助其他地区支出6543万元。住房保障支出3.14亿元,同比增长35.90%。粮油物资储备管理事务支出2318万元。其他支出11.44亿元,同比下降20.40%。政府性基金预算支出16.16亿元。其中:地方教育附加支出1.15亿元,文化事业建设费支出742万元,残疾人就业保障金支出9518万元,政府住房基金支出1393万元,国有土地使用权出让收入支出11.46亿元,城市公用事业附加支出96万元,城市基础设施配套费支出1325万元,其他政府性基金支出1.50亿元,彩票公益金支出7458万元。

(马建文)

【严格预算编制管理】 启动人员库管理,扩充细化人员数据范围,完善预算分类体系,扩大基本支出预算覆盖面。首次在区人大预算审查工作委员初步审查时提交财政预算参阅材料及全部一级单位的部门预算。在下年部门预算编制严格控制部门预算资金规模,公用经费在历年压缩10%的基础上继续压缩5%;项目经费除政策性增支外,在往年安排标准基础上压缩5%。(马建文)

【保障区街财政体制运行】 做好区、街两级财力的统筹,争取市级专项资金。实现区街利益共享,调动街道积极性,兑现激励机制奖励7000余万元。做好区街体制结算工作,财力进一步向基层倾斜,拨付街道公共文化设施建设专项转移资金1400万元。(马建文)

【推进国库改革】 依照政府采购法重新公开招标确定10家区财政授权支付代理银行。加强公务卡改革在全区推广实施力度,出台区预算单位公务卡强制结算目录,组织开展全区公务卡专项检查。扩大非税收入收缴改革范围,纳入全区

74 家执收单位 4 大类 24 个非税收入项目。对区历年财政借款全面清理,涉及资金 51 亿元,进一步规范财政借款主体,严控财政借款规模,降低财政资金风险。做好全区 67 家预算单位上年度部门决算公开工作。　(马建文)

【预算绩效管理】　加强预算绩效目标管理和事前评估,开展绩效目标填报,完成 34 个预算单位 40 个支出项目绩效评价。重点开展大额专项资金绩效评价,并选取 3 个项目评价,涉及资金 3 亿元,在资金扶持政策、资金使用效益和促进经济发展等方面提出合理建议。制定《东城区预算单位项目支出全过程管理工作方案》,将第三次全国经济普查项目确定为首个全过程管理试点项目。　(马建文)

【国有资产管理】　对 248 户行政事业单位出租出借行为合规性开展专项检查,为开展产权登记工作奠定基础。开展对区属各行政事业单位房源现状的调查,形成全区行政事业单位房产资源数据资料库,为资产的综合利用打下基础。　(马建文)

【加强国有资本经营预算管理】　首次试编上年国有资本经营决算。编制年度国有资本经营预算并获批执行,主要用于支持老字号企业、促进文化产业发展、加强企业监管及解决历史遗留问题。　(马建文)

【68 家政府部门财政预算公开】　首次将全区行政机关及全额拨款事业单位"三公经费"预算安排总体情况汇总公开,68 家政府序列部门预算、财政预算安排情况以及"三公经费"预算向社会公开,实现 4 部门财政拨款支出预算表细化至项级科目试点公开。组织 8 部门公开上年财政专项支出预算信息。　(马建文)

【加大财政监督力度】　完善会计监督,借助中介机构检查优势,提升会计监督的层次和效果,发挥会计监督综合效益。加大对行政事业单位检查力度,对会计信息质量检查中发现问题的 2 个单位实施行政处罚。强化预算监督,加强专项资金监督检查。　(马建文)

【细化执行八项规定措施】　制发《关于进一步坚持厉行节约、加强预算管理工作的通知》,严格预算管理,对专项经费提出明确压缩目标。出台《东城区党政机关因公出国(境)经费管理暂行办法》,实现出国经费集中化、规范化管理。严控"三公经费"增长,压缩庆典、论坛支出,压缩第五届皇城文化国际旅游节、前门历史文化节、中华民族珍品艺术节、文博会经费等支出 1119 万元,实现区政府提出的全区庆典数量减少 50% 目标。加大财政资金统筹力度,在预算执行中严控资金追加申请,确保项目支出预算资金按批复范围和用途使用,清理统筹政府发展预算以及预算稳定调节基金执行情况,集中财力保障重点工程支出。集中调查清理各部门以前的年度结余资金,涉及资金总额 8.30 亿元,上交结余 7637 万元。　(马建文)

【支持菜篮子工程建设】　先后拨付天镇直销菜市场扶持资金 414 万元,为崇远万家便民菜店提供补助资金 278 万元,为东花市南里菜市场等 4 家单位拨付规范化社区菜市场升级改造补助资金 92 万元。　(马建文)

【加强会计管理】　年内,北京市会计从业资格管理系统实行全国会计从业人员信息管理系统和北京市财政局会计从业资格管理操作系统并行方式。区财政局办理证书信息变更、丢失补证,会计人员档案调入、调出、超期调转、二次调转,视同继续教育等手续 1562 件。历时两年半完成会计从业资格注册与信息采集工作,至 6 月底,完成 12.63 万人次,占全市完成数量的 21%。分 2 次完成 6031 名考生参加的区年度北京市会计从业资格无纸化考试(扩大试点)及全国会计专业技术(初、中级)资格考试工作。　(马建文)

税　务

国家税务

【概况】　北京市东城区国家税务局(简称区国税局)是主管区国家税收工作的行政机构,实行垂直领导的管理体制,即由北京市国家税务局直接领导。职能是负责东城区中央税、中央地方共享税等税种的征收管理和稽查工作;负责增值税专用发票、普通发票和其他税收票证的管理工作和税收执法工作。有单位 44 个,其中内设办公室、政策法规科、货物和劳务税科、所得税科、收入核算科、纳税服务科(纳税服务中心)、征收管理科、财务管理科、人事科、教育科、监察室、大企业和国际税务管理科、进出口税收管理科 13 个科室,直属机构 2 个(稽查局内设 10 个机构),事业单位 3 个,派出机构(税务所)14 个。在职干部职工 620 人。管辖各类纳税单位和个人 6.92 万户及 30 个集贸市场。

年内,围绕市局服务首都科学发展,共建首善和谐税收工作主题,推进规范基础年,坚持机关服务基层、全局服务纳税人工作思路,开展"营改增"工作,组织各项收入 891.72 亿元,其中北京海关代征进口收入457.12亿元、组织国内税收收入430.95亿元(含“营改增”)、组织区级财政收入53.80亿元。完成区级收入全年计划的100.20%。重视党建工作,创办党建刊物;加强队伍建设,提高干部教育培训质量,严格人员考评和干部任免;落实廉政建设责任制,开展执法监察,深化政风行风建设;改进内部管理,健全财务管理办法,完善档案管理。

单位地址:东城区小黄庄二区1号院

联系电话:56090600 邮政编码:100013 (刘慧雅)

【新址启用】 1月,新办税服务厅在强佑大厦对外办公。对服务厅主要职责、窗口设置、业务流程等进行调整,将部分事项转移到服务厅即办。4月,局机关小黄庄办公新址正式启用。 (刘慧雅)

【组收措施】 分解收入计划指标、各组收单位以上年实际完成的税收收入和区级收入为基础,确定各单位任务基数和计划增长率,将“营改增”部分税收任务单独立项。执行各税种月度预测报告制度,建立税收收入预测长效机制,各组收单位在季度时报送下季度税收收入预测,不定期组织各组收单位半年度、年度税收预测。按月进行税收收入完成情况分析,不定期对税收运行进行总结分析。开展“营改增”专项分析,建立“营改增”专项分析机制,掌握“营改增”企业运行规律。按照纳税企业分类管理办法,加强重点税源管理,划分重点税源企业,并按税收贡献率进行划分。 (刘慧雅)

【征收管理】 办税服务对发票验旧、发售、抄报、申报、认证等工作实行“一窗通办”,增加自助办税设备,增设应急窗口。对“营改增”扩围,核实判定市局下发的纳税人清册,制作管理员工作手册,编写流程组织培训,全程跟踪监控扩围进展,解决各类问题,归纳总结共性问题并告知管理所。发票管理强化以票控税,加强自印发票日常管理。完成出租汽车发票换版工作,完成小规模税控开票专项整治,核查开票数据与税收征管信息系统申报销售收入不一致企业4868户次,补缴税款654.65万元,补缴滞纳金73.27万元。 (刘慧雅)

【纳税评估】 调查核实涉税第三方信息。规范纳税评估工作流程,制作指导性纳税评估行业风险识别清册。完成住宿业、房地产企业、中介服务、培训服务等877户企业纳税评估,补缴增值税51.92万元、企业所得税3295.44万元,加收滞纳金1189.50万元,增值税进项转出22.45万元,调增应纳税所得额588.10万元。 (刘慧雅)

【纳税服务】 开展个性化分类宣传,完成税法宣传月活动,送税法进校园、进市场,普及税法知识。利用短信平台进行信息推送服务,发送短信1.70万条。规范制作办税标识。及时更新触摸屏、滚动屏相关内容,增加自助办税服务终端机数量。按照“一窗通办”规范设置办税服务窗口,规范导税台设置,制定《办税服务厅突发事件应急管理办法》。规范纳税咨询,检查相关部门电话接听工作10次,做好日常电话接听和“12366”远程坐席接听记录。加强纳税人权益保护,分析上年纳税人满意度调查结果,制定改进措施。妥善处理纳税人投诉,加大回访力度。完成纳税信用A级企业评定工作。成立东城区税务学会,为纳税人提供优质咨询服务。 (刘慧雅)

【货物和劳务税管理】 全年办理认定纳税人1469户,对不同类型纳税人进行分层级管理,对疑点户进行清理。理顺发票审批、金税发行、发票售卖等岗位衔接,执行发票审批流程。严格退税手续审核,规范即征即退企业审批文书,明确残疾人福利企业退税和软件产品退税审核要点,规范退税文书样式,对于已审批的退税实行先退税后评估。开展消费税调研、营业税收入分析。做好广播影视业纳税人培训宣传,结合“营改增”政策调研,对差额征税企业全面核查。 (刘慧雅)

【所得税管理】 完成上年度汇算清缴工作,入库企业所得税额73.30亿元。开展后续管理工作,探索所得税专业化管理模式。修订企业所得税清算管理工作,制定年度所得税按月预缴工作规程,制定总分支机构回函管理流程。加强中介管理,做好重点行业税收管理,检查金融企业,未发现问题。 (刘慧雅)

【出口退税管理】 审核应退税额1.57亿元,办理退库9756万元。采取交叉对审和疑点复审处理办法,审核每一笔退税。加强出口退税监控,完善回函工作管理方式,回函189封。 (刘慧雅)

【个体税收管理】 安装使用税控收款机,加强集贸市场委托代征管理,与30个市场签订委托代征协议。制定个体工商户新认定为一般纳税人的征管操作流程。 (刘慧雅)

【税收法制建设】 落实《税务行政处罚裁量权执行标准》,开展税收执法督察,实行日常督查和重点督查相结合。审理重大税务案件15件。开展税收执法疑点信息核查工作,完成13个疑点项、76条疑点数据核查。税收法律服务小组参与复议案件研究。 (刘慧雅)

【税务稽查】 建立案件跟踪与汇报制度,将案件跟踪管理纳入日常稽查工作。组建两重案源检查团队工作。落实分级案件管理制度,对一般案件、疑难案件、重大案件进行有针对性管理。搭建稽查与管理互动平台,制定《东城国税局稽查与管理互动机制》,建立内部联系制度、协调机制和信息共享传递机制三大机制。全年组织稽查收入1亿元,登记并派发案源138件,处理完成海关协查函543件。 (刘慧雅)

地方税务

【概况】 北京市东城区地方税务局(简称区地税局),受北京市地方税务局和东城区政府双重领导，职能为贯彻执行国家各项经济、税收政策，组织各项地方税收收入，维护和规范税收秩序，促进国家经济发展。设办公室、法制科(国际税务管理科)、税政管理一科、税政管理二科、税政管理三科、残保金征收科、工会经营管理科、征收管理科、档案科、收入核算科、纳税评估科、纳税服务科、科技信息科、计划财务科、基层工作科(机关党委办公室、工会)、人事科(保卫科)、宣传教育科、督查内审科、监察科19个科室，辖稽查局(内设11个科)、24个税务所、机关后勤服务中心。有干部职工675人。管辖各类纳税单位63946户(正常户)。

年内，完成地方一般预算收入231.44亿元，完成区级一般预算收入91.18亿元。加强组收工作力度，将市地税局、区政府下达的收入计划指标分税种、分单位进行分解落实，确保计划完成。发挥税务稽查作用，全年入库金额超过1亿元。重视内部建设，完善干部管理制度，推行干部分级管理模式，开展全员业务培训，提高员工素质和管理水平。

单位地址：东城区安定门外西滨河路18号院首府大厦6座

联系电话：64515797　邮政编码：100011　(姜喆)

【**服务东城区域经济**】　深化服务和促进区域经济社会发展工作，为地税系统与东城区搭建直接、顺畅的沟通协作平台。局领导走访重点税源企业130家，税务所召开重点税源企业座谈会3次，讲解区域税收形势和税收政策，促进招商引资及服务驻区企业工作。(姜喆)

【**依法行政**】　受理自然人股东股权转让所得缴纳个人所得税事项2081件。开展对全区楼宇房产税、城镇土地使用税清查工作。完成土地增值税清算工作10个项目。对235户市级重点户，765户市、区、所三级重点户开展重点税源监控管理。做好财政扶持资金审核工作，完成“营改增”过程过渡工作。(姜喆)

【**征收管理**】　开展年度税收征管状况监控分析，通报税收基本状况、纳税人遵从状况、管理质量和效率状况三大类13项指标，涉及9个业务科室，涵盖税务登记、纳税申报、税种管理、纳税服务、纳税评估、残保金征收、税务稽查、行政处罚等方面内容。定期查询欠税企业银行存款，定期走访欠税企业、要求欠税人提供担保以及报告不动产和大额资产处置情况；采取阻止法人代表出境、查封扣押欠税人房产等措施清欠。核实清理无税申报企业659户，查补税款12.60万元。(姜喆)

【**完成国标发票数据采集**】　推进国标发票明细数据采集以及国标税控外挂器(折票税控机)功能升级工作，制作、发放国标税控机明细报数、授权操作说明手册1.10万份，升级国标税控外挂器4000台，做好升级和报数统计工作，为下一步工作部署提供数据支持。(姜喆)

【**国地税协作联评**】　与市国税评估局联合开展住宿业专项评估。对2家企业开展收集财务资料、实地调查等专项评估工作，2家企业补缴个人所得税及营业税近10万元，为国税局追缴企业所得税提供依据。(姜喆)

【**落实结构性减税政策**】　成立“营改增”试点工作领导小组，安排“营改增”试点工作，与区财政局和区国税局配合，制定交接方案，确认并提供税源户信息。设立“五专三区”(专人指导、专设热线、专人咨询、专岗服务、专设宣传区；引导区、服务区、宣传区)的“营改增”试点企业服务体系，推动试点改革。对9821户企业试点测算，落实税收优惠政策后，减收营业税税款15亿元。(姜喆)

【**廉政风险防范**】　围绕权力过于集中岗位和存在廉政风险环节，查找涉权事项102项，明确廉政风险点和防控措施，重新整理《风险防控监督网络图》和《税收业务工作流程图》，规范权力运行程序。建立廉政承诺制、联系局长负责制、廉政学习教育制、廉政谈话制等常态化管理和评议机制。(姜喆)

金　融

【**概况**】　年内，东城区域内有金融机构525家。按行业分类，有银行业269家，其中中资银行238家(政策性银行2家、商业银行236家)、外资银行31家；有证券业49家，其中证券公司5家、证券投资基金管理公司44家；有保险公司86家；有其他金融机构121家，其中财务公司6家、担保公司96家、小额贷款公司5家、融资租赁公司5家、信托公司7家、金融资产管理公司2家。(陈淑芳)

中国工商银行股份有限公司北京东城支行

【**概况**】　中国工商银行股份有限公司北京东城支行(简称工行北京东城支行)，主要办理人民币业务、外汇业务和其他中间业务等。设机构业务部、综合管理部等11个部室，辖大型综合网点支行10个、非大型综合网点和独立网点6个。从业人员528人。

年内,支行行长绩效考核排名第五,所辖东城支行营业室、东四网点支行、北新桥网点支行、安定门网点支行获年度经营绩效百强网点,安定门网点支行获年度分行级劳动竞赛先进集体等多项荣誉。

单位地址:东城区东四十条24号

联系电话:84020258　邮政编码:100007　(马俐丽)

【贷款业务】 法人本外币各项贷款余额同比降低2%,其中人民币法人贷款时点余额完成全年任务63.30%,同比增长5.67%;一般法人客户贷款余额同比增长28.95%;外币贷款时点余额同比降低35.39%;涉房法人贷款余额同比降低12.57%。(马俐丽)

【存款业务】 人民币对公存款时点余额较上年增长19.74%,人民币储蓄存款余额较上年增长6%。(马俐丽)

【中间业务】 实现本外币中间业务收入(含返还)同比增幅15.44%。(马俐丽)

【内控管理】 通过细化梳理业务流程,内控案防意识,压降风险暴露水平。案防工作与业务工作相互渗透,不断融合,全年无案件事故发生。获分行业务运营风险专项治理活动先进集体称号。(马俐丽)

中国工商银行股份有限公司北京崇文支行

【概况】 中国工商银行股份有限公司北京崇文支行(简称工行北京崇文支行)主要办理人民币存贷款、外汇存贷款等业务。有11个内设部室,16个综合营业网点,1个附属机构,在职员工612人。

年内,贯彻落实国家宏观调控政策、金融监管要求和总分行决策部署,深化经营结构调整,加快发展方式转变,谋划创新发展思路,各项业务平稳健康发展。重视企业文化建设、制度建设、队伍建设,优化人员结构。

单位地址:东城区永定门外大街86号

联系电话:87205462　邮政编码:100075　(张建)

【营销存款】 储蓄存款把代发工资作为揽存增储主要手段,运用"薪管家"等创新产品,提高客户金融资产和储蓄存款留存率。加强存款与各类理财产品互动发展,做强综合金融服务,做大客户金融资产服务总量和流量,推动个人客户金融资产和日均存款双提升。对公存款发挥大客户服务团队作用,提高公司金融营销服务能力,集团公司大客户稳存增存。围绕资金流开展链式营销,扩大现金管理产品渗透覆盖,挖掘核心客户上下游存款资源。人民币储蓄存款较上年增加13.92亿元,对公存款日均余额较上年增长1473万元,外汇对公存款时点增存4548万美元。(张建)

【营销贷款】 重视核心客户和新兴市场,提高信贷经营发展质量。本外币贷款余额较上年增加14.76亿元,小企业人民币贷款净增1亿元,全行有贷户较上年增加20户。抓好重点客户信贷需求,为北汽集团客户发放贷款23.51亿元,为同仁堂集团客户放款11.08亿元。依托各网点的营销优势,发掘区域优质客户,围绕百荣、永外城、红桥等商圈实现个人经营贷款拓展,个人贷款余额(人民币)较上年增加2.85亿元。(张建)

【风险管理】 坚持业务发展与风险防范统筹兼顾,信贷资产质量总体保持稳定,不良贷款保持双下降态势,不良贷款率0.13%。治理屡查屡犯和违规行为,推进业务运营风险核查及相关管理工作,强化对重点环节操作风险防控和管理,全年无案件事故发生。(张建)

【业务创新】 拓展公司业务,先后办理支行首笔T/T融资、股权并购贷款、债权融资项目金融资产服务业务、小企业"增信通"贷款、小企业"科技通"贷款、无追索权银团保理融资等新兴业务。国际业务为北京奔驰汽车有限公司办理3笔进口T/T融资业务,金额1.50亿欧元。机构业务办理分行首笔银企互联客户端业务,与中旅及同仁堂健康药业达成电商平台业务合作意向,其中中旅在融e购平台上线。利用区域商圈优势,办理支行首笔多用途商业预付卡资金存管业务,办理支行首笔对公积存业务。(张建)

【优化管理】 提升网点竞争力,将对公客户纳入客户包管理,客户包存款同比增加11.45亿元。推进业务培训、绩效考核、制度建设等基础工作,分层营销服务体系初步建立。开展网点运营服务标准化工作,根据网点特点制定个性化推进方案,网点标准化达标率100%。加强渠道建设,提升自助服务能力;提高电子渠道业务分流能力,柜面业务可分流率较上年下降7.27%。开展服务品质提升年活动,全年无投诉事件,网点客户服务满意度98.39%。新世界网点被评为北京市银行业文明规范服务百佳示范单位。(张建)

中国工商银行股份有限公司北京王府井支行

【概况】 中国工商银行股份有限公司北京王府井支行(简称工行王府井支行),原称中国工商银行北京市王府井支行,2000年8月1日成立,工商银行实行股份制改革后变更为现称。主要办理本外币存款、贷款、结算、汇兑、外汇、个人金融、银行卡业务,各类理财业务及金融代理业务。内设综合管理部、机构业务部、运行管理部等9个部室,下辖金街支行、北京站支行、东长安街支行、东四南支行、新东安支行、禄米仓支行、华润大厦支行、电信大楼支行、灯市口支行、朝内大街支行、东华门支行、正义路支行12个网点支行和东交民巷分理处、朝南储蓄所。有员工532人。

年内,本外币全部拨备前利润完成9.97亿元。本外币账面拨备前利润较上年同期增幅1.25%;各项贷款余额较年初增长14.18亿元;贷款利息收入比上年同期增长3287万元。科学设置岗位,推进服务分层和业务分流,深化服务模式调整改革。提升网点服务品质,发挥中高端网点作用。灯市口支行、朝内大街支行进行迁建、升格,分别于7月、12月投入运营。重视企业文化建设,丰富职工文化生活。所属新东安网点支行获多项本系统荣誉称号。

单位地址:东城区金宝街18号

联系电话:65270666　邮政编码:100008　(赵敏)

【机构业务】 对公存款时点完成分行任务152%,对公存款日均较年初增长13亿元;总分行现金管理签约完成分行任务375%,新增现金管理客户完成分行任务128%;集合计划签约完成分行任务133%,养老金中间业务收入完成分行任务115%,资产托管收入完成分行任务224%;电子银行实现交易额完成分行任务114%,手机银行实现交易额完成分行任务127%,电子银行收入完成分行任务117%。　(赵敏)

【信贷业务】 信贷规模扩张,实行板块式管理。拓展航空、海油、医药、租赁、文化板块,本外币贷款余额较上年同期增长20%;法人有贷户数量由2010年初至本年底增幅459%。信贷结构优化调整有成效。注重对房地产贷款和流动资金贷款控制,发展贸易融资业务,贸易融资占流动资金贷款比重超过72%,占全部人民币贷款比重49.59%,房地产贷款占比降至8.77%。推进网点资产业务前置工作,将网点资产业务风险防控前置与业务前置并行,分阶段明确网点人员业务流程和角色,发挥客户经理、信贷业务中台、贷审会和专职风险经理四位一体风险防控体系。　(赵敏)

【个人金融业务】 全年,人民币储蓄存款同比增幅3.19%;个金"1+4"总规模完成分行任务163.67%;个人中间业务收入同比增幅5.76%;新发灵通卡完成分行任务130.37%。　(赵敏)

【国际业务】 全年,跨境人民币同比增长36.70%;国际贸易融资同比增长49.50%;国际贸易融资余额同比增长477%。国际业务授信新开户及结算新开户超额完成分行下达任务指标。新增企业激活率76.92%。　(赵敏)

【信用卡业务】 全年,新增标准信用卡(授信额度1000元以上)1642张,新增优质交通卡及附属卡达标卡4936张;信用卡收单交易量完成任务104.63%,分行排名第一;完成新增有收益特约商户任务128.46%,分行排名第一;中间业务收入分行排名第一。

(赵敏)

中国建设银行股份有限公司北京东四支行

【概况】 中国建设银行股份有限公司北京东四支行(简称北京东四支行)1954年成立。主营人民币存款贷款结算业务,人民币储蓄业务;兼营经中国人民银行批准的代理业务。东四支行作为综合营业中心,内设综合部、公司银行部、零售银行部、消费信贷部,营业部,下辖海油支行、朝内大街支行、东方广场支行、平安大街支行、王府井支行和王府井大街支行6个网点。有员工278人。

年内,支行资金量合计222.56亿元,分行排名第12名;获第一届总行级企业文化示范单位称号,被中国企业联合会、中国企业家协会授予2012—2013年度全国企业文化优秀成果奖。

单位地址:东城区美术馆后街8号

联系电话:51997809　邮政编码:100010　(谷琛婷　冯洁)

【公司业务】 公司业务客户群体既有大客户多、行业种类分布广的历史特色,又兼有文创、网络客户多的新兴业务特点,在开展对公业务同时重视客户需求的差别化管理。年内,对公人民币企业存款金额130.92亿元,对公融资量83.09亿元。　(谷琛婷　冯洁)

【个人业务】 支行个人业务围绕中间业务收入和存款达产两项重点工作,扩大资金体量规模,提高重点产品营销,增强支行零售业务发展基础。在重点产品销售上提升单点作战能力,通过制定营销方案,推动优势产品业绩提升。在分行各项营销竞赛中,支行7个网点均有收获,累计获奖项41个。　(谷琛婷　冯洁)

【消费信贷】 城区二手房和公积金委托贷款业务,完成率和增长率在分行名列第一。二手房业务制定一看、二谈、三审、四核、五通过工作流程,在提高效率同时切实做到风险把控。公积金团队采取走出去、引进来办法,引入国管中心进驻支行办理业务。在小企业业务方面,实现批量化营销目标,小企业授信客户新增26个,任务完成率104%。

(谷琛婷　冯洁)

中国农业银行股份有限公司北京东城支行

【概况】 中国农业银行股份有限公司北京东城支行(简称农行东城支行),1990年成立。主要提供商业银行、投资银行、保险、资产管理和其他金融服务。内设个人金融部、公司业务部、风险管理部等8个部门,下辖1家营业部和东四北支行、青年湖支行、和平里东街支行、东直门支行、建国门支行、健德支行、惠新里支行、长安支行、交道口支行、东单支行、奥园支行、银街支行、朝阳门支行、太阳宫支行14家二级支行。在册员工358人。

年内,加快零售业务转型,加大个人业务发展。推进电子商务业务,扩大电子商务客户群体,拓宽中间业务创收模式。加强网点内控管理建设,提高整体管理水平。重视企业内部建设和企业文化建设。全年实现全口径存款增长31%,同业存款增长167%;个人贷款增长23%;国际业务结算量增长388%,跨境人民币结算增长1721%;中间业务收入增长22%。

单位地址:东城区金宝街58号华丽大厦

联系电话:65281870 邮政编码:100005 (许雯睿)

【对公业务】 通过优化客户结构,夯实发展基础,创新营销理念,改进工作方法,实现业务经营提升。开拓大客户金融业务空间,通过联动营销和专班营销,开展全方位营销,确保重点客户、重点业务、重点项目实现突破。挖掘中小企业客户业务需求,客户营销良性发展。年内,法人资产客户增加27%,星级客户增长11%。 (许雯睿)

中国农业银行股份有限公司北京崇文支行

【概况】 中国农业银行股份有限公司北京崇文支行(简称农行崇文支行),主要提供商业银行、投资银行、保险、资产管理和其他金融服务。内设公司业务部、个人金融部、风险管理部等8个部门,下辖独立营业网点14个,在岗员工312人。

年内,全行在业务经营、改革创新、基础管理等方面得到增强,各项业务发展良好。各项存款增幅3.23%,各项贷款余额同比上年增长0.62亿元,其中个人贷款时点任务完成率130%,日均任务完成率199.31%。注重队伍建设,发挥内部激励机制导向作用,改革薪酬管理体系。

单位地址:东城区珠市口东大街1号新阳商务楼A座

联系电话:67092480 邮政编码:100062 (李金晖)

【中小微企业业务】 挖潜客户资源,通过客户引荐拓宽营销途径,打开中小微客户营销局面,提前实现全年投放45户、净增6户任务目标,成为农行北京分行首个完成全年任务的城区行。完成净增现金管理上线客户数指标,新增有效对公人民币结算账户完成全年任务124%。 (李金晖)

【零售业务】 通过加强宣传、完善布放、强化厅堂管理等措施,完成全年信用卡营销任务159.60%,位列分行第2位。完成全年新增私行客户任务83%。加强个人客户经理指导,分析每日网点头寸波动情况及私行客户流失原因等基础工作,有针对性地开展客户维护工作。下发《崇文支行零售业务双周报》和《崇文支行储蓄头寸综合比较》,设立行内微信推送平台,定期通报各网点零售业务发展情况,及时总结业务发展经验教训。 (李金晖)

【加强风控管理】 年内,总分行首次将风险管理纳入支行综合绩效考评。支行及时调整风险管理工作重点,统筹安排、落实责任。在年度"三化三铁"("三化"指劳动组合科学化、业务操作规范化、基础管理制度化;"三铁"指铁账本、铁算盘、铁规章)创建活动中,通过抓运营基础管理,"三铁"单位比上年增加1个,占比达28.57%,连续获得总行级运营管理先进行称号。在"平安农行"创建工作和"三化三达标"活动验收中,考核成绩全部达到优秀,其中富力支行被分行推荐为总行级"平安农行"网点。 (李金晖)

中国银行股份有限公司北京崇文支行

【概况】 中国银行股份有限公司北京崇文支行(简称中行崇文支行),主要经营商业银行业务,包括公司金融业务、个人金融业务和金融市场业务等。设公司业务部、个人金融部、银行卡部等8个部室,下辖支行营业部、劲松支行、方庄支行等营业网点20个,有职工484人。

年内,调整业务结构、优化客户结构,重点突出特色业务、优势产品发展,实现支行盈利能力提升。改革员工绩效考核机制,改进激励约束与资源配置方案,实施精细化特色管理,推进岗位优化设置,推行大堂、窗口限时服务,落实流程优化方案,推动网点服务效率和质量提高。加强风险管理,提升全员合规经营、守土有责的内控意识。加强队伍建设,进行基层副职公开竞聘和后备人才选拔工作;加强专业队伍培训、选拔与考核。

单位地址:东城区广渠门内大街47号雍贵中心A座1-4层

联系电话:87550606 邮政编码:100062 (李璇)

【业务管理】 加强业务分层管理,实现本外币存款较大增长。综合运用理财、代发薪、第三方存管等产品增加资金沉淀,重视数据库清单营销,挖掘存量客户潜力,带动个人客户金融资产增长。调整资产负债结构,扩大资产业务规模,拓展优质授信客户,坚持项目储备及工作进程管理,促进重点业务落实,实现资产业务增长。跟进分行创新产品,突出传统外汇业务优势,发挥营销队伍骨干作用,实现中间业务收入增长。 (李璇)

【经营管理】 建立项目储备督办长效机制,坚持网点负责人、业务部门客户经理项目储备一周一汇总,一月一汇报。建立网点特色发展项目。建立战略业务专项发展小组,细化明确工作职责及目标。开展业务竞赛,每日通报竞赛成果,推广经验做法。每周召开行长办公会,部署重点工作,每月检查员工知晓情况,保证有效传导。利用电子刊物《崇银快讯》,刊登业务简讯、交流业务经验、树立先进典型,搭建交流平台。 (李璇)

【绩效考核】 支行给员工分配利润指标,并与个人绩效挂钩;设立争先进位奖,奖励业绩突出、排名提升的网点、部门;

设立超额利润奖,奖励超额完成利润指标的网点、个人。完善条线营销队伍人员考核方案,降低保底、增加交叉营销积分,提升营销人员工作积极性。实现部门绩效挂靠网点,推动二线为一线、全行为客户服务模式。增加柜员业务量特别奖励,提高操作效率。增设员工综合绩效考核档案,实现员工绩效管理精细化。 (李璇)

【内控管理】 强化业务监督力度,加强对新业务及重点业务检查。开展新聘副职及后备干部风险教育讲座、营销队伍警示教育、新入行员工内控基础知识培训、复核经办人员再培训,树立合规经营理念。开展实景演绎—我身边的内控风险活动,提高一线人员风险识别和把控能力。 (李璇)

【金融服务】 年内,提出柜台限时服务工作措施,以示范网点为样板,制作示范服务实景视频。细化、明确员工热情服务要求和标准,强调微笑服务,优化客户服务体验。通报客户表扬、编发《光荣榜》,营造优质服务企业文化。落实网点岗位优化工作,精简经办、复核人数,提高经办核准比(经办人数/复核人数)及营销人员占比,增加网点人均业务量,实现网点服务效能、服务水平提升。 (李璇)

中国人民财产保险股份有限公司北京市东城支公司

【概况】 中国人民财产保险股份有限公司北京市东城支公司(简称人保东城支公司),是国有独资金融机构。主要业务范围为各类财产保险业务(包括机动车辆保险、企业家庭财产保险、各类责任保险、人身意外伤害保险等)。设车商业务部、非车业务部、代理业务部等6个部门,有员工86人。

年内,保险费收入4.41亿元,利润2387万元。

单位地址:东城区王家园胡同16号(阳光国际大厦)

联系电话:65548700　65548701　邮政编码:100027 (杨金凯)

【家庭财产保险进街道活动】 3月13日,人保财险东城支公司与人保寿险东城支公司,联合开展家庭财产保险产品进街道、进社区宣传活动。由保险公司专业人员将人保财险公司新开办的"京城人家"保险及人保寿险公司的政策性保险,集中向东城区所辖17个街道负责人进行宣讲。介绍常见造成家庭财产损失的风险,以及对这些风险的防控方法。讲解保险条款和办理保险程序,普及保险知识。家庭财产保险产品得到参会人员的关注与赞许。 (杨金凯)

【开办汽车延保责任保险】 适应市场需求,开办新的保险产品:汽车延长保修责任保险。保险条款规定,凡在保险期内车辆正常使用情况下出现延长保修期间保修范围内的故障,可由投保汽车经销商、4S店等修理单位负责修理,保险公司给予赔偿。东城支公司与一汽奥迪、一汽大众、东风雪铁龙、广汽丰田、东风日产等汽车经销商开展合作。 (杨金凯)

金融及保险机构负责人

中国工商银行股份有限公司北京东城支行
　行长兼党委书记　苗鸿祥
中国工商银行股份有限公司北京崇文支行
　行长兼党委书记　高　平
中国工商银行股份有限公司北京王府井支行
　行长兼党委书记　郭　俊
中国建设银行股份有限公司北京东四支行
　行长兼党总支书记　刘发猛
中国农业银行股份有限公司北京东城支行
　副行长(主持工作)兼党委副书记　朱学强
中国农业银行股份有限公司北京崇文支行
　行长兼党委书记　段宝峰
中国银行股份有限公司北京崇文支行
　行长兼党委书记　张　娅
中国人民财产保险股份有限公司北京市东城支公司
　总经理兼党支部书记　宋玉森

城 市 建 设

建 设 管 理

【概况】 东城区住房和城市建设委员会(东城区历史风貌保护办公室)(简称区住建委)是负责本区住房和城市建设行政管理及历史文化名城保护工作的区政府工作部门。主要职责为负责本区工程建设管理工作,负责区属重点工程项目建设的协调、调度和监管工作;负责建设工程招投标监督管理和工程施工许可初审工作;负责本区保障性住房建设的统计、督促及协调管理等。设办公室、监察科、法制信访科、工程建设管理科、重点工程协调办公室、招投标管理办公室、建筑市场管理科、行政审批科、施工安全管理科、历史文化名城保护科、组织人事科11个机构。有公务员46人,事业编制92人。

年内,区历史文化名城保护工作"三个十工程"(十项文物保护修缮工程、十项会馆保护利用工程、十大保护项目)完成26项。完成市老旧小区综合整治办对东城区下达的108.34万平方米的整治任务目标;银河SOHO中心、新世界酒店三期竣工。完成地铁8号线二期南段站点施工。朝阳豆各庄项目1号地部分住宅封顶。全年建设工程新开工建筑面积231.80万平方米,完成建设工程竣工验收备案总面积119.01万平方米,全年监督在施工程189项。获北京市保障性住房建设先进单位称号。在市住建委年度政风行风16区县测评中,排名第一。

单位地址:东城区花市枣苑10号

联系电话:67051079 邮政编码:100062 (解启明)

【党风廉政建设】 年内,召开党风廉政建设会,签订《廉洁自律承诺书》,修订党组议事规则,召开全区性专项工作会议及开展培训活动次数较上年减少50%,开展领导调查研究36次,征求各类意见建议42条,解决实际问题33个。(解启明)

【名城保护】 钟鼓楼广场恢复整治工程进入征收后期及广场建设阶段,天坛东里1-8号楼居民搬迁完成42%。启动陈独秀旧居、清华寺、协和胡同6号院等文物及历史建筑腾退修缮工作;完成花市清真寺、南豆芽清真寺修缮彩绘项目;建成全市首家胡同博物馆——史家胡同四合院博物馆;时间博物馆项目主体结构完工;完成玉河南区项目部分院落。完成《东城区历史文化名城保护模式创新与社会资本带动研究》课题研究,成立东城区历史文化名城保护基金和中信产业投资基金,并在钟鼓楼广场环境整治项目中投入运作。开展历史建筑调查,走访调查区域内1140余处历史建筑,对其中160处有代表性的详细记录;举办东城区老建筑照片展。(解启明)

【重点工程项目】 银河SOHO中心竣工验收;新世界酒店三期竣工,正式营业。区文化活动中心项目完成搬迁,开工建设;崇文门商业项目开工建设。王府井国际品牌中心项目立项;明城墙遗址公园东南角绿地恢复项目、北京人艺国际戏剧中心项目履行征收程序;国瑞项目进入招投标程序。地铁6、8号线站点织补用地项目授权进行开发,开展施工准备工作;前门工程西区推进建设及剩余地块开发,G6-B5工程地下部分完工,B7-2、3、4地块建设工程竣工;前门东区进行方案论证等,并列入棚户区改造项目。(解启明)

【保障房建设】 朝阳豆各庄项目1号地部分住宅封顶,项目3、4号地取得渠西地块规划意见书,进场进行开工准备。通州"两站一街"项目落实教育配套方案,进场做开工准备。收购定福家园A组团项目签订收购协议,完成地上物拆迁,并进场施工。完成收购北苑宾馆项目442套房源对接。定福庄地块签订协议及组建项目公司,取得区政府授权。进行焦化厂对接房项目土壤污染治理。(解启明)

【老旧小区综合整治】 完成市老旧小区综合整治办公室下达的108.34万平方米改造目标。完成区属直管楼房抗震加固90栋26.37万平方米,惠及居民4656户。天坛东里24栋老楼加固完工。节能改造方面完成111栋67.29万平方米。(解启明)

【工程质量安全监督】 全区在监工程189项,建筑面积313万平方米。开展监督执法巡查2900余项次,实施行政处罚20件,处罚金额61万元。对老旧小区综合整治、保障房建设重点民生工程、起重机械和深基坑作业重点领域开展专项执法检查,联合区相关部门对在施工程液化气使用情况开展排查。组织全区参建单位开展散装预拌砂浆应用相关政策及施工工艺培训,督促开展劳务用工管理专项检查,发现劳务用工隐患36项次,对违规行为及时纠正。(解启明)

【招投标监管】 办理招投标194项,建设规模177万平方米,合同金额36.39亿元,交易额比上年翻一番。建立区政府

投资小型工程施工监理名册库,并投入运行。完成通过政府投资小型工程名册库系统摇号6次。 (解启明)

【行政许可和管理事项办理】 全区建设工程新开工建筑面积231.80万平方米,比上年同期增长97.80%,创近3年来最高水平。投资合同价款48.03亿元,比上年同期增长27.20%。完成建设工程竣工验收备案总面积119.01万平方米,比上年同期减少24.40%。办理行政许可事项和行政管理事项1837件,全部在公开承诺时限内完成,实现零投诉。窗口服务时间调整为全天连续8小时对外办公,现场评议满意率100%。 (解启明)

【行政执法与信访排查调处】 对涉及的100项行政处罚自由裁量权进行逐项细化分解,规范行政执法程序;推进建设领域普法工作,对建设工程行政执法适用的法律、法规和规章归集整理,编辑成册,发放给建设、施工、监理等300余家单位,获市级法治文化单位建设示范点荣誉。全年受理群众来信、来访、来电5293件;办理人大建议、政协提案35件,代表、委员满意率、同意率100%。 (解启明)

【施工许可现场踏勘】 年内,进行现场踏勘104项,总面积172.27万平方米,其中新建工程17项面积18.70万平方米,装修工程87项面积153.57万平方米。 (解启明)

建设工程

公建工程

【概况】 年内,区住建委受理、初审及决定竣工验收备案的公建工程17项,投资21.44亿元,面积51.52万平方米。 (赵琳艳)

【东城区妇幼保健院门诊楼主楼等工程】 位于交道口南大街136号。门诊楼主楼建筑面积4586.62平方米,地下3层,地上2层,檐高6米;附属服务中心建筑面积72.64平方米,地上1层,檐高3.75米;车库建筑面积347.13平方米,地上1层,檐高4.255米;手术室及附属用房建筑面积439.92平方米,地上1层,檐高4.345米。框架结构,工程造价3122.66万元。1月6日办理备案手续,上年12月14日竣工,2009年8月15日开工。功能为二级甲等专科医疗机构。东城区卫生局建设,北京龙安华诚建筑设计有限公司设计,北京中关村开发建设股份有限公司施工,大展实业有限公司监理。 (赵琳艳)

【湖南大厦改扩建工程】 位于北京站街9号。改扩建办公、酒店、地下车库,建筑面积5.61万平方米,地上16层,檐高60.05米,地下5层,高度-16.67米;新建地下车库建筑面积5025平方米,地上1层,高度3米,地下3层,高度-16.67米。框架剪力墙结构,工程造价1.09亿元。1月3日办理备案手续,上年12月26日竣工,开工时间2009年11月9日。改扩建后,地上为酒店、办公用房、车库出入口,地下为人防、车库、设备用房及辅助用房。北京京鑫磊置业有限公司建设,中外建工程设计与顾问有限公司设计,二十三冶建设集团有限公司施工,北京鸿厦基建工程监理有限公司监理。 (赵琳艳)

【二十二中学改扩建工程】 位于交道口东大街77号,教学用房及地下车库建筑面积5134.89平方米,地下1层,高度-4.20米;教研图书楼建筑面积4977.81平方米,地上5层,檐高19.25米;教学楼、实验楼、行政办公楼装修改造面积8352.32平方米。框架结构,工程造价4238.91万元。1月8日办理备案手续,上年12月28日竣工,开工时间2010年7月25日。新建部分地下1层为自行车库和教学用房,地上为教研图书楼。东城区教育委员会建设,北京国科天创建筑设计院设计,鹏达建设集团有限公司施工,北京中景恒基工程管理有限公司监理。 (赵琳艳)

【四合院(N05-3商业、N01-2办公)工程】 位于地安门东大街两侧玉河北段。N05-3商业建筑面积1496.66平方米,地上1层,地下2层,檐高3.60米,地下高度-9.60米。框架结构,工程造价901.10万元。1月10日竣工,开工时间2010年11月29日。建成后地下为办公用房,地上为商业公建。北京东方康泰房地产开发经营有限责任公司建设,北京中天元工程设计有限责任公司设计,北京大龙建设集团有限公司施工,北京中外建工程管理有限公司监理。N01-2西部办公建筑面积8099.90平方米,地上1层,地下2层,檐高3.60米。框架结构,工程造价3807.09万元。2月27日竣工,开工时间2010年11月30日。建成后地下2层为车库和人防,地下1层为办公,地上为办公用房。N01-2东部办公建筑面积7609.50平方米,地上1-2层,地下2层,檐高5.78米,框架结构,工程造价3568.85万元。7月16日竣工,开工时间2010年11月31日。建成后地下2层为车库和人防,地下1层为办公,地上为办公用房。北京东方康泰房地产开发经营有限责任公司建设,北京中天元工程设计有限责任公司设计,北京城建集团有限责任公司施工,北京中外建工程管理有限公司监理。 (赵琳艳)

【崇外3号地东南角商业金融项目】 位于崇外3号地，建筑面积3.31万平方米，地下3层，地上4层，檐高18米，地下高度-15.60米。框架剪力墙结构，工程造价1.07亿元。1月15日竣工，开工时间2010年10月1日。建成后地下3层为机房、库房，地下2层为汽车库自行车库、机房和库房，地下1层及地上部分为商业。北京崇文·新世界房地产发展有限公司建设，中国电子工程设计院设计，北京市第三建筑工程有限公司施工，北京银建建设工程管理有限公司监理。

（赵琳艳）

【D8办公楼项目】 位于广渠门外南街，建筑面积4609.66平方米，地下1层，地上7层，檐高23米。框架结构，工程造价546万元。1月18日竣工，开工时间2007年12月10日。建成后地下为库房，地上为办公用房。北京鑫阳房地产开发有限公司建设，北京市建筑设计研究院有限公司设计，中国新兴保信建设总公司施工，北京方恒基业工程咨询有限公司监理。

（赵琳艳）

【普仁医院医技综合楼项目】 位于崇外大街100号，建筑面积7520.47平方米，地下2层，地上4层，檐高15米，地下高度-10.50米。框架结构，工程造价3530.88万元。2月6日竣工，开工时间2011年4月1日。建成后地下2层为停车场，地下1层及地上4层设直线加速器治疗室、放射科、体检中心、检验中心、病理科及科教中心等医疗用房。普仁医院建设，中国纺织工业设计院设计，北京建工四建工程建设有限公司施工，北京蔷薇工程监理有限责任公司监理。

（赵琳艳）

【弘善家园中学、小学工程】 位于朝阳区弘善家园小区，中学建筑面积1.12万平方米，地下2层，地上5层，檐高21.50米；小学教学楼建筑面积8533平方米，地下2层，地上4层，檐高17米；小学体育活动室建筑面积561平方米，地下2层，地上1层，檐高6.50米。框架结构，工程造价5037万元。3月6日竣工，开工时间2008年6月10日。建成后中学地下为人防和设备用房，地上为教学用房；小学教学楼地下为人防和设备用房，地上为教学用房，体育活动室地下为设备用房，地上为教学用房。北京正阳恒瑞置业公司建设，北京保利达工程设计有限责任公司设计，北京大龙建设集团有限公司施工，南京工苑建设监理咨询有限责任公司监理。

（赵琳艳）

【天海大厦工程】 位于东直门外南二里庄，建筑面积81589平方米，地下3层，地上28层，檐高85.80米。框架剪力墙结构，工程造价3.27亿元。3月26日竣工，开工时间2007年11月28日。建成后地下为停车场和设备用房，地上东侧1-28层为公寓式酒店及办公，西侧1-13层为会所及酒店。北京天海房地产开发有限公司建设，北京中京惠建筑设计有限责任公司设计，北京城建亚泰建设工程有限公司施工，北京中建恒基建设投资有限公司监理。

（赵琳艳）

【海关博物馆工程】 位于建内大街6号，建筑面积3.30万平方米，地下3层，地上5层，檐高18米，地下高度-5.77米。钢结构，工程造价2.60亿元。4月27日竣工，开工时间2010年4月4日。建成后地下为档案馆、地下车库、库房、设备机房、体能训练中心，地上主要功能为博物馆和办公区，北部首层为新闻发布厅，2层为宴会厅、贵宾厅。海关总署建设，九源（北京）国际建筑顾问有限公司设计，中国建筑第八工程局有限公司施工，北京双圆工程咨询监理有限公司监理。

（赵琳艳）

【综合停车楼工程】 位于工体西路，建筑面积6.33万平方米，地下2层，I段塔式，地上21层，檐高69.55米，Ⅱ段板式，地上16层，檐高53.40米。框架剪力墙结构，工程造价1.60亿元。5月28日竣工，开工时间2003年8月5日。建成后为综合用房。北京世纪中基房地产开发有限公司建设，北京市建筑设计研究院设计，北京百键开发建设有限公司施工，北京宏远工程建设管理有限责任公司监理。

（赵琳艳）

【安乐林路综合楼工程】 位于安乐林路，建筑面积1.45万平方米，地下3层，地上3-7层，檐高10.20米~24米，地下高度-15米。框架剪力墙结构，工程造价6518.59万元。6月26日竣工，开工时间2010年4月1日。建成后地下3层为酒店职工餐厅、厨房、后勤用房及设备用房，地下2层为办公楼职工餐厅、厨房及设备用房，地下1层为汽车库及自行车库，地上首层为酒店大堂、商业及办公大堂，2层为酒店餐厅及办公用房，3层为办公用房，4-7层为酒店客房。北京时代安泰置业有限公司建设，北京世纪安泰建筑工程设计有限公司设计，北京天润建设有限公司施工，北京赛瑞斯国际工程咨询有限公司监理。

（赵琳艳）

【翻建C1区商业房等4项工程】 位于东城区张自忠路路口东北、东南，建筑面积1.15万平方米，由4个区组成，分别为C1区、C2区、D1区、D2区。C1区建筑面积3029.95平方米，地下1层，地上2层，檐高9.98米；C2区建筑面积1487.07平方米，地上2层，檐高9.85米；D1区建筑面积4837.74平方米，地下1层，地上2层，檐高10米；D2区建筑面积2162.93平方米，地上2层，檐高9.85米。框架结构，工程造价1538.25万元。7月19日竣工，开工时间2009年2月15日。建成后为商业用房。北京东方信达资产经营总公司建设，北京城建设计研究总院有限责任公司设计，中天建设集团有限公司施工，北京宏远工程建设管理有限责任公司监理。

（赵琳艳）

【重要商品预测信息用房工程】 位于安外东后巷28号，建筑面积4759平方米，地下1层，地上4层，檐高18米，地下高度-5.80米。框架剪力墙结构，工程造价1455.92万元。7月19日竣工，开工时间2011年12月2日。建成后地下为库房及设备用房，地上为科研办公用房。商务部国际贸易经济合作研究院建设，北京凯帝克建筑设计有限公司设计，中航

天建设工程有限公司施工,北京宏远工程建设管理有限责任公司监理。 (赵琳艳)

【新世界家园三期西侧酒店等工程】 位于崇外1号地西侧,建筑面积9.15万平方米,地下3层,地上6－12层,檐高24.10米～45米,地下高度－18米。框架剪力墙结构,工程造价5.59亿元。9月10日竣工,开工时间2010年10月8日。建成后地下3层战时为人防,平时为地下停车库,地下2层为设备房、物业用房及停车库,首层为酒店大堂、餐厅、后勤用房及商业用房,2层为宴会厅、中餐厅、会议区及后勤厨房,3层为泳池、后勤、办公用房,4层至12层为酒店客房及办公用房。北京崇文·新世界房地产发展有限公司建设,中国建筑设计研究院设计,中建三局建设工程股份有限公司施工,北京银建建设工程管理有限公司监理。 (赵琳艳)

【国子监科技交流中心等工程】 位于国子监街乙28号,国子监街丁28号,方家胡同19、21号。国子监科技交流中心B楼超建部分建筑面积2344.01平方米,地下1层,高度－7.47米;国子监街南侧项目C、D楼超建部分建筑面积7819.80平方米,地下2层,地上3层,檐高14.90米,地下高度－11.35米;国子监街南侧项目F楼超建部分建筑面积8287.33平方米,地下2层,地上5层,檐高16.50米,地下高度－14.05米;国子监街南侧项目C、D楼改建工程建筑面积3834.70平方米,地上3层,檐高14.90米;国子监街南侧项目F楼改建工程建筑面积2043平方米,地上2层,檐高7.40米,其中大堂为地上1层,檐高14.25米。框架剪力墙结构,工程造价2500万元。9月25日竣工,开工时间2009年6月1日。建成后国子监科技交流中心B楼超建部分为自行车库、设备用房及附属用房;C、D楼改建及超建部分为办公、研发、画室、展厅用房;F楼改建及超建部分为产品研发、单身宿舍等配套用房。富地长泰酒店投资管理有限公司建设,中国电子工程设计院设计,北京市朝阳田华建筑集团公司施工,山东富尔工程咨询管理有限公司监理。 (赵琳艳)

【办公楼改扩建工程】 位于安定门西滨河路25号,建筑面积3.14万平方米,地下4层。东侧神华大厦地上20层,檐高75.92米;西侧办公楼南面9层,檐高33.47米;北面8层,檐高29.87米;架空连廊在4层,檐高15.52米。框架剪力墙结构,工程造价2.55亿元。11月22日竣工,开工时间2007年5月24日。工程西侧办公楼翻扩建,东侧神华大厦改扩建,地下为停车库,地上为办公用房。中国神华能源股份有限公司、神华集团有限责任公司建设,中国建筑设计研究院设计,北京住总集团有限责任公司施工,北京远达国际工程管理有限公司监理。 (赵琳艳)

住宅工程

【概况】 年内,区住建委受理、初审及决定竣工验收备案的住宅工程3项,全部为商品房项目,面积6.75万平方米,投资1.45亿元。 (赵琳艳)

【牡丹园改扩建2号楼工程】 位于北河沿大街77号,建筑面积1.51万平方米,地下1层,地上8层,檐高33.80米。框架剪力墙结构,工程造价3528万元。1月5日办理备案手续,上年12月28日竣工,开工时间2010年10月25日。工程为改造装修,建筑使用性质和原楼房相同,改造后地下1层为设备用房,首层为门厅、公共用房,局部有夹层,为公寓用房,2－8层为平层,公寓用房。北京凯德新铭房地产开发有限公司建设,清华大学建筑设计研究院设计,北京城建五建设工程有限公司施工,中咨工程建设监理公司监理。 (赵琳艳)

【新景家园一区2#住宅楼工程】 位于崇外5号地,建筑面积2.62万平方米,地下2层,地上9层,檐高29.90米。框架剪力墙结构,工程造价7568.97万元。3月2日竣工,开工时间2010年3月2日。建成后地下2层为库房,地下1层为自行车库,首层为商业用房,2层及以上为住宅。北京崇文·新世界房地产发展有限公司建设,中国建筑设计研究院设计,北京万兴建筑集团有限公司施工,南京工苑建设监理咨询有限责任公司监理。 (赵琳艳)

【忠实里小区3号住宅楼工程】 位于忠实里小区,建筑面积2.62万平方米,地下2层,地上22层,檐高64.50米,地下高度－7.23米。全现浇钢筋砼剪力墙结构,工程造价3437.75万元。11月15日竣工,开工时间2011年8月7日。建成后地下为人防、自行车库、设备用房,地上为住宅。北京国瑞兴业地产股份有限公司建设,北京市工业设计研究院设计,北京大龙建设集团有限公司施工,建研凯勃建设工程咨询有限公司监理。 (赵琳艳)

市政工程

【概况】 年内,刘家窑路落实安置房完成征收测算;正义路南延道路南段完成搬迁,落实道路北段安置房;革新南路进入征收程序;地兴居路完成总工作量的40%;体育馆西路北段、法华寺路、夕照寺中街、长青南路等有序推进。地铁8号线二期南段站点施工完成,开通运营;地铁8号线三期各站点设计方案完成;地铁7号线启动珠市口站征收及广渠门内站协议搬迁;地铁14号线陶然桥站红线范围内完成搬迁119户,剩余23户,红线外剩余36户,列入新增棚户区改造项目。 (解启明)

危旧房改造

【概况】 东城区危旧房改造办公室(简称区危改办)是负责辖区危旧房改造管理的区政府派出机构。设综合管理科、项目管理科、配套管理科、人口疏解科,综合管理科(挂监察科牌子)。行政编制12人。

年内,推进棚户区改造,筹建工作机构,明确工作内容,制定工作方案。开展人口疏解前瞻性研究,编制《东城区十二五时期人口疏解专项规划》《东城区人口疏解工作实施方案》,建立人口疏解工作动态管理数据库。分类协调指导危改遗留项目进展,协调解决广外南街社区配套设施遗留问题,建立维护危改项目配套设施数据库。落实信访代理和"三访"(即信访、上访、电话访)工作。

单位地址:东城区幸福大街32号

联系电话:67189724 邮政编码:100061 (张高刚)

【危改项目】 年内,西革新里项目回迁区居民全部搬迁,回迁楼进入建设程序。祈西项目一号地范围内67户居民全部搬迁,人民大会堂管理处华堂服务中心与项目主体国瑞公司签订搬迁平移安置协议。 (张高刚)

地区建设管理

王府井地区建设管理

【概况】 1989年,成立北京市东城区王府井地区商业管理委员会,隶属东城区,负责王府井商业企业的监督、检查和管理。1994年,成立王府井地区开发建设办公室,隶属市政府,统一调度王府井地区开发建设工作。1997年12月,市政府将王府井开发办交由东城区管理。1999年2月,更名为王府井地区建设管理办公室(简称王府井建管办),增加管理职能,东城区王府井地区商业管理委员会并入,为全额拨款事业单位。主要职责是研究制定王府井商业区建设管理和发展的有关规划、规定和措施并组织实施;协调工商、公安、交通等部门对王府井商业区实施综合管理;优化王府井商业区经济发展环境,整合商业区各类资源,统计分析运营指标,促进经济发展;会同有关部门办理王府井商业区市政基础设施建设立项、可行性报告、方案设计、开工建设事宜;会同有关部门审定王府井商业区户外各项活动等。设行政办公室、组织人事部、商业发展部、综合管理部、项目工程部。有工作人员41人。

年内,实施品牌升级战略,以文化引领商业繁荣,吸引品牌入驻;推进市政基础设施和项目建设,做好地铁8号线三期施工前各项协调服务;落实拆除违法建设,加强综合管理,不断提升商业街区服务水平。春节期间,举办第五届金街过大年活动,王府井地区实现销售额2.11亿元,同比增长13.01%。8月,在王府井步行街举行新疆哈密·精品哈密瓜进京仪式,正宗新疆哈密生产的4000万斤哈密瓜进入北京市场。

单位地址:东城区柏树胡同40号

联系电话:65129999 邮政编码:100006 (武曼)

【王府井健步行活动】 4月25日在奥林匹克森林公园举办。由王府井建管办主办,136名选手参加,包括王府井地区"金十字"范围内47家企业高管人员,区商务委、行政服务中心等政府机关以及王府井地区12家职能管理部门主要负责人。 (武曼)

【拆除违法建设】 5月至6月,王府井地区拆除违法建设7处947平方米,包括东方人家大酒楼2处、新中国儿童商店1处、利生商厦门前商亭1处、文晟宾馆1处、文苑宾馆1处、利生商厦三星展台违建1处。6月中旬,通过区拆除违法建设督导组检查验收,完成区严厉打击违法用地、违法建设专项行动工作台账第一批销账工作。 (武曼)

【王府井雷达表旗舰店开业】 6月7日,瑞士雷达表北京华瑞钟表王府井旗舰店开业。该店共3层,经营面积140平方米,是雷达表在中国最大的旗舰店。 (武曼)

【品牌讲堂】 6月27日,第一期王府井品牌讲堂邀请北京财贸职业学院院长,为王府井地区商家单位讲授"品牌战略与管理"。9月29日,第二期王府井品牌讲堂邀请香港周生生集团策划总经理讲授"国际品牌运营管理与服务"。12月26日,第三期王府井品牌讲堂邀请北京首创奥特莱斯创始人讲授"创新品牌迎接网络变局"。

(武曼)

【红旗汽车展馆落户金宝街】 7月,金宝街红旗展馆开馆,是全国9家首批开门营业的红旗城市展厅之一。展览分展厅区和维修保养区,其中展厅区四分之三面积用于展示面向个人消费者发售的红旗H7高档轿车。顶级旗舰阅兵车L系列,只展示不发售。 (武曼)

【王府井消夏购物季】 7月27日至8月25日在步行街举办。活动以“消夏王府井 欢乐缤纷购”为主题,参与促销推广的知名品牌、厂家100个,有近万品种商品。北京电视台、北京日报等13家电视台、电台、报纸及网络媒体参与报道。 (武曼)

【世界旅游城市联合会巡展】 9月10~13日在王府井步行街举办。伦敦、巴塞罗那、北京、天津等国际、国内51个城市参展,通过现场推介、文艺演出、3D立体互动、特色服饰及吉祥物展示等,展示各自城市的文化与魅力。12日举办城市推介活动,中外城市市长、副市长30人出席。 (武曼)

【王府井时尚生活SHOW】 9月21~27日在步行街举办。由王府井地区建管办和时尚传媒集团联合主办。活动以时尚生活为主题,包括NE·TIGER等4家国内高端成衣定制品牌高水准服装秀、“时代映像·中国服装艺术1993—2012”时装作品艺术展及“中粮长城天赋艺术之旅”时尚红酒展等活动版块,为商业品牌传播、交流、合作搭建高端平台。王府井建管办与时尚传媒集团签署为期3年的战略合作伙伴协议。 (武曼)

【商业老街保护与发展研讨】 11月3日,在清华大学经管学院举行第九届中国零售论坛暨中国商业老街保护与发展研讨会。王府井建管办领导参加并作《王府井历史文化的保护与发展》主题演讲。从王府井历史和特色、保护和发展等方面讲述王府井商业步行街文化价值和经济价值,阐释和探索未来发展和繁荣新模式。 (武曼)

【路易威登精品概念店升级重张】 11月28日,法国高端奢侈品品牌路易威登北京王府半岛酒店精品概念店升级重张。店铺经营面积由原有一层200余平方米,扩展至三层700余平方米,其中一、二两层为女士精品区,地下一层为男士精品区。升级重张标志路易威登品牌在中国拓展升级。 (武曼)

【鞋履品牌斯图尔特·韦茨曼开业】 11月29日,来自纽约好莱坞名人御用鞋履品牌Stuart Weitzman(斯图尔特·韦茨曼)落户东方新天地,举行开业典礼。该店是全球最大旗舰店。 (武曼)

【华尔道夫酒店开业】 11月30日,位于王府井大街金鱼胡同的北京华尔道夫酒店开业。酒店是中粮集团携手希尔顿集团引进的国际顶尖酒店项目,是继上海外滩项目后中国第二家,总建筑面积4.42万平米,停车位113个。业态布局包括酒店主楼部分171间豪华客房和附属公共区域,含会议、餐厅、SPA、娱乐健身等;四合院部分有2个套院、5间豪华套客房;地下一层部分设总统套院专属配套服务区。王府井建管办在项目建设中,多次协调项目施工与周边单位及周边居民关系,并为项目施工作业提供施工渣土、堆物堆料、临时用电等支持。 (武曼)

【法国蓝色圣诞树亮灯】 12月5日,在王府井百货大楼门前广场举行法国标致品牌蓝色圣诞树亮灯仪式。法国总理让·马克·埃罗(Jean-Marc Ayrault)、法国驻华大使白林(Sylvie Bermann)、标致雪铁龙集团亚洲区商务部总监、东风标致公关部主任等一同点亮圣诞树。 (武曼)

东二环建设管理

【概况】 东城区东二环交通商务区建设管理办公室(简称商务区建管办)2004年3月15日成立,全额拨款事业单位。主要职责为承担入驻企业服务、协调和中长期规划编制等工作。设行政管理部、规划发展部、商务信息部和协调服务部。有工作人员18人。

年内,坚持服务工作主线,推进东二环商务区新兴产业园规划,促进东二环高端服务业发展带(简称发展带)发展。经济运行持续增长,招商工作取得成效。发展带实现总税收191.31亿元,同比增长5.76%;实现区级收入36.36亿元,比上年同期增长7.70%。其中高端服务业实现区级收入24.26亿元,占发展带区级收入总额的66.65%,同比增长0.12%;金融、信息、商务服务、房地产、批发零售和住宿餐饮6大主要行业实现区级收入占总收入的97.39%。发展带内中青旅荣获中国上市企业TOP10评选活动最具创新精神上市企业十强。发展带在第二届京交会上获首批北京市总部经济集聚区、北京市商务服务业集聚区称号。

单位地址:东城区东扬威街11号

联系电话:84063473 邮政编码:100007 (尹兰英)

【企业家研讨会】 1月22日,由区政府和东二环企业家联谊会主办,商务区建管办承办的“美丽东二环——第五届东二环企业家研讨会”召开。中国国际贸易促进委员会副会长王锦珍、经济信息部副部长贾槐、副区长许汇及专家学者、外方机构代表和东二环企业家联谊会成员单位代表70人参加。研讨会围绕产业升级与区域可持续发展主题,采取对话形式展开互动交流。活动结束后,王锦珍和许汇向万科企业公司执行总裁、北京万科总经理和中国石油天然气集团公司总经理助理颁发特别奉献奖,表彰为商务区10年发展做出特殊贡献的企业家。 (尹兰英)

【中海油收购尼克森】 2月26日,入驻发展带的中国海洋石油有限公司完成收购加拿大尼克森公司交易。收购尼克森普通股和优先股总对价151亿美元。这是中国企业完成的最大一笔海外并购。 (尹兰英)

【银河SOHO楼宇经济工作站建设】 银河SOHO是集商业、

办公于一身的特大型综合性商务楼宇。建管办与所在区域街道和政府有关职能部门配合,提出并建设楼宇经济服务工作站。工作站设在SOHO地下二层,办公面积80平方米,3月6日投入使用。工作站实行现场窗口综合服务方式,为入驻企业提供相关政策咨询和前置引导服务,服务方式便捷、高效。全年,实现工商、税务、统计在东城的企业有160家。

(尹兰英)

【市商务委领导调研】 5月10日,市商务委副主任申金升一行4人调研东城区和东二环总部发展情况,副区长陈之常陪同调研。商务区建管办和区商务委负责人汇报发展带总部企业发展情况和东城区总部经济集聚区申报工作;市商务委总部经济发展处处长介绍全市总部经济发展情况;与会人员座谈交流。申金升指出:东二环应加大对民营企业总部的吸引力度;发挥央企总部集中的优势,探索建立市区联动、服务央企的工作机制;扩大区域内商务服务业运行监测范围,加强公共服务体系建设;营造与总部企业发展相匹配的高端商务配套设施和环境。陈之常表示将不断拓宽工作思路,整合区域政策,吸引更多总部企业落户。 (尹兰英)

【优化发展环境研讨会】 5月15日,组织召开发展带优化发展环境研讨会,北京大学环境学院教授和东直门街道、北新桥街道、东四街道、朝阳门街道、建国门街道、东花市街道、北京站地区管理处以及南新仓商贸有限公司负责人参加。与会各单位对区域内建筑功能合理化再利用、人群消费引导与提升等提出建议。专家对区域内需有机更新的重点地段空间优化与活化提出对策意见。 (尹兰英)

【重点企业青年联谊会】 6月15日和10月19日,主办以“炫动青春 活力东二环”为主题的第四届和第五届青年联谊会活动。中国五矿集团、中国海洋石油总公司、中国石化北京石油、中青旅、中国人保财险北京分公司、中国移动北京公司、首开集团、北京居然之家、英大国际信托等多家交通商务区重点企业青年白领和商务部、外交人员服务局年轻党员参加联谊活动。活动安排参观国子监、孔庙和户外联谊及竞技游戏。

(尹兰英)

【超越梦想银河SOHO高层论坛】 6月26日,超越梦想银河SOHO高层论坛召开,冯熙等区领导和SOHO中国有限公司董事长潘石屹参加。许汇介绍区政府银河SOHO项目建设和招商工作。潘石屹介绍银河SOHO项目特色和建筑理念。专家学者、驻区企业代表讨论银河SOHO项目发展规划。区人大代表、区政协委员、区有关职能部门负责人参加对话会。

(尹兰英)

【区领导调研重点企业】 7月11日,区领导杨柳荫等率区有关部门负责人,调研走访中国石油天然气集团。8月6日、9日,区领导杨柳荫、毛炯、许汇走访中国银行北京分行、北京居然之家集团,实地查看东二环商务区新兴产业园项目情况。杨柳荫围绕文化、商业和教育等方面介绍东城区和东二环高端服务业发展带特点,感谢企业对东城区各项事业发展的贡献,表示将集全区之力,做好企业服务保障工作。9月29日,副区长许汇到中国人保财险北京市分公司调研。双方表示将进一步发挥各自优势,在金融、民生、服务业等领域创新合作模式,拓展合作领域,促进共同发展,实现互利共赢。10月31日,区领导牛青山、许汇率相关职能部门负责人,走访中国移动北京公司。牛青山介绍东城区各项环境建设情况,感谢公司对东城区信息化建设作出的保障。公司领导提出需政府协调解决建设基站和交易平台等具体事项。牛青山当即要求各相关部门做好落实工作,商务区建管办牵头制定政府与公司合作框架协议,责任落实到具体部门和责任人。12月3日,区领导杨柳荫等率相关职能部门负责人,再次走访中国移动北京公司。座谈中企业提出节点机房建设、地铁信号覆盖等方面具体需求。杨柳荫表示区委、区政府将竭诚为企业发展助力,解决实际困难,实现企业与政府共创、共赢。 (尹兰英)

【党风廉政建设】 11月14日,特邀监察员和党风廉政监督员(简称“两员”)邀请商务区20余家企业负责人,对商务区建管办年度党风廉政建设工作、服务团队执行廉政规定以及服务企业效果进行座谈并测评。“两员”对党风廉政建设责任制落实给予肯定。12月4日,副区长许汇率区党风廉政建设责任制领导小组检查组人员,检查商务区建管办贯彻落实党风廉政建设责任制、推进惩防体系建设情况。对建管办的队伍建设和制度建设,以及发挥廉政促勤政作用给予肯定,并且提出新要求。 (尹兰英)

【区领导与企业家恳谈会】 12月20日,东二环企业家联谊会同商务区建管办组织召开区领导和东二环企业家联谊会成员单位恳谈会。区领导杨柳荫等率相关职能部门负责人,发展带内25家重点企业负责人出席会议。恳谈会使政府了解企业在经营发展中遇到的实际问题,提供更具针对性的服务保障;使企业了解东城区发展目标、产业定位,共享区域优质资源,加大企业之间互通交流力度。 (尹兰英)

【规划落实】 调查《东二环高端服务业发展带专项规划》任务目标现状,明确北京站西侧北地块内各组成部分用地性质、容积率、建筑高度和绿化率等指标,并提出概念性设想。编制完成《东城区“十二五”期间东二环新兴产业金融功能区发展及绿色金融中心建设规划》中期评估报告。推进落实《东二环高端服务业发展带配套服务设施需求调研》。

(尹兰英)

【发展带经济监测】 年内,发展带224家重点企业和65座重点楼宇纳入经济监测范围。协调工商、税务等部门召开经济形势分析会,了解发展带经济情况。制定6大项13条工作措施。包括抓好新增税源,加大对存量企业服务,深挖存量楼宇资源,抓住印花税、房产税2个有潜力税种组织征收,做好对重点楼宇和重点税源经济数据监测分析等。

(尹兰英)

【议案办理】 年内,接到1件主办建议案和1件协办建议案,及时与委员和主办单位联系、沟通,并办结。 (尹兰英)

前门大街建设管理

【概况】 北京市前门大街管理委员会(简称前门管委会)2009年9月30日成立。是负责前门商业区综合管理和促进地区经济发展,为驻区中央单位、市属单位、驻区部队和区域内企事业单位服务的区政府派出机构。设办公室、综合管理科、产业规划科。公务员编制12人,事业编制20人。

年内,前门商业区接待游客5000万人次,日均客流量14万人次,全年销售收入9.40亿元。管委会注重党风廉政建设,开展廉政防控管理,制定相关管理制度,认真履行中央八项规定。

单位地址:东城区珠市口东大街19号

联系电话:67018526 邮政编码:100051 (邓晔)

【地下停车场一期工程启用】 1月18日,前门历史文化展示区地下停车场一期工程启用。位于鲜鱼口老字号美食街、大江胡同台湾文化商务区地下二层,面积4万平方米、466个车位,设有17部电梯,28个步梯,4个公共卫生间。停车场具有规模最大、通透舒适、智能科技、地上地下充分融合等特点。 (邓晔)

【成立专业化运营公司】 年初,成立由天街集团、北京盈石资产管理公司、兴隆公司共同组建的前门地区统一经营的专业化运营机构——北京天街盈石商业管理有限公司,负责前门商业区的招商运营管理,实现招商运营工作专业化和市场化。 (邓晔)

【综合管理】 落实东城区网格化管理工作要求,将前门商业区划分为严管区、防控区、门责区和外围区4个区域,并制定不同管理办法。1月,纳入城管监督中心网格化管理平台,制定相关管理制度,建立快速处理机制,明确权属,落实责任。在年度考核中获得100分。强化每日巡街和日常检查,落实基层平安创建工作。保障环境卫生,落实门前责任,搞好环境建设。 (邓晔)

【成立招商工作领导小组】 4月,成立前门商业区招商工作领导小组,负责对前门商业区招商工作进行统一指导和统筹管理,初步形成招商准入审批工作周例会制度、招商工作情况总结月报制度。年内,招商工作领导小组召开会议10次,对45家意向商户进行审查,准入商户29家。 (邓晔)

【台湾文化商务区品质提升】 年内,经调研走访台湾文化商务区30家驻区商户,会同天街控股集团召开业态提升计划和营销方案研讨会,确定调整提升方案。出台台湾文化商务区《环境提升方案》《基础设施维修维护方案》《商户扶持政策方案》《商户换签工作方案》《经营方案》《营销推广方案》,并监督天街集团落实。8月,对商务区相关情况进行综合整理,形成《关于台湾文化商务区工作进展情况的报告》,向市台办和区领导专题汇报。年内,完成商务区环境提升和基础设施设备维修工作,落实商户优惠扶持政策,传奇电影沙龙、花家怡园、广誉远京台国医馆等知名企业完成签约,初步实现台湾特色文化商业聚集。 (邓晔)

【前门历史文化节】 8月7~25日,第四届前门历史文化节在前门大街举行。活动经费由原来的财政拨款改为资金自筹。通过举办天街亮宝会、中轴诗会、前门购物季、台湾夜市、《前门人家》话剧演出等活动,展示前门历史文化底蕴和前门地区修缮保护成果,推动产业转型升级。通过活动,将文化、商业、旅游有机融合,吸引众多商家和游客参与,拉动区域消费,塑造前门历史文化节的品牌形象。 (邓晔)

【宣传推介活动】 8月至10月,举办东城区老建筑图片展、老北京春节民俗文化展、中轴文化展。完成京交会、京港洽谈会、京澳洽谈会、驻京中外知名企业投资东城行等宣传推介活动及文博会参展工作。中央电视台、北京电视台、人民日报、北京日报、文汇报、北京青年报、人民网、千龙网等50多家主流媒体进行报道,专题报道100余次,网络媒体报道500余篇。 (邓晔)

【前门西区项目】 广和剧场(B5地块)地下主体结构完成验收。B14地块与终端用户皇城会签订租赁合同书,取得地下工程建设工程规划许可证延期手续。取得B15地块地下工程建设工程规划许可证延期手续。完成B16地块地下报规图纸。 (邓晔)

【十项会馆保护利用工程】 完成台湾会馆、云间会馆、晋翼会馆整体修缮并投入使用;完成颜料会馆、贵州会馆、吉州会馆、南安会馆修缮工程;粤东会馆除1户居民未搬迁外,大部分建筑修缮完成;完成安徽旌德会馆修缮工程主体施工。 (邓晔)

【文物保护成果】 经勘察、核实建筑位置、风貌、历史及现状,前门地区6处建筑被新认定为普查级文物,包括新潮胡同6号、新潮胡同20号、小江胡同1号、大江胡同32号、长巷二条2号和长巷三条1号。 (邓晔)

【完成"十二五"规划中期评估】 按照东城区"十二五"规划折子工程责任分工,自评主要目标完成情况,《东城区国民经济与社会发展第十二个五年规划纲要前门大街管委会部分自评报告》和《东城区"十二五"期间前门历史文化发展区建设发展规划实施中期评估报告》通过审批。召开《鲜鱼口历史文化街区草厂地段保护、整治、更新可行性研究(纲要)》研讨会,确定草厂地区保护整治总体思路。 (邓晔)

【前门商业区商业转型升级方案】 编写完成《前门商业区商业转型升级方案》并经区政府常务会审核通过，确定前门商业区现阶段商业发展目标为“文化体验式消费街区”，发展方向为“文化型旅游、体验式消费、定制式服务、多维度发展”，把前门商业区划分为北部文化旅游体验区、中部文化创意体验区和南部城市生活体验区。 （邓晔）

【接待交流】 年内，接待参观团队39批次660人次。其中国家部委系统60人次、市级系统40人次、区级系统70人次、外事代表团65人次。 （邓晔）

龙潭湖体育产业园

【概况】 东城区龙潭湖体育产业园建设发展办公室（简称园区办）是区政府特设临时机构，主要职能是统筹协调龙潭湖体育产业园规划建设发展工作。

年内，体育产业园西部控规动态维护成果通过审定，增加建设用地指标15.75万平方米，13户搬迁滞留问题基本解决，双玉中街地块基本完成收储。设立集中办公区，入驻企业累计注册资本金达15亿元。区国民体质测定与运动健身指导中心取得规划意见书。办复政协委员提案1件，协办2件。

单位地址：东城区左安门内大街19号

联系电话：67074575 邮政编码：100061 （姜鸣）

【成立园区领导小组】 3月20日，召开推进体育产业园区建设现场办公会，成立龙潭湖体育产业园建设发展领导小组。区长牛青山等领导及有关单位主要负责人参加会议。 （姜鸣）

【萨马兰奇铜像落成】 4月20日，萨马兰奇铜像落成仪式在龙潭湖体育产业园区举行。国际奥委会执委、西班牙体育国务秘书、西班牙驻华大使、世界冰上运动联合会主席等国际友人以及萨马兰奇体育发展基金会副理事单位中国邮政、首旅集团领导及运动员代表出席。 （姜鸣）

【友好往来】 12月10日，副区长许汇会见世界体育总会主席委泽，希望世界体育总会将亚太地区总部落户东城。委泽对东城区在设立区域总部上给予的配合表示感谢，表示建立与东城区长期合作关系，利用下年举办世界体育大会的时机，宣传推介东城区，为东城区企业走向世界搭建平台。 （姜鸣）

【完成1+8规划】 1+8规划，即产业园中长期发展规划加控制性详细规划、产业规划、基础设施规划、交通及地下空间规划、用地规划、城市设计规划、生态保护规划、生态保护规划等8个子规划。年内完成。 （姜鸣）

【园区控规通过审定】 龙潭湖体育产业园西部地区控制性详细规划方案编制工作通过市规委审定。该方案总建筑规模为84.80万平方米，比北京市区中心地区控制性详细规划（1999年）增加建设规模15.75万平方米。 （姜鸣）

【13户滞留居民迁出“城中村”】 四块玉地区“城中村”环境整治工程滞留13户搬迁居民达7年，产业园建设发展领导小组决定由园区办牵头解决。副区长许汇多次到园区调研、协调，推进工作。园区办筹集资金，调剂房源，抽调工作人员11名，组织开展滞留户搬迁工作。年底前，13户滞留居民全部搬出“城中村”。 （姜鸣）

【中心项目取得规划意见书】 东城区国民体质测定与运动健身指导中心项目位于东城区百果园15号，规划用地面积1.49公顷，建设面积4.50万平米，其中地上建筑面积2.40万平方米、地下建筑面积2.10万平方米。功能为体质测定与运动健身指导、残疾人关爱、体育运动科技研究、健身项目和全民健身推广展示等。年内，取得规划意见书。 （姜鸣）

【设立集中办公区】 年内，设立体育科技融合特色功能区和国际体育组织特色功能区，吸引20家企业入驻，累计注册资本金15亿元，其中包括北京隆润体育产业基金管理有限公司、中保财富等企业，以及萨马兰奇体育发展基金会、国际举联总部（北京）等体育组织。 （姜鸣）

规划管理

【概况】 北京市规划委员会东城分局（简称东城规划分局）是北京市规划委员会派出机构，主要职能是在市规划委领导下，依法负责本行政区域的规划编制、规划管理和规划监督工作。内设办公室、综合业务科、规划科、建设用地管理科、建设工程管理科、市政交通工程管理科、法制科、纪检监察科、规划监察执法队。下属事业单位有北京市东城区规划信息中心、北京市崇明规划信息服务中心。有行政编制30人、行政执法专项编制11人、事业编制11人、工勤人员2人。

年内，受理各类申请454件，核发各类建设项目规划许可和行政服务事项421件,批准同意306件、其中90%为私房项目。1月28日,东城规划分局被市规划委评为上年度优秀分局。7月至12月,在市规划委统一部署下,开展党的群众路线教育实践活动。

单位地址:东城区和平里五区甲19号楼

联系电话:84225641　邮政编码:100013　(周志雄)

【规划编制】 1月18日,《东四南历史文化保护区保护规划》通过专家评审。5月30日,完成《东城区国民经济和社会发展第十二个五年规划纲要》中职责涉及部分及《东城区"十二五"时期地下空间开发利用规划》中期评估。8月30日,完成《东四南历史文化保护区保护规划》,并纳入区"十二五"规划纲要。编制完成全区18.5片历史文化街区保护规划。11月12日,完成区规划实施评估,评估成果分为总体情况、重大问题分析及有关建议三部分。(周志雄)

【法规宣传】 2月4日,将本年确定为法规学习年,全年学习《宪法》等13部法律法规。4月15日,会同区监察局、区人保局向全区转发《规划违法违纪行为处分办法》。5月17日,向区教育系统宣讲相关规划法规、申报程序等内容。8月,开展测绘法宣传日活动,开展"12.4"法制宣传活动。(周志雄)

【重点工程】 2月6日,完成普仁医院新建医技综合楼项目规划验收,总建筑面积7520.47平方米。2月7日,办理西革新里危改项目回迁区建设用地规划许可证。4月,梳理区16个列入年度整治工作计划的棚户区改造项目。5月9日,核发安和菜市场改扩建项目建设工程规划许可证,总建筑面积9774平方米。9月26日,完成西革新里危改回迁区规划审批手续,总建筑面积21.10万平方米。9月26日至10月25日,完成第一人民医院迁建用地选址控规调整公示。9月27日,核发前门大街及东片保护整治项目B16地块地下商业及110千伏变电站新建工程建设工程规划许可证。10月16日,完成南锣鼓巷社区服务用房(含地下车库)规划手续,总建设规模2930平方米。(周志雄)

【改进工作作风】 2月7日,建立局领导联系街道办事处制度。9月6日,区行政服务中心对外窗口办公时间调整为9:00－17:00,取消午间休息,采取双岗制确保办公时间不空岗。11月,开展会员卡专项清退活动,全局55名干部职工签订会员卡零持有报告。(周志雄)

【信息化建设】 3月22日,完成钟鼓楼及周边地区建筑数据库建设,建筑范围南起鼓楼西大街,北至豆腐池胡同,西至旧鼓楼大街,东至草厂北巷,记录钟鼓楼周边现状。6月6日,数字东城地理空间框架建设项目通过竣工验收。9月16日,完成东四南地区旧城保护三维管理系统建设。(周志雄)

【对外交流】 3月31日,与西城规划分局座谈,就窗口接待咨询、私房翻建受理、核发,旧城内文物保护范围内城镇居民建房接待咨询、受理、校核制证等进行探讨。5月31日,与乌鲁木齐市规划局4名挂职锻炼干部交流历史文化名城保护和中心城区控制性详细规划制定问题。(周志雄)

【名城保护】 7月23日,与市规划委详规处共同启动景山8片及东四三条至八条历史文化街区规划实施评估工作。10月,市政府批复北京外城东南角楼修复工程方案,工程位于南护城河东南角转弯处,占地面积870平方米,建筑面积1160平方米,建筑最高点14.40米。10月,完成鲜鱼口及南锣鼓巷历史文化街区规划实施评估。(周志雄)

【规划审批】 年内,审批规划许可事项198件,其中建设用地规划许可证4件,建设用地面积13.26万平方米;建设工程规划许可证186件,建筑面积27.43万平方米;市政工程规划许可证8件,总长度4741.50米。(周志雄)

【规划监督】 完成建设工程竣工验收73件,建筑面积21.37万平方米;建设工程规划验线2件,建筑面积1.03万平方米。(周志雄)

【公共服务】 核发规划条件12件,建筑面积2.55万平方米;规划意见复函7件,建筑面积44.38万平方米;建筑物名称变更1件;建筑物名称核准1件;延期12件。(周志雄)

【查处违法建设】 查处各类违法建设168处6236.39平方米;行政处罚违法建设5件,处罚建设面积3.14万平方米,罚款金额335.61万元;快速回复区城管大队案件协查函436件,建筑面积2.60万平方米。

(周志雄)

国土资源管理

【概况】 北京市国土资源局东城分局(简称市国土局东城分局),是市国土资源局负责该行政区域内土地与矿产资源行政管理的派出机构。设办公室、综合科、地籍科、国土资源利用科、重点工程科、财务科、政工科、执法监察科和纪检监察科。行政编制40人,工勤编制8人。下设北京市土地整理储备中心东城区分中心、东城区土地权属登记事务中心、东城区土地利用事务中心3个事业单位,编制40人。

年内,国土资源节约集约工作,被国土资源部授予国土资源节约集约模范县(市)。宗地统一编码工作,被北京市列为首批全国宗地统一编码工作试点区县。开展3次矛盾纠纷排查,受理信访诉求55件、"12345"北京市非紧急救助服务平台诉求12件,全部在时限内答复。在党的群众路线教育实践活动中,发征求意见函40件,召开座谈会5次,收集意见建议120余条。

单位地址:东城区东直门内大街3号
联系电话:84061496 邮政编码:100007 (谢伟 薛守娥)

【土地储备开发】 2月,东花市三期北侧遗留地块上市,完成供地3.57公顷,实现政府收益6.04亿元。完成青龙胡同"城中村"项目交接入库、入市要件办理以及成本审定工作。开展全区"城中村"项目土地资源专项调查。开展土地储备专项资金自查。完成年度土地储备开发计划编制及上报工作。 (谢伟 薛守娥)

【土地供应】 完成年度土地供应计划编制及上报工作。土地供应计划安排用地项目9宗14.36公顷,实现供地项目3宗10.49公顷。自主调研课题《北京市文保区土地供应方式研究》通过北京市国土资源局统一组织的专家评审,获得自主调研优秀组织单位奖。 (谢伟 薛守娥)

【土地利用】 完成25个建设项目用地预审,涉及国有建设用地99.26公顷。完成3个划拨项目用地批复。完成3个国有土地使用权协议出让事项。完成西革新里危改地块土地一级开发回迁区建设工程项目、南锣鼓巷社区服务用房(含地下车库)项目国有建设用地使用权划拨审批手续,涉及国有建设用地3.79公顷。完成"十二五"土地利用总体规划中期评估工作。完成调研课题《东城区土地节约集约利用分析研究》。开展"利用全国第二次土地调查成果促进土地节约集约利用"专项工作,编写完成工作实施方案,初步形成调研成果。 (谢伟 薛守娥)

【批后监管】 启用批后监管系统,完善出让项目信息,约谈项目开发单位负责人,加大闲置项目管理力度,督促闲置项目开发单位尽快开工,对46个涉嫌闲置项目进行现场踏勘,送达《督促开工通知书》18件。 (谢伟 薛守娥)

【地热资源管理】 对辖区内15个地热开采单位进行年检,开展涉矿安全生产大检查,发放《地热开采单位安全生产要求》警示挂图50份、《地热资源安全使用手册》100份。 (谢伟 薛守娥)

【地籍管理和土地登记】 作为北京市首批全国宗地统一编码工作试点区县,完成地籍区、地籍子区编码和命名,宗地分割线确认和地籍数据库升级。启动地籍测量控制点维护工作,完成全区17个街道控制点布设工作。受理各类型土地登记1771件。推进"大宗地"土地登记工作,向中共中央政法委、北京市委政法委、北京市委办公厅、北京市国土资源局、北京市电力公司等14个单位及重点项目颁发国有土地使用证。 (谢伟 薛守娥)

【依法行政执法监察】 开展政务公开和政务服务事项中行政职权类事项清理工作,制定《政务服务事项联网上线应急处置预案》。开展行政许可案卷、行政服务案卷规范自查工作。核查群众举报6件。对国土资源执法监察工作开展立项行政检查。 (谢伟 薛守娥)

【政府信息公开】 编制上年政府信息公开年报,修改完善政府信息公开指南。公开政府信息6921条,受理依申请政府信息公开42件,在时限内答复。

(谢伟 薛守娥)

房地产开发与建筑业企业

【概况】 年内,区建筑业企业有263家。按资质等级划分,施工总承包企业50家(其中一级13家,二级16家,三级21家),专业承包企业207家(其中一级24家,二级32家,三级151家),劳务分包及特种专业企业6家;按行业类别划分,房屋建筑企业27家,市政施工企业21家,设备安装企业27家,装饰装修企业102家,其他企业86家;按企业经济类型划分,国有企业15家,集体企业14家,私营企业2家,港澳台企业9家,外商企业8家,有限责任企业215家。

(解启明 李泽明)

东城区建筑业企业统计表

(单位:家)

	资质类别	一级	二级	三级	合计
总承包	房屋建筑	9	7	8	24
	机电安装	1	1		2
	通信工程	1			1
	市政公用	1	7	11	19
	公路工程	1		1	2
	石油工程		1		1
	电力工程			1	1
小计		13	16	21	50
专业承包	装饰装修	14	20	69	103
	消防	7	2	4	13
	电信		1	2	3
	隧道工程		1		1
	送变电			11	11
	体育场地设施		2	6	8
	地基基础	1	1	1	3
	建筑防水		1	1	2
	园林古建		2		2
	爆破与拆除			4	4
	机电安装	1	1	22	24
	城市照明			8	8
	设计施工一体化		1		1
	无损检测			1	1
	建筑智能化			8	8
	建筑幕墙			1	1
	环保工程			8	8
	防腐工程	1		1	2
	电子工程			1	1
	起重设备			1	1
	特种专业(不分级)			2	2
小计		24	32	151	207
劳务分包			2	不分级4	6
总计		37	50	176	263

(解启明 李泽明)

北京东方置地投资发展有限公司

【概况】 北京东方置地投资发展有限公司(简称东方置地公司),2003年由原北京市东城区住宅建设开发公司重组改制设立,为北京东方信达资产经营总公司直属管理的国有控股房地产开发企业。经营范围为投资管理、房地产开发、商品房销售、房屋租赁、物业管理、信息咨询、园林绿化、家居装饰设计等。为ISO9001:2008质量管理体系认证企业、厂务公开民主管理体系基础工作认证企业、北京市房地产业协会会员单位、区重点企业、区政府投资建设项目代建单位机构库入选企业。设资产经营部、前期规划部、项目管理部等11个部室,有正式职工64人,其中高级职称3人,中级职称29人。

年内,完成开复工面积5.15万平方米,完成竣工面积4.92万平方米。实现主营业务收入4046.72万元,利润总额467.10万元。年度国有资产保值增值率102.65%,净资产收益率2.61%。完成董事会和管理干部的调整与聘任。公司健全职代会制度,重视企业文化建设,丰富职工文化生活。获区国资系统先进基层党组织等5项先进称号。

单位地址:东城区安德里北街乙20号

联系电话:84129652 邮政编码:100011

(徐杰夫)

【管理体系建设】 2月,通过质量管理体系和厂务公开民主管理体系外审,审查项目全部合格。完成管理改进内容12项,修订完成《厂务公开民主管理手册》和《厂务公开程序文件》。《手册》被评为区优秀人才培养资助项目,获扶持资金4万元。并将管理体系与自动化管理信息系统结合。

(徐杰夫)

【开发项目调研】 7月31日,组织召开东二环商务区新兴产业园项目规划方案专家咨询会。完成规划方案调整及地块深度调查分析、一级开发咨询、项目实施课题研究、项目融资及运作模式研究等相关成果和报告。年内,地坛体育中心改造项目进行方案调整和重新测算。 (徐杰夫)

【代建工程】 作为区政府投资项目代建单位,年内实现公安分局二期、东城区妇幼保健院和东城区校舍抗震节能综合维修项目7包11校等开复工项目11个，开复工面积5.15万平方米，竣工项目10个，竣工面积4.92万平方米。完成六十五中南教学楼、公安分局一期等11个项目工程结算，完成区妇幼保健院、区文化馆等7个项目财务决算。（徐杰夫）

【资产经营】 年内，推进区域外低效益资产处置工作，增加公司资金储备和现金流。完成预算租金收入的102.50%，完成房屋预算销售收入的155.60%。完成535户房改售房产权证办理及发放工作，完成10项产权房屋大中修工程。

（徐杰夫）

【东雍创业谷项目】 通过提升软件服务使东雍创业谷从单纯写字楼项目向综合文创地产项目转变。年内，完成北京市经信委中小企业创业基地申报工作，筹备成立北京雍谷餐饮管理有限公司。东雍创业谷项目被评为中关村科技园区高新技术企业创业服务大厦、区文化创意产业示范基地、十大新京味旅游名片——胡同创意工厂、区小企业创业基地。全年房屋出租率保持在90%以上。（徐杰夫）

【物业管理】 年内，公司投资的控股企业——北京燕厦物业管理有限公司选举新一届董事会和监事会。完成物业管理软件使用，完成物业管理标准化文件编写并通过初审，启动民安和小黄庄小区绿化管理示范工作。（徐杰夫）

【安全维稳】 加强安全生产，组织各类安全检查及安全日、消防夜查、防汛演练等专项活动，报送各种材料信息，全年无重大安全责任事故发生。全年接待来访42次，办理转办、交办信访件6件，处理紧急突发事件4次，信访结案率100%。

（徐杰夫）

北京东兴建设有限责任公司

【概况】 北京东兴建设有限责任公司（简称东兴公司）1958年成立，是建设部批准的施工总承包一级资质企业，同时拥有起重设备安装、建筑装修装饰、园林古建筑工程专业承包和文物保护工程施工一级资质。下设技术质量部、工程部、办公室等9个业务部室和11个基层单位，有职工422人。

年内，公司实现产值2.87亿元，实现利润1688.56万元，上缴税费1542.26万元，获北京建设行业诚信企业称号。重视党建工作、队伍建设和企业文化建设，职工文化生活丰富多彩。企业改制10周年举办“我眼中的东兴建设”主题征文活动、公司改制10年回顾展等活动。在东城区总工会女职工委员会举办的“女职工劳动保护特别规定”知识竞赛活动中，获优秀组织单位奖。

单位地址：东城区礼士胡同75号

联系电话：64156699　邮政编码100010　（孙丽娟）

【住院医疗险续保】 1月1日，公司出资1.73万元为345名职工办理在职职工住院互助医疗险续保。上年有28人先后享受该险种理赔，理赔金额2.16万元，减轻职工医疗负担。

（孙丽娟）

【安全生产培训】 4月12日，召开建设工程安全质量状况测评信息平台培训会。北京建科研软件有限公司人员现场演示建设工程安全质量状况信息平台应用方法，讲解应用C-PAD主要功能加强施工现场的图纸、质量检查、质量验收等管理工作。各基层单位主任工程师、工程技术人员及质量、安全负责人23人参加培训。6月19日，召开企业负责人、项目负责人、安全生产管理人员参加的企业安全培训会。对《建设工程安全生产管理条例》《安全生产许可证条例》《北京市建筑业企业违法违规行为记分标准（2011版）》等安全管理有关规定进行讲解。针对施工现场安全防护、机械使用、消防安全、生活区管理及环境保护、绿色施工等方面存在的问题，进行具体分析，提出纠正措施和解决办法。66人参加培训。10月22日，公司安保部对豆各庄小学工程现场管理人员和作业人员进行进场安全教育培训。就《建设工程安全生产管理条例》《安全生产许可证条例》等相关内容进行讲解，并对施工现场在安全防护、施工机械等方面存在的问题提出整改意见。102人参加培训，其中外施作业人员87人、施工现场管理人员15人。（孙丽娟）

【网站开通】 5月28日，公司举行“东兴建设网站”开通仪式。会上对网站的7大板块48个栏目进行展示，对其中重要栏目内容作介绍。公司中、高层领导、基层单位有关管理人员60人参加。（孙丽娟）

【管理体系审核】 7月8～10日，北京东方纵横认证中心审核组对公司质量、环境、职业健康安全管理体系进行监督审核。审核组依据国家标准，对工程部、安保部、体系办、二分公司豆各庄项目部运行情况进行全面审核。7月17日，认证中心将《认证证书保持通知书》及监督合格标识送达公司，标志公司质量、环境、职业健康安全管理体系通过监督审核。

（孙丽娟）

【信息及图片制作培训】 10月11日，公司召开撰写工作信息及图片后期制作培训会。讲解工作信息重要性，如何正确捕捉、采集、筛选及撰写工作信息；介绍如何使用photoshop及美图秀秀进行图片后期制作，讲解两种图片制作工具的优点、操作流程和使用方法。公司要求信息员善于观察、勤于动笔，增强信息敏感度、提高写作能力；在图片后期制作上，要勤操练，使文字与图片能够形象、巧妙结合。公司高层领导、各业务部室及基层单位信息员20人参加培训。

（孙丽娟）

【财产清查】 11月15日，召开年度财产清查动员会。公司总会计师对年度财产清查工作重点内容进行具体部署。总经理对财产清查工作提出要求：各单位要成立财产清查领导小组，确保数据准确、摸清家底，真实反映经营成果；要重视资金的时间价值，采取措施催要工程欠款，及时回笼资金，缓解资金周转压力;要加大在施工程安全监管力度,特别是做好各类安全隐患的防范,确保施工生产正常进行。各单位的经理、主管经营工作副经理及财务、材料、统计等方面负责人61人参加会议。 (孙丽娟)

【结构长城杯检查】 11月23日,北京市工程建设质量管理协会专家组对七分公司承建的朝阳区豆各庄一号地块东城区旧城保护定向安置房项目1-06号、1-07号住宅楼工程进行结构长城杯第一次检查。专家组认为工程现场管理到位,整体施工质量较好,对资料管理方面提出改进意见和建议。 (孙丽娟)

北京筑邦建设有限责任公司

【概况】 北京筑邦建设有限责任公司(简称筑邦公司)2000年11月成立,注册资本2261.38万元,总资产6494.79万元,是国家二级资质建筑施工企业。经营范围为建筑施工、仿古建筑施工及古建筑修缮、房屋拆除、室内装饰装修、锅炉安装、市政管道、防水工程施工等。公司设工程部、经营管理部、财务部等7个部门,有工程技术人员及经营管理人员20人。辖7个分公司,1个施工处。

年内,开复工面积4.76万平方米,完成产值5095.68万元,完成利税595.39万元。建立各类档案39卷(件)。组织党员资助生活困难党员、60岁以上老人和贫困学生,党总支被评为东四街道先进党总支。

单位地址:东城区东四三条67号

联系电话:64041224 邮政编码:100010 (蔺心亮)

【长鹏饭店工程竣工】 位于丰台区长辛店,由筑邦公司一公司施工。工程建筑面积6754.90平方米,框架结构,地上6层,合同造价1553.63万元。3月竣工,上年4月开工。北京长鹏投资管理公司建设,北京三台河监理公司监理。

(蔺心亮)

住宅发展中心

【概况】 东城区住宅发展中心(简称住宅发展中心)。原为东城区芍药居开发建设领导小组,1993年成立。1995年12月,更名为东城区住宅小区开发建设办公室。2001年3月,更名为东城区住宅发展中心。2009年3月,区市政工程建设中心职能和资产划转住宅发展中心。2012年8月,完成对东屿物业公司的股权收购。住宅发展中心职能为受区政府委托履行统筹、协调、组织危改与房改相结合的危旧房改造工作,实施保障性住房建设、市政基础设施建设及改造工作,全面负责芍药居住宅小区的开发建设和管理工作。自收自支事业单位,设计划科、规划科、工程科等8个科,编制45人。

年内,完成芍药居中小学工程、豆各庄定向安置房项目建设和芍药居经济适用房销售等工作。

单位地址:东城区地安门东大街58号

联系电话:84035375 邮政编码:100009 (李斐)

【豆各庄保障性住房建设项目】 豆各庄定向安置房项目规划总用地40公顷,总建筑面积157万平方米,其中地上建筑面积112万平方米,地下建筑面积45万平方米,规划住宅1.36万套。年内,1号地2号车库结构完工。完成301号至309号楼、地下车库的设计、勘察、施工、监理招投标工作。办理豆各庄一号地109号楼房屋预售许可证。 (李斐)

【豆各庄项目学校幼儿园配套工程】 办理小学、幼儿园《北京市固定资产投资项目投资计划单(房地产类)》。取得小学、幼儿园《建筑工程施工许可证》,完成工程施工、监理招投标及合同签订。小学、幼儿园工程10月10日开工。通过中学项目审批。 (李斐)

【北苑宾馆合作项目】 完成3.80亿元的北苑宾馆项目融资,与区财政局确定利息支付及利息差补偿事项。与危改办、住建委配合,为崇文门外大街6号地项目、北京国际戏剧中心、法华寺、体育馆西路北段项目对接认购房屋206套。

(李斐)

【芍药居经济适用房销售】 为钟鼓楼、南锣鼓巷社区服务用房、煤改电工程办理入住芍药居经济适用房348套;为区内工程建设项目办理房屋出库409套。 (李斐)

北京崇文·新世界房地产发展有限公司

【概况】 北京崇文·新世界房地产发展有限公司(简称崇新公司)1993年8月成立,是香港新世界中国地产有限公司与北京正阳恒瑞置业公司组建的京港合作企业,注册资本2.25亿美元。公司主要对崇文门外大街1号、5号、6号地进行旧城改造、房地产开发、商品房销售,并对建成的商场、公寓、写字楼等进行租赁经营管理等业务。完成的开发建设项目有:新世界中心一期、新景家园、新裕家园、新怡家园等,累计完成开发面积126万平方米。已竣工项目中,新世界中心曾获北京市九十年代十大建筑称号。公司设行政管理部、工程管理部等17个部门,有员工260人(含北京崇裕房产开发有限公司、中国新世界电子有限公司、北京新康房地产发展有限公司)。

年内,实现销售收入10.61亿元,租赁收入9538.89万元。在力求创新、追求卓越同时,注重履行社会责任,提高社会公信力和企业品牌实力。缴纳各项税金2.28亿元。连续10年获区50强企业;获市国税局、地税局联合颁发的纳税信用A级企业奖牌及证书。

单位地址:东城区崇文门外大街9号正仁大厦10层

联系电话:67088989 邮政编码:100062 (周胄)

北京崇裕房产开发有限公司

【概况】 北京崇裕房产开发有限公司(简称崇裕公司)1993年3月成立,是香港新世界中国地产有限公司与北京兴隆置业有限公司组建的京港合作企业，公司注册资本 1.72 亿美元。主要从事房地产开发、商品房销售及建成的商场、公寓、写字楼经营管理等业务。完成的开发项目有：新世界中心二期、新世界家园、正仁大厦、新成文化大厦、新阳商务楼等，总建筑面积 42.80 万平方米。

年内，实现销售租赁收入 4236.54 万元，缴纳各项税金 2737.44 万元。连续 9 年获区 50 强企业，获市国税局、地税局联合颁发的纳税信用 A 级企业奖牌及证书。

单位地址：崇文区崇文门外大街 9 号正仁大厦 10 层

联系电话：67088989　邮政编码：100062　（周胄）

中国新世界电子有限公司

【概况】 中国新世界电子有限公司（简称新电公司）1993 年 6 月成立，是香港新世界发展有限公司与原电子工业部 4 家企业、北京正阳恒瑞置业公司共同组建的京港合作企业，公司注册资本 5720 万美元。主要从事建成后的商场、公寓、写字楼的租赁经营管理业务。

年内，实现销售租赁收入 3755.74 万元，缴纳各项税金 2578.82 万元。连续 8 年获区 50 强企业，获市国税局、地税局联合颁发的纳税信用 A 级企业奖牌及证书。

单位地址：崇文区崇文门外大街 9 号正仁大厦 10 层

联系电话：67088989　邮政编码：100062　（周胄）

北京新康房地产发展有限公司

【概况】 北京新康房地产发展有限公司（简称新康公司）1999 年 4 月成立，是香港新世界中国地产有限公司与北京正阳恒瑞置业公司组建的京港合作企业，注册资本 1200 万美元。主要从事房地产开发业务，在亦庄开发建设新康家园居住小区，建筑面积 22 万平方米。

年内，实现销售租赁收入 467.69 万元，缴纳各项税金 101.19 万元。

单位地址：崇文区崇文门外大街 9 号正仁大厦 10 层

联系电话：67088989　邮政编码：100062　（周胄）

北京住总第六开发建设有限公司

【概况】 北京住总第六开发建设有限公司（简称住总六公司）1983 年成立，集施工、房地产开发、多元经营为一体，是具有国家房屋建筑工程施工总承包一级、建筑装修装饰专业承包一级、机电设备安装工程专业承包一级、市政公用工程施工总承包二级、钢结构工程专业承包二级、地基与基础工程专业承包二级资质的大型施工企业。注册资金 1.07 亿元，净资产 4.48 亿元。有房地产开发、机电安装、机械租赁控股子公司 3 个，有参股公司 1 个，在济南、烟台、银川、天津、宁城设有分公司。公司参加过人民大会堂、中国美术馆、毛主席纪念堂、北京热电厂、攀枝花钢铁厂等众多国家重点工程建设；完成劲松、西罗园等几十个住宅小区，天桥商场、山西大厦、警察学院等公共建筑；京外承建济南阳光 100、西藏大学等工程，海外承建阿拉伯农业发展组织总部大厦等工程。施工建设工程获詹天佑奖 1 项、鲁班奖 3 项、国家优质工程奖 6 项；北京市长城杯奖 83 项、北京市优质工程奖 10 项。公司连续多年被列入全国 500 家最大经营规模和最佳经济效益建筑业企业、房屋建筑业行业 100 家最大经营规模企业行列。先后获全国五一劳动奖状、全国建筑业 500 强、全国先进建筑施工企业、全国工程建设质量管理优秀企业、全国职工职业道德建设十佳单位、全国守合同重信用企业、首都文明单位标兵、北京市质量管理先进单位、北京市用户满意企业、北京质量效益型企业、北京企业 100 强等称号，作为唯一建筑企业获北京国有企业十大名企称号。公司贯彻推行 ISO9001、ISO14001、OHSMS 18001 及 ISO10012 国际标准，建立行之有效的质量、环境、安卫、计量管理体系，通过“三标一体”认证。公司重视企业文化建设，坚持“精、严、细、实、好、快”的企业作风。内设项目管理部、安全监督部、质量部、技术部等 16 个部门，有员工 1014 人。

年内，实现总产值 10.40 亿元；施工规模 120.65 万平方米，新开工面积 67.46 万平方米，竣工面积 11.30 万平方米；中标工程 63.34 万平方米，新签合同额 19.57 亿元。公司会展国际港项目部获北京市安全文明样板工地，并再次获中国建筑业协会颁发的 AAA 级安全文明标准化工地奖。公司工程质量合格率 100%。获市 QC 成果一等奖 2 项，包括会展国际港项目部的提高新型保温砌块砌筑合格率、京水项目部的提高屋面防水保温一体化施工质量合格率；中施协全国 QC 成果一等奖 1 项，为会展国际港项目部的提高新型保温砌块砌筑合格率；二等奖 1 项，为京水项目部的提高屋面防水保温一体化施工质量合格率。广华新城项目部马俊卿技术小组“老旧小区节能改造外墙施工技术”获市优秀技术成果一等奖；未来科技城项目部王建技术小组“压力型无粘结预应力抗浮锚杆新技术在未来科技城中学的应用”获市优秀技协成果二等奖。一种用于改善砂浆凝结时间和操作性的材料及其使用方法获国家发明专利。

单位地址：东城区龙须沟北里 1 号　传真电话：65112677

联系电话：65112677　邮政编码：100050　（赵播）

【北航附中工程】 位于海淀区学院路 37 号。工程总建筑面积 3264.16 平方米，其中地上 2362.16 平方米、地下 902 平方米，为地下一层、地上三层单体建筑。1 月 10 日竣工，上年 5 月 9 日开工。北航基本建设处建设，北京中天正通设计有限公司设计，北京国金咨询管理有限公司监理。　（赵播）

【天竺新新家园三区工程】 位于顺义区天竺镇，由 1#2#3#4#5#6#楼及车库组成，建筑面积 10.90 万平方米。12 月 20 日竣工，上年 8 月 1 日开工。北京广厦富城置业有限公司建设，建研凯勃建设工程咨询有限公司监理。　（赵播）

【北京市南城养老院工程】 在施工程，位于大兴区庞各庄村，总建筑面积 3.30 万平方米，其中地上 2.81 万平方米、地下 4919 平方米。9 月 25 日开工。北京市民政局建设，北京新森智业工程咨询有限公司监理。　（赵播）

【天津大光明商城工程】 位于天津市武清区新城泉州北路西侧,大型公建项目。总建筑面积9.97万平方米,地上4层,地下2层,框架结构,檐高22.05米。9月25日开工。天津京城投资开发有限公司建设。 (赵播)

【京外开发】 山东龙口开发项目,全年实现在施开发面积21万平方米,年投资额3亿元、销售额2亿元。其中L地块项目获烟台市级安全文明工地,46#、48#楼获山东省级结构优质工程。 (赵播)

开发及建筑业企业单位负责人

北京东方置业投资发展有限公司

董事长、党委书记	王晓彤
总经理	刘海江

北京东兴建设有限责任公司

董事长、党委书记	张建忠
总经理	韩　威

北京筑邦建设有限责任公司

董事长、党支部书记	陈小虎
总经理	何广林

北京崇文·新世界房地产发展有限公司

董事长	陈　艳
总经理	陈子荣
党支部书记	蔡建伟

北京崇裕房产开发有限公司

董事长	马艳荣
总经理	陈子荣

中国新世界电子有限公司

董事长、总经理	陈子荣

北京新康房地产发展有限公司

董事长	陈　艳
总经理	陈子荣

北京住总第六开发建设有限公司

董事长、党委书记	谢夫海
总经理	靳国忠

城 市 管 理

城市管理监督

【概况】 东城区城市管理监督中心(北京市东城区公共安全指挥中心)(简称区城管监督中心),是负责城市管理监督与评价和公共安全信息处理及日常指挥协调的政府工作机构。设办公室、调研科、宣传科、监察科、监督考评科、综合协调科、公共安全指挥科、运行管理科、业务培训科、监督员督察科、监督员管理科、行财科、组织人事科13个机构和呼叫台、案件派遣室。其中监督员管理科下设5个城市管理监督员中队,17个城市管理监督员分队。行政编制83人,事业编制39人,聘用城市管理监督员500人。

年内,创立拆违督查机制,实现"数据分析平台——文明城区功能模块",常态化项目被列入"智慧东城"行动计划,考评体系增设"延期率"指标,严控延长处置时限。对天安门、故宫筒子河、簋街周边和背街小巷内50家驻区中央、市属单位周边环境秩序开展单项监督考评。完成网格化公共安全管理信息平台系统设备采购项目经费划拨转账、服务器等硬件设备各项机房托管手续,系统硬件搭建、调试和测试。普查更新部件设施数据,有部件55.71万个。城市管理问题立案20.22万件,结案19.74万件,结案率97.65%。承担两部国家标准和一部北京市地方标准编写任务,参与全国智慧城市标准制定。网格化城市管理服务信息平台及应用项目,获中国地理信息产业协会中国地理信息科技进步一等奖。标准化工作先后获住建部华夏建设科学技术奖一等奖、全国智标委"金标奖"标准贡献奖。

单位地址:东城区钱粮胡同3号
联系电话:84044955　邮政编码:100010　(陈越)

【市区业务交互"前置机"】 1月28日,原市区业务交互"前置机"DELL2850服务器更换为DELL910服务器,保障系统硬件支撑环境。按照市级案件所有场景的处理流程,重新制定市级案件后台系统处理和反馈流程,加强对驻场维护公司技术人员管理,工作日每日9:00、14:00和17:00对系统后台市级接口状态进行检查,并做日检记录。　(陈越)

【3G视频烟花燃放监控技术】 1月,为提升3G视频烟花燃放监控工作画面质量,将监督员城管通手机端上传网络切割到城管通"bjdch.bj"专线上。将原专线2M更换扩容到20M,同时承载城管通日常案件互传及3G视频监控所需的网络带宽,保障春节期间3G视频烟花燃放监控工作。　(陈越)

【专项普查功能升级改造】 2月,启动专项普查功能升级改造项目,10月,完成全部功能升级改造。改造后专项普查功能具有任务管理、成果管理、类型管理、模板管理等功能模块,通过网格平台向在岗监督员发送专项普查任务,可在要求时限内实现对某个专项问题现场情况进行快速信息采集,通过统计分析功能,与地图联动并对专项问题进行汇总分析与展示,针对各类专项整治工作进行动态监测,可在短时间内为领导决策提供全区城市管理问题的第一手资料。按照《专项普查管理规范》,组织完成市、区下达的新生违建、垃圾分类、店外经营、露天烧烤及夜间大排档等重点问题专项普查任务72次。　(陈越)

【网格系统部件数据普查】 3月,启动网格化城市管理信息系统部件数据全区普查项目,对47万处城市部件进行100%核实确认和系统更新。4月初,召开普查方案专家论证会,方案通过论证。完成区政府采购中心项目招投标工作,与中标公司签署合同。聘请第三方监理公司对项目全过程进行监理,保证项目顺利实施。9月,启动普查项目成果抽查。11月6日,召开项目专家验收会,通过验收。项目历时7个月,全区部件总数为55.71万个,其中新增11.12万个,删除4.66万个,变更4036个。　(陈越)

【垃圾分类二期专题建设】 3月,启动垃圾分类二期专题项目。5月,完成32个试点小区181处垃圾分类实施情况普查及系统完善。6月4日,正式上线运行。　(陈越)

【文明城区常态化监管体系建设】 "数据分析平台——文明城区功能模块"增加4项新指标,监测全区187个社区文明程度。常态化项目列入"智慧东城"行动计划。配套建成测评指标分析、案件数据分析和专项普查机制。迎检期间,巡查上报文明程度指数测评案件5278件。至8月,结案5038件,结案率95.45%,协调办结疑难案件89件。接打"13910001000"热线电话4228次,累计时长55小时09分。每日向迎检指挥部汇报当日监测情况,内容包括监控力量、总案发量、结案量以及各测评内容的案发量、高发地区。专项普查全区早餐车、遵德守礼提示语和主要大街沿线软质宣传条幅。与文明办沟通,规范《道德讲堂》活动流程;将文明城区测评指标中实地测评内容以社区为单位细化、分解,进

行全面监测并与城市管理月报同步公布社区文明程度监测数据。（陈越）

【监督员队伍建设】 9月6日，实施《督察督报和查处违纪的规范流程、规范用语》和《督察员管理实施细则》。11月1日，实施修订的《监督员管理制度汇编》。建立流管员月度考勤和季度考核反馈机制，实施《流管员管理实施细则》。召开监督员班长工作会。10月，分三批组织城管监督员军训。全年，与246名到期城管监督员续签合同，为40名城管监督员办理离职手续，分两批招收40名城管监督员补充到空缺岗位。（陈越）

【地标终审】 12月17日，由区城管监督中心申报的《数字化城市管理信息系统　地理空间数据获取与更新》地标终审会在京仪大厦召开，会议由北京市质监局组织。经专家组评定，该标准结构完整、内容全面、层次分明、指标合理，具有较强的可操作性和指导性，通过终审。（陈越）

【宣传阵地建设】 及时更新外网网站栏目内容，开辟“我眼中的美丽东城”板块。至12月，《网格东城》报出刊12期，增刊3期，刊登各类重点信息200篇，照片240张。扩大《网格东城》报发放群体，每月向相关业务部门、机关干部职工、监督员发放900份。（陈越）

【网格化城市管理】 年内，网格化城市管理信息平台立案20.22万件，结案19.74万件，结案率97.65%，同比上升1.56个百分点。其中，区属案件立案19.78万件，结案19.56万件，结案率98.89%。市级平台立案4389件，结案1823件，结案率41.54%。城管监督员自行处理城市管理问题2.06万件；处理公众举报、城市管理广播“群众反映问题”1184件；上报突发事件378件。全区16个街道（不含前门街道）130个试点小区909处垃圾分类实施情况纳入常态化网格监管。（陈越）

【拆违重点督查】 年内，在全区拆违工作中，配合区拆违办，发挥督查作用，创立拆违督查机制。核查新生违建，实地督查和专项普查，严格控制新生违建“零增长”，实现从日常发现到督办拆除、再到拆后现场验收全过程监督。各街道（地区）提交验收申请959处，通过验收879处。（陈越）

【城市管理新模式特别服务号码】 全年，城市管理特服号码“13910001000”受理热线举报1155件，立案618件，结案464件，结案率75.08%。特服号码让群众参与城市管理工作，督促各专业部门提高城市管理问题的处置率。（陈越）

【公共安全监管标准化建设】 年内，对原有《公共安全监管标准体系》进行修订和重新发布，合并8项标准，新增20项标准，完成98项标准2万条标准项修订和贯标工作。完善计算机标准化考评系统，扩展考评内容，建立监察评价考评体系，由5大类18项考核项目组成。评价结果全部实现计算机自动计算，定期向各部门通报。（陈越）

【参观交流】 全年，接待国内外学习考察、视察调研、参观网格化城管模式的团体38批次、855人次，其中局级以上领导（含局级）75人次、外宾6批。（陈越）

【疑难案件处理】 全年，入库疑难案件1002件，其中私搭乱建和地锁类占70%。召开疑难案件协调会1次，现场会2次，协调出库疑难案件69件。结合近年疑难案件处置情况，修订《疑难案件入、出库基本标准及工作流程》，建立“疑难案件库+区级问题箱”管理机制。

（陈越）

城市综合管理

【概况】 东城区城市综合管理委员会（简称区城管委），挂北京市东城区城市环境建设委员会办公室（简称区环建办）和北京市东城区交通委员会牌子（简称区交通委）。北京市东城区爱国卫生运动委员会办公室（简称区爱卫办）设在区城管委。区城管委（区环建办、区交通委）是负责本区城市综合管理，城市环境建设综合协调和市政基础设施、公用事业、市容环境卫生管理，城市环境综合整治，统筹协调本区交通发展和管理工作的区政府工作部门。设办公室、组织宣传科（党办）、综合执法督察考核科、市容管理科、市政设施科、环境建设科、法制科、纪检监察科、财务内审科、人事教育科、景观管理科、交通综合协调科（区国防动员委员会交通战备办公室）、静态交通管理科、供暖燃气协调科、爱国卫生运动委员会办公室、指挥中心16个科室。在编人员85名。

年内，实施5条市级、10条区级达标道路、3个重点区域、16个老旧小区、24条胡同街巷、9处校园周边、2处铁路沿线环境整治提升工程。建立违法建设基础台账8.70万处，拆除违法建设1735处。整治市级、区级脏乱点529处。启用前门地下停车场一期工程，开放车位466个。试点推行26条大街沿街单位门前管理责任制。创建工体北路等26条自行车停车示范试点大街。实施五道营、东棉花等20条胡同机动车单行单停改造和居民停车自治。完成160个自行车网点、5000套设备建设。完成幸福大街等16项疏堵工程。完成青炭局胡同等20项道路大修工程。龙潭街道绿景馨园等17个小区实行定时定点分类投放、积分兑换奖励机制。收运餐厨垃圾4.50万吨。落实45座旱厕、47座公厕改造提升任务。完成扫雪铲冰、防汛工作。完成14个街道2.20万户煤改电任务。启动375万平米热计量改造。编制东城区“十二五”燃气规划设计方案。完成东城区健康北京“十二五”发展建设规划编制工作。

单位地址:东城区东花市大街2号

联系电话:67073700　邮政编码:100062　（杨慧平）

市政环境市容管理

【概况】 东城区城市环境建设委员会办公室(简称区环建办),设在区城管委。负责组织编制区环境建设中长期发展规划及专项规划;组织落实首都城市环境建设标准;监督检查区城市环境建设委员会议定事项落实情况,协调解决工作中遇到的问题。

年内,完成春节、国庆等重大节日景观布置。实施市、区级达标道路环境整治提升工程。完成道路日常维修养护、主次干道架空线入地工程。开展老旧小区、胡同环境整治工作。实现513条背街小巷环卫达标任务。拆除1753处违法建设。完成32个垃圾分类小区达标建设任务。开展环境建设、环境秩序整治及景观布置工作,城市精细化管理水平和环境品质提升。（杨慧平）

【国庆景观布置】 国庆期间,布置过街天桥7座,完成崇雍大街、正义路等10条大街28个路口426个灯笼装饰工作,重复利用灯笼300余个。（杨慧平）

【市级达标道路环境整治提升】 年内,对灯市口大街外立面、门窗及牌匾采用仿石材材料及亚克力贴膜材质进行统一提升并兼顾商户特色;改善停车秩序,安装机动车止车设施,重新规划停车位,设置非机动车停车设施;采用防粘贴小广告技术美化配电箱、路名牌及路灯杆,配以风格一致的图案装饰;对光明路、体育馆路、左安门内大街和崇文门东大街改善停车秩序、增加休闲广场、规范广告牌匾、规划道路布局、完善绿化美化等方面进行提升。5条市级重点道路规范广告牌匾115块,改造外立面1900平方米,铺设步道6826平方米,改造绿化600平方米,拆除违法建设255平方米,清洗公共设施174处,完成3栋建筑物的夜景照明工程建设,修补城市雕像4座,铺设步道6365平方米,五环广场铺设石材地面930平方米,拆除沿街绿化带内广告51处、私设灯箱及窗贴12处。（杨慧平）

【区级达标道路环境整治提升】 开展10条区级达标道路提升工作。安定门内大街为重点,进行专业规划设计和施工,以古朴儒雅、简约协调为主题,采用挂檐板、女儿墙、窗格等中国式建筑传统元素打造沿街建筑物外立面,塑材质改造牌匾标识,恢复安内大街传统风貌。10条主要大街规范广告牌匾113块,改造外立面550平方米,装饰路灯杆及配电箱等公共设施831处。（杨慧平）

【重点区域整体环境提升工程】 推进南锣鼓巷地区、东直门交通枢纽地区及二环路沿线等重点区域环境提升工作。其中南锣鼓巷地区以恢复安逸、静雅、精致、品位的北京胡同韵味为目标,完成墙面贴砖3013平方米,墙面粉饰1655平方米,步道砖铺装3918平方米,铺设路缘石3777米,树池缘石955米,门窗油饰178樘,灯杆油饰120套;东直门交通枢纽改造重点为绿化美化、更新牌匾标识和导向系统,完成国盛中心及东湖别墅围挡重建856.20米,墙面粉饰完成726米;二环路开展滨水绿廊工程,在钟楼北桥至安定门桥、景泰桥至永定门桥两段打造5.50万平方米景观长廊。（杨慧平）

【老旧小区及胡同环境整治】 完成郭庄北里小区等16个老旧小区、前圆恩寺等24条胡同整治提升工程。实施美化沿街立面、补建绿化植被、修整破损道路等10项改造提升工程。（杨慧平）

【校园周边及铁路沿线环境整治】 年内,整治二十五中学、景山学校、广渠门中学等9个校园周边环境秩序。铺设校园周边步道6376平方米,整修、粉刷围墙380平方米,清洗粉饰外立面1900平方米、设施174个,拆除违规广告牌匾12块、规范80块,绿化600平方米,摆放、种植花卉绿植6121处、4.71万株;规范校园周边环境秩序,查处无照经营、占道经营156起,清理各类杂物10.27吨,拆除违法建设255平方米,调整公共服务设施2处,修剪树木干枝死杈102株,保养、保洁周边绿地6287平方米;完成京哈铁路沿线西忠实里地区西端三角地、黄河大酒店西侧铁路沿线绿化美化整治及综合提升工程,栽植各类花木、绿植7865株2362平方米,安装铁艺栏杆104延米,铺设便民停车场210平方米。（杨慧平）

【513条背街小巷环境达标】 推进背街小巷人机结合作业方式,推广小型清扫保洁设备应用,安定门街道五道营胡同、国子监大街和交道口街道南锣鼓巷及周边16条胡同投入部分电动环卫保洁作业车辆。为828条背街小巷448万平方米保洁面积配备保洁人员919名。实现513条背街小巷环卫达标,主干路两侧、重点旅游景区等周边100米范围内达标。街巷保洁经费由原来9元/平方米·年,追加到10元/平方米·年。（杨慧平）

【市政道路设施管理】 完成道路日常维修养护3.93万平方米。完成青炭局胡同等20项道路6.70万平方米大修工程。整治光明小学广渠门校区周边道路,增设3米宽步道500平方米,铺装沥青混凝土路面1275平方米,新建挡车桩73座。制定东花市街道忠实里一巷消隐工程方案,新建排水管线172.50米,各类检查井16座,铺设沥青路面300平方米,人行步道615.50平方米。采取调整高程、增设雨水管线和雨水口、重新铺装路面等措施解决团中央西侧道路破损及积水问

题。协调解决井盖类问题428件。办理掘路许可149件，占路许可22件。查处私占、私掘道路事件11件。（杨慧平）

【架空线入地】 完成景山东街、灯市口大街等39条道路通信架空线入地工程，清理废弃线缆3万余米，撤除废弃电杆50余根。（杨慧平）

【环境整治】 建立环境脏乱差街巷、胡同和小区台账，制定月检查、月排名、月曝光工作机制，开展各类脏乱点专项整治行动。整治市级、区级脏乱点529处，查处市容、市场、交通、旅游环境秩序类问题8万余件，拆除磁器口大街91处2300平方米违法建设，拆除位于铁路沿线的滨香园31号周边762平方米棚户区，清理大量堆物堆料及垃圾废弃物，转移22户60余外来人口；整治崇雍大街环境，清除建筑垃圾7处、清理沿街小广告200余处、拆除和改造违规广告牌匾12处、修缮配电箱破损格栅板1处，各属地综合执法组集中处理沿街企业店外经营问题，修缮平安大街以北路段护栏。（杨慧平）

【拆除违法建设专项行动】 北京市启动全市打击违法用地违法建设专项行动。东城区从强化协调配合、摸清底数情况、深化机制建设、科学计划指导和严格督查考核5个方面开展工作。拆除违法建设1753处4.75万平方米。在全市拆除总数排名第四、基础台账建立排名第一、上报台账销账处数排名第三、拆违第四战役完成情况排名第一，完成市级各阶段挂账工作任务。（杨慧平）

【垃圾分类】 完成32个垃圾分类小区达标建设。全区垃圾分类小区达172个。建立健全网格监督垃圾分类专题模块。龙潭街道绿景苑、绿景馨园等17个小区实行定时定点投放厨余垃圾、刷卡积分兑换奖励机制，提升居民分类参与率和投放准确率。完善区、街互动宣传培训体系，开展70余次宣传培训活动。全区生活垃圾产量45.95万吨，比上年同期减少0.62万吨，减少1.35%，完成市级垃圾减量指标。（杨慧平）

【生活垃圾处理】 稳定运行玉蜓桥、中绦胡同2处餐厨中转站，收运餐厨垃圾4.50万吨，完成收运1159家餐饮单位餐厨垃圾规范收集。北京游乐园南门集中落叶打包点打包落叶5157吨。（杨慧平）

【建筑垃圾整治】 检查建筑工地335次，夜间设卡检查67次，查扣违规车辆221辆，办理渣土消纳证96件、运输车辆准运证283件。（杨慧平）

【扫雪铲冰】 完善应急预案，落实各项准备措施，做好降雪应对和雪后恢复工作。扩展扫雪铲冰支援单位范围，与武警3个支队、20家驻区部队、105家区内党政机关划定支援路段。推广机械除雪作业方式，控制使用融雪剂，划定28条融雪剂禁用路段，规范处置积雪。（杨慧平）

【门前管理责任制】 推行沿街单位门前管理责任制，与4516家单位、商户签订门前管理责任书并张贴承诺书。开展执法检查1.10万户次，整改问题3186处，处罚303起。（杨慧平）

交通管理

【概况】 东城区交通委员会(简称区交通委)，2011年3月18日成立，设在区城管委。主要职责为落实市委、市政府关于交通工作的方针、政策、总体规划；负责组织编制东城区交通基础设施建设中长期发展规划和专项规划，提出交通发展措施的建议；负责统筹协调全区交通基础设施建设、养护和管理，负责区管道路和区级交通基础设施养护和管理；负责统筹协调全区交通运输管理，负责个体出租、人力三轮客运管理；负责统筹协调本区交通秩序管理，负责静态交通管理；负责全区交通战备。

年内，实施五道营等20条胡同机动车单行单停改造，实行韶九胡同等7处停车自治管理模式。规范东四南北大街等26个地区自行车停放管理。推进前门有轨电车南延工作。制定《东城区第十阶段排堵保畅工作方案》。完成幸福大街北口等16项疏堵工程。开展停车场检查工作。完成655张居民停车证换证。（杨慧平）

【胡同单行单停改造】 实施五道营、东棉花、钱粮、前圆恩寺等20条胡同机动车单行单停改造。施划单向行驶地面标识、向右行驶地面标识、禁止驶入地面标识、白色箭头等134个，100毫米型黄色标线带2742延米，车位1041个。育群胡同、东棉花胡同、板厂胡同等10条胡同安装逆向行驶监控摄像头。（杨慧平）

【自行车停车示范街】 规范东四南北大街、天坛公园周边等26条主要大街、重点商业单位等地区自行车停放管理。完成260处的自行车标志线施划，使用100mm型白色标线带8035.90延米，安装1200×800mm型自行车停放点位标志213个，非机动车停放能力达1.01万个。（杨慧平）

【交通缓堵】 制定《东城区第十阶段排堵保畅工作方案》和《任务分解表》，调整交通工作领导小组成员名单。完成幸福大街北口等16项疏堵工程，实施交通“微创手术”缓解区内部分地区拥堵问题，解决区管道路局部路口优化、规范道路形态、清理占压物等问题。调查朝阳门南小街、白桥大街等43条区管城市道路慢行系统状况，编制调研报告及初步改造计划。摸底调查非政府产权道路，完善清理工作方案，完成50%代征代建道路清理移交工作。（杨慧平）

【停车管理】 年内，区交通委、发改委、城管大队、交通支队联合成立百日整治检查小组，开展停车场检查工作12次，发现违规收费行为2次，警告驱离“黑收费”人员4名。五道营胡同、史家胡同、韶九胡同、东厂胡同、安德路、东华门小区、藏经馆胡同15号院等地成立停车自管组织。前门历史文化展示区地下停车场一期工程开放466个车位，实行物联网技术，设计智能化无卡无票出入、多方式反向查车、预订车位等8个系统智能化引导。新增白桥苑小区二期、幸福家园、上龙西里等居住区停车场车位2546个，完成白桥苑小区二期立体停车场、幸福家园停车场验收、上报工作。实施电子收费管理停车点、车位和收费员信息数据匹配，体育馆路等20条道路1026个路侧停车位实行电子收费。开展经营性和非经营性停车泊位“一位一编号”。协商停车管理公司，开放部分占道停车场，办理居住区周边停车证明655张。完成378个（含26个新增）停车场5595个车位年度换证、变更、新增备案手续。（杨慧平）

【公共自行车服务】 完善公共自行车系统建设，开通公共自行车后续点位。建设完成网点160处，安装设备5000套。公共自行车租赁系统运营整体情况较好，办卡2.60万张，租车107.31万次、还车102.50万次，解答咨询电话58.17万次，调度车辆4.57万辆。与区旅游委合作，92个公共自行车租赁点增设二维码功能。协助市交通委举办两岸四地骑友胡同骑游活动。（杨慧平）

【小客车指标申请2417份】 全年受理小客车指标申请2417份。其中个人新购车辆申请1346份（含被盗抢车辆新申请51份），个人更新车辆申请94份，个人信息变更申请173份，个人延期申请391份，单位新购车辆申请139份，单位更新车辆申请11份，单位信息变更申请11份，为申请人打印获得指标通知书252份。（杨慧平）

公共事业管理

【概况】 东城区防汛、燃气保障、供暖、节水等工作机构设在区城管委，承担节约用水、防汛工作。负责制定防汛预案，指挥防汛抢险工作，承担相应管理责任。负责全区供暖管理和供暖单位资质管理工作，督促供暖企业定期进行供暖安全检查。

年内，安全度汛。创建节水型单位15家、居民小区1家。完成14个街道2.20万户煤改电工程。完成35个小区热计量改造。供暖保障工作正常运行。开展燃气使用安全专项检查工作。（杨慧平）

【加强节水管理】 树立北京军区第二招待所等节水示范单位。组织17个街道办事处开展节水宣传活动。向居民发放宣传资料2万余份，宣传品5000余件。下发超计划用水单位预警告知书1800份，加价通知单215户次。完成5000套节水器具的换装，铺设1万平方米透水砖。检查10个施工工地自来水除尘现象。调查小区单位中水设施、雨水利用设施。检查辖区商务写字楼、餐饮企业、小区物业等单位用水计划指标执行情况及供、用水设施器具。（杨慧平）

【安全防汛】 制定《东城区防汛应急现场指挥部实施细则》，成立40个分指挥部，配备40余台防汛800兆电台；组建抢险队伍146支4117人，医疗系统抢险救护队28支96人。确定17家应急避险场所，3家医疗救护医院。清理27处违法建设，回填防空隐患工程37处1.14万平方米。危旧房屋附柁15架、附檩634根、附柱133根，翻建707.50间，挑顶68间，综合维修154间，疏通下水10处180米。安排25个生活必需品供应应急网点；排查重点防汛点115个，清理乱堆物料、垃圾乱点56处。接收市防指通知65份，转发46份，发送汛情戒备预备短消息2.40万条，启动黄色预警1次，蓝色预警21次，收集上报情况33份，接听群众报险电话600个，抢险人员备勤7.20万人次；处置房屋漏雨、低洼院进水、树木倾倒等各种险情500起。（杨慧平）

【水务普查】 年内，对区域内河流湖泊、社会用水、河湖开发治理等进行水务普查，其中河流湖泊16个，包括7条河流、5个湖泊、3个雨量站、1个水文站；水利工程专项12个，包括水闸工程5个、橡胶坝工程1个、桥梁工程1个、防汛仓库5个；经济社会用水专项849个，包括典型城镇居民家庭用水200个、工业企业用水52个、建筑业与第三产业用水596个、河道外生态环境用水1个；河湖开发治理专项17个，包括治理保护河流（段）8段、治理保护湖泊5个、规模以上入河湖排污口4个；行业能力建设专项2个，包括水利行政机关1个和水利企业1个。调查水文化遗产106处，其中工程类水文化遗产30处，管理类水文化遗产10处，非物质文化遗产类66处。（杨慧平）

【冬季供暖】 全区有区属供热单位185家，居民供热锅炉房319座，居民供热面积855.38万平方米，受热居民近18万户。其中燃气锅炉房204座，供热面积764.07万平方米；燃油锅炉房84座，供热面积46.17万平方米；电蓄热锅炉房29座，供热面积44.14万平方米；液化石油气罐锅炉房2座，供热面积1万平方米。直管公房供暖任务由区供暖一、二中心承担，锅炉房38座，供热面积119.77万平方米。供暖期间接受解决居民供热投诉热力集团870件、区属供热单位780件。组建7支供热应急抢险队，出动应急抢修13次，出动人员150余人次。（杨慧平）

【热计量改造】 年内，推进热计量改造。区属供暖开工并实施热计量改造小区13个，面积143平方米；市热力集团开工并实施热计量改造小区22个，面积232.40万平方米。（杨慧平）

【“煤改电”工程】 完成14个街道2.20万户平房居民冬季取暖煤改清洁能源工程（简称“煤改电”）。工程主要包括外电网改造、内电网改造、房屋修缮保温和蓄热式电采暖器设备安装。完成安装箱变146台、柱变171台、开闭器25台；敷设高低压电缆240公里，架设高低压架空线93公里；安装墙箱2562台、地箱1317台。完成内线改造2.24万户；完成房屋翻建2274间，3.43万平方米；完成外墙保温11.07万平方米；完成新作顶棚625间；完成改装修2760间。销售各种型号蓄热式电暖器2.60万台。（杨慧平）

【燃气安全管理】 进行居民燃气用户及出租房屋燃气使用安全检查,张贴、发放宣传公告3.50万份,入户巡查出租房屋4000余户。开展餐饮场所燃气安全专项治理,发放《燃气安全簿》5000份,检查生产经营单位3280家次,发现整改安全隐患2346条项,下达执法文书1527份,行政处罚197起,处罚金额42.50万元。抽查818家餐饮企业,责令整改391家,处罚158家,处以罚金33.75万元,责令停业113家,暂扣燃气钢瓶72个,约谈企业86家。对簋街57家餐饮单位进行燃气安全隐患排查,其中发现供气合同不规范31家、超期未检钢瓶35个、疑似判废钢瓶3个、气瓶间设置不规范14家、无气瓶间的2家、二楼设置气瓶间1家、使用中压阀75家、无浓度报警器11家、软管穿墙6处、气瓶间用电不合格5处。35家餐饮企业被责令24小时整改,经复核,整改合格。完成西草市街二一八厂、东堂子胡同18号楼435户居民老旧楼房改造天然气工程。开展燃气宣传,发放宣传用品4.50万份,设置条幅展板100余块,出动宣传人员600余人,参与活动5万余人次。完成5个街道227家经营性餐饮企业签约率考核。 (杨慧平)

爱国卫生管理

【概况】 东城区爱国卫生运动委员会办公室(简称区爱卫办),设在区城管委,负责区爱国卫生工作。主要职责为组织开展爱国卫生运动活动;负责对爱国卫生运动有关规定的督促检查落实。

年内,开展灭鼠、夏季灭蚊蝇及居民家庭灭蟑监测等病媒生物防制等工作。应对朝阳门等地区散发流行性出血热,开展灭鼠工作。进行社区健康宣讲,10名健康指导员参加市级培训。8家机关单位申报北京市首批无烟机关单位。4个社区通过北京市健康社区考核验收。3所无烟高校、14家无烟医疗机构接受北京市评估检查。编制健康东城“十二五”发展建设规划。 (杨慧平)

【社区健康风采大赛】 年初,举办区第四届社区健康风采大赛。7月,参加北京市爱卫办第四届社区健康风采大赛,7个书面作品获入围奖,2个演讲作品获优秀作品奖,其中1个演讲作品获“中国梦·健康梦”主题宣讲活动健康传播贡献奖,区爱卫办获得优秀组织二等奖。 (杨慧平)

【夏季灭蚊蝇】 7月至9月,组织全区开展夏季灭蚊蝇活动。拨付17个街道灭蚊蝇专项补助经费各1万元,下发安备灭蚊幼颗粒剂16桶、凯素灵12桶。 (杨慧平)

【蟑密度监测】 8月起,每月选取1个街道1至2个社区监测150户蟑密度,监测范围包括17个街道。爱卫办负责组织入户,年内累计监测750户。 (杨慧平)

【春冬季灭鼠工作】 年内,朝阳门、龙潭、东花市及东华门地区散发流行性出血热,立即启动应急方案,进行疫源地周边灭鼠,组织街道、驻地单位清理周边环境,排查驻会周边病媒隐患。下发陶瓷鼠站1010个、蜡块295箱、粘鼠板26箱、警示旗20箱、水乳剂140箱。 (杨慧平)

【控烟执法检查】 年内,街道系统检查7174家单位,卫生局系统检查1.45万家单位,44家单位不合格,劝阻吸烟503人次。 (杨慧平)

【环境卫生整治】 全年开展4次环境卫生大扫除、12次城市清洁日活动,19.80万人次参与。清理垃圾1835吨、卫生死角2577处,清除小广告4.83万处,清扫绿地7.20万平方米、大街小巷1168条、楼门院643个次、广告牌匾145处,清理大件废弃物、堆物堆料380处,发放宣传品1.10万份,设展板438块、宣传站42个次,解决重点脏乱问题49处,下水口、垃圾桶喷洒灭蚊蝇药品1536处次。

(杨慧平)

城市管理监察

【概况】 东城区城市管理综合行政执法监察局简称区城管执法监察局。8月1日,原东城区城市管理监察大队更名为东城区城市管理综合行政执法监察局。是负责行政区域城市管理综合行政执法监察工作的区政府直属行政执法机构,对行政区域城管执法队伍实行统一管理。行使职能14类,行政处罚权366项。设办公室、政工科、督察科、人事教育科、法制科、宣传科、纪检监察科、信访科、装备财政科、勤务指挥中心和2个直属执法队、3个地区执法队(前门大街、北京站、王府井)及17个街道执法队。在编执法人员520人。

年内,接收市局“96310”举报案件4.07万件,局“96010”热线举报案件7205件,市局回访满意率87.70%。组织开展春节两坛(潭)庙会、全国“两会”、国庆、十八届三中全会等大型活动外围环境管控99项。完成渣土车联合夜查、核心区环境秩序专项整治等环境整治任务332项。开展违规早餐车整治、非法大排档集中整治等各类专项执法活动92项。完成领导出行路线保障81次。全年查处各类案件9.01万起,罚款231.67万元。拆除违法建设3207处4.68万平方米。收到群众来电表扬86次,表扬信88封,锦旗84面。加强队伍建设,中层领导干部签署《廉政建设承诺书》,101人进行基层岗位调整交流,副科级领导干部竞争上岗,组织开展主题教育活动。

单位地址:东城区老钱局胡同甲14号
联系电话:85120652 邮政编码:100005

(陈媛)

【专项整治活动】 1月至6月,开展早餐车专项整治,取缔无照经营早餐点位35处,暂扣用于经营早餐的三轮车29辆。3月,全国"两会"环境保障期间,出动执法力量1.12万人次,出动执法车辆3516车次,检查街区数量3281条次,查处无照经营1916起,查处店外经营215起,查处存在安全隐患的霓虹灯断亮、堆物堆料等107处,均当场责令改正。4月,对鼓楼东大街无照商贩聚集问题开展为期6周的联合整治,查处无照经营332起,暂扣三轮车7辆、小商品3215件。7月,开展露天烧烤专项整治,取缔露天烧烤24处,暂扣烤箱11个、三轮车5辆、煤气罐30个。8月至12月,开展核心区专项整治,出动队员1.01万人次,执法车辆4047车次,暂扣各类小商品7158件,没收非法小广告18.16万张。 (陈媛)

【春节环境保障】 春节期间,出动执法人员2418人次,执法车辆1821车次,检查主要街区420个,查处无照经营1039起;查处非法散发小广告9起,没收765张;告诫流浪乞讨人员32人;规范门前三包319起。开展烟花爆竹专项检查42次,检查主要街区298个,规范门前三包189起,未发现消防安全隐患。 (陈媛)

【节假日环境整治】 清明节期间出动执法人员1713人次,出动执法车辆504车次,成立联勤联动小组17个。检查丧葬用品店108家,宣传引导4900余人次。查处无照经营105起,其中无照经营丧葬、祭扫用品15起,没收冥币1.50万张,假元宝、假金条等祭祀用品8公斤。清理小广告2000余张,清除安全隐患9起。五一期间出动执法人员1469人次,执法车辆428车次,查处无照经营219起,非法散发小广告12起,规范店外经营33起。 (陈媛)

【工作创新】 4月,实行战区执法责任制,按街道分布划分为5个战区。各战区由1名副局长牵头,直接指挥调动区域所属执法队开展集中整治、增援协防。7月,针对夏季露天烧烤及非法大排档问题,实行非现场执法模式,使用取证设备对违法行为进行远程摄录并在一定期限内依据摄录证据对相对人实施行政处罚。该模式通过强化前期宣传、远程摄录取证、严格高限处罚等措施,既实现严管违法行为,又避免正面冲突,街面管控效果提升。群众满意率由上年的92%提升至95%。8月,市城管执法局在东城区召开现场会,向全市城管系统推广这一工作模式。 (陈媛)

【中高考环境保障】 中高考期间,出动队员487人次,执法车辆334车次,考点周边设置点位28个。查处无照49起、店外经营19起,劝导规范111人,检查工地46个,规范工地5个。暂扣三轮车6辆、麻辣烫车1辆、小商品20余件、食品30斤、售房广告牌10余块,没收招生小广告500余份,清理占道渣土2处。 (陈媛)

【国庆环境保障】 出动执法人员3887人次,执法车辆1236车次。查处各类违法行为7514起,查处无照经营4526起、非法运营4起,救助流浪乞讨人员29人次。暂扣游商贩卖瓜条用三轮车222辆、哈密瓜18.50吨、小商品1.57万件、雨具628件、烤白薯及糖葫芦车137辆。清掏小广告窝点3个,暂扣拉运小广告用电动三轮车2辆,没收小广告8.80万张。 (陈媛)

【十八届三中全会保障】 出动执法人员3402人次,执法车辆1038台次。查处无照经营738起,罚款1700元。查处小广告30起,没收非法小广告7000余张。劝离流浪乞讨人员53名,查处黑摩的31起,查处户外广告17起,查处露天烧烤、大排档25起,规范店外经营103起。无突发事件。 (陈媛)

【基层平安创建】 在推进基层平安创建工作中,出动执法人员11.32万人次、执法车辆3.21万车次。检查门前三包单位11万家次,查处各类违法行为4.47万起。检查餐饮单位3277家次,发现问题隐患748次,整改隐患665次,罚款1.01万元,责令停产停业19家。暂扣无照经营用三轮车437辆、哈密瓜23.50吨,检查施工工地511次。 (陈媛)

【施工运输车辆专项夜查整治】 出动执法人员1475人次,执法车辆742车次,开展联合夜查73次,暂扣违法车辆302辆。 (陈媛)

【信息宣传】 各执法队、科室报送信息5391条,编辑信息普刊113期、专刊12期,其中信息803条、简讯1668条。向市局上报信息682条,被采用476条;向区两办上报信息608条,被采用134条;通过市局、区两办的平台上报,被市委、市政府采用信息67条;向局外网上传信息334条;向区公务门户网上传信息251条。在全市城管系统考核中,政务信息工作连续4个季度均以满分成绩名列第一。全年拍摄素材3300分钟,拍摄照片9000张,制作宣传新闻片61条。在各大报纸和电视刊登或播出新闻558条次,其中中央级媒体10条、市级媒体497条、区级媒体51条。 (陈媛)

【执法装备建设】 完成执法取证及监控系统项目招标工作,增加(更新)数字集群终端100部,更新台式电脑、笔记本电脑等63部,报废、更新执法车辆2台。 (陈媛)

北京站地区管理

【概况】 北京站地区管理处是市政府派出机构,由东城区代管。负责北京站地区的综合管理,组织协调北京站地区公安、工商管理、城市管理、园林绿化、市政市容、环境卫生等工作。设办公室、行政财务科、综合治理办公室、城建管理科、商务管理科,直属单位有北京站地区环卫所。公务员编制22人,事业编制8人。

年内,实现大事不出、小事减少、管理严格、秩序良好的工作目标。在迎接全国城市文明程度指数测评、全国"中国梦·讲文明树新风"公益广告现场会展示和"六五"普法中期检查工作中取得好成绩,受到首都文明委和区委区政府表扬。6月1日,北京站地区出租车调度站禁止收取进场费用。

单位地址:东城区北京站东街6号金谷琪珑大酒店四层

联系电话:85267207　邮政编码:100005　(郑一萍)

【春运　暑运　客运】 1月26日至3月6日春运期间,发送旅客380万人次,下车旅客400.07万人次;高峰日2月7日发送旅客16.30万人次。7月1日至8月31日暑运期间,发送旅客699万人次,下车旅客673.30万人次。全年发送旅客3324万人次,下车旅客3202万人次。完成各级专运任务522次。(郑一萍)

【妥善处理应急事件】 3月27日,北京站地区管理处大屏幕监控室发现,清理非法张贴小广告工作人员在北京站东街北侧938车站受到非法张贴人员威胁,2名非法张贴者不仅阻挠正常清理工作,还扬言威胁清理人员。北京站地区综合执法组立刻采取措施,出动1车10人赶到现场,将2名非法张贴人员控制并移交北京站派出所。(郑一萍)

【专项整治非法运营】 3月29日,北京站地区管理处联合公安、城管、工商、交通等部门开展对站区出租车、黑车、黑摩的专项治理。出动执法车辆5车次、执法人员34人次,查扣黑摩的6辆、违规出租车8辆,规范乱停乱靠车辆36辆,教育相对人6人。对站区各类机动、非机动车辆通行、停放,加大规范监管力度,收缴一批长期违规停放且无人认领自行车。(郑一萍)

【燃气安全使用宣传日活动】 8月2日,北京站地区开展燃气安全进万家宣传日活动。区综合执法组、消防支队、工商城管部门,以及13家站区液化气钢瓶使用餐饮企业负责人参加。活动通报站区燃气安全使用检查结果5次,通报7月26日与8月1日2次夜查结果,其中2家没有独立气瓶间的已增加气瓶间,其余11家按照规定已完善管理措施。(郑一萍)

【国庆中秋景观布置】 在国庆、中秋两节前夕,完成站区绿化、街景布置。在站前街长安街路口设置花坛,对站东街、站西街原有花坛进行改造,更换花卉3万盆,更换护栏200米。北京站3条大街挂红灯笼408盏、中国结132个。(郑一萍)

【站区秩序整治工作会】 10月11日召开。对站区整治工作方案进行部署,要求各单位加强自身执法力量部署,增加早晚执法真空时段力量,做到严格执法,违法必究。会议要求明确责任,联合执法行动以执法组为主要力量,各单位根据实际情况进行执法力量补充,加强协作配合,形成合力,打击站区违法违纪行为,维护站区秩序。北京站派出所、公安段、执法一大队、城管分队、东单交通大队、运管处等单位负责人参会。(郑一萍)

【设施改造】 年内,对站区硬件设施进行改造,更换广场破损地砖100余块,粉刷电话亭、变电箱、灯杆150平方米,修复路面300平方米,对站东街北侧景观墙进行修缮,对站东街公交站点重新整修。对站区广场周边护栏进行改造,更换护栏200余米。(郑一萍)

环 境 卫 生

环境卫生服务一中心

【概况】 东城区环境卫生服务一中心(简称区环卫一中心),是区政府直属全额拨款事业单位。负责东城区北片113条大街、8座立交桥、25座过街天桥、335万平方米道路和50万平方米绿地清扫保洁工作;负责北片958座公厕的保洁、维修、翻改建和46座密闭式垃圾清洁站管理工作。设市容业务管理科、设施设备科、组织科(团委)、宣传科、纪律检查委员会(监察科)、工会、财务(审计)科、劳动人事科、法制科、保卫科(武装部)、行政科、办公室。下设一、二、三、四、五、六所,东城区渣土消纳管理所,王府井地区环境卫生管理所,机械清扫队,北京环境科技开发中心等基层单位。有正式职工1243人。

年内,提前4个月完成80座达标公厕安装外墙挂板折子工程和400个危险粪井井口改造翻新并清底事项。清理小广告93.43万张。收到城市管理网格案件1.60万个,办结率100%,效能评价为A级。

单位地址:东城区小雅宝胡同34号

联系电话:64032275　邮政编码:100005　(颜海涛)

【清扫爆竹残屑】 农历正月初一、初五、十五3天,出动各种作业车辆261部次,人员2908人次,清扫烟花爆竹237.80吨。(颜海涛)

【环境应急保障】 春节期间,出动1934人次、车辆174辆次,清扫烟花爆竹残屑174吨;燃放高峰前,对26条大街1.66万平方米绿地进行湿化阻燃作业。国庆节期间,出动1.54万人次、车辆3685车次,清运垃圾5612.57吨、粪便3515.62吨,清除小广告1.20万张。全年,保障领导特勤路线环境卫生30次,快速处置东单热力管线爆裂等5次紧急情况。(颜海涛)

【转变作业方式】 6月,实行人工清扫保洁"双班作业",实现5~19时无缝衔接人工清扫保洁;机扫车实行白天巡回保洁、夜间清扫作业,人机配合得到加强,干路环境质量明显提升。(颜海涛)

【清扫清运】 年内,完成市级垃圾减量任务,实现垃圾减量5860.44吨,生活垃圾无害化处理率保持100%。清运垃圾30.50万吨,清运粪便17.95万吨。11月24~28日,出动机扫车140车次、小垃圾车62车次、5.50立方挤压车27部次、9立方挤压车2部次、12立方挤压车3部次,清扫落叶279吨。(颜海涛)

【扫雪铲冰】 融雪季备勤14次,实施作业12次。出动职工1.09万人次,车辆1071部次,完成扫雪铲冰任务。(颜海涛)

【公厕维修改造】 年内,对400个危险粪井井口改造翻新并清底,粪井改造工程采用预制盖板或过梁方式,全部更新井内三通,对井底彻底清理,扩大粪井容积,加固粪井结构,方便抽运作业。80座达标公厕安装外墙挂板,维修公厕2.20万座次,完成723座公厕防冻系统更新及维护,挪移和新增设活动厕所2个。(颜海涛)

【设施设备建设】 制定《环卫一中心环卫设施设备最低使用年限标准(试行)》,全面推行"一车一档"管理模式,设施设备管理更加规范。(颜海涛)

【纯电动车投入使用】 年内,接收13辆纯电动车。在东外斜街55号建立5个8吨充电桩。(颜海涛)

【专业检查】 专业检查道路7020条次,道路机械作业307个路段、公共卫生间2799座次、密闭式清洁站638座次,清除非法小广告7020条次。(颜海涛)

【信访工作】 年内,接待群众来访27人次,办理群众来信3封,处理非紧急救助、市长信箱、区长信箱等网上来件286件,答复率100%;处理人大建议、政协提案8件,代表、委员满意率100%。(颜海涛)

环境卫生服务二中心

【概况】 东城区环境卫生服务二中心(简称区环卫二中心),为区政府直属全额拨款事业单位,负责东城区南片环境卫生作业和服务工作。保洁大街51条,道路清扫保洁作业面积207.93万平方米;管理密闭式清洁站33座;管理公厕411座,其中二类标准公共卫生间57座、达标公厕273座、三类公厕81座。设党委办公室、行政办公室、经营管理办公室、业务管理科、计划财务科、劳动人事科、工会,下设环卫一所、二所、三所、四所、经营开发管理所、材料站等基层单位。在职职工581人。

年内,干路机扫率、洒水降尘覆盖面、垃圾粪便无害化处理率、垃圾密闭收运率、城市管理网格案卷办结率保持100%,道路保洁新工艺作业覆盖率达到92%,收运生活垃圾15.52万吨,抽运粪便12.09万吨,清理小广告180万张,环卫专业作业在市渣土处检查中实现零扣分。改造公厕粪井30座、二类卫生间7座,更新果皮箱500个,修缮密闭式清洁站13座、公厕20座,协助区城管委完成旱厕改造45座,接收改造社会无主旱厕5座。应对大风、沙尘、雾霾等特殊天气,及时启动应急预案,降低污染物浓度,保证环境卫生质量。完成扫雪铲冰、落叶清理、防汛排涝等季节性工作及全国“两会”等环卫保障任务。环卫一所前门班被市总工会授予工人先锋号称号、被全国妇联授予巾帼文明岗称号。办理人民来信、来访、来电反映问题207件次,接办人大代表建议和政协委员提案10件,全部按时办复。

单位地址:东城区天坛路7号

联系电话:67120965　邮政编码:100061　(何淑梅)

【与济南女子清疏班交流】 5月13日,济南市城市管理局城肥清运管理一处领导及女子清疏班一行10余人,到中心环卫三所与时传祥青年班、三八女子抽粪班就如何做好本职工作、服务群众交流座谈。(何淑梅)

【爱护环境宣传活动】 7月23日,在天坛公园东门外开展“爱护环境,勿乱抛废弃物”为主题的宣传活动。活动现场向群众发放宣传品。(何淑梅)

【安保视频监控系统投入使用】 8月,安保视频监控系统通过专家组验收正式投入使用。系统设中心总控制室和下属5个分控制室,设置74个监控探头,实现对机关及下属5个单位办公区和停车场等重点部位的实时监控。该系统同时具有视频会议和远程培训功能。(何淑梅)

【环卫三所荣誉室揭牌】 10月25日,“东城区环卫二中心三所荣誉室”揭牌。荣誉室设展览6部分,分别是平凡岗位、时代楷模;发扬传统、续写光荣;牢记使命、创新发展;传承精神、甘于奉献;继承发扬、再创辉煌;深切关怀、热情勉励。原北京市环卫局局长李光荣、市总工会副主席高小强等市、区有关领导出席揭牌仪式。(何淑梅)

【廉政风险防控管理】 年内,对领导班子和机关科室涉权事项进行梳理,确认涉权事项333项,其中集体决策事项24项,中心涉权事项28项,处级领导涉权事项118项,科级部门涉权事项163项。制定岗位说明书51份,其中处级12份,科级及以下39份。编制权力运行流程图144张。(何淑梅)

【城市管理网格案件办结率100%】 年内,建立完善中心城市管理网格案件办理机制,明确人员和责任,理顺办理流程。全年接办城市管理监督中心派发的涉及环境卫生问题网格案件7192件,办结率100%,效能评价为A级。

(何淑梅)

【制度建设】 年内,针对工作中薄弱环节,新建制度19项,修订制度17项。内容涉及会议管理、考勤管理、业务检查、小型工程建设等机关工作。(何淑梅)

【密闭式清洁站安装垃圾称重系统】 年内,区城管委在中心管理的33座密闭式清洁站安装垃圾称重系统。系统具有对进站垃圾自动称重、自动统计汇总功能,可较精确地掌握每日垃圾进出站数量。清洁站内安装监控探头和对话系统,可实现对清洁站运行状况实时监控。(何淑梅)

【电动环卫车投入使用】 年内,22辆电动环卫车投入运行,其中8辆支援区环卫管理中心开展厨余垃圾清运,14辆配备中心各所进行环卫作业辅助性工作。(何淑梅)

环境保护

【概况】 东城区环境保护局(简称区环保局),是区政府依法监督管理辖区内环境保护工作的行政主管部门。设办公室、综合规划科、法制宣教科、纪检监察科、污染减排科、环境影响评价科、环境监理科、辐射安全监督科8个行政科室,东城区环保监察一队、东城区环保监察二队、东城区环保监测一站、东城区环保监测二站、东城区机动车排放管理一站、东城区机动车排放管理二站6个事业单位。有干部职工103人。

年内,实施北京市控制大气污染措施,办理建设项目环境保护审批368项,办理建设项目环境保护验收95项,完成服务类项目103项,依法征收排污费1.60万元,污染源排污申报登记动态更新1800家、新增121家。完成污染源监控中心二期系统建设,新系统包括污染源管理、污染源普查资料开发、环境质量管理、污染源环境地图、辅助应急指挥、多媒体管理、系统管理和新闻发布管理7大模块217个小功能项,更新数据1.03万条/次。办理群众来信1266件,办理人大代表建议2件、政协委员提案3件。

单位地址:东城区东四六条甲17号

联系电话:64043663　邮政编码:100007　(马春华)

【环保宣传】 全年组织各类环保宣教讲座4场,听讲人数500人次;开展各类环保宣传活动7次,参与人员56人次,展出展板25块,发放宣传材料1万份、环保小礼品2000份。5月,联合东四五条幼儿园开展以庆六一为主题的环保宣传活动。5月27日举办“庆六一——快乐童年　绿色梦想”活动。

5月31日,举办"快乐童年　绿色梦想庆六一系列活动——亲子环保秀巧手"活动,展示孩子和家长一起制作变废为宝的创意手工制品,包括易拉罐、塑料、纸壳等可回收品。6月,与区教委在东四九条小学联合组织东城区第十七届小学生"我爱地球妈妈"演讲比赛,选拔5名参赛小选手参加市级初赛。东直门中学、汇文中学和五中的3名同学参加北京市第十三届中学生中英双语演讲比赛,获得一等奖1名、二等奖1名。　(马春华　王祎)

【中高考期间噪声污染检查】 中高考前期,提前制定检查安排,掌握各考场周边环境噪声动态,排查噪声污染隐患。5月下旬,与区住建委、区城管大队、区公安分局协调,依照职责分工和工作重点,开展辖区高考期间环境噪声污染专项整治工作。6月,成立4个检查小组,对辖区考点周边居民区及餐饮单位等固定声源进行巡查。出动158人次,检查企事业单位62个次,检查工地13个次。做出行政处罚1件,处罚金额3000元,下达责令改正违法行为决定书1件。高考考试期间无涉及考场环境噪声投诉。　(马春华　孟魁)

【危险化学品专项检查】 8月,对辖区危险化学品从业单位下达开展环境突发事件应急处置预案备案工作通知,要求相关企业自行完成预案编写、修改及内部评审。按照相关规定对各单位应急预案进行审查。全年无危险化学品污染事件发生。　(马春华　孟魁)

【采暖季燃煤型污染专项整治】 11月,重点对经营性小煤炉(含小洗浴、小旅馆供暖设施等)进行检查。根据分管片区特点,对餐饮经营集中、群众投诉较多的重点地区进行巡查。11月初至12月底,出动检查人员210人次,检查单位110个次,发现违法使用燃煤2家,执法人员当场责令其停止违法行为,并处罚金2500元。对处罚情况通过"12369"系统填报。　(马春华　孟魁)

【环境质量】 实施治理大气污染措施,完成市政府控制大气污染各项任务,全区工业企业污水、废气等污染物达标排放率连年保持100%。细颗粒物PM2.5:0.0936毫克/立方米。可吸入颗粒物(PM10)年均值0.1096毫克/立方米。二氧化氮年均值0.058毫克/立方米,低于国家环境空气质量二级年均值标准限值(0.080毫克/立方米)。二氧化硫年均值0.0268毫克/立方米,低于国家环境空气质量二级年均值标准限值(0.060毫克/立方米)。降尘年均值6.80吨/平方公里・月,低于本年度标准限值(清洁区7.0+7.0=14.0吨/平方公里・月)。环境噪声平均值为53.60dB(A)。道路交通噪声平均值为68.10dB(A)(公里路长计权LeqdB(A)),道路平均车流量为5718辆/小时。工业企业废水、废气稳定达标率,二级以上医院医疗废水排放达标率和燃油、燃气锅炉烟气排放达标率均为100%。　(马春华　赵华)

【环境统计年报】 环境统计年报纳入环统调查范围工业企业22家,确定11家工业企业为年度环境统计对象。环境统计数据通过逻辑校验、合理性校验和检查,通过环统会审,完成工业源及环境管理数据库上报。　(马春华　赵华)

【污染物总量减排】 考核污染物总量减排指标由2项增加为二氧化硫、氮氧化物和挥发性有机污染物3项。二氧化硫和氮氧化物在"十一五"945吨和7010吨的基础上分别削减20%和13%。全年改造平房燃煤户2.20万户,削减煤1万吨,削减二氧化硫52.40吨,削减率6.01%。淘汰老旧机动车2.50万辆,削减氮氧化物514吨,削减率7.99%。搬迁8家挥发性有机污染物排放企业和生产工艺,削减挥发性有机污染物62吨、削减率15.50%。完成市政府下达的5%、2%和10%的年减排计划。　(马春华　陈鸣)

【信访接待】 全年接群众来信1266件,包含大气污染617件,其中餐饮油烟467件、废气异味82件、锅炉烟尘47件、施工扬尘16件、机动车尾气5件;噪声污染605件,其中固定设备噪声356件、经营活动噪声197件、施工装修噪声46件、工业噪声5件、人为噪声1件;电磁辐射1件;固体废物污染4件;河湖和废水污染13件;审批验收6件;咨询建议13件;行业作风评价7件。重要信件领导阅批率、信访答复率、信访按时办结率均为100%。全年未出现市、区级集体访和重复集体访,未出现在重点地区非正常个访和集体访。　(马春华　李思伦)

【行政处罚】 环境一般行政处罚案件72件、简易行政处罚673件,金额39万元。全年累计检查车辆25万辆,处罚超标车2800辆,处罚非道路施工机械2辆,发放宣传资料2.30万份。　(马春华　丁笑微)

【危废管理】 开展4家工业企业、39家汽修、19家二级以上医院、5家印刷企业和10家实验室废液危险废物管理。完善危险废物规范处置制度,规范落实措施,全年出动执法检查与核查40次、联合检查4次120余人次。责令改正违法行为5个,下达限期并监督完成治理任务8个。辖区内危险废物均交有资质单位处置并填报转移联单,贮存场所符合环保标准。医疗废物医疗废水管理规范,医疗污水处理设施运行正常。　(马春华　吕小军)

【机动车排放监管】 淘汰老旧机动车1.41万辆,其中转出9348辆、报废4761辆,完成全年任务1.26万辆的112%。查车39.67万辆,其中入户抽查2.33万辆,完成全年任务的83.20%;夜查4915辆,完成全年任务的87.80%;路检、遥测35.86万辆,完成全年任务的98.50%。处罚超标车278辆,遥测非现场超标车2978辆。开展非道路移动机械和工程运输车专项执法检查,查处非道路施工机械超标375台次。增加对加油站检查和抽测频次,对辖区内13家经营性加油站巡查703座次,抽测40座次。　(马春华　李智)

【辐射安全行政许可】 受理各类辐射安全行政许可事项100件,办结93件。其中辐射类建设项目审批12件,办结12件;

辐射类建设项目验收4件,办结4件;辐射安全许可证相关手续28件,办结24件;放射性同位素备案56件,办结53件。（马春华　惠军）

【辐射安全监管】 全区辐射工作单位127家,其中涉源单位18家、放射源289枚,射线装置单位120家、射线装置640台(套)。全年检查辐射工作单位200家次,出动人员420人次,检查各类密封放射源289枚、各类开放性场所20处、各类射线装置640台(套)。（马春华　惠军）

【筛查辖区工业企业】 与区产促局会商,对全区300家注册工业企业全面筛查,确定企业现状,明确企业搬迁顺序。与区产促局组织召开企业扶持推广会,加强对口服务,推动企业搬迁并引进文化创意企业和“零”排放企业。完成北京六零八厂、北京宇翔电子有限公司、北京胶印厂3家不符合首都功能定位企业退出工作。（马春华　吕小军）

【实现挥发性有机物减排】 对辖区挥发性有机物排放清单进行核实更新。召开印刷行业与汽修行业VOCs变更申报登记与减排工作会,对辖区内8家涉及VOCs排放的印刷企业下达限期治理;对无条件治理的单位或拟搬迁企业,责令到期停产。8家印刷企业2家搬迁、1家停产、5家完成治理,其中北京胶印厂上年底企业升级转型,年初将设备迁出东城,原址只开展办公商用等业务。（马春华　吕小军）

【控制施工扬尘】 对在施工地台账实时更新,对市政施工工地、拆迁工地、裸地、危改、园林绿化工地落实防控措施。区城管执法局对各类施工进行检查,查处扬尘污染行为。区扬尘办对工地专项检查,督促施工和作业单位落实各项环保要求。区环保局7个检查组对区内大型施工工地进行考评打分,打分主要涉及道路硬化、裸地沙堆覆盖、围挡设置及建筑垃圾运输手续等项目。打分过程中对发现的扬尘污染问题,现场要求立即进行整改,问题严重的工地移送区城管委、区住建委、区城管执法局等单位进行查处。全年,对56家工地进行考评,平均分94分。（马春华　卢欣）

【餐饮行业油烟检查】 成立餐饮油烟污染专项整治工作领导小组,制定餐饮油烟污染专项整治工作方案。重点对品牌餐饮、连锁餐饮、国家特级(一级)酒家、驻京办餐饮企业、大型企事业单位食堂、簋街餐饮集中区,进行油烟污染专项执法检查,对餐饮单位油烟净化设施使用维护情况,废气、废水处理设施运行情况等进行检查登记。年内,检查辖区餐饮企业900家,完成规模以上餐饮单位台账更新,规模餐饮686家;逐家核定餐饮单位油烟净化装置风量等信息,补充废水处理设施运行情况的检查内容。检查中发现餐饮企业油烟净化设施闲置未用11件、油烟直排2家、餐饮企业违反“三同时”规定(污染防治设施要与主体工程同时设计、同时施工、同时投入使用)7件,均立案处罚,处罚金额计2.33万元;发现餐饮企业噪声排放超标10件,均下达整改决定书。经整改,已达标。（马春华　孟魁）

【绩效管理环境保护专项考评】 市环保局对东城区年度环境保护专项考评认定:基本完成大气主要污染物年均浓度下降率目标任务。超额完成二氧化硫、氮氧化物、挥发性有机物总量减排目标任务。基本完成跨区县界水体断面达标率目标任务。完成声环境质量达标率目标任务。（马春华　赵华）

园林绿化

【概况】 东城区园林绿化局挂区绿化委员会办公室牌子,是负责区园林绿化工作的政府工作部门,主要职能为在全区负责绿化规划的编制监督实施,组织指导监督园林绿化美化、资源保护,进行园林绿化行政执法,负责园林绿化的行业管理,监督指导区管公园的管理和服务,承担区绿化委员会日常工作。设办公室、绿化科、园林管理科、规划发展科、资源保护科、法制宣传科、监察科、组织人事科、计划财务科,有干部职工30人。

年内,完成绿化面积13.92万平方米,完成屋顶绿化2.60万平方米,超额完成年初计划的30%。完成垂直绿化2万延长米,栽植攀援植物10万株、乔灌木9400株,栽摆花卉252万株盆。全区有园林绿地1084.88公顷,绿地率25.92%,绿化覆盖率31.56%,人均绿地11.16平方米,人均公共绿地5.97平方米。实施50条胡同绿化景观改造提升工程。创建首都绿化美化花园式社区22个、花园式单位294个、花园式街道10个。开展各种科普文化活动,区园林绿化局被评为市级城区绿地综合管理科技创新示范区,龙潭公园和南馆公园被评为市级园林绿化科普教育基地。区属注册公园20个,其中被评为市精品公园13个、被评为市重点公园8个。

单位地址:东城区东直门内北中街甲1号

联系电话:64041796　邮政编码:100007（姬遇）

【地坛龙潭春节文化庙会】 2月9～16日,举办第二十八届地坛春节文化庙会、第三十届龙潭春节文化庙会,两庙会依托东城区深厚的历史文化底蕴和丰富的文化资源,以京城文化传承为核心,举办花会表演、非物质文化遗产展示、曲艺、杂技、体育等100多项文化活动及800场次文化演出。庙会接待游人205.80万人次(其中地坛庙会118.60万人次,龙潭庙会87.20万人次),游人量比上年同期增加5.30%。中央电视台、北京电视台、人民日报、光明日报、路透社、法新社等60余家中外媒体,10余家知名网站对庙会进行报道。庙会期间,市委副书记、市政协主席吉林等市、区领导到庙会进行检查,对环境卫生、游园秩序、商业管理、安全保卫等方面的工作给予肯定。 (姬遇)

【绿化委员会第三次会议】 3月12日,召开区绿化委员会第三次全体会议。区绿化委员会常务副主任、副区长王中华出席并讲话。区绿化委员会办公室主任、园林绿化局局长代表区绿化委员会作《实践生态文明 建设美丽东城 不断开创东城绿化美化工作新局面》工作报告。区绿化委员会各成员单位负责人60余人参加。会议审议并通过本年绿化美化工作计划。 (姬遇)

【全民义务植树活动】 3月30日,全区各部门、单位、街道3000人在不同地段、公园、绿地参与全民义务植树活动,设宣传咨询点20个,发放宣传材料8万份,挖树坑800个,植树500株,养护树木5万株,清扫绿地12万平方米。4月6日第二十九个首都全民义务植树日,在明城墙遗址公园西侧绿地设置植树日活动主场,驻区中央单位、部队和区有关领导及市民代表和小学生200余人参加。全区17个街道设置绿化美化宣传点,进行绿地清理、苗木补植、树木浇水等活动。地坛公园、龙潭公园、柳荫公园、龙潭西湖公园和明城墙遗址公园设置宣传点,免费向市民发放宣传材料和花卉种子。全区10万人参加绿化美化活动,植树1.70万株,养护树木13万株,清扫绿地26万平方米,发放宣传材料18万份。 (姬遇)

【园林绿化科普活动】 4月28日,"绿色科技 多彩生活——2013北京园林绿化科学普及暨科技创新展示会"在龙潭公园开幕。活动由市园林绿化局、市科委主办,龙潭公园承办,区园林绿化局、区公园管理中心和市园林学会、市花卉协会、市野生动物保护协会等协办。副市长林克庆等市区领导参加活动。活动举办两天,60余家国内外大专院校、科研和具有研发能力的企事业单位参加,展示会设展位80余个。 (姬遇)

【社区绿化工程】 4月至5月,开展"千棵大树"和"十万株攀援植物"进社区绿化工程,在全区社区新增树木和攀援植物,对现有绿化进行加密、加厚,进一步提升绿化覆盖率,拓展空间绿量。栽植乔木1253株,攀援植物10.35万株。 (姬遇)

【拆违建绿】 5月12日,进行天坛北侧西草市街一带违章建筑拆除后绿地恢复工作。根据拆迁后空地的地形特征,按照自然、美观、合理的设计理念,建大小绿地6块。全部砌筑挡墙、栏杆,内植乔灌木。整个工程清渣600方,回填好土2300方,砌筑挡墙550延米,安装铁艺栏杆450延米,铺设喷灌管线140延米,铺设砌筑井室3座,栽植乔木79株、灌木124株、绿篱10平方米、草坪1400平方米、宿根花卉400平方米。6月初,3000平方米绿地向市民开放。 (姬遇)

【参展工程】 5月至10月参展第九届中国(北京)国际园林博览会并获多个奖项。区政府获博览会捐赠贡献奖,区园林局获博览会先进集体奖,立体花坛作品"祥云相伴"获博览会立体花坛优秀奖、立体花坛优质工程奖,立体花坛作品"绿色畅想"获博览会立体花坛金奖。9月26日,第十一届中国菊花展览会在国际鲜花港开幕。东城区参展花坛1处。花坛以东城菊韵为主题,摆放各类花卉30余种、5000盆。其中小悬崖菊、唐宇金秋、春日剑山等菊花16种,另有菊花造型5种。 (姬遇)

【屋顶绿化】 对建筑屋顶摸底调查,重点对校园屋顶、单位写字楼屋顶实施屋顶绿化工程。完成一六六中学、工美附中、东外精神卫生保健院、前门街道服务大厅等单位屋顶绿化2.60万平方米。工程拓展城市绿化空间,丰富城市绿化层次和色彩,打造城市立体绿化景观。 (姬遇)

【"六美"创建工作】 区委宣传部、区文明办、区社会办、区城管委、区园林绿化局(区绿化委员会办公室)联合开展美丽胡同、美丽屋顶、美丽小区、美丽单位、美丽院落、美丽阳台创建工作。"六美"创建工作是本区为充分发挥绿化美化在"美丽东城"建设中的作用,面向社会开展的一项群众性工作。各街道办事处和王府井建管办上报胡同30条、屋顶14个、小区23个、单位30个、院落32个和阳台500余个参与"六美"评选。经评选,评出美丽胡同10条、美丽屋顶10个、美丽小区10个、美丽单位10个、美丽院落10个、美丽阳台10个。 (姬遇)

【创建花园式单位、社区、街道】 年内,完成东花市街道广渠门北里社区、龙潭街道华城社区、天坛街道金鱼池中区社区、朝阳门街道史家社区、崇外街道国瑞城东区社区、总政社区居委会等6个首都绿化美化花园式社区;北京金霖酒店管理有限公司、港澳中心有限公司、银河soho(北京锦融物业管理有限公司朝阳门第二分公司)、北京桂公府餐饮有限公司、北京市政协办公厅等5个首都绿化美化花园式单位;朝阳门街道办事处1个首都绿化美化花园式街道的创建。 (姬遇)

【绿化养护管理】 做好绿地养护管理基础工作,制定《东城区专业绿化养护管理考核暂行办法》,对全区专业绿地管理工作进行全面综合检查考评。在全市绿地等级评定中,崇雍大街、前三门大街(北侧)、新怡家园小区绿地、龙潭西路绿地、珠市口南大街绿地、北京南站绿地被评为特级绿地;新世界家园小区绿地、中海紫御公馆被评为一级绿地。特级绿地面积增加12.54万平方米,一级绿地面积增加3.68万平方米。东城区在全市16区县公园精细化管理工作考评中综合排名第一。在全市城镇绿地综合检查中,东城区居住区绿地、其他专业管护公共绿地、区园林管护绿地3项成绩位列第一。二十四节气公园被评为全市精品公园。做好林木有害生物防控和古树名木管理工作,建立区林业有害生物短信信息平台。对全区6000

余株古树名木开展清查,通过物联网技术,每棵古树钉入电子信息钉,为每株古树建立电子身份证。通过手持终端对电子信息钉的读取,了解古树的年龄、胸径、冠幅、养护记录等信息。对40余株古树实施维护复壮。做好行政审批,办理行政许可事项280项。及时启动应对极端天气的应急预案,做好汛前排查和汛中处置。 (姬遇)

【认建认养绿地树木】 年内,吸引社会单位和个人认养绿地3.60万平方米、树木4000株、古树名木3株。在房山和门头沟区设立社会义务植树接待点,开展城乡手拉手活动2次。 (姬遇)

天坛公园

【概况】 北京市天坛公园管理处(简称天坛公园)隶属于北京市公园管理中心,全民所有制事业单位。承担保护天坛,合理利用其文化价值,组织、接待、参观、游览等管理职能。天坛历史坛域面积273公顷,管辖面积210.20公顷,古建筑面积2.52万平方米,绿地面积183公顷,古树3562株,绿化覆盖率84.37%。天坛始建于明永乐十八年(1420年),是明清帝王祭天祈谷的场所,是中国现存规模最大、形制最完整的古代祭天建筑群,同时也是世界上最大的祭天建筑群。1918年,天坛作为公园正式对公众开放,1961年3月,天坛被国务院公布为首批全国重点文物保护单位。1998年12月,联合国教科文组织世界遗产委员会将"天坛——北京的皇家祭坛"列入世界遗产名录。内设职能科室12个,下设队级建制12个。在册职工888人,其中管理人员134人、专业技术人员291人、技术工人463人。

年内,启动北宰牲亭、北神厨院落及长廊修缮工程;完成皇穹宇汉白玉石雕保护工程;完成回音壁、祈年殿6个陈设文物铜香炉仿制工作。完成透水铺装10万平方米,热力二次管线3379延长米;完成西北外坛南区景观提升工程。举办第九届天坛春节文化周;举办第三届北京国际电影节开幕式;在祈年殿广场举行纪念北京建都860周年"梦想北京"戴玉强、魏松、莫华伦中国三大男高音天坛音乐会。"天坛智·惠"项目完成基础建设;启动天坛公园安全文化建设。全年,接待游客1873.90万人次,同比下降10.18%。其中购票入园游人669.80万人次,同比下降8.28%。游客满意率持续保持95%以上。公园累计实现自创收入1.95亿元,比上年同期下降4.30%。接待冰岛、塞尔维亚等国家政要42批526人。

单位地址:东城区天坛东里7号
联系电话:67013778 邮政编码:100061 (王蕾)

【第九届春节文化周】 2月10~14日举办,以"神坛祈福迎盛世 普天同庆贺新春"为主题。祭天仪仗表演人数312人,队伍长度200米,演出路线1000米,增加大臣撞肩礼、跪拜迎驾等表演,祭天乐舞表演增加武士队列、大臣礼仪表演,再现传统祈谷敬天宏大场面。活动首日,军事科学院战争理论和战略研究部副部长毛新宇、副区长陈之常等领导出席。节日期间,接待游客35.36万人,同比增长1.06%。其中购票入园游人24.68万人次,同比增长15.71%。中央电视台、北京电视台等50多家媒体进行报道。文化周获市委宣传部、市文化局、市旅游委、市园林绿化局、市公园管理中心共同颁发的"第五届北京春节·庙会·灯会·文化活动文化魅力奖"。 (王蕾)

【获北京电视台"最强阵容"称号】 3月9日,天坛公园选派的5名选手和70名职工到北京电视台参加"最强阵容"才艺比拼。公园5名选手表演的歌舞"故乡是北京"和"凤凰于飞"获得荣誉奖杯。 (王蕾)

【天坛文化周展示活动】 6月24~30日在北京园林博物馆举办,主题为"礼乐天坛、文化圣地"。以天坛神乐署坛乐清音为展示载体,采用不同风格、时代、地域音乐,体现不同园林风格特色,展示40余首祭祀、宫廷、十番古乐、民俗经典曲目。活动7天展示14场,接待游客1万余人,20余家国内媒体报道100余次(篇)。 (王蕾)

【景观提升环境改造工程】 7月16日至10月4日,进行西北外坛南区景观提升环境改造工程,总规划面积19.90万平方米,主要对部分铺装道路进行规整及补栽各种地被树木,部分解决活动场地黄土露天状况,打通西内坛墙外侧道路,西垃圾楼附近增加道路广场等。工程铺装透水砖6400平方米,栽植乔木66株、灌木8700平方米,铺种草坪2700平方米。 (王蕾)

【"天坛杯"社区太极拳(剑)比赛】 9月14日,在神乐署举办"天坛杯"北京市社区太极拳(剑)比赛。全市6个区县16个社区代表队168名选手参赛,进行24式太极拳、32式太极剑、自编自选项目的单项和团体比赛。12个代表队获一、二、三等奖,3个代表队获优秀组织奖、精神文明奖。 (王蕾)

【《清宫天坛档案》出版】 12月,编辑《清宫天坛档案》(顺治—乾隆朝),由中华书局正式出版发行500套,每套10册,收录相关档案电子图像1745件。 (王蕾)

【基础建设项目完成】 年内,"天坛智·惠"工程项目基础建设开工。年底,完成天坛公园管理处信息中心机房建设及综合布线升级改造工程,拆除原监控室改建为机房,增加机柜至18个,安装大型数据交换机1台、机房精密空调1台;完成中轴线部分高清监控升级改造,部署全高清数字监控摄像机5台;完成景点和重点道路无线网络覆盖,首次采取小型化、全向天线等技术,以票房和门区为节点实现WIFI覆盖。 (王蕾)

【平安和谐公园建设】 对全园灭火器、消火栓进行全面检测,合格率100%。评估文物库安全风险点83个。开展消防、应急疏散、反恐防暴等演练15次;开展消防、安全生产培训6次,受训人员350人次;开展安全宣传活动3次;开展"春雷行动"、"加强噪音治理"专项行动3次。启动安全文化建设。完成《天坛公园安全管理工作制度汇编》印制，对146人进行安全文化建设知识培训，编发《平安天坛》安全文化建设专刊8期。新增社会化保安员47人，采取与公园派出所联合执法形式，加大重点地段、重点时间和重点问题的打击力度。全年出动安保力量5100人次，劝阻游商、噪声扰民1.20万人次，园内游览环境得到有效改善。（王蕾）

【综合服务管理】 年内，修订《天坛公园标准化工作手册》。组织各类综合检查261次，检查各类问题248件次，问题解决率95%。全年提供便民服务措施18万件，接收处理非紧急救助服务事项5万件，办结率100%。开展游客满意度调查活动4次，满意率98.74%。改造升级景区服务设施，新增便民挂衣杆100根、路椅100把、游人观览车3辆、指示牌35块。（王蕾）

【建立文化服务综合管理体系】 年内，天坛公园创新神乐署雅乐中心工作模式，初步建立文化服务综合管理体系。第九届天坛春节文化周期间，神乐署雅乐中心首次推出“坛乐清音”专场音乐会，代表天坛参加中国园林博物馆开幕式展示活动，举办以“雅乐”为主题的第五届传统音乐节专场演出，来自亚洲及太平洋区域15个国家及地区的雅乐团体和研究机构的专家、学者、代表等150人观摩展演。第一次走进高等音乐学府，作“中和韶乐在天坛神乐署的传承和发展”专题报告，参加在中国音乐学院举办的“礼乐和鸣”闭幕式。面向游客开展社会教育大课堂和“雅乐开放日”特色服务，活动接待7万人次。与北京市各区县中小学音乐教研员进行教学互动观摩。首次走进北京四中，开展以“我身边的古乐”为主题的中和韶乐专题讲座。与山东滨州学院合作建立第一个教学实践基地。（王蕾）

绿化中心

【概况】 东城区园林绿化管理中心（简称区绿化中心），2012年7月26日成立，是区政府所属全额拨款事业单位，归口区园林绿化局（区绿化办）管理。主要职能为承担全区园林绿化等技术性、服务性和事务性工作，对区属公园和下属园林绿化队伍进行管理。辖绿化一队、绿化二队、地坛公园、青年湖公园、柳荫公园、南馆公园、龙潭公园、龙潭西湖公园、北京市明城墙遗址公园、永定门地区公园、园林市政服务中心、龙潭湖体育馆等基层单位，均为差额拨款事业单位。全系统有职工695人。

年内，完成公园及道路绿地绿化改造提升14.10万平方米，栽植乔灌木2.25万株，栽植宿根、时令花卉0.80万平方米，铺种草坪7.70万平方米。完成节日花卉景观布置200万株盆。完成北中轴路北端景观改造、东直门交通枢纽周边绿地二期、明城墙遗址公园西南角绿地、环二环滨水绿廊样板段4个重点项目建设工程。完成其他绿化工程20余项，其中园博园北京园北区绿化工程、珠市口南大街绿化景观提升工程，获市园林绿化局、市园林绿化企业协会颁发的精品工程奖；古民居景观绿化、永清国瑞生态城景观绿化获市园林绿化局、市园林绿化企业协会颁发优质工程奖。全年，养护面积306万平方米，升定特级绿地5块9.56万平方米。网格化管理考核保持A级水平。专业绿地养护在市园林绿化局城镇绿地综合检查考评中获第一名。修复古树40株。二十四节气公园被评为精品公园。举办第二十八届地坛文化庙会、第三十届龙潭文化庙会、第三届柳荫公园柳文化节、第六届北京明城墙梅花文化节、第八届地坛公园游人艺术节等文化活动。在北京市公园群众文化活动巡展活动中，地坛公园获组织奖、柳荫公园获组织奖和参与奖。区绿化中心获市安全生产月优秀组织奖。对地坛公园、龙潭湖公园进行精细化管理试点，通过市园林局考核。地坛公园成为9月24日成立的北京坛庙文化研究会会员单位。

单位地址：东城区龙潭路8号

联系电话：67142072 邮政编码：100061（刘珍莲）

【青年湖公园柳荫公园免费开放】 1月1日，青年湖公园、柳荫公园免费对社会公众开放。免费开放后，柳荫公园日均客流量达7481人次，同比增长26%；青年湖公园日均客流量达1.27万人次，同比增长34.91%。（刘珍莲）

【承办地坛龙潭春节文化庙会】 2月9～16日，地坛、龙潭公园分别承办第二十八届地坛春节文化庙会、第三十届龙潭春节文化庙会。负责落实文化庙会筹备和举办期间各项具体工作。地坛庙会以民族、民间和民俗文化展示为特色；龙潭庙会突出体育、动感、时尚、低碳特色。在商业活动中，规范摊位管理，采取整体招商、限价竞标与定向招商相结合的方式进行。严格资质审查，提高准入门槛；遴选管理规范的公司对百货展位整体经营；小吃摊位采用设定最高价的方式进行限价竞标。地坛庙会设置展位421个，包装食品区改用桁架展棚统一门楣；龙潭庙会设置展位262个。（刘珍莲）

【青年湖公园水上世界改造工程】 2月至6月，对青年湖公园水上世界大规模改造，更换泳池及地面铺装7442.40平方米；翻建管理房290平方米，改造厕所40平方米；更换敞开螺旋水滑梯2条，每条长68米，增加彩虹波浪滑梯2条，每条长27米，引进儿童水寨1座；更换栏杆737.91平方米；更换清

华阳光太阳能42组、双水箱21吨、热水器系统1个。 (李媛)

【主题植树活动】 3月30日,在北京明城墙遗址公园开展以"弘扬生态文明、建设美丽东城"为主题的植树活动。活动栽植梅花50余株,还开展以植绿、爱绿、护绿为主题的绿化科普宣传,发放宣传材料1000份。区委书记杨柳荫、区人大主任冯熙等4套班子领导及东花市社区居民代表、小学生代表200人参加活动。 (刘珍莲)

【明城墙梅花文化节】 3月30日至4月14日,在明城墙遗址公园举行北京市第八届赏梅会暨第六届北京明城墙梅花文化节。梅花文化节以"赏梅花古楼新春,品城垣悠久文化"为主题,引进梅花新品种10余种、种植梅树近100株,形成拥有60余种1000余株梅树的梅花花溪景观。文化节期间开展赏梅、画梅、摄梅、咏梅、品梅系列活动,包括植梅活动、梅花科普知识宣传、主题画展、青少年摄影比赛、少数民族原生态表演、绿色使者树木认养活动等10个项目。 (刘珍莲)

【明城墙遗址公园绿地恢复改造】 3月至5月,对明城墙遗址公园西端三角地进行绿地恢复改造,工程占地面积6500平方米。完成清理渣土3600立方米,回填种植土7350立方米,平整场地6500平方米,种植大规格乔灌木330株,宿根240平方米,时令花卉200平方米,铺设草坪5600平方米,色带286延米,完成广场及道路铺装570平方米,景墙、花池砌筑及面层装饰180延米,铺设各类管线1873延米。绿地改造延续明城墙遗址公园整体风格,以植物造景为主,采用生态建筑处理手法,融入地域文化特色。 (刘珍莲)

【周边绿地延续建设】 3月至6月,对东直门交通枢纽周边绿地进行景观延续建设。工程总面积5800平方米,栽植乔灌木545株,种植色带561平方米1.40万株,栽植藤本月季66延米268株,宿根花卉2000平方米13.90万株,铺设草坪2857平方米,铺设道路700平方米,安装道牙390米。工程从绿化种植、园林铺装、浇灌及喷灌、园林照明、园林小品等方面打造城市新景观。 (刘珍莲)

【第三届柳文化节】 4月4~30日,在柳荫公园举行"风调雨顺柳成荫"第三届柳文化节,包括柳文化科普展、文艺演出、戴柳插柳、"百问百思百言堂"有奖竞赛、诗歌朗诵会、非遗物品展卖、"三亲"绿色栽植等活动。市、区有关领导参加开幕式。中央电视台、北京电视台、北京日报等多家媒体进行采访报道。 (刘珍莲)

【北中轴路景观改造工程】 4月至9月,完成北中轴路景观改造工程,该工程南起钟楼北桥,北至安华桥,全长1.90公里,改造面积1.40万平方米。栽植各类乔灌木2371株,铺设草坪7000平方米,栽植品种月季1400株、色带2637平方米,铺装道路1100平方米,打造仿古廊架2组、主题水景池1座、主题景观柱12座、仿古坐凳4组、特色种植池16座、景观照明灯具59盏。为附近居民建造大型休息场所。 (刘珍莲)

【园博会部分绿化工程】 4月底,由区绿化一队承接的第九届中国(北京)国际园林博览会北京园北区景观绿化工程和古民居景观绿化工程竣工。工程于上年3月20日开工。北区工程位于锦绣谷西麓,总面积5090平方米,其中绿化面积3597平方米,水系面积728平方米,园路铺装面积765平方米。工程包括绿化种植、园林喷灌、叠石景观工程、景观小品、涌泉及园林广场铺装等。栽植乔木246株、灌木306株、攀援植物200株、水生植物60株,码放房山石2600吨、太湖石42吨。古民居工程位于园区西北角,分为鹰山北坡和鹰山南坡2地块,总面积2.08万平方米。包括整个园博会古民居项目南坡和北坡全部院落内的景观绿化工程,庭院布局及绿化采用中国古典园林形式,道路石材采用卵石及青石板碎拼。栽植乔木377株、灌木369株,种植花卉356平方米、水生植物202平方米、竹子506平方米,铺设草坪4468平方米,码放山石770吨。 (刘珍莲)

【拆迁遗留地绿地工程】 5月至6月,对自然博物馆城中村改造二期、三期的拆迁遗留地进行绿化施工。工程整理绿化用地3000平方米,种植乔灌木226株、宿根花卉496.60平方米,铺设草坪1400平方米,砌筑挡墙600延米,铺设喷灌管线140延米,安装铁艺栏杆500延米。 (刘珍莲)

【南馆公园中水站管线改造工程】 5月至7月,对中水站自控系统进行升级,更换部分配套设备及管线;对电气系统进行维护与改造;对配套水池和入孔进行改造;对机房进行防水改造。通过改造,中水处理量提高20%。 (李媛)

【专业绿化养护树木安全度汛】 7月至8月,对病虫枝、枯死枝、遮挡信号灯、交通标志、影响车辆和行人通行、距离高压线较近的树木及时修剪,对危险树进行支撑、堵洞、修剪和伐除。在汛期,排查树木4万株、伐除危险树70株、修剪干枝死杈1500株、补洞40株、更新树木15株;排险30余次,处理倒伏和倾斜树木20余株,其中支援街道办事处、社会单位及学校处理险情14起。 (刘珍莲)

【环二环城市绿廊景观工程】 8月至9月,进行环二环景观工程北护样板段和南护样板段建设,改造面积5.30万平方米。东城区环二环城市绿廊建设工程全长17公里,建设改造面积44公顷,分为北护城河段(钟楼北桥至东直门桥),东二环段(东直门至建国门),东南二环段(东便门至永定门)。工程全线依托滨水绿地内的天然条件、增大绿量,改善城区生态环境。 (刘珍莲)

【冬季树木越冬防寒】 11月中下旬,启动树木越冬防寒工作,陆续在主要道路绿化隔离带搭建无纺布风障和以铁板、玻璃钢、塑料等为材质的挡盐板,减少融雪剂对植物侵害,确保植物安全过冬。12月初完成防寒工作,搭设无纺布8万平方米,挡盐板8.30万延米,防寒面积10万平方米。 (刘珍莲)

【节日花卉环境布置】 在重大节日活动环境布置中，坚持节俭和突出重点原则，对二环路沿线、南北中轴等主要道路和区属公园等重要节点进行花卉布置。栽摆花卉200余万盆，其中国庆64周年，以展示“魅力东城，美丽东城”为主题，采用立体花坛和地栽花卉相结合形式，在全区重点道路和重点地区摆放立体花坛7个，栽摆花卉127万盆。 （刘珍莲）

【防控美国白蛾】 年内，专业绿地美国白蛾发生数量与上年持平，悬挂美国白蛾成虫诱捕器122个，监测到成虫数量260头，网幕466处。 （刘珍莲）

房屋管理

【概况】 东城区房屋管理局，挂东城区政府住房保障和改革办公室（简称区政府住保办）、东城区政府房屋征收办公室（简称区政府房屋征收办）牌子。是负责东城区房屋行政管理、住房保障、住房制度改革及房屋征收与补偿工作的区政府工作部门。设办公室、住房制度改革科、房屋市场管理科、房屋登记管理科、住房保障科、房屋安全管理科、租赁管理科、法制科、物业管理科、信访工作科、落实私房政策办公室、房屋执法科、财务科、人事科、机关党委办公室、离退休干部科、纪检监察科、征收管理科、征收补偿科、征收法规科、第一房屋管理所、第二房屋管理所、第三房屋管理所、第四房屋管理所24个科室，辖住房保障事务中心、房屋登记事务中心、房屋信息档案管理中心、住宅小区管理中心、房屋安全鉴定管理所、房管局测绘一所、房管局测绘二所、机关事务管理服务中心8个事业单位。有工作人员198名，其中公务员87名、事业单位人员104名、工勤人员7名。

年内，“5+2+X”（房屋登记和交易、房屋拆迁与征收补偿、住房保障和改革、物业小区管理、房屋安全与防汛等5项重点业务；党建工作和维护稳定两项基础性工作；规范化建设年度中心工作）工作模式取得实效，完成全年工作任务。经过部门试点、总结验收，年底完成全局规范化建设汇编成果。落实完善群众监督机制，从街道、社区、窗口部门、综合管理科室等单位聘请7位党风廉政监督员。增强廉政风险防控管理，将保障性住房、房屋征收补偿、干部人事管理、财务管理、专项及大额资金使用列为重点防控项目。

单位地址：东城区育群胡同21号

联系电话：64041939 84001036 邮政编码：100010

（刘静韦 焦志清）

【住房保障】 4月19日，实行保障性住房统一申请、审核工作。5月，廉租补贴资金发放系统运行，管理廉租家庭4200户，补贴合同6000份。保障性住房家庭资格审核工作，市级备案通过家庭4653户。完成保障性住房摇号配租配售7410套，其中经适房5642套、限价房492套、公租房1175套、廉租房101套。全年发放廉租补贴3325万元，发放公租补贴558.07万元。 （刘静韦 焦志清）

【节能改造工程】 负责58.62万平方米、102栋楼的单位自管产住宅楼节能改造。5月，完成指挥部各成员单位动员培训。6月，完成设计单位中标工作。7月，完成102栋楼施工图设计。8月，完成施工、监理招投标及相关合同签署、备案、施工许可证办理等工作。9月，工程全面开工。年内，工程完工。 （刘静韦 焦志清）

【防汛工作】 汛期，组织全区各单位及私房产权人查房2583.60万平方米。完成标准租私房（北片）289户、543.50间、8210平方米查房、修缮工作。组织上年“7.21”灾后房屋修缮工程，走访64处122间私房，完成受损较严重的20处37.50间房屋修缮工作。组建5支、80人应急抢险队，组织局机关16人青年防汛突击队，遇有中雨以上天气，补充到各房屋管理所加强防汛工作。汛期备勤值班27次600人次；巡查重点房屋4297间次，苫盖漏雨房屋96间，发放隐患通知书95份，处置突发险情9处。 （刘静韦 焦志清）

【房屋登记】 9月12日，房屋登记大厅整合改造工程竣工揭牌，成为按照市住建委要求实施房屋登记标识规范化的房屋登记场所。年内，完成房屋权属登记3.20万件，面积1064.52万平方米。发放所有权证、他项权证、预告登记证明2.72万件。存量房网上签约1927件，注销网签合同874件。收缴土地出让金1753.35万元，印花税235.62万元，房屋登记费293.70万元。收缴虚假房屋所有权证7本，提供上门服务16起，收到群众表扬信15封。 （刘静韦 焦志清）

【交易管理】 办理商品房预售许可和现房销售确认33件，办理商品房合同注销67件，检查商品房销售场所6家。办理房地产经纪机构各类备案变更156件。开展经纪机构专项检查和联合执法检查，检查经纪机构门店140家，对38家存在问题经纪机构进行行政处理，对1家违规经纪机构进行行政处罚。利用房地产市场动态监管信息平台，处理纠纷投诉316件。 （刘静韦 焦志清）

【房屋征收】 年内，区第一个征收项目——钟鼓楼广场恢复整治项目完成签约居民48户，非住宅2处，征收房屋建筑面积1524.33平方米。区文化活动中心项目完成搬迁。国际戏剧中心项目完成征收论证、暂停公告、招投标、入户初评、调查摸底及征收补偿方案征求公共意见及修改等工作。对明城墙遗址公园东南角绿地恢复工程、刘家窑路道路工程、革新南路道路工程、地铁7号线珠市口站东南出入口用地工程和老舍纪念馆改扩建工程等5个项目发布房屋征收暂停办理事项公告,进入征收程序。 (刘静韦 焦志清)

【拆迁管理】 完成拆迁居民190户,拆迁建筑面积5935.04平方米。受理裁决申请36件,行政调解25件,做出并送达行政裁决18件,送达行政强制催告书7件。严格拆迁现场管理,对王府井H2号地、黄土岗3号地等31个滞留拆迁项目现场综合巡检43次,对发现的问题当场要求限期改正。经复查,已改正。 (刘静韦 焦志清)

【住房制度改革】 对81家单位进行房改售房、调房工作,出售、调整住房628套。严格售房资金归集管理,归集售房款9334.64万元。审批售房款、住宅专项维修资金使用申请,审批13家单位使用售房款1081.19万元、10家单位使用售后公有住房专项维修资金640.60万元,用于屋面防水、墙面粉刷和电梯大修等工程。完成区属机关事业单位89家、2230名新增职工住房补贴备案工作。 (刘静韦 焦志清)

【物业管理】 全区注册的物业服务企业238家,受理并完成物业服务合同备案项目388处,建筑面积2468.97万平方米。开展物业行业监督、执法工作,对30家不符合规定的物业服务企业进行注销资质证书行政处理,对8家不符合规定的物业项目,分别约谈企业法人及项目负责人,要求其限期整改,经复查,已改正。受理群众投诉102件,均及时协调解决并将结果反馈投诉人。协调处理多起小区物业接撤管、住宅楼屋面漏雨、电梯故障、拖欠电费等问题。

(刘静韦 焦志清)

【信访接待】 年内,受理来信1404件,比上年增加155件;接待来访群众1486批次2383人次,比上年增加102批次164人次;接待集体访16批次,比上年增加3批次;局领导接待群众69批次137人次,比上年增加3批次,减少12人次。全年开展矛盾纠纷排查3次,化解一批重点难点问题。向市、区报送信访维稳信息16期。受理人大代表建议与政协委员提案37件,全部办结。 (刘静韦 焦志清)

房屋征收事务中心

【概况】 东城区房屋征收事务中心(简称区征收中心),上年8月14成立,是受区政府房屋征收办委托,负责东城区房屋征收与补偿事务的管理机构,为全额拨款事业单位。设综合办公室、财务管理科、征收调查科、征收补偿科、房源管理科、工程管理科。在编人员27人。

年内,承担北京国际戏剧中心等全区征收补偿项目6个。分别完成项目的调查、测算、评估和公示等前期工作。

单位地址:东城区法华南里甲17号

联系电话:67138997 邮政编码:100061 (刘波)

【北京国际戏剧中心扩建项目】 项目是中心承担的第一个房屋征收补偿项目。涉及产权人及公房承租人103户,房屋309间、建筑面积5274.20平方米,未登记房屋1928.10平方米。4月29日至5月28日,完成社会稳定风险评估。11月8日,在征收范围内公布房屋征收补偿方案。 (刘波)

【明城墙遗址公园绿地恢复项目】 项目位于明城墙遗址公园东南角,涉及1户居民,登记房屋使用面积86平方米。项目于上年11月15日启动,完成入户摸底、结果公示、评估机构选定及入户评估工作。年内,对征收补偿方案(征求意见稿)进行公示。 (刘波)

【刘家窑路道路工程项目】 刘家窑路(沙子口路—景泰路)道路工程建设项目涉及居民89户,单位10家,面积8078.10平方米,其中登记房屋建筑面积3794.90平方米,其余为未登记房屋、待确认房屋及违章建筑。1月至6月,完成拆迁拆除公司招投标,入户调查,调查结果公示和选定房地产评估机构等工作。8月20日完成资金与房源测算。 (刘波)

【革新南路道路工程项目】 项目涉及居民及单位13户,占地面积2670.33平方米。9月26日,项目启动,在征收范围内张贴暂停办理事项公告,认定项目的红线范围。11月27日入户调查。 (刘波)

【地铁珠市口站东南出入口项目】 项目涉及居民及单位18户,占地面积1470平方米。10月16日在征收范围内张贴暂定办理事项公告。10月25日至11月22日通过招投标确定拆迁及拆除公司。所征收房屋属区城管委"城中村"环境整治拆迁项目拆迁范围。 (刘波)

【老舍纪念馆改扩建工程项目】 项目涉及居民及单位12户,占地面积488.16平方米。12月27日,在被征收范围内张贴暂定办理事项公告,开始征收补偿相关工作。 (刘波)

房屋土地经营管理

房屋土地经营管理一中心

【概况】 东城区房屋土地经营管理一中心(简称区房地一中心)是东城区(北片)直管公房管理机构,为全民所有制自收自支事业单位。设研究室、信访督查室、数据资料室、审计财务部、劳动人事部、修缮工程部、房产经营部、综合办公室、武装保卫部、教育培训部、纪检监察室、党委工作部、工会、策划投资部14个科室,下设19个企、事业单位,有干部职工965人。

年内,落实市区政府部署的各项工作,完成直管公房管理、修缮服务、防汛、供暖、电梯和高层楼二次供水设备运行等各项工作,启动房屋基础信息清理工作,推进陈独秀故居腾退项目。受理群众来信、来访、来电3477件990批1675人次,同比上年下降13%。

单位地址:东城区美术馆东街甲24号

联系电话:64026854　邮政编码:100010　(王浩亮)

【修缮服务】 完成直管公房修缮投资3080万元,完成大修平房311间4478平方米,楼房防水工程2栋1210.88平方米;中修工程完成附柁、附檩、附换柱、墩接柱1032根,拆砌山墙36个、拆砌后檐墙56间、瓦房屋面整修1463间;零维修完成1.12万户次。组织房屋安全检查,冬季查房平房7.30万间(含中式楼1759间)、楼房411栋,对查出隐患均及时处理。(王浩亮)

【防汛工作】 对有安全隐患房屋,特别是大修销号房及公共场所进行安全复查,复查面积占总管房面积60%。汛期,各防汛责任单位职责明确、预警及时,防汛备勤3456人次,雨中巡查平房1.09万间次、楼房128栋次,接报房屋漏雨583间、院内积水堵塞3处,全部得到及时处理。(王浩亮)

【重点工程】 煤改电工程完成房屋大修翻建669.50间9093.30平方米,内线改造工程竣工1.03万户,完成1.40万台散热器安装调试,配合完成建国门地区56户居民煤改电箱变搬迁工作。建筑节能改造工程完成11栋楼9.80万平方米。老旧小区综合整治工程完成17栋楼。供热计量节能改造工程一期完成6栋楼施工改造;二期完成设计、监理、施工招投标。(王浩亮)

【设备维护】 完成东直门外大街40号楼等18栋居民楼消除高层住宅消防安全隐患工程;实施苏州胡同、铜管厂2处燃油锅炉房及十字坡东里燃气锅炉房更新改造工程;完成胡家园小区14、16号楼居民电梯更新。(王浩亮)

【内部审计】 完成东华门分中心、朝阳门分中心、设备中心内审工作。及时纠正基层单位在落实经济计划、房屋修缮、防汛、商企租金调整、合同签订、“三重一大”(凡属重大决策、重要干部任免、重大项目安排和大额度资金的使用,必须由领导班子集体作出决定”的制度)等工作中存在的问题,整改事项56项。完善内部监督、落实长效工作机制。(王浩亮)

【法律事务】 发生法律事务一案一报案件89件,同比上年案件发生率下降18%。发生涉及取暖费、房屋租金、物业管理费的简易诉讼案件116起,比上年同期减少42起,挽回损失115.40万元。受理各类法律事务咨询612件。(王浩亮)

房屋土地经营管理二中心

【概况】 东城区房屋土地经营管理二中心(简称区房地二中心)是东城区(南片)直管公房管理机构,为全民所有制自收自支事业单位。设党委工作部、纪检监察室、工会、行政办公室、人力资源部、财务审计部、资产管理部、直管公房营运部、物业部、房屋修缮与设备维修部、生产和设备安全管理部、企划开发部、多种经营部13个科室,下设16个企、事业单位。有干部、职工631人。为便于经营,成立北京崇房投资公司、北京京房为民置业公司(编制外)。

年内,完成老旧小区综合改造工程和煤改电工程,履行房屋管理职能,确保所管房屋的使用安全。

单位地址:东城区光明西街绿景苑4号楼中门

联系电话:67165872　传真:67165802　邮政编码:100061

(郭少杰)

【防汛工作到位】 防汛抢险物资储备充足,对防汛机械设备(水泵、车辆等)全面检修,将物资存放于便于使用的场所,并由专人保管,以保证汛期正常使用。雨中查房平房8349间、楼房525栋,接到群众报修1097次,出动人员1949人次,抢修苫盖加固漏雨房屋740间。(郭少杰)

【直管公房经营管理】 管理房屋面积61.55万平方米,其中平房24.68万平方米1.45万间9856户,楼房28.31万平方米262.50栋4801户,简易楼7.91万平方米66栋2134户。办理弘善家园小区入住698户,其中二中心和住户共有产权537户,完全承租161户。(郭少杰)

【办理群众信访】 办理“12345”北京市非紧急救助中心电话登记单1517条,北京市信访综合办公系统交办单65件299人次,市长电子邮件236封,区长电子邮件126封。接待群众来访388人次,其中中心领导接访、约访、下访167次。代理矛盾纠纷32件,接听群众来电543次,办理人大建议7件,政协提案4件,处理网格化管理事件111件,均得到及时办理。
(郭少杰)

【修缮服务】 检查直管房屋117.10万平方米(含已售公房和拆迁地区),其中楼房352栋84.42万平方米,平房2.17万间32.69万平方米。查出应附柁13架(已附13架),应附檩205根(已附175根),应附柱49根(已附46根),其中断柁1架、断檩8根抢修完毕。完成房屋大修工程翻建27间461.90平方米,挑顶13间219平方米,综合维修80间400平方米;中修木结构加固95间,附檩72根,屋面维修3452间,新做下水34处,墙体整修76间,新做顶棚55间。处理解决网格事件115件,完成率100%。
(郭少杰)

【市区重点工程】 抗震节能综合改造工程完成73栋楼房。对东城区南片9429户平房居民进行煤改电采暖改造,完成内线改造9429户,安装电暖器1.02万台,翻建房屋815.50间1.37万平方米,挑修房屋372间8798.88平方米,房屋综合维修546间9598.70平方米,房屋外墙保温6.40万平方米。
(郭少杰)

【搬迁项目】 年内,有天坛东里北区1－8号楼等7个拆迁项目。粉厂胡同东侧项目完成搬迁比例98.07%,该项目2009年3月启动。彭庄土地一级开发项目搬迁居民产籍户321户、完成搬迁比例61.97%,户籍户401户、完成搬迁比例61.89%,单位搬迁2家、完成搬迁比例16.67%,该项目2009年7月启动。金鱼池二期西项目搬迁居民产籍户330户、完成搬迁比例87.53%,户籍户387户、完成搬迁比例82.87%,该项目2009年12月启动。天坛东里北区1－8号楼项目完成搬迁比例41.89%,该项目2011年7月启动。东城公安分局业务技术用房项目完成搬迁比例96.77%,该项目2011年12月启动。区文化活动中心建设用房项目完成搬迁比例89%,红线内居民全部搬迁,该项目上年4月启动。清华寺文物腾退项目12月启动,涉及居民4户,单位1家,年内已完成腾退并开工修缮。
(郭少杰)

科技·文化·教育

科 技

【概况】 东城区科学技术委员会(简称区科委),挂东城区知识产权局牌子。区科委(区知识产权局)是负责东城区科技工作和知识产权工作的区政府工作部门。主要职责:贯彻落实国家和北京市关于科技工作方面的法律、法规、规章和政策,研究制定东城区科技发展和科技促进经济社会发展的行政措施和管理办法并组织实施。内设办公室、科学技术管理科、科学技术普及科、专利管理科。有公务员编制12人,事业编制3人,工勤编制1人。

年内,加快实施创新驱动发展战略,推进区域科技与文化融合发展。深化与故宫博物院的战略合作,参与故宫文物修复工程。提升区域科技创新和成果转化能力。新申报高新技术企业51家,输出技术合同成交额250亿元。专利申请量7854件,同比增长28.75%;授权量5095件,同比增长27.73%,均位居全市第四。2家企业获国家火炬计划重点高新技术企业证书。完成两批市科委绿色通道计划项目征集,4个项目获支持1192.80万元。市级科普基地新增5家共有26家,占全市总数10.70%。启动区级科普基地建设,景泰蓝艺术博物馆、龙潭公园、花市社区博物馆被命名为区级科普基地。北京起重运输机械设计研究院研发《全自动控制垃圾搬运起重机关键技术研究及应用》等11个项目,分获北京市科学技术二、三等奖。

单位地址:东城区东四十一条83号

联系电话:64041867 邮政编码:100007 (解佳涛)

【埃及专利局局长来访】 3月6日,埃及专利局局长阿代尔·埃韦达、阿勒旺大学区域知识产权学院院长侯塞梅丁·艾莎吉尔一行4人,参观北京市珐琅厂。观看景泰蓝制作工艺流程,听取北京市珐琅厂关于景泰蓝知识产权保护等介绍,交流研讨传统文化技艺保存和传播、加强非物质文化遗产知识产权保护等问题。国家、市知识产权局等单位领导陪同。 (解佳涛)

【科技计划项目】 3月7~8日,区科技计划项目专家评审会召开,9名专家组成3个组对69个上会项目进行评审(医疗卫生项目单独评审)。全年科技计划项目征集144个,经专家评审、项目考察等立项43个,资金支持38个,支持资金287万元。4月25日,年度科技计划项目交办会召开,承担科技计划项目43家单位负责人参加。北京玻璃研究院、北京鼓楼中医院分别代表项目承担单位签署《东城区科技计划项目任务书》。8月7日,上年度区科技计划项目结题验收会召开,46个项目全部通过验收。8月15日至9月15日,组织书面中期检查年度立项科技计划项目。 (解佳涛)

【科普志愿者服务队】 3月20日,在北京自然博物馆召开区科普志愿者服务队成立大会。市科委等单位领导,区园林局、卫生局等单位负责人及科普志愿者代表60人参加。科普志愿者代表宣读《东城区科普志愿者服务队倡议书》《东城区科普志愿者服务队承诺书》。市科委等单位领导向志愿者代表授队旗,颁发队徽和服务手册。区级科普志愿者注册人数达400人。 (解佳涛)

【领导调研】 4月12日,市知识产权局副局长潘新胜一行,到南锣鼓巷调研知识产权保护示范街区创建工作。调研3家创意文化特色店,听取南锣鼓巷知识产权保护特色街区创建工作汇报,参加南锣鼓巷商标保护及运用等相关知识产权发展战略规划讨论。7月11日,副区长许汇率区产促局、雍和园管委会、龙潭湖体育产业园、体育局等部门负责人到北京瑞盖科技有限公司调研,听取情况介绍,探讨体育产业发展过程中出现的新问题,提出企业要增强保护意识、职能部门相互配合、提供更有效的服务,为企业发展营造良好环境。10月17日,市知识产权局副局长王淑贤、中医药管理局副局长罗增刚等到同仁堂科技股份公司调研,参观药品生产线、中药检测室及同仁堂博物馆。听取同仁堂科技公司知识产权创造保护等情况汇报后,讨论中医药企业专利挖掘、专利申请、商标注册、产学研结合、知识产权维权保护等议题。对企业面临知识产权保护等问题,王淑贤表示将进一步统筹协调市中医药管理局、市工商分局等职能部门,通过完善知识产权公共信息服务平台建设、加强联合执法、出台相关扶持政策为企业发展提供更多支持和帮助。 (解佳涛)

【故宫文物修复】 4月17日,与故宫博物院文保科技部,在故宫西玉河基地联合召开平安故宫项目文物抢救性保护修复联席工作会,8家相关企业参加。故宫博物院各文物修复工作室负责人介绍各项待修复文物的基本情况、修复方式、修复要求等,到会企业就如何开展修复工作进行沟通、讨论,双方对修复工作提出意见。6月17日,双方联合召开故宫文

物修复入场前培训协商会,沟通培训相关事宜。区国资委及龙顺成等7家企业参加。（解佳涛）

【知识产权宣传活动】 4月23日,在南锣鼓巷与交道口街道办事处、区法院、工商分局、文化委等知识产权领导小组成员单位联合开展尊重知识产权,维护市场秩序知识产权宣传咨询活动。活动中发放市、区知识产权基本知识,政策汇编等宣传材料2000余份,解答专利申请、商标注册、知识产权司法保护等问题。（解佳涛）

【科普联席会会议】 5月22日,区科普工作联席会扩大会在青蓝大厦召开,部署上年度全国科普统计申报、区级科普基地申报、科普可持续发展资金项目申报等工作。会议提出要重点加强和支持区级科普基地认定及科普志愿者队伍建设。联席会成员单位、区属市级科普基地等66家单位参加。12月13日,东城区科普工作联席工作会召开,会议总结年度工作、部署下年工作,对区级科普基地和十佳科普志愿者分别授予牌匾和名册,联席会成员单位代表、区科普基地代表和十佳科普志愿者代表交流工作。联席会成员单位主管领导、科普基地代表、十佳科普志愿者参加。（解佳涛）

【北京科技周主场活动】 5月23日,与和平里街道办事处、北京软件产品质量检验检测中心共同组织科技干部和社区居民200人,参加在全国农业展览馆召开的年度全国科技活动周暨北京科技周主场活动。（解佳涛）

【项目结题验收】 8月28日,在北京市珐琅厂,景泰蓝工艺提升与创新(二期)课题设备验收会召开。专家组一行听取景泰蓝数字智能制地儿系统、智能异形花丝设备系统、景泰蓝工艺技术互动展示系统汇报和实地查验后,认定设备达到设计要求,同意通过验收。12月12日,在北京市珐琅厂景泰蓝工艺提升与创新(二期)课题结题验收会召开。市科委主持,专家组听取课题组汇报、审阅相关材料、观看景泰蓝工艺技术互动展示系统演示、实地考察设备现场应用,同意通过验收。12月20日,区科委(区知识产权局)承担的小型无人机飞行平台及小型无人机自动飞行控制系统稳定性控制子系统、青少年体育人才训练监测管理系统通过专家组验收。（解佳涛）

【科普培训】 9月12～13日,在崇文青少年科技馆,举办科普工作者培训班,紧急救援训练中心老师讲解野外生存技巧及紧急救护知识,首都师范大学老师讲解社区科技制作活动的设计与实施课程,教学员科技小制作等。市科普基地、区科普联席会成员单位、各街道社区科普干部100人参加。（解佳涛）

【胡同创意工厂工作站】 11月8日,在第八届北京文博会主场馆,举行北京市文化创意产业项目签约仪式暨北京“12330”工作站授牌仪式。市文化局副局长关宇、知识产权局副局长王淑贤及区有关领导参加签约仪式。北京“12330”东城区胡同创意工厂工作站获授牌。年内东城建成分中心1个,即东城区分中心,工作站3个,即南锣鼓巷工作站、北京东方雍和国际版权交易中心工作站、东城区胡同创意工厂工作站,形成覆盖园区、特色街区、中小企业的举报投诉服务体系。（解佳涛）

【科技政策法规培训】 11月13日,举办年度科技政策法规培训会。北京网络多媒体实验室、北京市技术市场管理办公室、北京市知识产权信息中心信息资源部等专家,分别讲授如何提高科技项目申报成功率、技术合同认定登记规则、专利信息检索的理论与实践等内容。100余家科技企业负责人参加。（解佳涛）

科技园区雍和园

【概况】 中关村科技园区雍和园管理委员会(简称雍和园),是区政府派出机构,是雍和园的统筹协调和管理服务部门。内设办公室、规划协调科、企业发展科、经济分析科、文化产业科。有公务员编制20人,事业单位1个,即中关村雍和园产业促进中心,编制5人。

年内,完善园区管理体系、建设重点项目、落实扶持政策、搭建服务体系、建设人才队伍。坚持创新引领文化发展,抓住文化资源保护利用、文化产业布局规划,推动文化创意产业发展,推进示范区空间规模和布局调整,完成全年各项工作。10月30日,在北京孔庙国子监成立网络文学大学并举行开学典礼,莫言担任名誉校长。11月8日,全国首个综合性网络游戏产业公共服务平台落户东城园。园区有高新技术企业289家,规模以上高新技术企业97家,实现总收入513.89亿元,1月至11月,同比增长81.19%。

单位地址:东城区青龙胡同1号歌华大厦A座1606室

联系电话:59260100　邮政编码:100007（潘汝清）

【中小企业服务分中心启用】 1月30日,启动东城区中小企业服务中心嘉诚分中心和东直门分中心,启动仪式上,分中心分别与商协会、产业园区、金融服务机构15家代表签署合作协议,多家机构发布针对版权、文化金融、科技、文创产业园区等领域的服务政策和信托产品。市经信委副主任姜贵平、区领导许汇出席并授牌。区产促局、雍和园管委会、国资委、商务委等有关部门,合作机构及中小企业代表参加。（潘汝清）

【领导调研】 2月19日,市委常委陈刚一行到中关村雍和航星科技园调研,考察诺基亚体验创新中心、北京网秦天下科技有限公司、北京航星机器制造有限公司,就雍和航星园规划建设、重点项目支持等问题进行座谈。陈刚要求市、区相关部门全力支持航星园建设,从改善交通入手,优化发展环境。市、区有关领导8人参加。6月9日,中共中央政治局常委刘云山到中关村科技园雍和园,就文化科技融合、文化业态创新、文化人才培养等同有关方面负责人和企业员工交流。7月23日,全国人大常委会委员赵少华到园区企业中文在线文化发展有限公司，调研文化产业发展工作。察看全媒体出版模式运行情况，在天脉聚源传媒科技有限公司察看海量电视实时录制与采集系统、新媒体政务电视系统等研发应用情况，观看东城区创建国家公共文化服务体系示范区宣传片，对区创建工作提出意见和建议。中央及区有关部门领导15人参加。 （潘汝清）

【中国原创版画交易平台】 5月17日，北京东方雍和国际版权交易中心，在圣唐古驿文化创意园举行中国原创版画交易平台启动暨首届中国原创版画发展论坛，市、区有关部门领导到场剪彩。中国原创版画交易平台是国内首个规则完备、体系健全、确权保真的国家级原创版画交易平台。通过平台的宣传和市场营销提升市场对原创版画的认知度，挖掘原创版画价值，并利用完善的制度保障和结构设计维护原创版画交易市场秩序、活跃版画交易市场。 （潘汝清）

【文化创意中国行活动】 5月21日，在雍和园举办北京建都860周年、北京国际皇城旅游节系列纪念活动——文化创意中国行启动仪式暨全国首站活动北京东城区胡同创意工厂低碳骑行游。活动与区委宣传部、旅游委、中央人民广播电台、北京大学文化产业研究院联合主办，活动中北京相关媒体记者、胡同创意工厂讲解员组成骑行队伍，对东城区胡同创意工厂及企业进行实地采访，体验胡同创意工厂标准化服务模式，对发展胡同创意工厂游成为新兴的创意旅游产业和跨界跨区域推广、文化创意孵化的基地起到推动作用。

（潘汝清）

【高端科技人才创业基地】 5月28日，东城区中关村雍和园硅谷高端文化科技人才创业基地在美国硅谷中关村瀚海科技园举行揭牌仪式。区政府赴硅谷代表团、北京瀚海智业投资集团、中关村瀚海硅谷科技园主要负责人及相关移动互联网企业50余人参加。人才创业基地作为东城区在美国硅谷的雍和园硅谷海外人才联络处，招才引智，并成为雍和园设立在美国当地优秀项目预孵化的基地，培育优秀项目落地东城。 （潘汝清）

【科技商务区启动运营】 6月14日，在北京环球贸易中心举行中关村金隅环贸科技商务区开园启动仪式，召开科技商务区启动运营座谈会，走访调研北京电通广告有限公司、前程无忧网络信息技术（北京）有限公司等重点企业。该项目的启动，标志着东城区以中关村雍和园扩园为契机，加快全面实施产业结构调整，提升市属国有企业集团的竞争力，加快区现代服务业结构升级和发展模式转变。区有关领导、中关村管委会、金隅集团、科技商务区入驻企业代表20人出席。

（潘汝清）

【创意点亮北京】 8月17～18日，在地坛公园举办“创意点亮北京”科普体验活动。活动中主会场有3万余观众参加，体现文化和科技融合特点的国际灯光艺术展、文化创意产业综合展、雍和放映等板块，为首都市民、游客提供了走近创意、体验创意的良好平台。活动期间启动“首届青年手机游戏创意设计大赛”，以百万级别的高规格奖励在业界引起反响，标志着“创意点亮北京”活动对区域重点产业板块的资源聚集能力的提升。市、区有关领导，中关村管委会31人参加活动。 （潘汝清）

【北京国际艺术授权博览交易会】 11月7～10日在北京银河SOHO举行。该交易会是第八届中国北京国际文化创意产业博览会推介交易板块的重点活动之一，活动由展览展示、品牌推介交易及“中国授权20人”论坛3个板块组成。旨在促进艺术授权领域的快速、健康发展，加强与国际授权领域的沟通、建构授权业上下游的对话机制，拉动文化消费。

（潘汝清）

【文化创意产业博览会】 11月7日，在国际展览中心举办为期4天的第八届中国北京国际文化创意产业博览会。东城展区主题为“科技助推文化　创意点亮生活”，布展突出引领产业发展集聚区，显示区域特色文化科技企业，通过形式多样的互动交流体验，展示东城区文化资源丰富、文化产业实力强劲、文化事业发展的特色。 （潘汝清）

科协工作

【概况】 东城区科学技术协会（简称区科协），是东城区科技工作者的群众组织，是中共东城区委领导下的人民团体，是党和政府联系科技工作者的桥梁和纽带，是推动科学技术事业发展的重要力量。有基层学会（协会）35个，会员2万余人。内设办公室、科普部、学会部。有公务员编制8人，工勤编制1人。

年内，发挥科协组织团体、智力优势，团结、依靠科技工作者，开展决策咨询、学术研究与交流、科学知识普及、科技成就宣传、科普平台建设、科普工作者培训、科技工作者联谊等工作，完成区科协全委会确定的工作任务。围绕节约能源资源、保护生态环境、保障安全健康、促进创新创造等工作主题，结合中医养生、低碳生活、防灾减灾、节能减排、食品安全、健康健身等热点，组织开展科普宣传、咨询、展览、讲座等多种形式活动近1000项80万人次参加。推荐选手4人参加第14届北京青年学术演讲比赛，其中入围决赛2人；决赛选手分获一等奖、二等奖各1人。5月29日，成立北京吴裕泰茶业股份有限公司企业科协。同日，成立中国国际应用心理研究院东城分院暨心江湖企业科协。

单位地址：东城区东四十一条83号

联系电话：64033034　邮政编码：100007 （李海曼）

【科普能力建设】 1月至6月，完成社区科普益民计划，通过市科协验收、检查。组织实施年度社区科普益民计划工作，表彰奖励社区10个、科普活动场馆1个、优秀科普宣传员10人。为社区配送科普图书、益智科普互动展品、建设数字科普视窗等设施，为获奖社区和场馆拨付益民计划专项资金55万元。7月至12月完成社区科普益民计划申报工作。中国科协、市科协投资80万元,建设东花市枣苑科普示范社区。组织各基层协会参加市区县公民科学素质抽样调查,15个街道40个社区1000人作为被调查对象,参加科学素质答卷。

(李海曼)

【一届三次全委会】 3月28日召开。会议传达学习市科协年度工作会议精神,作《东城区科协2012年工作总结和2013年工作计划要点》工作报告,表彰上年度先进单位和个人。副区长许汇出席并讲话,委员60人参加。 (李海曼)

【科技周活动】 5月18日东城科技周组委会,在龙潭公园主办。市、区有关领导及26家相关单位负责人出席开幕式,现场开展科普宣传、专家义诊、展览展示、咨询、互动体验等活动,涉及健康睡眠、肿瘤防治、中医养生、家庭养花、环境保护、节能减排、健康生活、心理咨询、H7N9流感预防、景泰蓝掐丝点蓝技艺展示、科学实验、科技制作等,倡导低碳生活,提高全民科学素质等。展出展板200余块,发放资料3万余份5000余人受益。5月18~24日科技周活动期间,各相关单位开展科普活动近200余项。 (李海曼)

【科普之夏】 7月至9月,组织辖区各街道举办保护生态环境,建设美丽北京科普之夏活动。开展节能环保、食品安全、防灾减灾、心理健康、科普大篷车进社区等科普活动100余项。7月25日,在和平里街道举办东城科普之夏活动启动仪式,仪式上通过科普展板、演出、有奖问答、咨询等向社区居民普及低碳环保、阳台种菜、心理健康等科普知识。社区居民自编自演科普剧《青蛙的诉说》、科普表演《儿童环保时装秀》、管旋乐表演《铁道游击队》等8个节目。社区居民200人参加。活动期间,围绕和谐家庭和谐东城主题,请知名心理咨询师,向社区居民开展心理讲座6场次、咨询20次,传授社区居民如何化解家庭矛盾和社会矛盾,构建和谐美满的工作和生活氛围。 (李海曼)

【全国科普日】 9月14日,在南馆公园举办"东城区保护生态环境建设美丽东城"全国科普日主场活动,展出展板200余块。中国实验动物学会向公众介绍实验动物与人类健康的关系,普及实验动物和人类重大传染病基本知识。中国生物医药工程学会开展图形警示上烟包倡导活动。区旅游委、园林绿化局、园林绿化管理中心、环境保护局,北京金盟经贸有限公司,结合纪念北京建都860周年,在活动现场开展普及古代科技、低碳生活、保护环境、美丽东城科普知识。区医学会、中医药养生保健协会、红十字会、柯瑞生物科技有限公司、吴裕泰茶叶股份有限公司、心江湖企业管理有限公司结合行业特点,向公众普及身心健康知识。区振动学会地震烈度速报仪、青少年科技馆开展科技小制作及有奖竞猜活动。社区居民体验、观看南馆公园低碳小屋数字厨房、户外全媒体数字科普视窗等互动项目。活动中发放宣传资料3万余份,受益5000余人。市、区领导王学勤、许汇等参加活动。

(李海曼)

【科技下乡活动】 10月11日,到延庆县香营村为当地村民送去价值3万元电教设备和科普图书。区、县有关部门领导、干部、相关人员参观科普基地后,召开座谈会,双方沟通交流科普工作。 (李海曼)

【金桥工程】 组织推荐首都医科大学附属北京同仁医院《血清GP73化学发光试剂盒的研发和推广》立项为B类项目,获奖补种子资金2万元。首都医科大学附属北京天坛医院《LncRNA在癫痫发病中的作用机制研究》、北京市和平里医院《捏脊加摩腹治疗小儿厌食症的临床研究》等6项,立项为C类项目,每项获奖补种子资金1万元。 (李海曼)

【青少年科技教育】 组织辖区100所中小学学生开展青少年科技创新大赛、青少年机器人竞赛、自然科学知识竞赛、动手做竞赛等大型活动,7万余人次参加。在各项市级竞赛中,获一等奖56人、二等奖70人、三等奖104人。在北京青少年科技竞赛中,获市长提名奖2人,十佳优秀科技辅导员1人。参加北京市百万家庭数字技能大赛,经多轮竞赛获决赛第二名。在第二十七届全国青少年创新大赛、第十二届中国青少年机器人竞赛等活动中,获一等奖8个、二等奖7个、三等奖4个,优秀辅导员科技创新项目三等奖1个,优秀实践活动二等奖1个,团体二等奖1个、三等奖2个。举办东城区第十九届北京市中小学生自然科学知识竞赛,通过网上答题、参观科普场馆、试卷答题、科普报告等形式,在30余所中小学校3万余中小学生中选拔300人进入复赛。复赛涉及自然科学、生活常识等内容,复赛成绩优秀者参加北京市团体决赛。

(李海曼)

教　育

【概况】 中共东城区委教育工作委员会、东城区教育委员会(简称两委)。中共东城区委教育工作委员会是负责辖区教育系统党的建设、思想政治工作和干部管理工作的区委派出机构,东城区教育委员会是负责辖区地方教育事业的行政职能部门,区教育工委与区教委合署办公。机构设置32个,其中教工委6个、教委26个。有公务员159人,工勤10人,事业单位169个编制1.84万人。全区有托幼园所51所,其中教育部门办园22所、街道办园9所、社会办园15所、民办园5所;收托幼儿1.27万人,教职工2228人,其中专任教师1274人;北京市示范园16所,一级一类幼儿园38所,市级早教示范基地25个。小学64所1469个教学班,毕业7557人、招生10071人、在校生4.91万人,教职工4531人,其中专任教师3673人;小学入学率100%,巩固率100%,毕业及格率100%。中学43所,其中初中7所、高中4所、完全中学27所、九年一贯制学校2所、十二年一贯制学校3所;教学班1261个,其中初中682个、高中579个;毕业1.31万人,其中初中7713人、高中5389人;招生1.38万人,其中初中8078人、高中5742人;在校生4.22万人,其中初中2.43万人、高中1.79万人。教职工6280人,其中专任教师4459人;初中入学率100%,巩固率100%。工读学校1所,在校生120人,教学班6个,招生75人,毕业50人。特教学校2所,在校生256人。校外教育单位8所,教职工313人。中小学教师学历合格率100%。职业高中6所,其中教育部门3所、民办3所。职普联合设校3所,开设专业77个,教学班199个;招生1292人,其中职高794人、成人中专498人,毕业1684人,在校生4346人,其中职高3759人、成人中专587人;教职工787人,其中专任教师412人,专任教师学历合格率100%,高级专业技术职务172人。成人高等教育学校4所,开设专业71个,教学班263个,在校生4758人,教职工218人,其中专任教师118人。

年内,深化教育领域综合改革决定,实施精品特色发展战略,坚持立德树人、全面发展,创新人才培养模式,全面实施素质教育。东城区被列为国家级基础教育综合改革实验区,学区化管理覆盖面达到100%,学校深度联盟覆盖所有学区,各级各类教育协调健康发展,各项工作取得成绩。完成学前三年行动计划,投入2.10亿元,新建、改扩建幼儿园13所,全区幼儿园达51所,增加学位近3000个。

单位地址:东城区夕照寺中街19号

联系电话:67182655　邮政编码:100061　　（李银娅）

【教学管理】 1月24日,召开初、高中三年级教育质量分析会,首次从学科出发,以优点和反思的形式对各中学教学工作进行反馈。有关领导、各中学校长、教学干部200人参加。3月27日,在汇文中学开展中学教学干部走进学校系列活动,中学教学干部71人参加。同日学校开放初、高中英语、生物、化学、历史、地理6节常态课程。5月10日,以“科学减负　提升质量　全面育人”为主题,召开减负增效工作阶段总结会暨2012—2013学年度小学教育质量分析会。8个学区8所学校干部、教师和家长代表作减负增效策略交流汇报。会议要求各校将质量监控工作做到四化,即常态化、系列化、目标化、丰富化,并确定西中街、北新桥、艺美、天坛东里、体育馆路、景泰、北池子、府学胡同、新鲜胡同等小学为东城区第一批课程创新基地校。全区各小学校长、教学干部、教研员180人参加。11月26~28日,在北京第一师范学校附属小学,承办北京市六城区第八届京城杯小学“关注学生需求　提高课堂实效”教学交流活动,六城区优秀青年教师12人进行课堂教学展示,有关部门领导及教师1000余人参加。12月9日,召开学生学习方式变革研讨会,二十二中学展示参与该项目实践阶段成果。　　（李银娅）

【德育教育】 3月,启动年度中学生志愿服务月活动,前门、曙光、黑芝麻胡同等小学学生,用压岁钱购买图书4000余册,送到昌平8所打工子弟学校。4月,开展“我的成长我来秀——我的中国梦”主题班会说课比赛;举办有效德育与德育管理创新小学德育系列主题论坛;在崇文小学,与东城区妇女儿童工作委员会,联合举办“安全同行　健康成长”东城区儿童伤害干预项目交流展示活动。5月,组织开展“绽放青春光彩　共铸美丽中国梦”主题教育活动;举办“学习雷锋　做美德少年”网上签名寄语活动。6月至7月,在东城区少年宫,举办东城区第四届中小学生主持人大赛,决赛出十佳小主持人42人、一等奖95人、二等奖128人、三等奖26人。12月,在花市小学召开“阳光心态　奠基美好人生”——东城区小学心理健康教育走进先进校活动;开展东城区小学紫禁杯优秀班主任宣讲团分别走进校园活动。全区中、小学教师,学生代表3.89万余人分别参加年内各项活动。　　（李银娅）

【少年交警队】 3月25日,在景泰小学,举行“普及安全知识　确保生命安全”主题系列教育活动暨东城区阳光少年交警队成立仪式。活动是东城区全力推进首都文明交通行动计划,开展“小手拉大手　共创首都文明交通环境”进校园工作的重要内容。小交警代表向全区中小学生发出“文明交通　从我做起　从小做起”的倡议。　　（李银娅）

【科技学院选课工作】 3月29日,在第二中学分校正式启动青少年科技学院东直门——朝阳门——建国门学区选课工作,12所小学校长和200名学生参加启动仪式。4月19日、26日,在第五中学分校和汇文中学分别正式启动青少年科技学院安定门——交道口学区,龙潭——体育馆路学区选课工作。此项工作有效整合学区内部科技教育资源为中小学生服务,打破学段限制,丰富中小衔接和学区化建设工作机制。　　（李银娅）

【对外交流】 4月2日,在广渠门中学举行中美比较教育专题论坛。论坛以中美比较教育为主题,美国斯尔拉多高中、加利福尼亚小学、胡克中学,北京理工大学附属中学、北京小学、广渠门中学分别围绕高中课程供给、课堂教学呈现方式和教师培养等问题进行大会交流,与会人员现场观摩初二年级示范课。市、区教委有关领导,全区各中小学校长,部分区县校长和美国校长300余人参加。5月28日至6月1日,东城参加年度京交会教育服务板块,主题为“融合　共享　创新　发展——东城区人才培养模式创新实践”。通过4大学院宣传东城区人才培养模式创新,对8个学区和部分学校进行展示。年内,接待22个国家和地区68个政府及教育代表团组,来访人数达1463人次。出访团组88批次,干部教师

384 人、学生 1710 人,分别到 31 个国家及地区开展教育交流互访活动。(李银娅)

【美育研究会】 4 月 10 日,在东城区少年宫召开东城区美育研究会成立大会暨第一届会员大会,教育系统中小学、幼儿园、职业学校、校外教育 130 个单位成为第一届会员单位,会议作创造美的教育专题报告。市教委、区政府等有关领导出席,中国国家博物馆、中央美术学院、中国传媒大学、中央戏剧学院等 10 余家合作单位和教育系统干部教师代表 900 余人参加。(李银娅)

【体育卫生】 4 月 20 ~ 21 日,在天坛体育中心举行阳光体育年度东城区中小学生田径运动会。80 所中小学 1200 余人次,参加 8 个组别 83 项竞赛,42 人次打破 30 项区级记录,3 个代表队打破 3 项团体项目记录。6 月 19 日,召开年度健康促进学校培训会。学习《东城区健康促进学校窗口校评价标准》,并对窗口校创建工作提出具体要求。全区中小学主管领导、校医 200 余人参加。7 月 14 日,在地坛体育中心举行东城区小学生小壮壮暑期训练营。活动为期一周,有趣味游戏、球类项目培训及健康知识讲座,40 余所小学体重超标学生近 150 人参加。11 月 6 ~ 8 日,东城区健康促进学校窗口校验收小组对首批通过验收的 5 所窗口校进行复验,同时对史家胡同小学、东高房小学、和平里第二小学,一六六中学、一零九中学、十一中学 6 所新申报学校进行验收,均通过验收。至年底,健康促进学校窗口校达 11 所。12 月 15 日,在地坛体育馆,举行"打造东城体育特色　推动体操走进校园"授牌仪式,国家体育总局、市教委、体育局等市、区有关领导出席。活动中为第二中学等 24 所体操类示范学校授牌。光明小学、景泰小学、府学胡同小学、东师附小、和平里四小、西中街小学,五中分校、十一中学、五十中学 9 所中、小学校进行体操汇报展示。12 月,东城区教育系统首次公开招标营养餐供餐单位,经公开招标等程序,确定北京春之光营养配餐食品中心等 28 家单位为东城区学生营养餐供餐服务定点单位。(李银娅)

【学前教育】 4 月 26 ~ 28 日,光明、北京市第一幼儿园骨干教师 2 名,在全区范围内开展教育展示交流活动。6 月 18 日,东城区幼儿园男教师"沙龙小组"正式成立。首批 28 名幼儿园男教师定期开展交流、观摩、研讨、才艺展示等活动。建立园所间、园校间同盟,相互学习、研究,共同分享教学经验。6 月 19 日,在崇文幼儿园举行东城区学前教育宣传月公益日活动,专家为家长答疑解惑。(李银娅)

【合作办学】 4 月 28 日,举行东城、平谷两区教委城乡教育一体化合作办学协议签约仪式,合作双方为东城区东交民巷小学与平谷区东交民巷小学马房分校。合作办学采取一长两校、一体化管理模式,实施联席会议、干部教师定期轮岗、学生互动交流等制度。10 月 18 日,在门头沟区举行东城、门头沟两区教委合作办学签约仪式,为景山学校、京西实验学校建设指挥部揭牌,与会人员观看学校建设概念规划设计方案。东城区副区长颜华、门头沟区副区长李昕等有关领导及两区教委相关部门负责人、景山学校代表 40 余人参加。12 月 20 日,举行东城区与朝阳区两教委合作办学签约仪式。颜华、朝阳区副区长张立新,两区教委、景山学校负责人出席。(李银娅)

【教师素质培养】 5 月 16 ~ 17 日,举行东城区教育系统新闻发言人第四次培训暨高级研修班结业典礼,新闻发言人 151 人完成学业被授予清华大学结业证书。教育部、区县教委有关领导及清华大学新闻与传播学院专家、教育系统 200 人参加。5 月 27 日,在广渠门中学,举办"东城区第二届魅力青春　闪耀东城青年教师风采"大赛,98 所学校青年教师 650 余人参加。9 月 8 日,在北京孔庙国子监举行教育微创新主题研讨,中、小学组分别在第二中学、史家胡同小学开展交流,全国知名教育专家、区教育家成长工程学员、首都优质中小学教育家成长工程基地联盟校长及优秀教师代表、中国特色品牌学校共同体基地校校长及优秀教师代表近 200 人参加。9 月 29 日,在第五十中学,东城区首届教育人才大会召开。大会作《人力资源是教育改革与发展之基》主题报告,成立 8 个名校长工作室和 28 个名师工作室。第二中学、第一师范学校附属小学、第一幼儿园、现代职业学校分别作交流发言。区委、区政府有关领导,教育系统教师代表 300 余人参加。12 月 6 日,在第六十五中学,东城区 COP 项目研讨会召开。以"运用课堂观察评价　促进教师专业发展"为主题进行 6 节研究课,展示教师在线实践社区 cop 项目有关情况。(李银娅)

【六一儿童节】 5 月 30 日,在少年宫天地剧场举办"拥抱蓝天　放飞梦想"——第五届我们共同成长庆祝六一国际儿童节主题活动。活动分"追逐梦想、拥抱梦想、收获梦想、放飞梦想"4 个篇章,表彰市、区级三好学生礼仪小标兵、十佳少先队员、先进班集体等 12 类奖项优秀学生 1.63 万人和先进集体 241 个。部分小学的优秀艺术联盟团队表演新书包、幸福、感恩的心、向天歌等节目。大会向少年儿童提出希望。教育部、首都精神文明办、共青团市委,市教委、教育督导室、东城区政府、人大、政协及有关领导、获奖学生代表及家长、教师代表 1000 余人参加。(李银娅)

【民办教育】 7 月,对辖区首批 50 所民办学校开展办学水平综合评价。听取校长自查汇报,查阅学校行政、教学、财务等有关资料,对照《东城区民办学校评价指标体系》评分,对教职工、学员访谈、问卷调查,向学校反馈评价意见。旨在全面了解民办学校办学状况和水平,进一步促进民办学校提高办学质量,引导学校特色、内涵、可持续发展。此次评价效果较好,各民办学校以此为契机使管理工作趋于规范和系统化。(李银娅)

【国学文化节】 9 月 9 日,在孔庙大成殿前广场举行第四届北京孔庙国子监国学文化节开幕式暨东城区庆祝第 29 个教师节表彰活动。表彰师德标兵 20 人、教育新秀 103 人、育人奖501个。地坛小学学生代表100人,代表全区10余万学生在孔庙大成殿前向老师三鞠躬行拜师礼,与会者全体起立,向孔子行三拜礼。国学文化节持续20天,延续“国学圣地 德化天下”活动主题,举办国学普及与推广、国学文化与经济、国学精粹展示三大板块9项重要活动,即国学进校园进社区系列活动、五道营胡同体验游、风雅颂之夜辟雍中秋诗歌音乐晚会、圣人 圣言 圣景书画艺术展、孔门72贤人瓷板画——国学文化新景观揭幕、国学文化节闭幕式暨祭孔大典等多项国学精品文化活动。全国政协教科文卫体委员会、中国文联、文化部、中国艺术研究院,市、区有关领导120余人出席开幕式。 (李银姬)

【艺术教育】 9月13日,在少年宫天地剧场举行东城区第6届阳光少年艺术节,8家校外教育机构的器乐、舞蹈、合唱、戏剧、朗诵等55个节目,1117人次参加展演。节目展示校外教师、学员精神风貌。10月13日,22个金帆艺术团与金帆艺术团联盟校演员2000人,分别奔赴农村、部队、街道、音乐厅、文化广场等场所开展北京市学生金帆艺术团金帆日专场演出活动,展示中小学艺术教育成果,推动校园文化建设,培养学生的爱国热情和服务意识。12月12~27日,聘请国内外著名指挥专家对各校合唱团指挥和音乐教师130余人就世界童声合唱发展趋势,国际合唱比赛最新规则,合唱团的组建及训练系列培训等进行培训,提高中小学和校外教育机构音乐教师的合唱教学、指挥能力。 (李银姬)

【特殊教育】 9月23日至12月10日,开展第23期特殊教育理论培训,中小学随班就读工作主管干部和教师100余人参加。培训以研训一体的教研活动方式开展智力障碍和听力障碍4节微格课教学研讨,让随班就读教师了解特殊教育课堂教学的策略、手段及如何实施个别化教育计划等内容,提高课堂教学实效。12月3日,在少年宫举行“生命 温暖 梦想”“普特融合”主题教育活动,区特殊教育学校、史家胡同小学、培智中心学校师生参加汇报演出。国家总督学顾问陶西平,教育部、市、区有关领导,国务院发展研究中心有关专家出席。 (李银姬)

【民族团结教育周启动仪式】 9月26日在和平里第一小学举行,活动以“舞动生命课程 共圆民族团结梦”为主题,通过三级课程开展民族团结教育。4所中、小学分别做7节公开课。与会领导和来宾100余人参观民族园,领导向学生赠送《青少年民族教育读本》。 (李银姬)

【故宫学院】 11月4日,在北京国际职业教育学校举行故宫学院揭牌典礼。故宫学院办学宗旨为利用文化资源和专家资源,发挥故宫学院社会教育和服务公众作用,促进文物博物馆系统人才建设。同日,国际博物馆协会国际博物馆培训中心第1期培训班和故宫博物院满文初级培训班分别举行开班仪式,故宫学院正式开学。国家文物局、中国博物馆协会、国际博协、故宫博物院和市、区有关领导、专家等100余人出席。 (李银姬)

【成人教育】 11月7~16日,举行东城区第九届全民终身学习活动周。开幕式上表彰全国社区教育示范街道2个,首都市民学习之星4人、区级市民学习之星20人、区级学习品牌20个、优秀市民学习指导教师43人、创建学习型社区先进单位11个、创建学习型学校先进单位22所。学习周举办第四届清风墨韵书画展、第九届市民业余棋类比赛、首届市民厨艺大赛、第四届中老年市民计算机应用能力竞赛等学习展示活动,各街道、社区、学校等4.73万人次参加。 (李银姬)

【中学生模拟联合国大会】 12月8日,在北京第二中学召开东城区第五届中学生模拟联合国大会,33所中学选派280名学生代表和82名指导教师参加,外交部新闻司副司长华春莹出席开幕式。会议设“裁军与国际安全委员会”,“社会、人道主义和文化委员会”,“特别政治与非殖民化委员会”,“联合国经社理事会”4个分会场,各国参会代表分别讨论叙利亚国内安全局势、消除对女性的歧视、低碳经济中的核电、文化产品的保护与回归等问题,达成共识形成决议草案。大会评选和表彰优秀组织和个人,模联活动为青年人带来更广阔的视野,培养有效沟通、辩论、解决问题的能力,发扬合作精神。 (李银姬)

【教育工作会】 12月22日,在北京第二中学召开“精品特色 人人成才”——东城区2013—2014学年度教育工作会。区教育研修学院、教师研修中心分别分析中高考质量,介绍中、高考框架和新变化、新要求。宣读年度学生体质健康分析报告。会上为名校长、名教师工作室主持人授牌,向工作室成员颁发聘书。双名项目设立36个工作室,带动200余中青年教育人才发展。会议作《落实党的十八届三中全会精神 深化教育领域综合改革,将东城教育的国际化、现代化提升到一个新水平》主题报告。有关部门领导出席,教育系统各科室负责人、校级干部650余人参加。 (李银姬)

教育督导室

【概况】 东城区人民政府教育督导室(简称教育督导室)。教育督导室由区政府授权对东城教育工作实施督导。机构设置主任1人、副主任3人,专职督学6人、见习督学3人,兼职督学21人。

年内,落实市、区十二五教育发展规划,以教育改革与创新为动力,围绕区委、区政府实施精品特色战略,建设国际化、现代化教育首善区工作思路,做好对教育系统基建项目、抗震加固工程、教师招聘考试等重点工作、事项、决策部署实施情况的监督检查;贯彻两委一室工作计划,发挥教育督导监督、检查、评估、指导的职能。完成全年督学和督政工作。

单位地址:东城区金鱼胡同10号

联系电话:65275189 邮政编码:100006 (李菊)

【专项督导】 3月,减负专题督导工作会召开,对减负工作督导检查、提出意见和建议。4月8~19日,开展学生课业负担情况专项随访督导,区专兼职督学28人分成14个工作小组,对辖区59所小学进行随访督导。访谈学校干部、教师、学生代表,查看学校作息时间和课表、学校关于减负文件和资料、各年级段学生作业。4月18日,市督导室领导、市教委有关部门领导,到东城调研减轻中小学生过重课业负担情况。听取两委、教育督导室工作汇报和工作规划,到广渠门中学、前门小学实地调研,了解中小学减负工作实际情况。11月6~7日,市政府教育督导室副主任刘莉率市校外教育督导组一行20人,对东城区校外教育工作进行督导检查。通过听取汇报、查阅资料、召开座谈会,实地考察广渠门中学、东四九条小学、北京市规划展览馆、崇文少年宫、青少年科技馆、帽儿课程资源中心,经综合分析,市督导组从5个方面肯定东城区校外教育工作的成绩,并提出加强和改进校外教育工作的建议。12月13日,国务院教育督导委员会督导组一行6人,专项督导检查东城区开展财政教育投入使用管理工作。副区长颜华代表区政府汇报财政教育投入及使用管理情况,督导组召开学校财政教育经费使用情况座谈会,并到学校进行实地考察。 (李菊)

【综合评价工作】 5月15日,年度教育系统综合评价工作动员培训大会召开。两委一室领导分别带队,督导室专兼职督学和中教科、职教科、校外教育科、区教师研修部门、课外活动中心、教育工会、体卫科等部门组成7个评价工作组。对41所普通中学、8个校外单位进行集中评价,其他教育单位参加自评。5月20~26日,开展年度教育系统综合评价工作,通过听取工作汇报,查阅相关资料,与教职工、学生座谈等方式收集信息,于7月中旬完成对各评价单位评价意见回复工作。 (李菊)

【督导室建设】 7月1~2日,2012—2013学年度第二学期工作会召开,就学校文化建设督导调研、减负督导、综合评价、督学责任区、督政等工作进行研讨。总结上年度第二学期督导室工作,讨论本学年工作计划及督学责任区等工作。区督导室负责人及专兼职督学35人参加。11月,制定《东城区中小学校责任督学挂牌督导实施方案》,成立督学挂牌领导小组和工作办公室,明确责任督学工作职责和工作要求。 (李菊)

【调研督导】 10月9~18日,对和平里二小、东四九条、东师附小、东四十四条、景泰、天坛东里、体育馆路、前门8所小学,学校文化建设情况进行专项调研督导。10月29日,召开关于开展对东城区幼儿园园所文化建设专项调研工作会。11月11~20日,由区督导室领导分别对东华门、东棉花、分司厅、光明、崇文、永东幼儿园和市第二幼儿园、崇文第三幼儿园园所文化建设进行调研督导。 (李菊)

文 化

【概况】 东城区文化委员会(简称区文委),负责东城区文化事业、文化产业发展及区内文物和非物质文化遗产保护的政府职能部门。内设党委办公室、监察科、办公室、公共文化事业科、文化市场管理科、文物管理科、综合审批科、演艺产业发展促进科、人事科、财务科,行政执法队设办公室及第一、二、三、四执法分队。有公务员编制85人,事业单位17个编制529人。

年内,成功申报东城区创建国家公共文化服务示范区,在全国率先建立公共文化服务导航网,举办第九届中国国际民间艺术节等大型品牌文化活动。承办北京国际管乐节、京评梆票友大赛、手风琴艺术节、快板邀请赛等市级文化活动。召开年度文物安全工作会,传达对文物等级鉴定和消防安全整治标准。春节期间,辖区有210万人次参加文化活动,其中地坛庙会102万人,龙潭庙会75万人,天坛文化周30万人,文化馆新春游乐会1.50万人。4月25日,东城区创建国家公共文化服务体系示范项目——“公共文化资源分类供给”通过文化部验收。10月22日,东城区第一图书馆外立面装修工程竣工。11月6日,在上海召开的年度中国图书馆年会暨国家公共文化服务体系示范区工作会上,文化部、财政部为东城区公共文化资源分类供给项目颁牌,宣布东城区成功入选第二批国家公共文化服务体系示范区,副区长王晨阳代表东城区签署责任书。阅读季期间,举办各类读书活动300余场次,选送摄影作品40幅,上报书香家庭15家,十大读书人物9人。东城区图书馆被授予全国人文社会科学普及基地,市级文物保护单位智珠寺获联合国教科文组织亚太地区文化遗产保护奖。全系统获国家级荣誉19项、市级奖励60项、区级奖励14项。

单位地址:东城区崇外大街7号正仁大厦二段

联系电话:67091091 邮政编码:100062 (吴洁莎)

【特色文化活动】 1月6日,在刘老根大舞台举行北京市第四届“京、评、梆”现代戏票友大赛总决赛,参赛500余人,评选出一等奖1人、二等奖3人、三等奖6人;1月18日,举行第四届北京快板邀请赛决赛和颁奖仪式,300余人参加决赛,评选出一等奖2人、二等奖4人、三等奖6人。3月6日,举行纪念三八妇女节103周年文艺演出美丽东城,区有关领导、辖区各族各界妇女、社区居民400人参加。4月21日,在明城墙遗址公园举行纪念北京建都860周年系列活动启动仪式,副区长朴学东为东城区新一批普查登记文物授牌,区委常委金晖为骑行队员代表授旗,骑行爱好者30人组成骑行队统一着装开启“美丽北京 文化东城”的绿色骑行之旅。5月11日,在北京天宝润德会展中心,纪念北京建都860周年文化遗产大展暨北京天宝润德艺术品博览会开幕,活动期间阎崇年、赵书、朱祖希等著名专家学者就北京建都860周年作专题讲座。（吴洁莎）

【公共图书馆】 年内,图书馆盲人阅览室建成试运行,位于图书馆3层80余平方米、座位20余个,各类盲文书刊1000余册(件),并配有打印机、电脑等盲人专用阅读设备。放置约1万个视听文献,有光盘182种,盲文点显器2台,有声阅读机将所有普通文档经电脑扫描转化成有声语言。3月,图书馆与东城残联开展盲人文化体验,进行盲人需求调研活动,与中国盲人图书馆建立合作关系开展文献互借互还业务,成为中国盲人图书馆支馆。图书馆开设公共数字有声图书馆,以海量优质“可听”的文化内容为核心,通过触摸显示屏和耳麦收听近4000部18万集有声读物,并提供免费下载。有声图书馆是对现有公共文化服务资源的有益补充。（吴洁莎）

【领导调研】 4月25日,市文化局副局长王珠一行到东城调研创建国家公共文化服务体系示范项目,考察东华门街道文体中心、台基厂社区文化站,了解街道、社区文化发展建设、日常开放中的困难和解决措施,副区长王晨阳等陪同。5月8日,市文化局局长陈冬一行调研东城区公共文化建设和示范区创建工作。听取东城区创建第二批国家公共文化服务体系示范区工作,参观建国门街道文体中心社区历史文化博物馆。区领导金晖、朴学东、王晨阳参加。12月3日,文化部副部长项兆伦到东城,召开网吧转型升级现场工作座谈会,区文委、中国和北京互联网上网服务营业场所行业协会、东城区网吧营业场所业主代表参加。12月16日,文化部市场司副司长庹祖海,到北京站地区网吧,调研网吧转型升级、调整经营思路等问题。指出作为转型升级经营试点网吧,要从拓宽经营思路、提升网吧形象、开展多元化经营等方面下功夫,政府、行业协会和网吧共同努力,提升网吧自身价值和功能。（吴洁莎）

【戏剧演出】 5月2日,举行南锣鼓巷戏剧展演季暨百场戏剧进基层新闻发布会,介绍上一年戏剧发展专项资金使用情况、南锣戏剧展演季、百场戏剧进基层活动,重点推介东城建立全国首个公共文化服务导航网及电脑自动选号赠票系统。中国舞蹈家协会副主席杨丽萍与第一文化馆合作,与杨丽萍艺术工作室举行签约仪式。百场戏剧进基层公益活动,推出10余个剧目,到学校、社区、军营和工地演出100余场。5月,南锣鼓巷戏剧展演季在北京人艺实验剧场开幕,7月30日闭幕,历时89天上演剧目39部,在8家剧场演出80余场,举办4个戏剧讲座、9个工作坊、2个论坛,区政府向社会免费送票6000余张。在一师附小启动为期6个月戏剧进校园活动,活动期间北京儿艺、中国儿艺将《想飞的孩子》《我爱北京我的家》等优秀儿童剧目送到63所小学。5月29日,在东方剧院上演《格桑花》,驻区部队、社区居民、机关团体、院校学生等近1000人观看。6月13日,第三届中国儿童戏剧节工作协调会召开,中国儿童戏剧节于7月12日至8月31日举行,演出30余个剧目200余场。6月14日,北京典雅天地文化传播股份有限公司出品话剧《南锣鼓巷7号》在第一文化馆召开新闻发布会。该剧是“南锣鼓巷戏剧展演季暨百场戏剧进基层”的演出剧目之一,是政府探索与企业、剧场合作创作戏剧的尝试。8月21日,在前门天乐园剧场,举行由区第二文化馆非遗部主任杨建业创作的话剧《前门人家》首场演出;21~25日,该剧在天乐园剧场连演5场,有关领导、非物质文化遗产国家级代表性传承人、各界群众1500人观看。12月26~30日,在崇文剧场举办《前门人家》公益演出活动650人观看演出。12月末,年度区戏剧发展公益补贴资金项目公开评审会召开,区戏剧建设促进委员会成员单位、戏剧项目评审委员会专家对初审通过的9部优秀剧目、8个优秀剧场及年度戏剧品牌活动、公益性戏剧普及活动、宣传推介和氛围营造5个项目进行公开评审,一致同意给予申请项目资金补贴。（吴洁莎）

【文化导航网开通运行】 5月8日,正式开通运行东城区全国首个公共文化导航网。网站包括文化活动、非遗保护、数字电影、名家讲坛等10项服务功能,介绍东城区文化资源和活动。使用导航网在辖区内举办大型公益演出能实时传送至网站,并设置自动选号赠票系统,将戏剧东城活动的群众赠票方式升级为自主网络选票,网址 http://culture. bjdch. gov. cn。（吴洁莎）

【主题音乐会】 5月18日,在天坛公园祈年殿广场,举办“梦想北京·中国三大男高音”天坛主题音乐会。中国著名三大男高音歌唱家戴玉强、魏松、莫华伦与特邀嘉宾京剧名家王蓉蓉用现代歌剧与古典京剧跨界合作,区级优秀品牌文化团队华风合唱团参演,区文化服务导航网站同步直播。活动由市、区文化局,市公园管理中心,区委区政府主办,市文化局局长陈冬、区领导杨柳荫等及东城百姓800人参加。（吴洁莎）

【群众文化活动】 5月21~23日,在第一文化馆风尚美术馆举办魅力东城翰墨留香——东城书画研究会成立30周年书画展,北京书法家协会领导及东城书画研究会会员100余人参加,展出书画作品160幅。故宫博物院与区政府联合举办“龙飞凤舞——故宫龙凤文物珍品展”。在中华民族艺术珍品馆举行开幕式,故宫博物院院长单霁翔、区领导牛青山、朴学东、王晨阳参加。5月22~23日,在第一文化馆风尚剧场,举行五月的鲜花群众歌咏合唱决赛,20个参赛队演唱39支经典歌曲;6月8日,正式启动东城区创建国家公共文化服务体系示范区群众文化引领工程——“我的舞台 我的梦”群众文化系列活动,200余人观看演出。6月25日,在第一文化馆风尚剧场举办第六届首都新侨乡文化节东城区文艺演出专场。中国侨联副主席李昭玲、市侨联副主席李冬娟、区领导朴学东及区归侨侨眷400人观看。8月12～15日,区第一文化馆与中英百老汇(Beijing Playhouse)机构合作,举办暑期学生戏剧营培训活动,区域内12至15岁中学生免费参加。9月,在玉蜓公园市民文化广场,举办第九届中国国际民间艺术节暨东城区群众文化展演季闭幕演出;在龙潭剧场,与区建委举办为外来务工人员送戏活动,外来务工300余人免费观看冰上杂技幻境极光。10月,与王府井、花市、三联韬奋、光明4家书店,开展图书惠民消费活动;在第一文化馆风尚美术馆,举办群众书法、绘画、摄影作品大展,展出书法、绘画、摄影作品168幅;在幸福大街区公安分局工地,组织知名曲艺演员为建筑工人演出,戏剧进工地是东城区文化惠民系列活动重要组成部分。11月,在风尚剧场,举行民族艺术进校园专场音乐会,为学生提供公共文化服务。12月11日,在北京第一师范学校附属小学,举办"我爱美丽的北京,我爱美丽的东城,童心共筑中国梦"年度红领巾读书活动汇报展演,表彰红领巾活动获奖单位和个人。开展80场"红读"活动,辖区57所学校中小学生近6万人参加。史家胡同小学等10家单位获北京市红读活动示范单位和优秀组织奖,31家单位获东城区红读活动先进单位,老师、学生600余人分别获北京市和东城区表彰。12月14日,与市新闻出版局、区第一图书馆,在房山区佛子庄陈家坟村举行手拉手献爱心图书捐赠仪式,赠送书刊3000余册。　(吴洁莎)

【公益电影放映】 8月5～6日,开展年度数字电影放映员培训,17个单位负责人、放映员近40人参加。年内,区属17个公益数字电影放映单位放映影片945场,观众3.82万人次观看。9月1日至10月15日,参加首届北京惠民文化消夏季公益数字电影展映活动,共放映影片30场,观众7907人次。　(吴洁莎)

【舞蹈与音乐】 12月11～19日,在风尚剧场举办首届杨丽萍国际舞蹈季,共演出10场,辖区居民、学生、舞蹈爱好者4000人观看演出。中国文化报、北京日报30家媒体进行报道。12月31日,在东方剧院,举行"东城区2014新年音乐会",朴学东主持,张家明致辞,区四套班子成员,各委办局领导及驻区部队官兵、中小学生代表和各界群众1000余人参加。　(吴洁莎)

【群众文化干部培训班】 12月23～27日,在第一文化馆风尚剧场,举办东城区第二期群众文化干部培训班暨东城区创建国家公共文化服务体系示范区工作培训班。培训班由著名评剧表演艺术家戴月琴等7人,分别主讲社区文化、活动策划等7项课程内容,17个街道300余群众文化干部参加。　(吴洁莎)

【办理行政许可】 年内,文化市场有各类经营单位806家,其中歌厅126家、网吧91家、游艺厅35家、演出场所29家、演出团体70家、营业性电影放映单位12家、出版物零售企业443家。办理行政许可497件,其中新审批企业设立36件、办理变更46件、审批演出415件。新审批游艺娱乐场所7家、营业性演出415件、出版物零售许可24项、营业性演出场所备案1件、文艺表演团体4家。　(吴洁莎)

【行政执法检查】 年内,行政执法队检查文化市场出动执法人员3384人次、检查车辆929车次,检查文化经营单位1247家次、文保单位418家次。办结文化执法行政处罚案件35件罚款4.95万元,没收违法所得7145元,收缴非法音像制品302张、非法书刊1135册、非法安装卫星接收设施1套。受理文化市场各类举报案件44件,回复44件。5人获办案能手称号。　(吴洁莎)

故宫博物院

【概况】 故宫博物院成立于1925年10月10日,是建立在明清两代皇宫(紫禁城)基础上,兼容建筑、藏品与丰富的宫廷历史文化为一体的中国最大博物馆,是世界上极少数同时具备艺术博物馆、建筑博物馆、历史博物馆、宫廷文化博物馆等特色,符合国际公认"原址保护"、"原状陈列"基本原则的著名博物馆。占地面积112万平方米,保留古建筑面积约17万平方米。1961年被国务院公布为第一批全国重点文物保护单位,1987年被联合国教科文组织列入《世界遗产名录》,2007年被评为首批国家5A级旅游景区,2008年被国家文物局列为首批国家一级博物馆。1924年,冯玉祥发动北京政变,将溥仪逐出宫禁。同年开始筹建故宫博物院,1925年正式成立对外开放。1931年"九一八"事变后,故宫文物被迫避敌南迁,数十万件文物迁往南京,抗日战争全面爆发后,分三路西迁四川,历时十余年行程数万里,文物基本无损,创造第二次世界大战中保护人类文化遗产的奇迹;中华人民共和国成立前夕,南迁文物中的1/4被运往台湾。故宫博物院隶属文化部事业单位,内设处级机构34个,在职职工1174人,离退休人员868人。

年内,国务院副总理刘延东主持召开会议,原则同意"平安故宫"工程的实施。首次向社会发布《故宫博物院藏品总目》,接受社会监督。成立故宫研究院、故宫学院、国际博协国际博物馆培训中心。海峡两岸故宫院长2次互访,就2013—2015年合作交流具体内容进行沟通,达成共识。全年接待观众1456万人次,门票收入6.90亿元。《米芾书法全集》《故宫博物院藏品大系·玉器编(10卷)》获第四届中华优秀出版物奖。

单位地址:东城区景山前街4号
联系电话:85007035　邮政编码:100009　(段颖)

【开放管理】 1月1日起故宫博物院试行周一下午闭馆,其中法定节假日、7月和8月除外。4月1日起正式实行全年周一下午闭馆,进行服务设备维修、展览维护、工程施工、古建筑影像数据采集、员工培训等工作。9月完成端门区域服务设施总体提升,包括增加售票窗口和安检通道、启用改造后的观众服务中心、新设1000人休息座椅、设立故宫商店等。十一期间,接待观众71.40万人次。10月1～5日每天提前1小时开放,开启端门区域30个售票窗口。10月2日客流量最大,志愿者350人为观众提供义务咨询、路线指引、倡导文明等服务,太和门广场及乾清门广场设立3个观众义务咨询站。 (段颖)

【宣教与公众服务】 1月30日至2月2日、7月26日至8月17日、11月27~30日,举办第八届故宫知识课堂活动。主题为:第一阶段皇帝的新年,学生及家长600余人参加;第二阶段珍宝的故事,319个家庭参加;第三阶段赴贵州省贞丰县纳孔小学,教师及学生120余人参加。在国际博物馆日、中国文化遗产日、六一儿童节,举办主题日特别教育活动10场429人参加。汇文中学初二年级35人,参与以故宫为专题的校本课课程。讲解接待国内外贵宾团体、免费参观的学生团体729批1.65万人。志愿者177人次参与服务,为观众提供服务8768小时2.63万人次。故宫文化志愿宣讲团赴街道、社区、学校举办活动29场受益3028人次。与秦皇岛市人民政府合作推出系列公益讲座——故宫大讲堂。主办紫禁城杯故宫文化产品创意设计大赛,征集作品675件,评出金银铜等奖项。推出200种故宫特色文化产品。 (段颖)

【平安故宫工程】 4月16日,在故宫博物院西玉河基地,召开由国务院批准立项的"平安故宫"工程现场办公会,国务院副总理刘延东亲自主持。"平安故宫"工程含7个子项目工程:即北院区建设工程,进行征地前期准备工作,在原有用地上规划建设的宫廷园艺中心已开工,其中花房建设工程已竣工。地库改造工程,9月获北京市文物部门批准。基础设施改造工程,完成8300平方米考古勘探工作。世界文化遗产监测工程,文物建筑、环境质量、游客动态、馆藏文物等10个监测项目全面展开。故宫安全防范新系统工程,继中心控制室竣工后,完成文物藏品全时空技术防范工程方案设计,开展视频监控系统无缝隙加密工程。院藏文物防震工程,完成第一期文物防震评估工作,实施文物藏品防震囊匣和密集柜配置工程。院藏文物抢救性科技修复保护工程,引进非物质文化遗产传承人,建立起宫廷家具文物、车马轿舆与中和韶乐3个文物修复工作室,西河沿文保综合用房工程已经开工。 (段颖)

【安全保卫】 4月26日起实行国宾参观在午门前下车,国宾车辆不再穿行开放区域的接待方案。5月18日起实行故宫全面禁烟,由志愿者向观众宣传参观过程互相监督、提醒,消除因吸烟带来安全隐患,制定《故宫博物院禁止吸烟规定》,严禁故宫职工在紫禁城内吸烟。7月1日起实行安检社会化,由社会力量担负安检职责,提高安检质量。8月15日起实行禁带火种参观。十一前夕引入社会安保机制,负责售票、检票及参观秩序的维护和观众疏导,治理高价倒卖门票等行为。举办消防培训,开展防雷火演习4次,组织封门演习40次。完成西六宫区域相关宫殿窗户更换防砸玻璃工程。 (段颖)

【学术科研】 7月1日,在故宫博物院成立国际博协国际博物馆培训中心,这是国际博物馆协会成立之后,首个建在海外的培训中心,该中心完成来自16个国家的学员第一期培训。10月23日,成立故宫研究院,下设1室1站4所5中心,是集合故宫专家和国内外学术界热心于故宫学术研究人才的高端学术研究平台。11月4日,成立故宫学院,作为业务培训和教育机构,面向全国全世界开展多层次、多渠道、多形式博物馆和文化遗产保护培训项目。完成14项国家级、省部级科研课题申报工作,26个院级科研课题项目获立项。组织编纂《故宫学研究报告(2013)》《故宫学十年》。获3项国家社科基金,1项北京市哲学社会科学规划项目,主办、合办故宫学学术研讨会8次,《故宫学刊》出版第9、10辑。 (段颖)

【交流活动】 年内,举办和参加各类展览9项,如赴台北故宫博物院"十全乾隆——清高宗的艺术品味特展",赴英国国立维多利亚与艾伯特博物馆"中国古代绘画名品展"等。两岸故宫院长2次互访,两岸故宫交流合作达成共识。10月至下年1月,两岸故宫在台北故宫举办"乾隆皇帝的艺术品味特展";11月,在北京故宫举办以乾隆皇帝的艺术品味为主题的两岸故宫第四届学术研讨会。与澳门民政总署签署战略合作意向书。邀请各国驻华官员参加第二届使节进故宫活动。派出赴外出访团组43个。 (段颖)

【古建筑保护】 《故宫保护总体规划》编制工作全面启动,完成第一阶段工作。9项重点修缮工程开工,其中慈宁花园、东华门修缮工程竣工,开工午门雁翅楼古建筑群维修、上驷院车房复建、南大库文物保护管理用房等工程。完成古建日常零修工程498项。启动清理院内散落石材、闲置箱子、废弃展柜工作。完成故宫官式古建筑营造技艺传承人培训,首次技艺操作展示工程——乾清门地面铺墁完工。 (段颖)

【文物管理与科技保护】 制定《藏品安全操作细则》《故宫博物院西玉河基地藏品库房管理规定(试行)》。向社会发布、更新《故宫博物院藏品总目》。接受捐赠藏品17件,其中《元人张达善跋隋人书出师颂卷》的入藏,实现卷、跋合璧。修复文物200余件,复制近70件,人工临摹15件,制作画套和文物囊匣94件。修复武英殿聚珍版善本书《春秋释例》14册和《嘉兴藏》12册。 (段颖)

【陈列展览】 年内,院内举办展览8个,包括张伯驹潘素书画展,印度宫廷的辉煌——英国国立维多利亚与艾伯特博物馆珍藏展,故宫藏历代书画展(第六、七期),故宫钧窑瓷器展,清风徐来——故宫藏成扇展,清代万寿庆典展,孙瀛洲捐献文物精品展。文渊阁于五一对观众开放。赴文博机构举办或参与展览21个,其中在首都博物馆举办——故宫珍藏·慈禧的瓷器展、厦门博物馆举办历史印迹——清宫帝后宝玺展等。完成援疆项目新疆伊犁将军府展览。 (段颖)

【数字故宫】 年内,故宫官网发布4期虚拟展览。青少版官方网站完成卡通形象设计、故事情节与世界观文案。发布首个 iPad 应用项目《雍亲王题书堂深居图屏》。完成 3 项虚拟漫游项目及《清明上河图》《韩熙载夜宴图》线上多媒体互动展示。故宫官方微信公众账号开通。端门数字展馆进行展览大纲策划工作。完成古代书画研究系统升级、电子导览系统开发工作。制作《古陶瓷之美》《从陶到瓷》视频片 DVD 光盘。完成《龙在故宫》《紫禁城里的运动会》2 个互动节目光盘版改造、石鼓馆《天子万年——清代万寿庆典》高清视频片制作,完成第 5 部 VR 作品《灵沼轩》,宁寿宫花园数字记录项目第 4 期(遂初堂院落),故宫数字沙盘项目 2013 版。虚拟现实演播厅接待观众 231 场 5547 人次。（段颖）

【出版工作】 故宫出版社成书 191 种,其中新书 143 种、重印书 48 种。2 个出版项目获国家资助。《米芾书法全集》《故宫博物院藏品大系 · 玉器编》获第四届中华优秀出版物奖,《兰亭展示纪实》获上年度文化遗产十佳图书,《文物保护理论与方法》《故宫博物院诉讼案例选编》获上年度文化遗产优秀图书。经国家新闻出版广电总局批复,故宫出版社获音像、电子出版资质。（段颖）

故宫博物院负责人

故宫博物院院长　单霁翔

医药卫生·体育

卫　生

【概况】 东城区卫生局(简称区卫生局),是区政府职能部门,负责全区卫生事业管理工作。辖区内有医疗卫生机构548个,医院64个,含营利性机构28个、非营利机构36个;基层医疗卫生机构454个,含营利性机构183个、非营利性机构271个,专业公共卫生机构13个,其他医疗机构17个。卫生技术人员2.41万人(含中央、市属医院),其中执业(助理)医师9175人,注册护士9380人,实有床位1.09万张。平均每千常住人口拥有卫技人员26.50人,执业(助理)医师10.09人,注册护士10.32人,实有床位12.04张。全年出生8692人、出生率8.95‰,死亡6642人、死亡率6.84‰。人口期望寿命84.61岁,其中男性82.31岁、女性86.88岁。因病死亡6451人,占死亡总人数的97.12%。死因顺位前10位为:恶性肿瘤、心脏病、脑血管病、呼吸系统疾病、消化系统疾病、内分泌营养和代谢疾病、损伤和中毒、神经系统疾病、传染病、泌尿生殖系统疾病。卫生系统有单位40个编制7657人,其中行政机构3个、公务员编制276人实有256人,医疗机构单位10个、事业编制4967人实有3783人,公共卫生与基层医疗卫生事业单位16个,事业编制2152人实有人数1400人,其他事业单位11个,事业编制262人实有163人。

年内,打造有东城区特色的医疗卫生事业,推进和平里医院、东城区第一人民医院向中西医结合医院转型工作。建立覆盖全区中医药医疗服务体系,提升基层中医药服务能力。构建东城区老年病分级医疗服务体系,打造健康养老新模式。加强公共卫生工作,提高服务均等化水平。推进中医药特色健康管理社区建设,按照建设标准年内建50个。年末全区达标社区139个;完成东城区第一妇幼保健院9936平方米危改扩建工程,于11月15日投入使用;装修改造7个社区卫生服务站1472.16平方米。全年卫生系统收入29.51亿元,支出28.87亿元。年收入中财政补助投入9.56亿元,其中离退休经费3.33亿元、卫生事业6.23亿元。获北京地区中医、中西医结合、民族医疗机构医疗服务信息网工作一等奖,北京市无偿献血先进单位,北京市卫生统计工作先进单位,3人获年度首都五一劳动奖章。

单位地址:东城区东四十一条83号

联系电话:64040302　邮政编码:100007　(曹赫隽)

【国家中医药改革试验区建设】 5月10~12日,在地坛公园举办第六届北京中医药文化宣传周暨第五届地坛中医药健康文化节。接待游客7万人,中医、中西医结合专家237人,为市民专业义诊1.75万余人次,中医适宜技术及社区、护理体验9100余人次。中医药产品展示展卖设75个展位,发放材料7.50万份,调查问卷1100份。5月28日至6月1日,携5家参展商参展第二届京交会中医药服务贸易专题板块,接待群众5000余人次,发放宣传材料8000余份,产品体验500余人次。国家中医药管理局局长王国强、北京市中医管理局局长赵静先参观、体验中医经络检测等活动。区卫生局领导参加中医药主题日启动仪式暨服务贸易大会,在首届中国国际医疗旅游服务峰会和京交会中医养生保健服务论坛上作“紫禁之东绘岐黄——东城区中医药特色旅游”和“东城区开展中医养生保健准入标准的探讨”主题发言。以隆福医院、北京中医医院、北京大学人民医院、社区卫生服务管理中心为试点,签订双向转诊协议,实现资源共享,开展老年病分级医疗模式的探索。年内,隆福医院从协和医院成功转入患者93例,患者治疗费用总体降低23.30万元。全年试验区4个项目获批、扶持资金65万元。　(曹赫隽)

【中医管理】 6月5日,鼓楼中医医院通过北京市中医管理局、北京中医协会2012—2013年度北京地区中医、中西医结合医院绩效考核,取得99分成绩。鼓楼医院张士杰工作室获批年度全国名老中医药专家传承工作室建设项目。和平里医院孙光荣、第六医院张兆元、北京同仁堂中医医院栗德林基层老中医传承工作室正式获北京市中医局批准。9月6日,召开基层医疗机构集中整顿工作会,中、西医基层医疗机构主要负责人258人参加,会后55家中医机构开展自查。10月13~19日,开展中医药服务百姓健康大型义诊活动周。推进和平里医院向中西医结合医院转型工作,成为北京中医药大学教学医院。与中日友好医院签定区联体协议,扩建30张病房,合作中西医结合治疗肺病慢性咳喘病。鼓楼中医医院分别与北京中医医院皮肤科、急诊科,东直门医院疼痛科建立合作项目。　(曹赫隽)

【血液管理】 9月8日、10月10日分别完成东直门交通枢纽、北京火车站街头采血点升级换代献血房车工作,北京市首辆采血房车停放在东城区并投入使用。辖区设固定街头采血点7个,临时采血点1个。全年自愿无偿献血12.82万人次,其中驻区单位团体无偿献血3308人次、辖区街头采血点无偿献血12.49万人次。9月至10月,对辖区内用血医疗机构进行血液安全专项监督检查。全年辖区医疗机构临床用血5.99万单位,确保临床输血安全。（曹赫隽）

【社区卫生】 年内,正式运行社区卫生服务中心5个、社区卫生服务站56个,社区卫生服务人员1203人。家庭医生式服务团队157支,签约管理居民51.23万人,占全区总人口56%。建立居民个人电子健康档案91.90万份,健康档案电子化率100%。社区卫生服务机构实现100%配备中医执业医师或中医适宜技术培训合格医师,配备常用中医药诊疗设备,提供中医适宜技术服务。139个社区通过中医药特色健康管理社区创建。开展社区卫生功能服务,完善5个功能社区医务室与社区卫生服务机构的联系沟通机制。推动社区卫生服务工作品牌形象建设,体育馆路、天坛社区卫生服务中心获全国示范社区卫生服务中心,龙潭、永定门外社区卫生服务中心获北京市示范社区卫生服务中心。区卫生局在北京市社区卫生工作考核中保持第一档成绩,代表北京市迎接国家基本公共卫生服务工作考核。（曹赫隽）

【疾病控制】 传染病防治,甲乙类传染病报告发病率181.26/10万,丙类传染病报告发病率353.02/10万,无狂犬病、人禽流感病例报告;传染病死亡率1.33/10万,传染病和死因病例报告及时率、审核及时率达到100%、准确率>99%,乙类传染病发病前三位是痢疾、肺结核、梅毒,丙类传染病发病率前三位传染病为其他感染性腹泻、手足口病、流行性感冒。完成101起传染病聚集性疫情和少见病调查处置及防控工作。慢性非传染性疾病防治,开展城市五种癌症,即肺癌、乳腺癌、大肠癌、上消化道癌和肝癌早诊早治项目。完成区第五次社区诊断。开展适龄儿童免费窝沟封闭防龋及氟化泡沫防龋项目,窝沟封闭治疗9213人,封闭牙齿2.49万颗,氟化泡沫防龋2.01万人次。开展全民健康生活方式行动示范创建活动,全年完成示范创建31家,其中示范社区14家、示范餐厅5家、示范食堂6家、示范单位5家、口腔示范社区1家。地方病防治,全区无地方病本地报告病例。组织开展第十九个防治碘缺乏病日宣传活动。精神疾病防治,全区精神病人5743人;贫困精神病人免费用药3227人次,经费42.01万元。举办家庭护理教育510人次,心理健康讲座17场,受众500人次。精神卫生知识讲座10场受众2000余人次,开展康复活动2次。计划免疫,预防接种建卡6572人建卡率100%。乙肝、脊灰、百白破、白破、麻风、麻腮风、流脑A、流脑A+C、乙脑、甲肝疫苗接种率100%,乙肝疫苗接种及时率94.10%。全年疑似预防接种异常反应81例,接种不良反应发生率45.52/10万。应急接种麻风622人次,麻腮风1199人次,水痘412人次。外来务工人员接种流脑A+C疫苗1万人次,麻疹疫苗1.04万人次。流感疫苗免费接种学生4.59万人、60岁以上老人2.57万人。（曹赫隽）

【学校卫生】 年内,中、小学学生体检8.74万人,贫血患病率0.29%、沙眼患病率0.11%、视力不良70.68%,其中小学生57.72%、中学生83.98%;龋齿患病率17.85%,其中小学生9.28%、中学生26.85%;营养不良17.87%,其中小学生16.81%、中学生19.13%;肥胖率21.60%,其中小学生20.25%、中学生23.20%。（曹赫隽）

【公共卫生监测】 完成公共场所监督抽检121户次,监测样品33户551件,合格487件合格率为88.40%。生活饮用水监测284户次,监测样品412件合格率100%。食品抽检17类34大项,采样740件合格729件合格率98.50%。对91家单位进行个人剂量检测961人次,未发现超剂量照射。开展全民健康宣传教育,组织健康大课堂1955场,受众达12.81万人次,自制宣传品103种28.17万份。（曹赫隽）

【卫生监督】 完成各项行政许可审批7251件、公共卫生3642件,全部办结。医疗卫生3609件,其中准予3366件、不予40件、申请人撤回申请23件、在办180件。公共卫生专项检查,全区被监督单位7503户,年内监督检查1.83万户次。行政处罚594户次罚金86.09万元,其中公共场所监督检查8094户次、监督频次3.88,处罚119起罚金10.81万元;生活饮用水卫生监督检查2008户次、监督频次3.04,处罚4起罚金2.50万元;职业、放射卫生监督检查134户次、监督频次1.29,处罚6起罚金4000元;学校卫生监督157户次,监督频次1.43;医疗服务执法监督检查771户次,监督频次1.38,处罚23起罚金14.93万元;传染病与消毒进行监督检查1092户次、监督频次1.66,处罚6起罚金1.55万元;餐饮服务监督检查6026户次、监督频次1.63,处罚437起罚金55.90万元(11月1日始职能划转)。完成各类餐饮业、公共场所量化评定工作。完成全国两会等大型活动公共卫生保障任务10次。开展整顿医疗秩序打击非法行医、违法发布医疗广告、养老机构、采供血机构等专项检查。与相关部门开展联合行动26次,取缔、处罚无证行医14户,及时移送涉刑案件1起。开展调查19家医疗机构85个涉案网址,进行不良积分33分,完成31个涉案网址公示曝光。全面检查医疗机构疫情报告、医院感染管理、医疗废物、实验室生物安全及消毒管理。定期检查12家肠道门诊。监督检查辖区流感疫苗预防接种门诊及临时接种门诊。全年接到投诉举报843件,其中食品卫生79.72%、医疗服务12.10%、公共场所6.41%、生活饮用水1.54%、传染病与消毒0.24%。投诉举报处理率100%,回复率100%。（曹赫隽）

【爱国卫生】 完成病媒生物监测工作。成蚊捕获709只,年平均指数为0.44只/台·夜。鼠密度监测仪机关单位发现阳性粉块1块。成蝇捕获5954只,年平均指数为8.34只/笼·天。蜚蠊捕获564只,年平均密度为0.07只/板·夜。开展5.31主题控烟宣传活动,组织控烟健康宣传、咨询、讲座575次,受益群众2500人次。开展东城区学校人群烟草监测有师生613人参加,青少年烟草流行调查问卷活动有学生266人参加。（曹赫隽）

【妇幼保健】 完成8家助产机构助产资质3年复验及爱婴医院复核工作。代表北京市接受全国对北京市基本公共卫生服务督导检查。管理孕产妇8892人，其中系统管理8580人；住院分娩率100%，剖宫产48.47%，孕产妇死亡率11.10/10万。完成5家计划生育技术服务机构行政服务许可和40人次计划生育技术服务审批项目，计划生育技术服务单位管理率100%。全年计划生育手术1.79万例，无手术并发症。完成宫颈癌筛查3032人确诊1人，乳腺癌筛查3142人确诊4人。免费发放叶酸1332人。婚前检查1709人、婚检率5.96%及疾病检出率11.70%。围产儿死亡率2.88‰，新生儿疾病筛查率99.75%，出生缺陷发生率1.64%。全区0~6岁儿童3.20万人。儿童保健覆盖率99.93%，系统管理率96.09%。母乳喂养率92.84%，5岁以下儿童死亡率2.65‰，新生儿死亡率1.27‰。统一管理辖区48家托幼园所卫生保健工作，确保在园儿童健康。（曹赫隽）

【医疗工作】 全年门诊2091.44万人次，急诊105.97万人次，留观16.52万人次，入院33.44万人次，出院33.31万人次，病床使用率84.72%，死亡率0.97%，住院手术20.41万例。组织辖区二、三级医院重点特色科室专家40余人，在龙潭湖公园、辖区各医院院内开展大型义诊周活动。组织163家医疗机构开展医院感染管理工作自查，抽查47家医疗机构。开展护理员持证上岗培训，免费为各医院培训护理员。完成护士延续注册3933人次、变更注册1426人次。医疗卫生对口支援，7家二级医院分别对平谷、昌平区卫生院对口支农。支援医师280人次，捐款及设备115.97万元，手术70例、门急诊5749人次。开展抗菌药物临床应用专项整治，与9家二级医院签订《抗菌药物临床应用专项整治活动责任书》，对抗菌药物应用重点环节开展督查。制定《东城区2013年医疗机构麻醉药品、第一类精神药品专项检查方案》，对部分医疗机构进行抽查。组织一级一类医院医生参与麻醉、一类精神药品处方权培训考核；对12家医疗机构过期麻醉、一类精神药品现场监督销毁。至年底，区卫生系统医疗设备总资产74.86亿元。万元以上设备4.17万台。全年，局属单位累计初审医疗设备60余批次约4250余万元，核销设备95件近786.40万元。（曹赫隽）

【医学教育】 全年有390项区级继续医学教育项目通过评审并公布，举办继续教育3570场培训44.77万人次，其中区级1835场培训26.76万人次。局属单位卫技人员继续教育达标率99.39%。区内二级及以下医疗机构103人参加住院医师规范化培训，选派10人参加市卫生局区县级医院专业骨干培训，二级医院急诊骨干医师5人参加中法急救培训中心高级模拟专项培训，8人参加社区卫生服务康复等7个专业人员骨干培训，1人参加市第七期全科医师骨干转岗培训。鼓楼中医医院王东红申报并获北京市第一期复合型中医药学术带头人培养项目。天坛、体育馆路社区卫生服务中心分获北京市中医科普团队建设项目2项，资助资金每年2万元。和平里医院、第六医院基层老中医传承工作室均获1万元资助。（曹赫隽）

【科研工作】 获批市、区级科研课题27项资助56万元，其中鼓楼中医医院等获批北京市中医药科技发展资金项目4项，和平里医院、鼓楼中医医院等单位获批北京市金桥工程种子资金项目2项，第六医院等11家单位获批东城区科技计划项目14项，鼓楼中医医院等5家单位获批区卫生局中医发展科研专项项目7项。鼓楼中医医院系统总结陈文伯老中医中医男科学术思想与临床经验等2项成果进入北京市中医管理局中医科技成果登记。隆福医院等4家单位申报首都卫生发展科研专项项目9项。局属各单位全年发表论文267篇，其中科技源统计期刊论文134篇。

（曹赫隽）

食品药品监督管理

【概况】 北京市东城区食品药品监督管理局（简称东城区食药局），主要对辖区内食品、药品、医疗器械、保健食品、化妆品实施监管，统一受理食品药品行政许可申请及食品药品安全问题的举报。8月29日，北京市东城区食品药品监督管理局正式挂牌，加挂北京市东城区食品药品安全委员会办公室牌子。原分散在东城区质监、工商、卫生、药监4个部门的食品药品安全监管，挂牌后统一由区食药局负责监管。新成立的区食药局由区、街两级食品药品监管机构构成，机构设置13个，稽查大队1个，食品药品监督管理所17个。有公务员编制195人，事业单位1个编制15人。

年内，开展领导干部行动学习走基层专题学习活动，查找实际工作中存在的突出问题。执法监督检查出动3万余人次，检查“四品一械”生产、经营、使用单位近2万户次。对2362户餐饮经营单位进行量化分级，区域下架不合格食品8例，取缔非法收药点11个，实施责令改正、诫勉谈话395户次。全年办理行政处罚案件740件，其中餐饮服务类421件、食品流通类70件、药品类137件、医疗器械类47件、保健食品类47件、化妆品类18件，罚没款231.30万元，刑拘4人。完成餐饮食品抽验601件合格率100%，快速检测1774件合格率100%。完成流通环节食品抽验2883例不合格28例、合格率99.03%，快速检测2145例合格率100%。完成保健食品抽验18批次，合格率100%。完成化妆品抽验任务55批次，合格率100%。完成医疗器械抽验66件不合格3件，合格率为95.50%。全年办理行政许可及服务类项目5384件,其中餐饮服务经营许可2038件,食品流通经营许可2638件,药品经营许可165件,医疗器械经营和生产许可323件,保健食品经营许可108件,麻醉药品和精神药品邮寄证明核发104次,药品、医疗器械服务事项8件。

单位地址:东城区东四北大街什锦花园胡同7号
联系电话:64029590　邮政编码:100007　(宋军卫)

【通过国家认可委员会评审】 3月2日,接受中国合格评定国家认可委员会(CNAS)评审专家为期2天现场监督评审,经过专家现场评定,东城药检所顺利通过国家实验室认可的监督评审。(宋军卫)

【3.15主题宣传】 3月11日,在药品安全示范点东华门街道银闸社区,开展质量促和谐系列宣传活动,以典型案例、真伪对照品及收缴的假劣药品、保健食品、化妆品等实物告知居民如何鉴别真伪,请专家现场讲解合理用药知识。活动设宣传展板24块,发放宣传资料2000余份,接待群众咨询近300人次。(宋军卫)

【防控H7N9流感】 4月11日,召开局长办公、局务会,部署辖区H7N9流感防控药监监管工作,明确责任,采取多项措施确保防控H7N9流感所需药品、医疗器械的质量安全和市场供应。4月16日,到东城重点药品生产经营企业实地检查H7N9禽流感防控工作及中药重点品种生产、储备情况,检查出动5车次25人次,检查15户次。(宋军卫)

【药品安全教育计划启动仪式】 4月19日举办。首场活动请北京医院药学部主任及局业务骨干,为辖区220余名药品安全员进行药品不良反应和正确选购保健食品的培训。活动中向建国门街道赠送《安全用药知识100问》《保健食品、药品非法添加的危害》书籍等。(宋军卫)

【打击保健食品四非专项行动】 5月27日,成立专项行动小组,出台《北京市药品监督管理局东城分局打击保健食品四非专项行动方案》,进行大面积高频次专项检查,特别对生产环节进行全面检查,辖区保健食品生产企业现场检查达100%,所有产品抽验率达100%。加大保健食品经营企业检查力度,抽查个体工商户经营非本市生产的品种,出动500人次,检查企业100户次,实施责令改正、诫勉谈话95户次。(宋军卫)

【特殊药品电子监管网使用研讨】 6月21日,召集辖区特殊药品批发企业质量负责人、特殊药品电子监管网负责人,对特殊药品电子监管网使用现状进行分析、研讨,完善该系统,实现特殊药品电子监管。(宋军卫)

【东城区食药局成立】 根据《中共北京市委办公厅关于印发〈北京市食品药品监督管理体制改革方案〉的通知》(京办发〔2013〕19号)文件精神,原北京市药品监督管理局东城分局(简称市药监东城分局)撤销,改为北京市东城区食品药品监督管理局(简称东城区食药局)。9月2日,东城区政府常务会讨论通过《东城区食品药品监督管理体制改革工作方案》;11日,东城区区委常委会讨论通过《东城区食品药品监督管理体制改革工作方案》;24日,以中共东城区委办公室、东城区人民政府办公室名义印发《东城区食品药品监督管理体制改革工作方案》。召开街道食品药品监督管理所成立大会,为全区17个街道食品药品监督管理所授牌,同时加挂街道食品药品安全委员会牌子。11月1日,东城区食品药品监管局及下设17个街道食品药品监管所统一正式对外履行职责。(宋军卫)

【禁毒宣传警示活动】 11月25日,与东城分局禁毒大队联合举办麻醉药品、精神药品、药品类易制毒化学品及复方制剂生产、经营企业的警示教育宣传活动。东城食药局结合企业自查和现场检查发现的问题,对辖区企业提出相关要求。(宋军卫)

【安全卫生执法检查】 11月27日,局科、所联合出动40人次、10车次,对东花市北里、南里,广渠门左安、乐家4家农副产品市场进行食品安全检查;向市场主办方介绍食品药品监管职责的调整,实地检查市场内蔬菜、水果、肉类和豆制品等经营情况。检查商户100户次,实施责令改正、诫勉谈话5户次,整治市场内占道经营、环境不整洁等违规问题。12月19日,对辖区内食品生产企业开展执法监督检查。对北京全素斋、北京活力咖啡有限公司的生产车间、原辅料和成品库房及进货记录进行检查,未发现违规行为。(宋军卫)

【专项抽检】 11月,在17个街道抽取农产品68例,经第三方机构检测,不合格食品4例,并将材料移交食药所立案处理。12月,17个食药所联合检查牛、羊肉片掺杂问题,抽检覆盖辖区流通领域不同食品经营业态,抽取样本检验合格率为100%。(宋军卫)

【庙会监管工作】 12月11日,在地坛体育馆举行地坛庙会小吃摊位招标会,现场对参加竞标商户142人进行相关法律法规培训。12月12日,组织地坛公园、龙潭湖公园庙会管委会及春节庙会食品经营摊位经营者代表48人,部署庙会食品安全工作,要求商户在庙会中文明经商,主动配合食品的各项抽检工作。(宋军卫)

体育

【概况】 东城区体育局(简称区体育局),是区政府主管辖区体育工作的行政职能部门,负责辖区体育体制改革,体育事业管理,推动多元化体育服务体系建设,推进地区体育公共服务。内设行政办公室、党委办公室(监察科)、群众体育科、体育法制科、青少年体育科、体育产业发展科、人事财审科,下属事业单位15家,其中全额拨款单位5家,即社会体育管理一、二中心,第一、二体育运动学校,青少年业余体校。差额拨款单位3家,即天坛体育活动中心,游泳、网球运动中心。自收自支单位7家,即东单、地坛体育中心,体育、后勤服务中心,体育培训中心,地坛体育馆,体育科学研究所。有公务员编制33人,在编正式职工281人。

年内,培训社会体育指导员1600人次。区体育局被人社部、国家体育总局授予全国体育系统先进单位称号,党委书记作为代表参加全国群众体育先进单位和先进个人、全国体育系统先进集体和先进工作者表彰会,受到习近平总书记接见。东城区培养输送运动员93人入选北京代表团,在第十二届全国运动会中,参加19个项目角逐,获12金3银11铜的成绩,居全市前列。东城区体育局获输送后备人才突出贡献单位称号。所属事业单位获国家级表彰2项,即全国群众体育先进集体、全民健身活动先进单位称号。

单位地址:东城区和平里中街18号
联系电话:64261982 邮政编码:100013 (贾明艳)

【调研与交流】 3月13日,区长牛青山一行调研奥林匹克·体育生活化社区工作,听取国家级全民健身示范区建设、竞技体育人才培养、奥林匹克·体育生活化社区建设工作思路和进展等情况,就奥林匹克·体育生活化社区建设有关问题进行深入研究。7月至10月,国家体育总局群体司司长刘国永、副司长万凌云,区人大副主任蔡福全,济南市体育局副局长刘雅涵分别带队调研东城区奥林匹克·体育生活化社区建设工作,考察东四街道豆瓣社区试点建设情况;江苏省第一、二批优秀社会体育指导员,国家体育总局健身气功管理中心副主任吕实明分别率团到龙潭、天坛公园各晨晚练辅导站(点)参观交流,并调研健身气功发展现状,考察在册健身气功站点,与健身气功爱好者进行交流。年内,副区长许汇走访辖区17个街道,调研奥林匹克·体育生活化社区工作。

(贾明艳)

【全民健身活动】 4月18日,在奥林匹克森林公园举行东城区处级干部健步行比赛,区有关领导、93家单位干部500余人参加。4月27日,在青年湖公园举行东城区全民健身体育节启动仪式暨第十八届区长杯长跑比赛,驻区单位74支代表队运动员近400人参加比赛,园林绿化局、教育系统代表队分获A组和B组冠军。7月22日,在地坛体育馆举行全国百城健身气功交流展示活动暨东城区健身气功展示赛,区领导许汇、邵鹏及国家体育总局健身气功管理中心、北京市健身气功管理办公室等领导出席开幕式,全区33个健身气功站点健身气功爱好者600人参加,龙潭湖健身气功活动等6个站点获比赛一等奖。8月8日,在地坛体育馆举行北京市体育公益活动社区行东城区启动仪式暨东城区全民健身体育节第九套广播体操通讯赛总决赛,17个街道57支代表队1200余人参加比赛。9月17日,在地坛体育中心举行东城区第七届和谐杯乒乓球比赛活动暨社区乒乓球趣味体验活动,17个街道187个社区近600人参加。10月25日,在广东省肇庆市举行年度全国原创广场健身操(舞)总展示交流活动,各省市30支代表队参加,东城区选送节目获全国原创广场操(舞)展示交流活动特等奖。年内,举办全民健身体育节活动,承办市级活动4项,参加市级活动8项,开展区级活动35项,各街道、社区、行业系统开展活动600余项,全区参与活动总人数达17万人次。举办区直机关运动会及处级以上领导干部全民健身活动5次2万余人次参加,在职职工健身培训3次1500余人次参加,开展快乐周末全民健身系列比赛活动10万人次参与,和谐杯乒乓球比赛活动近28万人次参加。

(贾明艳)

【青少年体育】 7月18日,创建北京市首家青少年校外体育活动中心,即天坛体育中心试点运行。活动中心为青少年提供足球、排球、网球、游泳、田径、跆拳道、击剑等体育锻炼的专业指导。举办田径、篮球等14项东城区阳光体育赛事,覆盖全区学校60%,参与学生1万人。制定东城区三大球,即足球、篮球、排球工作实施方案,选定14所足球、11所篮球、7所排球小学基层网点校,开展竞赛、培训、教学、交流等多项系列活动。培新、安外三条小学获年度全国青少年体育工作先进单位称号。

(贾明艳)

【国际体育舞蹈公开赛】 9月7日,在地坛体育馆,第三届中国北京国际体育舞蹈公开赛开幕,赛事分为中国北京国际体育舞蹈公开赛、世界表演舞锦标赛、世界体育舞蹈大奖赛、中国体育舞蹈公开赛(北京站)等,32个国家200余对国外选手和近500对国内选手参赛,比赛实况通过欧洲体育频道向全世界直播,参赛选手超过前两届。世界体育舞蹈联合会主席卡洛斯·费雷泰格、国家体育总局社会体育指导中心主任冀运希、市体育局副局长李丽莉、区领导许汇等出席开幕式。

(贾明艳)

【奥林匹克·体育生活化社区】 年内,制定“12841”发展战略,建立标准化体系,全区形成一套较为完备的奥林匹克·体育生活化社区建设标准文本,17 个街道 121 个试点社区编写完成符合自身特点的建设标准文本,完成区、街道、社区三级健身环境策划设计。建立区、街道、社区三级活动体系、形成可供居民自主搭配的活动菜单。建立全民健身活动服务平台,形成全民健身积分方案。对 17 个街道 121 个试点社区开展 30 余场 1500 人次建设标准培训。在试点社区建设中东四街道豆瓣社区为示范社区,完成 17 个样板社区规划设计工作。搭建完成区、街道、社区三级网站平台,与中国移动、歌华有线、一卡通等企事业单位就综合性服务平台建设达成协议,初步完成信息化服务平台建设工作。 (贾明艳)

【体质测定与运动健身指导】 完成国家级课题《北京市青少年体质中存在的肥胖和近视问题的运动干预措施的研究》项目阶段性实施工作,在 17 所试点学校建立学校干预体系框架,把对青少年肥胖、近视的干预措施纳入教学工作体系,通过体质测试、问卷调查等方式,建立近 2000 份肥胖、近视儿童青少年体质档案。建立健身技能指导服务基地,利用区属 6 大体育场馆服务设施,建立运动技能培训基地;选派优秀的教师团队到辖区 20 个机关、单位、学校及街道开展各种体育健身项目培训,建立健身服务配送基地。年内为不同人群开展体质测试 5000 人次,为 500 人提供运动健身追踪指导,全区国民体质监测合格率达 90.50%。 (贾明艳)

【一刻钟健身圈】 年内,奖励体育文化设施向社会开放的先进单位和先进个人。实现 65% 的学校及具备条件的社会单位对外开放体育文化设施,实现区属公园全部配建全民健身设施,实现 17 个街道 167 个社区文体活动室 4.40 万平方米场地面向居民开放。为全区全民健身工程、开放体育设施的学校(单位)、公园健身设施和快乐周末 13 个项目的 6 个承办场馆统一购买公众责任保险。东四街道、龙潭公园、东单体育中心、东四奥林匹克社区体育文化中心被评为年度全国群众体育先进单位。 (贾明艳)

【场馆建设】 推进东单体育中心改造项目。全年申请场馆升级改造体彩资金 1621.71 万元,升级改造天坛、地坛、东单体育中心等区属 6 个场馆 34 个设施项目,群众健身环境得到提升。 (贾明艳)

【安全监管】 年内,开展体育经营单位各类执法检查 512 次。完成区级相关单位联合执法检查 5 次,完成区政府布置夜查 6 次。实施行政处罚 1 件,下发整改通知书 2 件,约谈问题单位 6 家。及时、有效处理辖区内体育经营单位突发事故 2 起。实现游泳溺亡及重大责任事故零指标。

(贾明艳)

社 会 生 活

民 政

【概况】 东城区民政局(简称区民政局)是区政府管理有关社会行政事务的职能部门。内设办公室、法制宣传科、社区工作科、基层政权建设科、社会救助科、双拥工作办公室、优抚安置科、军队离退休干部管理办公室、民间组织管理办公室、婚姻登记科、福利室、救灾科、财务科、党建工作办公室(监察科)、人事教育科15个科室,实有58人。下属流浪乞讨人员救助管理咨询站、社会组织指导服务中心、社区服务中心、捐赠站等28个事业单位。

年内,推广完善"多元参与,协商共治"社区治理模式,通过全国社区治理和服务创新试验区评审,39个社区创建市级六型示范社区。开展机制创新,落实养老服务、社会救助、慈善事业、见义勇为人员权益保护等政策。探索公建民营和医养结合的养老服务新模式,完成市政府下达的新增养老床位指标任务。全面做好天安门金水桥事件善后处置和服务保障。筹建国家地名和区划数据库,编写《东城区街道地图集》和《东城区行政区划》手册,联合市测绘一分院与西城区民政局踏勘东西线。被市民政局确定为社会组织培育发展示范区和网格化社会服务示范区。

单位地址:东城区幸福大街32号

联系电话:84012469　邮政编码:100061　(董蕾)

【社会救助】 1月1日,城市低保标准从家庭月人均520元上调为580元。截至12月,全区有低保对象及生活困难补助人员9142户1.58万人,支出救助资金1.02亿元。新增低保及生活困难补助对象397户551人。有6261户7782人享受粮油帮困补贴,发放补贴金378.38万元。低保、低收入以及资助参保人员享受医疗救助人员3285人次,支出救助资金727.25万元。为473人办理临时救助,发放救助资金168.92万元。享受供暖救助3907户,支出救助资金250.18万元。享受高等教育新生入学救助201人,支出教育救助资金89.49万元。　(董蕾)

【优抚安置】 元旦、春节期间,在全区开展走访慰问优抚对象活动,为优抚对象1493人发放慰问金89.58万元,并为优抚对象发放一次性生活补贴54.21万元。全区有优抚对象1712人,其中残疾军人821人,烈属519人,享受定期抚恤补助因公牺牲军人遗属8人,病故军人遗属48人,老复员军人23人,参战退役人员9人,部分烈士子女15人,60岁以上农村籍退役士兵13人,义务兵256人。全区享受定期抚恤补助优抚对象103人免费参加医疗保险,全年为优抚对象报销医疗费118.89万元。办理一次性抚恤金103人,发放抚恤金2484.30万元。完成烈士纪念设施保护管理系统及烈士褒扬管理信息系统整理及书录。年内,制定《关于进一步加强义务兵优待安置工作有关问题的通知》,明确东城区义务兵优待标准高出全市优待标准1万元的新标准,明确进藏服役士兵安置问题。全年接收退役士兵241人(退役义务兵196人,士官45人),全部得到安置,其中自主就业182人,政府安排工作59人。为自主就业的退役士兵26人提供教育和职业技能培训,区财政支出培训经费2万余元。完成北京站夏季、冬季的新老兵接待转运工作。　(董蕾)

【慈善协会工作】 元旦、春节期间,向14个街道的27户因大病致贫家庭发放救助款55.50万元。7月,与北京眼镜城集团合作开展"光明使者行动"项目,为辖区内低保、低收入及困难家庭中符合条件的青少年209人提供免费验光配镜服务。7月至8月,举行第六届"携手梦想　放飞希望"助学活动。对全区低保、低收入家庭中2011、2012届在校大学生186人,发放每人1000元救助金,共计18.60万元。年内,实施助老送健康——慈善医疗卡项目,对上年符合救助条件的60岁以上老人241人实施救助,发放救助款10.67万元。开展慈善医疗垫付工作,10户因重大疾病而无法住院治疗的低保家庭申请区慈善大病医疗垫付基金,累计垫付资金27.65万元,返还资金12.37万元,使无力支付住院押金的困难群众进入医疗程序。　(董蕾)

【扶贫济困活动】 元旦、春节期间,筹集资金10万余元,向全区福利企业残疾职工开展"送温暖"活动。春节期间,由区民政局牵头,与区财政局、区劳动局、区老干部局、区老龄办、区残联、区妇联、区工会等部门联合开展扶贫济困走访慰问活动。走访慰问低保人员、优抚对象、百岁老人等24类对象2.49万人,发放慰问金915.18万元。区领导29人重点走访全区83户困难家庭,为每户送去300元慰问品和1200元慰问金。　(董蕾)

【养老服务机构建设】 1月31日,制定《集中养老设施建设三年行动计划》及《养老机构建设工作任务分解》,明确街道、相关部门工作职责及2013—2015年工作任务。承办人大议案《积极应对人口老龄化,探索符合东城区情的养老服务模式》。协助中国老龄科研中心对老年人2400人开展问卷调查,与区人大调研组座谈,起草修改议案办理报告,征求区人大内司委、政府领导、区人大代表、17个街道、14个相关委办局意见。10月31日,《东城区政府关于积极应对人口老龄化,探索符合东城区情的养老服务模式议案办理情况的报告》通过区第十五届人大常委会第十二次会议审议。10月至12月,组织养老护理员53人参加定点免费培训机构首都医科大学中医药学院职业技能培训学校开展的培训和鉴定,提升养老护理员的持证上岗率。全区有养老机构11家(区级养老机构2家,街道级3家,社会力量办6家),床位1375张。社会办养老机构北京市东城区景山尚爱老年养护中心于9月开业,设床位70张。 (董蕾)

【地方退休人员管理】 春节前夕,为所有地方退休人员(含征地超转人员)发放节日慰问品。为建国前老工人、劳模、高级专家及特困人员送去慰问金2.27万元。4月,为所有征地超转人员办理并发放社保卡,实现持卡就医及医药费实时结算。劳动节前夕,为劳动模范6人送去每人300元的慰问金。中秋、国庆两节,为所有地方退休人员(含征地超转人员)发放节日慰问品。 (董蕾)

【社会组织管理与服务】 3月,在全区范围内进行需求调查,按照"受益广泛、群众急需、服务专业"原则,确定社会公益事业、福利慈善、社区专业服务等创投领域。征集项目书78份,涉及为老服务、儿童及青少年教育、心理健康等方面。通过召开评审会,确定银龄心相助、"人生相册"老人影像史计划等15个项目获得资助。制定《北京市东城区公益创投项目管理办法》,明确公益创投领域、资助方式、项目实施监管等内容。年底,召开首届公益创投成果展示大会。与区行政服务中心、区教委等单位联合举办"以信息化建设为抓手,提升政务服务水平"、"关注养老　关爱老人"、"关注学前教育　关爱幼儿成长"三期访谈,主管区长以及各单位主管领导围绕社会养老、企业行政审批、学前教育展等内容与网友822人进行网络互动。全区有社会组织558家,其中社会团体192家,民办非企业单位366家。完成行政许可103项,其中社会团体筹备成立2项,成立登记4项,变更登记12项,注销登记6项,分支机构成立2项,民办非企业单位成立登记14项,变更登记61项,注销2项。参加社会组织年检329家,参检率73%。其中社会团体194家完成109家,年检合格101家,基本合格8家,待注销31家,未参加年检54家;民办非企业单位361家完成220家,年检合格的202家,基本合格18家。开展第一批社会组织评估,评审17家社会组织,其中5A级社会组织6家,4A级社会组织7家,3A级社会组织4家。 (董蕾)

【殡葬管理】 清明节期间,联合执法组对5家医院太平间进行集中执法检查,并抽查部分丧葬用品销售网点。全年审批符合无丧葬补助居民丧葬补贴待遇人员664人,发放丧葬补贴332万元。 (董蕾)

【防灾减灾】 制定完善《东城区加强社区综合防灾减灾工作指导意见》《东城区防汛综合保障专项分指挥部防汛工作方案》等工作方案,参与5月12日第5个"防灾减灾日"和10月13日第24个"国际减灾日"宣传教育活动,完成体育馆路街道法华南里等5个社区的全国综合减灾示范社区、和平里街道七区等23个社区的北京市综合减灾示范社区争创活动,培训街道和社区负责救灾工作干部265人,确保每个社区有灾害信息员1人,完成救灾物资储备建设。 (董蕾)

【接收捐赠】 全年接收捐款约337.45万元,其中日常捐款219.97万元,"送温暖、献爱心"捐款89.89万元,"4.20"震灾捐款27.59万元;接收捐赠物资近0.54万件,价值6.73余万元;利用24.30万元扶贫捐款,救助困难家庭50户次。 (董蕾)

【流浪乞讨人员救助】 全年救助流浪乞讨人员1896人次,救助未成年人84人,精神病人21人,医疗救治130人,为受助人员提供返乡车票465人次,跨省接送15人。发挥社会资源作用,与专业社会组织合作,聘请专业社工参与救助工作。 (董蕾)

【社会工作人才队伍建设】 年内,区社会工作者联合会指导17个街道成立社会工作者联合分会,吸纳个人会员451人,单位会员20个。依托社会工作者联合会开展活动和培训,举办首届"社工杯"羽毛球赛和扑克牌比赛,开展4期"幸福心动力"社区干部心理能力建设培训,编辑《东城区社区工作者培训教育名师录》,为社工培训提供菜单式服务。继续"十年社工"表彰长效机制,落实退离居委会老积极分子慰问政策。 (董蕾)

【社区建设】 年内,全区39个社区申报北京市第二批"六型社区"创建。申报社区在干净、安全、服务、规范、健康、文化等方面取得改善,并通过第三方评审。在民政部开展第二批全国社区治理和服务创新实验区工作中,全国有31个申报单位,东城区取得第五名的成绩,拿到在全国进行社区治理和服务创新实验的先行先试权。 (董蕾)

【孤儿保障工作】 新批准社会散居孤儿3人,全年向社会散居孤儿和视同孤儿的事实上无人抚养儿童29人发放基本生活费43.68万元。接收安置成年孤儿9人,落实"政府领导、民政牵头、部门配合、社会参与"的孤儿保障工作机制,以街道为主体,从落户、建档、就业、住房、安置资金等方面对孤儿妥善安置。 (董蕾)

【福利企业审核】 年内,对15家福利企业进行年度审核认证,其中2家福利企业不符合福利企业资格。全区实有福利企业13家,职工533人,其中残疾职工210人。福利企业销售及营业收入完成3.79亿余元,利税总额398.97万元,应上缴税款500.94万元,应退增值税553.08万元。审核福利企业残疾人就业岗位补贴、企业超比例安置、社会保险及精神残疾职工安置补贴290万元。 (董蕾)

【福利彩票发行】 全区电脑福利彩票销售2.08亿元,即开型福利彩票销售5138.50万元,总销售额连续四年突破2.50亿元。 (董蕾)

【双拥工作】 年内,对新一轮双拥模范城(县)创建工作进行自查自评,完成市双拥办中期考评。调整《东城区双拥工作领导小组成员名单》,组织完成春节、八一期间区领导走访慰问驻区部队官兵等工作,为驻区部队赠送慰问金、慰问品以及各项服务资金500余万元。参加全国双拥办组织的纪念延安双拥运动70周年征文活动,推荐12篇优秀征文投稿,其中在《中国社会报》发表2篇,在《首都双拥》杂志发表1篇,其余均在"首都双拥网"发表。开展义务植树、七一部队党员便民服务、军地单身青年交友联谊会、"双拥杯"乒乓球比赛、"心理健康进军营"、"戏剧、演出进军营"等活动。协调区教委办理驻区部队干部子女入学86人,协调区人力资源和社会保障局开展随军家属专场招聘会3场,举办为期2个月的军地两用人才中式厨师培训班,为驻区部队60人提供培训。 (董蕾)

【军队离退休干部管理】 全年接收安置军队离退休干部133人,军休职工450人。为全区73%的在世军休干部1263人办理"电子保姆"呼叫器的入网申报。完成全区军休干部1365人的体检。制定区《军休工作规范与岗位绩效考核细则》。 (董蕾)

【见义勇为权益保护】 全区有见义勇为人员113人,其中新确认6人,病故3人,转入2人。组织各街道、社区张贴见义勇为宣传海报和宣传折页,开展见义勇为人员外出疗养活动,推荐见义勇为人员潘波获第十届"昆仑奖"全国见义勇为英雄司机称号,开展走访慰问见义勇为人员和救助活动,发放慰问款20余万元、发放困难救助款8.50万元。 (董蕾)

【婚姻登记管理】 全年办理结婚登记1.33万对,办理离婚登记4628对,办理补领婚姻证件2628件,出具无婚姻登记记录证明6639件。1月4日,结婚高峰登记日办理结婚登记980对。 (董蕾)

居民生活

【居民收入】 居民人均家庭总收入为47024元,比上年增加3731元,同比增长8.6%。人均可支配收入为41676元,比上年增加3117元,同比增长8.1%。在人均家庭总收入中,工资性收入28509元,占人均家庭总收入的60.6%,比上年增加957元,同比增长3.5%。经营净收入1373元,占人均家庭总收入的2.9%,比上年增加335元,同比增长32.2%。财产性收入1368元,占人均家庭总收入的2.9%,比上年增加541元,同比增长65.4%。转移性收入15774元,占人均家庭总收入的33.6%,比上年增加1898元,同比增长13.7%。 (张博)

【居民支出】 居民人均家庭总支出34050元,比上年增加1749元,同比增长5.4%。在人均家庭总支出中,消费性支出为26994元,占人均家庭总支出的79.3%,比上年增加1107元,同比增长4.3%。人均转移性支出2020元,占人均家庭总支出的5.9%,比上年增加9元,同比增长0.5%。人均社会保障支出4437元,占人均家庭总收入的13%,比上年增加197元,同比增长4.7%。 (张博)

【食品支出】 居民家庭人均购买食品支出9081元,比上年增加190元,同比增长2.1%。其中:购买粮油类支出932元,同比增长8.6%;肉禽蛋水产品类支出1909元,同比增长4.9%;蔬菜类支出645元,同比增长2.8%;调味品支出180元,同比增长23.5%;糖烟酒饮料类支出1125元,同比增长6.8%;干鲜瓜果类支出839元,同比下降3.4%;糕点、奶及奶制品类支出840元,同比下降0.3%;其他食品支出104元,同比下降8.5%;饮食服务支出2503元,同比下降2.4%。本年恩格尔系数33.6%,与上年相比下降0.7个百分点。 (张博)

【衣着支出】 居民家庭人均购买衣着支出2766元,比上年增加64元,同比增长2.3%。其中:购买服装类支出1977元,同比增长4.7%;鞋类支出665元,同比下降0.3%。 (张博)

【家庭设备用品及服务支出】 居民人均家庭设备用品及服务支出为2236元,比上年增加567元,同比增长33.9%。其中:人均购买耐用消费品支出为987元,同比增长44.1%;床上用品支出257元,同比增长77.1%;家庭日用杂品支出726元,同比增长5.1%;家庭服务支出218元,同比增长1.1倍。 (张博)

【医疗保健支出】 居民家庭人均用于医疗保健方面的支出为1742元,比上年增长20元,同比增长1.1%。其中:购买药品支出420元,同比下降44.8%;滋补保健品支出549元,同比增

长47.2%;医疗费支出700元,同比增长35.5%。(张博)

【交通和通信支出】 居民家庭人均用于交通和通信方面的支出为3708元,比上年增加60元,同比增长1.6%。其中:交通类支出(包括购置家庭交通工具、购买车辆用燃料及零配件、交通工具服务支出和交通费)共2448元,同比增长6.5%。通信类支出(包括购置通信工具和支付通信服务费用)共1260元,同比下降6.6%。(张博)

【教育文化娱乐服务支出】 居民家庭人均用于教育和文化娱乐方面的支出为3760元,比上年减少242元,同比下降6.1%。其中:用于购置文化娱乐用品的支出为1000元,同比增长0.6%;用于文化娱乐服务方面的支出为2099元,同比增长10.6%;支付各种教育费用654元,同比下降41.1%。(张博)

【居住支出】 居民家庭人均居住支出为2071元,比上年增长155元,同比增长8.1%。其中:住房支出(包括房租、住房装潢、维修用建筑材料等用于住房的直接支出,不包括购房支出)954元,同比增长19.4%;水电燃料及其他支出1019元,同比下降1.5%;居住服务费支出(包括物业管理费、住房维修服务费等用于住房的服务费用)95元,同比增长15.7%。(张博)

【主要耐用消费品拥有量】 每百户居民主要大件生活消费品拥有量为:家用汽车36辆,洗衣机96台,电冰箱100台,微波炉88台,空调器148台,淋浴热水器86台,彩色电视机132台,计算机114台,组合音响10套,摄像机29架,照相机91架,各种健身器材7套,固定电话89部,移动电话204部。(张博)

计划生育

【概况】 东城区人口和计划生育委员会(简称区人口计生委)是区政府工作部门,负责全区人口和计划生育工作。区计划生育协会(简称区计生协)是协助政府动员群众参与人口和计划生育工作的社会团体。设办公室、宣传教育科、综合业务科、流动人口服务管理科、调研协调科。实有公务员20人,事业编人员15人,工勤人员1人。下设计划生育药具管理站(挂生殖健康技术指导中心牌子)事业单位。

年内,统计出生上报9076人,计划生育率98.68%,完成市政府下达的各项指标。审批再生育子女557例;申报病残儿24例,通过鉴定10例;办理一次性经济帮助41例;独生子女伤残特扶1706人,死亡特扶832人。开展“关注男性健康”主题活动,全年举办知识讲座、义诊咨询20场次,惠及育龄人群1500余人次。投入近10万余元慰问“亲情牵手”家庭119户、困难家庭20余户及大病患者50人。拨付5万元建立警营图书角,配备计划生育和生殖保健书籍及用品。推进生殖健康技术指导中心标准化建设,中心建筑面积1043.88平方米,涵盖0~3岁早教区、孕情普查综合服务区、生殖健康咨询服务培训接待区和青少年生殖健康咨询宣教服务区。

单位地址:东城区美术馆后街12号

联系电话:64072574 邮政编码:100010 (王承岩)

【计划生育家庭保险培训会】 3月13日召开。计划生育家庭意外伤害保险是经中国计划生育协会与中国人寿保险公司共同协商,专门为计划生育家庭设计、开发、推广的体现计生利益导向的新险种。该险种最大特点是:承保对象明确,政策性强;投保年龄扩大,覆盖面广;保险费用最低,补偿力大。中国人保寿险工作人员为17个街道计生专干讲解计划生育保险重要意义、安康计划简介和服务举措等内容。全区有7117户参保,参保金额为276480元。(王承岩)

【人工流产关爱项目】 3月,与区卫生局联合下发《关于开展“人工流产关爱项目”的通知》,要求相关医疗机构循环播放《人工流产的危害与预防》科普宣传片,向接受人工流产手术的育龄妇女、家属宣传相关知识,为人工流产术后妇女免费发放人流关爱服务礼包,做好登记,每季度向南、北区妇幼保健院报送上季度统计数字。首批推广开展的医疗机构为:区第一妇幼保健院、北京市第六医院、北京市隆福医院、和平里医院、鼓楼中医医院、区第二妇幼保健院、普仁医院、区第一人民医院。全年受益1961人。(王承岩)

【早期教育项目】 6月15日,在区图书馆举办“规矩和爱”大型早教公益讲座。美国哈佛大学教育学博士、国内早教专家王涛与在场0~3岁儿童家长520人一起分享如何用规矩和爱来教育孩子。王涛介绍国内外最新早期教育理念和方法,教给家长如何在亲子教育中体现“带有规矩的爱”和“带有爱的规矩”,让孩子在规矩和爱中成长。全年开展0~3岁早教讲座40余场,3520人参加。开办孕妇班34场,4200人参加。编制《0~3岁早期教育——教师指导手册》,并下拨资金29万元完善社区早教公共服务。(王承岩)

【免费孕前优生健康体检项目】 6月24日,召开免费孕前优生健康体检项目推进会。17个街道汇报项目完成情况,项目承接医院区第二妇幼保健院和隆福医院介绍进展情况。相关人员40余人参会。全年免费为500对待孕夫妇提供孕前优生健康体检。(王承岩)

【世界人口日活动】 7月10日，第24个"7.11世界人口日"前夕，举办"家庭梦·中国梦感悟分享"活动。区领导颜华致辞，活动以播放典型案例故事片与现场采访案例当事人的方式交替进行。展现全区在提高家庭幸福指数方面的成就。还为在"幸福家庭"评选中12户获奖家庭和"幸福家庭"DV大赛17部获奖作品的制作人颁发证书和奖品。市人口计生委副主任彭彧华及全区各界群众代表400余人参加。

（王承岩）

【国家十二五科技支撑计划课题】 9月10日，召开国家十二五科技支撑计划课题"新型避孕方法的引入及流动人口避孕方法知情选择优质服务关键技术综合研究"东城区项目现场启动会。该项目由上海计划生育科学研究所和区人口计生委合作进行，旨在提高辖区流动人口避孕节育知情选择水平，引进新型避孕方法，提高相关服务能力，减少非意愿妊娠的发生。会上，介绍项目的目的、意义、方法、步骤以及样本的选择，并对调查员和相关人员进行项目和问卷调查培训。街道主管主任、计生科长以及相关单位项目负责人和社区卫生服务站医务人员等50余人参加。（王承岩）

【帮扶项目试点】 年内，东城区被中国计划生育协会确定为计划生育特殊困难家庭养老帮扶示范项目和计生特殊家庭帮扶模式探索项目试点单位。选取100户计划生育特殊家庭作为项目帮扶对象，每户发放家政服务券价值2000元，通过政府购买服务方式，解决失独家庭生活困难。继续开展"暖心计划"和计划生育家庭意外伤害保险工作，全年有823人纳入"暖心计划"保障范围，市计生协人均投入保费2789元。9233户参加计划生育家庭意外伤害保险，保费27万余元。区计生协与区红十字会合作，为计划生育贫困家庭设立专项公益基金——生育关怀行动基金。全年为71户计划生育困难家庭发放23.50万元慰问金。

（王承岩）

【药具发放】 全年调入各类计划生育药具3060箱，完成计划104%。调出各类药具2780箱，其中各类口服避孕药1910板，外用避孕药1.71万盒，避孕套2724箱。全区药具发放网点整合为243处，进一步巩固与优化"十五分钟便民服务圈"。

（王承岩）

老 龄 工 作

【概况】 东城区老龄工作委员会办公室（简称区老龄办）承担协调、推动老龄事业发展规划落实和维护老年人合法权益保障工作，指导、监督和检查区老龄工作，贯彻执行市政府和市业务主管机构关于老龄工作各项政策规定。办公室属副处级全额拨款事业单位。编制为10人（含工勤事业编制1人），工资待遇和干部管理在职期间按照国家公务员制度的有关规定执行。

年内，继续落实"九养"（建立孝星评选表彰制度、建立居家养老（助残）券服务制度和百岁老人补助医疗制度、建立社区养老（助残）餐桌、建立社区托老（残）所、招聘居家服务养老（助残）员、配备养老（助残）无障碍服务车、开展养老（助残）精神关怀服务、实施家庭无障碍设施改造、为老年人（残疾人）配备"小帮手"电子服务器）服务政策，建立区级居家养老服务中心。维护好、实现好、解决好与老年人密切相关的民生问题，努力使东城区成为老年人乐享晚年的首善之区。至年底，全区有60岁以上老年人口22.90万人，占总人口的23.80%，80岁以上高龄老人5.50万人，占老年人口总数的23.90%；失能（失去工作能力）老年人比例达到32.30%；纯老年人家庭老年人口达到2.30万余人。推选市级孝星500人，表彰区级孝星500人。

单位地址：东城区幸福大街32号

联系电话：64035912　邮政编码：100061　（张逸辰）

【走访慰问活动】 两节期间，走访高龄特困老人205人、百岁老人89人，发放慰问金19.87万元。区委、区政府领导走访慰问景山街道、东直门街道和朝阳门街道3户困难群众，送去慰问金、慰问品和新春的祝福。（张逸辰）

【老年福利服务设施】 全区有养老服务机构11家，其中政府办5所，民办6所。床位数1363张。老年病医院1个，床位380张。老年活动站（中心、室）172个。由于合并，比上年减少18个。

（张逸辰）

【居家养老（助残）服务】 居家养老服务在"九有"（吃饭有餐桌、托老有床位、活动有中心、精神有关怀、养生有中医、家政有热线、管理有专人、呼叫有帮手、残疾有扶助）基础上，不断探索社会化养老服务大格局，即依托大企业办养老机构、老字号商铺加盟养老服务、连锁经营企业壮大养老队伍、社区共建单位丰富养老内涵、涉老单位齐抓共管。探索以科技为助推、以服务专业化、管理标准化、平台信息化、企业示范化为内容的养老服务新模式。社区卫生服务机构、心理健康服务站、志愿者组织、社区服务站、温馨家园覆盖社区。年内，整合资源，建立居家养老管理服务中心9个，其中区级居家养老管理服务中心1个，街道级7个，社区级1个。截至年底，向符合条件的80周岁以上老年人和特殊老年人5.50万人发放居家养老(助残)服务券3949万元;签约居家养老服务商512家,其中养老(助残)餐桌309个、非餐饮类服务商214家、建立托老(残)所182家;发放"小帮手"电子服务器3340部;安装紧急医疗救助呼叫器613部。 (张逸辰)

【老年人协会】 全区有老年人协会183个。和平里、北新桥、建国门、交道口、朝阳门、崇文门外、体育馆路7个街道成立老年协会,社区级有176个。协会发挥职能,发动社区群众和低龄、健康老人,组织各种志愿者队伍,对空巢、孤老、高龄、特困老人开展帮扶服务。 (张逸辰)

【老年人优待工作】 落实优待政策,免费、优惠向老人提供服务项目。区有A级景区11家,无障碍设施齐全,门区轮椅可供残疾人、老年人免费使用。为65岁以上老年人办理优待卡1.37万张;为4054名90岁以上老年人发放高龄津贴485万元;百岁医疗补助政策扩大到95岁,全年为490名95岁以上老人报销补助医疗129万元;为近2000名无社会保障老年人开展免费体检;养老保险和医疗保险100%全覆盖,实现应保尽保;开展科技产品进社区——社区科技养老服务试点,投入286万元在11个街道建设自助式健康体检终端室(老年健康屋)21个,建设心理咨询室、心理宣泄室、心理放松室、沙盘游戏室等建设项目24个;全区400余家服务商和志愿者服务队伍,采取各种形式,广泛开展生活照料、康复护理、精神慰藉、文化娱乐、安全巡视等服务;老年人免费游园、乘坐公交和高龄津贴发放等优待政策得到落实;社区体育健身俱乐部、社区服务中心利用资源优势,开展敬老优待服务,免费、优惠向老年人提供文体活动服务项目。 (张逸辰)

【老年文体公益活动】 全区各级老年协会逐步形成以老年艺术团队为龙头、文体指导员为骨干、文化室和体育场所为载体,以社区文化、胡同文化、院落文化、家庭文化为主线的具有东城特色的文化网络,有老年文体队伍600余支。联合区体育局举办区第二十八届长寿杯中国象棋赛暨围棋赛,全区20支代表队100余名老年棋手参加。举办第二届区中老年趣味运动会,全区23支代表队300余名中老年人参加比赛。 (张逸辰)

【老年维权】 全区有老年法律援助工作站1个,老年维权协调组织174个。年接待来信来访7869人次。司法局办理老年人法律援助案件19件。区老年法律援助中心依法为老年人提供法律援助和免费咨询服务。成立区级老年消费指导中心1个,街道、社区老年人消费维权指导中心(站)20个,通过老年维权知识大讲堂、帮助解决消费纠纷、实行小金额先行赔付等形式,切实维护老年人消费权益。 (张逸辰)

【老年教育】 年内,老年大学开办79个教学班,在校学员3037人次,结业41个班,结业学员1499人次。举办区老年大学学员作品展,每个班展览一周。 (张逸辰)

【百岁老人】

2013年东城区百岁老人情况表

序号	姓名	性别	年龄(岁)	街道
1	汤炳光	男	100	和平里
2	谢 健	男	100	和平里
3	张景繁	男	100	和平里
4	原惠清	女	100	和平里
5	张希尧	男	100	和平里
6	孙菊生	男	100	和平里
7	张春英	女	101	和平里
8	张应洁	男	102	和平里
9	李秀贞	女	104	和平里
10	陈庆池	男	100	交道口
11	闫尚谦	男	101	安定门
12	李化天	男	101	安定门
13	刘致广	男	102	安定门
14	杨公素	男	103	安定门
15	王秉庚	男	100	交道口
16	金玉环	女	100	交道口
17	王子端	男	100	交道口
18	关志和	男	102	交道口
19	黄梅卿	女	103	交道口
20	李松桢	女	100	景山
21	汪振鹤	女	100	景山
22	周亨巽	男	100	景山
23	刘冯氏	女	100	景山
24	齐 岳	男	101	景山
25	丛培玉	女	101	景山
26	闵文庆	男	103	景山
27	陈苜莉	女	104	交道口
28	张守方	女	100	东华门
29	赵佩衡	男	100	东华门
30	王定国	女	101	东华门
31	付翠蕊	女	101	东华门
32	刘导生	男	101	东华门
33	吕家俊	男	101	东华门
34	张克明	男	101	东华门
35	孟 英	男	101	东华门
36	赵泽梅	女	103	东华门

续表

序号	姓名	性别	年龄（岁）	街道
37	张淑霞	女	100	东直门
38	景文英	女	100	东直门
39	连素云	女	101	东直门
40	刘桂亭	女	103	东直门
41	李　忠	男	105	东直门
42	闫兆凤	男	100	北新桥
43	张文禄	男	100	北新桥
44	王淑慧	女	101	北新桥
45	谷清娥	女	101	北新桥
46	高文荣	女	101	北新桥
47	郭云芳	女	102	北新桥
48	訾安春	男	102	北新桥
49	陈封氏	女	102	北新桥
50	尹士奎	男	104	北新桥
51	何文珊	男	100	东四
52	高瑞珍	女	100	东四
53	龚德明	男	101	东四
54	李仁宽	男	102	东四
55	周景兰	女	104	东四
56	李桂英	女	105	东四
57	徐芝珍	女	100	朝阳门
58	周有光	男	108	朝阳门
59	孙桂荣	女	101	建国门
60	尤淑芬	女	104	建国门
61	穆登果	男	100	前门
62	魏常荣	女	100	前门
63	张伦信	男	100	前门

续表

序号	姓名	性别	年龄（岁）	街道
64	刘淑敏	女	101	前门
65	何秀女	女	102	前门
66	郭玉贞	女	101	崇文门外
67	孙采苹	女	103	崇文门外
68	刘向一	男	100	东花市
69	齐永宽	男	100	东花市
70	武从贵	女	102	东花市
71	吕淑贞	女	101	龙潭
72	祥淑俊	女	101	龙潭
73	李增平	女	102	龙潭
74	杨明洁	女	102	龙潭
75	张士英	女	102	龙潭
76	袁鸿英	女	100	体育馆路
77	宋从贞	女	100	体育馆路
78	尹秀俊	女	101	天坛
79	王绍宗	男	101	天坛
80	袁淑华	女	102	天坛
81	赵李氏	女	105	天坛
82	傅漪泉	男	108	天坛
83	闫桂琴	女	100	永定门外
84	蔡庚庆	男	100	永定门外
85	杜秀云	女	100	永定门外
86	王慧茹	女	101	永定门外
87	袁玲珍	女	101	永定门外
88	宋明珍	女	101	永定门外
89	胡秀珍	女	104	永定门外

（张逸辰）

街　道

东华门街道

【概况】 东华门街道办事处是区政府派出机构。位于首都中心街区,东起崇文门内大街、东单北大街、东四南大街,南至前门东大街、崇文门西大街,西起天安门广场西侧、中山公园西缘、故宫西墙、景山前街东段,北靠五四大街、东四西大街。面积5.35平方千米,有大街巷22条,胡同68个。设社区居委会12个,户籍人口2.26万户5.84万人,常住人口1.47万户4.07万人,流动人口1.25万人,汉族占95%,回、蒙古、满等少数民族占5%。辖区有中央、市、区属单位200余个,商业店铺5035个,职业高中1所,中、小学、幼儿园12所。有中华人民共和国公安部、民政部、商务部、最高人民法院、最高人民检察院,故宫博物院、中国国家博物馆、中国美术馆,北京协和、同仁、妇产医院,北京市百货大楼、东安市场、东华门夜市等单位。办事处机构设置23个,有公务员编制100人,事业单位5个编制47人,工勤编制8人。

年内,围绕建设和谐东华首善街区总目标,实现地区社会稳定、经济发展、民生改善、文明指数提升,完成各项工作。6个社区成功申报,被评选为北京市体育生活化社区。指导6个试点社区开展"我创作、我积累、我展示"活动。组织居民参加东城区全民健身体育节第二届体质测试日、健身操舞培训,并参加北京市健身操舞大赛、"奥林匹克·体育生活化"社区广播体操展示活动。召开街道第七届和谐杯乒乓球比赛,15支地区单位代表队、11支社区代表队208名运动员参加。10月31日,原国务院总理温家宝亲自签名,赠送东华门街道《温家宝谈教育》一书。11月21日,在南京召开国际安全社区命名仪式上,街道被世界卫生组织社区安全促进合作中心命名为第325个国际安全社区网络成员,成为国际安全社区的一员,也是中国地区第66个国际安全社区。获全国社区志愿服务示范街道、市级社区矫正工作先进集体、北京市优秀职工之家等称号。

单位地址:东城区东安门大街55号

联系电话:65130245　邮政编码:100006　(李云明　李建萍)

【城市管理】 年内,对五四大街、灯市口西街、韶九胡同、锡拉胡同开展环境整治工程,其中五四大街夜景照明通过验收,灯市口大街被评为市级精品大街,东华门大街文化展示墙成为集合文化、景观、旅游效益于一体的皇城文化示范墙。开展城市清洁日主题活动12次,56个单位982人次参加,清理卫生死角42处,清运各种垃圾、废弃物13吨,清除街头小广告,清理广告牌匾813条/块。完成公共管道灭蟑2次,清理污水井、雨水井1700个。出资10万元为武警十四支队营区进行病媒生物消杀服务。完成北河沿大街109号、111号、117号3栋楼房抗震加固工作。改造玉石胡同小区2号、4号楼,北湾子胡同南、北楼。上报违建6042处,至年末,拆除违法建设84处2546.30平方米。　(李建萍)

【民生保障】 受理保障房申请256份,签订廉租房合同184份,114户申请家庭参与选房。发放低保金329.60万元,医疗救助金22.68万元,居家养老服务券87.50万元,提供各类服务11.59万人次。为61户80岁以上空巢老人安装一按灵。辖区有老年人1.24万人,空巢老人739户1084人。利用社区托老(残)所平台,开展文化休闲、日间照料、精神慰藉和心理疏导等服务。依托社会组织进行养老员培训,北京基督教女青年会实施暖巢工程,与社区联手入户为高龄空巢老人服务。为辖区2189人因居住平房、冬季没有洗澡条件的60岁以上老人、低保户、残疾人发放洗澡票。新增就业653人,其中单位招用93人、个人就业560人、大龄就业363人。新增失业人员登记708人,城镇登记失业率0.32%,零就业家庭动态为零。发放小额担保贷款20万元。地区计划生育率98.90%,办理一孩生育服务证957例,独生子女父母光荣证310例,发放独生子女父母奖励5.15万元、一次性奖励1.81万元。发放独生子女伤残失独家庭特别扶助150例。

(李建萍)

【社会治安综合治理】 年内,与公安、交通、城管、工商、民政、环卫等部门开展为期3个月联合执法,解决故宫北门治安难题,查处无照经营5989起,取缔非法散发小广告2823起13.43万张,规范店外经营2611处,清除户外广告牌、灯箱570个,规范乱堆物堆料413起。查处黑车、黑摩的、电动三轮、人力三轮车、自行车等经营工具395辆,没收水果、食品2650公斤,没收小商品2.73万件罚款9.61万元。在辖区重点区域部署173个守望岗点位,实名制上岗,确保责任落实到位。做好天安门金水桥"10.28"事件善后保障工作,启动应急保障机制,成立保障队伍,由处级领导带班,分14个工作小组进驻同仁、北京医院,开展救助和家属安抚工作。十八届三中全会安保期间,安排1.66万人次上岗值勤,动员各类社会力量3.45万人次参与社会面防控,形成全方位、全覆盖的防控网络。辖区在建工地8处,经营单位1875家,规模以下经营单位1436家,开展多样化安全知识宣传,加大检查力度,在"7.24"燃气爆炸事件发生后,组织8次地区联合检查、零点夜查等专项行动,整改安全隐患131处。强化安全意识,重点时段安排各类保障力量对地区74处禁放点、主要大街、平房院实施部署防控,确保火灾防控面平稳无事故。处级领导接待群众来信来访429批次,协调化解信访问题23项。处理非紧急救助信件384件,综合办公系统信件34件,市长信箱信件8件,区长信箱信件14件。每日信访工作摘要196份,周调度、月会商研究重点难点信访问题23项,化解2项。开展矛盾纠纷专项排查8次,实施动态排查2次,共排查重点人150人次,重点问题10件次,建立重点人台账10人,重点问题台账5件,落实责任人和工作措施。（李建萍）

【社区建设】 年内,做好弹性工作制、亲情6S工作法、党员帮吧等品牌服务,完善仁和堂民间调委会、居民自主管理停车自管会等社区自治组织。对行动不便社区居民开展全程代理和首问责任制,提供便捷性服务,解决社区居民关注的现实问题。全年"96156"小呼叫便民服务热线接转完成各类服务单389件,爱心家园发放物品2327件3.34万元,博爱超市发放物品512件7854元。在特色化社区建设中,完成12个智慧社区试点验收工作,与加拿大和谐基金会,绿之梦工作坊等社会组织合作开展阳台菜园、变废为宝、绿地图、跳蚤市场等低碳项目,将环保低碳生活方式推行到社区居民中。请东城区法院法官为武警14支队1500名官兵开设法律讲堂。东华门街道成立55周年,组织开展系列庆祝活动。"古都览胜　魅力东华"摄影展,共展出130位摄影爱好者作品550幅。编辑群众口述历史图书——《故宫墙外那些事儿》记录发生在东华门地区不平凡的人和事,展示首都核心街区深厚历史文化底蕴及和谐东华首善街区的发展成就,从征集到汇编成册,共收集来自社区居民、人大代表、政协委员的71条故事线索,35篇征文,最终成稿59篇。得到群众参与和好评。（李建萍）

【党建工作】 坚持深入实施非公企业党建提升工程,不断创新工作机制,在实现非公企业党建工作全覆盖基础上,党组织组建率得到提升。通过实地调研考察、查阅相关党建资料、召开座谈会、党建工作专项述职等活动,加强对地区非公企业党建工作的分类指导。全年走访东华门地区非公企业1467家,其中规模以上企业106家、外资企业280家,登记党员2182名。单独建立21个非公企业党支部,党员279名。通过在楼宇推行"1+1+4"服务模式,实现对辖区内14座商务楼宇工作的全覆盖。走访慰问困难党员、建国前老党员85人。举办党旗飘扬在社区主题党日活动、召开东华门地区七一表彰大会,表彰集体32个、个人78个。组织地区党员参加年度共产党员献爱心活动,捐款4.86万元,开展"中国梦　我的梦"百姓宣讲活动,10名百姓宣讲员在各社区举办10场宣讲,宣传获感动东华人物称号的4个集体和14名个人事迹。（李建萍）

【经济工作】 全年实现税收2.79亿元,为88户企业争取政策优惠和奖励金额4000余万元。引进企业26户,其中集团企业2户、千万元以上注册资金8户,引进默沙东(中国)投资有限公司北京东城分公司,美高梅知名酒店管理公司等一批知名企业。挽留企业5户税金500万元,引进及清理税额1400万元,引进印花税138万元,房产税107万元。开展第三次全国经济普查,查找率100%,核查登记率84.60%,名列全区第三名。（李建萍）

【智德社区互助会】 成立智德社区互助会,互助会将募集、捐款集中管理,在居民遭受重大灾祸或因疾病导致突发困难时借给其一定数额资金以解燃眉之急,并规定还款期限,到期收回借款。至年末,收到辖区单位和个人捐款30笔1.05万元。年初,社区41岁的残疾人因患尿毒症,每周3次化疗需费用1500余元,其爱人也是残疾人,两个月的治疗,几乎花光家里所有积蓄,向互助会提出申请后,经互助会理事会研究讨论,一致通过借其爱心互助金3000元,帮他渡过难关。（李建萍）

【银闸社区爱心跳蚤集市】 3月至10月,每月最后一周的周日上午,定为社区爱心跳蚤集市日,在骑河楼大街东口北侧,居民可互相交换需要的东西,以低价买到喜欢的物品,即促进邻里及社区居民关系,又培养居民节约资源的低碳环保意识。年内,组织16次活动5000人次参加。（李建萍）

【领导视察】 6月24日,市长王安顺、副市长张工、市政府秘书长李伟实地察看王府井大街34号煤改电工程,王安顺强调:要注重人民生活环境与城市建设水平的同步提高,解决好经济发展与环境保护的突出矛盾;加强各部门协调、配合,落实好煤改电工程;统筹规划煤改电与旧城整体拆迁改造,多方式解决百姓住房困难问题,引导优质公共服务资源向外迁区域转移;理顺煤改电设施、设备的运行维护责任关系,保证居民持续正常使用,提高精细化管理水平。区长牛青山、副区长王中华等参加。12月6日,区委书记杨柳荫一行对东华门街道落实党风廉政建设责任制及推进惩防体系建设工作情况进行专项检查。调研检查后提出:要统一思想认识,以十八届三中全会精神推进各项工作深入开展;要加强作风建设,切实增强履职能力,提高服务水平;要强化责任落实,推动反腐倡廉建设取得新成效。区党风廉政建设责任制专项检查第一检查组成员参加。（李建萍）

景山街道

【概况】 景山街道办事处是区政府派出机构。位于东城区西部,东依东四北大街与东四街道办事处相连,南至东四西大街、五四大街、景山前街与东华门街道办事处为邻,西起景山东街、景山后街、地安门内大街东侧与西城区什刹海街道办事处毗连,北靠地安门东大街、张自忠路与交道口街道办事处为界。面积1.62平方千米,有大街5条,胡同73个。设社区居委会8个,户籍人口1.62万户4.26万人,常住人口2.62万人,流动人口1.23万人,有满、回、蒙古、朝鲜、壮等24个少数民族3259人,占总人口8%。辖区有中央、市、区属单位228个,非公有制企业611个,大学1所,中、小学、幼儿园8所,医院2所,影剧院3座,银行、储蓄所4所。景山街道是特色商业聚集区,有著名隆福寺特色商业街,由乾隆年间的隆福寺庙会发展而来,曾在京都庙会中列为诸市之冠。地区有75%的面积为北京市第一、二批历史文化保护区,各级文保单位19家,面临着老旧平房不能轻易改造和重建的矛盾。办事处机构设置23个,有公务员154人,事业单位4个编制36人,工勤8人。

年内,推动网格平台、网格化城市管理信息平台、"12345"非紧急救助平台三网融合和社会服务管理社区例会、工作调度会、网格助理员培训例会三会融合,实现3个平台日常管理工作融合。9月9日,与北京兆如健康科技有限公司合作成立景山尚爱老年养护中心,试运行幸福夕阳老年餐桌,开启幸福养老展示区域。10月12日,成立景山街道文学艺术工作者联谊会。开展三级联创工作,深化模块化党建,完成机关党委、商会联合党委换届选举工作。出版支部电子学习专刊《悦读集萃》24期。

单位地址:东城区美术馆东街1号

联系电话:64041147　邮政编码:100010　(齐欣)

【城市管理】 年内,做好554户居民煤改电工作,完成内线施工418户、外线施工墙箱55台、地箱23台、柱变3台。为2个社区18户居民回收7935块冬储煤,发放居民用电卡、签订居民峰谷分时电价试点电费结算协议2384张,验收煤改电电暖器5089台。育群胡同被列为单停单行胡同,大佛寺东街,钱粮、育群、小取灯胡同被列为最美街巷胡同环境整治项目,拆除胡同内小煤棚47处90平方米、私装地锁860余个、违法建筑97处1700平方米。对隆福寺早市、景山东街等重点地区开展各类排查42次6294人次参加。加强背街小巷环卫管理,出动保洁人员50人次,日清运生活垃圾27吨、保洁面积22万平方米。7月至9月,开展灭蚊蝇病媒生物防治工作,喷洒灭蚊蝇药316斤。实行垃圾不落地清运模式,新增、更新胡同内破损老化垃圾桶120只,在5个封闭式小区开展垃圾分类收集工作,发放垃圾分类桶、垃圾袋220组。冬季扫雪铲冰使用融雪剂40余吨,出动4000人次32车辆次。在大、小取灯和阳春等胡同内新增绿地500平方米,增补绿篱、灌木、地锦1.20万余株,补种各种大型乔木40棵,种植各类花卉6.40万株,修剪树木800余棵,伐除枯死危险树木42棵,为树木除虫打药3000余棵。加强古树保护,修剪古树8棵、复壮5棵、抢险2棵。汛期对辖区1.44万间各类房屋和1.16万间违法建筑进行地毯式摸排,对32所学校、医院等重点单位,2处路面积水点,727个雨箅子和6350个排水井盖,156个高空广告牌匾等市政设施,51处地下空间,12处在施工地,114个低洼院,97棵挂牌古树进行重点排查。落实五级防控职责,组成8支84人党员抢险应急小分队,成立11支240人防汛抢险队,确保每个风险点责任到人。　(齐欣)

【民生保障】 全年受理262户家庭四房合一申请。组织5次保障房摇号确认登记工作,2818套房源有153户居民通过摇号住进保障房。新签、续签廉租房租房合同209份,停发37户家庭续签合同的租金补贴,受理公租房补贴申请64户享受补贴44户。对富丽美园、畅欣园项目已入住1年的116户廉租家庭进行资格复核。有低保家庭478户796人、发放低保金449.82万元,停发低保家庭47户92人3.37万元。享受高龄津贴老人259人29.20万元,95岁以上老人报销医药费26人次5.38万元。实施医疗救助88人次24.14万元,临时救助6人次2.22万元,教育救助11人2.41万元。发放居家养老(助残)服务补贴券1392人148.52万元,为519人次残疾人发放个体就业社会保险补贴87.39万元,为2136人次发放养老助残券21.36万元、为2645人次发放残疾人生活困难补助44.02万元,为196名肢体残疾人发放残疾人机动轮椅车燃油补贴5.90万元。完成失业人员就业1111人,失业人员就业率80.15%;完成职业指导1489人,技能培训179人;发放小额担保贷款20万元。监察建筑施工工地8处1077人次农民工,足额支付农民工工资259万元。检查用人单位409个次、劳动者5109人次,检查签订劳动合同2351份。全年办理一孩生育服务证390个,发放独生子女父母光荣证142个,父母奖励费862人4.94万元,父母年老时一次性奖励费190人19万元,办理再生育一个子女审批手续21件。办理《外地来京人员生育联系服务单》102人次。

(齐欣)

【社会治安综合治理】 辖区有在册治安志愿者2310人。两会及重要活动期间机关干部、社区居民、各类协管员4150人次参与安全保障工作。开展可燃物清理专项行动500余人次参加,清理可燃物50吨,玉河工地土地翻新除草1万平方米,降低火灾风险率。预防煤气中毒下户宣传,发放宣传材料1300份、走访5400人,下户检查流动人口2100户、出租房屋300户,签订安全责任告知书700余份、煤火隐患整改通知书50份、责任书100%。8个社区全部参加平安社区创建达标申报,组织召开座谈会17次516人次参加,征求群众意见和建议30余件。街道、社区干部1789人次入户走访居民3214人,收集问题93件、建议58件、解决89件。维修、整合技防探头20个,为居民免费发放红外线简易报警器1000个。社区物技防普及率达85%以上。开展矛盾排查5次74件,化解邻里、婚姻家庭疑难纠纷45件,避免15起群体性事件矛盾激化和27批集体访,处级领导参与接待145人次,接待信访群众256批416人次,受理人民来信来访1016件1943人次,领导阅信率、回复率达100%。接待来访来电咨询312人次,调解劳资纠纷7起,为劳动者17人追回工资5万余元。开展各类大型宣传咨询活动321次,举办法制讲座95场,发放宣传品72.37万份,受教育66.29万人次,提供义务法律咨询971人次。司法所、联合调解室及8个社区调委会受理各类纠纷1419件,调解成功1387件,成功率97.70%。(齐欣)

【社区建设】 组织成立景山街道社工联合委员会,25名有专业资格证书社工入会。完成皇城根北街社区办公用房装修改造并于5月10日正式办公。调整景山西片社区卫生服务站原布局,完善卫生、无障碍、医疗垃圾处理等设施建设并完成验收。10月14～16日,培训社区工作者130人。完成黄化门和皇城根北街2个社区六型社区创建迎检工作。社区建设工作智囊团由辖区居民13人组成,12月18日召开成立大会,会上表决通过《景山街道社区建设工作智囊团章程》《景山街道社区建设工作智囊团成员候选人名单》等,街道领导为智囊团成员颁发聘书。5月,智慧大家园社区青年汇成功申报为市级示范社区青年汇,组织开展全市统一活动6次、全市可选活动4次、区级活动7次、自选活动15次。在中国美术馆举办"亲历与见证——中国梦·景山情"主题摄影展,160位摄影爱好者的500余幅作品经专家评选出60幅优秀作品。8月,在皇城根遗址公园开展景山街道第二十八届庆八一科普消夏纳凉群众文化广场活动,200余人参加。

(齐欣)

【党建工作】 举办学习"十八大"精神百姓宣讲团景山街道报告会,120人参加。开展"党心连民心　亲情进万家"活动,机关各党支部,结对帮扶25户困难家庭,慰问困难党员、优秀党员、退休老干部134人。工商联分会及联合党委开展百户家庭送温暖活动,40家会员单位捐款2万元,为100户困难家庭送春节年货。开展七一党员宣传服务日活动,驻区部队,街道、社区党员150人为居民群众800余人提供家庭装修、法律、医疗、劳动就业等服务。全年,新增建会企业134家工会会员5015人,建会法人企业329家,费源信息采集329家。申报缴款企业247家,收缴会费260万元,18家20人以上企业完成独立工资集体协商及备案工作,新增5家独立建会企业,覆盖法人企业37家。法律讲座24次职工代表和居民600余人参加,现场咨询问题80件。新建非公有制企业团组织12家,社会组织1家。选派青年干部17人到8个社区、市级机关和外省市友好街道挂职。举办六期团干部文化沙龙活动。联合延庆县大庄科乡团委,组织城乡团员、青年80余人参观北京市爱国主义教育基地——平北红色第一村沙塘沟村,共同为大庄科乡中心小学捐献400余册学习辅导书和课外读物。各社区坚持每月开展道德讲堂活动,走访地区10余户贫困家庭,发放慰问金1万元,募集雅安地震捐款3.19万元,组织130人开展红十字急救培训。　(齐欣)

【经济发展】 1月至10月,完成区财政收入2.07亿元,实现财政收入增长1.40%,剔除营改增后财政收入增长13.33%。引进东方化工有限公司、国际人才中心等企业印花税681万元,引进北京晋煤太阳石化工有限公司房产税89万元。41户有发展潜力企业入驻。位于美术馆后街77号的77文化创意产业园区,吸引7户文化创意产业签约入住,占整体租赁面积34%。

(齐欣)

【残疾人康复培训基地】 街道出资33.82万元,提供温馨家园330平方米场地,成立东城区首家残疾人康复培训服务基地。与北京鹤雄森科技发展有限公司合作,对中、重度残疾人开展家庭康复培训。为重度残疾人提供精细化、个性化服务,由社会机构聘请专业人员,对有需求的残疾人及亲友分期开展康复知识培训,培养家庭康复护理员,开展健康培训讲座12期531人次参加。对有居家康复服务需求重度残疾人,入户提供健康评估、康复训练、咨询服务,解决家属护理中存在的问题,入户健康需求评估残疾人144人,入户指导残疾人118人进行康复训练和护理537人次。对能走出家门的重度肢体和视力残疾人开展日间康复护理服务,30个工作日为一个周期。举办日间康复护理班4期,为残疾人95人服务3035人次。

(齐欣)

交道口街道

【概况】 交道口街道办事处是区政府派出机构。位于东城区西北部,东起东四北大街,南至地安门东大街、张自忠路,西靠地安门外大街,北接鼓楼东大街、交道口东大街。面积1.47平方千米,有大街5条,胡同42条。设社区居委会7个,户籍人口1.94万户5.44万人,常住人口5.55万人,流动人口1.38万人,有满、回、蒙古等少数民族20个。辖区有中央、市、区属单位180家,商业企业526家,大学1所,中、小学、幼儿园7所。有国家级文物保护单位5处、市级13处、区级11处,除交东小区外均处于北京市40片历史文化风貌保护街区。地铁6、8号线及13、60、104、107、118、612、758等公交车途经辖区。办事处机构设置23个,有公务员编制86人,事业单位5个编制44人,工勤7人。

年内,以建设美丽交道口为目标,做好三个服务,即为党政军机关服好务,为南锣鼓巷发展服好务,为地区居民服好务。实现五个提升,即提升南锣鼓巷建设与发展品质、社会服务管理创新能力、城市环境管理效果、服务民生工作质量、党建科学化水平。完成全国文明城区文明指数测评迎检工作。推进多网融合工作,整合网格化社会服务管理、城市管理、环境卫生管理和公共安全管理四大信息平台,构建推行统一受理、统一派遣、统一协调、统一督办、统一反馈、统一归档的六步闭环管理模式。全年受理案件3982件,办结3966件,结案率99.60%。开展招大选强、引企引税工作,利用集中办公平台吸引高端企业入驻,全年引入企业9家,注册资金2.50亿元。南锣鼓巷顺利通过国家3A级旅游景区质量等级复核,获中国特色商业街、北京市首都文明示范街等荣誉。

单位地址:东城区雨儿胡同乙15号

联系电话:64033210　邮政编码:100009　　(英瑞鹏)

【**城市管理**】　年内,完成320户居民煤改电工作。对东棉花、后圆恩寺等6条胡同进行修缮整治,完成交道口南大街69号楼抗震加固工程。全年拆除违法建设77处2227平方米,破坏性制止新生违建近100处,实现违建零增长。健全门前三包管理,规范门前三包商户672家。查处无照经营2000余起。以南锣鼓巷、鼓东大街为重点,开展月末周五环境清洁日活动。对交东小区实施千棵大树进社区,10万株攀援植物工程。完成优美胡同试点工程,重点整治东棉花、雨儿等6条胡同。健全防汛预案体系和扫雪铲冰保障方案,加强基础设施建设和专业物资储备,建立专业应急处置队伍,实现平安度汛。地铁6号、8号线开通后,开展南锣鼓巷站人流量调研。采取政府购买公共服务方式,引进专业社会组织参与南锣鼓巷日常秩序管理,遏制无照游商、店外经营等。引入人机一体清扫模式,提升环卫专业水平,改善南锣鼓巷环境。交东小区入选北京市环境优美居住小区,后圆恩寺胡同入选环境优美街巷胡同。　　(英瑞鹏)

【**民生保障**】　完成廉租房实物配租34户家庭,限价房41户家庭、公租房32户家庭选房工作。推进居家养老(助残)服务,回收37.11万张养老(助残)券315.15万元。完成温馨家园改造并投入使用,为22户残疾人家庭进行无障碍设施改造。严格低保及各项救助申请审批,做好低保、医疗等各类救助金发放。实现无工资拖欠目标。计划生育率达98.60%。　　(英瑞鹏)

【**社会治安综合治理**】　完成全国两会、国庆及十八届三中全会服务保障工作。开展平安建设大走访活动,交东、菊儿、鼓楼苑7个社区被评为东城区平安社区。全年发案率下降30%。与辖区29家重点单位签定安全生产目标管理责任书,向500余家生产经营单位发放公共安全责任告知书。成立社区公共安全行动组织,全面检修消防设施设备,强化消防志愿者队伍建设,提高火灾初期处置能力。严格落实烟花爆竹安全管控,实现“两节”期间烟花爆竹安全“零事故”目标。加大对南锣鼓巷和鼓东大街周边交通管理,协调相关部门开展燃气安全、食品安全、地下空间综合整治,严格督促整改,消除安全隐患。　　(英瑞鹏)

【**社区建设**】　完成社区服务(文体)中心升级改造并投入使用。7个社区全面推行一口式办公和延时工作法。引入以居民需求为导向的社区服务项目化管理模式,打造交东社区“美丽社区建设生态健康家园”,福祥和府学社区“为老服务志愿项目”等特色品牌项目。鼓楼苑社区完成六型社区创建工作,大兴、菊儿社区为智慧社区创建试点单位。举办群众文化展演季等群众性公益文化演出和特色民俗文化活动。完善一刻钟社区服务圈,培育社区志愿服务项目,丰富社区服务内容。　　(英瑞鹏)

【**党建工作**】　整合南锣鼓巷商会、驻地单位及社区社会组织等资源,推进区域化党建工作,通过区党建三级联创考核。调整机关、社保所、各社区网格党支部,完善党组织结构,全年发展党员11名。执行中央八项规定及市区有关要求,开展行动学习走基层活动,建立四联系制度,征求意见和建议50余条,制定整改措施11项,精简会议和文件简报,会议同比下降35%,经费缩减65%,制发文件减少20%,停办春节联欢会等庆典活动。落实党风廉政建设责任制,组织机关、社区廉政文化宣传教育活动,在府学、交东社区建立廉政文化墙。开展明察暗访活动12次,重点整治机关庸懒散拖现象。首次公开街道六费情况,推进党务、政务、居务公开。　　(英瑞鹏)

【**交流与考察**】　4月26日,北京市市政市容委主任陈永一行到交道口调研城市精细化管理工作,考察玉河沿线建设与发展。到帽儿、北兵马司胡同了解市政建设、环境秩序保障情况,实地察看四合院院落,走访交东小区,听取有关部门关于小区环境管理工作汇报。陈永认可街道胡同平房区风貌保护与城市精细化管理成效,并表示市市政市容委要与区城管委、街道共同配合,打造城市精细化管理的一块试验田。5月7日,副市长李士祥一行视察南锣鼓巷立体停车设施建设工作,市政府办公厅领导、区长牛青山、副区长朴学东、副区长王中华陪同,现场查看施工工地,听取街道及代建公司关于项目规划和设计情况汇报,召开机动车停车管理座谈会。6月27日,上海黄浦区打浦桥街道、田子坊商会一行6人,到南锣鼓巷考察,参观红宝鼎、咂摸、过客、秦唐府7号院等特色商户,并与南锣鼓巷建管办、南锣鼓巷商会进行座谈交流。7月11日,云南省委常委张田欣一行49人,参观考察南锣鼓巷特色商业街区和文化创意街区建设,区委书记杨柳荫等陪同。街道负责人介绍南锣鼓巷文化休闲街区保护与发展,文化创意产业发展的情况。考察团一行参观南锣鼓巷文化休闲街区。7月至10月,瑞士联邦主席兼国防、民防和体育部长毛雷尔率11人代表团,台湾将军团,国家行政学院司局级培训班学员,民政部基层政权和社区建设司司长蒋昆生,天津市旅游局局长佘清文,北京市基础设施投资有限公司副总经理李永亮,伦敦市市长鲍里斯·约翰逊等分别率团考察、参观南锣鼓巷特色街,了解社区自治模式、环境整治、特色商业街区和文化创意街区建设,全国城市文明程度指数测评等工作。(英瑞鹏)

【领导调研】 8月1日,副区长陈之常到交道口街道调研南锣鼓巷街区管理工作。交道口街道汇报南锣鼓巷特色商业街的保护与发展,陈之常就南锣鼓巷人流疏导、业态调控、市政设施提升及城市管理等实际问题提出具体指导意见,并协调区商委、旅游委等相关部门落实。8月29日,牛青山和颜华带领卫生局、发改委、财政局相关领导到区妇幼保健医院调研。参观医院改造扩建整体工作情况,听取医院、卫生局、发改委、财政局关于医院建设情况的汇报。(英瑞鹏)

【南锣鼓巷文化建设】 9月23~29日,举办南锣鼓巷文化体验周、文化创意沙龙和南锣鼓巷系列民俗文化活动,发布南锣鼓巷Logo,推出南锣八景,制作《南锣鼓巷文化体验指南》《南锣鼓巷游览手册》。实现南锣鼓巷无线网络全覆盖,升级改版南锣鼓巷官方网站,完善胡同四合院身份证二维码扫描等旅游公共服务信息系统,使游客更快捷地体验南锣鼓巷特色文化。南锣鼓巷通过国家3A级旅游景区质量等级复核,获中国特色商业街、北京市首都文明示范街等荣誉。(英瑞鹏)

安定门街道

【概况】 安定门街道办事处是区政府派出机构。位于东城区西北部,东起雍和宫大街、南至鼓楼东大街、西起旧鼓楼大街、北至北二环,辖区处在古都风貌保护区和故宫缓冲区内。面积1.76平方千米,有大街3条,胡同69条。设社区居委会9个,户籍人口2.29万户5.54万人,常住人口4.58万人,流动人口9560人,民族29个、汉族5.07万人占总人口92%。辖区有中央、市、区属单位60个,企业500余家,其中70%以上属民营企业。有国家级文物保护单位3个,即北京鼓楼——钟楼、国子监、北京孔庙,市、区级文物保护单位7个,历史遗存32处。中、小学、幼儿园15所,驻区部队有空军后勤部机关、北京卫戍区四团。安定门地区地域狭小、人口密度大,老旧平房占85%,居住环境较差、普通居民多、平均生活水平低,呈现三多、三少、一突出的特点,即贫困残疾人多、生活稳定的少,住房条件紧张的多、居住宽松的少,无业失业的多、就业机会少,贫困残疾人及重病低保人员就医问题突出。有低保人员1608人,占地区总人口3.50%,居全区第二。残疾人2075人,占地区总人口4.20%,居全区第一。办事处机构设置23个,有公务员编制87人实有85人,事业单位4个编制38人,工勤7人。

年内,实施《安定门街道区域发展战略规划》,推进国学文化传承圣地、文明融汇品质街区建设。完成国子监40号东方国际戏剧主体产业园区入驻商户企业注册。利用雍和科技园区区位优势,与园区管委会、产促局等部门配合,加强优惠政策宣讲,吸引企业入驻,加强联系,提升企业服务水平。区域经济平稳较快发展,新引进注册资金500万元以上企业15家,完成区级税收5968.60万元、同比增长5.80%。获全国社区教育示范街道称号。

单位地址:东城区安定门内大街方家胡同19号
联系电话:64066979　邮政编码:100007
(杨沁诗)

【城市管理】 年内,升级改造车辇店胡同牌匾、院落门头20处,完成永康胡同18号院道路改造铺设及楼面粉饰,完成邮电部宿舍、东公街64号院改造。对安内大街、五道营等重点街巷,集中清理整顿各类违法违规行为。粉刷墙面、油饰门楼9780余平方米,更换广告牌匾、雨搭140余处,重新铺设沥青、安装路缘石1400余米,清理地桩、地锁267把。开展建筑垃圾百日行动专项整治,集中整治2所医院,15所中、小学、幼儿园周边环境秩序。查处无照经营100起、规范门前三包单位2308次、查处小广告窝点4个、清理小广告9368张及违规户外广告牌匾127块,拆除违法建设283.50平方米。补栽树木、花卉700棵,普查古树200余棵,查看人防工事67处。开展6次清洁城市高潮日活动。开展严厉打击违法用地违法建设专项整治行动,拆除安内大街28号等违法建设51处2565平方米。实现新生违法建设零增长目标。完成国子监区域景观提升工程。(杨沁诗)

【民生保障】 全年接待保障性住房4000余人次,发放4房表格406份,市备案通过232户,完成600余户公租房家庭通知、登记、复审工作。符合条件的194户廉租房、131户限价房家庭进行登记、复审。慰问困难群体,送温暖献爱心社会捐助募捐善款9.12万元。发放低保金393.27万元,居家养老服务券182人,90岁以上老年人补贴57人。走访慰问贫困失业人员7户送慰问金4600元。办理爱心卡112个,爱心家园1月至6月,对持卡人救助112户581人次。办理老年优待证290个、优待卡388个。开展各项就业援助活动,实现就业15人,求职人员与招聘企业达成初步就业意向30人。完成登记失业人员就业率为82.71%,城镇登记失业率控制在0.24%;登记失业人员就业550人,就业困难人员就业354

人、就业率为82.90%;职业技能培训300人次,空岗信息采集5230个,职业指导1396人次,职业介绍推荐成功就业227人。零就业家庭实现动态为零。劳动监察297家用人单位,未发现违反劳动用工。无拖欠工资,劳动合同签订率100%。办理一胎生育服务证230例、办理二胎材料审核62例,发放独生子女父母光荣证102例,独生子女父母一次性奖励242例24.20万元。 (杨沁诗)

【社会治安综合治理】 全年上报民情日志2.43万条,办理流动人口事件1962件,处理矛盾纠纷1178件,矫正帮教走访1735次,处理其他事件5111件,收集社情民意2719条。通过社会服务管理平台、PDA移动平台及分中心监控平台,增强服务组织信息化水平。做好地区平安建设大走访工作,开展安全社区创建,完成两节、两会、十八届三中全会等安保维稳任务。开展司法矛盾排查14次,排查化解矛盾纠纷368件,调解成功率96.30%。社区矫正无一人托管、漏管或重新犯罪。开展火灾防控专项行动,更换灭火器2385具,新装消防水喉30套。开展地区可燃物清理专项行动和违章搭建彩钢板整治行动。完善三级信访代理格局,妥善化解一批重点难点信访问题,实现群众来访量和集体访量双下降。全年接待人民群众来访235批次397人次,受理人民群众来信88件144人次。街道处级领导干部接访10批次18人次,处理集体访1批80人次、非紧急救助430件,领导审批率为100%。 (杨沁诗)

【社区建设】 5月,召开全体社工会,部署开展走百户、访千人、解民难活动,9个社区制订计划,并在2个月内走访辖区每户居民、将家庭情况和反映问题记载到《百姓家话》记录本上;9个社区入户8153次,采集民意3199条,服务援助1723人,化解矛盾207次,宣传教育3413人次。5月,交北头条、花园社区作为街道第二批六型社区争创社区,接受市考察评估组实地考察与问卷调查,在全市589个申报社区中,花园社区以294.43分取得全市第25名,东城区第3名,平房区第1名的成绩;交北头条社区以287.90分取得全市第104名,东城区第13名的成绩。 (杨沁诗)

【党建工作】 坚持基层党建工作创新,推进"580"为民服务党建品牌建设,充实各社区党建服务项目。细化分解社区党建三级联创指标任务。组建非公党建指导员队伍,扩大非公企业党组织覆盖面,成立国子监新鑫联合党支部,钟楼湾天帆坦通有限公司等5个非公企业党支部,完成新建非公党组织20%工作目标。调整区域化党建领导班子成员单位,召开党建工作联席会,重新签订共驻共建协议书,明确区域化党建工作职责,加强走访联系和工作联动。聘请退休党员深入社区开展非公领域党建工作,街道代表组党代表工作室正式揭牌成立。开展道德讲堂等群众性精神文明创建活动和群言堂、周末大讲堂等活动。完成全国城市文明程度指数测评工作。全年在各主流媒体报道地区发展成果100余篇次,完成街道宣传片、宣传logo设计、制作工作。 (杨沁诗)

【领导调研】 1月11日,区委书记杨柳荫一行参加街道领导班子民主生活会。肯定街道班子对地区建设、发展规划、基层党建创新、车辇店胡同立体停车场建设等工作,提出要学习、贯彻、落实"十八大"精神,解放思想、推动科学发展、促进社会和谐;要创新开展系列文化活动,巩固、推动、落实文化强区战略中发挥示范引领作用;要扎实开展精细化管理年活动,加强胡同环境秩序管理,实现胡同精细化、常态化管理。1月24日,市委巡视办主任杨林率市第一巡视组,调研历史风貌保护利用工作。实地考察鼓楼修缮保护及利用情况,察看五道营胡同肌理维护更新建设情况,参观朋坐西厨堂、京兆尹等特色企业,区领导汤钦飞等陪同。3月27日,市委书记郭金龙、市长王安顺等市、区领导到五道营胡同,调研加强城市精细化管理,推动核心区环境改善议题。参观五道营胡同,查看胡同环境秩序现状,了解胡同特色街区建设,遏制地上地下违法建设高发态势,实现精细化管理等情况。杨柳荫、牛青山、毛炯、王中华及市、区有关部门领导陪同。 (杨沁诗)

【孔庙国子监国学文化节】 9月9~28日,举行第四届北京孔庙国子监国学文化节。国学文化节以"国学圣地 德化天下"为主题,由市文物局、区人民政府联合主办,区委宣传部等有关部门及安定门街道承办,文化节为期20天,由国学普及与推广、国学文化与经济、国学精粹展示3个板块,9项重要活动组成。期间安排国学进校园、进社区,五道营胡同体验游,风雅颂之夜辟雍中秋诗歌音乐晚会,圣人、圣言、圣景书画艺术展,孔门72贤人瓷板画,国学文化新景观揭幕,国学文化节闭幕式暨祭孔大典等多项国学精品文化活动。有关领导,孔子后裔及市民代表200余人参加国学文化节开幕式和闭幕式暨祭孔大典。中国文联副主席陈晓光,中国艺术研究院副院长贾磊磊,中国文化研究所所长刘梦溪,市文物局局长舒小峰、副局长刘超英、于平,区领导杨柳荫、牛青山等出席。9月28日,在孔庙大成殿前举行"国学文化节闭幕式暨祭孔大典"。祭孔大典歌颂孔子生前业绩为主,整个祭孔过程在典仪官主持下进行迎神、初献、亚献、终献、撤馔、送神六个部分,集礼、乐、歌、舞于一体,是一场中国古代祭孔仪礼的情景再现。"孔门七十二贤瓷板画暨岫岩玉雕孔子像"国学文化新景观在当天揭幕。 (杨沁诗)

【五道营特色街区建设】 投资1768万元,完成五道营胡同街区风貌品质提升项目一期工程并验收合格。五道营胡同成立交通秩序自管会,制定《五道营胡同居民文明停车公约》,规范胡同内机动车停车和通行秩序,提高车辆通行能力。胡同开设89家特色商业店铺,日均人流量1000人以上。成为社会各界认可、历史文化特色彰显、国际文化氛围浓厚、以安静休闲为主调的特色商业胡同。 (杨沁诗)

北新桥街道

【概况】 北新桥街道办事处是区政府派出机构。位于东城区东北部，东起东二环路，南至平安大街，西起东四北大街、雍和宫大街，北至北二环路。面积2.62平方千米，有主要大街5条、胡同84条。设社区居委会12个，户籍人口2.88万户7.76万人，流动人口2.07万人，外籍727人、归国华侨130人，回、满、蒙古等少数民族5630人。辖区有中央、市、区属单位223个，私、民营企业3536个，商务楼宇15座，中、小学、幼儿园8所，医院3所，社区卫生站4个。有著名商业特色餐饮街——簋街，雍和宫、柏林寺、北新仓、通教寺等重点文物保护单位，北京市第一座以中水造景的生态水景园——南馆公园，稻香村、吴裕泰等中华老字号知名企业，中石油、中青旅、北京移动等大型企业总部。办事处机构设置22个，有公务员169人，事业单位5个编制16人，工勤7人。

年内，围绕建设优质服务型街道工作目标，完成全年各项任务和138项折子工程，受理群众来信、来访395件，同比下降37.80%，其中来信127件、来访268批322人次、街级集体访3批133人，化解112件，化解稳控率96.50%。完成区级税收2.46亿元，剔除营改增因素后，同比增长6.70%。引入101家税源企业。

单位地址：东城区东直门内北小街草园胡同6号
联系电话：64043994　邮政编码：100007　（王潇）

【城市管理】 年内，为500余户煤改电用户发放电表证，完成300余户电费清缴、2336台电暖器验收，发放2233户居民煤改电报销补贴资金。完成炮局胡同老旧小区环境整治，开展破损门窗、广告牌匾、胡同绿地更新改造，粉刷墙面2500平米，铺装地面230平方米，新做广告牌匾4处20平方米。检查72户132间标准租私房，1.24万间直管公房平房，77栋楼房。疏通下水180米，拆、砌墙5处，局部挑顶32处，查补房100余处。推进小区环境建设，对草园、北官厅、海运仓小区实施重点绿化补植，补植各类植被4000余株；对北官厅、海运仓小区1500平方米裸露绿地实施绿化补植3100株。改造炮局400平方米绿地，栽种新植3700株，新做铁艺围栏98延米。制定汛期抢险工作预案及防汛责任制，组成6支抢险队，伐除、修剪危险树木180余处。全年组织网格培训12次，收到各网格上报业务流程事件1370件、工作日志6.39万件，涉及社情民意820件、事件台账352件，办理6975件网格事件。（王潇）

【民生保障】 全年受理保障性住房申请411份，有336户家庭获配租配售资格，为88户家庭办理公租房租金补贴，为263户家庭办理廉租房续签合同。有低保家庭1147户2199人、发放低保金1373万元，年内新增低保36户62人，停发66户127人；新增低收入家庭5户13人。为579户低保家庭发放冬季燃煤取暖补贴40万元，享受粮油补贴792户980人，粮油帮困补贴47万余元。为80岁以上的老年人2416人发放居家养老助残券288.82万元、90岁以上高龄老人305人发放高龄津贴3041人次31.70万元，为95岁以上高龄老年人二次药费报销22人次11.12万元。办理老年证470张、老年人优待卡658张。发放医疗救助472人次90万元，临时救助76人次2.68万元；为老人142人办理慈善医疗卡，资助34人1.59万元。为困难家庭125户办理爱心卡、无收入56人办理丧葬补贴，慈善分会为低保困难家庭33人垫付住院押金31万元，为低保、低收入家庭的大学生56人办理教育救助13.92万元。街道扶贫救助6人3.70万元，社会捐助筹集善款20.38万元。启动智慧养老，为老人安装发放智慧养老产品200台、一按灵23户。变更医院社会化退休人员1381人、一老一小316人。发放无业人员丧葬费补贴65人32.50万元。全年城镇就业率62.07%，失业率控制在0.86%。就业976人，职业指导2890人次，空岗采集5016人，培训88人。现场职业指导456人、求职登记35人，灵活就业新增707人全年1931人。检查用工单位和施工工地821家、涉及劳动者6300余人，处理劳动纠纷16起，在海运仓大厦实施规范劳动用工一条街工程。年内，办理计生事项6050项，其中办理一孩生育服务证859个、二孩生育服务证72个、新生儿入户登记902个，办理独生子女父母光荣证285个，独生子女费登记1313人，存档育龄人员登记1241人，流动人口婚育证明6人，外地来京人员生育服务联系单223人，独生子女父母年老时一次性经济奖励295人，独生子女家庭一次性经济帮助15人，违法生育处罚15例，征收社会抚养费328.94万元。（王潇）

【社会治安综合治理】 年内，召开3次综治委全体会和多次专题会，制定平安社区创建工作69条标准、社会治安重点整治工作方案，对4个高发案社区、2个重点地区制定专项整治分方案。将辖区1340家实体生产经营单位纳入安全平台监管，实行簋街商户消防安全档案管理，设立526个最小防火灭火单元，全面更新4300具灭火器材，确立56户防火高危家庭等措施，开展消防安全、燃气安全、食品安全执法检查和专项整治180余次，整改消除各类安全隐患1200余处，火情火灾事故同比下降22%。建立定期排名通报社区、网格总体发案情况制度，社区可防性案件下降24%。组织街道干部、社区工作者开展环境整治大走访、大排查活动，建立动态管理台账9523项，对市级挂账、新生违建、重点违建等制定拆除方案。拆除违法建设63处2394平方米。（王潇）

【社区建设】 统一设置社区服务窗口，规范服务流程和标识标牌,编制《社区服务一本通》。41名社区工作者取得社工职业资格证书,110名社区工作者参加市集中轮训,新招录社区工作者14名。成立北新桥街道社工联合委员会,建立社区工作者之家。创新民情日记工作法,建立九道湾社区网格民情日记和民安社区电子民情日记。以北官厅、民安、海运仓社区为试点,启动智慧社区建设工作。成立心悦驿站、和风化雨工作室、社区居民议事会等12个特色社区服务品牌。

(王潇)

【党建工作】 创建非公党建信息化平台"红云新桥",为党员提供在线阅读学习、交流展示、开展服务网络平台。平台覆盖22个非公企业党组织党员682人,非公企业党组织开展"走进稻香村 感知老字号"、党员携手游览园博园、流动党员森林公园健步行等活动。坚持六抓六规范,即抓廉洁从政,规范办事权;抓重点项目,规范财务权;抓选拔任用,规范人事权;抓工程建设,规范招标权;抓风险防控,规范工作流程;抓民主自治,规范社区建设。深化党风廉政建设,加强制度建设,界定566项街道涉权事项,编制291张权力运行流程图,修订完善67项工作制度。开展转作风、强素质、重实效、树形象为主题大走访活动,落实中央八项规定、六项禁令和市区相关规定,地区性会议下降27%、各类联欢团拜等活动下降67%、制发文件简报下降42%。禁止违规发放购物卡、提货券、实物补贴等。新增工会组织187家会员950人,新建非公企业团组织20家、社会团组织3家,承办团中央举办我的中国梦——奋斗的青春最美丽分享会,举办名博@社区青年汇报告会。全年开展各类主题活动113次5250人次参加。组织团员青年3750人次2000个小时,深入网格充实红绿灯志愿者队伍。走访慰问困难单亲母亲、两癌患病困难人员等活动。举办家庭营养健康进社区流动大课堂系列活动,为3550人次中老年妇女服务。开展送技能服务,举办15场手工制作技能培训。年内,举办雍和宫杯象棋赛、乒乓球赛等7项比赛924人参加。举办迎新春文艺汇演等6次群众文艺演出活动1000余居民参加。

(王潇)

【调研与交流】 12月21日,区长张家明调研街道社会治理工作。听取街道整体工作汇报、实地考察后,肯定辖区重点街巷环境秩序综合治理、社会服务管理、社会组织培育等工作,提出要发扬团队精神,做好簋街、雍和宫大街等重点街巷的安全消防工作,加强外围环境治理;探索形成街道发现问题、一线处理、及时上报,区各职能部门全力配合、支持反馈,区街捆绑式执法的闭环治理机制。深化辖区房屋源头管理,明确责任,推进违章建设清理、房屋违法出租治理,为簋街整体业态提升提供先行保障;要创新社会管理模式,实现政府放权、商户自律,以社区自治、政府购买服务为手段,促进商户自觉整治带动簋街业态升级调整,实现政府服务和市场服务有机结合。南京市副市长臧正金、北京市人大常委会副秘书长刘维林,分别带队到街道考察智慧养老工作,听取三和老年公寓运行情况,与老人亲切交谈,肯定三和养老公寓的养老服务模式。外省市及北京市各区县团组织92批次到青年汇学习考察,

(王潇)

东四街道

【概况】 东四街道办事处是区政府派出机构。位于东城区东中部,东起东二环路西侧,南至朝内大街北侧,西起东四北大街,北至平安大道东四十条。面积1.53平方千米,有大街4条、胡同31条。设社区居委会7个,户籍人口1.73万户4.54万人。常住人口2.25万户4.43万人,流动人口1.68万人。有满、回、壮等少数民族22个4517人,占总人口8%。辖区有中央、市属单位46个,中、小学、幼儿园所5个,医院、社区卫生站等7个,银行、储蓄所2所。办事处机构设置23个,有公务员85人,事业单位4个编制36人,工勤6人。

年内,完成全国城市文明程度指数测评、党的十八届三中全会安保、区人大代表东四七条选区补选等工作。开展社区大走访活动,改善社区办公用房和社区服务硬件设施,实现社区民主自治与社会服务管理,夯实社会治安综合治理基层基础,化解社会矛盾和不稳定因素。经国家体育总局、市体育局领导及有关部门实地考察,二条、七条、八条、总院社区被列为奥林匹克·体育生活化社区试点社区,南门仓、豆瓣社区被列为奥林匹克·体育生活化社区示范社区。11月7日,济南市体育局考察团参观学习奥林匹克·体育生活化社区建设。东四奥林匹克体育文化中心获全国群众体育先进单位,街道获全国体育先进单位。全年,新闻报道356篇,其中平面媒体121篇、网络媒体228篇、广播电视报道7条。编发《东四奥林匹克社区》报36期。

单位地址:东城区东四六条17号

联系电话:64042663　邮政编码:100007

(闫磊)

【城市建设】 年内,为居民发放年度煤改电地区清洁能源补助97万余元。规范整治东四十条、东四北大街自行车示范街4000余米。清理和清运无主大件废弃物、无主渣土、建筑垃圾651车次,清理小广告1.13万余处758件。在豆瓣社区烧酒胡同3号,开展垃圾分类试点小区建设。落实门前三包责任制,检查门前三包单位2400余家次,重新签订门前三包责任书470余份。全年拆除违法建设92处1824.08平方米。检查施工工地127处,清理渣土物料140余处。联合夜查执法行动34次,查处违规拉运渣土、散装物料大货车17辆,罚

款2万余元。拆除地锁50余个、地桩40余个，清理占道钉栓铁链50余条、废旧自行车16辆、大件废弃物20余件。提升东四二条胡同绿化景观工程、南门仓A区院内绿地补植和围挡修复工作。做好千棵树木和万株绿植进社区工作，种植树木101棵、绿植3000株。推动绿化美化工作，发放宣传材料800余份，发动群众和机关干部认养树木88棵。开展古树巡查，巡查古树78棵，修剪20棵，复壮3棵。做好美国白蛾防控，对嗜食树种及周边树木开展2次药物防治。做好防汛工作，开展防汛应急演练2次，检查在施工地2处，购置2万余元防汛物资，印制防汛便民联系卡1万余张，剪修危险树木20棵，检查房屋569间、翻建8户15间、拆砌檐墙4间、山墙4个，做平台SPS防水60户90间776.90平方米。汛期出动400余人次，处置各类险情120余起，组织转移危险区域、地段受灾群众2户4人。（闫磊）

【民生保障】 全年办理各类保障性住房居民5000余人次，发放住房申请审核表209份，回收并通过初审备案150余份，为304户廉租户及304户房主重新进行信息确认登记，接待居民600余人次。为117户廉租房居民家庭做好续签合同，年审复核及违反租赁合同家庭的后期管理工作。为102户居民家庭落实公租房租金补贴申请、审核及发放等工作。成立东四街道居家养老服务中心，申请市公益彩票为老服务资金9.50万余元，全年发放95岁以上老人医疗费18.45万元，走访慰问高龄特困老人1066人次4.14万元。发放低保金近560万元，为低保、低收入人群发放生活、电价、医疗、临时救助补贴110万余元，扶贫助困金帮扶救助困难群众48人次5.65万元。爱心超市为辖区低保及贫困人群108人次发放爱心卡物资4.50万元，做好512户低保困难户捐助物资发放工作。为残疾人发放重残人补助23人12.12万元，特困补助50人17.24万元，待业期间生活困难补助、无固定收入残疾人生活补助203人35.42万元，保险（医疗、养老、失业）补贴173人91.39万元，居家养老（助残）服务券145人7.40万元，临时救助10人2.10万元。发放残疾车燃油补助205辆5.33万元，无障碍改造43户，居家康复23人，体育健身进家庭23户。办理残疾证51人，发放辅助器具33人。为街道86名烈属、伤残军人等发放市、区慰问金、一次性生活补助128万余元。为辖区退休人员报销医药费315人次109万余元、变更医院823人次，办理城镇居民医疗保险532人、清洁能源自采暖补贴手续613人、城乡居民养老保险参保续保237人、社保卡二次申领528人补（换）卡546人。为31人办理丧葬补贴手续。绿色就业17人，完成指标任务113.33%；实现创业44人，完成指标任务115.79%；带动就业190人，完成指标任务111.76%。与街道社保所联合举办招聘会2场，参加招聘企业64家401个岗位，求职者371人，156人达成就业意向。审核办理生育第一个子女生育服务证348例，独生子女父母光荣证142例，办理生育第二个子女生育服务证51例，新生儿出生上报412人，征收社会抚养费3例42.56万元，发放独生子女父母年老时一次性奖励152例15.20万元，新增独生子女伤残家庭特别扶助8人1280元。东四奥林匹克社区体育文化中心四层，240平方米面积经改建成为独立早教中心，举办早教活动6次、受益婴幼儿150余人，举办家长讲堂5场、受益群众100余人。举办东四街道首届幸福家庭DV大赛，为73个符合条件的计划生育家庭340人办理家庭意外伤害保险，为4户失独家庭申报计划生育特殊困难家庭养老帮扶示范项目资金。（闫磊）

【社会治安综合治理】 全年受理信访429件713人次，信访代理71件，处理突发事件和化解重大矛盾纠纷34起，处理市、区越级群体访19件。组织业务培训12次，开展专项矛盾纠纷排查化解6次，调处社会矛盾纠纷413件，成功率95.30%。年内，对社区矫正12人、刑释解教86人进行日常管理。接收社区矫正人员3人、解除3人，接收刑释解教人员13人、解除12人。举办法制讲座12次，组织旁听庭审4次，开展法律咨询163次，发放各类普法宣传资料1.50万余份，受益群众5178人次。处理投诉举报12件5.60万余元，处理工地群体事件3起150余万元涉及200余工人。通过区劳动用工规范一条街工程验收，被市人力资源和社会保障局评为年度劳动用工规范一条街工程先进单位。开展安全生产检查，检查单位2138个次，发现整改隐患253个，责令三停11个单位，临时查封9个单位罚款14.50万元。对198个取暖户发放宣传材料1万余份，安装一氧化碳报警器171个。开展公共安全宣传教育活动，发放宣传资料3万余份，组织应急演练2次。年检灭火器1000余具，帮助生产经营单位年检灭火器200余具。（闫磊）

【社区建设】 为东四二条、六条社区购置办公用房400.60平方米，改造东四八条社区办公用房，改建豆瓣胡同1号楼前羽毛球场。为社区工作者130人统一制作工服，配发民情日记本。组织社区工作者20人参加区民政局心理能力建设培训、62人参加区社工委2480课时综合能力和专业素质培训，奖励优秀社区工作者42人。建立二条社区停车自管会、六条社区爱心为民服务队、七条社区温馨聊天室、八条社区老年志愿者协会、总院社区和谐记楼门文化自管会、豆瓣社区流动人口自管会、南门仓社区老邻居为民服务队。为7个社区安装服务站标识。全年为社区居民办实事451件。开展大走访活动，收集上报问题856件、意见建议454条，办理反馈问题572件，办理率66.80%。全年接待长沙市岳麓区、福州市鼓楼区、成都市锦江区、郑州市上街区、湖北武穴市等5批次考察团，交流社会服务管理创新工作经验。（闫磊）

【党建工作】 抓社区党员、群众参与社区物业党建联建。举行党务知识培训会，基层支部书记50余人参加。庆祝建党92周年，制作一个《闲不住的老党员》和《胡同里有个小议会》两部专题影片。为困难党员、群众、老党员、老干部送价值20余万元慰问品。加强楼宇党建工作，招聘8名专职非公企业党建指导员。组建3支15人百姓宣讲团，开展中国梦4次、十八届三中全会精神宣讲7次。工会服务站由30平方米增至100平方米，通过市级规范化建设验收。新增建会非公企业110家会员682人。为57家非独立建会单位报销工会经费23.34万元,对地区580家法人建会单位开展工资集体协商问卷调查,辖区966家企业签订区域工资专项协议,签订率98.60%,覆盖职工5890人。代表东城区接受市总工会工资集体协商3年行动检查验收。各社区、楼宇举办30次送法进社区、进企业讲座咨询服务,服务930余人次。组织参加区通用能力培训和职工素质教育大讲堂13次。召开东四街道工会一届四次会员代表大会,表彰8个先进单位和17名先进个人。开展建团91周年系列活动。京城小雷锋志愿服务团队开展活动30余次。为品学兼优贫困青少年14人申请临时救助1.12万元。做好妇女维权工作,开展三八维权周活动,开展生活和健康知识讲座2次。 (闫磊)

【群众文化活动】 开展第三届东四奥林匹克社区新春游乐会,第六届清明节主题教育,美食东城暨第四届南新仓皇家粮仓国际美食节,"第七届北京南新仓·东四街道文化节"等78场次特色活动,举办12场东四奥林匹克社区大舞台,其中社区开展活动58场次4000余人次参加。开展全民健身工作,组织居民3万余人次参加体育赛事及活动46场次。开展群众卫生保健活动,举办第一期外伤救护培训、心肺复苏救护培训,培训学员102人。指导社区开展健康教育培训21场2000人次,举办培训、研讨会20余次。完成南门仓、豆瓣社区形象设计手册和环境设计手册,投资260余万元完成豆瓣社区体育生活化示范社区建设工作。 (闫磊)

【社区服务中心】 年内,有注册登记志愿者4541人,志愿者队伍28支,未注册志愿者队伍34支。通过居家养老服务商、自管队为老年人提供服务3.91万人次107.78万元,回收服务券12.83万张。咨询服务1000余次,受理居民无偿服务400余次。与北京天龙天天洁再生资源回收利用有限公司合作开办4个再生资源回收站点。增加心理咨询室。 (闫磊)

朝阳门街道

【概况】 朝阳门街道办事处是区政府派出机构。位于东城区东中部,东起朝阳门南大街与朝阳区朝外街道为邻,南至干面胡同、禄米仓胡同与建国门街道毗连,西起东四南大街与东华门街道接壤,北靠朝阳门内大街与东四街道相邻。面积1.24平方千米,主要大街4条,胡同23条。设社区居委会9个,户籍人口1.54万户4.19万人,常住人口3.67万人,流动人口9299人,有回、满、蒙等少数民族20个。辖区有中共中央对外宣传办公室、中央机构编制委员会办公室、市商务委员会、新闻出版局等重点单位,主要商业区为东四南大街、朝阳门银河SOHO、三友商场等100个商业网点。有大专院校1所,北京二中、史家胡同小学、幼儿园等6所,社区医院1所。办事处机构设置25个,有公务员编制86人,事业单位4个编制38人,工勤编制2人。

年内,完成人大代表补选,全国文明城区复查迎检,拆除违法建设,朝内危改小区综合整治等重点工作。举办朝阳门街道新春音乐会、社区民俗文化庙会、银河SOHO发展高层对话会等活动。全年新闻报道302篇,其中平面媒体183篇、网络媒体104篇、广播电视报道15条。发行《朝阳门》报36期36万份。被评为全国社区志愿服务示范街道,3个社区被命名为全国综合减灾示范社区,6个社区被命名为北京市综合减灾示范社区,北京市区县机关档案工作测评市级优秀单位,北京市年度无偿献血先进单位,朝内头条社区被中国残联授予全国残联自强健身示范点称号。

单位地址:东城区朝内南小街西水井胡同3号

联系电话:65129256 邮政编码:100010 (苏雅)

【城市管理】 年内,完成286户居民煤改电工程、新增柱变1个,完成2826台煤改电住户电暖器验收工作,采暖季煤改电电费报销940户。年内清运无主渣土502.50吨、大件废弃物1123车、非法小广告3.43万余张,冬季清扫积雪15.37万平方米,春节期间清扫烟花残屑2.80吨。普及绿化知识,开展认养绿地和购买碳汇活动。对礼士、演乐、新鲜、大方家及南竹杆胡同实施见缝插绿工程,推进最美胡同建设工作。启动朝内危改小区景观提升改造工程,增加公共花园2处、邻里花园3处、楼间花园2处、基础绿化5处,改造面积3.20万平方米。成功创建首都绿化美化花园式街道。二、三、四季度街道环卫所在全区卫生评比中排列第一名。 (苏雅)

【民生保障】 年内,发放保障性住房申请表234份,受理、初审181户;申请家庭信息变更102户,终止42户;新签廉租房租金补贴合同18户,续签302户。为低保449户832人发放低保金454.57万元,为90岁老年人183人发放高龄津贴18.42万元,为80岁老年人发放居家养老服务券4219人次135.68万元,为95岁高龄老人13人报销补助医疗费1.50万元。为60岁有需求的老年人24人安装紧急医疗救援呼叫器,为60岁老人7人办理小帮手电子服务器。办理老年证145人、老年人优待卡422人。为2397一小人员、767一老人员办理医疗保险参保续保手续。有残疾人1180人,其中重残379人。完成7户残疾人家庭无障碍改造,残疾人69人免费体检。新增残疾人就业15人,参加培训81人,组织参加残疾人专场招聘会13人次,集体职业指导讲座5人,个别职业指导20人。受理劳动纠纷举报9件全部解决,讨回工资100余万元。在鸿安大厦开展劳动用工规范一条街工作,规范18家单位劳动合同签订、参保社会保险和劳动用工管理制度。

全年登记失业人员再就业419人,帮助困难人员278人实现就业,提供职业指导1062人次,为符合条件的失业人员1293人办理灵活就业,自谋职业,社会参、续保手续,为失业人员110人办理城乡居民养老保险手续,新接收社会化管理退休人员225人现有2721人。与30家驻街单位及10个综合治理部门签订《年度计划生育目标管理责任书》,全年办理一孩生育服务证418人,二孩生育服务证37人,独生子女父母光荣证122人,发放独生子女费763人4.51万元,发放独生子女父母年老时一次性奖励133人次13.30万元。征收社会抚养费4人,审核办理特别扶助15人,年审复核79人。为计划生育家庭办理计划生育保险64人。组织流动人口210人参加各项计生活动,发放宣传品1130份、药具8700盒。开展流动人口执法检查,排查流动人口436人,查验流动人口婚育证明144人,执法检查12次。开展0~3岁幼儿早期教育活动,年内9个社区亲子活动室建成全部投入使用。（苏雅）

【社会治安综合治理】 依托网格化社会面防控体系和社会治安防控网络,完善治安重点地区、突出治安问题、城市秩序问题的动态排查机制。加强对朝内菜市场、4条主要大街及胡同内违法建设和脏乱差问题依法整治。开展违法建设拆除,落实属地管理责任,成立工作组做好入户调查、政策宣传,建立新生违法建设三日拆除办法,即24小时发现、24小时制止、24小时拆除,实现新生违法建设零增长目标。全年拆除违法建设74处,面积2361平方米。通过联合执法、零点夜查等形式,对辖区出租房屋、地下空间开展全面检查整治。排查群租房4处19人、地下空间4处230人、聚居区3处33人,整改消防隐患2处,对无暂住证人员开具告知书25份。开展以访民生、解民难、保平安为主题宣传活动,发放调查问卷1500余份,发放致居民一封信800份。加强应急预案、消防培训、消防演练,新增10个简易消防栓、100个灭火器,对950个灭火器和80个简易消防栓进行检测、维护。提高居民群众消防安全意识和企业的主体责任意识,与辖区433家企业签订安全生产承诺书。结合"5.12"防灾减灾日活动,在回民、新鲜胡同小学开展防火逃生演练,辖区单位、居民、师生1000余人参加。全年接待来信29件,来访289批次416人次,非紧急救助234件,其中重访92批次118人次,集体访9批次61人次。在两节、两会前期,排查出各类矛盾纠纷25件。开展对朝内危改小区10组团公厕及垃圾楼项目的社会稳定风险评估,出具专项评估报告,为项目决策进行参考。完成"以增权、强责畅通渠道,妥善解决信访诉求事项"调研。（苏雅）

【社区建设】 年内,内务、头条社区创建六型示范社区,竹杆社区创建规范化社区,竹杆、新鲜、内务社区创建智慧型社区。为提升社工职业道德素质和专业素质,开展社工专业培训2次200余人参加。完善社工队伍管理制度,落实每月一次社区一把手例会制度。建立社工绩效考核长效机制,将考核结果在本社区公示。加强社区志愿者队伍建设。培育有实效、有影响力的社会组织,史家社区环境秩序自管会、礼士社区流动人口温馨港湾、竹杆社区老饭桌等项目均得到居民认可。发挥居民代表作用,在7个社区成立居民自管会。在9个社区分别开展社区民俗文化庙会,组织开展群众文化展演季活动,举办歌舞、京剧、评剧、舞蹈、声乐、综艺、七夕情歌等7台专场演出,观众2500余人参加。开展奥林匹克·体育生活化社区建设,由专业设计公司协助开展策划设计和环境建设工作。（苏雅）

【党建工作】 辖区现有基层党组织128个,其中党委11个、党总支22个、党支部95个。发挥党建龙头作用,以社区党委为基础,将驻街单位党组织和两新党组织纳入到整个社区党建工作中。形成"1+2"区域化党建工作模式,推进"大党委"和席位制运作方式,实现组织联建、实事联办、困难联帮的区域化党建互联工程。各基层党组织先后推出党员会客厅、便民服务联盟、六联工作法、爱心传递驿站、大学生就业班集体等系列党建工作创新项目,形成各自工作特色,促进党建工作发展,其中党员会客厅项目得到市委书记郭金龙的肯定和市多家媒体报道。内务社区"搭建信息平台　为党建注入新鲜活力",新鲜社区党员十岗十责承诺制和街道纪工委"夯实社区纪检组织　深化社区党风廉政建设"3个项目被东城区委评为优秀基层党建工作创新项目。街道获东城区五个好街工委。史家、竹杆、新鲜、礼士社区党委获东城区五星级社区党组织。史家社区、东兴建设党委获东城区先进基层党组织。桓丰苑、通万宝、华夏党支部获东城区五个好非公企业党组织。街道为北京市社会工作党委示范点。（苏雅）

【经济建设】 利用中关村产业园区扩园契机,在辖区银河SOHO、北京INN等重点楼宇宣讲雍和园产业园区奖励政策,组织召开街道改善经济发展环境工作会、银河SOHO企业入驻协调会、银河SOHO地下空间备案协调会、东城区经济发展一季度调度会等专项会。成立银河SOHO经济服务工作站,重点对银河SOHO项目工程提供服务保障。对在街道注册的企业进行管理、年检及清理工作。全年集中办公区年检企业116户,清理无纳税贡献企业21家,新引进税源企业41家,其中注册资金在100万元以上有29家。与南京银行北京支行合作开展印花税代售工作,代售印花税60万元。全年银河SOHO入驻企业94家,纳税总额350万元。（苏雅）

【调研与交流】 5月21日,市委书记郭金龙一行到史家社区调研,察看社区环境秩序现状,听取关于社区总体情况介绍和胡同环境提升等工作汇报,拜访老居民了解其生活状况,听取老人对社区建设的意见建议。参加史家社区党员会客厅活动,与社区党员、居民代表28人围绕"中国梦,我们的梦"主题进行座谈交流。市、区领导赵凤桐、崔述强、杨柳荫、牛青山等参加。9月6日,国家行政学院布隆迪2013年议员研讨班,布隆迪参议院第一副议长佩尔西耶·姆韦多戈等一行20人到史家社区,参观社区服务站及网格管理服务站。10月10日,区委书记杨柳荫到街道调研,实地查看史家胡同博物馆布展情况及驻地单位北京市方圆公证处办事大厅运转情况,区有关领导及区有关部门负责人陪同。11月5日,副市长张延昆带队检查街道环境整治情况，市市政市容委、交通委等市属职能部门领导，副区长王中华，区相关职能部门负责人参加。12月11日，在史家胡同博物馆召开北京市历史文化名城保护学术委员会成立大会，北京城市科学研究会理事长邱跃、秘书长冯琳，北京城市规划设计研究院副院长杜立群、城市设计所所长冯斐菲，副区长朴学东及街道有关负责人出席。全年有32批次150余市、区有关部门领导到街道行政服务大厅、史家社区便民网络平台、东四清真寺等考察调研。（苏雅）

【史家胡同博物馆】 10月18日开馆，是北京市第一家胡同博物馆。史家胡同博物馆坐落在史家胡同24号，为两进院落，曾是民国女作家凌叔华旧居。在英国王储慈善基金会的资助下，查阅大量文史资料，恢复历史原貌。馆内设有史家历史、人艺摇篮、近代教育、兰芷偕芳、胡同名人、胡同记忆、胡同声音、怀旧生活、世纪新姿9个展区，并设有专门的多功能厅和图书阅览室。所有馆藏皆出自民俗收藏家及胡同居民自发捐赠，展览构成老北京民俗生活缩影。博物馆同时也成为社区居民的活动中心，举办文化沙龙、专题展览、知识讲座和报告会等活动，宣传和弘扬老北京历史文化。史家胡同博物馆开馆2个月，参观人数达1万人次、团体约40余次，得到社会各界好评。

博物馆开放时间：9:30－16:30（周二至周日）

乘车路线：地铁5号线灯市口站，公交24、674禄米仓站，106、108、110灯市口站

咨询电话：010－85175790 （苏雅）

建国门街道

【概况】 建国门街道办事处是区政府派出机构。位于东城区东中部，东起二环路与朝阳区建外街道相接，南至明城墙外崇文门东大街与东花市街道为邻，西起崇雍大街与东华门街道毗连，北至干面、禄米仓胡同与朝阳门街道接壤。面积2.66平方千米，东西最大距离1498米、南北1750米；主要大街8条，胡同72个。设社区居委会7个，户籍人口2.33万户6.26万人，常住人口3.54万人，流动人口1.26万人。辖区有中央、市、区属单位361个，商业网点42个，饮食服务网点8个。高、初中各2所，小学4所。有北京站、协和医院、智化寺、古观象台、蔡元培故居、宁郡王府等著名单位和景点。办事处机构设置23个，公务员编制103人，事业编制46人，工勤编制7人。

年内，提升地区文化品牌特色水平，成立建国门街道文联，挂牌成立建国门立春文化研究基地，建国门社区博物馆·民防宣教中心正式开馆，编辑成册《建国门地区史话》。11月1日，建国门街道食品药品监督管理所正式成立。获北京市献血先进集体，北京市优秀社会保障事务所、北京市充分就业街道、北京市先进居委会即西总布、站东社区。获全国优秀工会工作者、北京市先进居委会主任各1人。

单位地址：东城区赵堂子胡同16号

联系电话：65126891　邮政编码：100005 （毛一帆）

【城市管理】 年内，完成辖区9238户煤改电工作，安装箱变81台、开闭器18台、柱变70台、地箱524台、墙箱1327台。处理网格环境案卷7000余件，其中大件废弃物2383件401车次1604吨、渣土3045件343车次1372吨、小广告637件。拆除违章建筑123处2065.80平方米，清理小广告1万余张，更换垃圾桶160个。巡查早期人防工事3000平方米，巡查人防地下室44处，报废1处389平方米，回填1处80平方米。（毛一帆）

【民生保障】 年内，登记保障性住房282户，备案通过经适房29户、限价房28户、廉租房17户、公租房98户，受理保障住房187户（市级备案）。廉租房续签合同83户。廉租补贴满一年复审183户，在朝阳常营、宋家庄、大红门廉租实物配租入住满一年复审132户。发放低保金484万元，医疗救助179人次37.50万元。一老一小参保续保4368人，退休人员药费报销65人21.50万元，优抚对象、退养人员、老积极分子药费报销359人81.05万元，变更服务对象定点医疗机构1398人次，受理无业人员丧葬费42人21万元。申领社保卡496人次、补卡1014人次，办理个人信息变更业务421人，社保卡同步业务3369人。发放残疾人个体保险82.75万元，燃油补贴金10.24万元，助残卷19.44万元，开展各项残疾人活动50余场2000人次。管理失业人员档案1245份，登记成功就业695人，就业困难人员实现就业478人，绿色就业18人。参加技能培训139人，创业培训44人，空岗采集3030个，职业指导1279人次，实现创业58人，带动就业200人。发放小额担保贷款20万元。对用人单位常规巡查166家，发放限期整改通知书11份，书面审查企业16家。劳动合同监控60家单位职工7500余人，受理举报案件4起，结案率100%。为民工讨回工资21.42万元，补签劳动合同74人。为老知青及子女、夫妻办理进京入户审核手续6人，知青认定2人。（毛一帆）

【社会治安综合治理】 联合北京站派出所开展防金融诈骗活动，网格助理员、志愿者组成市民文明劝导队提醒银行周边疑似金融诈骗汇款、转账等行为。配合北京站管理处、派出所、公安段及东花市街道综治办核对沿线1200米铁路基本情况。规范83名在册吸毒人员基础档案，配合派出所每月对7名已康复吸毒人员进行尿检和巩固教育。在小羊宜宾胡同1号院安装摄像头3个,在新建小区安装楼宇对讲285处,为燃煤取暖户居民安装一氧化碳报警器装置500台,为平房院配备红外报警器400余台。建成建国门街道消防警务工作站,完善基础台账,将消防警务、治安防控与网格化社会服务管理系统联网。完成重大活动及节日期间安全保卫工作。（毛一帆）

【社区建设】 为200余户空巢老人安装社会服务响应支撑系统,实现一键与街道分中心连通。完成外交部街社区办公用房迁移,装修西总布、赵家楼社区办公用房。扶持金宝街北社区停车自治组织,开展工作坊培训,组织参观学习规范停车成功经验。打造赵家楼社区服务圈,初步实现小需求不出社区,大需求不远离社区。全国人大、市、区领导赵少华、郭金龙、赵凤桐、傅政华、张延昆、杨柳荫、牛青山等分别到街道视察、调研社会服务管理分中心、社区服务中心、公共文化事业发展、公共服务、公共安全等工作。实地参观建国门社区博物馆。为社区工作者制作岗位牌。（毛一帆）

【党建工作】 审核各级党组织品牌项目51个,通过22个。培育社区党员义务指路队、非公党建文化沙龙、党员志愿服务队等党建特色服务。打造赵家楼、外交部街、苏州3个社区党群活动服务中心,制作新版党群活动服务中心服务手册,为义务指路队队员设计服务标识、配置服装设备。组建苏州社区老旧小区综合整治项目联合党支部。举办学习“十八大”报告、知识讲座进楼宇、趣味运动会、参观雷锋精神展等党建文化活动,承办东城区第二季度组工干部沙龙。年内新发展党员12名,其中35岁以下6名、大专以上学历11名,预备党员按期转正7名。制定《建国门街道党员发展积分考察制管理办法》,成立个体工商户联合党支部、互联社会组织资源中心党支部。（毛一帆）

【经济建设】 开展招大选强清理异地纳税工作,引入北京昆仑万维科技股份有限公司东城分公司、明宇丽雅酒店管理公司迁入东城。走访异地纳税企业50余次,实现4家企业异地税源转化。搭建集中办公区虚拟注册平台,新增企业42家,注册资本金4.09亿元。税源核定企业1340户,实现区级税收3.90亿元。征收房产税55.75万元,普查楼宇28座。将智威汤逊——中乔广告公司地税关系转至东城。（毛一帆）

【文化活动】 2月,举办“古都龙韵　腾蛇迎春”为主题立春文化节活动,2000余人次参加,《人民日报(海外版)》《北京日报》,北京电视台等30余家主流媒体宣传报道。6月至9月,以“展东城历史底蕴　让文化融入生活”为主题,开展建国门街道第二届彩虹文化节。活动期间,举办古都寻踪文化探访、群众文化展演、彩虹讲堂、非遗宣传推广、文联成立暨文艺汇演等活动。8月9日,开展首届公益编织节,区领导冯熙、王红等参加。发放毛线200斤、收到编织作品2000件,筹集义卖款1万余元,拍卖137件作品9.27万元,收到社会爱心人士和企业捐款4.08万元。9月25日,举办第七届和谐杯乒乓球比赛,海关总署、公安部信访办、北京市政协、世界知识出版社、北京市检察院武警部队、二十四中学等单位领导、干部及社区居民5000人次参加。（毛一帆）

东直门街道

【概况】 东直门街道办事处是东城区人民政府派出机构。位于东城区东部偏北、东二环路以东。东起春秀路、工体西路与朝阳区三里屯街道相接,南至潘家坡胡同、吉市口八条北侧与朝阳区朝外街道交界,西起东二环路与东四、北新桥街道相邻,北至香河园北街、柳芳南里与朝阳区左家庄、和平街街道相接。面积2.20平方千米,有街道5条,胡同20个。设社区居委会10个,户籍人口1.71万户5.22万人,常住人口2.82万户4.57万人,流动人口4582户1.32万人,有回、满、蒙古等少数民族17个2492人。辖区有中央、市、区属单位72个,有交通便利的东直门交通枢纽中心。办事处机构设置23个,有公务员88人,事业单位4个编制40人,工勤5人。

年内,完善辖区企业数据信息6754条。引进税源企业81家,巩固存量税收2000万元。代收代缴个人出租房房产税第二代征点,代收代缴房产税1321.60万元。引进符合区功能定位和产业导向企业58家,收集商务楼宇企业信息1985条,争取升级改造资金支持2200余万元。接待新加坡、全国各省市、北京市各区县、高校学习班等各类学习考察43批895人次。东外大街社区被评为全国首批文明交通示范社区和北京市第六届十大魅力社区。养老管理服务中心被市老龄委批准为首批达标养老管理服务中心,连续4年被市老龄委批准为为老服务示范单位。街道获全国首届敬老文明号先进单位、首都综治工作先进单位等10项荣誉。

单位地址:东城区新中街66号

联系电话:65920190　邮政编码:100027

（熊婧宇）

【城市管理】 年内,向辖区957户煤改电居民发放低估电补助8.82万元,对胡家园、工体、新中街社区煤改电增装普查,增补电表18块。通过“三步六动”约谈式执法,完善社会协同、公众参与社会管理体制,建立健全基础台账,与沿街单位签订责任书55份,开展门前管理责任制试点,建立门前管理责任制加社区责任片模式。依法拆除违法建设93处1426平方米。调查核实30余万平方米老旧楼房摸底工作,对察慈、胡家园等小区8个标段29栋房屋进行节能改造,涉及市、区产权单位11家,改造面积30万平方米。开展花园式单位、社区创建活动,港澳中心有限公司形成总量适宜、分布均衡、植物多样、特色鲜明的绿化格局,通过首都绿化办检查验收。全年种植乔木2.04万株,修剪树木206株,清运树枝105车,清扫绿地5万平方米。 (熊婧宇)

【民生保障】 年内,做好保障性住房初审工作,受理申请咨询369户,其中市备案资格274户。落实各项为老工作政策,推进居家养老服务。全年签约居家养老服务商39家、服务项目62项,老年关爱中心为老年人提供健康咨询、兴趣爱好培训、家政、送餐等服务8万余人次。落实扶贫济困政策,为19户22人办理低保,为困难家庭、优抚对象发放节日慰问金163万余元。开展送温暖、献爱心、博爱在京城社会捐助,募捐资金7万余元。搭建残疾人就业平台,实现新就业17人,就业培训65人。组织残疾人600人参加东城区第三届特奥会及各类职业康复活动等。对36家企业开展劳动用工规范一条街初审工作,开展对用人单位劳动用工情况专项执法检查。调解劳动纠纷12起,时效内结案率100%;处置群体性、突发性讨薪事件16起,涉案金额163万元。至年末,新增登记失业人员584人,通过各种方式实现就业511人,城镇失业人员就业率达70%,城镇失业率控制在0.64%。坚持每月一主题,每月一活动,开展就业系列援助工作。利用地区中小企业公共服务平台、商务楼宇工作站等,采集空岗信息3574个。全年办理一孩生育服务证563个,独生子女证191人,独生子女父母一次性奖励149人。发放独生子女费近1000人。新生儿出生上报482人。办理《流动婚育证明》8人,审核办理合理二胎手续51人,免费孕检35人,为530人办理存档登记,征收社会抚养费7人。计划生育率98.34%。 (熊婧宇)

【社会治安综合治理】 以网格为单元对各种防范控制对象、要素实行台账式管理。与10个社区签订维护东直门安全稳定责任书,开展平安建设访民情、解民难、保平安大走访活动。实行信访三级代理机制,化解矛盾纠纷457件。重大节日及敏感期组织机关干部、社区工作者、治安巡逻志愿者等1万人次参与地区维稳。开展消防安全大排查、大整治专项治理行动,打击非法违法用气行为。组织消防安全夜查4次、联合检查3次,查处隐患单位3家。举办食品安全宣传进社区宣讲活动,宣传《北京市食品安全条例》。组织地区防汛演练1次、应急演练11次、居民小区消防演练8次。(熊婧宇)

【社区建设】 改造胡家园、东外大街北、东外大街3个社区办公用房。为社区居民开展活动提供便利场所。与北京青年政治学院、北京社会管理学院合作,培育社区民间组织,有社区社会组织97家,其中慈善公益类17家、文体活动类34家、生活服务类10家、社区事务类13家、志愿服务类组织25家,有会员3700名。制定《东直门街道居务公开工作实施方案(细则)》《社区居务公开制度》,编写《社区居务公开范本》。为10个社区安装居务公开触摸屏,指导和审核社区居务公开内容。 (熊婧宇)

【党建工作】 完善社会领域党建信息4161条,开展党员分类表彰和建党92周年主题党日活动,完善《街道关于深化区域化党建工作实施意见》,组织召开区域化党建活动项目选择会,20余家党组织认领60多个活动项目。举办"清洁站台　文明行动"志愿活动,组织社区群众500余人次参观《永远的雷锋》大型主题展览。组织社区居民参观通州玉桥街道楼门文化建设。投资5万元与怀柔区怀北镇新峰村进行"城乡携手谋发展　特色食品富民生"共建活动。全年,零距离服务网站点击率1.40万次,发布官方微博291条。 (熊婧宇)

和平里街道

【概况】 和平里街道办事处是区政府派出机构。位于东城区最北端,东起东土城路西侧、远东仪表公司、国家林业局东墙,南至北护城河中心线,西起人定湖北巷、旧鼓楼外大街,北至青年沟路、北京第三机床厂南墙、柳荫公园北墙,整个辖区呈"凸"字形。面积5.02平方千米,有大街20条,胡同12条,地下通道9处,过街天桥9座。设社区居委会20个,户籍人口5.42万户14.64万人,常住人口4.02万户11.21万人,流动人口2.01万人,少数民族32个5430人。辖区有中华人民共和国人力资源和社会保障部、国家林业局、解放军总政治部、第二勘察设计院等中央、市、区属单位3818个,中、小学、幼儿园26个。办事处机构设置23个,有公务员编制103人,事业单位4个编制50人,工勤编制9人。

年内,加强政府自身建设,强化行政服务职能,推进商务新区建设,落实各项措施,保障地区安全稳定。加大便民服务,民生保障力度;提升城市环境管理实效性;加强社区工作者队伍建设,推进党组织三级联创。5月27日,和平里街道心灵家园揭牌。投资10余万元改造青年湖南里24号职工食堂,8月30日正式投入使用。街道被市委、市政府授予民族团结进步先进集体,被首都文明委授予首都未成年人思想道德建设先进单位,地坛、人定湖等社区获评北京市志愿者先进集体。

单位地址:东城区和平里六区5-1

联系电话:84221886　邮政编码:100013 (陈珊)

【城市管理】 年内,做好地区年度煤改电工程居民改造信息统计摸排工作,完成8个社区641户975台电暖气入户验收。做好地区19栋楼10万平方米单位自管房节能改造和分户热计量基础、协调工作。完成地坛北里8号楼抗震加固工程。启动拆除违法建设工作,召开和平里街道拆违建暨抗震加固工作部署会,20个社区书记、主任、工作站站长、网格员及各职能单位代表、物业公司、产权单位负责人300余人参加。在市级平台上建立地区违法建设总台账821处,至年末,拆除违法建设60处2014平方米。5月,召开交林夹道最美胡同建设工程邀标会,北京名都苑园林绿化工程有限责任公司中标,金额16.17万元,于7月30日完工。总政大院通过首都绿化委员会首都花园式社区创建工作验收,成为和平里第二个花园式社区。投资50万元完成小黄庄二区、上龙西里24号楼西侧绿化改造,辖区25个物业小区实现垃圾分类达标。开展自行车停车示范街创建工作,在地区9条街施划停车线169处。投资180万元整治上龙西里29、30号楼前,安贞苑、新建路社区居委会院内路面,青年沟南侧道路。

（陈珊）

【民生保障】 年内,受理保障性住房申请306份,其中经济适用房23份、限价商品房236份、廉租房10份、公租房37份。完成限价商品房摇号选房27户,廉租实物配租复审159户,廉租房摇号选房入住7户。复核廉租补贴家庭143户,终止廉租房资格11户,追缴廉租房补贴近5000元。8月20日,安贞苑小区,和平里居家养老服务指导中心正式运行,覆盖街道20个社区居家养老服务。新增低保13户20人,享受最低生活保障699人。收取清点养老助残券50万张发放现金500万元。为残疾人354人审核发放生活补助82.734万元,为残疾人102人审核发放三险补贴46.64万元,为重度残疾人396人发放居家助残服务券11.88万余元。为重度听力残疾儿童2人申请人工电子耳蜗植入补助,为残疾儿童少年12人发放机构康复训练补助12.31万元,为听力残疾人家庭9人进行可视闪光门铃安装调查,为残疾人355人发放残疾人机动轮椅车燃油补贴费9.94万元。走访低保边缘户180人发放慰问金10万元。加强地区社会保障工作,存放失业人员档案2282份,管理社会化退休人员5137人。检查用工单位261户职工7100人,接受处理劳动举报案件7起,解决拖欠工资及补偿金290余万元,结案率达100%。开展规范用工一条街工作,检查员工劳动合同19户4122人,占应签人数99%。登记失业人员实现就业1153人,创建充分就业社区15个,“4050”就业困难人员就业率67.96%;职业指导2680人次;培训失业人员415人;缴纳社会保险金4122人,各单位执行北京市最低工资标准,按时发放工资达100%。发放小额担保贷款15万元,办理自谋、灵活就业社保补贴2096人。年内,新生儿出生1176人,违反计划生育政策生育行为案件20起,地区计划生育率为98.30%。开展执法检查9次,查验《流动人口婚育证明》9158人次,办理北京市外地来京人员生育联系单126人、生育第一个子女生育服务证1331人、独生子女父母光荣证363人,为76人申报再生育第二个子女生育服务证手续,为197人发放独生子女父母年老时一次性奖励19.70万元。

（陈珊）

【社会治安综合治理】 开展居民住宅电梯安全专项检查,客货电梯、自动扶梯等特种设备安全自查,食品安全专项整治,居民燃气使用专项治理,消防安全大排查、大整治等工作,加强危险化学品安全监管。完成安全生产标准化达标创建试点工作,妥善应对突发事件,处置高空作业10起,重点突发事件20起,其中火灾事故17起,路面塌陷、安全事故及其他事件3起。对辖区140个餐饮经营场所和地下空间开展4次联合执法检查,对116个不符合相关规定的单位予以警告,责令限期整改。组织辖区各企业、单位、社区对重点火灾隐患场所进行排查整治。

（陈珊）

【社区建设】 面向社会招聘社工助理16人,其中7人通过公开招考为社区工作者。9月至10月,公开招录社区工作者50人,分配到20个社区。投入专项经费10万元,扶持社区7个公益创投项目,即安德路社区机动车自管会、安德路社区绿化美化家园服务队、安贞苑社区文化顾问团、小黄庄社区文化学社、小黄庄社区爱心大姐服务队、东河沿社区文化智囊团、东河沿社区8号楼管委会。投入105万余元对民旺、安贞苑、青年湖等社区办公用房进行新建、还建,投入近20万元对兴化、七区、安德里等社区制作规范化配套设施,投入20万余元修缮林调、和平里等社区办公配套设施。制定和平里街道创建国家公共文化服务体系示范区实施方案,对20个社区文化活动室面积进行考察,提出达标建设方案,实现社区文化活动室建筑面积达标率60%的总体目标。在北京市六型社区示范单位评估中,交通社区在全市排名第三。

（陈珊）

【经济建设】 年内,成立楼宇经济工作服务站。开展商务新区调研,完成《区十二五规划纲要和平里商务新区中期评估报告》与《和平里商务新区十二五规划中期评估报告》,完成制作商务新区沙盘模型。联系地区企业和楼宇物业单位,做好申报市区各类扶持政策,确保扶持企业发展资金兑现及相关政策落实,至12月底,辖区有光线传媒等63家企业获东城区产业政策奖励2300万元。联合工商、税务走访异地纳税企业15家,通过协调园林、消防、公安等相关职能部门,解决入驻商务新区单位遇到的难题。引进税源企业157家。航星园二期、安和市场如期开工,金隅环贸科技商务区正式纳入中关村科技园。全年完成印花税693万元,房产税1124万元。

（陈珊）

【精神文明建设】 1月30日,召开争当社区文明小使者主题实践活动启动仪式,为20支学雷锋日行一善志愿服务小分队授旗。为青少年100人发放记录本,表彰社区文明小使者85人。区、街道有关领导及社区青少年130余人参加。5月9日,在地坛公园举行以“母爱、母教、爱母、孝亲”为主题的首届中华母亲节推进会。中华母亲节促进会,北京市关心下一代委员会,市、区妇联,社会工作者联合会,有关学者及社区居民300余人参加。7月8日,街道快乐驿站新青年课堂在东城区率先开课,为地区青年免费举办成人高考辅导48讲,至10月底,培训学员100余人次,录取23人。年内,开展新青年体验营、新青年课堂、走进新北京人等活动87场。重阳节前夕,和平里街道团工委、"快乐驿站·社区青年汇"联合和平里医院团委和医杏林志愿者服务队、普康中医院、东城中医院、安定门中医院团支部举办传播杏林文化、关爱老人健康重阳关爱志愿服务活动4场,为地区老人义诊700余人次。8月,党建工作片区化管理,将20个社区党组织、78个网格党支部、6个楼宇党建工作站、43个非公有制企业和社会组织的党组织划分为4个党建协作组,实现管理片区化、工作精细化、落实联动化。召开社区党员民主议事会工作推进会,在20个社区建立社区党员民主议事会制度,对社区党建和社区建设的重大事项和活动开展民主议事。年内,新建团组织21家、工会单位28个会员327人。辖区内7家企业签订家政行业集体合同,区域性集体合同覆盖企业1370家。

（陈珊）

【群众文化活动】 1月18日,举办和平里地区流动人口迎新春联欢会暨和平之声艺术团揭牌成立大会,街道各社区流动人口管理工作者、社区居民300人参加。5月6日,在民委三社多功能厅举办第六届"5.6民族团结日"活动,"和平之梦"雕塑模型揭幕,民委三社、和平里街道及交通社区300余人参加。举办家和社区早教指导中心季度早教大课堂4期。请有关专家分别以绘本与教育、如何做早教和如何培养孩子的良好习惯为主题,向辖区内婴幼儿家长1200人次传授早教知识。年内"天贶节亮宝大会"以我的梦中国梦为实现伟大理想而奋斗为主题,以"追忆往昔峥嵘岁月,宏扬中华民族精神"为主线,居民拿出家中珍藏的奖状、奖杯、记载个人荣誉或为国争光的物品,讲叙奖状和奖杯背后的故事。通过活动居民了解到收藏老物件的故事,激发早日实现中国梦的信心。街道与"181"电子商务平台合作,将电子商务引入社区,免费为居民办理会员卡,在20个社区安装电子点单机,居民通过刷会员卡,享受任意挑选、送货上门、无偿退换服务。

（陈珊）

前门街道

【概况】 前门街道办事处是区政府派出机构。位于天安门广场东南部,东起祈年大街与崇文门外街道相接,南至两广大街与天坛街道接壤,西起前门大街与西城区大栅栏街道为邻,北至前门东大街与东华门街道毗连。面积1.09平方千米,有大街6条、胡同街巷67条。设社区居委会9个,户籍人口9514户2.28万人,常住人口5487户1.19万人,流动人口4534人,有回、满、蒙古、苗等少数民族10个1040人。辖区位于前门历史文化风貌保护区,以平房居住为主,胡同多曲折狭窄,走向不规则。有商业企业617家,中、小学、幼儿园3所。有著名阳平、汀州、临汾等会馆118所,曾有寺庙25座,其中22座均始建于明清两代,现有文保单位62家。办事处机构设置25个,有公务员编制72人,事业编制24人,工勤编制8人。2013年1月,前门街道办事处办公地址迁至南芦草园1号。

年内,以保稳定、惠民生、促和谐、谋发展为工作重点,创新社会管理方式和民生保障工作,加大城市综合管理力度,完善社会组织建设,结合社区实际推出各自特色的为民服务项目。引进企业180余家,注册资本4.20亿元。成立前门地区经济发展协会,成功打造地区商务名片——前门卡,有200余家企业登记注册,注册资本金5亿元。地区财税同比增长1651万余元增幅12.40%。大江、草厂西社区被市政府授予敬老爱老为老服务示范单位,前东社区被评为北京市全民健康生活方式行动示范社区。

单位地址:东城区南芦草园1号

联系电话:67015051　邮政编码:100051

（李洁）

【城市管理】 年内,环境整治建设投入资金48万元,拆除违章建筑31处341平方米,修补路面、低洼处130平方米,维修西河沿、得丰、大江等胡同下水管道200米,清理建筑渣土和垃圾260吨、堆物堆料90余吨、卫生死角230余处,规范广告牌匾29处,取缔非法经营121处,整顿规范五小单位21个,规范门前三包11次。建立由主管领导、科室负责人,各单位、社区负责人组成的爱国卫生管理四级网络制度。开展城市清洁日活动,实现前东社区垃圾分类全覆盖。清理白色垃圾198余千克、小广告380余处,处理网格中心案件180余件。改造绿化面积1800平方米、栽植各种苗木1000余株、铺草500平方米,清理枯树、枯枝350余株,伐除、修剪危险树木54棵。根据辖区存在危旧平房多的问题,重新修订《前门地区防汛应急抢险预案》,加强防汛物资储备,储备木柁木檩50根、苫盖材料15捆、砂石料8立方米、塑料布60捆、编织袋200个、小型抽水泵4台及各种抢险工具。与前门志萍粮油食品店、北京皖东徽商贸有限责任公司签订防汛物资储备协议书,保证米、面、水等应急物资供应。将前门小学、外国语中学作为前门地区紧急避难场所。汛期启动二级以上预警13次,出动值班和抢险人员980人次。制定《前门街道扫雪铲冰工作预案》,建立由街道干部、城管队员、环卫工人、社区居民和驻街单位组成五位一体网络模式,将草厂十条等主要街巷和前门东大街等主要交通干线,确定为重点保障地区。备运输三轮车45辆、专用雪铲20把、铁锹75把、扫帚75把、融雪车1辆、购置融雪剂0.50吨,完成扫雪铲冰工作。

（李洁）

【民生保障】 年内,受理经济适用房13户、市备案通过12户,受理限价商品房46户、市备案通过46户,受理廉租房11户、市备案通过7户,廉租房年审66户,受理保障性住房21户、市备案通过19户,接待政策咨询1500余人次。两节期间,为低保对象发放春节慰问金53.36万元,发放居家养老券65万元、高龄津贴13万元。申报医疗救助74人次、发放救助金18.89万元,一老一小报销医药费150余人次220余万元,城镇无业居民参加基本医疗保险197人。开展献爱心活动,1100人次参与捐款3.40万元,申报爱心家园救助家庭9户19人。为残疾人免费发放辅具127件,组织无业重度残疾人免费体检88人。对就业年龄段残疾人536人进行就业信息调查和参保落实情况筛查。推荐有就业需求的残疾人38人参加专场招聘会,发放创业扶持资金2万元。检查单位130户涉及劳动者4683人。开展劳动保障监察专项整治4次,开展法制宣传活动20次。处理劳动纠纷投诉案件4起,建立建筑施工单位农民工工资预留账户。举办小型招聘会12场,提供岗位信息480个,发放就业材料620份。参加招聘会失业人员700余人次,644人享受灵活就业。宣传、落实健康生育计划——六项免费服务,完善街道二、三级药具发放网络和网点建设,免费发放计划生育药具3000余份。签订流动人口三种责任书413份。 (李洁)

【社会治安综合治理】 开展平安建设大走访活动,召开专项座谈会48次550人次参加,走访1824户征求意见、建议93条,为民办实事600件,排查矛盾61起。进行拉网式安全隐患检查60余次。利用"7+x"网格力量配置模式,与区消防站、防火办、派出所等部门,开展防火演练5次,发放宣传材料1万余份,群众1万余人参加。清理整治住人地下空间。建立街道流动人口自管会,发动社会、单位、两新组织和社区居民,以网格化管理,做到人进户、户进房、房进网格,形成整体牵动、系统互动、多警联动的社会防控工作体系。全年接待群众来访229批266人次,下访64次,约访5次、接待群体访4批33人次,协同各部门解决诉求31件,办理网上信访37件 (李洁)

【社区建设】 年内,成立东城区社工联前门街道工作委员会,完成社工之家组建,社工纪实短片制作,社区工作者健康行,社工京津交流项目。招考新社工15人,开展4次心理能力建设、管理、健康专项培训,社工职业水平考前培训7次30人参加。开展全民终身学习活动周活动,举办传统文化、家庭花卉养护系列讲座及阳光夏令营。6月至9月,在前门文化广场和社区文化中心,京韵前门艺术团分别举办夏日文化广场系列展演和前门京韵文化艺术节特色民俗文化系列活动,共组织9场次400余人次参加。举办地区新春文艺汇演等百姓文化服务系列活动。组织辖区单位、社区居民87人,参加红十字救护培训并取得初级急救员外伤资格证。5月,举办社区民俗运动会,居民200余人参加。7月至9月,在前门文化活动中心组织社区居民、中小学生80余人参加3D数字电影播放、电力知识进社区等系列科普活动5场。 (李洁)

【党建工作】 规范网格党组织建设,社区党组织工作制度,将单位、两新组织纳入社区党建网格,完善地区非公企业、各类社会组织及党员1000余人基础信息台账,组建非公企业党建指导员队伍,新建非公企业党组织1家。举办社区道德讲堂6场次社区居民400人参加。开展我在前门健康生活主题医疗知识讲座3场80余社区居民参加,学雷锋志愿活动8次300余人参加,开展"魅力前门　社区青年汇"系列活动200余人次参加。年内,参加东城区变废为宝作品创意大赛,社区居民40余人用废旧丝带制成丝带绣靠背垫获优秀奖。21件作品参与东城区巧娘作品展卖活动,其中前门"中国梦——56个民族的共同心声——国家富强　人民幸福"作品获一等奖。3月,妇女之家组织社区妇女120人,开展《婚姻法》等法律知识普及活动,发宣传材料200余份。6月至7月,开展2场家庭安全教育系列特色活动,90个14岁以下青少年家庭参加。请心理学专家就前门地区80后的婚姻与家庭开展专题讲座,京泰龙等5家非公企业职工60余人参加。至年末,建立工会组织3家,发展会员96人。全国非公企业法人数据库中预置企业建会率达98%、职工入会率达100%。税务代收工会经费44家。成立大江社区联合工会,加强职工之家建设,推进厂务公开,续签工资专项协议书10份,覆盖企业66家职工738人,企业覆盖率达98.50%。全年开展法律志愿服务24次270人次参加。 (李洁)

崇文门外街道

【概况】 崇文门外街道办事处是区政府派出机构。位于东城区中南部,东起南、北花市大街与东花市街道为邻,南至两广路即珠市口东大街、广渠门内大街与天坛、体育馆路街道毗连,西起北官园、戴家胡同与前门街道接壤,北靠崇文门东、西大街与建国门、东华门街道相邻。面积1.12平方千米,有大街15条,胡同6个。设社区居委会12个,户籍人口2.53万户3.70万人,常住人口5.48万人,流动人口1.72万人,有回、满、藏、苗等少数民族13个。辖区有中央、市、区属单位109个,中、小学3所。有新世界百货、国瑞购物中心、搜秀商城等大型购物、休闲、娱乐中心,非物质文化遗产9项,其中市级3项、区级6项。办事处机构设置23个,有公务员编制86人,事业单位8个编制39人,工勤8人。

年内,完成全国两会服务保障、全国文明城区复查迎检、十八届三中全会服务保障,“10.28”天安门金水桥事件伤员家属接待安抚等重点工作。引进企业10家,都市馨园创业孵化园新引进企业14家。全年地区新注册企业117户,其中注册资金500万元至1000万元26户、1000万元至1亿元16户、1亿元以上2户。地区税源企业总纳税9750.20万元。

单位地址:东城区西花市南里东区14号
联系电话:67013683　邮政编码:100062　(杨扬)

【城市管理】 完成东兴隆街拆除新铺路面1488平方米,更换混凝土块道牙550米,新建树池29个,花、树池围墙砌筑72.85立方米,安装自行车车棚300米,砌筑检查井2座。五老胡同花墙制作34米、更换雨罩106平方米、翻新步道207平方米、新铺路面1350平方米、更换广告牌匾69平方米。完成崇东社区14号、20号楼2处单元门无障碍坡道改造,崇西社区8号楼楼体保温工程,涉及500余户居民。4月6日,开展全民义务植树活动,发放宣传材料500余份,清理草坪1.70万平方米,养护树木近万株。完成打磨厂街修建花池300平方米、翻建石材地面450平方米、补植各种植物137株、翻建新建花箱29套、地面花箱摆放盆景98株。防控美国白蛾,悬挂诱捕器26个。与区园林局、崇文门饭店完成崇文门饭店绿荫停车场改造项目。组织居民参加年度环境优美小区、街巷评选活动,选送国瑞城东区、东后河沿1号院、东兴隆街和打磨厂街参加创建活动,其中东后河沿1号院网上投票为东城区第一名、北京市第六名成功入围,10月25日完成市专家组验收。完成文明城区指数测评、国家卫生城区复检、防汛工作。制定地区汛期防汛抢险应急预案,组织抢险队11支队员370人、抢险车14台辆、编织袋5500个、抽水机33台、砂石料3吨及抢险工具等,确保汛期抢险物资到位。制定社会服务管理和城市管理两网融合工作方案,对1200余家驻街企业实施信息共享,制作安装35块网格化社会服务管理责任制公示牌。监督检查180个单位。与372家单位签订门前三包责任书,完成崇外、崇西大街、东兴隆街、五老胡同自行车划线工作。多次调研花市清真寺修缮工程现场,保障修缮按时完成。　(杨扬)

【民生保障】 年内,4类保障性住房获市备案资格1169户,帮助224户居民实现安居梦。为地区享受最低生活保障259户365人发放保障金187.50万元,发放低保帮困卡211户266人11.33万元,低保平房40户家庭领取燃煤自采暖补贴2万元,低收入家庭大学生11人申请助学款1.80万元,落实优抚安置政策发放优待金、慰问金64万余元。延伸多位一体为老助老功能,建立崇东社区养老管理服务站。为残疾人70人免费体检,安置残疾人就业14人。全年开发就业岗位1953个,安置就业人员392人,零就业家庭动态保持为零。规范8家企业用工行为涉及2251人,处理2起集体讨薪等突发事件。计划生育率为97.50%。

(杨扬)

【社会治安综合治理】 年内,完成环境综合整治,取缔无照经营,整治非法大排档,开展环境综合整治及拆违专项行动。拆除地区违法建设14处391平方米,确保新生违法建设零增长,取缔无照经营1158件次、非法大排档5处。完成两会、重大节日等安全维稳工作。做好“10.28”天安门事件应急处置,做好普仁医院救治的伤员家属接待、安抚工作,为伤员15人及家属60人提供吃、住、行等服务,做好伤员和家属思想工作。开展基层平安建设大走访活动,发动各类群防群治力量6.46万人次。开展安全生产排查整治工作,做好社会矛盾纠纷排查化解和领导干部三访,通过座谈会、入户走访、专题讲座、发放调查问卷等收集居民意见396件,其中现场解决289件、协调职能部门解决76件,解决率92%,重大上访事件零发生。　(杨扬)

【社区建设】 为548名65周岁以上老人免费健康体检,建立都市馨园数字文化社区,聘请名誉顾问,成立崇外街道文联组织;推进都市馨园、新世界家园、新怡家园、崇西、西花市南里西区(示范社区)5个奥林匹克·体育生活化社区试点建设。改造社区办公服务用房,完成国瑞城3个社区及崇东社区一刻钟社区服务圈建设。成立同心园志愿者服务队、社区心理调试室等。街道艺术团参加北京老年艺术协会、北京舞蹈家协会举办的“春舞京华——2013北京市第二届老年舞蹈大赛”,舞蹈玉树的春天获银玉兰奖。新怡家园、西花市南里南区成为区级网格化智慧社区试点。国瑞城西区、新世界家园、西花市南里南区通过六型社区第一轮评估。　(杨扬)

【党建工作】 成立崇外街道工委党建工作领导小组,把三级联创活动纳入街道工委党建总体规划中,推进五个好非公党组织创建。建党92周年,在各基层党组织开展“中国梦　我的梦　凝聚力量　点燃激情”演讲比赛。七一街道评选表彰先进基层党组织6个、优秀共产党员100名、优秀党务工作者20名。有3名青年应征入伍。制定《2013年崇文门外街道学雷锋志愿服务活动方案》,开展学雷锋志愿活动。完成33项全国城市文明程度指数测评指标、14项全国未成年人思想道德建设测评指标、13项实地考察指标和13项网上审核项目的材料整理工作。安装“讲文明　树新风”主题工地围挡1000余平方米、社区精神文明宣传栏110块,协调崇外大街商场户外显示屏4块。开展党风廉政建设责任制,精准岗位廉政风险点293个,采取化整为零分类研究探索工作思路,梳理出社区集体涉权事项62项,集体决策事项10项,个人涉权事项114项,工作流程图64个,查找社区岗位风险点35个。完善住房保障风险防控项目库管理工作。　(杨扬)

【文化活动】 2月22日,在西花市南里南区社区,举办崇外地区第十三届花市元宵灯会。由社区居民和驻街单位利用节能环保材料制作500余盏花灯,灯会以北京建都860周年为契机,贴近百姓生活,突出社区民俗文化特色,展现百姓生活新风貌。区有关领导及相关委办局、驻街单位、兄弟街道、新闻媒体等200余人参加。都市馨园社区入选北京市首批数字文化社区建设样板工程,是东城区10家创建单位之一,以都市馨园宜黄会馆为基础投资30万元装修改造;市文化局配备数字化设备,完成社区数字化建设。7月26日,举办都市馨园数字文化进社区活动。　（杨扬）

东花市街道

【概况】　东花市街道办事处是区政府派出机构。位于东城区中心东部,东起朝阳区双井街道,南至龙潭、体育馆路街道,西起崇文门街道,北至建国门街道。面积2.05平方千米,交通主干道有东花市大街,南、北花市大街,白桥大街,广渠门内、外大街,崇文门东7条大街,东二环主路穿辖区而过。设社区居委会8个,户籍人口1.50万户5万人,流动人口2万人,有回、满、蒙古等少数民族3300人。辖区有中央、市、区属单位91家,中、小学、幼儿园12所,医院2家,甘肃省、黄山市驻京办事处2家。有国家级文物保护单位城东南角楼,市级文物保护单位袁崇焕祠、隆安寺等。办事处机构设置23个,有公务员编制87人实有82人,事业单位6个编制43人实有38人,工勤编制5人。

年内,举办蟠桃宫庙会,袁崇焕、酸枣树名人文化节,南里新春游园会四季品牌文化活动。开展花市达人秀、文化遗产日宣传、手工艺作品双年展活动。9月29日,举行广外南里社区邻里服务中心和文化中心启用仪式,市民政局副局长谢延智,市社工委工委委员王智玲及市、区有关领导出席并为邻里中心揭牌。花市社区博物馆接待各级领导和居民群众820人。在忠实里社区开通便民摆渡车、公租自行车网点,畅通社区微循环,打通最后一公里,解决居民出行困难问题。

单位地址:东城区东花市北里西区3号楼

联系电话:67188640　邮政编码:100062　（刘歌）

【城市管理】　年内,完成辖区煤改电和忠实里南街1、2、4号楼节能改造工程。整治东花市南里路、南小市口街、广渠门中学、回民实验小学周边环境,新建沿街围栏150延米,硬化铺装地面300余平方米,新栽草本花卉6万余株。完成东三条1、2号楼60余户抗震加固工程。全年拆除违法建设162处2781.08平方米,改造南里东区15号院、忠实里一巷、西忠实里1、2号院、广渠家园24号楼周边防汛安全隐患。组织8个社区100名居民参加健康城市·美丽北京健康大讲堂活动。创建广渠门北里首都绿化美化花园式社区,创建美丽小区3个、屋顶4个、胡同4个、单位3个、院落2个、阳台21个。摆放大型防腐木花箱288个,栽植花木5450株,草花10万余株。开展春季灭鼠、夏季灭蚊蝇活动,投放鼠药40公斤、灭蚊蝇药物12箱。组织城市清洁日活动12次,禁烟检查12次。清理堆物堆料100余处、垃圾120余车、卫生死角50余处。为13个垃圾分类小区,招聘垃圾分类指导员44名,开展厨余垃圾分类回收工作。接收区城市管理监督中心派发案卷1738件,全部按期结案。与主要大街146家沿街单位签订责任书,与街巷148家单位签订门前三包责任书。在东花市北里中街规范机动车单停单行,标注车位100余个。辖区设定自行车停放点14处950辆。　（刘歌）

【民生保障】　完成308户保障性住房审核工作,其中廉租房89户、公租房111户、经济适用房25户、限价房74户、经转限9户。清退2户违规廉租房家庭。发放居家养老服务券6065人59.27万元,90岁以上和百岁老人145人高龄津贴17.47万元,95岁以上7人医疗补助5.23万元,低保户360户516人低保金和粮油帮困款403.60万元。办理医疗救助41.62万元、临时救助15.70万元,老年人优待卡485个、新办老年证272个。春节送温暖、重阳节敬老月活动,为老人23人发放补助1.40万元。办理社保卡服务2457件,退休人员医疗费报销170余万元。受理、发放一老一小社会保障卡2000余张、医疗费报销80余万元。为失业61人办理退休手续,800余人办理社会保险补贴,为残疾军人24人发放抚恤金22.80万元。检查用人单位183次劳动者6176人次,检查在建工地13次劳动者300人次。调查17家用人单位、1家在建工地,书面审查22家用人单位劳动保障情况,责令3家用人单位补办社会保险登记证,补缴社会保险费1042.80元。处理劳动纠纷群体性突发事件15起,讨回农民工工资9.50万元。处理转派劳动纠纷投诉、举报案件18起涉及劳动者18人,讨回工资2.48万元。失业人员实现就业610人,为2394人提供就业服务。全年组织小型招聘会3场,一对一个性化指导600人,成功就业379人,实现创业32人、带动就业180人,辖区登记失业率1.36%,登记失业人员就业率68.46%。接待计划生育政策法规咨询7610人次,孕情普查4130余人,签订流动人口三种责任书326份。新增夭折、伤残独生子女家庭特别扶助12人,计划生育家庭意外伤害保险349份。生殖健康知识讲座5次240余人。　（刘歌）

【社会治安综合治理】　开展安全生产宣传教育24场次,发放横幅64条、展板180块、宣传画720余套。开展平安建设大走访宣传教育活动40次,召开座谈会67次,机关、社区干部500余人次参加,走访联系群众1000余人。征集群众意见315条,涉及城市管理、环境秩序等问题26件。全年召开安全生产专题部署会8次,与8个社区签订安全生产责任书,制作横幅130余条,板报20余期,发放宣传材料

1.10万余份,受教育2万人次。检查公共安全及液化石油气安全使用80余次,发现整改隐患1500余处,并完成限期整改。召开烟花爆竹安全管理及可燃物清理部署会10余次,与3家烟花爆竹销售点、8个社区居委会、27处禁放点、37家消防重点单位、25家物业公司、250余家部队和市属机关团体签订350余份烟花爆竹安全管理责任书,发放宣传海报500余份,悬挂横幅30余条。全年接待来访214件次248人次,涉及问题72件,协调化解67件,化解率93%。办理各类来信来电309件,含市长信箱来信36件、区长6件、非紧急救助来电230件、市信访综合办公系统来信34件、市区转信3件。 (刘歌)

【社区建设】 年内,招录社区工作者36人,组织培训280余人次,有73人参加东城区3个月千人轮训。23篇社区经验汇编成册。北里东、西区2个社区完成两轮六型社区考查验收工作,申报北里西区、枣苑、南里3个社区为智慧社区,完成北里东区、西区、南里东区等6个社区新标识系统建设工作,理顺街道、社区12项优秀社区社会组织和服务项目,成立广外邻里服务中心自管会、广渠门依然文化服务站2家民非组织。全年报送民情1.84万条、事件9825条,处理流管、矫正帮教、矛盾调解三类业务事项1.24万件,发现和排除安全隐患712起,为民办实事385件。完成北里小区业委会换届选举,投票率达84%。开展尊老、敬老、爱老活动,推出市级孝星24人、区级孝星23人。 (刘歌)

【党建工作】 全年发展党员11人,走访慰问困难党员群众1211人次,与45户困难群众结为帮扶对子,发放慰问金、慰问品6.85万元,捐款5.13万元。建立义工队伍72支、党员义工636人,为居民提供各类义工服务5000余人次。举办红色讲坛专题讲座3次。以"中国梦 我的梦"为主题,组建2支百姓宣讲团,10余篇区情、街情特色宣讲稿件,街道宣讲团入选北京市优秀宣讲团街道团。组织党员干部900余人次,观看警示教育片,参观反腐倡廉教育基地等。举办中心组理论学习专题报告会、庆七一宣讲比赛、人大代表专场汇报、公益北京社区行等10余次宣讲活动,受众2000余人。成立北京洲海集团、北京华开建安集团党支部。开展企业进网格、党员进企业活动,派驻党建指导员40人参与企业活动,采用挂靠网格党支部管理形式,使非公企业党组织覆盖率达83%。推进非公党建规范化建设,实现辖区377家非公企业党的工作动态全覆盖。在辖区6家五好非公企业党组织中,落实六有标准,即有场所、有设施、有标志、有党旗、有书报、有制度,实现所有单独非公党组织制度全部上墙,推进规范化建设。年内,新建两新团组织18家、社会团体1个,成立东花市街道机关第六届团支部。工会组织增至41个。投入2万元改造职工书屋,增设书架及设备。工会服务站被市总工会选为首批示范点建设单位,通过市总工会检查验收。 (刘歌)

【经济建设】 全年引进企业82家,注册资本2.70亿元。引进平安银行广渠门支行、北京银行广渠门外大街支行2家金融机构,促成中石化北京石油分公司分别与北京燃气和首发集团合资成立2家合资公司落户辖区。辖区内北京银行花市支行全年代售印花税443.11万元,超额完成343%。街道完成税收5.93亿元、增幅46.70%,至11月末,完成区级财力贡献1.33亿元、增幅23.10%。 (刘歌)

【领导调研】 3月,区领导杨柳荫、牛青山,陪同市委书记郭金龙、市长王安顺,到西忠实里地区围绕加强城市精细化管理,推动核心区环境改善进行调研。文莱国家青年代表团一行6人,在北京市青年联合会国际联络部部长等陪同下,参观花市文化共享·社区青年汇。各省、市8批52人次分别考察、交流社会服务管理分中心、网格化社会服务管理创新、国防教育基地及街道工会工作。全年接待各地参观学习考察团20批500余人。 (刘歌)

【街道温馨家园】 12月27日揭牌。走访慰问181户残疾人家庭,发放4.30万元扶残助学金,享受生活困难补助235人。个体保险补贴138人,养老助残186人,安置残疾人就业17人,开展就业培训65人。组织残疾人20人参加体育健身进家庭活动,参加东城区特奥运动会,获单项类比赛第一名1人、第二名2人、第三名3人和高尔夫推杆团体类第四名。为残疾人申请康复训练补助6人、肢体残疾人申请免费配发轮椅2人、残疾朋友申请耳背式助听器1人、残疾朋友申请小型辅具55人、残疾人免费体检97人,肢体残疾人开展居家康复24人。南里社区通过北京市社区残疾人体育健身示范点验收。 (刘歌)

龙潭街道

【概况】 龙潭街道办事处是区政府派出机构。位于东城区东南部,东起护城河西岸、隔河与朝阳区相望,南至左安门护城河与朝阳区、丰台区接壤,西以幸福大街、京广铁路与体育馆路街道相连,北至广渠门内大街(东段)与东花市街道分界。面积3.06平方千米,有广渠门内大街(东段)、幸福大街、光明路、夕照寺街、左安门内等主要大街,光明、广渠门2座立交桥,京广铁路线1.50公里。设社区居委会11个,户籍人口2.11万户5.54万人,常住人口6.22万人,流动人口

1.15万人，有回、满、蒙古等少数民族2789人。辖区有中央、市、区属单位和无主管单位1911个，中、小学、幼儿园14所。有龙潭公园、原北京游乐园、北京教学植物园，京城水上游南城水系沿东南环绕而过。区工人文化宫（红剧场）、天象厅等文化设施，袁督师庙、夕照寺等文物保护单位。办事处机构设置23个，有公务员编制90人，事业单位6个编制56人，工勤编制3人。

年内，完成全国城市文明程度指数测评、拆违、环境综合整治、老旧楼房抗震加固等工作。建成3000平方米办公用房、200平方米社会服务管理分中心、400平方米综合服务大厅、400平方米残疾人温馨家园暨龙潭康智乐园，改造9个社区5000余平方米办公服务活动用房。在全区率先实施两网融合、启用六步闭环管理的事件流程系统，形成"486"城市精细化管理模式，在全市首先采用pos机刷卡对垃圾分类进行积分奖励，成为全市社区参与式协商治理试点街道。5月24日、7月3日，秘鲁国会副主席埃古伦一行、泰国上议院第一副议长素拉猜率18人代表团，分别参观京城百工坊，参加手工艺体验活动。获北京市区县机关档案工作测评市级优秀单位、北京市安全生产月活动最佳实践活动组织奖。

单位地址：东城区广渠门南水关胡同甲7号院

联系电话：67120375　邮政编码：100061　（牛晶晶）

【城市管理】 年内，完成辖区居民煤改电654户、老旧楼房抗震加固改造19栋、区属直管住宅楼热计量改造13栋、单位自管住宅楼节能改造20栋。依托"486"城市精细化管理模式，开展环境综合整治和拆违专项行动。拆除违法建设67处3435平方米，拆除地锁460个。完成市级挂账任务，新生违法建设保持零增长。完成光明9号和10号楼、幸福北里22号楼、黄河大酒店西侧铁路沿线、光明小学周边环境整治和绿化升级改造，铺装透水砖6000平方米、沥青道路500平方米，粉刷墙壁、楼道2500平方米，砌雨水井14个，铺设雨水下水管线500米。绿化面积2000平方米。完成华城社区屋顶绿化4000平方米，成为东城区最大空中花园，被评为首都环境优美小区，龙潭东路被评为首都文明示范街。（牛晶晶）

【民生保障】 年内，完成廉租房、经济适用房、限价房和公租房等各类保障性住房市级备案373户，公租房补贴市级备案143户，廉租房租金补贴200户。两节期间，发放低保、低收入老年人、地退、优抚对象慰问金41.20万元。发放低保金236.80万元、各类专项救助金41.30万元，发放居家养老服务券2.33万人次230.40万元。办理老年优待证350个、老年优待卡973个。完成残疾人温馨家园暨龙潭康智乐园建设，具备残疾人就业、居家康复、文体活动、辅助器具租借等功能。改善光明、华城、龙潭北里3个社区托老所硬件工作，在光明社区成立首家养老精神关怀服务站，11个社区实现老年消费维权指导站。加强劳动用工规范一条街建设，书面审查22家单位，合同签订率99.60%。实施5项专项执法检查，巡查213家单位，处理劳动投诉举报案件6起涉及职工6人6020元，结案率100%。开发就业岗位2474个，安置失业人员660人，零就业家庭保持动态为"零"。全年，办理一胎生育服务证494例、二胎生育服务证49例，计划生育家庭意外伤害保险1292份，独生子女父母光荣证236个。举办早教专题讲座，开展亲子活动10余次。（牛晶晶）

【社会治安综合治理】 完成重要时期安全维稳工作，指导华都实业总公司完成换届选举。全年建立公共安全工作台账9个，开展整治检查专项行动30次，在安全生产大检查中联合执法检查25次，检查单位258家，发现隐患240处，协调职能部门、产权单位消除公共安全隐患23个。在"7.24"爆燃事故发生后，现场组织、协调伤亡人员，房屋，车辆等善后处理工作。建立处、科级领导信访接待日制度，处级领导接访、约访90人次，接待办理群众来信来访来电、"12345"非紧急救助热线及市、区长信箱信访件4000余件，解决率达90%。建成2个楼宇法律服务工作站。全年无重大群体访、越级访发生。（牛晶晶）

【社区建设】 投入380余万元，完成9个社区5000平方米社区办公服务用房改造。与社区参与行动服务中心、阳光事务所等专业机构合作，成立七彩虹志愿服务队、580心理疏导等枢纽型社会组织。深化以普教文化圈为特色的一刻钟社区服务圈建设，覆盖率90%。地区有志愿服务队55支，注册登记志愿者3000余人。由街道科室、社区、职能部门、社区居民、驻街单位组成议事协商部门，通过议题申请、议事协商、达成共识、组织实施、评估反馈5个流程，实现地区单位、居民有序参与社区事务的格局，成为全市社区参与式协商治理试点街道。全年开展社区公益性项目235项，投入资金87万元，板厂南里、华城社区完成北京市六型社区创建评估工作。开展温暖龙潭评选活动，表彰先进人物10人。举办群众文化展演季暨社区文化节，开展爱国歌曲大家唱、身边的好人主题推荐活动，开展元宵灯会、春耕阳台菜园、清明网络寄哀思、法律讲座等活动。11个社区实现中医药特色社区全覆盖。（牛晶晶）

【党建工作】 年内，举办主旋律讲堂——处级领导讲党课、"我的梦·中国梦"演讲比赛等活动21场次，党员、群众4000余人参加。新组建16家非公党组织，成立"同心N次方"非公党建文化俱乐部。制定党建工作联系点、专题调研等6项工作制度，街道干部联系社区、企业、学校2813次，反馈工作信息291项，帮助指导梳理工作186项，解决100余件疑难问题。开展我们与群众心连心为主题干部队伍建设月活动，走访居民448户、征求意见建议7类352条，全程跟踪督办居民反映的重点问题。开展3、4季度六费公开工作，落实办公用房清理、会员卡清退等专项工作，全年会议费减少60%，调研考察团拜活动费减少90%。开展廉政风险防控管理三个体系建设，对中心重点工作做到立项督查、跟踪检查、即时公开，确立效能监察项目8项，对违规上网情况进行专项督导监察。（牛晶晶）

【经济建设】 辖区有纳税人3465户，其中有税户2389户。全年完成所有税费收入（不含房地产业）4.07亿元，区级收入

(不含房地产业)完成1.52亿元。向区商委、文化发展办申请项目资金,完成扶持京城百工坊升级改造项目、引进嘉诚柯玛斯项目,推动龙潭商圈文创园区发展,为地区42户企业提供集中年检专场活动,与区中小企业服务中心合作,签订启航计划战略合作协议,推荐10家中小企业成为中心VIP会员,为中小企业在政策咨询等方面提供一对一服务,组织企业参加专场政策推介交流会,为企业开展服务200余次,解决疑难问题100余项,集中办公区、龙潭湖体育产业园引进企业34家,其中注册资金1000万元以上5家,街道集中办公区入驻企业228家。代征印花税354万元。完成第三次全国经济普查工作。 (牛晶晶)

【群团建设】 3月,组织辖区部队、商务楼宇、机关及非公企业单身青年138人参加联谊活动,2对青年牵手成功,8对青年交换联系方式。年内,筹备金转建会企业达36家、会员300余人,新建会企业13家、发展会员70人。成立龙潭地区酒店餐饮议事会,工资集体协商工作涉及469个单位7000余职工。通过市总工会工会服务站规范化建设验收。新建19家团组织,筹建市级示范CC社区青年汇,开展骑行、国学、摄影、圣诞假面Party等活动25次,发展会员125人。组织开展青春镜头中的美丽龙潭摄影作品比赛、青春飞扬羽毛球赛等主题活动20余次。 (牛晶晶)

【建都860周年系列活动】 4月,举办"展示古都风采·传承京味文化"暨纪念建都860周年高潮日启动仪式,辖区居民、企事业单位职工100余人参加。社区居民表演葫芦丝合奏、快板书、京剧、民乐合奏等古韵古香的文艺节目,非物质文化遗产传人4人现场表演剪纸、火绘葫芦、捏面人、中国结等传统手工艺制作。文化大集设置中心展示区、传统手工艺体验区、坊内手工艺体验区、历史画卷龙潭风貌图片展示区、金台夕照会馆雕刻大师苏晋云先生作品展示区等,展现龙潭地区历史文化资源和地区风貌。6月,举办建都860周年"中国梦·端午情"主题活动,活动围绕诗词歌端午、笔墨书端午、彩缕系端午、光影绘端午4个部分展开,以文艺表演、微电影展播、民俗手工制作、书法绘画作品展示为载体,共叙端午情,共话中国梦。辖区单位、社区居民200余人参加。 (牛晶晶)

【领导调研】 5月28日,区委书记杨柳荫到龙潭地区进行"六一"儿童节走访慰问,查看北京市少年宫新址硬件设施建设及有关工作筹备情况。区领导宋甘澍、毛炯陪同。9月13日,国家工商行政管理总局局长张茅、副局长刘玉亭到华城社区调研工商部门参与社区社会化管理工作,国家工商总局,市、区有关领导陪同。12月21日,区长张家明到街道调研,实地查看街道综合服务大厅和社会服务管理分中心,听取街道基本情况及重点工作汇报,了解城市精细化管理、安全生产、社区建设等工作。 (牛晶晶)

体育馆路街道

【概况】 体育馆路街道办事处是区政府派出机构。位于东城区东南部,东起幸福大街、幸福东街和京广铁路,南至玉蜓桥、京广铁路与丰台区接壤,西起磁器口大街、天坛路、天坛东路与天坛街道为临,北至广渠门内大街。面积1.84平方千米,有街巷58条。设社区居委会10个,户籍人口1.61万户4.59万人,常住人口1.42万户4.03万人,流动人口9413人,有回、满、蒙古等少数民族2685人。辖区有国家体育总局、中国棋院、红桥市场、天宝润德会展中心、天坛饭店等重点单位161个。中、小学、幼儿园5所,特殊教育学校1所,医院3所,社区卫生服务中心1个、服务站2个。有区级文物保护单位南岗子天主教堂、法华寺。办事处机构设置18个,有公务员编制87人实有84人,事业单位5个编制37人实有32人,工勤编制3人。

年内,完成全国城市文明程度指数测评、餐饮单位燃气安全排查、磁器口大街违法建设拆除、煤改电工作。开展基层平安创建和大走访活动、第四届社区体育文化节特色活动、街道便民服务综合大厅示范工程、驹章胡同43号院一站多居装修改造、红桥商圈建设、天坛景区周边1公里环境整治等工作。国家体育总局选区补选地区人大代表1人。全年财政收入6069.53万元,招商引资企业51家,引进印花税526.90万元,房产税15.10万元。法华南里社区被评为国家综合减灾示范社区,国家体育总局社区被评为全国社区侨务工作明星社区。法华南里社区接受市疾控中心专家组验收,完成防控H7N9禽流感工作。街道被评为首都第二届未成年人思想道德建设先进单位。

单位地址:东城区体育馆西路1号

联系电话:67199622　邮政编码:100061 (王宪)

【城市管理】 年内,完成1830间房屋煤改电内外线施工改造、200处电力设备选址、1600台电采暖设备审批。完成信用北里1号楼抗震加固,四块玉南街等7栋楼节能改造,营房西街1号至6号楼、天坛东里南段综合整治,法华寺街单停单行停车线施化和环境改造等工程。建立多部门协作联动地区环境建设机制,整治上账脏乱点100余处,清理无主渣土500余吨。打击违法建设拆除磁器口大街、崇外6号地等违法建设158处5785.30平方米。10月,依法拆除磁器口大街违法建设93处108间面积1997平方米。解决四块玉地区5户城中村滞留户，拆除违法建设20间215.50平方米，与3户居民达成拆迁协议。联合房管所、新世界，拆除法华寺院内违法建设3间50平方米，院外彩钢板违法建设1处22.50平方米。种植苗木2500棵，修伐危树200棵。汛期值班328人次，处置重大险情12起。协同房管部门开展房屋排查，健全危房台账，督促产权单位修缮危房平安度汛。每月开展爱国卫生宣传、大扫除活动，组织150户家庭监测蟑密度，发放除四害药品400公斤、扫雪铲冰工具200把。签订门前三包协议465家，发放用水指标300家。成立街道食品药品监督管理所，完成辖区内食品药品商户摸底检查工作，检查各类食品药品经营主体116户，处理消费者投诉举报6起，处理人民来信1件。全年办结城市网格管理案件7921起，排名保持A类。（王宪）

【民生保障】 年内，审核保障性住房申请200份，受理、审核公租补贴申请135户，办理变更139份，资格取消36户，新续签廉租补贴合同260余份；廉租房实物配租复审184户，租金补贴300余户272.25万元。参加房源认租、认购6次，其中公租房摇号配租4次164户家庭中签，163户享受公租房租金补贴94.41万元；限价房摇号配售选房1次，32户家庭中签；廉租房摇号配租选房1次，5户家庭中签。为704户低保家庭发放低保金659万元，发放居家养老服务券163.89万元。发放居民养老医疗保险补贴119人67.62万元，办理老年证210张、优待卡392张。有2120家单位缴纳残保金786万元，递增76家单位增缴113万元。为46户贫困残疾人家庭发放慰问金1.92万元，为309人发放生活补助63.41万元，为287人发放助残服务券34.44万元，全年开展技能培训85人，新安置残疾人就业19人。举办春季招聘会、开发就业岗位3256个，安置失业人员795人，实现灵活就业381人。失业金申请226份，报销医药费216万元。零就业家庭连续76个月动态为零。办理一老一小、城乡居民养老保险、无业居民医疗保险参保、续保4401人。巡查用工单位314家，处理投诉举报案件及群体性突发事件22起劳动者223人，追回拖欠工资200余万元。开展广渠门内大街劳动用工规范一条街工程，书面审查企业54家，限改企业24家，违法行为26处。完成计划生育行政审批602件，发放独生子女父母奖励费23.76万元，上报出生292人。举办妈妈的梦健康课堂12期。开展家和社区0～3岁婴幼儿早教亲子课程12期。实施0～1岁婴儿早期发展跟踪教育。完成关爱计划生育家庭安康计划投保528份保额1.58万元。33对夫妇享受免费孕前优生健康检查。发放计生药具38箱，宣传品7000份。1户家庭被评为北京市第二届百家幸福家庭。（王宪）

【社会治安综合治理】 平安建设大走访活动中，街道、社区干部1464人次走访居民1.25万人次，收集、回复问题建议830件。免费安装一氧化碳报警器200个，风斗30个。投入4万元维修20个单元门楼宇对讲、整治3处铁路安全隐患，为长青园铁路护栏加装刺笼500余米。开展燃气安全专项治理，排查餐饮单位86家，整改隐患475处。投入7万元维修、检测、更换灭火器2200支，增配76支。组织消防安全演练14次培训23次。投入30万元开展火灾隐患大排查，清理堆物堆料可燃物30余车，更换崇外6号地重点部位、改造老旧线路和电表200余处。全年查处各类违法行为1024起，罚款8.61万元，上缴罚没三轮车57辆，没收清理小广告1.35万张，拆除违规广告牌匾95块，清理条幅48条。办理群众来信40件，办理“12345”热线253件，接待群众来访201批255人次，街道代理化解矛盾74件，社区代理化解矛盾476件。（王宪）

【社区建设】 实施社区公益事业专项补助资金项目化管理，立项158项惠及居民2.50万人。组织社区推广实施6个惠民项目，即组织第二届庄子杯——百姓唱响最美声音品牌活动，长青园社区建立百市千店便民菜站，申报长青园、法华南里社区为北京市六型社区示范社区，申报葱店社区为市级一刻钟社区服务圈示范点，申报长青园、双玉南街、东玉北街社区为三星级智慧社区，选址驹章胡同43号为西唐、西利、葱店、南岗子、东厅社区联合办公场所，打造一站多居新型社区建设模式。举办第四届社区体育文化节，开展贵由赤环湖赛、青少年蹴鞠比赛、健身趣味运动会等系列活动，组织地区群众体育文化展演活动，辖区单位、社区居民参加。与中国棋院联合举办暑期智力运动科普培训班，青少年60人获中国棋院颁发智力运动初级培训结业证书。完成法华南里3号楼文化分中心装修改造、驹章胡同43号院五站合一社区文化活动室项目工程。文化志愿者到通州区西集镇沙古堆村等开展文化活动演出40余场。街道图书馆办理图书借阅证110人，全年借阅1056人次、图书1237册，开展各类讲座10场，举办征文200篇。通过讲座、团体培训、团体辅导等开展一对一个案心理咨询24场105人，发放宣传手册1565本。龙潭湖健身气功站点获年度全国百城健身气功交流展示活动暨东城区健身气功展示比赛团体总分第一名。志愿者38人参与无偿献血1.22万毫升。西利社区居委会主任被评为北京市先进社区居民委员会主任。（王宪）

【党建工作】 年内发展党员10人。组建街道机关党委和非公党委党支部16个，新建京城京安保安服务有限公司、炳文培训学校非公党支部，成立东普大厦、鑫企旺写字楼楼宇工作站。搭建东城区首个非公党建微信平台——体街楼宇，发表网宣文章120篇。走访慰问机关和地区老干部60人次6.68万元。开展建党92周年系列活动，为雅安地震救灾捐款5.25万元。开展为千户家庭送温暖活动，10家工商联会员企业为100户困难家庭捐款2.52万元。人大代表为16户困难家庭发放慰问品8000元，为贫困学生捐资2500元，捐赠电脑10台。签订党风廉政建设责任书179份。聘任街道党风廉政建设监督员9人、社区党风廉政监督员50人。办理政风行风热线投诉11件，开展道德讲堂活动30余场，建会企业593家，独立建会162家会员5564人。新建职工书屋2家，组织法律知识培训30次，组织职工各类文体活动30余场3000余人次参加。非公企业16家、新社会组织建团1家。成立东城区首家团属“识文物、读历史”教育社——体育馆路地区博古苑青年社。组织青少年80人开展夏令营系列活动。开展庆三八国际劳动妇女节103周年活动。开展好邻居、和谐家庭、双合格好家长评选活动。完成20户好家庭建档户建档工作。（王宪）

天坛街道

【概况】 天坛街道办事处是区政府派出机构。位于东城区西南部,东起磁器口大街、天坛东路,南至永定门东街,西起前门大街(南段)、天桥南大街、永定门内大街,北至珠市口东大街。面积4.03平方千米,有街巷70条,其中主要大街7条,即天坛北路、祈年路、大都市街、前门大街(南段)、天桥大街、永定门内大街、永定门东街。设社区居委会16个,户籍人口1.95万户5.55万人,常住人口1.65万户4.42万人,流动人口2049户7282人,以汉族为主,有回、满、朝鲜、土家等32个民族。辖区有中央、市、区属单位199个,中、小学、幼儿园9所。有世界文化遗产天坛公园,市级文物保护单位金台书院、正阳桥疏渠记碑,区级文物保护单位药王庙及清末传奇人物大刀王五顺源镖局旧址、老字号元隆顾绣绸缎行,新中国筹建的第一座大型自然历史博物馆——北京自然博物馆,有中华民族艺术珍品博物馆、中华民族艺术珍品流通中心。办事处机构设置23个,有公务员编制96人实有92人,事业编制44人实有32人,工勤8人。

年内,完备社区监控系统,达到物技防建设全覆盖。投入资金160万余元,开展重点环境建设工程。试点推行“幸福天坛　互助养老”品牌建设,推进品牌化为老服务。打造“天坛中医药特色一条街”,推进惠民创新工程。全年街道财政收入1.38亿元,区级税收2.30亿元。获北京市社区矫正工作先进集体、年度劳动用工规范一条街先进单位、北京市全民健身体育节优秀组织奖。

单位地址:东城区西草市街74号
联系电话:67021429　邮政编码:100050
（孙怡）

【城市管理】 年内,完成西草市、红庙街、金鱼池西区、西园子、东晓市5个社区7000余户居民煤改电工程。在金鱼池中区、永内东街西里等14个社区53栋老旧楼房中,分5个标段进行抗震加固综合改造,完工48栋。与区民防局开展普查早期人防工事37处,修缮、回填800平方米。投资233万元,开展防汛和重点环境整治建设工程,拆除西草市街、红庙街违章建筑,完成绿化美化工程,拆除东市场违章建筑完成新建围墙工程。改造永定门幼儿园门前花池,大都市街万商汇商城南侧绿化等工程。辖区有4片拆迁地区,即金鱼池二期西土地一级开发项目377户已拆332户,祈年大街西侧312户已拆299户,政府解危排险项目141户已拆137户,天坛东里北区1号至8号楼解危排险工程296户已拆123户。8月至11月,与区园林局联合开展花园式社区,花园式单位建设、评选、验收工作。绿化队在辖区内安装白蛾诱捕器39个,对16个社区和部分单位内法桐、臭椿、白蜡等重点树木进行除虫打药。修剪各种乔木300余棵、草坪8000余平方米。（孙怡）

【民生保障】 年内,受理居民廉租住房申请62户,备案通过55户;限价商品住房申请126户,备案通过126户;经济适用房申请48户,备案通过36户;公租房申请116户,备案通过107户;公租补贴48户,备案通过48户。配合市、区两级住保部门组织限价房、公租房、廉租房摇号、选房工作,有100余户家庭配租配售得到满意房源。为350户廉租房家庭审核发放补贴400万元。试点推行“幸福天坛　互助养老”品牌建设,建立70岁以上空巢老人台账,帮助高龄空巢老人与低龄老人结对子,实现不同年龄段老人抱团养老。城乡居民养老保险缴费405人,城镇居民医疗保险参保缴费4356人,安置残疾人实现就业20人,城镇登记失业人员981人就业,完成劳动用工规范一条街工作,17家单位全部达到规范一条街标准。全年新生儿入户登记505人,违反计划生育条例出生9例,计划生育率为98.20%。（孙怡）

【社会治安综合治理】 推进东里南社区纳百川亲情会群众工作法,开展积分兑现和我的亲人在社区结对子活动。开展夏季食品安全专项整治,查处无照游商51起。为金鱼池小区配备监控系统,安装探头95个、门禁106个。7月至8月,对辖区内78家餐饮单位开展安全联合大检查4次,其中关停14家无照经营餐饮店,对32家有问题单位提出限期整改和处罚,罚款5.55万元、拘留2人。联合各部门开展多次集中整治,拆除违法建设238处5079平方米,查处各类非法经营行为800余起、无照经营物品7000余件。全年接待来信来访260件次,重大群体信访事件保持零指标,正常访年度内全部化解。（孙怡）

【社区建设】 投资2000万元,购置800平方米群众文化活动中心,参与活动达1万人次。投资400万元,改善西园子、东晓市、东半壁街和永内东街西里4个社区办公条件。加强规范化建设,统一社区服务站标识,创建六型社区和智慧型社区。推进惠民创新工程。组织夏日文化广场演出16场,群众2000余人参加。（孙怡）

【党建工作】 以“党员在身边”为主题,启动党员志愿服务品牌创建活动,开展评比考核。以中国梦百姓宣讲为抓手,成立由86人组成的19支宣讲队,每周在社区内为群众进行巡讲、开展培训。开展“三个一”工程,即打造一个书记轮流讲课的微课堂,组织一次基层党建创新项目的联展,举办一场由专家授课提升素质的讲座。　（孙怡）

【经济建设】　年内,引进企业79家。与北京市房地产交易中心沟通合作,建立新印花税代征点。走访重点企业,帮助企业兑现税收奖励36万余元,建立集中办公区企业税收定期报告制度,推进办公区规范化管理。　（孙怡）

【中医药特色一条街】　1月11日召开研讨会。区卫生局、药监局相关负责人出席,天易中医门诊、北京晶珠中医院、齿康达口腔医院、首科中医门诊部、炎黄中医院、天坛社区卫生服务中心6家医疗单位、沿街6个社区负责人参加。6月,结合中医药特色一条街建设工作,开展中医药知识讲座活动,中国医学会医师、同仁医院专业药剂师担任主讲,居民100余人参加。7月10日,在元隆大厦广场举办天坛地区中医药特色一条街揭牌仪式。区卫生局、药监局、街道办事处及沿街5家医疗单位负责人出席。仪式上中医专家为社区居民100余人义诊,并进行中医药健康知识讲座。10月,创建永内大街社区健身气功站点,成立社区健身气功队伍3支,请国家级体育指导员向居民传授中医养生功法。10月30日,组织中医药一条街相关医疗单位代表,与16个社区居民代表40余人到北京中医药大学中医药博物馆参观。　（孙怡）

【幸福天坛互助养老】　3月,对辖区70岁以上空巢、独居老人,实施幸福天坛互助养老项目。具体内容为一加一爱心助老小组,由低龄老人向高龄老人提供慰问、关怀等服务,由社区配套提供临时救助、法律维权、生日欢庆等其他养老服务。生活服务大篷车,街道签约居家养老服务商,为步行15分钟范围内的70岁以上空巢老人和独居老人,提供所需生活服务上门供应。流动家庭医生计划,与辖区医疗单位签订医疗服务协议,定期派出专业人员,为70岁以上空巢老人和独居老人,提供保健服务。惠老政策门到门,为空巢老人和独居老人,提供老年证、优待卡、居家养老服务券、高龄津贴、药费报销等惠老优惠政策上门服务。　（孙怡）

【金鱼池社区节】　4月18日,举行金鱼池社区回迁纪念暨年度天坛地区群众文艺展演。活动以“勤劳节俭家园变福地,绿色环保仙境看天坛”为主题,体现节目自创性、演员草根性、演出自娱性。参演有机关干部、社区居民、单位职工、学校学生,年纪最大80余岁、最小4岁,节目是自编自创自演。演出结束后,举办放金鱼、看电影和宣传节能减排等系列活动。区领导朴学东、宋甘澍、王兆康等,舒乙先生、北京人民艺术剧院演员、老舍博物馆馆长,区各相关委办局主要负责人、地区工商联会员企业领导、人大代表、政协委员和地区居民1000余人参加。　（孙怡）

永定门外街道

【概况】　永定门外街道办事处是区政府派出机构。位于东城区西南部,东起蒲黄榆,南至木樨园及南三环路一线,西起北京南站,北至永定门城楼、跨南二环滨河路,面积3.33平方千米,有主要大街11条、胡同街巷208条、过境公交线30余条。设社区居委会20个,户籍人口3.02万户8.30万人,常住人口9.97万人。辖区有法人单位1510个,中、小学、幼儿园11所,有回、满、布依等少数民族3396人。办事处机构设置24个,有公务员编制110人,事业编制55人,工勤3人。

年内,推进社会管理服务创新和永外现代商贸区规划建设。加大党组织组建力度,推行社区大党委制。通过开展评比表彰活动,社区党组织与辖区党组织、机关党委与非公党组织、年青党员与老党员“三结对”活动,纪念建党92周年。在老旧小区综合整治工作中成立联合党支部,发挥党组织作用,宣传综合整治工程项目政策,引导群众理解、支持、参与改造项目,协调解决工程进展过程中出现的各类问题,坚持“1+4”工作法,确保惠民工程落到实处。社会保障事务所获人力资源和社会保障部颁发的全国人力资源和社会保障系统年度优质服务窗口单位称号。永外街道养老服务管理中心被评选为全国敬老文明号。

单位地址:东城区安乐林路85号

联系电话:67221207　邮政邮编:100075　（曹永芳）

【城市管理】　年内,完成地区1397户居民煤改电工作。改善辖区环境对老旧小区进行综合整治,杨家园小区、西革新里110号院实现综合提升。改造安乐林路牌匾,统一提升街区沿路景观。建设桃园地区文化休闲公园。在20个社区60户居民中开展美丽阳台创建工作,在松林街、松林南街进行美丽胡同建设,墙体粉饰1329平方米。整治二环路、铁路沿线及主要大街,其中铺装道路1.46万平方米、加装雨污水管线312米、新建排雨口38个、补植绿化2589平方米、增设花箱105个。开展城市清洁日活动10次,设宣传站20个次,发放宣传品3万余份,悬挂宣传横幅80余条,清理街巷600条次,清理卫生死角124处,清扫集贸市场32个次,清理堆物堆料3000余吨。居民5万余人次参加。　（曹永芳）

【民生保障】　年内,参加房源认租、认购,轮候家庭参与摇号784户,实际复核496户。家庭通过摇号中签258户,其中入住廉租房5户、入住公租房211户、入住限价房42户。为无业人员480人办理城乡居民养老保险参续保手续。在松林里社区进行社区110惠民服务试点工作。安置失业人员1502人,职业指导4409人次,为884人办理灵活就业及自主创业。接收退休人员档案777份,发放联系卡650余张,为104人办理退休手续。利用微博、飞信、微信等交流平台向育龄群众传递计生知识、活动信息和计生惠民政策。（曹永芳）

【社会治安综合治理】 实施综治多域联动式工作机制,为琉璃井等高发案地区平房院落加装防护门,控制可防性案件。建成永外街道公共安全教育基地(民防防灾减灾国防宣教中心),提升地区居民公共安全意识。印制《永外街道信访办制度汇编》,加强信访干部队伍建设,30岁以下或任职不满5年的干部,在信访办轮流挂职。年内,劳动监察巡查企业200余家,开展各类专项整治执法检查6次,开展普法宣传10余次,发放宣传材料2000份,提供咨询服务300人次,处理案件10起,处理群体性讨薪突发事件1起,为农民工12人追回工资16万元。巩固整治效果,消除管理盲区,在原有网格化社会服务管理体系基础上,深化管理,明确主要管片负责人,加强检查督导。（曹永芳）

【社区建设】 制定《弹性工作制实施方案》,确定6个条件成熟社区为试点社区,对部分社区办公场所进行装修改造、内部调整,缩小办公区域面积,为弹性时间开展居民活动创造条件。加快推进永外街道文化活动中心建设。采用“合、腾、退、并”方法,改建9个社区文化活动室,在有条件的社区建立二合一、三合一社区活动室,面积达到200平方米以上。开展评选十大健康达人活动和体育文化中心服务等活动。在松林里和安乐林社区开展智慧社区试点建设,制定《永外街道推进智慧社区建设实施方案》,基本实现联系群众无盲点、社会服务无遗漏、社会管理无缝隙。建设革新西里社区服务圈,举办“居家办年货　喜庆迎新春”年货大集,向老年人免费发放《居家养老服务指南》1万册。（曹永芳）

【党建工作】 年内开展干部能力素质培训教育实践活动,提高党员干部的学习能力和知识储备。开展“星期五微型党课”7场,辖区党员、群众850人次参加。制定《永外街道关于开展领导干部“行动学习走基层”的活动方案》,实现深入基层、改进作风创新推进行动常态化,党员干部入户走访居民2869人次,解决群众问题200件;《北京日报》2月22日第八版以“人人都有联系户”为题进行报道。落实党风廉政责任制,完善街道涉权、集体决策事项目录353项,权力运行流程图255张,岗位说明书152个,形成《机关科室和个人思想道德、岗位职责风险防控汇编》《权力结构及权力运行规范化标准化体系涉权事项和职权流程图汇编》及《干部职位说明书汇编》。党员干部142人签订廉政承诺书和会员卡“零持有”承诺。推行社区大党委制,丰富基层党组织活动,开展评比表彰、困难党员走访慰问、纪念建党92周年等活动,辖区党员、群众3000余人参加。在老旧小区综合整治工作中成立联合党支部,协调解决工程进展过程中出现的各类问题,确保惠民工程落到实处。（曹永芳）

【经济建设】 加大对百荣世贸、永外城、盛购等商城以有形市场业态存在的批零企业调整力度,引导其发展电子商务平台,助推产业升级。推进西革新里危改项目,拓展商贸发展空间。完成地下空间利用设计和城市设计专项规划编制工作。开展第三次全国经济普查,做好对地区3200家单位和8000家个体经营户经营发展状况分析,支持区域经济发展。

（曹永芳）

东城区街道工委及办事处负责人

东华门街道
- **工委书记**　袁燕生(7月免)
- 陈本宇(7月任)
- **办事处主任**　陈本宇(7月免)
- 赵宏松(回族,8月任)

景山街道
- **工委书记**　王　森
- **办事处主任**　冯建国

交道口街道
- **工委书记**　严　岩(女)
- **办事处主任**　关　波(满族)

安定门街道
- **工委书记**　石　勇
- **办事处主任**　刘俊彩(女)

北新桥街道
- **工委书记**　武建军
- **办事处主任**　张　伟

东四街道
- **工委书记**　赵凌云(女)
- **办事处主任**　王　磊(回族)

朝阳门街道
- **工委书记**　周　彤(3月免)
- 陈大鹏(3月任)
- **办事处主任**　陈志坚

建国门街道
- **工委书记**　高　琦(回族)
- **办事处主任**　李卫华

东直门街道
- **工委书记**　肖　刚
- **办事处主任**　吴志辉

和平里街道
- **工委书记**　王小英
- **办事处主任**　王品军(回族)

前门街道
- **工委书记**　隗冬燕(女)
- **办事处主任**　张　玮

崇文门外街道
- **工委书记**　白京涛
- **办事处主任**　马振星

东花市街道
- **工委书记**　李评修(女)
- **办事处主任**　曹永军

龙潭街道
- **工委书记**　杜　娟(女)
- **办事处主任**　郑青云

体育馆路街道
- **工委书记**　毕博闻(满族)
- **办事处主任**　朱　捷

天坛街道
- **工委书记**　郝　斌
- **办事处主任**　赵秋洁(女,满族)

永定门外街道
- **工委书记**　韩焕岭
- **办事处主任**　陈卫兵

人　物

全国(含系统)先进集体及先进个人

先进集体

全国五一劳动奖状获得者

北京宏源餐饮管理公司

全国工人先锋号获得者

北京市东城区朝阳门街道鸿安大厦工会服务站

华夏建设科学技术奖一等奖

北京市东城区城市管理监督中心

全国巾帼文明岗

北京市东城区环卫二中心环卫一所前门班

全国维护妇女儿童权益先进集体

北京市东城区司法局

全国群众体育先进单位

北京市东城区东四街道

北京市东城区第一体育运动学校

全国体育系统先进单位

北京市东城区体育局

全国检察宣传先进单位

北京市东城区检察院

全国统战工作实践创新成果奖

中共北京市东城区委统战部

全国人力资源和社会保障系统优质服务窗口单位

北京市东城区永定门外街道社会保障事务所

国土资源管理系统推进依法行政中期先进单位

北京市国土局东城分局

中国环境与健康宣传周年度突出贡献奖

北京市东城区文化委员会

全国全民健身活动中心

北京市东城区东四街道

全国安全社区

北京市东城区东直门街道

全国综合减灾示范社区

北京市东城区体育馆路街道法华南里社区

北京市东城区东花市街道忠实里社区

全国科普示范社区

北京市东城区东四街道南门仓社区

全国社区侨务工作明星社区

北京市东城区体育馆路街道东玉北街社区

北京市东城区体育馆路街道国家体育总局社区

全国社区戒毒社区康复示范单位

北京市东城区禁毒委员会

全国化解社会矛盾维护和谐稳定成绩突出律师事务所

北京市现代律师事务所

全国工会职工法律援助服务示范单位

北京市东城区北新桥街道总工会

会员评议职工之家示范单位

北京东方奥天资产经营有限公司工会

全国残联自强健身示范点

北京市东城区朝阳门街道朝内头条社区

敬老文明号

北京市东城区东直门街道

民进全国宣传思想工作先进集体

民进北京市东城区委

农工党全国社会服务先进集体

农工党北京市东城区委

致公党全国参政议政工作先进集体

致公党北京市东城区委

九三学社全国组织工作先进集体

九三学社北京市东城区委

台盟全国地市级参政议政工作先进集体

台盟北京市东城区委

全国“五好”县级工商联建设示范点

北京市东城区工商联

先进个人

第四届全国道德模范

孙茂芳

全国五一劳动奖章获得者

吴　甡　黄永强

全国优秀环卫工人

周富宾

全国优秀工会工作者

王　雪

全国法院优秀廉政监察员

岳秀玲

全国法院办案标兵

岳秀玲

全国群众体育先进个人

韩　斌

全国统战系统优秀公务员

汪毅夫

全国模范人民调解员

李　威

全国人民调解能手

彭　旭　连　艳

刘爱明　张　胜

全国化解社会矛盾维护和谐稳定成绩突出律师

王良斌　连　艳

第八届中华慈善奖

董配永

全国党史部门党史优秀成果奖论文类一等奖

王钦双

全国人防训练比武竞赛汇报演示先进个人

谢博煜　佟　萌

全国艾滋病防治工作先进个人

刘　峰

全国收费统计工作先进个人

金璟琳

致公党全国参政议政工作先进个人

杨金生

九三学社全国优秀组工干部

黄　涛

北京市（含系统）先进集体及先进个人

先进集体

北京市第十一届思想政治工作优秀单位

东城区法院

北京市工人先锋号获得者

北京鑫京热电器有限责任公司元件车间

北京市第六医院综合外科护理组

东城区环卫二中心环卫一所前门班

东城区看守所

东城区行政服务中心工商窗口

北京市工商行政管理局东城分局登记科

北京华信石油集团有限公司业务运营中心执行部

北京吴裕泰茶叶股份有限公司吴裕泰前门店

首都劳动奖状获得者

北京天龙天天洁再生资源回收利用有限公司

北京华江文化发展有限公司

东城区永定门外街道社会保障事务所

东城区龙潭公园管理处

北京市青年文明号集体

东城区城市管理综合行政执法监察局东直门执法队

首都民族团结进步先进集体

东城区永定门外街道

东城区和平里街道

北京市珐琅厂有限责任公司

北京市敬老爱老为老服务示范单位

东城区体育馆路街道民政科

东城区前门街道草厂西社区

东城区前门街道大江社区

东城区北新桥街道

东城区龙潭街道左安漪园社区

东城区崇文门外街道

北京奥士凯商贸公司金宝街店

首都文明社区

东城区东花市街道忠实里社区

首都文明示范街

东城区交道口街道南锣鼓巷

北京市学雷锋示范岗

东城区交道口街道文明办

首都第二届未成年人思想道德建设先进单位

东城区体育馆路街道

东城区和平里街道

东城区法院

北京市安全生产工作先进区县

东城区

北京市环境秩序整治先进单位

北京站地区管理处

北京市环境秩序整治突出贡献奖

东城区城市综合管理委员会

北京市未成年人保护工作先进集体

东城区法院未成年人案件审判庭

东城区检察院未成年人案件检察处

北京市人民满意的政法单位

东城区法院

北京市人民满意的政法单位争创奖

东城区检察院反贪污贿赂局

北京市政法系统信访工作先进集体

东城区法院信访办

北京市政法系统五好党支部

东城区法院法警大队党支部

北京市公安局优秀党支部

东城区东花市派出所党支部

东城区交道口派出所党支部

东城区天坛派出所党支部

东城区崇文门派出所党支部

北京市公安局先进党支部

天安门地区公安分局机动大队党支部

北京市公安局“两会安保”先进党支部

首都大酒店代表驻地指挥部临时党支部

北京市模范法院

东城区法院

北京市先进法院

东城区法院

北京市法院先进集体

东城区法院民事审判第一庭

东城区法院执行局

北京市检察院五好党支部

东城区检察院侦查监督处党支部

北京市社区矫正工作先进集体

东城区东华门街道司法所

东城区永定门外街道司法所
东城区天坛街道司法所
东城区东四街道司法所

北京市民主法治示范社区

东城区朝阳门街道竹杆社区

北京市法律援助先进集体

北京市冠腾律师事务所
东城区法律援助中心
东城区法律援助中心残联工作站

北京市先进社区居委会

东城区东花市街道北里东区社区
东城区朝阳门街道史家社区
东城区龙潭街道板厂南里社区
东城区和平里街道地坛社区
东城区和平里街道兴化社区
东城区建国门街道苏州社区
东城区建国门街道西总布社区

北京市志愿者先进集体

东城区和平里街道地坛医疗志愿者服务队
东城区和平里街道人定湖银发互助组
东城区和平里街道七区法苑民家

首都见义勇为权益保护工作先进单位

东城区体育馆路街道民政科
东城区东四街道

北京市综合减灾示范社区

东城区体育馆路街道长青园社区

北京市智慧社区

东城区东花市街道枣苑社区

首都志愿服务组织之星

社区志愿者协会朝阳门街道分会

北京市五四红旗团委

东城区卫生局团委
东城区财政局机关团委
北京民教信息科学研究院团支部
北京便宜坊烤鸭集团有限公司便宜坊鲜鱼口店团支部

北京市优秀职工之家

东城区东华门街道工会服务站

首都全民义务植树先进单位

北京市规划委员会东城分局
东城区前门街道绿化委员会办公室
东城区教育委员会
东城区财政局

首都绿化美化先进单位

东城区园林绿化管理中心
东城区交道口街道办事处
东城区朝阳门街道办事处
东城区崇文门外街道办事处

首都绿化美化花园式单位

北京金霖酒店管理有限公司
港澳中心有限公司
银河 soho(北京锦融物业管理有限公司朝阳门第二分公司)
北京桂公府餐饮有限公司
北京市政协机关服务中心

首都绿化美化花园式街道

东城区朝阳门街道办事处

首都绿化美化花园式社区

东城区东花市街道广渠门北里社区
东城区龙潭街道华城社区
东城区天坛街道金鱼池中区社区
东城区朝阳门街道史家社区
东城区崇文门外街道国瑞城东区社区
东城区和平里街道总政社区

北京市区县机关档案工作测评市级优秀单位

东城区东花市街道
东城区朝阳门街道
东城区龙潭街道
东城区体育局
东城区国家税务局
东城区危旧房改造办公室
北京站地区管理处
东城区房地经营管理一中心
东城区房地经营管理二中心
东城区政府国资委
东城区审计局
东城区行政服务中心
北京市规划委员会东城分局
东城区残联

北京市全民健身工作先进单位

东城区东四街道

北京市残疾人体育健身示范点

东城区体育馆路街道法华南里社区

北京市输送金牌项目后备人才突出贡献奖

东城区体育局

北京市无偿献血先进单位

东城区朝阳门街道
东城区卫生局
北京站地区管理处
东城区房地经营管理一中心
东城区建国门街道

为北京市无偿献血工作做出突出贡献

北京市王府井地区建设管理办公室

北京市优秀社会保障事务所

东城区建国门街道

北京市充分就业街道

东城区建国门街道

北京市构建和谐劳动关系先进单位

东城区崇文门外街道
北京红桥市场有限责任公司

北京市劳动用工规范一条街工程工作先进单位

东城区和平里街道
东城区东直门街道
东城区体育馆路街道

北京市药物滥用监测工作先进集体

东城区精神卫生保健院

北京市药品安全示范街道

东城区景山街道
东城区崇文门外街道

北京市卫生统计工作先进单位

东城区卫生局

北京市卫生监督绩效考核优秀单位

东城区卫生局卫生监督所

首都环境建设先进社区

东城区东花市街道北里西区社区

北京市节水社区

东城区东花市街道忠实里社区

北京市优秀科普社区

东城区龙潭街道左安浦园社区

北京市生活垃圾分类街道(社会单位)贡献奖

东城区体育馆路街道体育总局社区
东城区崇文门外街道
东城区和平里街道

东城区教育委员会
东城区财政局
北京市小黄帽路队制活动先进区县
东城区教育委员会
北京市交通工作先进集体
东城区市政工程管理一所
东城区市政工程管理二所
北京市交通安全先进单位
东城区检察院行政装备处
北京市住房和城乡建设系统先进单位
东城区房管局租赁管理科
东城区房管局房屋登记事务中心
北京市优秀基层图书馆
北京市东城区朝阳门街道图书馆
北京市安全生产月活动最佳实践活动奖
东城区北新桥街道
东城区龙潭街道
北京市公务员全优报表单位
中共东城区委组织部
北京市公务员优秀统计分析单位
中共东城区委组织部
北京市统战理论研究与调查研究优秀组织单位
中共东城区委统战部
北京市统战系统信息工作优秀单位一等奖
中共东城区委统战部
北京市审计机关信息工作先进单位
东城区审计局
北京市千场优秀出版物展节活动先进集体
东城区文化委员会
北京市住房保障工作先进单位
东城区财政局
东城区住房和城市建设委员会
我最喜爱的北京旅游美食特色街区
东城区北新桥街道簋街
北京市示范社区青年汇
东城区朝阳门街道胡同文化馆
北京市绩效考核优秀残疾人职业康复劳动站
东城区东花市街道残联
北京市残联系统优秀信息直报点
东城区永定门外街道残联
民进北京市会员发展工作先进组织
民进东城区委
致公党北京市优秀支部
致公党东城区委第九支部
九三学社北京市社会服务工作先进集体
九三学社东城科技园区支社
九三学社北京同仁医院支社

先进个人

北京市第十一批有突出贡献的科学、技术、管理人才
王长田
北京市第九批海外高层次人才
吴　倩
北京市第十一届优秀思想政治工作者
谷红波　王京媛　高　虹
首都劳动奖章获得者
王建宁　赵文献　卢艳丽
李英才　杜　山　梁丽琪
陈柏森　赵志刚　邢东伶
王　健　杨春林　李世伟
刘大占　杜　军　张　波
张　波　翟明翯　谢　瀛
刘少峰　陈耿森　薛连贵
李金蕾
北京市三八红旗奖章获得者
金　薇
北京青年五四奖章获得者
童之磊
首都民族团结进步先进个人
李桂香　赵志高
首都绿化美化先进个人
徐　莎　江　山　李世界
国　岩　耿丽萍　程桂芳
于　磊　韩文丽　佟仲钧
宁　洁　许双乐　高　伟
崔　珏　庞　宇　刘可昌
丁启兰　高志鹏　曹振钢
李　阳　谢　涛　周洪彦
冯　伟
北京市抗击“7.21”特大自然灾害先进个人
杨建宗
北京市敬老爱老为老孝星
张文凤
第二届首都未成年人思想道德建设工作先进工作者
杨　柳
身边雷锋——最美北京人标兵
齐文真
首都和谐家庭
张爱玲　武文斌
北京市未成年人保护工作先进个人
佟永英
北京市公安局优秀共产党员
王爱彬　昝立顺　何　飞
张　燕　叶　明　富　强
北京市公安局优秀党支部书记
吴克胜
北京市法院模范法官
王广存　岳秀玲　赵祥均
北京市法院先进法官
朱锡平　李玉斌　刘　艳
徐　岩　樊　雪　郭海宁
北京市法院先进工作者
刘西谓
北京市统战系统优秀信息员
马　可
北京市统战系统信息工作优秀领导者
王彦高
北京市民主党派优秀人物
杨春林
北京市先进社区居委会主任
李广华　李淑红　王学军
洪　印　张明花　高晓霞
北京市志愿者先进个人
马　晨　张　颖　王俊荣
北京市孝星
刘春香　王　锐
北京市无偿献血先进个人
王　薇　吴礼久　李　锐
魏进华　张　波　秦　军

北京市语言文字工作先进个人

高春侠

北京市红领巾读书活动优秀辅导员

程佳蕾　张雅楠　朱彦博

田　川

北京市社区矫正工作先进个人

肖思宁　张　竹

北京市社区矫正工作标兵

田红立

北京市法律援助模范个人

贾　脉

北京市口腔公共卫生服务项目先进个人

王　芳　刘先霞

北京市疾控工作先进个人

刘清华

北京市百家幸福家庭

张俊显

首都环境建设先进个人

王秀云　许　晶　宋婉鑫

郝　波

首都社会管理综合治理先进工作者

王文英　王晓军　江　山

北京市交通工作先进个人

佟种钧　董晓君　王铁牛

张　帆

北京市交通安全优秀管理干部

邱培康　朱　燕

北京市千场优秀出版物展节活动先进个人

郭　霞

北京市非遗保护贡献奖

魏瑞峰

北京市生活垃圾分类个人贡献奖

王　琳　安会刚　卢占芳

张鹤龄　孙治中　宋婉鑫

苏莹菲　王思思　王莉华

马长昆　李　佳

北京市国土资源系统优秀共产党员

林　毅　刘翠华　沙玉兰

张志斌　蒋明宇　张同心

朱希昆

北京市国土资源系统优秀党务工作者

闫德林

北京市工商行政管理系统优秀科长

谭小兵

北京市节能减排先进个人

张立新

北京市审计系统优秀信息员

马杰明

北京市住房和城乡建设系统先进个人

赵维巍　韩云升　董国瑾

北京市城市环境秩序整治先进个人

朱生平　赵晨阳

北京市环境秩序整治突出贡献奖

林　放　张新民

北京市理论宣讲示范基地先进工作者

上官玥

北京市价格监测工作先进个人

孟　彤

北京市优秀工会工作者

乔梦瑶

北京市工资集体协商先进个人

宫汝津

北京市优秀团干部

文　晶　蒋大伟

北京市优秀团员

赵阔森

北京市社区科普益民计划优秀宣传员

师　娜

北京市科协系统优秀信息员

李海曼

北京市优秀残疾人文化工作者

王子萦

九三学社北京市社会服务工作先进个人

戴维智　周再丽　严　俊

郭凤书　任　蕾　顾志苓

许　莉　肖丽媛　谭　超

李　静　徐习文　王　齐

常素琴　海国林　孙　森

台盟北京市区级组织建设贡献奖

林文漪　杨毅周　潘新洋

郭　理　蔡　勉　肖　燚

周旭辉　王　涛　孟　凡

谢正观　蔡晓美

台盟北京市参政议政工作先进个人

王　涛　高　伟

逝世人物

王树卿　原故宫博物院副院长，男，汉族，1938年7月出生，山东省登州人，生于吉林通化，因病于2013年2月26日去世。1964年8月吉林大学历史系毕业，当年8月参加工作。历任国务院国家房产管理局干部，故宫博物院明清档案部、研究室干部，院办公室负责人，故宫博物院副院长等职。

统 计 资 料

表1－1 东城区国民经济主要指标

指 标	单 位	2013年	2012年	增长速度%
从业人员情况				
从业人员平均人数	人	623307	613689	1.6
从业人员期末人数	人	631899	614751	2.8
在岗职工平均工资	元	113296	103657	9.3
消费品市场情况				
社会消费品零售额	万元	8391646	7946396	5.6
商品交易市场总数	个	35	38	-7.9
综合市场	个	22	22	
专业市场	个	13	16	-18.8
商品交易市场成交额	万元	525755	490558	7.2
综合市场	万元	68304	24716	176.4
专业市场	万元	457451	465842	-1.8
固定资产投资				
全社会固定资产投资总额	万元	1951044	1825458	6.9
城镇固定资产投资	万元	1189519	1198901	-0.8
房地产开发	万元	761525	626557	21.5
居民生活				
人均可支配收入	元	41676	38559	8.1
人均消费性支出	元	26994	25887	4.3
恩格尔系数	%	33.6	34.3	-0.7个百分点
能源消费				
能源消费总量	万吨标煤	289.2	281.6	2.7
不变价万元GDP能耗下降率	%	3.6	3.3	——
人口情况				
常住人口	万人	90.9	90.8	0.1
企业经营情况				
企业营业收入	万元	169830817	145835584	16.5
中央单位	万元	115375225	97587061	18.2
市属单位	万元	13077986	6693554	95.4
区属单位	万元	5844364	2388628	144.7
企业利润总额	万元	76925608	54988642	39.9
中央单位	万元	72887791	50514415	44.3
市属单位	万元	1189479	515980	130.5
区属单位	万元	59268	-106610	-155.6
企业应缴税金总额	万元	4971037	4669131	6.5
中央单位	万元	2485993	1965662	26.5
市属单位	万元	618300	537914	14.9
区属单位	万元	68443	52460	30.5

注:2013年能源数据为北京市统计局、国家统计局北京调查总队反馈四季度快报数据。2012年能源为北京市统计局、国家统计局北京调查总队反馈的最终数据。

表1-2 东城区国民经济主要指标

指标	单位	2013年	2012年	增长速度%
工业				
规模以上工业总产值(现价)	万元	1235472	1095985	12.7
主营业务收入	万元	1439325	1262511	14.0
利润总额	万元	127171	136845	-7.1
应缴税金	万元	93466	79700	17.3
#应交增值税	万元	52125	49690	4.9
主营业务税金及附加	万元	11226	8171	37.4
应交所得税	万元	30115	21839	37.9
建筑业				
具有资质的建筑业企业总产值	万元	5031093	4458638	12.8
主营业务收入	万元	7036617	6007709	17.1
利润总额	万元	198866	197573	0.7
应缴税金	万元	227012	236010	-3.8
#应交增值税	万元	-3214	5151	——
主营业务税金及附加	万元	165552	149778	10.5
应交所得税	万元	64674	34723	86.3
信息传输、计算机服务和软件业				
主营业务收入	万元	4150813	3588980	15.7
利润总额	万元	708979	718057	-1.3
应缴税金	万元	288833	294083	-1.8
#应交增值税	万元	3558	14837	-76.0
主营业务税金及附加	万元	105628	101042	4.5
应交所得税	万元	179647	178205	0.8
批发和零售业				
主营业务收入	万元	51887989	55048805	-5.7
利润总额	万元	1716562	1082636	58.6
应缴税金	万元	721731	790017	-8.6
#应交增值税	万元	402995	466435	-13.6
主营业务税金及附加	万元	94660	90919	4.1
应交所得税	万元	224076	232663	-3.7
住宿和餐饮业				
主营业务收入	万元	2217423	2248443	-1.4
利润总额	万元	26243	85366	-69.3
应缴税金	万元	153916	164567	-6.5
#应交增值税	万元	4168	1738	139.8
主营业务税金及附加	万元	119208	124486	-4.2
应交所得税	万元	30540	38343	-20.3
金融业				
主营业务收入	万元	993368	——	——
利润总额	万元	67859684	47511133	42.8
应缴税金	万元	2895554	1734495	66.9
#主营业务税金及附加	万元	530644	310749	70.8
应交所得税	万元	2364910	1423460	66.1

表1－3 东城区国民经济主要指标

指　　标	单　位	2013年	2012年	增长速度%
房地产业				
主营业务收入	万元	3762388	3949324	－4.7
利润总额	万元	928923	960556	－3.3
应缴税金	万元	521381	816443	－36.1
#应交增值税	万元	913	294	210.4
主营业务税金及附加	万元	306314	567887	－46.1
应交所得税	万元	214154	248261	－13.7
租赁和商务服务业				
主营业务收入	万元	8319335	9562551	－13.0
利润总额	万元	4916799	3751321	31.1
应缴税金	万元	351754	326287	7.8
#应交增值税	万元	104049	55765	86.6
主营业务税金及附加	万元	84378	136173	－38.0
应交所得税	万元	163327	134348	21.6

表2 地区生产总值汇总表

指　　标	单　位	2013年	2012年	增长速度%
地区生产总值	亿元	1571.1	1450.1	8.3
第二产业	亿元	65.6	61.6	6.5
工　业	亿元	34.0	31.2	9.1
建筑业	亿元	31.6	30.4	3.8
第三产业	亿元	1505.4	1388.5	8.4
交通运输、仓储和邮政业	亿元	33.8	31.6	7.1
信息传输、计算机服务和软件业	亿元	168.3	159.7	5.4
批发和零售贸易业	亿元	205.0	212.7	－3.6
住宿和餐饮业	亿元	54.2	54.3	－0.3
金融业	亿元	341.6	279.8	22.1
房地产业	亿元	86.5	78.6	10.1
租赁和商务服务业	亿元	185.0	175.1	5.6
科学研究、技术服务和地质勘察业	亿元	154.6	140.3	10.3
水利、环境和公共设施管理业	亿元	6.0	5.4	10.4
居民服务和其他服务业	亿元	8.8	8.1	8.5
教　育	亿元	37.1	33.4	11.0
卫生、社会保障和社会福利业	亿元	59.3	53.3	11.3
文化、体育和娱乐业	亿元	63.4	57.4	10.6
公共管理和社会组织	亿元	101.8	98.8	3.0
优势产业增加值				
文化创意产业	亿元	202.6	175.3	15.6
商业服务业	亿元	259.1	267.0	－3.0
支柱产业增加值				
金融业	亿元	341.6	279.8	22.1
商务服务业	亿元	180.9	172.1	5.1
信息服务业	亿元	208.1	187.0	11.3
旅游业	亿元	44.4	34.9	27.1
现代服务业增加值	亿元	1093.3	975.6	12.1
生产性服务业增加值	亿元	1037.8	946.9	9.6

注:2013年地区生产总值为市局、总队反馈初步核算数据,最终数据以普查公报为准,增速为现价增速。2012年地区生产总值为市局、总队反馈的初步核实数据。

表 3 全社会固定资产投资额 单位:万元

项　　目	2013 年	2012 年
总　　计	1951044	1825458
按隶属关系分		
中　央	156041	177193
市　属	401951	359344
区　属	1393052	1288921
按建设种类分		
城镇固定资产投资	1189519	1198901
房地产开发 761525	626557	
按登记注册类型分		
国有经济	818313	584787
外商及港澳台投资经济	216715	198491
其他经济	916016	1042180

注:固定资产投资统计口径为“项目建设地”原则。

表 4 规模以上工业企业生产情况

项　　目	工业总产值(当年价格)(万元)	工业销售产值(当年价格)(万元)
总　　计	1235472	1226425
按登记注册类型分		
内资企业	811421	808470
国有企业	5340	5211
集体企业	6384	6199
有限责任公司	452963	447550
股份有限公司	255758	259403
国有独资公司	70219	70219
私营企业	20758	19889
港、澳、台商投资企业	70712	68256
与港澳台商合资经营	70712	68256
外商投资企业	353339	349699
中外合资经营	262548	259130
外资(独资)企业	90792	90569
按行业类别分		
石油和天然气开采业	53334	52323
农副食品加工业	17072	16988
食品制造业	2690	2690
酒、饮料和精制茶制造业	7009	6322
纺织业	1235	1288
纺织服装、服饰业	33956	33578
皮革、毛皮、羽毛及其制品和制鞋业	2250	2344
家具制造业	52249	54307
文教、工美、体育和娱乐用品制造业	300083	297769
医药制造业	208044	209626
金属制品业	79395	79209
通用设备制造业	2970	2285
专用设备制造业	24917	24586
汽车制造业	5228	5090
计算机、通信和其他电子设备制造业	149772	149281
仪器仪表制造业	283722	277523
其他制造业	5266	4934
电力、热力生产和供应业	6281	6281

表5 具有资质等级的建筑业企业生产情况

项　　目	建筑业总产值(万元)	#装修装饰产值(万元)
总　　计	5031093	715940
按登记注册类型分		
内资	4808703	557069
国有	85338	1820
集体	19467	391
股份合作	1169	974
有限责任公司	4483781	385022
国有独资公司	870933	146660
其他有限责任公司	3612848	238362
股份有限公司	* * *	* * *
私营企业	115822	65736
私营有限责任公司	115626	65736
私营股份有限公司	196	0
港澳台商投资	170979	118761
与港澳台商合资经营	21447	21447
港澳台商独资	149531	97314
外商投资	51410	40111
中外合资经营	35781	35781
外资企业	15629	4329
按隶属关系分		
中央	3383188	148333
市	795282	174638
区(县)	31459	8819
其他	821164	384150
按行业类别分		
房屋建筑业	1698513	328099
土木工程建筑业	2352297	16097
建筑安装业	595557	2551
建筑装饰和其他建筑业	384726	369194

表6 旅游业综合情况

项　　目	单位数(个)		接待总人数(万人)		营业收入(万元)		从业人员(人)	
	2013年	增长速度%	2013年	增长速度%	2013年	增长速度%	2013年	增长速度%
合　计	837	2.8	7687	2.7	6242683	7.2	46749	-8.9
住宿业	580	-0.5	719	-0.1	866167	4.3	28146	-15.0
旅游区点	36	0.0	6852	3.3	282035	6.1	10157	5.2
旅行社	221	13.3	116	-12.9	1914982	10.4	8446	-1.4
旅游餐饮					605302	6.7		
旅游商业					2215062	6.6		
旅游交通					359134	3.8		

表7 社会消费品零售额

单位:万元

项　　目	2013年
总　　计	8391646
限额以上单位零售额	7856095
餐饮业	543843
批发业	2108644
零售业	5011191
住宿业	192417
限额以下单位及个体零售额	284741
商品交易市场零售额	250810

表 8　限额以上批发零售企业商品分类销售情况

单位:万元

项　　目	商品销售总额
总　　计	66085119
粮油、食品、饮料、烟酒类	6591067
粮油、食品类	5108017
#粮油类	3560646
肉禽蛋类类值合计	60261
水产品类	29120
蔬菜类	13590
干鲜果品类	56263
饮料类	144140
烟酒类	1338910
#酒类	1068495
服装、鞋帽、针纺织品类	1689526
服装类	1064177
鞋帽类	307567
针纺织品类	317782
化妆品类	300474
金银珠宝类	3066968
#黄金及饰品、铂金饰品类	719845
日用品类	1107737
#洗涤用品类类值合计	222213
儿童玩具类	46664
五金、电料类	67603
体育、娱乐用品类	2183870
书报杂志类	607548
电子出版物及音像制品类	23957
家用电器和音像器材类	651496
中西药品类	5011354
#西药类	3839081
中草药及中成药类	653936
文化办公用品类	1599097
家具类	52174
通讯器材类	5974854
煤炭及制品类	8340071
木材及制品类	260285
石油及制品类	7270603
化工材料及制品类	8671947
#化肥类	1784019
金属材料类	4091614
建筑及装潢材料类	42724
机电产品及设备类	3716175
#农机类	
汽车类	781960
#汽车配件类	156673
种子饲料类	311164
棉麻类	825151
其他类	2845701

表 9 城镇居民家庭年人均现金收入 单位:元

项目	2013 年	2012 年
一、期初手存现金	——	848.57
二、可支配收入	41675.83	38559.42
三、家庭总收入	47023.79	43293.23
(一)工资性收入	28508.66	27552.00
1、工资及补贴收入	26935.20	27183.81
2、其他劳动收入	1573.47	368.19
(二)经营净收入	1372.79	1038.49
(三)财产性收入	1368.25	827.04
(四)转移性收入	15774.09	13875.70
#养老金或离退休金	14934.75	13356.69
赡养收入	55.48	47.58
捐赠收入	159.86	140.14
四、出售财物收入	1.60	6.86
五、借贷收入	16697.32	27831.54
#提取储蓄存款	16620.51	27769.11

表 10 城镇居民家庭每百户主要耐用消费品拥有量

项目	单位	2013 年	2012 年
摩托车	辆	2.53	2.64
助力车	辆	9.56	15.20
家用汽车	辆	36.24	29.96
洗衣机	台	95.76	103.74
电冰箱	台	100.33	105.07
彩色电视机	台	131.77	151.32
计算机	台	114.40	123.13
组合音响	套	9.57	26.21
摄像机	架	29.48	30.40
照相机	架	91.28	105.07
钢琴	架	0.00	5.07
其他中高档乐器	件	6.53	6.61
微波炉	台	87.64	92.29
空调器	台	147.92	180.84
淋浴热水器	台	86.41	92.95
消毒碗柜	台	8.67	8.59
健身器材	套	7.44	6.17
固定电话	部	89.43	96.26
移动电话	部	204.11	235.24

表 11－1　常住人口百岁表

年龄	总人数	男	女	年龄	总人数	男	女
合计	628492	309593	318899	50 岁	16892	8489	8403
0 岁	4837	2495	2342	51 岁	14269	7227	7042
1 岁	6309	3188	3121	52 岁	10227	5149	5078
2 岁	5334	2773	2561	53 岁	12109	6115	5994
3 岁	4441	2345	2096	54 岁	11521	5838	5683
4 岁	4944	2516	2428	55 岁	13015	6441	6574
5 岁	4606	2339	2267	56 岁	14236	7011	7225
6 岁	4659	2386	2273	57 岁	12593	6222	6371
7 岁	3485	1820	1665	58 岁	12358	5995	6363
8 岁	3090	1586	1504	59 岁	12660	6130	6530
9 岁	3497	1804	1693	60 岁	11226	5475	5751
10 岁	1888	963	925	61 岁	10352	5105	5247
11 岁	3390	1737	1653	62 岁	9556	4682	4874
12 岁	2965	1472	1493	63 岁	8386	4245	4141
13 岁	3549	1865	1684	64 岁	7248	3643	3605
14 岁	3327	1706	1621	65 岁	5915	2988	2927
15 岁	3111	1594	1517	66 岁	5665	2843	2822
16 岁	3708	1948	1760	67 岁	5228	2584	2644
17 岁	3484	1733	1751	68 岁	4543	2202	2341
18 岁	3681	1839	1842	69 岁	3884	1932	1952
19 岁	3927	2007	1920	70 岁	3626	1768	1858
20 岁	4108	2026	2082	71 岁	4005	1925	2080
21 岁	5016	2482	2534	72 岁	4030	1855	2175
22 岁	4049	2024	2025	73 岁	4283	1931	2352
23 岁	6962	3455	3507	74 岁	4439	1867	2572
24 岁	7963	3988	3975	75 岁	4619	1941	2678
25 岁	9530	4784	4746	76 岁	4916	2106	2810
26 岁	10834	5242	5592	77 岁	4795	2111	2684
27 岁	10408	5090	5318	78 岁	4867	2084	2783
28 岁	10763	5321	5442	79 岁	4615	2079	2536
29 岁	11497	5713	5784	80 岁	4444	2045	2399
30 岁	13057	6517	6540	81 岁	4012	1878	2134
31 岁	14384	7132	7252	82 岁	3525	1654	1871
32 岁	12295	6150	6145	83 岁	3451	1592	1859
33 岁	10783	5400	5383	84 岁	3199	1435	1764
34 岁	9569	4851	4718	85 岁	2860	1343	1517
35 岁	9705	4827	4878	86 岁	2285	992	1293
36 岁	7748	3856	3892	87 岁	2083	963	1120
37 岁	7066	3546	3520	88 岁	1829	825	1004
38 岁	6882	3372	3510	89 岁	1614	733	881
39 岁	7155	3592	3563	90 岁	1384	615	769
40 岁	8497	4227	4270	91 岁	1143	509	634
41 岁	8839	4399	4440	92 岁	971	449	522
42 岁	8704	4367	4337	93 岁	793	370	423
43 岁	9048	4530	4518	94 岁	590	251	339
44 岁	9227	4531	4696	95 岁	544	245	299
45 岁	10366	5019	5347	96 岁	440	200	240
46 岁	6808	3227	3581	97 岁	304	134	170
47 岁	6997	3464	3533	98 岁	263	109	154
48 岁	7959	4000	3959	99 岁	221	99	122
49 岁	11250	5623	5627	100 岁以上	758	298	460

备注：表 11－1 系原东城区

表 11－2

常住人口百岁表

年龄	总人数	男	女	年龄	总人数	男	女
合计	345472	172008	173464	50 岁	10882	5576	5306
0 岁	2904	1505	1399	51 岁	8511	4503	4008
1 岁	3832	1989	1843	52 岁	6234	3180	3054
2 岁	3014	1577	1437	53 岁	7855	4018	3837
3 岁	2371	1199	1172	54 岁	7779	4001	3778
4 岁	2580	1355	1225	55 岁	8058	4173	3885
5 岁	2454	1253	1201	56 岁	8773	4332	4441
6 岁	2442	1251	1191	57 岁	7831	3955	3876
7 岁	1608	854	754	58 岁	7450	3767	3683
8 岁	1453	721	732	59 岁	7300	3602	3698
9 岁	1558	796	762	60 岁	6909	3453	3456
10 岁	779	396	383	61 岁	6356	3069	3287
11 岁	1452	744	708	62 岁	5855	2954	2901
12 岁	1276	687	589	63 岁	5148	2658	2490
13 岁	1562	772	790	64 岁	4229	2222	2007
14 岁	1487	774	713	65 岁	3209	1693	1516
15 岁	1390	695	695	66 岁	2948	1560	1388
16 岁	1728	888	840	67 岁	2802	1436	1366
17 岁	1706	839	867	68 岁	2531	1251	1280
18 岁	1876	965	911	69 岁	2066	1055	1011
19 岁	2071	1040	1031	70 岁	1901	942	959
20 岁	2157	1060	1097	71 岁	2087	952	1135
21 岁	2643	1336	1307	72 岁	2131	1000	1131
22 岁	2031	1025	1006	73 岁	2246	984	1262
23 岁	3627	1815	1812	74 岁	2448	954	1494
24 岁	4057	2084	1973	75 岁	2682	1003	1679
25 岁	4847	2477	2370	76 岁	2924	1201	1723
26 岁	5133	2584	2549	77 岁	2995	1309	1686
27 岁	4683	2333	2350	78 岁	3219	1404	1815
28 岁	5028	2477	2551	79 岁	3046	1390	1656
29 岁	5696	2806	2890	80 岁	2990	1379	1611
30 岁	6498	3282	3216	81 岁	2611	1163	1448
31 岁	7648	3723	3925	82 岁	2117	1021	1096
32 岁	6427	3173	3254	83 岁	2274	1012	1262
33 岁	5864	2895	2969	84 岁	1995	944	1051
34 岁	4710	2341	2369	85 岁	1820	853	967
35 岁	4641	2322	2319	86 岁	1520	718	802
36 岁	3854	1921	1933	87 岁	1330	652	678
37 岁	3311	1710	1601	88 岁	1199	591	608
38 岁	3103	1556	1547	89 岁	992	478	514
39 岁	3162	1597	1565	90 岁	912	463	449
40 岁	3842	1933	1909	91 岁	734	334	400
41 岁	4069	2090	1979	92 岁	532	230	302
42 岁	3989	1996	1993	93 岁	464	205	259
43 岁	4171	2118	2053	94 岁	381	194	187
44 岁	4611	2230	2381	95 岁	305	138	167
45 岁	5197	2576	2621	96 岁	269	134	135
46 岁	3530	1756	1774	97 岁	227	109	118
47 岁	3909	1969	1940	98 岁	173	91	82
48 岁	4951	2500	2451	99 岁	154	76	78
49 岁	6696	3456	3240	100 岁以上	440	185	255

备注：表 11－2 系原崇文区

表 12－1 常住人口变动情况统计表

项目			上月末实有	增加							
				计	市外迁入	出生	市内移动			本管界转化	其他
							区	县	本区、县他所		
非农业	户数		217383	3410	231	33	2215	24	566		341
	人数	计	625933	25862	5148	5958	12060	93	2575		28
		男	308602	12496	2373	3020	5805	36	1248		14
		女	317331	13366	2775	2938	6255	57	1327		14
农业	户数		0								
	人数	计	0								
		男	0								
		女	0								

项目			减少								本月增减比较	本月末实有
			计	迁往市外	死亡	市内移动			本管界转化	其他		
						区	县	本区、县他所				
非农业	户数		3285	27	323	2310	5	388		232	125	217508
	人数	计	23303	727	2413	17513	64	2571		15	2559	628492
		男	11505	348	1247	8619	39	1245		7	991	309593
		女	11798	379	1166	8894	25	1326		8	1568	318899
农业	户数										0	0
	人数	计									0	0
		男									0	0
		女									0	0

备注:表 12－1 系原东城区

表 12－2　　　　常住人口变动情况统计表

项目			上月末实有	增加							
				计	市外迁入	出生	市内移动			本管界转化	其他
							区	县	本区、县他所		
非农业	户数		127172	2903	74	5	2266	16	307		235
	人数	计	341835	12440	1169	3465	6832	56	908		10
		男	170231	6062	529	1797	3270	18	440		8
		女	171604	6378	640	1668	3562	38	468		2
农业	户数		11								
	人数	计	20								
		男	10								
		女	10								

项目			减少								本月增减比较	本月末实有
			计	迁往市外	死亡	市内移动			本管界转化	其他		
						区	县	本区、县他所				
非农业	户数		2045	16	205	1494	6	195		129	858	128030
	人数	计	8823	137	1470	6270	29	907		10	3617	345452
		男	4295	87	730	3022	13	439		4	1767	171998
		女	4528	50	740	3248	16	468		6	1850	173454
农业	户数										0	11
	人数	计									0	20
		男									0	10
		女									0	10

备注:表 12－2 系原崇文区

表 13-1　　非农业人口迁移状况统计表

项目			合计	迁移原因：工作调动	录用及招工	投靠亲属	录取学生	毕业分配工作
市外迁入和迁往市外	迁入	计	5148	1061		1352	726	1397
		由城镇	4953	1061		1206	711	1397
		由乡村	162			146	15	
		由港、澳、台、国外	33					
	迁出	计	727	54	9	101	3	354
		往城镇	598	54	9	68	3	354
		往乡村	1					
		往港、澳、台、国外	127			33		
本市县迁入区和区迁往县	迁入	计	93	10		50		
		由城镇	90	10		47		
		由乡村	3			3		
	迁出	计	64	1		35		1
		往城镇	64	1		35		1
		往乡村						
本市农业人口转为非农业人口		本派出所内转化						
		外管界迁入后转化	8			6		

项目			迁移原因：复员转业或服现役	出国定居及返回	刑满释放解除劳教	投资购房	落户小城镇	征用土地	其他
市外迁入和迁往市外	迁入	计	384	121	6	4			97
		由城镇	384	88	6	4			96
		由乡村							1
		由港、澳、台、国外		33					
	迁出	计	78	94					34
		往城镇	78						33
		往乡村							1
		往港、澳、台、国外		94					
本市县迁入区和区迁往县	迁入	计			1	27			5
		由城镇			1	27			5
		由乡村							
	迁出	计				17			10
		往城镇				17			10
		往乡村							
本市农业人口转为非农业人口		本派出所内转化							
		外管界迁入后转化				2			

备注：表 13-1 系原东城区

表 13－2　非农业人口迁移状况统计表

项目			合计	迁移原因				
				工作调动	录用及招工	投靠亲属	录取学生	毕业分配工作
市外迁入和迁往市外	迁入	计	1169	117	2	660	43	94
		由城镇	1061	117	1	564	42	94
		由乡村	99		1	96	1	
		由港、澳、台、国外	9					
	迁出	计	137	9	1	41	2	29
		往城镇	114	9	1	29	2	29
		往乡村						
		往港、澳、台、国外	23			12		
本市县迁入区和区迁往县	迁入	计	56		1	36		
		由城镇	55		1	35		
		由乡村	1			1		
	迁出	计	29			16		1
		往城镇	29			16		1
		往乡村						
本市农业人口转为非农业人口		本派出所内转化						
		外管界迁入后转化	14			13		

项目			迁移原因						
			复员转业或服现役	出国定居及返回	刑满释放解除劳教	投资购房	落户小城镇	征用土地	其他
市外迁入和迁往市外	迁入	计	178	21	1	3			50
		由城镇	178	12	3	3			49
		由乡村							1
		由港、澳、台、国外		9					
	迁出	计	40	11					4
		往城镇	40						4
		往乡村							
		往港、澳、台、国外		11					
本市县迁入区和区迁往县	迁入	计				19			
		由城镇				19			
		由乡村							
	迁出	计				8			4
		往城镇				8			4
		往乡村							
本市农业人口转为非农业人口		本派出所内转化							
		外管界迁入后转化				1			

备注：表 13－2 系原崇文区

主要统计指标解释

一、地区生产总值 是一个地区所有常住单位在一定时期内生产活动的最终成果。从价值形态看,是所有常住单位在一定时期内所生产的全部货物和服务价值超过同期投入的全部非固定资产货物和服务价值的差额,即所有常住单位的增加值之和。

二、规模以上工业企业 指年主营业务收入2000万元及以上的工业法人单位。

三、有资质等级的建筑业企业 指具有建筑业施工总承包、专业承包、劳务分包资质的建筑业法人单位。

四、固定资产投资额 是以货币形式表现的、在报告期内建造和购置固定资产的价值量以及与此有关的费用的总和。它是反映固定资产投资规模、结构和发展的综合性指标,又是观察工程进度和考核投资效果的重要依据。固定资产投资额按性质分:(1)房地产开发业投资额;(2)城镇固定资产投资额。

五、城镇固定资产投资 是指城镇各种登记注册类型的企业、事业、行政单位及个体户进行的计划总投资在500万元及以上的建设项目投资。

六、房地产开发投资 是指房地产开发企业在建的房屋建设工程和正在开发的土地开发工程所完成的投资。

七、社会消费品零售额 指各种经济类型的批发零售业、餐饮业和其他行业对城乡居民、社会集团的消费品零售额的总和。这个指标反映通过各种渠道向居民和社会集团供应的生活消费品总量,是研究人民生活水平、社会购买力、货币流通等问题的重要指标。

八、实际利用外资 指利用外资协议(合同)的实际执行金额。包括现汇,实物和双方同意计价投资的劳务,技术等无形资本。

九、居民人均可支配收入 指调查户可用于最终消费支出和其他非义务性支出以及储蓄的总和,即居民家庭可以用来自由支配的收入。它是家庭总收入扣除交纳的个人所得税、个人交纳的社会保障费以及调查户的记账补贴后的收入。计算公式为:

可支配收入 = 家庭总收入 - 交纳个人所得税 - 个人交纳的社会保障支出 - 记账补贴

十、工资性收入 指就业人员通过各种途径得到的全部劳动报酬,包括所从事主要职业的工资以及从事第二职业、其他兼职和零星劳动得到的其他劳动收入。

十一、居民人均消费性支出 指调查户用于本家庭日常生活的全部支出,包括食品、衣着、居住、家庭设备用品及服务、医疗保健、交通和通信、教育文化娱乐服务、其他商品和服务8大类等。包括用于赠送的商品或服务。

十二、耐用消费品 指价值比较高、消费期较长的家用电器和家庭设备。

十三、期末从业人员 指在本单位工作并取得劳动报酬或收入的期末实有人员数。期末从业人员包括在各单位工作的外方人员和港澳台方人员、兼职人员、再就业的离退休人员、借用的外单位人员和第二职业者。但不包括离开本单位仍保留劳动关系的职工。

十四、在岗职工平均工资 指企业、事业、机关单位的职工在一定时期内平均每人所得的货币工资额。它表明一定时期职工工资收入的高低程度,是反映职工工资水平的主要指标。

计算公式:职工平均工资 = 报告期实际支付的全部职工工资总额/报告期全部职工平均人数

十五、现价工业总产值 指采用报告期内不含增值税(销项税)的产品实际销售价格计算的,工业企业在报告期内生产的工业最终产品和提供工业劳务活动的总价值量。

十六、现价工业销售产值 指采用报告期内不含增值税(销项税)的产品实际销售价格计算的,工业企业在本年内销售的本企业生产的工业产品或提供工业性劳务价值的总价值量。

十七、建筑业总产值 是以货币表现的建筑业企业在一定时期内生产的建筑产品和服务的总和。它包括建筑工程产值、设备安装工程产值、其他产值三部分内容。

十八、主营业务收入 指企业经营主要业务所取得的收入总额。此项目应根据会计的“主营业务收入”、“商品销售收入”等科目的本期累计发生额填列。执行2006年《企业会计准则》的企业,如果未设置该科目,则以营业收入发生额代替填列。

十九、利润总额 指企业在生产经营过程中各种收入扣除各种耗费后的盈余,反映企业在报告期内实现的亏盈总额,包括营业利润、补贴收入、投资净收益和营业外收支净额。根据会计“利润表”中的对应指标的本期累计数填列。

二十、营业利润 指企业从事生产经营活动所取得的利润,即主营业务收入减主营业务成本和主营业务税金及附加,加上其他业务利润,减去营业费用、管理费用、财务费用后的金额。本指标根据会计“利润表”中对应指标填列。执行2006年《企业会计准则》的企业,同样根据会计“利润表”中对应指标直接填列。

二十一、应交所得税 指企业按税法规定,应从生产经营等活动的所得中缴纳的税金。

二十二、商品销售总额 指对本企业以外的单位和个人出售的商品金额(包括售给本单位消费用的商品,含增值税)。本指标反映批发和零售业在国内市场上销售商品以及出口商品的总量。

附　　录

中共北京市东城区委员会主要文件目录

中共北京市东城区委主要文件

东发〔2013〕1号　中共东城区委关于深入学习宣传贯彻党的十八大精神的通知

东发〔2013〕2号　中共东城区委东城区人民政府关于印发《“智慧东城”行动计划(2011—2015年)》的通知

东发〔2013〕3号　中共东城区委东城区人民政府关于印发《东城区信息化发展战略(2011—2030年)》的通知

东发〔2013〕4号　中共东城区委关于印发《区委常委会2013年工作要点》的通知

东发〔2013〕5号　中共东城区委印发《关于开展“中国梦”学习宣传教育的工作安排》的通知

东发〔2013〕6号　中共东城区委印发《关于进一步加强党管人才工作的实施意见》的通知

东发〔2013〕7号　中共东城区委东城区人民政府关于印发《北京市东城区推进中关村东城园文化和科技融合发展行动计划(2013—2015年)》的通知

东发〔2013〕8号　中共东城区委关于深入学习贯彻习近平总书记一系列重要讲话精神的意见

中共北京市东城区委办公室主要文件

东办发〔2013〕1号　中共东城区委办公室东城区人民政府办公室关于印发《东城区与西城区合作交流机制实施办法(试行)》的通知

东办发〔2013〕2号　中共东城区委办公室东城区人民政府办公室关于认真贯彻落实习近平总书纪重要批示和中央办公厅、市委办公厅市政府办公厅相关要求的通知

东办发〔2013〕3号　中共东城区委办公室东城区人民政府办公室印发《关于切实加强春节期间烟花爆竹安全管控工作的意见》的通知

东办发〔2013〕4号　中共东城区委办公室东城区人民政府办公室关于消除安全隐患,坚决防止发生重特大安全事故的通知

东办发〔2013〕5号　中共东城区委办公室关于印发《区委2013年工作目标责任制(折子工程)》的通知

东办发〔2013〕6号　中共东城区委办公室关于印发《区委常委会2013年议题计划》及《区委常委会2013年议题计划任务分解表》的通知

东办发〔2013〕7号　中共东城区委办公室关于印发《区十五届人大三次会议代表建议、区政协十三届二次会议民主党派(团体)和委员提案办理工作目标责任制(折子工程)》的通知

东办发〔2013〕8号　中共东城区委办公室印发《关于开展纪念北京建都860周年系列活动的方案》的通知

东办发〔2013〕9号　中共东城区委办公室东城区人民政府办公室关于领导干部请销假及报备有关事项的通知

东办发〔2013〕10号　中共东城区委办公室东城区人民政府办公室关于印发《2013年东城区贯彻落实党风廉政建设责任制推进惩治和预防腐败体系建设主要任务分工》的通知

东办发〔2013〕11号　中共东城区委办公室印发《关于加强东城区宣传文化队伍建设的实施意见》的通知

东办发〔2013〕12号　中共东城区委办公室印发《关于加强东城区领导干部调查研究工作的意见》《东城区区级领导直接联系群众制度(试行)》的通知

东办发〔2013〕13号　中共东城区委办公室东城区人民政府办公室关于设立北京市东城区分类推进事业单位改革工作领导小组有关事项的通知

东办发〔2013〕14 号　中共东城区委办公室东城区人民政府办公室关于印发《东城区深化廉政风险防控管理推进区级领导班子权力公开透明运行实施方案》的通知

东办发〔2013〕15 号　中共东城区委办公室东城区人民政府办公室关于印发《东城区食品药品监督管理体制改革工作方案》的通知

东办发〔2013〕16 号　中共东城区委办公室关于做好 2014 年度《人民日报》《求是》和《北京日报》《前线》等党报党刊征订工作的通知

东办发〔2013〕17 号　中共东城区委办公室东城区人民政府办公室关于调整区清理和规范节庆论坛展会活动工作领导机构的通知

北京市东城区人民政府主要文件目录

北京市东城区人民政府主要文件

东政发〔2013〕1 号　北京市东城区人民政府批转区人口计生委关于 2013 年人口和计划生育工作要点的通知

东政发〔2013〕2 号　北京市东城区人民政府关于王伟东等十四名同志任免职的通知

东政发〔2013〕3 号　北京市东城区人民政府关于进一步加强义务兵优待工作有关问题的通知

东政发〔2013〕4 号　北京市东城区人民政府关于印发东城区中小企业公共服务中心建设方案的通知

东政发〔2013〕5 号　北京市东城区人民政府关于开展第三次全国经济普查的通知

东政发〔2013〕6 号　北京市东城区人民政府关于刘键等十六名同志任免职的通知

东政发〔2013〕9 号　北京市东城区人民政府关于谢申等十六名同志任免职的通知

东政发〔2013〕10 号　北京市东城区人民政府关于潘军等五名同志任免职的通知

东政发〔2013〕11 号　北京市东城区人民政府关于进一步加强东城区政府投资建设项目管理的通知

东政发〔2013〕12 号　北京市东城区人民政府关于《北京国际戏剧中心扩建工程房屋征收补偿方案》征求公众意见的通告

东政发〔2013〕13 号　北京市东城区人民政府关于印发《东城区扶持大中型水库农转非移民工作实施细则》的通知

东政发〔2013〕14 号　北京市东城区人民政府关于印发东城区“十二五”规划中期评估工作方案的通知

东政发〔2013〕15 号　北京市东城区人民政府关于印发东城区建设“奥林匹克——体育生活化社区”实施意见的通知

东政发〔2013〕17 号　北京市东城区人民政府关于孟锐等八名同志任职的通知

东政发〔2013〕18 号　北京市东城区人民政府关于东城区暂缓发展食品摊贩的决定

东政发〔2013〕19 号　北京市东城区人民政府关于东城区禁止设立食品生活加工作坊的决定

东政发〔2013〕20 号　北京市东城区人民政府关于印发东城区古籍普查工作实施方案的通知

东政发〔2013〕23 号　北京市东城区人民政府关于姜彬等四名同志任免职的通知

东政发〔2013〕24 号　北京市东城区人民政府关于印发健康东城十二五发展建设规划的通知

东政发〔2013〕25 号　北京市东城区人民政府关于王晓彤等二十七名同志任免职的通知

东政发〔2013〕27 号　北京市东城区人民政府关于陈本宇等六名同志任免职的通知

东政发〔2013〕28 号　北京市东城区人民政府关于印发东城区公共安全监管标准化管理办法的通知

东政发〔2013〕30 号　北京市东城区人民政府关于李进等十九名同志任免职的通知

东政发〔2013〕31 号　北京市东城区人民政府关于调整东城区国民经济和社会发展第十二个五年规划纲要折子工程责任单位的通知

东政发〔2013〕32 号　北京市东城区人民政府关于赵宏松等两名同志任免职的通知

东政发〔2013〕37 号　北京市东城区人民政府关于《东城区文化活动中心建设工程项目房屋征收补偿方案》征求公众意见的通告

东政发〔2013〕38 号　北京市东城区人民政府关于《明城墙遗址公园东南角绿地恢复工程项目房屋征收补偿方案》征求公众意见的通告

东政发〔2013〕39 号　北京市东城区人民政府关于蒋保平等三名同志任免职的通知

东政发〔2013〕40 号　北京市东城区人民政府关于郅海杰等十四名同志任免职的通知

东政发〔2013〕41 号　北京市东城区人民政府关于印发东城区加强社区综合防灾减灾工作指导意见的通知

东政发〔2013〕42 号　北京市东城区人民政府关于印发东城区 2013—2017 年清洁空气行动计划实施方案的通知

东政发〔2013〕44 号　北京市东城区人民政府关于《北京国际戏剧中心扩建工程房屋征收补偿方案》征求公众意见及修改情况的通告

东政发〔2013〕45 号　北京市东城区人民政府关于陈四清等十二名同志任免职的通知

东政发〔2013〕46 号　北京市东城区人民政府关于印发东城区空气重污染应急预案的通知

东政发〔2013〕47 号　北京市东城区人民政府关于张晓峰等五名同志任免职的通知

东政发〔2013〕48 号　北京市东城区人民政府关于公布行政规范性文件清理结果的决定

东政发〔2013〕49 号　北京市东城区人民政府关于牛青山等七名同志任免职的通知

东政发〔2013〕50 号　北京市东城区人民政府关于印发东城区声环境区划实施细则的通知

东政发〔2013〕52 号　北京市东城区人民政府关于关丽君等五名同志任免职的通知

北京市东城区人民政府办公室主要文件

东政办发〔2013〕1 号　北京市东城区人民政府办公室关于进一步完善重大行政决策和行政规范性文件合法性审查工作机制的通知

东政办发〔2013〕2 号　北京市东城区人民政府办公室关于印发东城区 2013 年在直接关系群众生活方面拟办的重要实事的通知

东政办发〔2013〕3 号　北京市东城区人民政府办公室关于加快发展体育产业重点工作任务及部门职责落实方案任务分解的通知

东政办发〔2013〕8 号　北京市东城区人民政府办公室转发区卫生局关于第六届北京中医药文化宣传周暨第五届地坛中医药健康文化节活动方案的通知

东政办发〔2013〕9 号　北京市东城区人民政府办公室转发区行政投诉中心关于东城区行政投诉工作办法(试行)的通知

东政办发〔2013〕13 号　北京市东城区人民政府办公室转发区司法局关于东城区贯彻落实《北京市司法行政基层建设三年行动计划》的实施方案(2013—2015 年)的通知

东政办发〔2013〕14 号　北京市东城区人民政府办公室转发区城管监督中心东城区 2013 年上半年城市管理监督工作情况的通知

东政办发〔2013〕15 号　北京市东城区人民政府办公室关于调整东城区交通工作领导小组成员的通知

东政办发〔2013〕18 号　北京市东城区人民政府办公室转发市政府办公厅关于进一步加强内部审计工作有关文件的通知

东政办发〔2013〕20 号　北京市东城区人民政府办公室转发区发展改革委关于东城区政府投资建设项目代建机构管理办法(试行)的通知

东政办发〔2013〕21 号　北京市东城区人民政府办公室关于开展年度人口抽样调查工作的通知

东政办发〔2013〕23 号　北京市东城区人民政府办公室转发区机关事务管理服务中心关于东城区贯彻落实《机关事务管理条例》实施意见的通知

东政办发〔2013〕26 号　北京市东城区人民政府办公室关于转发市政府取消和下放一批行政审批事项有关文件的通知

东政办发〔2013〕29 号　北京市东城区人民政府办公室关于东城区食品安全委员会更名为东城区食品药品安全委员会有关事项的通知

学校及幼儿园(所)

幼儿园(所)

园　名	地　址	电　话
北京市第一幼儿园	东四北大街汪芝麻胡同19号	64041825
北京市第一幼儿园附属实验园	青年沟路小黄庄7号楼	84275712
北京市第一幼儿园海晟分园	东直门外十字坡东小街1号	84532164
北京市第二幼儿园	北新桥三条38号	64035990
北京市第三幼儿园	中山公园内	66025200
北京市第五幼儿园	夕照寺街3号	67123410
北京市第五幼儿园分园	法华南里33楼	67161804
北京市第七幼儿园	宝钞胡同23号	64045040
东城区东四五条幼儿园	东四五条41号	64040197
东城区东华门幼儿园	北河沿大街149号	65254467
东城区分司厅幼儿园	分司厅胡同57号	64046854
东城区新中街幼儿园	东直门外胡家园小区24号楼	64602141
东城区华丰幼儿园	和平里六区21楼	84220194
东城区大方家回民幼儿园	朝内南小街后芳嘉园3号楼	65223556
东城区东棉花胡同幼儿园	东棉花胡同20号	64075246
东城区第二幼儿园	广渠门内大街31号	67116076
东城区崇文第三幼儿园	幸福北里甲12号	67115628
东城区光明幼儿园	光明楼甲25号	67116906
东城区崇文回民幼儿园	东花市北里东区12号楼	67192709
东城区安乐幼儿园	永外杨家园路10号	67212868
东城区永东幼儿园	永内东街中里23号	67025321
东城区永定门幼儿园	永外车站路12号	83107043
东城区崇文幼儿园	法华南里甲14楼	67155731
东城区前门幼儿园	东花市北里西区9号	67115191
东城区景山魏家幼儿园	魏家胡同19号	64040406
东城区安定门大经厂幼儿园	大经厂胡同55号	64045445
东城区红湖幼儿园	龙潭北里三条三号	67151869
东城区西草市幼儿园	西草市东街60号	67022454
商务部幼儿园	台基厂三条2号	65247694
财政部幼儿园	西扬威胡同12号	64040708
中国民用航空局机关幼儿园	地安门拐棒胡同2号	64005028
国家林业局幼儿园	和平里七区21号楼	64212759
国家安全生产监督管理总局机关服务中心幼儿园	和平里九区甲3号	64279017
中国人民解放军总政治部幼儿园	安德里北街21号	66792164
中国人民解放军空军后勤部蓝天幼儿园	北锣鼓巷99号	64012330
北京军区空军育翔幼儿园	板厂南里11号	66911719
中共北京市委机关幼儿园	光明路1号	67147356
北京鸿运达物业管理有限责任公司第一幼儿园	旧鼓楼外大街62号	62360237
东城区卫生局第一幼儿园	锡拉胡同19号	65251975

东城区卫生局第三幼儿园	和平里民旺园甲 7 号	64212216
北京市艾毅幼儿园	东湖别墅 D 座 102	84511381
东城区世纪贝贝自然教育艺术幼儿园	青年湖西里 4 号院甲 1 号	84122026
北京市大地实验幼儿园	东花市北里西区 9 号	67115191
北京市东城区金鼎实验幼儿园	和平里中街 29 号	64206209

小　学

校　名	地　址	电　话
东城区和平里第一小学	和平里中街甲 21 号	84216218
东城区和平里第二小学	和平里民旺南胡同 20 号	64211804
东城区和平里第三小学	和平里兴化路 9 号	84279923
东城区和平里第四小学	和平里交林夹道	64211026
东城区和平里第九小学	和平里七区 20 号楼	64213889
东城区安外三条小学	安外上龙北巷 3 号	84132605
东城区青年湖小学	安外安德里北街 20 号	84126076
东城区师范学校附属小学	安定门外东河沿乙 7 号	64263926
东城区地坛小学	和平里九区甲 2 号	64254434
东城区分司厅小学	鼓楼东大街小经厂胡同 2 号	64041261
东城区北锣鼓巷小学	安定门内千福巷 5 号	64040770
东城区方家胡同小学	方家胡同 17 号	64014841
东城区黑芝麻胡同小学	黑芝麻胡同 11 号	64045815
东城区府学胡同小学	府学胡同 65 号	64045995
东城区帽儿胡同小学	帽儿胡同 17 号	64067114
东城区东四十四条小学	东四十四条 100 号	64031726
东城区史家小学分校	北门仓胡同 1 号	84070081
东城区北新桥小学	东直门北大街乙 2 号	64649199
东城区雍和宫小学	藏经馆胡同 27 号	64045703
东城区曙光小学	东直门外铜厂子胡同 8 号	64169554
东城区西中街小学	东直门外十字坡东里 10 号	64172386
中央工艺美院附中艺美小学	东外胡家园小区 20 号	64677028
东城区东四七条小学	东四七条 31 号	64043873
东城区东四九条小学	东四九条 67 号	64043778
东城区回民小学	朝内大街 124 号	65225008
东城区美术馆后街小学	美术馆后街 57 号	64043310
东城区什锦花园小学	美术馆后街 48 号	64042123
东城区东高房小学	沙滩北街东高房胡同 13 号	64032310
东城区织染局小学	水簸箕胡同甲 5 号	64032065
东城区校尉胡同小学	校尉胡同 8 号	65252652
东城区灯市口小学	灯市口北巷 14 号	65250582
东城区北池子小学	北池子大街 46 号	65251287
东城区东交民巷小学	台基厂大街 14 号	85113399
东城区春江小学	南水关胡同 60 号	65252712
东城区新鲜胡同小学	新鲜胡同 36 号	65279841
东城区史家胡同小学	朝阳门内北小街南弓匠营 2 号	64065588
东城区西总布小学	西总布胡同 19 号	65231053

东城区新开路东总布小学	新开路胡同55号	65251340
东城区遂安伯小学	金宝街65号	65252953
北京市汇文第一小学	丁香胡同7号	65241994
东城区特殊教育学校	安外小黄庄路一区16号楼	84276190
东城区前门小学	西河沿甲211号	67016684
东城区忠实里小学	广渠门外忠实里南街乙58号	67783273
北京市崇文小学	花市枣苑小区12号	67177019
东城区回民实验小学	东花市大街99号	67122965
东城区花市小学	东花市北里西区1号	67182946
东城区新景小学	西花市南里西区7号楼	87186763
东城区板厂小学	板厂南里7号	67121969
北京光明小学	光明路甲12号	67123839
东城区培新小学	幸福巷4号	67111890
东城区永生小学	永生巷6号旁门	67120198
东城区体育馆路小学	法华南里21号	67122559
东城区精忠街小学	精忠街11号	67021505
东城区金台书院小学	东晓市街203号	67011700
东城区天坛东里小学	天坛东里内8号	67057864
东城区天坛南里小学	天坛南里西区16号	67001473
东城区景泰小学	永定门外杨家园路10号	67212156
北京第一师范学校附属小学	永定门外桃杨路7号	87921075
东城区革新里小学	永定门外管村5号	67222093
东城区宝华里小学	永定门外沙子口路63号	87298912
东城区定安里小学	定安里26号	67212203
东城区新怡小学	新怡家园9号	67086196
东城区培智中心学校	体育馆西路23号	67020405
北京汇文实验小学朝阳学校	朝阳区弘善家园119楼	67189481

中　学

校　名	地　址	电　话
北京市第一中学	宝钞胡同甲12号	64043280
北京市第二中学	内务部街15号	65255945
北京市第二中学分校	南竹杆胡同81号	65279032
北京市第五中学	细管胡同13号	64068564
北京市第五中学分校	鼓楼东大街152号	64039651
北京市第十一中学	金鱼池西街1号	67025095
北京市第十一中学分校	天坛南里14号	67024119
北京市第二十一中学	交道口北三条57号	64043394
北京市第二十二中学	交道口东大街77号	64042225
北京市第二十四中学	外交部街31号	85111090
北京市第二十五中学	灯市口大街55号	65257525
北京市第二十七中学	东华门大街智德前巷11号	65255586
北京市第五十中学	夕照寺街13号	67173905
北京市第五十中学分校	永定门外安乐林路14号	87264492
北京市第五十四中学	和平里六区9号	84221682

北京市第五十五中学	新中街12号	64164252
北京市第六十五中学	北河沿大街115号	65251745
北京市第九十六中学	崇文门西小街3号	65114904
北京市第一零九中学	幸福大街43号	67121405
北京市第一一四中学	永定门外西革新里114号	67271674
北京市第一一五中学	天坛东路13号	67018618
北京市第一二五中学	后沟胡同乙2号	65246227
北京市第一四二中学	和平里中街43号	64219035
北京市第一六五中学	育群胡同45号	64004843
北京市第一六六中学	灯市口同福夹道3号	65255651
北京市第一七一中学	和平里北街8号	64212702
北京市第一七七中学	安定门外青年湖南街23号	84121145
北京市国子监中学	国子监街26号	64041183
中央工艺美术学院附属中学	东直门外小街甲27号	64686672
北京市东直门中学	东直门内北顺城街2号	64014988
北京市和平北路学校	安外大街168号	64200141
北京市前门外国语学校	前门东大街甲14号	67024402
北京市崇文门中学	东花市北里西区5号	67182515
北京市文汇中学	忠实里东区9号楼	87757385
北京汇文中学	培新街6号	67117375
北京市广渠门中学	白桥大街甲1号	67126226
北京市龙潭中学	板厂南里3号	67147725
北京景山学校	灯市口大街53号	65252555
北京市东城区工读学校	顺义后沙峪古城村裕民大街11号	80484523
北京市翔宇中学	东直门北大街甲2号	84111886
北京阳光情中学	开发区天宝北街甲2号	67895748
北京经济技术开发区实验学校	开发区天宝北街甲2号	67895748

职业高中

校名	地址	电话
北京市东城区古城职业高中	顺义后沙峪古城村裕民大街11号	80484523
北京国际职业教育学校	南河沿大街19号	65253392
北京市国际美术学校	东直门外小街甲27号	64686672
北京市育人中等职业学校	黄化门街5号	84242284
中央音乐学院鼎石实验学校	南河沿大街19号	4000581587
北京百年农工子弟职业学校	大方家胡同芳嘉园8号	64790701
北京市第一七九中学	左安蒲园4号	67125384
北京现代职业学校	永定门东街7号	67014116

高等院校

校名	地址	电话
中国协和医科大学	东单三条9号	65295962
中央戏剧学院	东棉花胡同39号	64043885

首都医科大学中医药学院	东四十条27号	64045305
北京联合大学师范学院	安定门外外馆斜街5号	64211158
北京市财贸管理干部学院	东四礼士胡同41号	65592215
北京市东城区职工业余大学	朝阳门外潘家坡1号	65520824
北京广播电视大学东城分校	朝阳门外潘家坡1号	65520824
北京玄宇艺术研修学院	黄化门街5号	64014405
北京市东城区职工大学	板厂南里5号	67153071
北京广播电视大学崇文分校	板厂南里5号	67153071

医 疗 机 构

单位名称	地　址	电　话
卫生部北京医院	东单大华路1号	85132114
中国医学科学院北京协和医院	帅府园1号	69155810
首都医科大学附属北京同仁医院	东交民巷1号	58269911
首都医科大学附属北京天坛医院	天坛西里6号	67096611
首都医科大学附属北京口腔医院	天坛西里4号	67099114
首都医科大学附属北京妇产医院	姚家园路251号	52276666
首都医科大学附属北京中医医院	美术馆后街23号	52176677
北京中医药大学东直门医院	海运仓5号	84013212
北京市疾病预防控制中心	和平里中街16号	64407014
北京市第六医院	交道口北二条36号	64035566
北京市普仁医院	崇文门外大街100号	87928287
北京市和平里医院	和平里北街18号	64215431
北京市隆福医院(北京市东城区老年病医院)	美术馆东街18号	64040116
北京市鼓楼中医医院	豆腐池胡同13号	64069506
东城区第一人民医院	永外大街130号	67253464
东城区第一妇幼保健院	交道口南大街136号	64040066
东城区第二妇幼保健院	天坛东里南小区79号	67114307
东城区精神卫生保健院	东直门外察慈小区7号	64681578
东城区朝阳门医院	东四南大街灯草胡同31号	65138019
东城区建国门医院	后赵家楼胡同9号	65256218
东城区东外医院	东直门外察慈小区7号楼	64681578
东城区口腔医院	交道口东大街4－28号	64043465
崇文口腔医院	东花市北里西区24号楼	67120052
北京市东四中医医院	东四六条甲62号朝内大街97号	84049919
东城区老年康复护理院	东四6条甲62号	64018363
东城区北新桥社区服务中心	东直门内大街184号	64040500
东城区结核病防治所	和平里北街18号	64298123
东城区皮肤性病防治所	东直门内大街184号	64010046
东城区急救站	安内中绦胡同甲2号	64035289
东城区疾病预防控制中心	北兵马司胡同5号	64040807
东城区疾病预防控制南部分中心	西晓市街16号	67021006
东城区卫生局卫生监督所	安内大街永恒胡同甲6号	64043529
东城区卫生教育中心	和平里民旺园甲7号	64215178
东城卫生防病咨询服务站	西晓市街16号	65114353

崇文健康教育所	西晓市街16号	67027548
东城区卫生学校	天坛南里12号	67023904
东城区卫生科技开发中心	东晓市街109号	67061605

社区卫生服务机构

单位名称	地　址	电　话
东城区社区卫生服务中心	朝阳门内大街192－1号	65125503
东城区朝阳门社区卫生服务中心	东四南大街灯草胡同31号	65138019
东城区东花市社区卫生服务中心	广渠门外南街5号	67118044
东城区龙潭社区卫生服务中心	光明25楼	67111096
东城区体育馆路社区卫生服务中心	驹章胡同43号	67120019
东城区天坛社区卫生服务中心	粉厂胡同57号	67074337
东城区永定门外社区卫生服务中心	蒲黄榆二里2号院	67020979
东华门街道多福巷社区卫生服务站	东四南大街报房胡同45号	65127470
东华门街道韶九社区卫生服务站	韶九胡同22号	65240100
东华门街道台基厂社区卫生服务站	台基厂大街台基厂二条3号	65126450
东华门街道甘雨社区卫生服务站	西堂子胡同15号	65240060
东华门街道东华门社区卫生服务站	南河沿大街磁器库南巷1号	65597833
景山街道宽街社区卫生服务站	美术馆后街12号	64006540
景山街道魏家社区卫生服务站	魏家胡同55号	84032330
交道口街道圆恩寺社区卫生服务站	前圆恩寺胡同28号	64072317
交道口街道交东社区卫生服务站	土儿胡同10号楼	84046916
安定门街道花园社区卫生服务站	安定门内花园东巷25号	64013430
安定门街道五道营社区卫生服务站	安定门内大街永康胡同9号	64012290
安定门街道安定门社区卫生服务站	豆腐池胡同13号	64007169
北新桥街道青龙社区卫生服务站	东直门北小街青龙胡同甲1号	64027190
北新桥街道北新桥社区卫生服务站	东直门大街184号	64053216
北新桥街道民安社区卫生服务站	民安14号楼	84078626
北新桥街道十三条社区卫生服务站	东四十三条32号	64053927
北新桥街道海运仓社区卫生服务站	海运仓小区南颂年3号楼	84073206
东四街道东四社区卫生服务站	东四北大街东四六条甲62号	64017470
东四街道南门仓社区卫生服务站	朝阳门北小街南门仓4号楼	84068240
东四街道东四三条社区卫生服务站	东四三条45号	64006790
朝阳门街道朝内头条社区卫生服务站	朝内大街203号	64015610
朝阳门街道大方家社区卫生服务站	小牌坊胡同30号	85111691
朝阳门街道内务社区卫生服务站	内务部街73号	65136054
建国门街道苏州社区卫生服务站	崇文门内大街苏州胡同120号	65124640
建国门街道外交部街社区卫生服务站	东单北大街东堂子胡同24号	65281974
东直门街道东直门社区卫生服务站	东直门外察慈小区7号楼	64610470
东直门街道清水苑社区卫生服务站	清水苑小区4号－2－107	64611494
东直门街道十字坡社区卫生服务站	东直门外十字坡西里10号楼北	64161320
东直门街道王家园社区卫生服务站	新中街西街12号	65519556
东直门街道新中街社区卫生服务站	新中街四条乙20号	64165425
和平里街道和平里社区卫生服务站	和平里北街18号西门	64215168
和平里街道和平里中街社区卫生服务站	和平里六区六号一层	84220399

和平里街道交通社区卫生服务站	交林夹道甲2号	64213430
和平里街道青年湖社区卫生服务站	青年湖东里9号楼北	84112543
和平里街道小黄庄社区卫生服务站	小黄庄前街2号院3楼	84282143
和平里街道安德路社区卫生服务站	安外青年路南街11号	84130209
和平里街道安德里社区卫生服务站	安德里北街21号	84127060
和平里街道东河沿社区卫生服务站	东河沿甲7号	64205058
前门街道前门社区卫生服务站	草厂六条4号	67073468
崇文门外街道都市馨园社区卫生服务站	兴隆都市馨园13号楼D102－103	67021437
崇文门外街道新景家园社区卫生服务站	西花市大街62、64号	87186099
东花市街道铁辘轳把社区卫生服务站	东花市大街33号	67120077
东花市街道忠实里社区卫生服务站	忠实里西区7号楼1层106	67118044
东花市街道东花市南里社区卫生服务站	东花市南里东区13号楼107－108	87103147
龙潭街道幸福家园社区卫生服务站	幸福家园19号楼1101、1102号	67111096
龙潭街道左安门社区卫生服务站	左安浦园1号楼旁平房	87198967
龙潭街道龙潭北里社区卫生服务站	夕照寺街35、37号	67183342
体育馆路街道法华寺社区卫生服务站	体育馆西路1号	67133157
体育馆路街道长青园社区卫生服务站	长青园16号楼迤南2－2－1－72－29	67120567
天坛街道天坛东里社区卫生服务站	天坛东里中区12楼西门旁	67010624
天坛街道天坛南里社区卫生服务站	永内东街西里11号	67073468
天坛街道金鱼池社区卫生服务站	金鱼池小区西区13楼1单元101室	67023088
永定门外街道富莱茵社区卫生服务站	沙子口路72号富莱茵小区9－1－101	87817703
永定门外街道景泰西里社区卫生服务站	景泰西里西区8号楼底商	67222060
永定门外街道望坛社区卫生服务站	永定门外桃杨路二条2号	51335257
永定门外街道东革新里社区卫生服务站	东革新里40号	87265202

东城公安分局派出所

单位名称	地　址	电　话
东城区东四派出所	东四四条77号	84081552
东城区东直门派出所	新中街9号	84081554
东城区安外大街派出所	地坛西门外	64213026
东城区建国门派出所	金宝街69号	84081550
东城区安定门派出所	豆腐池胡同11号	84081156
东城区朝阳门派出所	朝阳门南小街121号	84081551
东城区北新桥派出所	西羊管胡同10号	84081553
东城区东交民巷派出所	东交民巷甲9号	65129302
东城区东华门派出所	锡拉胡同8号	65253779
东城区和平里派出所	和平里中街六区5号	84081555
东城区交道口派出所	板厂胡同7号	84081557
东城区景山派出所	什锦花园胡同33号	84081558
东城区北京站派出所	盔甲厂胡同4号	65132281
东城区王府井大街派出所	菜厂胡同5号	84081561
东城区东方广场派出所	王府井大街218－1号	85118110
东城区隆福寺派出所	隆福广场B座2层	84081560
东城区东花市派出所	东花市北里西区2号楼	67189133
东城区前门派出所	西打磨厂51号	67022491

东城区天坛派出所	珠市口东大街甲18号	67022125
东城区龙潭派出所	光明西街3号	67116335
东城区前门大街派出所	长巷二条1号	67021005
东城区永外派出所	永外大街88号	67211189
东城区体育馆路派出所	东壁街16号	67122619
东城区天坛公园派出所	天坛西里甲1号	67021104
东城区崇文门派出所	国瑞城中区9号楼	67112012

驻区公证处

单位名称	地　址	电　话
东方公证处	安定门外大街168号	84217035
信德公证处	珠市口东大街3号四层	67124408

驻区律师事务所

单位名称	地　址	电　话
北京市安律律师事务所	东皇城根南街84号	65140912
北京市翱翔律师事务所	朝内大街188号鸿安国际商务大厦A座601	65170813
北京市奥东律师事务所	安定门东大街28号雍和大厦东楼B座507室	64097155
北京市秉源律师事务所	安德里北街甲17号	84124573
北京市博人律师事务所	北三环东路36号环球贸易中心B座1205室	58256761
北京市博圣律师事务所	安外大街11号华府景园C座403	84122481
北京市采信律师事务所	王府井大街99号A512	65267550
北京市创世律师事务所	新中街68号聚龙花园8号楼804	65510006
北京市大成律师事务所	东直门内南大街3号国华投资大厦	58137799
北京市大正-国都律师事务所	东直门外大街48号东方银座B座6G	62272573
北京市德克律师事务所	东交民巷28号红都商务会馆A座401	65140217
北京市地平天成律师事务所	和平里东街18号林11楼首层4门	64200855
北京市鼎昊律师事务所	朝阳门内南小街6号楼302	65281828
北京市鼎尚律师事务所	建国门北大街5号11层1126	65170355
北京市东方公益律师事务所	沙滩北街15号社科院法学所院内	84035495
北京市东方恒信律师事务所	朝内大街188号鸿安国际商务大厦	65181255
北京市东方昆仑(北京)律师事务所	东四十条甲22号	64096552
北京市东卫律师事务所	朝阳门北大街8号富华大厦D3B	65542826
北京市铎声律师事务所	府学胡同甲1号4009室	64016667
北京市法准律师事务所	东直门南大街9号华普花园D座602	84094244
北京市方略律师事务所	鼓楼外大街45号工人出版社8层	82081700
北京市孚晟律师事务所	东长安街1号东方广场东一办公楼9层04-05A	85189170
北京市富睿康道律师事务所	王府井大街99号世纪大厦A702室	65280089
北京市冠腾律师事务所	朝阳门内大街298号622	58121022
广东安华理达北京分所律师事务所	东长安街1号东方广场西三办公楼707	85151326
广东圣天平北京分所律师事务所	国华投资大厦311	58199538
北京市贵银律师事务所	东直门大街9号华普花园B座2401	84094464
北京市国宏律师事务所	东长安街1号东方经贸城西-807室	85189889

北京市国乐律师事务所	建国门赵堂子胡同2号楼205、206室	63519781
北京市国理律师事务所	沙滩北街15号法学研究所南楼二层	64069888
北京市海维律师事务所	东四十条甲22号南新仓商务大厦A座603	51665728
北京市汉坤律师事务所	东长安街东方广场C1座9层906	85255500
北京市航舵律师事务所	建国门内大街七号光华长安大厦2座1118	65185680/1
北京市昊方律师事务所	朝阳门南小街22号楼5单元204	85870325
北京市恒方永圆律师事务所	东长安街6号137、141	51019879
北京市恒盈律师事务所	崇文门西大街9号北京紫金宾馆2A房间	65265707
北京市衡蓝律师事务所	海运仓一号国际大厦一层919－A	84646488
北京市泓清律师事务所	东方银座A座17D	81396266
北京市华澳律师事务所	东中街29号29－2南写字楼五层504	64152296
北京市华龙律师事务所	府学胡同甲一号4001	64046956
北京市汇佳律师事务所	雍和大厦C座7层709	64097966
北京市嘉宋律师事务所	建国门北大街金成建国5号827室	51296373
北京市鉴杜律师事务所	崇文门西大街7号	65125885
北京市金德律师事务所	东直门南大街14号保利大厦写字楼12层B座	65512727
北京市金开律师事务所	朝阳门北大街8号富华大厦D座14层G室	65542868
北京市金颐律师事务所	东直门内草园胡同35号	65127681
北京市京博律师事务所	东直门外大街48号东方银座C座15H	51600627
北京市京昌律师事务所	交道口北2条20号	64047987
北京市京德律师事务所	安定门东大街28号雍和大厦A座808	64097493
北京市京工律师事务所	安定门外大街189号天鸿宝景1508	64401097
北京市久瑞律师事务所	安定门东大街28号立骏大厦1号楼12层03号	84195380
北京市居庸律师事务所	东直门内海运仓1号海运仓国际大厦522室	51239363
北京市君合律师事务所	建国门北大街8号华润大厦20层	85191300
北京市君致律师事务所	朝阳门北大街乙12号天晨大厦909	65518581
北京市凯锐律师事务所	朝内大街190号建地写字楼4层	65140734
北京市宽信律师事务所	建国门南大街乙1号金龙温泉公寓1110房间	65594012
北京市旷博律师事务所	朝内北小街二号凯龙大厦503、205－206室	84045112
北京市立方律师事务所	东四十条甲22号南新仓国际大厦A1105	64096099
北京市立天律师事务所	东直门南大街9号华普花园A－201	84094991
北京市联法律师事务所	建内大街18号恒基中心一座22层	65180808
北京市六合金证律师事务所	安定门东大街28号	64097055
北京市陆通联合律师事务所	东中街58号美惠大厦D座2层	65544518
北京市马林江律师事务所	恒基中心一座1705	85910091
北京市普贤律师事务所	建国门内大街18号恒基中心办二517	65176246
北京市润禾律师事务所	建国门内大街8号中粮广场B座1001室	65546660
上海江三角北京分所律师事务所	东直门外大街48号东方银座大厦C栋23－H	84476762
上海锦天城律师事务所	东四十条甲22号南新仓国际商务大厦B820	51690115
北京市尚公律师事务所	长安俱乐部三层	65288888
北京市尚荣信律师事务所	安定门东大街28号雍和大厦F座802A座	84195130
北京市北京市盛法律师事务所	海运仓国际大厦一层5－012室	85809826
北京市世嘉律师事务所	朝阳门北大街8号富华大厦D座14A	65543621－27
北京市四方律师事务所	王府井大街277号好友世界商场写字楼2406	65230114
北京市孙中伟律师事务所	王府井大街277号2503室	65221448
北京市天济律师事务所	朝阳门外大街8号富华大厦A座11层J室	65546647

北京市天澜律师事务所	东水井胡同5号楼A801	58643259
北京市天伦怡达律师事务所	王府井大街172号丹耀大厦712	65590128
北京市天睿律师事务所	朝阳门北大街17号人保大厦6层	58151199
北京市天同律师事务所	东交民巷28号红都商务会馆B座3层	51669666
北京市天宇律师事务所	东交民巷27号旁门	65241973
北京市天咨律师事务所	东直门外小街甲2号正东国际大厦A座25I	84479588
北京市万企律师事务所	安定路20号1号楼303	68711130
北京市维诗律师事务所	建国门内大街7号光华长安大厦1009号	65101010
北京市沃尔森律师事务所	东直门外大街46号天恒大厦608A	84608473
北京市玺恒律师事务所	前门东大街3号首都大酒店303、304、305	84478165
北京市新能源律师事务所	首都大酒店415	68928883
北京市信利律师事务所	建内大街18号恒基中心一座609－611	65186980
北京市颐合律师事务所	建内大街7号光华长安大厦2座1910	65178866
北京市亿嘉律师事务所	建国门内大街19号	85112986
北京市易理律师事务所	东城区东中街58号美惠大厦D－1403	65545498
北京市毅弘律师事务所	建国门内贡院6号E座7层100005	65186611
北京市寅嘉律师事务所	东直门内南大街9号华普花园C902	84094429
北京市雍鼎律师事务所	雍和家园8号楼301室	51026267
北京市雍泽律师事务所	雍和家园5号楼703室	51026630
北京市永邦律师事务所	东中街58号美惠大厦C－602	65546677
北京市永凯律师事务所	交道口东大街4号楼2层211	64062264
北京市元昊律师事务所	朝内大街188号鸿安国际商务大厦B座1202	65235981
北京市远望律师事务所	朝内大街75号院8号楼7－101	84031646
北京市展达律师事务所	东中街9号东环广场B座写字楼5层5Q	64156655
北京市正义律师事务所	东交民巷29号	65247544
北京市志德律师事务所	和平里兴化路甲9号	84095359
北京市中地律师事务所	分司厅17号院3－5－001号	84091288
北京市中广承平律师事务所	新中街3号东外公馆一栋605	51662369
北京市中鸿律师事务所	东长安街10号长安大厦之综合大厦704室	65251878
北京市中京律师事务所	东中街58号美惠大厦A座1201、1204室	65543496
北京市中凯律师事务所	安德路甲61号红都商务会馆6层B1－616	64522110
北京市中鹏律师事务所	朝阳门北大街8号富华大厦D座18层	65544858
北京市中瑞律师事务所	北三环东路36号环贸中心B栋1805室	58257666
北京市中天智通律师事务所	新中街68号聚龙花园7号楼4N	65526880
北京市中闻律师事务所	东直门外大街46号天恒大厦A座8层	84608688
北京市中誉威圣律师事务所	建内大街7号光华长安大厦1座818	65171299
北京市众贺律师事务所	交道口北头条5号	84019684
北京市众一律师事务所	东四十条甲22号南新仓国际大厦A座502	64096085/86
北京市重华律师事务所	张自忠路3号	85868086
北京市纵横律师事务所	东长安街12号纺织工业局347、345	85229377
北京市立圣律师事务所	朝阳门外北大街6号首创大厦1203A、1205	85283200
北京市资略律师事务所	北三环东路环球贸易大厦A2107	58257456
北京市健强律师事务所	朝阳门东水井胡同11号A308	13801390261
北京市王海平律师事务所	王府井大街2号华侨大厦3层303A室	13910006958
北京市甲子律师事务所	东四十条富华大厦D座8E	65547796
北京市星林律师事务所	东长安街10号长安大厦七层709室	57160178

北京市渡象律师事务所	雍和大厦D座1201	84195448
北京市营天律师事务所	东郊民巷28号红都写字楼A506室	65135039
上海九州丰泽律师事务所	东长安街1号东方广场经贸城E1803	85183285
北京市魏启学律师事务所	北三环东路36号环球贸易中心C栋16层	58256366
北京市朗新律师事务所	东中街29号东环广场B座写字楼5层5G	64181023
广东广大北京分所律师事务所	东长安街1号东方广场C1座601室	85870068
北京市慎默律师事务所	东长安街33号北京饭店C座2209	85009211
北京市永勤律师事务所	新中街3号东外公馆一栋605	51316040
北京市高思律师事务所	东方广场经贸城东三办公楼1003室	85181133
北京市曹圣明律师事务所	安外东后巷28号商务部研究院1-423室	67589792
北京市观道律师事务所	东方银座D座19D	84549481
北京市乾理律师事务所	东长安街33号北京饭店6050	65232365
广东唯杰律师事务所	安定门外大街189号宝景大厦1804	64401431
北京市金沃律师事务所	朝阳门北大街8号富华大厦D座9层B-C	65545039
北京市恒都律师事务所	东直门南大街9号华普花园C座2206	84098069
北京市君永律师事务所	安定门外大街2号安贞大厦1101室	64482400
北京市施融律师事务所	鼓楼外大街56号教师大厦809	84129410
北京市安衡律师事务所	天坛东路72号万福大厦	67185418
北京市百度律师事务所	龙潭路甲3号翔龙大厦C23室	67158618
北京市包诚律师事务所	左安溪园2号楼5单元1703号	67180166
北京市包律师律师事务所	东花市北里西区24号楼宝润苑C座1212号	67186046
北京市博颢律师事务所	光明路11号天玉大厦608室	51902336
北京市博仁律师事务所	天坛东里5号	51023325
北京市长歌律师事务所	领行国际1号楼2单元708室	67118247
北京市达奥律师事务所	广渠门南小街领行国际3号楼1单元23层2301	67156446
北京市德律珩律师事务所	左安门内大街左安漪园1号楼5单元	87197602
北京市德政律师事务所	光明路11号天玉大厦605室	51902058
北京市鼎基律师事务所	广渠门南小街领行国际1号楼2单元2201室	51289289
北京市董人友律师事务所	忠实里西区5号楼803室	87749023
北京市逢时律师事务所	龙潭路乙3号伟图大厦507室	67110422
广东德法理律师事务所	崇外大街新怡家园甲3号六层610室	67091903
北京市国晟律师事务所	夕照寺16号院(华城)2号楼2单元302	87184008
北京市国泰世良律师事务所	广渠门南小街领行国际1号楼2单元701-702室	67111263
北京市翰佳律师事务所	广渠门南水关甲7号华威国际公寓1302室	67151166
北京市昊凯律师事务所	北京新世界中心写字楼B座1109-1112室	67085553
北京市浩都律师事务所	崇外大街3号新世界中心公寓1019室	67084599
北京市浩林律师事务所	夕照寺街14号富瑞苑公寓5号楼10-A	67104976
北京市泓天律师事务所	广渠门北里36号院3-1-302	51231620
北京市金博大律师事务所	西花市南里东区2号楼底商7-11单元15号	87189569
北京市金韬律师事务所	兴隆都市馨园9号楼2-241	87643731
北京市京一律师事务所	天坛东里乙48号北京爱华宾馆6002室	84477697
北京市雷盾城律师事务所	东花市北里西区宝润苑A-403	59105858
北京市李雅琼律师事务所	永定门外大街86号4号楼418	13671171218
北京市刘安元律师事务所	东花市大街花市枣苑3号楼2004室	13366336678
北京市刘松涛律师事务所	广渠门内大街80号通正国际大厦912室	51696633
北京市普诚律师事务所	东兴隆街58号513室	67091471

北京市秦华律师事务所	崇外大街5号新世界太华公寓B座515	67081171
北京市勤道律师事务所	广渠门内白桥大街22号北京市工商联大厦	67186802
北京市沁润源律师事务所	忠实里南街甲6号楼远洋德邑A座909号	87758360
北京市融商律师事务所	光明东路1号办公楼A座5层室	67080211-0217
北京市融泰律师事务所	崇外大街甲3号写字楼6层623、625室	67083356
北京市时信律师事务所	广渠门内大街80号通正国际大厦1016室	51655033
北京市双利律师事务所	广渠门内大街16号环境新闻出版大楼10层	67167813
北京市泰明律师事务所	广渠门内大街36号幸福家园1-5-1402#	67126363
北京市同一源律师事务所	广渠门内大街80号通正国际大厦10层	67060988
北京市现代律师事务所	东打磨厂街7号宝鼎中心B座1001室	67083101
北京市欣然律师事务所	东兴隆街56号北京商界A723	67016878
北京市泽和律师事务所	东花市南里富贵园1区9号7-901室	67166713
北京市志元律师事务所	东打磨厂街7号宝鼎中心B座545室	87555029
北京市中北律师事务所	前门东大街4号楼6门101、102、103号	65288769
北京市中通策成律师事务所	绿景馨园13号楼605-609	67192880
北京市中政律师事务所	幸福大街甲39号德惠写字楼B座111	67146613
北京市力盾律师事务所	前门东大街华丰宾馆	65662629
北京市宝鼎律师事务所	王府井大街201号凯旋国际酒店7118	59458911
北京市贝朗律师事务所	前门东大街3号首都大酒店写字楼5层	65120341
北京市致新律师事务所	前门东大街5号华风宾馆一层	65251733
北京市法度律师事务所	东单大华路甲2号海诚商务会馆608	65593630
北京市万悦律师事务所	交道口北二条20号	64069655
北京市誉明律师事务所	东直门外大街乙36号海晟国际公寓26号1座1603	15901161941
北京市天用律师事务所	北三环东路37号	84109598
北京市兆实律师事务所	安定门外东河沿乙9号	13701075618

东城区司法所

单位名称	地　址	电　话
和平里司法所	和平里6区5号	84226030
安定门司法所	方家胡同19号	64067183
交道口司法所	雨儿胡同乙15号	64029694
景山司法所	美术馆东街1号	84017954
东华门司法所	东安门大街55号王府世纪5层	65248621
东直门司法所	新中街一条67号	64165479
北新桥司法所	民安街14号楼3层	64034116
东四司法所	东四六条17号	64001548
朝阳门司法所	西水井3号114室	65125881
建国门司法所	朝内南小街18号楼	65142699
前门司法所	前门东小街甲2号	67016543
崇文门外司法所	西花市南里东区14号楼	67010401
东花市司法所	东花市北里中区甲25号楼301室	67188642
天坛司法所	西草市东街66号	67025835
体育馆路司法所	体育馆西路1号321室	67199645
龙潭司法所	龙潭社区服务中心	67166372
永定门外司法所	永外安乐林路85号	67227507

文物保护单位

全国重点文物保护单位

名 称	时 代	地 址	公布年份
正阳门及箭楼	明、清	天安门广场南侧	1988
北京城东南角楼	明	崇文门东大街9号	1982
北京大学红楼	民初	五四大街29号	1961
天安门	明	天安门广场	1961
人民英雄纪念碑	1958年	天安门广场内	1961
故宫	明、清	景山前街4号	1961
天坛	明	永定门内大街路东	1961
智化寺	明	禄米仓胡同5号	1961
国子监	明	国子监街15号	1961
北京孔庙	元、明、清	国子监街13号	1988
雍和宫	清	雍和宫大街12号	1961
皇史宬	明、清	南池子大街136号	1982
古观象台	明	东裱褙胡同2号	1982
太庙	明、清	东城区东长安街	1988
社稷坛	明、清	东城区西长安街	1988
崇礼住宅	清	东四六条63、65号	1988
北京鼓、钟楼	明、清	钟楼湾临字9号	1996
可园	清	帽儿胡同9号、11号	2001
孚王府	清	朝阳门内大街137号	2001
柏林寺	元、清	戏楼胡同1号	2006
地坛	明、清	安定门外大街	2006
京师大学堂分科大学旧址	清	安德里北街21号	2006
清陆军部和海军部旧址	清	张自忠路3号	2006
孙中山行馆	民国	张自忠路23号	2006
协和医学院旧址	清、民国	帅府园胡同1号	2006
亚斯立堂	清	后沟胡同丁2号	2006
袁崇焕墓和祠	清初	东花市斜街52号、左安门内龙潭路8号	2006
明北京城城墙遗迹	明	崇文门东左安门桥北	2013
文天祥祠	明	府学胡同63号	2013
普度寺大殿	清	普度前巷35号	2013
大运河(玉河遗址、南新仓)	元、明、清	东不压桥胡同南口至帽儿胡同西口、东四十条22号	2013
东堂	清	王府井大街74号	2013
基督教中华圣经会北京分会旧址	民国	东单北大街21号	2013
北京大学地质馆旧址	1934年	沙滩北街15号	2013
东交民巷建筑群	近代	东交民巷地区	2001
包括:奥匈使馆旧址	1910年	台基厂头条3号	
比利时使馆旧址	1910年	崇文门西大街9号	
东方汇理银行	1917年	东交民巷34号	
法国使馆旧址	1910年	东交民巷15号	

花旗银行旧址	1914 年	东交民巷 36 号
日本公使馆旧址	1886 年	东交民巷 21、23 号
日本使馆旧址	1909 年	正义路 2 号
意大利使馆旧址	1910 年	台基厂大街 1 号
英国使馆旧址	1910 年	东长安街 14 号
正金银行旧址	1910 年	正义路甲 4 号
法国兵营	清	台基厂三条 3 号
国际俱乐部	1912 年	台基厂大街 8 号
淳亲王府	清	东长安街 14 号

北京市文物保护单位

单位名称	时　代	地　址	公布年份
毛主席纪念堂	1977 年	天安门广场	1979
毛主席故居	民国	吉安所左巷 8 号	1979
东四清真寺	明	东四南大街 13 号	1984
嵩祝寺及智珠寺	清	嵩祝院北巷 4 号 6 号、嵩祝院 23 号	1984
宣仁庙	清	北池子大街 2 号	1984
凝和庙	清	北池子大街 46 号	1984
和敬公主府	清	张自忠路 7 号	1984
于谦祠	明、清	西裱褙胡同 23 号	1984
老舍故居	现代	丰富胡同 19 号	1984
茅盾故居	现代	后圆恩寺胡同 13 号	1984
旧宅院(婉容故居)	清	帽儿胡同 35 号、37 号	1984
礼士胡同 129 号四合院	清	礼士胡同 129 号	1984
内务部街 11 号四合院	清	内务部街 11 号	1984
圆恩寺后街 7、9 号四合院	民国	后圆恩寺胡同 7 号、9 号	1984
国祥胡同 2 号四合院	清	国祥胡同甲 2 号	1984
方家胡同 13、15 号四合院	清	方家胡同 13 号、15 号	1984
府学胡同 36 号四合院	清	府学胡同 36 号、交道口南大街 136 号	1984
国子监街	元、明、清	国子监街	1984
北新仓	明、清	北新仓胡同甲 16 号	1984
禄米仓	明、清	禄米仓胡同 71 号、73 号	1984
原中法大学	民国	东皇城根北街甲 20 号	1984
顺天府学	明、清	府学胡同 65 号	1984
京师大学堂建筑遗存	清、民国	沙滩后街 55 号、59 号	1984
福建汀州会馆北馆	始建于明	前门长巷二条 48 号	1984
阳平会馆戏楼	始建于元	前门小江胡同 34、36 号	1984
新革路 20 号四合院	民国初年	崇外新革路 20 号	1984
隆安寺	建于 1454 年	白桥南里 3 号	1984
金台书院	建于 1750 年	天坛东晓市 203 号	1984
正阳桥疏渠记方碑	建于 1797 年	天桥红庙街 78 号	1984
燕墩	始建于元代	永定门外大街 31 号	1984
大慈延福宫建筑遗存	明	朝内大街 203 号	1990
西堂子胡同 25－37 号四合院	清	西堂子胡同 25－37 号	1990

北京饭店初期建筑	1917年	东长安街33号	1990
军调部1946年中共代表团驻地	民国	南河沿大街1号	1995
孑民堂	1947年	北河沿大街甲83号	1995
法国邮政局旧址	1910年	东交民巷19号	1995
圣弥厄尔教堂	1904年	东交民巷甲13号	1995
美国使馆旧址	1903年	前门东大街23号	1995
荷兰使馆旧址	1909年	前门东大街11号	1995
帽儿胡同5号四合院	清	帽儿胡同5号	2001
美术馆东街25号四合院	清	美术馆东街25号	2001
棉花胡同15号及拱门砖雕	民国	东棉花胡同15号	2001
前鼓楼苑胡同7、9号四合院	清	前鼓楼苑胡同7号、9号	2001
鼓楼东大街255号四合院	民国	鼓楼东大街255号	2001
宁郡王府	清	北极阁三条71号、新开路胡同94号	2001
陈独秀旧居	民国	箭杆胡同20号	2001
京奉铁路正阳门东车站旧址	1906年	前门大街北端东侧	2001
僧王府	清	板厂胡同30号、32号、34号 炒豆胡同77号	2003
黑芝麻胡同13号四合院	清	黑芝麻胡同13号	2003
绮园花园	清	秦老胡同35号	2003
沙井胡同15号四合院	清	沙井胡同15号	2003
前永康胡同7号四合院	清	前永康胡同7号、9号	2003
皇城墙遗址	明、清	天安门东侧、景山东街等	2003
原麦加利银行	清末	东交民巷39号	2003
总理各国事务衙门建筑遗存	清	东堂子胡同49号	2003
恒亲王府	清	朝阳门内大街55号院内	2003
协和医院住宅群	清	外交部街59号、北极阁三条26号	2003
北京大学女生宿舍	1935年	沙滩北街乙2号	2003
花市火神庙	建于1568年	崇外西花市113号	2003
东皇城根南街32号宅院	清	东皇城根南街32号宅	2011
大清邮政总局旧址	清	小报房胡同7号	2011
史家胡同51、53、55号宅院	清、民国	史家胡同51、53、55号	2011
顺天府大堂	明	东公街9号	2011
魏家胡同18号宅院	民国	魏家胡同18号	2011
全聚德烤鸭店门面	民国	前门大街30号	2011
北平电话北局旧址	民国	东皇城根大街14号	2011
欧美同学会	清	南河沿大街111号	2011
蔡元培故居	民国	东堂子胡同75号	2011
北总布胡同2号宅院	民国	北总布胡同2号	2011
清末自来水厂旧址	清	东直门外香河园3号	2011
袁崇焕庙	1917年	左安门内龙潭路8号	1984

东城区文物保护单位

单位名称	时 代	地 址	公布年份
杨昌济旧居	民国	豆腐池胡同15号	1984
通教寺	明、清	针线胡同19号	1984
惠王府	清	富强胡同3号	1984
吉安所	清	吉安所右巷8号	1984
朱启钤旧宅	清	赵堂子胡同3号	1984
段祺瑞宅	民国	仓南胡同5号	1984
东兴隆街52号四合院	清	东兴隆街52号	1984
花市清真寺	明	西花市30号	1984
夕照寺	清	夕照寺中街13号	1984
田汉故居	民国	细管胡同9号	1986
欧阳予倩故居	民国	张自忠路5号	1986
北沟沿胡同23号宅院	清	北沟沿胡同23号	1986
僧格林沁祠堂	清	地安门东大街47号	1986
东直门外清真寺	(1988年移建于此)	东直门外察慈小区6号	1986
当铺旧址	清	门楼胡同3号、5号	1986
黄米胡同四合院	清	黄米胡同5号、7号、9号	1986
旧宅院	清	菊儿胡同3号、5号、寿比胡同6号	1986
桂公府	清	芳嘉园胡同11号、新鲜胡同40号	1986
雨儿胡同四合院	清	雨儿胡同13号	1986
板厂胡同四合院	清	板厂胡同27号	1986
东四六条55号四合院	清	东四六条55号	1986
东四四条5号四合院	清	东四四条5号	1986
东四五条55号四合院	清	东四五条55号	1986
东四八条71号四合院	清	东四八条71号	1986
富强胡同四合院	清	富强胡同6号甲6号、23号	1986
什锦花园四合院	清	什锦花园胡同19号	1986
东总布胡同旧宅院	清	东总布胡同53号	1986
法华寺碑	明	多福巷胡同44号	1986
傅恒征多川碑	清	沙滩北街15号,现存北京石刻艺术博物馆	1986
慧仙女校碑	清	南吉祥胡同21号,现存北京石刻艺术博物馆	1986
文昌庙碑	清	帽儿胡同21号院内	1986
皇帝敕谕碑	明	帽儿胡同21号院内	1986
慧照寺碑	明	东四十三条19号	1986
宝和店碑	明	灯市口北巷7号,现存北京石刻艺术博物馆	1986
皇帝敕谕碑	明	柏树胡同21号,现存钟鼓楼文物保管所	1986
法华寺	明	法华寺街65、67号	1989
安乐禅林	明	安乐林路63号、琉璃井8号	1989
药王庙	1627年	天坛东晓市101号	1989
天主教堂	1910年	永生巷6号	1989
三一八烈士纪念碑	1926年	龙潭培新街6号	1989
奋章胡同四合院	1928年	奋章胡同53号	1989
玉河庵	元、明、清	东不压桥胡同南口至帽儿胡同西口	2009

东安门遗址	明	东安门大街西口	2009
贝子宏昨府	清	大取灯胡同9号	2009
承恩公志钧府	清	大佛寺东街2、4、6号	2009
正白旗觉罗学建筑遗存	清	新鲜胡同36号	2009
镶黄旗官学建筑遗存	清	后圆恩寺胡同甲20号	2009
莲园	清	红岩胡同19号及新鲜胡同18号	2009
宏恩观	元、明、清	豆腐池胡同21、23号及张旺胡同2、4号	2009
翠花胡同27号四合院	民国	翠花胡同27号	2009
朝阳门内大街头条203号近代建筑	民国	朝阳门内大街头条203号	2009
朝阳门内南小街头条439号近代建筑	民国	朝阳门内南小街头条439号	2009
朝阳门内大街81号近代建筑	民国	朝阳门内大街81号	2009
贝满女中建筑遗存	清	灯市口大街55号	2009
同福夹道4号近代建筑	民国	同福夹道4号	2009
东堂子胡同4、6号近代建筑	民国	东堂子胡同4、6号	2009
原北京大学图书馆	民国	北河沿大街甲83号	2009
菊儿胡同7号近代建筑	民国	菊儿胡同7号	2009

（东城区文化委员会提供）

北京市历史文化保护区

一、景山前街

该保护区位于故宫紫禁城筒子河与皇家园林景山之间，全长740米。明清时，景山与故宫之间建有北上门、北上东门、北上西门。1931年各门拆除辟路，划分三段：中为景山前街，东为景山东前街，西为三座门大街，1965年统一定名为景山前街。

二、景山后街

该保护区位于景山公园北侧，东起景山东街，西至景山西街，中与地安门内大街相连，全长482米。元代为大都御苑；明清为皇城。临街南侧古建筑是清乾隆年间所建寿皇殿，为清代皇家供奉先祖神像之所。街北东、西两侧建国后建设的办公楼，屋顶采用中国传统建筑坡屋顶形式，立面为传统建筑形式的装饰，与南侧景山相互呼应、衬托，形成对景，是保持古都历史风貌的范例。

三、景山东街

该保护区位于景山公园东侧，全长546米。街旁明代曾设有司礼监、都知监、印绶监等衙署。因西邻景山，清末称景山东大街，1956年定现名。街两侧绿树成荫。街东有清光绪二十四年(1898年)开办的中国第一所大学——京师大学堂。吉安所左巷8号是毛泽东1918年在北京时住过的地方。

四、五四大街

该保护区东起东四西大街，西至景山前街，全长740米。1965年曾定名汉花园大街，后改五四大街至今。街北侧为北京大学“红楼”。1919年5月4日的游行队伍，即从“红楼”北边的广场集合出发，1947年被命名为“民主广场”。陈独秀、李大钊、鲁迅、蔡元培、胡适等革命先辈和文化巨匠曾在此任教。共产党北京小组诞生于此。“红楼”内现保存李大钊工作室。“红楼”在中国近代史上具有重要的地位和作用。街东段北侧的中国美术馆是二十世纪五十年代著名的大型文化设施。现在“红楼”为新文化运动纪念馆。

五、南池子　六、东华门

该保护区位于北京皇城内，故宫东南侧，北起东华门大街，南至长安街，西临筒子河、劳动人民文化宫、东接东皇城根南街，总用地面积34.50公顷。该地区处于喧闹的王府井商业街与森严僻静的故宫城墙之间，独特的城市环境造成地段内具有传统风貌的居住街区的独特建筑环境。

七、北池子

该保护区紧邻紫禁城东侧，规划范围东以东皇城根南街为界，西以筒子河为界，北至五四大街，南邻东华门大街，东与东皇城根北街相连，总用地面积39.22公顷。该地区传统居住区的特色构成故宫一侧较为幽静的居住环境，其灰色宁静的形式更有益衬托、表现宫城的宏伟气度。就北京旧城整体而言，其低矮、平缓、匀质的建筑格局也是风貌构成的重要组成部分。

八、东交民巷

该保护区位于天安门东侧，东接崇文门内大街，南临前门东大街，西至天安门广场东侧，北面东长安街，总用地面积62.84公顷。该地区建筑多为西式风格。现以机关办公为主，兼有办公与居住的混合使用形态，在整体上保持了历史文化街区原有的异域风貌特色，在老城区的传统建筑文化基调中独显特质。

九、东四三至八条

该保护区位于朝阳门内大街以北、东四十条以南、东四北大街以东、朝阳门北小街以西。包括整个头条至九条广大地区，总用地面积65.70公顷。该地区是典型传统的四合院落为主的居住性成片街区，从“一进院”到“四进院”都有留存，风貌与质量相当完好，是展示传统四合院的极佳场所。

十、雍和宫－国子监

该保护区位于旧城东北部，西至安定门内大街、北至北二环、东至东直门北小街西侧的育树胡同、炮局头条、后永康北条、东城煤炭一厂和华侨饭店用地东边界、南至北新桥三条、方家胡同，总占地面积约74公顷。该地区是北京旧城内重要寺庙建筑和重要文物集中的街区，包括国子监、孔庙、国子监街、雍和宫、柏林寺等。

十一、南锣鼓巷

该保护区位于北京北中轴东侧，四至为地安门外大街、平安大街、地安门东大街、鼓楼东大街，总用地面积83.80公顷，该地区是北京最老的街区之一。与元大都同期建成，现仍保持了传统的胡同结构和大量的传统四合院，是目前北京旧城保存最完整、四合院最集中的地区。

十二、北锣鼓巷

该保护区南至鼓楼东大街，北至车辇店、净土胡同，西至什刹海保护区东界，东至安定门内大街，总面积约45.27公顷。该地区与什刹海、南锣鼓巷、国子监等3个历史文化保护区相邻，是皇城的重要背景，也是保护旧城整体风貌和沿中轴线对称格局不可缺少的地段。

十三、张自忠路北

该保护区南至张自忠路，北至香饵胡同，东至东四北大街、西至交道口南大街，总面积约为42.11公顷。该街区集中了和敬公主府、段祺瑞执政府旧址、孙中山逝世纪念地、欧阳予倩故居等多家文物保护单位。

十四、张自忠路南

该保护区南至钱粮胡同，北至张自忠路，东至东四北大街，西至美术馆后街，总用地面积约为62.81公顷。该区域处于皇城与东四三条至八条保护区之间，现有胡同格局完整，有马辉堂花园等文物保护单位。

十五、新太仓

该保护区南至东四十条，北至东直门内大街，东至东直门内南小街，西至东四北大街，总用地面积约为56.88公顷。该区域现有胡同格局完整，有梁启超旧居、当铺遗址区级文物保护单位。

十六、东四南

该保护区南至干面胡同，北至前炒面胡同，东至朝内南小街，西至东四南大街，总面积约为34.32公顷。该区域是以典型传统四合院落为主的居住性成片街区，风貌与质量相当完好，是展示传统四合院的极佳场所。现有礼士胡同129号院；内务部街11号院；史家胡同51、53、55号四合院等文物保护单位。

十七、皇城

是北京旧城整体保护的重点区域，包括景山地区、北池子、南池子。内含紫禁城、太庙、社稷坛、北海、中南海及14片第一批历史文化保护区，占地面积约6.80平方公里。

十八、鲜鱼口

该保护区西至前门大街，北至经西打磨厂、长巷四条路东至西兴隆街，东至草场十条，南至薛家湾胡同、北芦草园胡同、青云胡同、得丰东巷、得丰西巷、小席胡同、大席胡同。规划用地36.245公顷，净用地面积32.47公顷，现状总建筑面积26.50万平方米（不含私搭乱建的建筑），规划总建筑面积为44.50万平方米。鲜鱼口地区主要是以居住功能为主的街区，居住用地面积26.81公顷，占整个保护区的73.96%。

十九、什刹海（钟鼓楼属此片，东城占半片）

该保护区位于北京旧城中轴线北部，属东城区的部分四至为草厂胡同一线以西、旧鼓楼大街以东、鼓楼东大街以北、北二环以南，总占地面积26.96公顷。

非 物 质 文 化 遗 产

国家级非物质文化遗产名录

(共27 项)

名　　称	类　　别	名　　称	类　　别
便宜坊焖炉烤鸭技艺	传统技艺	剧装戏具制作技艺	传统美术
全聚德挂炉烤鸭技艺	传统技艺	北京宫灯	传统美术
景泰蓝制作技艺	传统技艺	围棋	传统体育、游艺与杂技
雕漆技艺	传统技艺	象棋	传统体育、游艺与杂技
都一处烧麦制作技艺	传统技艺	同仁堂中医药文化	传统医药
月盛斋酱(烧)牛(羊)肉制作技艺	传统技艺	智化寺京音乐	传统音乐
京作硬木家具制作技艺(龙顺成)	传统技艺	古书画临摹复制技艺	传统技艺
北京料器	传统技艺	青铜器修复及复制技艺	传统技艺
东来顺涮羊肉制作技艺	传统技艺	中国传统书画装裱修复技术	传统技艺
盛锡福皮帽制作技艺	传统技艺	葡萄常料器	传统技艺
金漆镶嵌髹饰技艺	传统技艺	吴裕泰茉莉花茶制作技艺	传统技艺
象牙雕刻	传统美术	风筝制作技艺(北京风筝制作技艺)	传统美术
北京玉雕	传统美术	天坛传说	民间文学
北京绢花	传统美术		

市级非物质文化遗产名录

(共52 项其中国家级27 项)

名　　称	类　　别	名　　称	类　　别
壹条龙清真涮肉制作技艺	传统技艺	北京绒花(绒鸟)	传统美术
厨子舍清真菜民间宴席制作技艺	传统技艺	北京刻瓷	传统美术
北京花丝镶嵌制作技艺	传统技艺	北京扎彩子	传统美术
北京豆汁制作技艺(锦馨)	传统技艺	京派内画鼻烟壶	传统美术
绒布唐工艺	传统技艺	毛猴制作技艺	传统美术
红都中山装制作技艺	传统技艺	意拳	传统体育、游艺与杂技
京式旗袍制作技艺	传统技艺	北京杠箱	传统舞蹈
北京蒙镶	传统技艺	天坛神乐署中和韶乐	传统音乐
王氏装裱技艺	传统技艺	老北京叫卖	传统音乐
泥人张彩塑(北京支)	传统美术	前门的传说	民间文学
北京补花	传统美术	花市元宵灯会	民俗
北京绢人	传统美术	数来宝	曲艺
北京木雕小器作	传统美术		

区级非物质文化遗产名录

（共134项其中国家级27项市级52项）

名　称	类　别	名　称	类　别
天兴居炒肝制作技艺	传统技艺	京绣(仝玉英)	传统美术
正阳楼螃蟹宴制作技艺	传统技艺	京绣	传统美术
中国结技艺	传统技艺	常氏中幡圣会	传统体育、游艺与杂技
样式雷烫样技艺	传统技艺	众友同心中幡圣会	传统体育、游艺与杂技
蒙镶制作技艺	传统技艺	白猿通背拳	传统体育、游艺与杂技
天字号首饰套件制作技艺	传统技艺	宋氏形意拳	传统体育、游艺与杂技
毛绣制作技艺	传统技艺	老北京冰嬉	传统体育、游艺与杂技
锦芳元宵制作技艺	传统技艺	同聚公乐云车老会	传统舞蹈
老正兴寿桃制作技艺	传统技艺	花棍舞词	传统舞蹈
都一处炸三角制作技艺	传统技艺	北京绢人	传统美术
全聚德全鸭席制作技艺	传统技艺	群英同乐小车圣会	传统舞蹈
北京金鱼培育技艺	传统技艺	掌礼司太狮老会	传统舞蹈
西德顺爆肚王爆肚制作技艺	传统技艺	南庆仁堂中药制剂方法	传统医药
金糕张金糕制作技艺	传统技艺	千芝堂中药炮制技术	传统医药
白魁烧羊肉制作技艺	传统技艺	长春堂闻药	传统医药
面人曹面人制作技艺	传统技艺	同仁堂安宫牛黄丸传统制作技艺	传统医药
面人汤面人制作技艺	传统技艺	崇文门的传说	民间文学
风车制作技艺	传统技艺	北京的传说	民间文学
万隆合青铜器制作技艺	传统技艺	藏头诗	民间文学
压金银丝嵌宝技艺	传统技艺	鞭打春牛	民俗
庆林春茉莉小叶花茶制作技艺	传统技艺	家训格言	民俗
都一处马莲肉制作技艺	传统技艺	来今雨轩红楼饮食文化	民俗
京绣(于美英)	传统美术	普天同乐开路圣会	民俗
北京骨刻	传统美术	雍和宫密宗金刚驱魔神舞	民俗
北京剪纸(徐阳)	传统美术	前门上元灯会	民俗
北京真丝手绘	传统美术	拉洋片	曲艺
北京火绘葫芦	传统美术	牛骨数来宝	曲艺
北京传统风筝(王亟新)	传统美术	聚宝斋装裱	传统技艺
北京面人(彭小平)	传统美术	玉印制作	传统技艺
北京传统风筝(张世德)	传统美术	北京鸽哨制作技艺(永字鸽哨、田家鸽哨)	传统技艺
北京面人(张俊显)	传统美术	利群挂炉烤鸭技艺	传统技艺
北京纸扎花灯	传统美术	随园官府菜制作技艺	传统技艺
北京彩蛋	传统美术	谭家菜制作技艺	传统技艺
金马派风筝	传统美术	传统理发技艺	传统技艺
京绣(王淑卿)	传统美术	京作硬木家具制作技艺(同兴和)	传统技艺
内画鼻烟壶制作技艺	传统美术	京作硬木家具烫蜡技艺	传统技艺
竹刻	传统美术	大北照相黑白照片人工着色技艺	传统美术
人物剪纸(张秀兰)	传统美术	北京彩塑“金光洞兔儿爷”	传统美术
琢玉(印章)	传统美术	京剧脸谱绘制	传统美术

陈式太极拳	传统体育、游艺与杂技	宝三跤场跤艺	传统体育、游艺与杂技
祁家通背拳	传统体育、游艺与杂技	吴式太极拳	传统体育、游艺与杂技

非物质文化遗产代表性传承人名单

国家级非物质文化遗产代表性传承人名单

(共28人)

姓　名	类　　别	公布年份
孙　森	象牙雕刻	2007
王树文	象牙雕刻	2007
钱美华(已故)	景泰蓝制作技艺	2007
张同禄	景泰蓝制作技艺	2007
文乾刚	雕漆技艺	2007
卢广荣	同仁堂中医药文化	2007
金霭英	同仁堂中医药文化	2007
关庆维	同仁堂中医药文化	2007
田瑞华	同仁堂中医药文化	2007
张本兴(已故)	智化寺京音乐	2008
宋世义	玉雕(北京玉雕)	2009
金铁铃	北京绢花	2009
邢兰香	料器(北京料器)	2009
种桂友	家具制作技艺(京作硬木家具制作技艺)	2009
孙　颖	剧装戏剧制作技艺	2009
白永明	烤鸭技艺(便宜坊焖炉烤鸭技艺)	2009
满运来	牛羊肉烹制技艺(月盛斋酱烧牛羊肉制作技艺)	2009
李金善	盛锡服皮帽制作技艺	2009
柴慈继	象牙雕刻	2008
钟连盛	景泰蓝制作技艺	2008
费保龄	北京扎燕风筝制作技艺	2008
胡庆学	智化寺京音乐	2008
李博生	北京玉雕	2009
柳朝国	北京玉雕	2009
李春珂	象牙雕刻	2009
殷秀云	雕漆技艺	2009
柏德元	金漆镶嵌髹饰技艺	2009
孙丹威	吴裕泰茉莉花茶窨制工艺	2010

市级非物质文化遗产代表性传承人名单

（共53人其中国家级28人）

姓　名	类　别	公布年份
马元良	北京宫灯	2008
张　錩	泥人张彩塑（北京支）	2008
崔　洁	北京补花	2008
常　弘	北京葡萄常	2008
郭石林	北京玉雕	2008
舍增泰	厨子舍清真菜民间宴席制作技艺	2008
程淑美	北京花丝镶嵌制作技艺	2008
唐玉婕	绒布唐工艺	2008
万　紫	金漆镶嵌髹饰技艺	2008
马启斌	盛锡服皮帽制作技艺	2008
阎瑞环	红都中山装制作技艺	2008
黄荣贵	北京杠箱	2009
赵树昌	北京宫灯	2009
张志平	北京玉雕	2009
戴嘉林	景泰蓝制作技艺	2009
米振雄	景泰蓝制作技艺	2009
舍源泰	厨子舍清真菜民间宴席制作技艺	2009
李　侃	京式旗袍制作技艺	2009
陈立新	东来顺涮羊肉制作技艺	2009
赵小刚	同仁堂中医药文化	2009
姚承光	意拳	2010
滑树林	北京绢人	2010
茅子芳	北京刻瓷	2010
李连贵	北京扎彩子	2010
吴中凤	北京蒙镶	2010

区级非物质文化遗产代表性传承人名单

（共126人其中国家级28人市级53人）

姓　名	类　别	公布年份
孙忠喜	群英同乐小车圣会	2010
陈起环	拉洋片	2010
时贵新	牛骨数来宝	2010
黄　勇	众友同心中幡圣会	2010
王玉书（亡故）	白猿通背拳	2010
田秋生	老北京冰嬉	2010
刘建华	象牙雕刻	2010
栾燕军	象牙雕刻	2010

员向阳	北京玉雕	2010
姜文斌(亡故)	北京玉雕	2010
蔚长海	北京玉雕	2010
杨连根	北京玉雕	2010
滑树玲	北京绢人	2010
崔　欣	北京绢人制作技艺	2010
杨利平	北京风筝制作技艺	2010
张宏岳	泥人张彩塑(北京支)	2010
崔比德	北京补花	2010
徐汶静	北京绢花	2010
郭燕青	北京宫灯	2010
翟玉良	北京宫灯	2010
石金栓	京绣	2010
蔡志伟	北京绒花(绒鸟)	2010
王华安	北京骨雕	2010
徐　阳	北京剪纸(徐阳)	2010
续　清	北京真丝手绘	2010
季　顺	北京火绘葫芦	2010
王廼新	北京传统风筝(王廼新)	2010
彭小平	北京面人(彭小平)	2010
张世德	北京传统风筝(张世德)	2010
张俊显	北京面人(张俊显)	2010
邱志刚	北京纸扎花灯	2010
刘锦茹	北京彩蛋	2010
耿鸿国	北京木雕小器作	2010
马慕良(亡故)	北京木雕小器作	2010
杨宝忠	琢玉(印章)	2010
张秀兰	人物剪纸(张秀兰)	2010
于美英	京绣(于美英)	2010
边溪良	竹刻	2010
萧掌华	毛猴制作技艺	2010
高东升	京派内画鼻烟壶	2010
郑旭晔	内画鼻烟壶制作技艺	2010
吕铁智	金·马派风筝	2010
邱贻生	毛猴制作技艺	2010
吴华侠	都一处烧麦制作技艺	2010
安全来	月盛斋酱(烧)牛(羊)肉制作技艺	2010
刘更生	京作硬木家具制作技艺	2010
张　颜	剧装戏具制作技艺	2010
刘　宇	北京料器	2010
刘　星	北京料器	2010
耿英建	景泰蓝制作技艺	2010
李　静	景泰蓝制作技艺	2010
李佩卿	景泰蓝制作技艺	2010

陈继凯	景泰蓝制作技艺	2010
衣福成	景泰蓝制作技艺	2010
李志刚	雕漆技艺	2010
赵占强	中国结技艺	2010
于正勋	样式雷烫样技艺	2010
张景民	蒙镶制作技艺	2010
马秀峰	天字号首饰套件制作技艺	2010
萧掌柜	毛绣制作技艺	2010
赵洪泉	庆林春茉莉小叶花茶制作技艺	2010
潘德珠	压金银丝嵌宝技艺	2010
孟宪忠	万隆合青铜器制作技艺	2010
王国华	风车制作技艺	2010
汤岭	面人汤面人制作技艺	2010
刘荫茹	面人曹面人制作技艺	2010
杨广佳	白魁烧羊肉制作技艺	2010
王　欣	西德顺爆肚王爆肚制作技艺	2010
王　旭	王氏装裱技艺	2010
殷顺海	同仁堂中医药文化	2010
陆建国	同仁堂中医药文化	2010
梅　群	同仁堂中医药文化	2010
范永利	普天同乐开路圣会	2010

东城区街道社区居委会

东华门街道

居委会名称	管辖户数	主　任	联系电话	办公地址	邮　编
银　闸	1500	熊　英	65260109	北河沿大街141号	100009
东　厂	1722	郑雅丽	65277860	东厂北巷甲4号－1	100006
多福巷	3094	孙长江	65250793	多福巷甲22号	100010
智　德	2002	李勤英	65288454	北池子大街60号	100006
黄图岗	1389	杨永力	65256682	东厂胡同乙14号楼1－111	100006
灯市口	1166	周彦茹	85114338	灯市口大街14号楼后	100006
韶　九	1095	吴祥明	65252874	锡拉胡同21号	100006
甘　雨	1212	朱玉杰	65251579	甘雨胡同2号	100006
南池子	2871	宫肇美	65288447	缎库胡同18号	100006
王府井	2659	叶建华	65237989	煤渣胡同11号	100005
正义路	2039	张健玲	65251105	东交民巷32号	100006
台基厂	1875	郭晓彤	85112056	台基厂二条3号	100005

景 山 街 道

居委会名称	管辖户数	主　任	联系电话	办公地址	邮　编
隆福寺	2270	杨　超	84014007	崔府夹道 5 号	100010
魏　家	2408	秦　来	84018582	什锦花园 15 号	100007
汪芝麻	2270	张颖娟	84017307	南剪子巷 40 号	100007
皇城根北街	2175	司淑敏	84018656	东皇城根北街 40 号	100010
吉　祥	1685	虞　宏	84017693	西吉祥胡同 2 号	100009
钟　鼓	2146	刘美英	84018563	嵩祝院北巷 41 号	100009
黄化门	2003	高建荣	84017928	黄化门街 8 号	100009
景山东街	2101	贾　伟	84018627	沙滩后街 47 号	100009

交 道 口 街 道

居委会名称	管辖户数	主　任	联系电话	办公地址	邮　编
交　东	3411	杨春茹	84040303	交东大街 6 号楼	100007
大　兴	2666	李京兰	64079116	北吉祥胡同 13 号	100007
府　学	3590	陶　聪	64070445	中剪子巷 17 号旁门	100007
菊　儿	2536	李　媛	64009703	菊儿胡同 21 号	100009
南锣鼓巷	3199	王凌翰	64045811	前圆恩寺胡同 28 号	100009
鼓楼苑	3667	孟立新	64017698	前鼓楼苑胡同 10 号	100009
福　祥	3269	李　娜	64043395	福祥胡同 11 号	100009

安 定 门 街 道

居委会名称	管辖户数	主　任	联系电话	办公地址	邮　编
交北头条	2273	张燕华	64068329	交北头条 76 号	100007
国子监	2360	南静明	64068513	官书院胡同 40 号	100007
五道营	2694	赵金颖	64068350	永康胡同 5 号院	100007
花　园	2932	刘爱国	64067702	谢家胡同 40 号	100009
分司厅	2539	王玉莲	64067692	小经厂胡同 8 号	100009
北锣鼓巷	1616	刘　佳	64067517	北锣鼓巷 5 号旁门	100009
宝钞南	2411	刘新民	64066617	琉璃寺 8 号	100009
钟楼湾	2928	尤秀荣	64067668	草厂北巷 51 号	100009
国　旺	2520	张明生	64067076	国祥胡同 13 号	100009

北 新 桥 街 道

居委会名称	管辖户数	主　任	联系电话	办公地址	邮　编
北官厅	2439	李桂珍	84064928	北小街 8 号院 3 号楼	100007
民　安	3523	吴治民	64027404	民安 14 号楼附属	100007
北新仓	2536	胡进贤	84072141	东直门内大街 10 号楼	100007
海运仓	3068	佟爱香	84073272	南颂年 3 号楼	100007

门　楼	2978	王静松	64027400	东四十三条 32 号	100007
十三条	2196	王荣华	64027569	东四十四条 7 号	100007
小　菊	2596	刘素欣	64020638	大菊胡同 16 号	100007
九道湾	2231	王淑梅	64029776	九道湾西巷 1 号	100007
草　园	2609	段红霞	64066547	雍和宫大街 165 号	100007
前永康	2644	张志华	64040317	北新胡同三巷 3 号	100007
青　龙	3088	王学义	64000858	青龙胡同 3 号	100007
藏经馆	2041	刘江红	64004112	戏楼胡同一巷 25 号	100007

东 四 街 道

居委会名称	管辖户数	主　任	联系电话	办公地址	邮　编
东四二条	3197	罗淑云	64059534	东四北大街 460 号	100010
东四六条	2522	毛利伟	84036571	东四六条 45 号	100007
东四七条	2049	刘桂芬	84043699	东四北大街 303 号 –1	100007
东四八条	2127	刘志颖	64024538	东四八条 139 号	100007
总　院	2514	郎海鹏	84043799	朝内北小街 2 号	100700
南门仓	2386	韩宝利	84045399	罗家大院 1 号二层	100010
豆　瓣	2549	吕　军	84045893	豆瓣 1 号楼平房一层	100010

朝 阳 门 街 道

居委会名称	管辖户数	主　任	联系电话	办公地址	邮　编
史　家	1501	赵博言	65244161	史家胡同 21 号	100010
内　务	1593	曹　荣	65257583	内务部街 73 号	100010
演　乐	2183	杨　翊	65230389	演乐胡同 59 号	100010
礼　士	1271	于金凤	65230385	礼士胡同 121 号	100010
朝　西	1489	于春明	65122956	前拐棒胡同 17 号	100010
朝内头条	1521	任美华	84040087	朝内大街 97 号	100010
竹　杆	2574	郑红强	65230279	西水井 6 号楼 1 层	100010
新　鲜	2932	王学军	65254679	新鲜胡同 63 号	100010
大方家	2106	陈　波	65251577	小牌坊胡同甲 48 号	100010

建 国 门 街 道

居委会名称	管辖户数	主　任	联系电话	办公地址	邮　编
金宝街北	5209	李全红	65224493	禄米仓胡同 42 号楼	100010
大雅宝	1703	李　颖	65134594	南小街 18 –29 号	100005
赵家楼	3282	曲　丽	85115993	小羊宜宾胡同 5 –2 号	100005
站　东	1913	汤秀丽	65126997	柳罐胡同甲 2 号	100005
苏　州	4197	郭　华	65138239	苏州胡同 79 号	100005
西总布	3765	马红兵	65244164	新开路胡同 94 号	100005
外交部街	3272	高晓霞	65255724	外交部街 38 号	100005

东直门街道

居委会名称	管辖户数	主 任	联系电话	办公地址	邮 编
工人体育馆	2803	王小娟	65523201	新中西街 12 楼 1 单元	100027
新中西里	1406	姜春燕	64165148	新中西里 10 楼 B 座 2 层	100027
东 环	2822	石 威	64166798	东直门南大街甲 2 号楼	100027
十字坡	1648	康意民	64167798	新中街 5 号	100027
新中街	2270	王瑞新	64165396	新中街 4 条乙 20 号	100027
东外大街	5354	韩秀花	64170442	春秀路 17 号楼东侧平房	100027
胡家园	3196	王 华	64675276	东外小街 10 号	100027
东外大街北	2838	关丽清	64673320	察慈小区 8 号楼一层	100027
清水苑	1418	宋淑贤	64653698	东直门北大街甲 6 号院	100027
香河园北里	2522	焦 燕	64616394	东外香河园北里华夏出版社	100028

和平里街道

居委会名称	管辖户数	主 任	联系电话	办公地址	邮 编
交 通	816	李 薇	64292535	和平里东街 10 号院	100013
林 调	1002	杨青华	64289228	和平里东街 12 号平房	100013
民 旺	6423	崇凯军	84214137	民旺园 8 号院	100013
和平里	4093	王静艳	84214298	和平里中街 7 号楼	100013
和平里二区	2321	尉红梅	84221986	和平里中街 3 号楼 1 号	100013
和平里七区	2382	张军红	64228347	和平里七区 3 号楼东平房	100013
化 工	820	鞠苏华	64291097	兴化东里 23 号楼地下	100013
兴 化	2890	邓海红	64289631	兴化西里 8 号楼前平房	100013
小黄庄	3645	赵跃桀	84275652	小黄庄一区 13 号楼东侧	100013
安贞苑	1772	张明花	64441201	安定路 20 号院北五楼	100029
地 坛	2302	沈 清	64226182	地坛北里 9 号楼 1 层	100013
东河沿	2247	张桂苓	64255840	安外东河沿乙 6 号楼	100011
西河沿	2062	张 莉	84116346	安外西河沿 18 号楼	100011
青年湖	4500	邓益民	84114484	安外上龙西里 29 号楼平房	100011
安德路	1872	张玉兰	84133562	安德路 47 号院 5 号楼	100011
安德里	4811	宋国华	84138422	安外六铺炕甲 7 号	100011
人定湖	1255	陈雨	62013450	安德里北街甲 25 号院	100011
总 政	3410	任 霞	66794475	安德里北街 21 号	100011
黄 寺	1550	程显东	66740841	黄寺大街甲 1 号 4－3－1	100011
新建路	2699	郑成富	84112941	安外大街 3 号院	100011

前门街道

居委会名称	管辖户数	主　任	联系电话	办公地址	邮　编
前门东大街	1191	董毓红	67013876	前门东大街甲 12 楼	100051
草厂东	1835	李文生	67018442	薛家湾胡同 27 号	100051
草厂西	1321	张丽鑫	67026674	草厂十条 35 号	100051
大　江	971	景月宏	67011810	北芦草园 81 号	100051
冰窖厂	664	景月宏	67011810	北芦草园 81 号	100051
鲜鱼口	1031	景月宏	67011810	北芦草园 81 号	100051
青　云	1408	景月宏	67011810	北芦草园 81 号	100051
打磨厂第一	481	景月宏	67011810	北芦草园 81 号	100051
打磨厂第二	612	景月宏	67011810	北芦草园 81 号	100051

注：大江、冰窖厂、鲜鱼口、青云、打磨厂第一、打磨厂第二 6 个社区因拆迁现在大江社区合署办公。

崇文门外街道

居委会名称	管辖户数	主　任	联系电话	办公地址	邮　编
大　桥	1230	樊明峰	67062438	北京汇 606	100062
兴隆都市馨园	2748	刘　燕	67050080	兴隆都市馨园	100062
崇文门西大街	1050	李影丽	65594948	崇西 4－9－102	100051
新怡家园	1510	刘　婧	67010793	新怡家园－1－1－67	100062
新世界家园	2603	刘嘉琪	67092050	新世界家园会所	100062
崇文门东大街	1632	付丽丽	67176503	崇东大街 12—2	100062
国瑞城西区	3002	刘金杰	67168950	国中 3 号楼一层	100062
国瑞城中区	1772	贾艳华	67188748	国中 1 号楼 3 单元	100062
国瑞城东区	1093	张福英	67169260	国东 1 号楼 3 单元	100062
西花市南里西区	2614	孙　哲	87186871	西花市大街 102 号	100062
西花市南里东区	2516	冯永刚	87186861	西花市大街 30 号	100062
西花市南里南区	3270	兰凌燕	67152721	新景西区 10 号楼 1 层	100062

东花市街道

居委会名称	管辖户数	主　任	联系电话	办公地址	邮　编
东花市北里东区	3381	马　林	67126046	东花市北里东区 13 号楼	100062
东花市北里西区	2128	李淑红	67126901	东花市大街 61 号楼	100062
花市枣苑	2608	刘志琴	67163745	东花市枣苑 10 号楼 1 层	100062
东花市南里	4783	杨立新	67132160	东花市南里三区 1 号楼 1 层	100062
东花市南里东区	4776	张欣惠	87135158	白桥大街 12 号楼西侧	100062
广渠门北里	2857	刘京华	67155386	广渠门大街 7 号院	100062
忠实里	5378	佘　红	67785089	忠实里西区 7 号楼 1－103	100022
广渠门外南里	4054	耿立新	67750681	广渠家园 11 号楼 2－103	100021

龙 潭 街 道

居委会名称	管辖户数	主 任	联系电话	办公地址	邮 编
左安浦园	2619	王艳平	87197554	左安门内大街 73－1	100061
左安漪园	1722	刘 娜	87196358	左安漪园 3 号楼 1 单元东侧一层	100061
龙潭北里	2116	李永红	67118537	龙潭北里 5 条 4 楼西侧	100061
板厂南里	1200	孙来喜	67169188	板厂南里 6 号楼东侧	100061
光 明	1935	邢东伶	67176270	光明 13 楼北侧	100061
华 城	1796	郝丽霞	87185281	华城社区 3－6－B2	100061
绿景苑	2022	刘淑云	87190302	绿景馨园 11－2 单元地下室	100061
夕照寺	1862	程秋菊	67160489	领行国际 3 号楼 1－7	100061
安化楼	3254	朱兴海	67171326	培新街 9 号院保利蔷薇 1 号楼 1－1 层	100062
新家园	2694	张书恒	67171327	幸福家园 5 楼 2－102	100062
幸 福	2100	洪 印	67112844	幸福北里 12 楼 1 层 5 号	100061

体育馆路街道

居委会名称	管辖户数	主 任	联系电话	办公地址	邮 编
西 利	1074	李广华	67143019	西厅胡同 45 号	100061
西 唐	2256	杜进萍	67111265	西唐街 37 号	100061
葱 店	2659	田立萍	67112483	葱店西街 111 号	100061
东 厅	2016	黄 樱	67121608	延庆街 5 号	100062
国家体育总局	1351	闫丽娜	67114632	体育馆路 13 号院内	100061
法华南里	1813	陈淑凤	67126846	法华南里甲 8 楼	100061
南岗子	1689	王世杰	67113397	南岗子街 58 号	100061
双玉南街	891	肖祥健	67127173	东四块玉南街甲 11 号	100061
东玉北街	797	毛沪花	67121091	双玉中街 2 号楼 1 层	100061
长青园	1560	孙树梅	67129646	长青园 3 楼 1 门 101 号	100061

天 坛 街 道

居委会名称	管辖户数	主 任	联系电话	办公地址	邮 编
西草市	1576	赵伯良	67018582	西草市街 52 号	100050
红庙街	1996	周雅楠	67014147	山涧口一巷 32 号	100050
东半壁街	1723	刘长娟	67025639	大市胡同 5 号	100050
金鱼池西	1500	边春燕	67014028	金鱼池西区 1 号楼	100050
金鱼池中	1120	宋莉筠	67023463	金鱼池中区 22 楼 2－101	100050
金鱼池东	689	张 军	67014178	金鱼池东区 11 号楼 1 单元	100050
东晓市	1909	杨志娟	67014035	东晓市街 48 号院	100062
西园子	1767	黄海霞	67015471	东晓市街 48 号院	100062
东里北区	1378	黄秋霞	67022681	天坛东里中区 1 号楼	100061
东里南区	904	何洪伟	52172030	天坛东里南区 4 号楼	100061
永内东街东里	1508	马英乾	52171697	永内东街东里 6 号楼	100050

永内东街中里	1290	王国庆	52171598	永内东街中里 7 号楼	100050
永内东街西里	1542	黄 刚	67024193	永内东街西里 5 号	100050
永内大街	1403	王瑞珍	67024191	天坛南里西区 20 号楼	100050
东市场	526	董 浩	67025763	东市场七巷甲 1 号	100050
西里北区	2333	左 铭	67016113	天坛复康南里	100050

永定门外街道

居委会名称	管辖户数	主 任	联系电话	办公地址	邮 编
彭 庄	613	玉 艳	51332951	车站路 12 号南面	100069
松林里	1078	郑 毅	87923706	中海紫御小区 1 号楼	100077
永建里	752	周 宇	87923881	中海紫御小区 8 号楼	100077
永铁苑	873	胡志竹	51332982	永铁苑 7 号楼	100077
西革新里	1496	侯广库	51333031	西革新里 108 号院 2 号楼	100077
革新里	1343	董永建	51333053	东革 40 号院内	100077
革新西里	958	赵远荣	51333061	西革新里 124 号院	100077
管 村	1320	郑晓丽	51333091	建予园 3 号楼底商	100077
桃 园	1047	徐 蕊	51233087	桃园南街 10 号院	100075
民主北街	2639	王宗生	51076551	民主北街 97 号	100075
桃杨路	1901	刘桂珍	52172716	桃杨路 2 条 2 号	100075
杨家园	1745	闫 旭	52172736	琉璃井东街 2－6 门 101	100075
李 村	2273	吴 晶	52172772	李村东里 7 号楼 3 门	100075
琉璃井	1910	张亚芬	51076552	琉璃井南里 61 号	100075
天天家园	1233	夏素明	51076556	天天家园小区 1 号楼	100075
安乐林	1563	韩 艳	52172796	景泰西里西区 8 号楼	100075
富莱茵	717	张慧敏	51076631	富莱茵 13 号楼 109 号	100075
景 泰	1592	冯富珍	52172786	景东小区 5－6－001	100075
宝华里	3079	杨桂英	67213606	宝华头条乙 17 号	100076
定安里	2032	刘贵亭	87291276	定安里 6 号楼前	100075

内 容 索 引

说 明

● 本索引为主题索引,又称内容分析索引,主题词(标目)以《北京东城年鉴》(2014年卷)正文出现的专业名词、名词词组、机构名、地名为主。

● 综述、大事记、专文、特载、统计资料、人物、附录等类目内容不在索引范围内。

● 本索引按汉语拼音音序排列,首字相同时,则以第二字排序,以此类推。以数字、字母、符号开始的主题词,排在最前。

● 主题词之后的数字表示所在页码,数字后面的英文字母a、b分别表示该页的左、右栏。

符号

A

B

C

E

F

G

J

K

L

N

R

S

T

Z